高等院校精品课程系列教材

产业经济学

INDUSTRIAL ECONOMICS

主　编　干春晖
副主编　刘　亮　余典范
参　编　曹永琴　郭家堂　贾婷月　蒋媛媛　康江江
　　　　林俊瑛　任宛竹　谢露露　徐　赟　杨　博
　　　　赵晓涛　张广财

机械工业出版社
CHINA MACHINE PRESS

产业经济学是介于微观经济学和宏观经济学之间的"中观经济学",它以产业(industry)为研究对象,研究和探索产业内企业间的竞争、合作关系及其对经济绩效的影响和相应的公共政策,同时也研究不同产业之间的结构关系和技术经济联系及相应的产业政策。本书对现代产业经济学理论进行了较全面和通俗的介绍,并从产业经济学视角对部分中国产业发展现实进行审视和思考,使学生习得应用这些理论分析具体产业的方法,同时了解中国主要产业发展的基本情况。本书注重理论阐述与实证分析相结合,融合中外产业经济发展的理论与实践,系统反映产业经济领域的研究内容,将理论与实践有机结合;力图浓缩产业经济理论之精华,使初学者能较充分地理解产业经济学的基本原理和分析方法,把握产业组织和产业结构理论的发展方向,培养运用产业经济学理论分析问题的基本能力。本书共 15 章,层次清晰、结构完整、理论联系实际,内容丰富、深入浅出,较完整地构建了产业经济学的逻辑体系和内容框架,兼顾了不同层次、不同对象的不同要求,具有信息量大、结构系统、适应性较强等特征。

本书可作为经济学、管理学专业本科生、研究生的教材,也可作为相关从业者的参考书。

图书在版编目(CIP)数据

产业经济学 / 干春晖主编 . —北京:机械工业出版社,2024.3
高等院校精品课程系列教材
ISBN 978-7-111-75119-9

Ⅰ.①产… Ⅱ.①干… Ⅲ.①产业经济学 – 高等学校 – 教材 Ⅳ.① F062.9

中国国家版本馆 CIP 数据核字(2024)第 043338 号

机械工业出版社(北京市百万庄大街 22 号　邮政编码 100037)
策划编辑:王洪波　　　　　　　责任编辑:王洪波
责任校对:孙明慧　陈 越　　　责任印制:任维东
河北鹏盛贤印刷有限公司印刷
2024 年 7 月第 1 版第 1 次印刷
185mm × 260mm・22.75 印张・562 千字
标准书号:ISBN 978-7-111-75119-9
定价:59.00 元

电话服务　　　　　　　　网络服务
客服电话:010-88361066　　机 工 官 网:www.cmpbook.com
　　　　　010-88379833　　机 工 官 博:weibo.com/cmp1952
　　　　　010-68326294　　金 书 网:www.golden-book.com
封底无防伪标均为盗版　机工教育服务网:www.cmpedu.com

编委会名单

主　编　干春晖
副主编　刘　亮　余典范
编　委　曹永琴　郭家堂　贾婷月　蒋媛媛　康江江
　　　　　林俊瑛　任宛竹　谢露露　徐　赟　杨　博
　　　　　赵晓涛　张广财

序
PREFACE

产业经济学是以产业作为研究对象，分析现实经济问题的应用经济学科，它在我国发展的历史并不长。20多年前，出于教学的需要，我一直在为我的学生寻找一本合适的产业经济学入门教材，当时能找到一些引进版的产业经济学教材，其内容一般是基于产业组织学架构，与中国产业经济的学科传统差异较大，更无法有针对性地用于理解和分析中国产业经济的实践，于是我就萌生了自己编写一本产业经济学教材的想法。

2006年，我们在机械工业出版社的支持下出版了《产业经济学：教程与案例》的第1版，作为当时上海财经大学重点建设教材之一，同时也是上海市教委精品课"产业经济学"课程建设的成果之一，教材受到了全国广大学生和任课教师的认可，几乎每年都有重印。之后，根据教材在高校的使用情况、师生的反馈意见和学科的发展，又增加了一些新的内容，其中包括市场集中、规模经济与范围经济、市场绩效和产业分工、模块化与全球价值链等，并更新了案例部分，于2015年修订出版了第2版，之后又重印了7次。按照计划，今年拟修订出版第3版。我们对第2版的内容进行了较大幅度的增减，又增加了一些新的内容，包括退出壁垒、并购的反垄断问题、技术革命与组织变革、产业集群、全球化与产业结构、产业政策等方面的内容，原版大部分章节的内容都有不同程度的更新，各章的小案例也做了补充和更新，删去了老版本中十个独立的产业案例，副书名也根据内容变化删除了，鉴于内容调整较多，故根据出版社的意见，作为新一版的产业经济学教材予以出版。

新版由我和刘亮研究员、余典范教授负责拟定全书的框架和提纲，之后开会听取了周振华、芮明杰、陈宏民、寇宗来、李伟等产业经济学专家的意见和建议。2018年我调到了上海社会科学院工作，同时还负责其应用经济研究所（之前叫"部门经济研究所"，2016年更名为"应用经济研究所"，以下简称"应用所"）的工作，应用所的主要任务是学术研究和决策咨询，同时还有对部分博士研究生、硕士研究生的培养工作，拥有应用经济学一级学科博士点、硕士点和博士后流动站，培养和吸引了国内外许多应用经济学科特别是产业经济学领域的人才，目前拥有50多位专职研究人员。这次新版教材的编写和改写工作主要由应用所的专职研究人员承担，具体分工如下：第一章由干春晖和刘亮研究员负责撰写，第二章和第三章由刘亮研究员负责撰写，第四章由张广财博士负责撰写，第五章由曹永琴博士负责撰写，第六章由谢露露博士负责撰写，第七章由蒋媛媛博士负责撰写，第八章由贾婷月和任宛竹两位博士负责撰写，第九章由郭家堂博士负责撰写，第十章由刘亮研究员负责撰写，第十一章由林俊瑛博士负责撰写，第十二章由康江江博士负责撰写，第十三章由杨博和徐赟两位博士负责撰写，第十四章由赵晓涛博士负责撰写，第十五章由任宛竹和贾婷月两位博士负责撰写。需要说明的是，新版教材是基于《产业经济学：教程与案例》两个版本的内容，因此也包含了此前两版作者的贡献，他们是尚永胜、闫星宇、姚瑜琳、周习、胡春燕、戴榕、李雪、刘乃全、邹俊、范林凯、尹华、王子炯、李津津、魏婧恬、张亚军、葛鹏、余典范、崔悦、王健、阮敏、吴一平、王秋蕾、王宇、朱瑞博、张学良、刘勇、徐琳、姜涛、牟清、蔡世婷、张瑞静、蔚力兵、余梅芳、许少波、魏明、应瑛、赵音璇、龚仰军、李眺、范建亭、周海蓉等，特此说明并致以衷心的感谢！

干春晖

2024 年 3 月

目录
CONTENTS

序

第一章	导论	1
第一节	产业经济学的研究对象、学科体系与研究领域	1
第二节	产业经济学研究的意义和方法	12
第三节	本书的框架与结构	15
本章小结		16
推荐阅读		16
思考与练习		16

第二章	产业经济学理论渊源与分析框架	17
第一节	产业组织理论的渊源与分析框架	17
第二节	产业结构理论的渊源与发展	26
第三节	产业关联和布局理论的渊源与发展	28
本章小结		30
推荐阅读		31
思考与练习		31

第三章	市场集中、规模经济与范围经济	32
第一节	不完全竞争市场理论回顾	32
第二节	市场结构与市场集中	34
第三节	规模经济、范围经济与企业边界	46
第四节	有效竞争：规模经济与竞争活力	55
本章小结		58
推荐阅读		59
思考与练习		59

第四章	策略性行为	60
第一节	策略性行为概述	60
第二节	非合作策略性行为	62
第三节	合作策略性行为	72
本章小结		87
推荐阅读		88
思考与练习		88

第五章　产品差异与策略选择 …… 89
第一节　产品差异的定义与溯源 …… 89
第二节　产品差异与市场势力 …… 94
第三节　产品差异与广告 …… 96
第四节　产品差异与策略选择 …… 101
本章小结 …… 102
推荐阅读 …… 103
思考与练习 …… 103

第六章　进入退出壁垒 …… 104
第一节　进入退出壁垒概述 …… 105
第二节　结构性进入壁垒 …… 107
第三节　策略性进入壁垒 …… 112
第四节　退出壁垒 …… 120
第五节　进入退出壁垒的福利效应 …… 123
本章小结 …… 126
推荐阅读 …… 127
思考与练习 …… 128

第七章　产品选择、成本与生产能力 … 129
第一节　空间先占权与产品扩散策略 …… 129
第二节　预告产品信息与掠夺性定价 …… 130
第三节　提高转换成本 …… 131
第四节　捆绑销售与搭配销售 …… 135
第五节　提高对手成本与平台竞争 …… 138
第六节　过度生产能力投资与兼容策略 … 140
本章小结 …… 143
推荐阅读 …… 144
思考与练习 …… 144

第八章　企业并购 …… 145
第一节　企业并购概述 …… 145
第二节　横向并购：福利权衡 …… 152
第三节　纵向并购：降低交易成本与稳定经营环境 …… 157
第四节　混合并购：资产利用与风险降低 …… 160
第五节　并购中的反垄断问题 …… 163
本章小结 …… 168
推荐阅读 …… 169
思考与练习 …… 169

第九章　创新、研发与组织变革 …… 170
第一节　创新与研发的基本概念 …… 170
第二节　研发与创新激励 …… 176
第三节　企业规模、市场结构与研发和创新 …… 182
第四节　技术革命与组织变革 …… 188
本章小结 …… 195
推荐阅读 …… 196
思考与练习 …… 196

第十章　市场绩效 …… 198
第一节　市场绩效概述 …… 198
第二节　所有权、市场结构与市场绩效 … 202
第三节　市场行为与市场绩效 …… 211
第四节　外部性与市场绩效 …… 217
本章小结 …… 221
推荐阅读 …… 222
思考与练习 …… 222

第十一章　产业与产业结构 …… 223
第一节　产业结构 …… 223
第二节　产业结构演进规律 …… 224
第三节　产业结构的增长效应 …… 229
第四节　产业结构优化 …… 231
第五节　制造业与服务业融合及结构演进 …… 237
第六节　产业结构变化的影响因素 …… 240
本章小结 …… 243

推荐阅读 …………………………………… 243
思考与练习 ………………………………… 244

第十二章　产业布局与集群 …………… 245

第一节　产业布局的理论发展 …………… 245
第二节　产业布局的指向性、原则与
　　　　规律及战略 ……………………… 252
第三节　产业布局的影响因素 …………… 257
第四节　中国产业空间布局与成因机制 … 262
第五节　产业集群 ………………………… 268
本章小结 …………………………………… 275
推荐阅读 …………………………………… 276
思考与练习 ………………………………… 276

第十三章　产业关联 ……………………… 277

第一节　产业关联概述 …………………… 277
第二节　投入产出分析概述 ……………… 282
第三节　投入产出模型 …………………… 288
第四节　结构分析 ………………………… 296
第五节　波及效应分析 …………………… 298
本章小结 …………………………………… 303

推荐阅读 …………………………………… 304
思考与练习 ………………………………… 304

第十四章　全球化视角下的产业结构 … 305

第一节　经济全球化与国际产业分工 …… 305
第二节　全球价值链与全球产业链 ……… 310
第三节　全球产业格局的发展与重构 …… 318
本章小结 …………………………………… 325
推荐阅读 …………………………………… 325
思考与练习 ………………………………… 326

第十五章　产业政策 ……………………… 327

第一节　产业政策概况 …………………… 327
第二节　产业政策理论的历史演变与
　　　　代表观点 ………………………… 330
第三节　产业政策的理论基础 …………… 333
第四节　发达国家的产业政策 …………… 338
第五节　中国的产业政策 ………………… 344
本章小结 …………………………………… 353
推荐阅读 …………………………………… 354
思考与练习 ………………………………… 354

第一章
CHAPTER 1

导　论

　　产业组织理论的目的就是让我们理解经济中各产业的结构和行为。该理论研究企业的规模结构和这种规模结构的成因，以及集中对竞争的影响，竞争对价格、投资、创新的影响，等等。

——乔治·J. 施蒂格勒

　　产业经济学（industrial economics）是国际上公认的相对独立的应用经济学科，也是近年来经济学理论研究最活跃、成果最丰富的领域之一。产业经济学是介于微观经济学和宏观经济学之间的"中观经济学"，它以产业（industry）为研究对象，研究和探索个别产业内企业间的竞争、合作关系及其对经济绩效的影响和相应的公共政策，同时也研究不同产业之间的结构关系和技术经济联系及相应的产业政策。在产业经济学中，以同一市场上具有竞争关系的企业为研究对象的产业组织理论是其核心内容。本章分为三节，分别介绍产业经济学的研究对象、学科体系与研究领域，产业经济学研究的意义和方法，以及本书的框架与结构。

第一节　产业经济学的研究对象、学科体系与研究领域

一、产业与产业分类

（一）产业的概念

　　产业经济学研究的基本对象是产业，那么什么是产业呢？在英文解释中，产业（industry）既可以泛指国民经济中的各个较为宽泛的产业部门，如农业、工业、服务业，也可以指特定的行业，如纺织业、食品业、钢铁业、造船业等，因此，产业是一个较为模糊的概念。

　　从产业的形成过程来看，产业是社会生产力和社会分工不断发展的产物。随着社会生产力的发展，人类社会先后发生了三次大规模的社会分工：第一次社会大分工发生在原始社会的新石器时代，使畜牧业从农业中分离出来；第二次社会大分工发生在原始社会末期，使手

工业从农业中分离出来；第三次社会大分工发生在原始社会瓦解、奴隶社会形成时期，出现了专司商品买卖的商人阶层，形成了独立的商业。这三次社会大分工形成了三次产业：农业和畜牧业、手工业、商业。18世纪后半叶的产业革命，直接促进了工业的形成并使其成为经济发展的主导力量。机器大工业极大地促进了社会分工，提高了劳动生产率。马克思在考察社会分工时，将其区分为三种形式："单就劳动本身来说，可以把社会生产分为农业、工业等大类，叫作一般的分工；把这些生产大类分为种和亚种，叫作特殊的分工；把工厂内部的分工，叫作个别的分工。"三次社会大分工是一般分工，形成了农业、工业、商业等大类；基于一般分工的特殊分工，使农业内部分为种植业、畜牧业、林业和渔业，工业内部分为冶金、纺织、食品、造纸、机械、造船、电子等部门，而起源于商业的服务业则分为旅游、教育、生活服务、金融、通信、信息等部门。因此，产业是由社会分工形成的具有某类相同特征的企业集合。基于一般分工形成的产业，称为广义的产业；而基于特殊分工形成的产业，称为狭义的产业。那么，以什么样的"相同特征"来划分产业呢？

基于以上认识，产业作为产业经济学的研究对象，有两层含义[⊖]：

（1）在产业组织层面上，当我们分析同一产业内企业间的市场关系时，产业是指"生产同类或有密切替代关系的产品、服务的企业集合"。生产同类或有密切替代关系的产品、服务的企业在市场上会产生竞争关系，企业间的竞争行为和竞争程度影响市场对资源的配置效率。以产品市场上具有竞争关系的企业集合——产业为研究对象，分析企业间的竞争行为和市场关系，才有可能对产业内的企业是否具有市场权力及市场运行的经济绩效做出判断，进而制定出促进竞争、提高效率的产业组织政策。

（2）当我们考察整个产业的状况，以及不同产业间的结构和联系时，产业的含义则更为宽泛，这时产业可以被定义为"使用相同原材料、相同工艺技术或生产相同用途产品的企业的集合"。以由这类企业组成的产业为对象，研究社会再生产过程中企业间错综复杂的中间产品或最终产品的供给与需求关系，才有可能认识各产业部门间的技术经济联系、比例关系及其变化规律，并通过制定和实施科学的产业政策优化产业结构、提高资源在产业间的配置效率。

综合以上两层含义，可以把产业定义为：产业是由提供相近产品或服务，使用相同原材料、相同工艺技术，在相同或相关价值链上活动的企业共同构成的集合。需要注意，对产业的界定应服从于我们的研究目标，产业的边界并不是一成不变的。当我们研究产业内企业的竞争行为时，产业是指生产同类或有密切替代关系的产品、服务的企业集合，在产品差异普遍存在的情况下，两家企业是否属于同一产业，取决于企业生产的产品、提供的服务之间是否有"密切"的替代关系。虽然产品的替代程度在理论上可以通过两种产品或服务的需求交叉价格弹性来衡量，但交叉价格弹性的值达到多少时，才可认定两家企业同属于一个产业，这仍需具体分析。技术变化也会引起产业边界的调整，新技术的使用改变了产品或服务间的替代关系，使本来属于不同产业的企业之间的关系演变成为基于同一产业、同一市场的竞争关系，出现所谓产业融合的现象，如互联网、通信网和有线电视网产业相互融合而形成的新的产业形态。在研究产业结构等问题时，产业的定义有较大的弹性，既可以有较宽泛的含义，如第一产业、第二产业和第三产业，也可以有较狭窄的含义，如石油产业、汽车产业等。在研究现实问题时，根据研究的需要可采取不同的标准对产业进行分类，常见的分类方法主要有三次产业分类法和标准产业分类法。

⊖ 杨公朴. 产业经济学 [M]. 上海：复旦大学出版社，2005：3-4.

（二）产业分类及其演变

由于产业是从事同类经济活动的企业或具有同一属性的组织的总和，这些"同类经济活动或同一属性"往往包括三方面内容，即使用同一或相似原材料投入要素，主要生产流程或生产工艺基本类似，产品基本用途相同或彼此之间具有较强的可替代性。[1]

产业的初现、形成和发展与社会分工密切相关。人类最早的社会分工是从狩猎过程中分化出原始畜牧业，即"游牧部落从其余的野蛮人群中分离出来"。[2] 此后，人类社会经历了三次社会大分工，并逐渐形成了农业、手工业和古老的商业。在此基础上，经过进一步分工细化形成了现如今的种植、养殖、食品、纺织、钢铁、汽车、金融、信息等众多产业。

为管理和研究方便，人们从不同视角对产业进行了分类，也由此形成了不同的分类标准、依据和方法，表1-1是一些学者根据产业演化的过程做出的产业分类标准和分类方法的总结介绍。

表 1-1 产业分类标准和分类方法

产业分类标准	产业分类方法	产业分类标准	产业分类方法
产品最终用途	马克思两大部类分类法	物质生产特点	农轻重产业分类法
工业生产特点	霍夫曼产业分类法	产业发展层次顺序及其与自然界关系	三次产业分类法
产业对经济发展的作用	钱纳里-泰勒产业分类法	生产要素集约程度	生产要素集约分类法
产业在国民经济中的地位和作用	产业地位分类法	产业发展的技术状况与阶段	产业发展状况分类法
统计标准	标准产业分类法		

资料来源：赵玉林，汪芳. 产业经济学：原理及案例 [M]. 5版. 北京：中国人民大学出版社，2020：22-23.

1. 马克思两大部类分类法

马克思在《资本论》中以产品最终用途作为分类标准，将社会总产品分为两大部类，也把社会生产部门分为两大部类，即生产生产资料的产业部类和生产消费资料的产业部类。其中：生产生产资料的产业部类为第Ⅰ部类，包括为生产生产资料提供生产资料的部门和为生产生活资料提供生产资料的部门；生产消费资料的产业部类为第Ⅱ部类，包括生产必要消费品的部门和生产奢侈消费品的部门。

这种分类法揭示了社会再生产过程中的实物和价值构成的比例均衡关系，因此，它既是研究社会再生产过程的理论基础，也是产业结构理论的基本来源之一，对于研究资本主义再生产关系和指导社会主义经济实践具有重要的理论意义。

2. 农轻重产业分类法

这种分类方法源于苏联，曾被社会主义国家广泛应用，也曾被一些其他经济体制国家和世界组织采用。该分类法是在马克思两大部类分类法基础上的实践应用，具有比较直观和简便易行的特点，对于从宏观上安排国民经济计划、实施跟踪与调控具有较大的实用价值。

---

[1] 赵玉林，汪芳. 产业经济学：原理及案例 [M]. 5版. 北京：中国人民大学出版社，2020：22-23.
[2] 恩格斯. 家庭、私有制和国家的起源 [M] // 中共中央马克思恩格斯列宁斯大林著作编译局. 马克思恩格斯选集. 北京：人民出版社，2012.

这种分类方法将产业分为农业、轻工业和重工业，其中：农业包括种植业、畜牧业、渔业和林业；轻工业包括纺织业、食品业、缝纫（服装）业、制革业、皮毛业、家具业、造纸业、印刷业等；重工业包括燃料业、冶金（如钢铁）业、煤炭业、石油业、化工业等。

3. 霍夫曼产业分类法

这种分类方法是德国经济学家霍夫曼在其代表作《工业化阶段和类型》（1931）中提出的，其目的是研究工业化发展阶段。霍夫曼在研究过程中提出了霍夫曼比例的概念，即消费资料工业净产值与资本资料工业净产值的比例，他认为该比例的变化与工业化进程有密切关系。为此，他将工业生产划分为消费资料工业、资本资料工业和其他工业三大类，其中：消费资料工业包括食品业、纺织业、皮革业和家具业等；资本资料工业包括冶金及金属材料业、运输机械业、一般机械业和化工业等；其他工业包括橡胶业、木材业、造纸业、印刷业等。为避免出现生产某种产品的工业既属于消费资料工业又属于资本资料工业的问题，他将产品用途有75%以上属于消费资料的工业划分为消费资料工业，将产品用途有75%以上属于资本资料的工业划分为资本资料工业，将难以用以上标准计算比例的工业归入其他工业，该方法也曾被一些国家采用。

4. 三次产业分类法

这种分类方法是目前产业结构研究中最重要的分类方法之一，也是目前各主要经济体在进行国民经济统计分类过程中重要的理论依据。这一分类方法由费希尔在其著作《安全与进步的冲突》（1935）中首先提出。在该书中，费希尔将人类的经济活动划分为三个阶段：第一阶段，主要是以农业和畜牧业为主的初级生产阶段，其对应的产业为第一产业，即农业和畜牧业，同时还包括采掘业；第二阶段，以工业生产为标志，以制造业为核心，其对应的产业为第二产业，即工业，主要是对原材料进行加工并提供物质资料的生产部门；第三阶段，以资本和劳动力大量流向服务领域为特征，其对应的是第三产业，即服务业，它提供的是除物质产品以外的服务。

克拉克则将这一分类方法应用到具体的经济实践当中，在其著作《经济进步的条件》（1940）中，用三次产业分类法对经济发展和产业结构变化之间的关系进行了研究。此后，这一分类方法逐步得到推广并被全球主要经济体所认同。三次产业分类法有时也被称为"克拉克大分类法"。

5. 钱纳里-泰勒产业分类法

这种分类方法由美国经济学家钱纳里（Chenery）和泰勒（Taylor）于1968年提出，他们在考察了生产规模较大和经济比较发达国家的制造业的内部结构转换过程后，发现不同经济发展时期的制造业对经济发展发挥的作用不同，其中：初期的产业部门主要有食品业、纺织业、皮革业等，这些产业部门大部分是为了满足基本生活需要，具有较强的最终需求性质，后向关联系数较小，需求的收入弹性较小，生产技术和工艺比较简单；中期的产业部门主要有非金属矿业、橡胶业、木材与木材加工业、石油业、化工业、煤炭业等，这些产业部门生产的产品具有明显的最终需求性质，前向关联系数较大，需求的收入弹性较大；后期的产业部门主要有服装与日用品业、印刷与出版业、粗钢业、纸制品业、金属制品业和机械制品业等，它们往往体现为最终产品，具有很强的中间需求性质，前后向关联系数都较大，需求收入弹性也较大。

6. 生产要素集约分类法

这种分类方法是根据不同的产业在生产过程中对资源（主要包括劳动、土地、资本、其他自然资源、知识和技术、管理等）的需求种类和依赖程度的差异，即以生产要素集约程度的不同作为标准划分产业部门。由于在产品生产过程中技术特征不同，所需投入的各类生产要素数量也存在差异，基于投入的主要要素情况，产业被划分为劳动密集型产业、资本密集型产业、技术密集型产业、知识密集型产业。

劳动密集型产业对劳动力特别是体力劳动的需求或依赖程度较大，一般包括传统种植业、食品业、服装业、服务业等；资本密集型产业对资本，即物化劳动的需求或依赖程度较大，包括钢铁业、机械业、造纸业、化工业等；技术密集型产业对技术的需求或依赖程度较大，产品技术含量高，脑力劳动比例较大，包括航天业、电子计算机业、新材料业、新能源业、测控仪器业等；知识密集型产业对知识的需求或依赖程度较大，主要以知识的生产和传播为主，包括研发业、设计业、教育业、文化创意业等。

7. 产业地位分类法

这种分类方法是基于产业在国民经济中的地位和作用进行的分类，一般分为基础产业、瓶颈产业、支柱产业、主导产业和先行产业等类型。基础产业是指为其他产业发展提供基础性条件，并为大多数产业提供服务的产业，这类产业往往是其他产业赖以发展的基础和前提；瓶颈产业是指未得到发展而严重制约其他产业和国民经济发展的产业，这类产业可能会对整个产业体系产生较大限制；支柱产业是指在国民经济的产业结构体系中占比较高的产业，它往往是一国财政收入的主要来源，对国民经济保持稳定具有重要作用；主导产业是指经济发展到一定阶段后，其自身具有较高的创新性和成长性，并由此带动和引领一个阶段的技术进步和产业结构升级，甚至起到关键性的导向作用和推动作用的产业；先行产业是指因关系到国民经济未来发展方向，必须优先发展的产业，它往往需要在产业结构发展过程中先行发展，以免阻碍其他产业的发展。

8. 产业发展状况分类法

（1）按技术先进程度进行分类。这种分类方法是经济学家在研究科学技术发展对产业发展和产业结构变迁的作用过程中，为区分高技术产业与传统产业比例关系和结构演变状态，根据产业结构在工业化进程中的技术演变特征和产业技术在产业发展中的地位与作用而进行的分类。该方法按技术先进程度将产业划分为传统产业和高技术产业。传统产业是指应用的技术不代表现代新技术的发展、在经济发达国家中增长缓慢甚至下降的产业；高技术产业是指应用的技术水平高、研发投入高且在经济发展中增长较快的产业。

（2）按产业发展阶段进行分类。这种分类方法是按照产业在产业发展生命周期中所处的不同阶段进行的划分，分为幼小产业、新兴产业、朝阳产业、衰退产业、夕阳产业、淘汰产业等。

幼小产业是指在开发初期因生产规模小、成本过高、技术不成熟而不能享受规模经济的好处并缺乏国际竞争力的产业。新兴产业是指由于科技的发展和生产力水平的提高，出现了已经渡过幼年生命危险期的新的细分产业。这些新的细分产业的产品在技术工艺、用途、生产方式、用料或其他方面与原有产业的产品有较大的不同。有时还把可能代表未来发展方向，以重大技术突破和重大发展需求为基础，有可能在未来对于带动经济长远发展起重要作用的新兴产业称为战略性新兴产业。朝阳产业是指随着新兴产业的进一步发展，它进入了技术不断成熟、平均成本不断下降、产业规模不断扩大、市场需求不断增加的时期，处在这一发展阶段的产业进而被称为朝阳产业，它常常与夕阳产业相对应。衰退产业是指由于技术逐渐老化、需求逐渐萎缩、平均成本不断上升、规模收益逐渐下降、产业规模逐渐缩小的产业。夕阳产业是指衰退产业继续衰退下去，得不到政府的有关扶持，也没有某项技术的重大突破来改革原有的技术条件而即将退出市场的产业。淘汰产业是指产业发展到一定时期，由于技术老化、需求萎缩、成本上升、长期亏损，不能适应市场的需求而退出市场的产业。

9. 标准产业分类法

这种分类方法一般由政府权威机构进行编制并颁布（如在我国，就是由国家统计局进行编制并由国家标准局以"国家标准"的形式颁布），正式的官方统计均按此标准执行，从而保证了标准产业分类法的权威性；主要经济体的标准产业分类法，一般以三次产业分类方法为其理论依据，基本囊括了目前的经济活动，具有较完整的涵盖性；标准产业分类法的结构，类似于生物学中对生物种类的分类方法，能适应迅速发展的计算机技术，具有较强的实用性。

我国自1985年依据三次产业分类法编制了标准产业分类标准后，前后对其进行了5次修订，目前实施的标准产业分类标准自2019年3月25日正式开始使用，从四个层次将我国国民经济活动中的产业进行了划分（即划分为20个门类，97个行业大类，473个行业中类和1 380个行业小类[一]），如表1-2所示。

表1-2 《国民经济行业分类》(GB/T 4754—2017) 中的产业划分

A. 农、林、牧、渔（含5个大类）	K. 房地产业（含1个大类）
B. 采矿业（含7个大类）	L. 租赁和商务服务业（含2个大类）
C. 制造业（含31个大类）	M. 科学研究和技术服务业（含3个大类）
D. 电力、热力、燃气及水生产和供应业（含3个大类）	N. 水利、环境和公共设施管理业（含4个大类）
E. 建筑业（含4个大类）	O. 居民服务、修理和其他服务业（含3个大类）
F. 批发和零售业（含2个大类）	P. 教育（含1个大类）
G. 交通运输、仓储和邮政业（含8个大类）	Q. 卫生和社会工作（含2个大类）
H. 住宿和餐饮业（含2个大类）	R. 文化、体育和娱乐业（含5个大类）
I. 信息传输、软件和信息技术服务业（含3个大类）	S. 公共管理、社会保障和社会组织（含6个大类）
J. 金融业（含4个大类）	T. 国际组织（含1个大类）

拓展阅读1-1

中国绿色产业的定义与分类

国际绿色产业联合会（IGIU）对绿色产业做了较为清晰的定义：如果产业在生产过程中基于环保考虑，借助科技、以绿色生产机制力求在资源使用上节约及减少污染（节能减排），我

[一] 参见《国民经济行业分类》(GB/T 4754—2017)。

们即可称其为绿色产业。但目前世界各国对绿色产业仍没有明确的定义，国内外相关机构通过编制产业分类表、项目目录、原则、标准等方式来对绿色产业或绿色项目进行界定。厘清产业边界，有利于将有限的政策和资金引导到对推动绿色发展最重要、最关键、最紧迫的产业上，以有效服务于重大战略、重大工程、重大政策，打赢污染防治攻坚战，建设美丽中国。

我国关于绿色产业的定义和分类源自国家发展和改革委员会会同有关部门制定的《绿色产业指导目录》（2019年版），包括节能环保产业、清洁生产产业、清洁能源产业、生态环境产业、基础设施绿色升级、绿色服务六个大类。除《绿色产业指导目录》外，国内主要的绿色产业或绿色项目目录还有：国家统计局发布的《节能环保清洁产业统计分类（2021）》，中国银监会发布的《绿色信贷统计制度》（2013），国家发展改革委发布的《绿色债券发行指引》（2015），中国人民银行、发展改革委、证监会联合发布的《绿色债券支持项目目录（2021年版）》。其中，《节能环保清洁产业统计分类（2021）》和《绿色信贷统计制度》主要用于统计管理，另外两项主要服务于债券发行。随着国际绿色金融的发展，多个国际金融机构或国际组织也陆续推出了各自的绿色项目界定原则或标准。其中，最具影响力的是国际资本市场协会制定的《绿色债券原则》和气候债券倡议组织发布的《气候债券标准》。二者都是为了服务于相关债券发行时的资质评估，前者强调绿色债券，后者强调气候债券。

资料来源：作者根据公开资料整理。

二、产业经济学的形成与发展

（一）产业经济学的萌芽

产业经济学的萌芽可追溯到马歇尔对工业组织的论述。在马歇尔1890年出版的《经济学原理》一书中，产业组织作为与生产要素——土地、劳动、资本同等重要的一部分加以研究，他提出了一系列对后来产业组织理论具有较大影响的观点：组织可以提高效率，增加经济效益；分工能提高效率；专门工业集中于特定的地方，能提高效率；大规模生产也能提高效率。由于在英文中，产业组织（industrial organization）与产业经济（industrial economy）是同义语，因此西方的产业经济学也被称为产业组织理论（theory of industrial organization）。

（二）产业经济学的发展与成熟

20世纪30年代，随着现代制造业的兴起，对产业的系统性研究增强。1932年，伯利（A. Berle）和米恩斯（G. Means）出版了《现代公司与私有财产》一书，详尽分析了20世纪20—30年代美国垄断产业和寡头垄断产业的发展现状。张伯伦（E. H. Chamberlin）则针对现代产业发展过程中的寡头垄断问题进行了系统研究，并于1933年出版了《垄断竞争理论》。梅森（E. Mason）于1939年出版了《大企业的生产及价格政策》一书，并成立了专门研究产业组织的小组，系统地培养出一批研究产业组织的专业人才。此外，德国经济学家霍夫曼（W. G. Hoffmann）在20世纪30年代对工业化进程中工业部门的结构演变规律进行了探讨；英国经济学家克拉克（C. G. Clark）在20世纪40年代初提出了三次产业分类法，成为产业结构理论的先导；里昂惕夫（W. Leontief）在20世纪30年代创立了投入产出产业经济学；库兹涅茨（S.

Kuznets）等人于 20 世纪 50 年代分析了经济增长过程中产业结构的变动。这些都构成了现代产业经济学的重要组成部分。日本经济学家筱原三代平提出的规划日本产业结构的基准，赤松要提出的"雁行产业发展形态说"，都对产业经济学的发展做出了重要贡献。

美国哈佛大学的贝恩（J. Bain）教授在上述研究基础上，提出了产业经济学分析的"结构－行为－绩效"（SCP）分析框架，并于 1959 年出版了《产业组织》一书，这标志着产业经济学理论的基本成熟，《产业组织》也在出版后的 20 多年中，几乎成为所有大学经济学专业的教科书或教学参考书，产业经济学研究的哈佛学派也初步形成。

（三）产业经济学的新发展

20 世纪 70 年代以后，产业经济学的各个方面都取得了较大发展。施蒂格勒出版的《产业组织》(1968)，提出了与哈佛学派不同的政策主张；梯若尔（Jean Tirole）出版的《产业组织理论》(1988)，对企业理论、市场理论、企业间关系等产业经济理论问题给予了更多的关注。梯若尔的这本书是近十几年来国外大学经济学和工商管理专业最常用的教学参考书。

20 世纪 90 年代中期以来，国外对产业经济学的研究主要集中在三个方面：企业内部组织问题、公共政策和产业政策问题、研究方法问题。以往的产业经济学将企业作为黑箱，研究企业之间的投入产出关系。从 20 世纪 90 年代开始，产业经济学深入企业内部，试图通过研究企业内部的产权关系和治理机制，从根本上分析企业行为的特点，出现了"管家理论"（stewardship theory）、委托－代理理论（principal-agent theory）、交易成本理论（transaction cost theory）、公司治理理论（corporate governance theory）等现代企业理论或企业经济学。

与此同时，由于博弈论和激励理论被引入产业经济学，有关公共政策的传统思想发生了革命性的变化。在市场经济条件下，对于各级政府来说，工作量大、涉及面广的政策并不是通常所说的"宏观调控"，而是"微观规制"（micro-regulation）。"微观规制"政策一般包括两大类：一类是反垄断（包括反不正当竞争）政策，另一类是规制政策。规制政策又可分为"经济性规制"（主要是指对企业定价、进入和退出某些产业的限制）政策和"社会性规制"政策（旨在保护消费者权益和自然环境等）。反垄断政策侧重于保护竞争、防止垄断；规制政策则允许存在垄断，同时侧重于约束垄断企业的行为。

进入 21 世纪以来，随着高技术产业特别是互联网、物联网、车联网、大数据、云计算等新一代信息技术产业的发展，以及产业集聚、产业生态系统、产业融合的深化和发展，经典的产业组织理论和产业结构理论面临挑战，产业经济学的研究得以不断深化和拓展，高技术产业经济学、互联网产业经济学、文化产业经济学等分支学科不断涌现，产业经济学理论得到了进一步丰富和发展。[⊖]

三、产业经济学的学科性质

按照目前我国教育部和国务院学位委员会颁发的学科分类目录，经济学分为理论经济学和应用经济学两大类，产业经济学属于应用经济学中的二级学科。产业经济学以产业为研究

⊖ 赵玉林、汪芳. 产业经济学：原理及案例 [M]. 5 版. 北京：中国人民大学出版社，2020：5-6.

对象，以理论经济学为基础，研究产业经济活动的基本特征及其变动规律，既不同于以单个市场主体（企业、消费者）为研究对象的微观经济学，又不同于以国民经济总量为研究对象的宏观经济学。

微观经济学研究在市场经济条件下生产要素和产品价格的形成机制，以及价格作为资源配置的信号，如何发挥作用并实现资源的最佳配置效率。它以个量分析为主要特点，研究单个的、抽象的生产者和消费者的行为及相互间的关系，在经济理性（市场主体在经济活动中总是追求自我利益的最大化）的假定下，运用局部均衡和一般均衡分析的方法，研究单个市场主体在资源约束的情况下，如何做出经济选择：消费者在收入约束的情况下如何选择消费品的数量；企业在生产技术既定的情况下，如何选择生产要素的使用数量和产品产量。消费者对各种产品的需求与生产者对产品的供给决定着每一种产品的产量与价格，如果市场是完全竞争的，通过市场价格的自行调节，市场将协调企业和消费者的选择，最终实现资源的优化配置。因此，在微观经济中，重点分析的是单个市场主体的行为及完全竞争市场下的资源配置效率。

宏观经济学的特点则是总量分析，它以国民经济中经济总量的变化及其规律作为研究对象，考察国民收入的形成、分配和使用。它从分析国民收入循环入手，分析其形成及分配，研究国民收入总供给和总需求之间的均衡关系，以及不均衡所带来的诸如通货膨胀、失业等问题，并分析财政和货币政策对国民收入及其均衡关系的影响。

如果把全部经济活动看成一个集合或系统，经济活动中单个市场主体则是这个集合中的基本元素或细胞，而产业则是按一定标准组成的子集合或子系统。宏观经济学研究的是整个集合的基本特征和规律，在考察国民收入的决定时，一般只讨论社会再生产过程中的最终产品的形成及计量问题，可以把中间产品的生产和交换，即产业之间的关系抽象掉。而微观经济学研究集合中元素的基本特性和相互之间的关系，在微观经济学的分析中，以"代表性消费者"和"代表性企业"来分析市场的需求、供给和均衡问题，尽管微观经济学也涉及厂商和市场理论，但主要分析的是完全竞争条件下的"代表性企业"及其集合，抽象掉了企业的具体内容。产业经济学以产业这一子集合为研究对象，研究这一子集合的基本特征与其中企业间的现实竞争关系及不同子集合之间的相互关系，覆盖了被微观、宏观经济研究所忽略的领域。因此，从研究对象看，产业经济学是介于微观经济学和宏观经济学之间的"中观经济学"。

产业经济学以理论经济学为基础，研究产业经济活动的基本特征和规律，探讨制定产业政策的理论基础和方法，指导国民经济中各产业的运行和发展，实现资源在产业内、产业间的有效配置，具有鲜明的实践性和应用性，因此产业经济学也是一门应用经济学学科。

四、产业经济学的研究领域

目前，中国产业经济学的传统研究领域主要涵盖以下四个方面。

1. 产业组织

产业组织理论是产业经济学的微观领域，主要研究由生产同类或有密切替代关系的产品、服务的企业所组成的产业，分析市场和产业的运行，特别是企业之间的竞争和合作行为。在现实经济生活中，产业内企业间的关系是复杂多变的，这些关系的变化关乎企业在产业内的生存和发展，决定产业内资源配置的效率，影响资源在产业间的流动。随着市场和技术条件的变化，许多市场逐渐趋向于寡占结构，企业间基于策略互动关系的竞争行为日益成为产业组织的中心内容。通过对市场运行过程中企业间竞争关系的分析研究，可以针对不同的市场结构和企业行为对经济绩效的影响做出判断，从而为政府制定产业组织政策、维持有效的市场竞争秩序、改善和提高经济效益提供实证依据和理论指导。

2. 产业结构

产业结构理论是产业经济学的宏观领域，主要研究产业间的相互联系与联系方式。产业结构研究既包括广义产业间的关系，如三次产业之间的关系，又包括狭义产业间的关系，如制造业内部各产业之间的关系。产业在经济活动中承担着资源转换器的功能，正是通过资源在产业间的流动，社会实现了对资源的有效配置。产业结构及其演化规律主要反映经济发展过程中产业间的资源占有关系，体现了资源在产业间配置的基本状况和变动趋势，也是制定促进产业发展和经济增长的产业政策的理论依据。产业结构研究一般不涉及过于细致的产业分类及产业之间中间产品的复杂供求关系，因此在产业经济学中属于宏观领域。

3. 产业关联

产业关联理论又称产业联系理论，它是产业经济学的中观领域，主要研究不同产业之间的投入品和产出品相互运动形成的实物或价值形态的技术经济联系。它以生产技术和工艺的相似性为依据来划分产业，运用由经济学家瓦西里·里昂惕夫(Wassily Leontief)提出的投入产出分析模型，把一个国家在一定时期内所进行的社会再生产过程中，各个产业部门间通过一定的经济技术关系所发生的投入产出关系加以量化，对各经济系统间在生产、交换和分配上的关联关系进行分析，然后利用产业间特定的关联关系，为经济预测和经济规划服务。产业关联理论运用较为细致的产业分类和数量分析方法，可以精确、量化地研究产业之间的相互依存关系，能很好地反映各产业的中间投入和中间需求。在产业经济学中，产业关联研究的是介于产业组织和产业结构之间的中观领域。

4. 产业布局与产业政策

产业布局主要研究产业在区域内的空间分布及规律，以及产业布局与区域经济发展之间的内在联系。产业离不开其赖以生存的空间载体，产业布局是一国或区域经济发展的基础。产业布局反映的是产业的区域分工与协作关系和资源在空间上的配置关系，合理的产业布局会优化资源配置，有利于发挥各区域的独特优势，促进区域经济的协调发展。

产业政策的研究内含于对产业组织、产业结构和产业布局等的理论研究中。产业政策是政府为实现其特定的目标，推进产业结构的优化升级，规范市场内垄断竞争秩序和促进某些产业发展而实施的干预性、指导性措施。实施产业政策是为了弥补或修正市场在资源配置中的固有缺陷，调节市场不完善所带来的资源配置不合理的状况，提高市场运行的效率，实现经济的可持续发展。产业政策通常包括产业组织政策（规制政策、反垄断政策）、产业结构政策和产业布局政策等方面的内容。

在产业经济学的诸多研究领域中，产业组织理论居于中心地位，其原因在于：

第一，企业是构成产业的微观基础，也是配置资源的主体，企业间的现实竞争关系和行为决定了市场机制能否有效发挥作用，同时也影响着资源在产业间的流动。一方面，产业结构和产业布局反映的是资源在不同产业及地域间的配置关系，在市场经济条件下，市场机制是资源配置的基础机制，通过企业间的有效竞争，高效率的企业不断淘汰低效率的企业，提高产业内的资源配置效率，改变市场结构；另一方面，产业间的利润差异决定企业进入或退出某一产业领域，企业的进入或退出行为提高了资源在产业间的配置效率，不断地调整着产业结构和产业布局。因此，研究企业间的现实竞争行为特别是具有一定市场权力的企业在市场上的竞争行为对资源配置效率的影响，限制垄断力量和行为对市场竞争机制的损害，对于维护有效市场秩序、改善资源的配置效率和调整产业结构无疑具有非常重要的意义，而这正是产业组织理论的核心研究内容。

第二，在欧美国家，习惯上把产业组织理论称为产业经济学，但根据中国的具体国情，研究产业结构、产业关联、产业布局及相关政策仍具有重要的理论和现实意义。中国是一个正在进行经济转型的发展中国家，市场机制尚不完善，要保持经济的持续增长，缩小同发达国家在经济和社会发展上的巨大差距，实现赶超目标，必然要发挥政府对经济活动的调控作用，通过产业政策调整计划体制下形成的不合理的产业结构和产业布局，提高资源配置的效率。同时，我们也应该看到，随着我国学科体系建设的日趋完善，学科设置也开始向国际标准靠拢，学科分类越来越细，这就需要我们重新认识和调整不同学科的研究领域，避免学科之间不必要的重复交叉。基于以上认识，本书以产业组织理论为中心，用较大的篇幅详细介绍其主要内容，同时兼顾已有的学术传统和实际需要，也涉及产业结构、产业关联和产业布局等方面的内容。

拓展阅读1-2
中国产业经济学研究领域的变化与两种观点

由于我国在20世纪50年代实施的是计划经济，在学科体系建设上承袭苏联模式，当时产业的概念主要是指计划经济中的"行业""部门"，如农业、工业、商业等，相应地设立了农业经济学、工业经济学和商业经济学等学科。改革开放初期，我国产业经济学受日本影响较大，重视产业结构和产业政策的研究，产业政策制定、产业布局调整和产业结构优化升级成为20世纪80年代我国产业经济学研究的重点。从20世纪80年代中后期开始，欧美主流的产业经济理论逐渐被引入中国，中国的产业经济学研究开始转型。目前国内的产业经济学研究存在两种主要观点。

第一种观点认为，产业经济学应该等同于产业组织理论，主要以特定产业为研究对象，特别是企业拥有市场势力（market power）的不完全竞争市场的运行[⊖]，并以市场结构、市场行为、市场绩效和产业组织政策（包括反托拉斯政策）为基本理论框架。因此，"产业"与"市场"是同义词，是指一定区域内（如一个国家或一个地区）生产（或提供）具有相同功能或替代功能的产品、服务的企业的集合。这种观点与欧美国家的情况比较一致，在欧美国家，主要以"industrial organization"来命名，即使以"industrial economics"来命名，也主要研究

⊖ PEPALL L, RICHARDS D, NORMAN G. Industrial organization: contemporary theory & practice [M]. 3rd ed. Boston: South-Westrn, Division of Thomson Learning, 2005.

产业组织理论。

第二种观点则认为，产业经济学不仅仅是产业组织理论，还应该包括产业结构、产业关联、产业布局、产业发展和产业政策等内容。由于研究范围广泛，产业组织理论只占一部分内容。我国产业经济学的理论体系研究中，上述第一种观点比较容易与国际接轨，而第二种观点更符合中国的创业实践与学科传统。从我国对产业经济学的研究历史来看，对产业结构等理论的研究确实早于对产业组织理论的研究，而且在支持政府制定产业结构政策中发挥了较大作用。

因此，在现阶段，如果以"产业经济学"来命名，其研究内容除了产业组织理论外，还应该包括产业结构、产业关联、产业布局、产业发展和产业政策等内容。

资料来源：作者根据公开资料整理。

第二节　产业经济学研究的意义和方法

一、产业经济学研究的意义

我国正处在现代化的进程中，快速的经济发展使经济总量不断增长，同时也带来了经济结构的持续变化，出现了许多亟待解决的新问题。在逐步完善市场经济的过程中，规模和效率、竞争和垄断、政府和市场的关系问题既是一个理论问题，又是一个重大的现实问题。理解和解决在经济发展和转型过程中出现的新变化和新问题，需要运用现代经济学的基本理论科学、理性地分析现象背后的一般规律，并为政府制定公共政策提供理论基础和实证依据，产业经济学为我们提供了分析问题的独特视角和方法，因此研究产业经济学具有重要的理论和现实意义。

第一，研究产业经济学有利于完善和发展经济学学科体系，丰富经济学的研究内容。产业经济学以产业为研究对象，填补了微观经济学和宏观经济学研究的空白点，使经济学的研究形成了从微观、中观到宏观的完整体系。对经济活动的研究既有对单个市场主体这一微观基础的分析和对经济总量运动的宏观把握，又有对产业这一中观层次的研究，这样我们就可以理解微观行为的逻辑基础、微观行为的相互作用，认识由微观个量到宏观总量的整合或加总过程。正是具有相似特征的企业及其相互作用构成了产业，对产业的研究可以使我们理解企业间的相互作用机制，以及产业间的结构和关联关系，使我们清楚经济总量是如何从个量的相互作用中产生的，个量变动是如何影响总量变动的，从而形成对经济活动的完整认知体系。

第二，研究产业经济学有利于正确理解现实经济中的结构变动、市场运行和企业竞争行为。产业经济学是一门应用经济学学科，它研究现实中的市场运行和企业行为及产业间的联系和变动规律，这有助于我们理解在经济活动中发生的各种现象。在微观经济学中，主要研究完全竞争市场下的企业行为，企业是价格接受者，生产同质的产品，它只是在既定的价格水平下选择自己的产量，这与现实世界中的企业行为反差太大。不完全竞争是现实世界中的常态，企业间的竞争方式复杂多变，激烈的价格战、无处不在的广告、价格同盟、排挤竞争对手、垄断、研发和创新等成为经济生活中的热点话题。产业组织理论主要研究不完全竞争下的企业行为，在不完全信息的条件下研究企业间的动态竞争，这使理论更接近于现实，从而为我们理解现实中复杂的企业行为和市场现象提供了理论指导。伴随着经济发展出现了经济结构和利益结构的不断调整，一些产业衰落了，而另一些产业却在快速成长；产业在国际、地区间的转移不断加快，劳动力的跨区域流动经久不衰；等等，产业经济学的理论将帮助我们理解这些结构变动的原因和趋势。

第三，研究产业经济学有利于用正确的理论来指导公共政策的制定，以促进经济的可持续发展。通过对市场结构和企业行为的研究，认识市场结构和企业行为间的相互关系及其对市场配置资源效率的影响，通过产业组织政策来维护市场竞争秩序、规范市场行为，形成有利于创新的竞争环境，提高市场对资源的动态配置效率；研究产业关联关系和结构变动规律，制定合理的产业政策，优化产业结构，提高产业结构的转换能力，实现产业结构的高度化，以增强产业的国际竞争力；研究产业布局的一般规律，制定正确的产业布局政策，形成合理的产业布局和调整机制，使产业布局与区域的资源优势相结合，实现区域间的分工协作效益，促进区域间的协调发展。

第四，研究产业经济有利于指导企业制定合理有效的竞争策略。竞争是市场经济的永恒主题，也是提升资源配置效率的基础。在激烈的市场竞争中，制定和实施合理有效的竞争策略，是获取竞争优势的关键。对市场的分析是制定竞争策略的基础，而 SCP 分析框架是分析市场的有力工具。在寡占市场上，决策的相互依赖性使得企业在制定竞争策略时必须考虑对手的反应，而应用博弈论研究策略性行为是产业组织理论的核心内容，因此产业组织中的理论模型和分析方法便成为企业制定竞争策略的基础。迈克尔·波特对竞争战略和竞争优势的分析便体现了产业组织理论在这方面的应用。

二、产业经济学研究的主要方法

由于产业经济学包括产业组织、产业关联、产业结构和产业布局等各具特色的内容，对产业的研究既有基于产业内企业间竞争关系和行为的微观视角，又有基于产业间技术经济联系的中观视角，还有基于产业间结构关系的宏观视角，因此，单一的研究方法不可能满足产业经济学各部分研究的要求，产业经济学的研究方法必然是不同研究方法构成的集合。对这个方法集合可以有不同层次、不同视角的认识，我们在此把这些方法分为以下两类。

（一）逻辑推演方法

逻辑推演方法主要从概念、基本假设出发建立理论模型，通过对模型的分析研究来解释、预测经济现象。这类方法具有逻辑的严密性，需要一定的分析技巧。在产业经济学中较为常用的有优化分析法、博弈分析法、投入产出分析法。

1. 优化分析法

在产业经济分析中，企业的目标在大多数情况下被假定为利润最大化。当企业间的决策不存在相互依赖性时，企业的决策就是在技术条件和资源的约束下最大化自己的利润。这类决策问题可抽象成一个有约束条件的极值问题，并应用各种优化分析模型来解决。例如，针对垄断企业的价格歧视问题就可以建立一个利润最大化模型,通过它来推导出实现利润最大化的价格水平,并在此基础上分析价格歧视对社会福利的影响。

2. 博弈分析法

博弈论主要研究决策主体的行为发生相互直接作用时的决策及这类决策的均衡问题。博弈论可划分为合作博弈和非合作博弈,这取决于决策主体的行为发生相互作用时,当事人之间能否达成一个有约束力的协议。产业组织理论研究不完全竞争特别是寡占市场中的企业行为,在寡占市场上企业间的决策存在相互依赖性,一家企业的选择会受到其他企业选择的影响,同时也影响其他企业的选择。正是这种决策相互依赖性的普遍存在,博弈论在产业组织研究中得到了广泛应用,成为产业组织研究中最重要的理论分析工具。例如,寡占企业的产量和价格决策、在位企业与潜在进入企业间的策略性行为、企业间的合谋、企业的研发、企业兼并和反垄断规制等问题都可通过博弈模型来分析企业的决策选择及其影响。

3. 投入产出分析法

投入产出分析法是研究产业关联的最基本方法,它在一定的假定条件下建立投入产出模型,运用"投入产出表"把一个国家在一定时期所从事的社会再生产过程中,各个产业部门间通过一定的经济技术联系所发生的投入产出关系加以量化,以此分析该国在这一时期社会再生产过程中的各种比例关系及其特性,为经济预测和经济规划服务。

(二) 经验研究方法

经验研究方法通过经验观察和经济数据的分析来发现经济变量之间的可能关系,以此为基础来提出或检验相关的结论和命题。产业经济学作为一门应用经济学学科,经验研究方法曾长期占据主导地位,即使在产业经济学步入"理论化"时期,经验研究也出现了"复兴"的趋势。通过经验研究可以解决理论模型的分歧、填补漏洞和提炼新的思想。主要的经验研究方法有案例研究法、计量经济分析法、实验研究法。

1. 案例研究法

案例研究法通过对实际发生的经济案例进行剖析,运用已有的理论解释实际发生的现象间的关系、检验已有的理论或提炼出新的思想。案例研究是20世纪50年代产业经济学的主要研究方法,是哈佛学派首先使用和比较推崇的方法,也是后来芝加哥学派常用的方法,由此产生了许多重大的学术成果。案例研究的目的是产生新的"试探性"理论和复证(replication) 已有理论,而在复证已有理论的过程中,除了支持已有的理论有效性外,往往能够对已有的理论产生一些新的观点,这些观点扩展或缩小了原有理论的使用范围。案例研究法还能揭示出普遍经济规律在不同的实际环境中所表现出的不同形式,能培养经济研究人员对实际经济事务中所蕴含的经济规律的敏感性,提高其实际运用经济规律的能力。

2. 计量经济分析法

计量经济分析法是利用数学和统计学的原理分析从实际经济领域获得的各种经济变量数据,归纳出经济变量之间可能的关系。计量经济分析法广泛应用于经验研究的各个领域,既可用于理论研究中利用实际数据来归纳可能存在的经济规律，也可用于经济研究中利用实际数据来验证经济理论规律。计量经济分析法是20世纪60年代以后产业经济学的主要研究方法之一，80年代以后逐渐形成了以计量经济分析法为主要工具的实证产业组织理论。

3. 实验研究法

2002年，普林斯顿大学卡尼曼（Kahneman）教授因为"将来自心理研究领域的综合洞察力应用在了经济学当中尤其是在不确定情况下的人为判断和决策方面做出了突出贡献"摘得2002年度诺贝尔经济学奖的桂冠。卡尼曼等人开创了利用实验研究个体决策行为的先河。实验研究法，就是按照特定的研究目的和理论假设，人为地控制或创设一定的条件，从而验证假设、探讨现象之间因果关系的一种科学研究方法。实验研究法具有四个特点：一是要以一定的理论假设为指导；二是要通过人为控制和操纵，创设一定的研究情境；三是其目的在于揭示变量之间的因果关系；四是它可以重复验证，其结论具有客观性。按场所的不同，可将实验划分为实验室实验和实地实验。

在产业经济学的发展过程中，逻辑推演和经验研究是相辅相成、互相促进的。产业经济学中的许多理论和规律都是从经验研究中得出的，产业组织理论的SCP分析框架、产业结构变动的若干规律等皆来自经验研究。经验研究促使研究者思考经验规律背后的因果关系，这又促进了理论模型研究的进一步发展，而对理论的检验必然会推动经验研究，同时也可以发现理论模型的漏洞和应用的界限，并从各种不同的理论模型中选出"最适合"的，经验研究中发现的新思想又成为逻辑推演的新起点。正是在这种相互影响和促进中，产业经济学得到了不断的发展。

第三节　本书的框架与结构

本书除第一章的"导论"和第二章的"产业经济学理论渊源与分析框架"作为总领全书的理论和分析方法外，其余十三章分别从产业组织、产业结构和产业政策三个方面介绍产业经济学的相关基本理论。为体现产业组织理论在产业经济学中的核心地位，我们用八章（第三章至第十章）的篇幅来介绍，在内容上突出新产业组织理论，注重对企业行为的分析。其中：第三章主要介绍市场集中、规模经济与范围经济；第四章主要介绍企业的策略性行为；第五章至第九章主要介绍企业的具体市场行为，包括产品差异与策略选择，进入退出壁垒，产品选择、成本与生产能力，企业并购，创新、研发与组织变革；第十章主要介绍市场绩效。第十一章至第十四章为产业结构相关理论的内容。其中：第十一章主要介绍产业与产业结构；第十二章主要介绍产业布局与集群；第十三章主要介绍产业关联；第十四章主要介绍全球化视角下的产业结构。第十五章主要对产业政策的问题进行了详细介绍。

在教材的编撰过程中，我们也针对一些主要理论增加了一些拓展内容或案例介绍，以供学生自己了解和阅读，一方面可了解中国产业的发展情况，另一方面可从中学习运用产业经济学理论对特定产业进行分析的方法，如SCP分析框架。

通常情况下，微观经济学的课程会安排在产业经济学的课程之前，前期课程结束后学生应该已经掌握了微观经济学的主要理论和分析方法，因此我们在本书中并没有介绍有关市场集中度的指标和传统的垄断竞争及寡占理论。另外，学习和阅读本书需要具备博弈论的初步知识，在介绍有关理论时，我们主要是体现博弈分析的基本思想，尽量避免分析上的技术细节，因此数学基础薄弱的学生在学习上不会特别困难。当然，我们也建议不熟悉博弈论的读者最好能预先了解一下这方面的基础知识，这样能更好地理解和掌握产业经济学理论的精髓。

本章小结

产业经济学作为国际上公认的相对独立的介于微观经济学和宏观经济学之间的"中观经济学"学科，在经济学研究和实践领域均受到越来越多的关注。为此，本章在详细梳理了产业的相关定义、产业经济学的发展和形成过程的基础上，深入分析了产业经济学的研究对象、学科性质和研究领域，对产业经济学研究的意义和方法做了较为全面的论述，并在此基础上对全书的框架与结构做了说明。

推荐阅读

[1] SCHMALENSEE R. Industrial economics: an overview [J]. Economic journal, 1988, 98 (392): 643-681.
[2] PEPALL L, RICHARDS D, NORMAN G. Industrial organization: contemporary theory & practice [M]. 3rd ed. Boston: South-Westrn, Division of Thomson Learning, 2005.
[3] CLARK R. Industrial economics [M]. Mass: Blackwell, 1985.
[4] 刘伟，张辉. 中国经济增长中的产业结构变迁和技术进步 [J]. 经济研究，2008(11): 4-15.
[5] 陈诗一，陈登科. 中国资源配置效率动态演化——纳入能源要素的新视角 [J]. 中国社会科学，2017（4）: 67-83.
[6] 干春晖，刘亮. 中国特色产业政策研究 [M]. 上海：格致出版社，2023.

思考与练习

1. 产业经济学的研究对象是什么？如何理解产业经济学的学科性质？
2. 你是否同意"产业组织理论是产业经济学的核心内容"这一看法？你的理由是什么？
3. 研究产业经济学有什么重要意义？
4. 产业经济学的主要研究方法有哪些？如何认识逻辑推演方法和经验研究方法之间的关系？

第二章
CHAPTER 2

产业经济学理论渊源与分析框架

> 让我们像鹰一样从更高的视野来开始阅读本书吧,没有哪一个经济领域如产业组织这样激动人心。
>
> ——乔治·J.施蒂格勒(为《产业组织》一书作序)

产业经济学经历了从萌芽到成熟的发展阶段,其研究领域逐渐从产业组织向产业结构、产业关联和产业布局等相关内容深入,其研究方法和理论内涵也逐渐深入,因此,本章将分别从产业组织理论、产业结构理论、产业关联与布局理论出发,对不同视角下产业经济学的理论渊源进行介绍,以期读者从整体上了解产业经济学的发展历程和脉络。

第一节 产业组织理论的渊源与分析框架

一、产业组织理论的渊源

产业组织理论的渊源可追溯到古典经济学家亚当·斯密关于市场竞争机制的论述。在1776年出版的《国富论》一书中,斯密对资本主义市场经济活动进行了细致的研究,系统论述了由竞争机制决定的价格体系是如何实现理想的市场秩序和经济效率的,提出了我们熟悉的"看不见的手"的原理。斯密认为在自由竞争的市场机制下,竞争的结果总是促使市场价格与生产者的成本趋于一致,他还论述了劳动分工可提高生产效率,因此合理的生产组织能带来社会资源的节约。1879年,英国经济学家马歇尔与其夫人合著的《产业经济学》(The Economics of Industry)出版,在书中将产业组织正式定义为产业内部的结构。在1890年出版的《经济学原理》一书中,马歇尔将"组织"也作为一种生产要素,把萨伊(J.B.Say)的生产三要素(土地、资本和劳动)扩展为生产四要素,并用相当的篇幅讨论了产业组织问题。同时,马歇尔对分工的利益、产业在特定地区集聚的利益、大规模生产的利益、企业专业化经营的利益等进行了专门阐述。在涉及规模经济性问题时,马歇尔发现了被后人称为"马歇尔冲突"的矛盾,即大规模生产能提高企业的生产效率,但企业追求规模经济的结果必然会导致垄断的发展,而垄断将破坏价格机制,扼杀竞争这一经济活动的原动力,使市场经济丧失活力,损害资源配置的效率。而如何有效利用生产等活动的规模经济性,同时又保持市场的竞争活力正是产业组织理论研究的核心内容,马歇尔由于提出了产业组织的概念和揭示了市场运行中的主要矛盾,因而被看成产业组织理论的奠基者。

到20世纪初,竞争和垄断之间的冲突日益显现。随着资本主义经济的发展,企业规模不断扩大,生产集中度提高,垄断、寡头垄断、卡特尔、托拉斯等已成为发达资本主义国家经济生活中的普遍现象。以完全竞争市场为分析基础的新古典经济学理论对现实经济问题很难给出令人满意的解释,许多研究者对普遍存在的垄断现象进行了分析,试图弥合传统经济理论与现实经济问题之间的鸿沟。伯利(A.Berle)和米恩斯(G.G.Means)在1932年出版的《现代股份公司和私人财产》一书中,详尽地分析了20世纪20年代至30年代美国的垄断产业和寡头垄断产业的实际情况,并对股份制的发展使资金集中到大企业手中,从而造成经济力量集中等问题进行了经验性分析,为以后产业组织理论的研究提供了许多有重要参考价值的成果。1933年,英国经济学家琼·罗宾逊(J.Robinson)和美国经济学家张伯伦(E.H.Chamberlin)分别出版了《不完全竞争经济学》和《垄断竞争理论》,均提到了垄断竞争理论。他们认为在现实经济中,竞争和垄断不是截然分开的,由于存在产品的差异性,真实世界的市场既不是完全竞争的,也不是完全垄断的,而是垄断和竞争的混合,即垄断竞争。在垄断竞争的市场结构中,企业具有一定的决定产品价格的市场权力,市场机制的自发作用不足以实现资源的最优配置。垄断竞争理论为产业组织理论的创立和发展奠定了理论基础,是产业经济学最重要的雏形之一,萨缪尔森称之为"垄断竞争的革命"。此后,美国经济学家克拉克(J.B.Clark)提出了"有效竞争"的概念,指出有效竞争是规模经济与竞争活力相兼容的一种市场结构,对产业组织理论的发展也起了较大的推动作用。垄断力量的出现引发了人们对一系列现实问题的深入思考,例如,政府应该用什么样的管制方法才能减少垄断势力对市场机制的逆向影响?什么样的市场结构才能保持适度竞争?市场结构合理化的评价标准是什么?正是在对这些问题的研究和解决过程中,产业组织理论才逐渐成熟和发展起来的。[⊖]在产业组织理论的发展过程中,由于理论主张和研究方法上的差异,形成了不同的学术流派,对理论发展和公共政策产生了深远影响。

二、哈佛学派和 SCP 分析框架

20世纪30年代末至60年代,哈佛大学成为产业组织理论研究的中心,张伯伦和梅森(E.S.Mason)在哈佛大学开设了产业组织课程,1938年成立了由梅森教授领导的包括贝恩(J.S.Bain)等人在内的产业组织研究小组,对不同产业的市场结构、企业行为进行实证分析。他们以案例研究为手段,分析了美国主流产业的市场结构。1939年,出版了第一批关于产业集中度的资料;20世纪40年代至50年代进行了一系列关于具体产业市场结构的研究;50年代的研究重点又转向统计比较各个行业的市场结构。1959年,贝恩出版了第一部系统阐述产业组织理论的经典著作——《产业组织》,标志着哈佛学派理论的正式形成。哈佛学派的产

⊖ 牛晓帆. 西方产业组织理论的演化与新发展 [J]. 经济研究, 2004 (3): 116-123.

组织理论以垄断竞争理论为基础，以实证研究为主要手段，将特定产业（市场）的分析分解为结构、行为和绩效三个方面，构造了一个既能深入具体环节又有系统逻辑体系的"市场结构（structure）－市场行为（conduct）－市场绩效（performance）"（SCP）分析框架，形成了完整的产业组织理论体系。SCP分析框架是在贝恩提出的"结构－行为－绩效"框架的基础上逐步完善形成的，谢勒（Scherer）在1970年出版的《产业市场结构和经济绩效》一书中提出了完整的"结构－行为－绩效"分析框架。

（一）SCP分析框架的基本内容

在SCP分析框架中，产业组织理论由市场结构、市场行为、市场绩效这三个基础部分和政府的公共政策组成，其基本分析程序是按"市场结构→市场行为→市场绩效→公共政策"的逻辑展开的。

市场结构是指决定某一特定市场竞争程度的因素，主要包括市场上卖者的数量、产品的差异化程度、进入条件及纵向一体化程度等；市场行为是指企业在市场竞争与博弈中所采取的策略和行为，包括决定价格、产量、研究与开发和广告投入等；市场绩效是指市场运行的效率，即在一定的市场结构下，企业的市场行为所形成的资源配置、技术进步和规模经济实现程度等方面的现实状态，衡量绩效的主要标准有价格－边际成本比、资源配置效率、创新的速度、利润率和收入分配等。

按照哈佛学派的观点，结构、行为和绩效之间存在着因果关系，即市场结构决定市场行为，市场行为又决定市场绩效。而市场结构又取决于一些外生的基本条件（basic condition），如产品的生产技术和市场需求，例如在某个产业，生产技术决定了平均制造成本随产量扩大而下降，那么这一产业倾向于仅有一家或少数几家企业。因此，完整的SCP分析框架是遵循"基本条件－结构－行为－绩效"这一逻辑关系依次展开的。

在SCP分析框架中，运用案例和计量手段来分析、验证S、C、P之间的关系便成为研究的重点，而对于作为市场结构指标之一的集中度和作为市场绩效标准之一的利润率之间关系的研究处于核心地位。在哈佛学派看来，在具有寡占或垄断市场结构的产业中，由于存在着少数企业间的合谋、协调行为，以及通过高进入壁垒限制竞争的行为，削弱了市场的竞争性，其结果往往是产生超额利润，破坏资源配置效率，这就是"集中度－利润率"假说。结构－行为－绩效之间的关系和"集中度－利润率"假说得到了统计意义上的支持，比如，贝恩调查了美国制造业中的42个产业，将它们分为两组：一组是CR8（8家最大企业所占的市场份额）大于70%的22个产业；另一组是CR8小于70%的其余20个产业。分析结果显示，这两个不同集中度的产业群之间存在着明显的利润率差异，前者的平均利润率为12.1%，而后者的只有6.9%。据此，贝恩认为，如果存在着集中的市场结构，厂商就有可能成功地限制产出，把价格提高到正常收益以上的水平。

（二）SCP分析框架的政策含义及其应用与评价

哈佛学派理论的公共政策含义非常清楚：应采取企业分割、禁止兼并等直接作用于市场结构的产业组织政策来调整和改善不合理的市场结构，限制垄断力量的发展，保持市场的有效竞争。哈佛学派的这一政策主张对第二次世界大战后以美国为首的西方发达资本主义国家实施和强化反垄断政策产生过重大影响。

哈佛学派建立的 SCP 分析框架,为早期产业组织理论的研究提供了一套基本的分析框架,一度成为产业组织的主流理论,"SCP 分析框架的最大吸引力在于,一旦接受了它的因果关系假设,并能以可观测的(整体来说,缓慢变动的)结构变量如卖方集中度、进入条件和产品差异化程度为一方,以绩效变量如超常利润、销售成本及技术进步率为另一方,建立稳定的一般的关系模型,就能很方便地了解其中的规律性并制定政策,而不必探究其固有的、难以处理的并在很大程度上不可观测的市场行为过程"。尽管后期的研究发现,市场结构、市场行为和市场绩效之间绝非一种简单的单向因果关系,而是双向的、相互影响的多重关系。例如:企业的研发活动会改变生产技术,从而影响市场结构;企业也可通过大规模的广告宣传改变消费者的偏好并影响市场结构。但是 SCP 分析框架仍然是进行产业或市场分析的重要工具之一,迈克尔·波特(Michael E. Porter)在分析企业竞争战略时使用的"五力模型"就是建立在 SCP 分析框架的基础上。图 2-1 是对基本条件、结构、行为、绩效和政府政策之间多重关系的一个直观体现。

哈佛学派的结构–行为–绩效分析框架及政策主张虽然统治了主流产业组织学界半个世纪,但其本身仍存在许多难以克服的缺陷。第一,结构–行为–绩效分析框架缺乏坚实可靠的理论基础,其理论缺乏逻辑上的必然性,而只是经验性的描述。第二,结构–行为–绩效分析框架从来没有否认市场结构之外的因素对市场行为的影响,也承认市场行为对市场结构存在反馈性质的影响,但由于它在根本上仍然过于强调了市场结构对市场行为的决定作用,并且其又不可能对策略性行为的逻辑做出清楚的解释,以致以结构–行为–绩效分析框架为基础的传统主流产业组织理论不仅一直难以有效解释不完全竞争条件下的企业行为,而且除了一些描述性的所谓行业基本条件之外,也几乎不可能再有新的重要因素被纳入结构–行为–绩效分析框架之中,如企业的产权结构与治理结构、信息不对称、有限理性和交易成本等。第三,结构–行为–绩效分析框架所推崇的跨部门经验研究存在着来自数据采集和模型设计的天生缺陷。

三、产业经济学分析框架的拓展

自 20 世纪 60 年代以来,SCP 分析框架成为理论界和实业界讨论与批评的热点,这些批评中比较有代表性的学派或观点主要有芝加哥学派和可竞争市场理论、新奥地利学派及其理论主张、新产业组织理论等。

(一)芝加哥学派和可竞争市场理论

哈佛学派的产业组织理论强调经验性的产业研究,注重从经验观察中获取结论和命题,缺乏坚实的理论基础和系统的理论分析。自 20 世纪 50 年代以来,哈佛学派的理论一方面在发展和完善,另一方面也在不断受到批评和挑战,这些批评者主要是来自芝加哥大学的经济学家,包括施蒂格勒(G.J.Stigler)、德姆塞兹(H.Demsetz)、布罗曾(Y.Brozen)、波斯纳(R.Posener)等人,在这一批判过程中,芝加哥学派逐渐崛起并取得了主流学派的地位,其代表人物施蒂格勒还由于对产业组织理论的巨大贡献获得了 1982 年诺贝尔经济学奖。

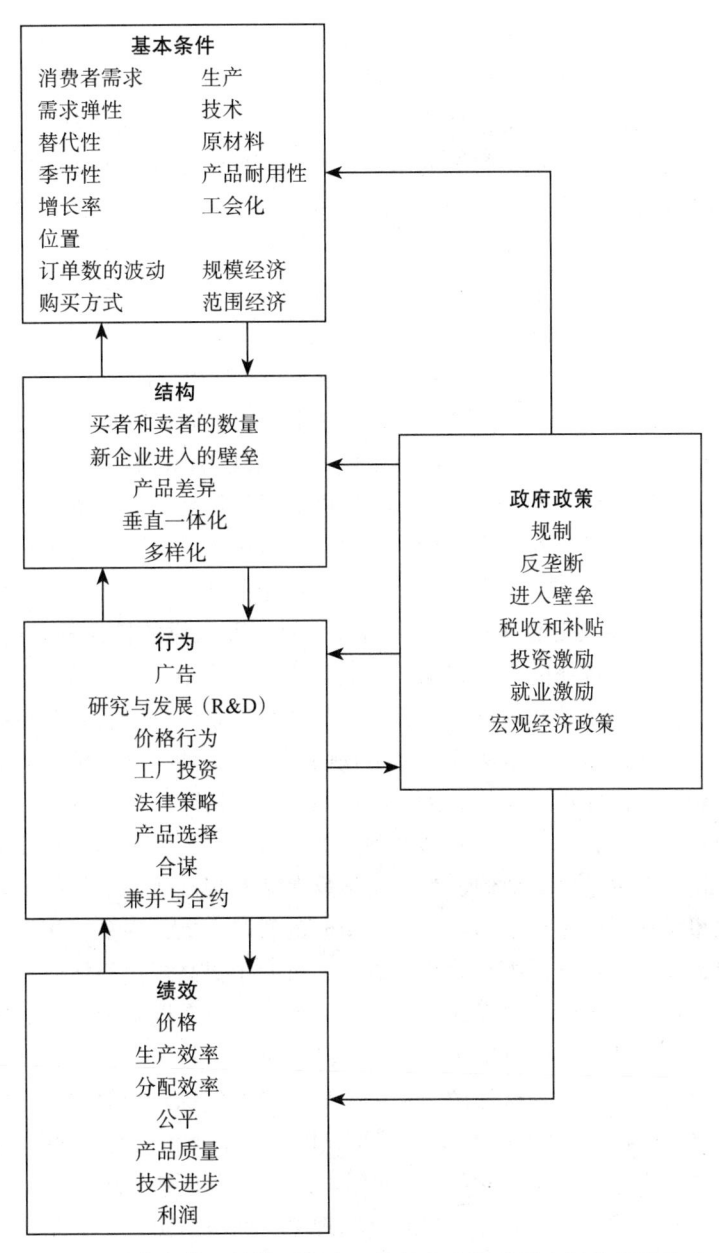

基本条件
- 消费者需求
- 需求弹性
- 替代性
- 季节性
- 增长率
- 位置
- 订单数的波动
- 购买方式
- 生产
- 技术
- 原材料
- 产品耐用性
- 工会化
- 规模经济
- 范围经济

结构
- 买者和卖者的数量
- 新企业进入的壁垒
- 产品差异
- 垂直一体化
- 多样化

行为
- 广告
- 研究与发展（R&D）
- 价格行为
- 工厂投资
- 法律策略
- 产品选择
- 合谋
- 兼并与合约

绩效
- 价格
- 生产效率
- 分配效率
- 公平
- 产品质量
- 技术进步
- 利润

政府政策
- 规制
- 反垄断
- 进入壁垒
- 税收和补贴
- 投资激励
- 就业激励
- 宏观经济政策

图 2-1 基本条件、结构、行为、绩效和政府政策之间的多重关系

资料来源：卡尔顿，佩罗夫.现代产业组织[M].黄亚钧，谢联胜，林利军，译.上海：上海三联书店，上海人民出版社，1998：5.

芝加哥学派在理论上继承了自奈特（F.Knight）以来芝加哥传统的经济自由主义思想和社会达尔文主义，信奉自由市场制度和价格理论，相信市场力量的自我调节能力。他们认为，市场竞争过程是市场力量自由发挥作用的过程，是一个适者生存、劣者淘汰，即所谓"适存检验"的过程。他们主张，国家应该尽量减少对市场竞争过程的干预，把它仅仅限制在为市场竞争过程确立制度框架的条件上，并认为市场均衡是不能通过人为的政策干预加以实现的，而只能通过市场竞争过程强迫经济主体不断适应这种本身也在不断变化着的市场均衡，尽管这样的市场均衡在现实中难以实现，但是，不受人为干预的竞争过程始终趋向这种均衡。在方法论上，他们强调新古典经济学价格理论对观察到的经济行为的解释能力，坚持认为产业组织及公共政策问题仍然应该从价格理论的视角来研究，试图以价格理论中的完全竞争和垄断两个基本模型作为分析产业组织问题的基础，这与哈佛学派在产业组织研究过程中重视价格理论难以解释的问题，并用产品差别化、进入壁垒和垄断竞争等新的概念与理论加以分析的做法形成了鲜明的对比。

芝加哥学派也不认可"集中度–利润率"假说，他们认为，即使在高度集中的市场中企业拥有市场势力并获得了超额利润，但这只是市场处于非均衡状态时的暂时现象，只要不存在政府对进入市场的人为限制，这一现象会随着市场趋向均衡而消失，"真实世界总是趋于走向帕累托改善"。例如，在高集中度的市场中，如果企业之间采取秘密卡特尔等合谋行为的话，也许就可以获得高利润率，但只要没有政府的进入规制，这种高利润率会因为新企业的大量进入或卡特尔的解体而逐渐被"稀释"。在 SCP 分析框架的逻辑关系上，芝加哥学派认为并不是市场结构决定市场行为，市场行为再决定市场绩效，而应该是市场绩效和市场行为决定了市场结构。在芝加哥学派看来，正是由于一些企业在激烈的市场竞争中能取得更高的生产效率，所以它们才能获得超额利润，并进而促进企业规模的扩大和市场集中度的提高，形成以大企业和高集中为特征的市场结构。他们认为，高集中市场中的大企业由于大规模生产的规模经济性、先进的技术和生产设备、上等的产品质量、完善的企业组织和管理等因素必然具有高效率。因此，如果一个产业持续出现高利润率的话，这完全可能是该产业中企业的那些高效率因素作用的结果，而不像哈佛学派所指出的那样，是因为产业中存在垄断势力。

芝加哥学派坚信，唯有自由的企业制度和市场竞争秩序，才是提高产业活动效率、保证消费者福利最大化的基本条件。他们认为，实施反垄断和规制政策的目的，在于提高市场运行的效率。由于超额利润可能是市场处于非均衡时的暂时现象，现实经济活动中并不存在特别严重的垄断问题；生产日益集中在大企业手里，有利于提高规模经济效益和生产效率；大企业的高利润完全可能是经营活动高效率的结果，而与市场垄断势力无关。因此，他们反对哈佛学派所主张的对长期存在的过度集中的市场结构进行直接干预并对大企业采取分割和实行严格的兼并控制的政策，认为这种做法破坏了效率增长的源泉。他们主张放松反托拉斯法的实施，尽可能减少政府对产业经济活动的干预，以扩大企业和私人的自由经济活动范围。

20 世纪 60—70 年代，美国一些传统产业的国际竞争力日趋下降，一些重要产业的生产活动向国外转移，发生了所谓的产业"空心化"现象，经济中出现了大量的财政赤字、贸易赤字和"滞胀"现象。不少研究者和分析人士将经济不景气归咎于哈佛学派所主张的强硬的反垄断政策和过分的且无意义的规制政策。反垄断政策的目的在于实现经济效率性，芝加哥学派的这一观点被越来越多的人所接受，芝加哥学派也逐渐取得了主流地位，并直接推动了美国反垄断政策的重大转变。

可竞争市场理论（theory of contestable market）是由美国经济学家鲍莫尔（William J.Baumol）等人在芝加哥学派理论的基础上提出来的。1981 年 12 月 29 日，鲍莫尔在就任美国经济学会主席时，发表了题为"可竞争市场：产业结构理论的一次革命"（Contestable Markets: An Uprising in the Theory of Industry Structure）的就职演说，首次提出了"可竞争市场"的概念。1982 年，他又与潘扎尔（J.C.Panzar）和威利格（R.D.Willig）合著出版了《可竞争市场与产业结构理论》（Contestable Markets and the Theory of Industry Structure）一书，标志着可竞争市场理论的形成。

可竞争市场理论是以完全可竞争市场和沉没成本（sunk cost）等概念为中心，来推导和说明高集中度的市场结构是可以与经济效率并存的。所谓完全可竞争市场，是指当市场内的企业从该市场退出时完全不用负担不可回收的沉没成本，从而进入和退出完全自由的市场。由于不存在沉没成本，企业进入和退出市场是完全自由的，因此相对于在位企业，潜在进入者在生产技术、产品质量、成本等方面并不存在任何劣势。潜在进入者为了追求利润会迅速进入一个具有经济利润的完全可竞争市场，而当在位者做出报复反应使价格下降到无利可图时，它们会无摩擦快速撤出，这种进入形式通常被称为"打了就跑"（hit-and-run entry）策略。即使是一个短暂的获利机会，也会吸引潜在进入者的进入，而当在位企业做出反应时，它们会带着已获得的利润离开市场，进入或退出可以重复多次，直到消除任何垄断利润。由于这种闪电般进入或退出压力经常存在，因此无论是垄断市场还是寡占市场，企业就只能制定超额利润为零的可维持价格，以防止潜在的竞争者进入市场与其发生竞争，任何企业都不能获得超额垄断利润，高集中度的市场与经济效率可以并存。由此可见，可竞争性实质上是指来自潜在进入者的竞争压力对正在市场上的供给者的行为施加的约束，这种约束越强，在位企业的行为越接近于竞争市场上企业的行为。

可竞争市场理论的政策含义也是非常清楚的：垄断并不必然使福利受损，"在近似的可竞争市场中，自由放任政策比通过行政手段或反托拉斯手段主动管制更能保护一般公众的利益。少数几个大厂商采取垂直兼并、横向兼并及其他的组合，传统观点认为有形成垄断势力之嫌，在有可竞争性存在时，它们都变成无害的甚至可能更有效率的了"。因此，政府政策应以促进可竞争性为重点，消除一切人为的、不必要的进入和退出壁垒，使新企业有平等的机会参与市场竞争。尽管完全可竞争市场是一个理想化的模型，在现实中真正符合可竞争市场假定条件的产业比较罕见，但可竞争市场理论对美、英等国政府的规制政策产生了重大影响。20世纪70年代后期发达经济体普遍出现了放松规制的倾向，可竞争理论就是这一政策转变的重要理论基础之一。

（二）新奥地利学派及其理论主张

新奥地利学派是20世纪70年代在米塞斯（L.Mises）和哈耶克（F.A.Hayek）等人提出的经济思想的基础上形成的产业经济学流派。该学派继承和发展了由门格尔（Carl Menger）、庞巴维克（Eugen von Böhm-Bawerk）创立的奥地利经济学派的传统思想和方法。

新奥地利学派完全否定新古典主义关于市场运行的完全竞争理论，他们认为，完全竞争的概念仅仅描述了作为竞争结果的均衡状态，却不谈导致均衡的竞争过程，因而这一概念本身是有竞争之名而无竞争之实的。新奥地利学派从信息的不完全性、人的有限理性和环境的不确定性出发来理解市场，在他们看来，作为完全竞争理论分析前提的完全信息假定不仅不符合现实，还会对人们产生误导。因为如果在现实经济生活中存在完全信息的话，那么可利用资源的有效配置这一最重要的经济问题就可迎刃而解。实际上，无论政府还是个人，都不可能掌握完备的知识和信息，这不仅因为知识和信息是分散在千百万人的脑海中的，同时也因为这些知识和信息是千变万化的。因此，市场运行的根本问题就在于如何发现和利用分散的知识和信息，将资源配置到对社会有更高价值的方面，而这只有通过竞争的市场才能实现。

新奥地利学派把市场看作对分散的知识和信息的发现与利用过程，特别强调企业家及其创新精神在这一过程中的重要作用。他们认为，创新精神本质上是发现人们新的需要，以及满足这些需要的新资源、新技术的能力，在市场竞争过程中企业家通过学习和发现新的知识和信息，并在此基础上采取行动来指导资源的合理流动，以更好地满足消费者的需要和实现理想的经济绩效。

新奥地利学派主张自由放任的经济政策，强烈反对政府干预，抨击行政垄断。他们认为，市场不均衡是因为市场参与者的无知，即存在着未被发现的信息或因为信息不完全造成获利机会的损失，因此市场运行的过程实际上也就是不均衡的调整过程。企业家在市场竞争中通过不断试错的过程，学习、发现知识和信息来实现和维护市场均衡。由于这一试错过程对实现市场均衡是有益和必需的，因此新奥地利学派的学者强烈反对政府对市场的干预，认为政府的知识和信息也是不完全的，政府的干预反而会扭曲市场调整过程，最终损害经济绩效。在对反垄断政策的批判上，新奥地利学派认为，利润是对企业家进行了成功创新的报酬，它给企业家传递市场机会的信息，在动态竞争过程中引导企业家不断重新分配资源，以满足消费者的需要。市场竞争的强弱也是无法用集中度或企业数量、市场占有率这些指标来测量的，因为竞争源于企业家的创新精神，这种创新精神又是其他企业无法夺去的。因此，只要确保自由进入的机会，充满旺盛创新精神的市场就能形成充分的竞争压力，而与该市场的集中度无关。在他们看来，唯一成为市场进入壁垒的是政府的进入规制政策和行政垄断，因此最有效促进竞争的手段应该是废除那些过时的规制政策和不必要的行政垄断。

新奥地利学派也有自己独特的方法论，认为经济学属于社会科学，是不同于自然科学的所谓"人类行为科学"，反对把自然科学的研究方法运用到经济学的研究之中，主张对经济问题必须与道德伦理、政治学、法学和哲学等联系起来进行研究。他们拒绝采用现代数学方法和经济计量技术，而是致力于个人行为的逻辑分析，从"人类行为是实现其目的的合理行动"这一前提出发，通过逻辑推论发现个人行为和经济现象之间的因果联系。

新奥地利学派关于市场是分散的知识和信息的发现与利用过程，强调在市场的动态竞争过程中企业家及其创新精神对实现经济绩效的重要作用，重视经济现象背后的道德和文化基础，这些观点和分析有其重要的理论价值。近20年来，这一流派在西方学术界、政治界产生了巨大的影响力，但是它所鼓吹的极端自由主义的政策主张在经济生活中是不现实的。由于在研究方法上完全不同于主流经济学的均衡分析方法，强调主观主义的心理分析，"其结果常常被理解为只有部分是准确的"，因此新奥地利学派的产业组织理论对产业经济学的影响更多的是在思想理念上。

（三）新产业组织理论

虽然哈佛学派认为新古典经济学的价格理论不足以解释现实世界的市场运行，应该用新的概念和理论来分析研究现实经济问题，但其SCP分析框架缺乏理论依据和正式的市场分析模型，"常常依据松散的理论"。它强调经验性的产业研究，过于依赖经验性的统计分析，忽视了对"市场行为过程"的研究。这种方法检验的是结构变量和绩效变量之间的相关关系而非因果关系，很难说明形成集中的市场结构的原因，因此也不能指导政府干预市场。芝加哥学派却坚信价格理论，相信市场机制的自我调节能力，并没有形成解释现实市场中企业间复杂竞争关系的新理论,其学术贡献仅限于对 SCP 分析框架的批判上。因此在相当长的时间内,产业组织理论并没有建立起严密系统的理论框架。从 20 世纪 70 年代开始,产业组织的发展出现了一次新的高潮,进入了"理论期",理论模型取代统计分析占据了主导地位,形成了以突出理论研究为特征的所谓"新产业组织理论"。之所以导致这一变化,主要有需求和供给两方面的原因。在需求方面,经济学家对长期主导产业组织研究的跨部门经验分析的局限性日益不满,人们普遍感到经验研究并没有对建立分析寡占市场的理论模型提供帮助。在供给方面,有两个因素在起作用:第一,20 世纪 70 年代以前,理论经济学家没有对产业组织理论给予足够的重视,70 年代之后,情况发生了变化,许多一流的理论经济学家对产业组织产生了兴趣,促进了产业组织的理论发展;第二,博弈论特别是非合作博弈理论被引入产业组织的理论研究,为产业组织领域的研究提供了统一的方法论,使得产业组织理论发生了革命性的变化。

与传统的产业组织理论相比,新产业组织理论在研究方法和理论分析框架上都有所创新。第一,在市场结构和行为的关系上,新产业组织理论重视对市场行为的研究,特别是企业策略性行为及其对未来市场结构的影响,考察结构和行为间的"逆向因果关系",即由"结构主义"转向"行为主义";第二,在不完全竞争市场特别是寡占和垄断市场上,由于现有企业间、现有企业和潜在进入企业间在市场决策和行为方面存在着相互依赖关系,博弈论便天然地成为分析垄断和寡占市场下的企业行为的强有力工具,从而形成了统一的理论研究方法;第三,随着博弈论特别是动态博弈和不完全信息博弈的发展,对市场行为的分析突破了新古典经济理论的完全信息假定和静态的分析框架,重点研究不完全信息下的企业行为及企业间的动态竞争关系。

新产业组织理论运用博弈论的方法扩展了由古诺(A.Cournot,1838)、伯川德(J.Bertrand,1883)、斯塔克尔伯格(H.Stackelberg,1934)等人建立的寡占厂商理论和由霍特林(H.Hotelling,1929)、张伯伦等人提出的产品差异理论,但它的研究重点却是企业的策略性行为。策略性行为是指一家企业为提高其利润所采取的旨在影响市场环境的所有行为[⊖]。市场环境包括市场中现有的和潜在的竞争对手数量、行业的生产技术、竞争对手进入该行业的成本和速度、市场的需求等。市场环境不再是外生的,企业不是被动地对既定的市场环境做出反应,而是通过对价格、产品、产能和企业边界的调整,以及研发和创新等策略去改变市场环境、影响竞争对手的预期,从而排斥竞争对手、阻止或延缓新企业进入市场,保护自己的市场势力和垄断利润。在现实生活中,企业之间的策略性相互作用构成了许多市场现象的基础,如价格战、垂直限制、排他性交易、价格歧视、研究与开发等。策略性行为的研究主要是运用博弈论和信息经济学,通过纳什均衡来阐明企业的行为,分析在既定的初始均衡条件或状态下,如何运用策略性行为实现新的均衡。这种新的研究方法在寡占或垄断市场下现有企业间的竞争、在位企业与潜在进入企业间的策略性行为、企业的进入 – 退出行为、价格竞争与价格合谋、广告、产品差异化、研发等方面的动态分析上取得了显著成效,使人们对复杂交易现象背后的动机和福利效果的理解达到了新的高度。

20 世纪 80 年代以来,科斯和威廉姆森等人以交易成本理论为基础,提出企业同市场一样参与了资源的配置过程,企业的内部活动是影响市场行为和产业结构的重要原因,因此对企业内部活动的考察便构成了新产业组织理论中一个不可或缺的部分。新产业组织理论运用

⊖ CARLTON W, PERLOFF M. Modern industrial organization [M]. 4th ed. New York: Addison-Wesley, 2005.

交易成本理论、委托-代理理论、激励理论等深入分析了企业内部组织结构和治理结构，提出了一系列新的理论和主张，以解决现代企业代理人的无效率问题，形成了较为完整的企业理论。另外，经济全球化和信息时代的市场结构与竞争问题也成为新产业组织理论研究的一项新课题，诸如对网络经济、具有网络效应的市场上企业的策略性行为、标准竞争和产品兼容，以及国际寡占、跨国并购、策略性贸易政策等方面的研究也取得了令人鼓舞的成果。

在20世纪70—80年代，产业组织学术界在逐步实现理论化的同时，经验性的研究相对滞后，到80年代后期，研究者已认识到了这两者之间的不平衡，出现了"经验研究的复兴"。因为，"只有经验性研究才能揭示什么样的理论模型是'空盒子'，什么样的理论模型具有广泛的适用性"[⊖]。新的经验研究包括计量经济学分析、案例研究和实验经济学三个方面，其中，案例研究和实验经济学中的实证产业组织理论最为引人注目。

20世纪90年代，全球出现了第五次企业并购浪潮，其规模和范围达到空前水平，巨型跨国公司主导的寡占市场日益成为整个经济的主流，企业之间的竞争行为愈来愈精巧、复杂，这为新产业组织理论提供了用武之地。新产业组织理论对美国等发达国家的反垄断政策也产生了一定的影响，反垄断的重心从反垄断结构逐渐转向了反垄断行为，大企业的策略性行为开始受到反垄断当局的认真对待，新产业组织理论的分析和概念在众多的案例及政策条文的修订中被反垄断行政机构或法院所采用，美国的反垄断政策也从前一时期的过于宽松逐步转向温和的干预。

实证产业组织理论于20世纪80年代以后逐渐兴起，运用建立在微观企业行为基础上的计量方法，采用具体的微观数据，对特定产业内企业实际运用的竞争行为、合谋行为及合理利润水平给出直接有效的测定，可以描述个体企业经营行为，是微观政府管制和反垄断的理论基础。目前，国外在实证产业组织理论方面的研究已经非常成熟，运用该理论和微观企业数据，可以有效解决多个方面的实际问题。例如：通过价格和需求波动判断企业是否存在合谋行为；对即将实施合并的企业建模，模拟兼并以后的行为、定价和消费者福利状况，防止合并企业滥用市场势力；对现有的企业是否滥用市场势力进行测度，并给出消费者福利损失的具体数值；测度水电等公共产品的实际成本，以便配合政府的价格管制行为；等等。

第二节 产业结构理论的渊源与发展

一、产业结构理论的渊源

产业结构理论的渊源可追溯到17世纪英国古典政治经济学家威廉·配第（W.Petty）的相关理论，他第一次发现了产业结构的不同是形成国民收入差异及不同的经济发展阶段的关键原因。他于1672年写成了《政治算术》一书，通过考察得出结论：工业比农业收入多，商业又比工业收入多，即工业比农业的附加值更高，而商业又比工业的附加值更高。重农学派的创始人魁奈分别于1758年和1766年发表了重要论著《经济表》和《经济表分析》，他根据自己创立的"纯产品"学说，提出了关于社会阶级结构的划分：生产阶级，即从事农业可创造"纯产品"的阶级，包括租地农场主和农业工人；土地所有者阶级，即通过地租和赋税等

⊖ SCHMALENSEE R. Industrial economics: an overview [J]. Economic journal, 1988, 98 (392): 676.

形式从生产阶级那里取得"纯产品"的阶级，包括地主及其仆从、君主官吏等；不生产阶级，即不创造"纯产品"的阶级，包括工商资本家和工人。他在经济理论上的突出贡献是在"纯产品"学说的基础上对社会资本再生产和流通条件的分析。马克思把社会资本再生产分为Ⅰ、Ⅱ两大部类，即生产资料部类和消费资料部类，并阐明了社会资本再生产要顺利进行，两大部类必须符合一定的比例关系。亚当·斯密在《国富论》中虽未明确提出产业结构概念，但论述了产业部门、产业发展及资本投入应遵循农工批零商业的顺序。其时恰逢工业革命前夕，重商主义阻碍工业进步的局限性和商业繁荣的虚假性已暴露出来。就此而论，配第、魁奈、马克思与亚当·斯密的研究和发现是产业结构理论的重要思想来源。

二、产业结构理论的形成

20世纪30—40年代是现代产业结构理论的形成时期，这一时期对产业结构理论的形成做出突出贡献的人主要有费希尔、克拉克、赤松要和库兹涅茨等。20世纪30年代，澳大利亚经济学家费希尔（A. G. B. Fisher）提出了三次产业分类法。德国经济学家霍夫曼在1931年出版的《工业化阶段和类型》一书中，分析了消费资料工业净产值与资本资料工业净产值的比例，得出了著名的霍夫曼定理，揭示了在工业化第一阶段的结构演化规律。英国经济学家科林·克拉克（Collin G. Clark）在1940年出版的《经济发展的条件》一书中，通过对四十多个国家和地区不同时期三次产业劳动力投入和总产出统计资料的整理、分析，得出了后来被称为"配第克拉克定理"的结论。日本经济学家赤松要在1935年提出了产业发展的"雁阵理论"，人们常以此表述后进国家工业化、重工业化和高加工度化发展过程。美国著名经济学家库兹涅茨在1941年发表的著作《国民收入及其构成》中对产业结构的演变规律进行了更深入的研究，分析、总结了国民收入和劳动力在产业间分布的一般趋势，阐述了国民收入与产业结构间的重要联系。

三、产业结构理论的发展

产业结构理论在20世纪50—60年代得到了较快的发展，这一时期对产业结构理论做出突出贡献的代表人物包括里昂惕夫、刘易斯、希金斯、赫希曼、罗斯托、钱纳里和一批日本学者等。里昂惕夫于1953年和1966年分别出版了《美国经济结构研究》和《投入产出经济学》两本书，建立了投入产出分析体系。刘易斯在1954年发表的《劳动无限供给条件下的经济发展》一文中，提出了用以解释发展中国家经济问题的理论模型，即二元经济结构模型。希金斯分析了二元结构中先进部门和原有部门的生产函数的差异。赫希曼在1958年出版的《经济发展战略》中提出了一个不平衡增长模型，其中的关联效应理论和最有效次序理论，已经成为发展经济学中的重要分析工具。罗斯托提出了著名的主导产业扩散效应理论和经济成长阶段理论，主要著作有《经济成长的过程》和《经济成长的阶段》等。钱纳里等人对产业结构理论的发展贡献颇多，总结了在工业化进程中产业结构演进的若干规律，提出了"发展型式"理论。日本学者筱原三代平提出了"动态比较费用论"，强调通过对后进国家幼稚产业的扶持，原来处于劣势的产业有可能转化为优势产业。

四、中国有关产业结构的研究

有关产业结构的核心理论大多出现在 20 世纪上半叶，其原因主要是经济学家开始关心后进工业国家如何实现工业化与经济增长。20 世纪后半叶有关产业结构的理论研究陷入了停滞，而中国有关产业结构的研究则主要始于改革开放之后，当时中国产业结构严重不合理，面临着如何实现产业结构调整的问题。因此，中国的研究者通常是在西方经济理论的基础上结合本国的实际进行实证分析。林毅夫采纳了"旧结构主义"关于经济发展的本质是产业结构不断调整和升级的过程这一观点，提出了国家应该在发现、培育和扶持具有比较优势的产业上扮演积极的角色。为了具体指导发展中国家制定发展政策，林毅夫将市场和政府的作用结合起来，提出了"增长识别与协调"（growth identification and facilitation）六大步骤。干春晖等人在测度产业结构合理化和产业结构高级化的基础上，构建了关于产业结构变迁与经济增长的计量经济模型，进而探讨了二者对经济波动的影响。在近期的研究中，学者们倾向于从供给、需求、技术进步、大国优势、动态比较优势、全球价值链、国际贸易和国际投资等不同的角度来考虑中国当前的产业结构调整问题。江小涓认为，自主创新能力不足是我国产业结构中较为突出的问题之一，而现代经济增长的主要动力就是技术进步，技术进步显著影响着产业结构的变迁，加速技术进步是中国产业结构调整的必由之路。在需求方面，国务院发展研究中心课题组研究指出，消费结构的升级给中国产业结构和经济增长方式转变带来了新的压力。同时，另一些研究则强调国际贸易和国际投资，例如：裴长洪指出，FDI 是实现我国产业结构优化升级的一条重要途径；王岳平认为，通过商品的进出口可以改善各部门的投入产出效率和促进专业化与市场竞争，因而对产业结构调整与升级产生重要影响。

第三节 产业关联和布局理论的渊源与发展

一、产业关联理论的渊源与发展

（一）产业关联理论的萌芽阶段

古典经济学的先驱威廉·配第及同时代的学者提出了一系列的观点和方法，把生产看成一种循环流，不同经济部门间的生产相互联系。之后的法国重农学派的创始人魁奈于 1758 年发表了《经济表》，进一步发展了这一思想，即把生产看成一个循环过程，以此来描绘再生产过程，他是用图式的办法描绘社会再生产过程全貌的第一人，马克思对《经济表》予以高度评价。亚当·斯密和大卫·李嘉图也接受了生产是循环流的观点。这一阶段的理论对产业关联理论的形成具有重大意义，产业关联理论汲取了古典经济学把整个经济看作一个系统的思想，而且正因为它继承了应用图表来描绘再生产过程的方式，投入产出分析法才应运而生。

（二）产业关联理论的产生阶段

产业关联理论主要运用投入产出分析法研究产业之间的技术经济联系。投入产出分析法是由出生于苏联的美国经济学家里昂惕夫在 20 世纪 30 年代提出来的，其思想来自魁奈的

《经济表》，以及马克思的两大部类再生产理论和瓦尔拉斯（Walras）的一般均衡的市场相互依存理论。对投入产出分析法产生重要影响的是瓦尔拉斯的一般均衡理论。里昂惕夫认为"投入产出分析法是古典的一般相互依存理论在实践上的延伸。这个理论（一般均衡理论）把一个地区、一个国家甚至整个世界的全部经济看作一个单一的系统，并根据可以观察到的基本结构关系描述和解释它的运行"。但一般均衡理论是一种理论上的抽象，无法对实际的经济进行实证性分析。里昂惕夫对一般均衡理论进行了简化，将它转化成为可计算的投入产出模型，用来描述和研究国民经济的均衡。

（三）产业关联理论的发展阶段

20 世纪 50 年代以后，随着运筹学、计量经济学和计算机技术的不断发展及其在经济分析中的普遍应用，投入产出分析在方法和应用上也有了新的进展，提出了各种动态投入产出模型，应用范围覆盖了微观、中观和宏观领域，可编制企业、地区的投入产出表，并扩展到国际经济范围，编制国际投入产出表，也可编制用于分析各种特殊问题的投入产出表，如能源、教育、环境污染等投入产出表。1953 年，里昂惕夫出版了《美国经济结构研究》一书，采用微分方程组的形式讨论了投入产出动态模型，1970 年发表了题为"动态求逆"著名的论文，研究了以差分方程组的形式表达的动态模型。里昂惕夫在 1986 年出版的《投入产出经济学》一书中，将投入产出理论应用于国民经济核算、国内生产和国际贸易、地区结构的分析等。联邦德国法兰克福大学戈里格等人在 1975 年开始了利用计算机进行自动编表的研究，20 世纪 70 年代苏联也开始开发用于计算的自动化系统。

（四）中国有关产业关联的研究

中国科学院系统科学所陈锡康在 1981 年提出了非线性实物模型，并于 1991 年编制了世界上第一个城乡间的投入占用产出表——《中国城乡经济投入占用产出表》；刘起运提出了对称模型；中国科学院数量与技术经济所张守一等人提出了"嵌入式投入产出表、模型及优化"，用于分析部门最优结构对国民经济其他部门的影响和效益；中国科学院系统科学所薛新伟、王冬等人提出了灰色投入产出理论；1989 年，王乃静研究了非线性动态模型；冯保存等人先后研究了模型与模糊数学的结合；1996 年，姜照华等人将神经网络理论引入投入产出分析中，并有学者将对策论和随机研究引入投入产出分析中；2000 年，薛新伟研究了包含隐性因素的投入产出模型；周振华分析了产业关联的变化，即产业关联的一般基础将由物质流占主导向信息流占主导转变，开辟新的产业关联的传递路径。今天，产业关联理论已成为产业经济学的重要组成部分，其理论研究与实践应用的范围日益广泛。

二、产业布局理论的渊源与发展

（一）产业区位理论的渊源与发展

产业布局理论的渊源可追溯到 1826 年德国经济学家杜能（Von Thunen）在《孤立国同农业和国民经济的关系》一书中提出的农业区位理论。其后，德国经济学家韦伯（A. Weber）在

1909年出版的《工业区位论》一书中系统论述了工业区位理论，由于将追求成本最低作为确定最优产业区位的准则，韦伯也被认为是"成本学派"的主要代表人物。20世纪30年代初，出现了产业布局的市场学派。这一学派认为，产业布局必须充分考虑市场因素，尽量将企业布局在能获得最大利润的区位。在成本学派和市场学派的基础上形成的成本－市场学派主张通过综合分析区位因素确定合理的生产区位。胡佛（Hoover,1936）考察了更加复杂的运输费用结构和规模经济对区位的影响。克里斯塔勒（Christaller,1933）提出用"中心地区理论"来解释城市为什么存在，决定城市发展的因素是什么，它们在区域中的次序排列是如何产生的。受上述各种区位理论的启发，1939年，奥古斯特·勒施（August Losch）出版了《经济空间秩序》一书，在书中，勒施将一般均衡理论应用于经济空间。第二次世界大战后，发展中国家的产业布局问题开始受到重视。其中，较具代表性的研究成果是法国经济学家弗朗索瓦·佩鲁（Francois Perroux）在20世纪50年代初提出的发展极理论，后经补充、发展形成了增长极理论。

（二）产业集聚理论的渊源与发展

产业集聚是产业空间分布上的一个重要现象，马歇尔早在1920年出版的《经济学原理》一书中，就强调大量专业化中小企业地域集中和发展的重要性，是最早用"外部性"解释产业集群的经济学家。按照马歇尔的观点，集聚经济根植于生产过程，企业、机构和基础设施在同一地理区间内的互动联系能够带来规模经济和范围经济，带动专业化劳动力市场的发展，促进专业化技能和投入的集中，共享基础设施和其他区域外部性，使企业能够从各种技术外溢活动中获得好处。20世纪80年代早期，斯科特（Scott）在研究美国洛杉矶的妇女服装产业时，开始将交易成本、劳动分工和产业集聚放在一起考虑。1990年，波特利用"钻石模型"对产业集聚的竞争优势进行了系统分析。1991年，克鲁格曼建立了中心－外围模型，指出制造业的产品运输成本遵循"冰山型成本假说"，当运输成本很低时，所有制造业会集中在同一区域，并成为经济中心，而其他地区只生产农产品，变成外围。空间经济学、地理经济学和新经济地理的分析方法开始运用于产业集聚理论的研究，产业集聚的竞争优势和演进机制也成为区域经济学与产业经济学领域的研究热点。

■ 本章小结

产业组织理论的渊源可追溯到古典经济学家亚当·斯密关于市场竞争机制的论述。马歇尔由于提出了产业组织的概念和揭示了市场运行中的主要矛盾，因而被看成产业组织理论的奠基者。到20世纪初，垄断竞争理论为产业组织理论的创立和发展奠定了理论基础，是产业经济学最重要的雏形之一。美国经济学家克拉克提出了"有效竞争"的概念，对产业组织理论的发展起了较大的推动作用。20世纪30年代末至60年代，哈佛大学成为产业组织理论研究的中心。SCP分析框架是在贝恩提出的"结构－行为－绩效"框架的基础上逐步完善形成的，谢勒在1970年出版的《产业市场结构和经济绩效》一书中提出了完整的"结构－行为－绩效"分析框架。自20世纪60年代以来，SCP分析框架拓展到芝加哥学派和可竞争市场理论、新奥地利学派和新产业组织理论等。

产业结构理论的渊源可追溯到17世纪英国古典政治经济学家威廉·配第的相关理论。

配第、魁奈、马克思与亚当·斯密的研究和发现是产业结构理论的重要思想来源。20世纪30—40年代是现代产业结构理论的形成时期，费希尔、克拉克、赤松要和库兹涅茨等人都有重要贡献。20世纪50—60年代，里昂惕夫、刘易斯、希金斯、赫希曼、罗斯托、钱纳里、希金斯和一批日本学者等人是主要的代表人物。

产业关联理论思想来自法国重农学派的代表人物魁奈。投入产出分析法是由里昂惕夫在20世纪30年代提出来的，其思想来自魁奈的《经济表》、马克思的两大部类再生产理论和瓦尔拉斯的一般均衡的市场相互依存理论。

产业布局理论的渊源可追溯到1826年德国经济学家杜能的农业区位理论，韦伯系统阐述了工业区位理论。弗朗索瓦·佩鲁在20世纪50年代初提出的发展极理论，后经补充、发展形成了增长极理论。1991年，克鲁格曼建立的中心－外围模型是产业布局理论的新发展。

◆ 推荐阅读

[1] BAIN J S. Barriers to new competition [M]. Cambridge, MA: Harvard University Press, 1956.
[2] CARLTON W, PERLOFF M. Modern industrial organization [M]. 4th ed. New York: Addison-Wesley, 2005.
[3] 库兹涅茨.各国的经济增长：总产值和生产结构 [M].常勋，等译.北京：商务印书馆，1999.
[4] 施蒂格勒.产业组织 [M].王永钦，薛锋，译.上海：上海三联书店，2006.
[5] 梯若尔.产业组织理论 [M].张维迎，译.北京：中国人民大学出版社，2015.
[6] 钱纳里，鲁宾逊，赛尔奎因.工业化和经济增长的比较研究 [M].吴奇，王松宝，等译.上海：上海三联书店，1989.
[7] 波特.国家竞争优势 [M].李明轩，邱如美，译.北京：华夏出版社，2002.
[8] 植草益.日本的产业组织理论与实证的前沿 [M].锁箭，译.北京：经济管理出版社，2000.
[9] 干春晖，郑若谷，余典范.中国产业结构变迁对经济增长和波动的影响 [J].经济研究，2011（5）：4-16.

◆ 思考与练习

1. 简述产业组织理论的渊源与分析框架。
2. 简述产业结构理论的渊源与发展。
3. 简述产业关联与布局理论的渊源与发展。
4. 了解SCP分析框架的特征与核心。

第三章
CHAPTER 3

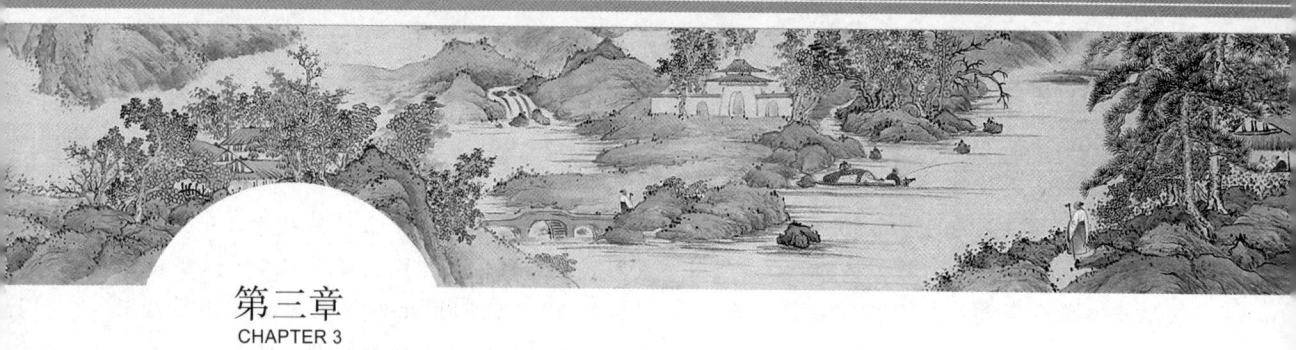

市场集中、规模经济与范围经济

> 过去50年里垄断组织不断发展，竞争法则的领域愈来愈受到限制，这个历史事实当然是无可争辩的。
>
> ——弗里德里克·奥古斯特·哈耶克

在完全竞争市场中，高效率企业往往能够淘汰低效率企业，扩张生产规模，提高市场占有率。在这个过程中，市场资源向少数企业集中，而随着企业规模的扩张及经营范围的增多，企业常常能够取得规模经济和范围经济，并拥有一定垄断势力，这又加大了大企业的成本优势和市场支配力，继而市场进一步趋于集中。如何看待市场集中？在企业扩张过程中为什么会存在规模经济和范围经济，企业该如何选择自身的生产规模和经营范围边界？从资源有效配置角度来看，一个市场中企业保持多大规模是合理的？本章试图在对不同市场形态进行分析的基础上，通过引入市场结构、市场集中等相关理论，回答上述问题。

第一节 不完全竞争市场理论回顾

一、完全竞争市场与不完全竞争市场

完全竞争市场又称纯粹竞争市场或自由竞争市场，是指一个行业中有非常多的生产销售企业，它们都以同样的方式向市场提供同类的、标准化的产品（如粮食、棉花等农产品）的市场。一般来说，完全竞争市场具有四个条件[一]：

一是任一卖家的产品与其他卖家的产品完全相同。这是一个很重要的条件，意味着只要价格相同，就可以确保买家不在乎从哪一家卖家那里购买产品。

二是相对整个市场而言，市场上的每一个参与者，无论是买家还是卖家，都是如此微小

[一] 曼昆.经济学原理：微观经济学分册[M].梁小民，梁砾，译.8版.北京：北京大学出版社，2020.

以至于它们不能影响产品的价格。任一买家不能大到足以比其他买家能从卖家手中获得优惠价格；同样，任一卖家也不能大到能够通过改变其产量达到影响市场价格的程度。

三是完全竞争市场要求全部资源具有完全流动性，即每一种资源都能进入、退出市场，并极易从一种用途转向另一种用途。

四是消费者、厂商、资源所有者对于相关的经济与技术信息具有完备的知识。消费者了解全部的价格信息，劳动者和资本所有者知道其资源有多大比例被有效利用，能够分辨出所有投入品的价格和技术特征。

如果按照上述四个条件，显而易见，现实中没有一个行业符合完全竞争市场条件，可能某些农产品比较接近完全竞争市场，就算能满足前三个条件，也较难满足第四个条件。

因此，与完全竞争市场相对应，美国经济学家克拉克提出了不完全竞争市场概念，其特点是，市场中存在着一定程度的垄断，某些个别经济人对商品的市场价格具有一定程度的影响力。按照竞争的强弱程度，不完全竞争市场分为垄断竞争、寡头垄断、完全垄断市场。

虽然完全竞争被经济学家进行了准确定义和精心阐述，但它在现实世界中不可能且从来没有存在过，但这并不意味着有关完全竞争市场的研究毫无用处，其应用的最大意义在于可以作为人们分析问题的出发点或判别是非的行为标准。克拉克认为，竞争的多样性取决于产品的同质性或非同质性、生产者的数量及其规模结构、价格制定的方式、交易的方式、市场信息传递的特征和手段、生产者和消费者的地理分布、产出控制的时间特征、工厂或企业规模的差异导致的成本变动、短期产出波动引起的成本变动、生产能力的可伸缩性等十个因素。

二、基于 SCP 分析框架的完全竞争市场与不完全竞争市场形态特征比较

在不同的市场结构下，企业会实施不同的市场行为，并获得不同的市场绩效，这就是著名的哈佛学派创立的 SCP 分析框架。该框架的基本逻辑是，企业的市场绩效是企业市场行为的结果，而企业市场行为又是由市场结构决定的。例如，在一个缺少竞争的市场中，企业可以通过垄断定价、合谋或其他排他性交易安排获得超额垄断利润，从而影响整个社会福利水平。当然，这种因果关系也可以是逆向的，企业在获得垄断势力的同时，也会显著改变市场结构。因此，不同市场结构存在不同的市场行为和市场绩效特征，如表 3-1 所示。

表 3-1 SCP 分析框架下不同市场结构的市场行为和市场绩效特征

市场类型	市场结构			市场行为			市场绩效		
	企业数量	进入条件	产品差异化	价格策略	产量策略	促销策略	利润率	效率	技术进步
完全竞争	很多	容易	标准化	无	生产能力	无	经济利润为零	很高	好
垄断竞争	较多	较容易	差异化	有依赖	市场	有	正常	较高	较好
寡头垄断	较少	有阻碍	明显差异化	明显依赖	市场与利润	有	有超额利润	较差	一般
完全垄断	一个	很困难	完全差异化	完全依赖	利润	有	较高超额利润	差	差

资料来源：刘志彪. 产业经济学 [M]. 2 版. 北京：机械工业出版社，2019.

第二节 市场结构与市场集中

一、市场势力、市场结构与市场集中

(一) 市场势力的内涵

在完全竞争模型中,企业面对的是一条弹性无穷大的需求曲线,其意义在于每一个企业都是市场价格的接受者。但在现实中,由于产品差异、需求多样化等原因,企业总是或多或少地对自己的产品价格具有某种影响力和控制力,这种力量即市场势力(market power)。具体而言,市场势力是一个企业在长期内能够将价格提高到边际成本以上而获取超额利润的能力。

对比完全竞争和完全垄断两种极端情形是我们理解市场势力的基本方法。

在图 3-1 中,DD 与 SS 分别是市场的需求曲线和供给曲线。我们假设规模报酬不变,因此,供给曲线为线性函数,并且边际成本和平均成本相同。在完全竞争市场中,DD 与 SS 交于 F 点,F 点对应的价格为 P_c 和产量为 Q_c,即完全竞争市场上的均衡价格和均衡产量。在完全垄断市场中,由于市场只有一个供给者,为了实现利润最大化,垄断者会选择在使边际成本(MC)等于边际收益(MR)时的产量上生产,其结果就是 Q_m,对应的价格则为 P_m。对比上述两种情形就能够发现,垄断均衡价格高于竞争均衡价格,垄断均衡产量低于竞争均衡产量,垄断能够获得 $P_m P_c GE$ 面积的经济利润。

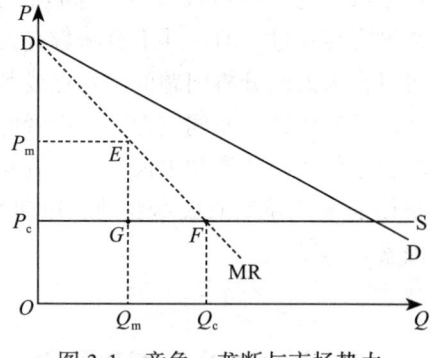

图 3-1 竞争、垄断与市场势力

从上述分析中我们可以看出,竞争性企业只能以市场价格出售自己的产品,而垄断企业可以通过限制产量的办法将价格提高到边际成本之上,这就是其市场势力。因此,市场势力的大小与市场中的竞争和垄断有关。不同的市场结构与市场势力之间的关系不同:竞争程度高的市场,市场势力小;垄断程度高的市场,则市场势力大。

> **拓展阅读 3-1**
> **以全球领军企业构建中国的全球市场势力**
>
> 随着新一轮信息技术革命和产业革命带来的全球产业竞争加剧,全球价值链重构和跨国公司全球生产再布局日益明显,在此过程中,世界经济正在形成多国主导并存的产业格局,全球领军企业的作用日益突出,如:美国企业主导的是飞机制造、芯片、信息技术、金融等产业;欧盟企业主导的是医药、化工、精密智能制造等产业;日本企业主导的是家电、汽车等产业;而中国企业主导的是高铁、电子商务及正在兴起的 5G 等产业。领军企业对于全球价值链具有十分重要的作用,跨国"链主"企业成为掌控全球价值链的关键力量。这些国际化企业以核心关键技术和规模优势占据全球价值链高端,对世界范围内的技术、人才、信息、资本等资源进行优化配置和重组。
>
> 目前,我国正在积极推进国内价值链与全球价值链深度整合,在多边框架下构建能够抵

御全球价值链重构冲击的国内国际双循环机制，培育全球领军企业显得尤为重要，这是因为：

一方面，我国大部分产业还处于全球价值链低端，必须通过创新进入全球价值链的中高端。例如，在汽车、飞机发动机、手机智能系统等方面，中国制造业可以进行零部件、元器件等方面的技术升级，瞄准全球价值链中高端进行科技攻关，掌握核心技术和关键技术，与此同时，借助"互联网+"、跨境电商平台的优势，使产业链逐渐实现向物流、服务等环节延伸。

另一方面，在一些新兴产业领域，中国实际上已开始拥有许多高端技术，拥有一批位居世界前沿的高科技产品和产业，应推动以这些产品和产业为主的价值链"走出去"，通过在全球布局获取更大的全球化收益。

资料来源：张建华. 四大着力点构建中国主导的全球价值链 [EB/OL]. （2020-09-22）[2023-06-01]. https://baijiahao.baidu.com/s?id=1678518445237686722&wfr=spider&for=pc.

（二）市场势力的度量

由于从长期来看，具有市场势力的企业能够维持高于边际成本水平的定价，从而获得高于竞争均衡水平的经济利润，因此，利润率是反映市场势力的基本指标，目前广泛使用的用于衡量市场势力的利润率指标主要有收益率、勒纳指数、托宾 q 和贝恩指数四种。

1. 收益率

收益率是一种衡量每一单位投资盈利多少的指标。收益或利润是指经济利润，而不是会计利润[⊖]。经济利润等于收入减劳动力、物资和资本成本，其中，资本成本等于如果出租资本财产可获得的总租金，而总租金等于一单位财产的租金率乘以资本量。经济利润与资本的租金率有密切的关系，资本的租金率是使资本的所有者在设备折旧以后所能获得的一定收益率。折旧是资本在其使用期间所减少的经济价值，也可以称为经济折旧。

经济利润为

$$\pi = R - 劳动力成本 - 原材料成本 - 资本成本 \tag{3-1}$$

式中，R 是收入，资本成本是资本的租金率乘以资本价值。资本价值是 $P_K K$，其中 P_K 是资本价格，而 K 是资本量。如果租金率为收益率 r 加上折旧率 δ，即 $r+\delta$，那么，经济利润为

$$\pi = R - 劳动力成本 - 原材料成本 - (r+\delta) P_K K \tag{3-2}$$

赚得的收益率是使经济利润为零的那个 r。令 π 等于零并求解等式（3-2）中的 r，则得

$$r = \frac{R - 劳动力成本 - 原材料成本 - \delta P_K K}{P_K K} \tag{3-3}$$

因此，赚得的收益率是净收入除以资本价值，这里净收入等于收入减去劳动力成本、原材料成本、折旧。

微观经济学理论认为，在完全竞争的市场结构中，资源配置要想实现最优，该市场上所

⊖ 会计利润是指销售收入减去会计成本（显性成本）之后的收益，即收入－显性成本＝会计利润。经济利润是由于选择最优方案而放弃次优方案所得到的利润，即收入－显性成本－隐性成本（隐性成本在这里也叫机会成本）＝经济利润。例如，你放弃了一份年薪 10 万元人民币的工作，开了一家火锅店，第一年的收入是 15 万元人民币，开店的显性成本（即税、员工工资、租金等）是 10 万元人民币，则会计利润是净赚 5 万元人民币，但经济利润则是亏损 5 万元人民币，即收入 15 万元－显性成本 10 万元－机会成本 10 万元＝-5 万元。

有企业都只能获得正常利润,并且不同产业的利润水平趋于一致。也就是说,产业间是否形成了平均利润率是衡量社会资源配置效率是否达到最优的一个最基本的定量指标,这是利用收益率指标来描述市场绩效的理论依据。

采用收益率指标来衡量市场绩效的方法表明:收益率越高,则意味着该产业获取了越多的超额利润,市场就越偏离完全竞争状态,资源配置效率就越低;收益越接近正常利润,市场就越接近完全竞争状态,资源配置效率就越高。

以收益率指标来衡量市场绩效,实际上是将超额利润的产生完全归因于市场势力,而市场势力的形成必然会导致市场结构偏离完全竞争状态。但是,引起超额利润的因素绝不仅仅是市场势力,至少还包括:①作为风险投资报酬的风险利润;②有不可预期的需求和费用变化形成的预料外的利润;③因成功地开发和引入新技术而实现的创新利润。显然,把超额利润完全归因于市场势力是较为片面的,因此以收益率指标来衡量市场绩效具有一定的局限性。

此外,由于收益率的度量使用的是经济利润,在实际计算过程中存在诸多困难,包括:①收益率作为一个会计定义被引入经济分析当中,作为经济学定义的资本成本往往很难被恰当估价;②经济学中的折旧通常没有被适当地衡量;③由于广告、研究和开发的影响是跨时期的,对它们的估价较难准确反映;④通货膨胀的影响;⑤计算的收益率可能不恰当地包括了垄断利润;⑥可能计算了税前收益率而不是正确的税后收益率;⑦收益率可能没有经过恰当的风险调整;⑧有一些收益率没有恰当地考虑负债。⊖

2. 勒纳指数

为了避免出现上述收益率计算中的问题,许多经济学家使用一种不同的方法来衡量市场绩效,这就是勒纳指数,即价格–成本加成。价格–成本加成是以价格 P 和边际成本 MC 的差额为分子,以 P 为分母而得到的。

$$\text{MR} = P\left(1 + \frac{1}{\epsilon}\right) \tag{3-4}$$

式中, ϵ 为需求的价格弹性。

企业利润最大化的条件为 MR = MC,那么勒纳指数可写为

$$L = \frac{P - \text{MC}}{P} = \frac{P - \text{MR}}{P} = \frac{P - P\left(1 + \frac{1}{\epsilon}\right)}{P} = 1 - \left(1 + \frac{1}{\epsilon}\right) = \frac{1}{-\epsilon} \tag{3-5}$$

微观经济学理论认为,在完全竞争市场中,长期均衡的条件是价格等于边际成本,这时帕累托最优条件得以满足,资源配置效率最高,社会福利达到最大。换句话说,价格是否等于边际成本也是衡量社会资源配置效率是否达到最优的基本定量指标之一。勒纳指数的数值在 0 ~ 1 之间变动。数值越大,表明价格对边际成本的偏离越大,意味着市场势力越大,市场竞争程度越低,资源配置效率就越低;反之,数值越小,表明价格对边际成本的偏离越小,意味着市场势力越小,市场竞争程度越高,资源配置效率就越高。

必须指出的是,勒纳指数无法反映企业为了谋取垄断地位而采取的限制性定价和掠夺性

⊖ 卡尔顿,佩罗夫. 现代产业组织 [M]. 黄亚钧,谢联胜,林利军,译. 上海:上海三联书店,1998.

定价行为⊖（在这两种情况下，勒纳指数虽然为 0，但并不表示该市场是竞争性的）。另外，在实际计算过程中，由于边际成本的数据难以获取，常常会使用平均成本来代替边际成本，这会导致两个指标之间出现较大偏差。

3. 托宾 q

托宾 q 是 1969 年托宾（Tobin）⊖提出的一个著名的投资假说，是指一家企业资产的市场价值（通过已经公开发行并售出的股票和债券来衡量）与这家企业资产的重置成本的比率，是衡量市场绩效的指标。其计算公式为

$$q = (R_1 + R_2)/Q \tag{3-6}$$

式中，q 表示托宾指数；R_1 表示股票市值；R_2 表示债券市值；Q 表示企业资产重置成本。托宾 q 是根据企业资产价值的变化来衡量市场绩效的高低。

托宾 q 的初衷是使用该指标进行投资决策，分子部分可视为投资所带来的现金流入现值，分母部分可视为投资所需要的现金流出现值，q 反映的是在同一时点上每单位投资（现金流出现值）所带来的收益（现金流入现值），表达的是利润率或收益率的含义。后来经济学家发现，托宾 q 能够用于市场绩效的估量。

当 $q > 1$ 时，企业以股票和债券计量的市场价值大于以当前市场价格评估的资产重置成本，意味着企业在市场中能获得垄断利润。q 值越大，企业能获得的垄断利润越多，社会福利损失越大，市场经济绩效越低。

使用托宾 q 的优点是避免了估计收益率或边际成本的困难。但是，必须准确计算企业的市值和重置成本。企业的市值可以用其发行的股票和债券的市值来计算，但计算企业的重置成本则比较复杂，除非存在一个比较成熟的二手设备市场。而且，广告、研究和开发的费用产生了难以估价的无形资产，而在 q 值的计算中忽略了这些无形资产的重置成本⊜。

4. 贝恩指数

贝恩指数是由现代产业组织理论的先驱之一贝恩首先提出的用于考察利润以确立垄断势力大小的指标。贝恩认为，一个市场中如果持续存在超额利润，则该市场具有垄断因素，且超额利润越高，市场垄断性越强。贝恩指数的计算公式为

$$BI = \frac{\pi}{V} \tag{3-7}$$

$$\pi = (R - C - D) - i \cdot V \tag{3-8}$$

式中，V 为投资总额；π 为经济利润；$(R-C-D)$ 为会计利润，R 为总收益，C 为当期成本，D 为折旧；i 为从投资中可以获得的正常收益率，即资本的机会成本。

贝恩指数实际上代表的是行业的超额利润率。贝恩指数越高，表示行业的垄断势力越强。

⊖ 关于限制性定价和掠夺性定价行为的分析见第四章第二节。

⊖ TOBIN J. A general equilibrium approach to monetary theory [J]. Journal of money, credit and banking, 1969, 1 (1): 15-29.

⊜ 在此基础上，还引申出边际托宾 q 的概念，它指的是企业边际投资的市场价值/这项投资的重置成本，当边际托宾 q 大于 1 时，意味着企业增加的投资具有正的净现值，能够增加盈利；当边际托宾 q 小于 1 时，意味着企业增加的投资具有负的净现值，造成亏损，应减少企业的资本需求。在度量市场绩效时也可以做此引申。

贝恩指数与勒纳指数在两个方面比较相同：一是平均成本的测算相对比较容易；二是它也是建立在对价格和平均成本进行静态比较的基础上，因此，其优点是基础数据相对容易得到。但贝恩指数把超额利润等同于垄断，现实中往往存在两种情况，可能导致贝恩指数反映的市场情况与垄断结果存在差异：一是由于技术水平或经营水平高所带来的超额利润，并不是垄断的结果；二是没有超额利润也并不能说明市场没有垄断势力，因为如果市场对某类产品需求不足的话，即使是一个完全垄断的厂商也可能无法获得超额利润，甚至一些垄断企业可能会出于驱逐竞争对手和阻止新竞争者进入的目的而制定低价格策略，从而使得行业市场无利可图。

（三）市场结构与市场集中的内涵

1. 市场结构与市场集中的概念

市场结构描述了市场要素之间的内在联系及其特征，包括四个方面：一是买方之间的关系；二是卖方之间的关系；三是买卖双方之间的关系；四是市场内已有的买卖方与市场潜在进入的买卖方之间的关系。这些关系反映了各主体之间的力量对比和对市场运行的影响程度。

对于市场结构的研究，产业组织理论中定义了市场集中度的概念，并通过计算市场集中度指标来测量市场结构。

市场集中一般是指在特定产业中若干家规模最大的企业所具有的经济支配能力。这个定义是从市场中卖方角度出发的，因而市场集中常常被称为产业集中。但市场不仅包括卖方，还包括买方，市场集中也可以指若干个最大买方所具有的经济支配能力，只是买方集中仅在少数特殊的产业中出现，如军火产业，因而若无特殊说明，下文所说的市场集中均指卖方集中。

市场集中与市场结构有着密切的关系。市场结构是指同一市场中各种要素之间的内在联系及其特征。根据厂商数目、产品差异化程度、进入壁垒等因素来划分市场结构，一般可将市场结构分为完全竞争市场、垄断竞争市场、寡头垄断市场和完全垄断市场四种市场类型。一般而言，在市场趋于集中的过程中，寡占成分逐渐增加，市场结构相应地由完全竞争向垄断竞争与寡头垄断再向完全垄断演变。

市场集中度用以刻画市场集中程度，也是市场结构的一种常用的度量方式。相应地，市场集中度也可分为买方集中度和卖方集中度，但同样出于买方集中仅限于某些特定的产业的缘故，产业组织理论往往将卖方集中度视为市场集中度。理论中常常用同一市场中少数几家规模最大企业（一般是前4位或前8位）的市场份额来度量市场中企业的集中（寡占）程度，作为市场集中度的量化指标。一般而言，市场集中度越高，则市场中的寡占程度越高，按照市场集中度从高到低，上述四种市场类型可依次排序为完全垄断市场、寡头垄断市场、垄断竞争市场和完全竞争市场。

2. 市场集中的决定因素

在影响市场结构形成的重要因素中，规模经济、产品差异化、市场进入与退出壁垒等被认为是最主要的因素。

（1）规模经济。

规模经济是指随着生产规模的扩大，企业平均成本趋于降低的情形。其意义在于，在那些具有规模经济特征的产业里，企业生产规模越大，生产效率就越高，竞争的结果是大企业将占据更大的份额，大企业打击弱小、低效企业，以及阻止潜在企业进入的能力也就越强，市场也就越趋向集中。

规模经济效应首先来自大规模生产对固定成本的节约，也可能来自其他方面成本的节约，如：原材料、零部件购买方面由于大规模采购带来的讨价还价能力增强；在融资、广告营销方面带来的良好信誉和谈判能力增强；在技术研发、生产、运输及存货方面带来的成本优势；等等。

（2）产品差异化。

产品差异化程度决定了产品的替代性。如果各家企业生产的是同质产品，那么这些产品具有完全替代关系，任一企业都不能左右市场，因为任何提价行动只能导致其全部市场份额损失；反之，如果产品之间存在性能上的差异，则产品之间就不能实现完全的替代，单个企业的提价虽然会导致购买的转移，但并不会损失全部的消费者，因此，每家企业面临的需求曲线都有一定的弹性。产品的差异化程度越大，同类产品的可替代性越小，在位企业就越容易维持和巩固其市场地位。

总体而言，工业产品的差异化程度低于消费品行业，且从中间品到耐用消费品和非耐用消费品，其产品差异化程度对市场竞争的影响逐渐增强。

（3）市场进入与退出壁垒。

企业进入与退出市场的难易程度对于市场结构及由此产生的企业行为起到了关键作用。与在位企业相比，同样有效率的企业不能很容易地进入市场，那么在位企业就会拥有并可以行使市场势力，在高于边际成本的水平上定价，这样的市场就是不完全竞争的。关于企业进入与退出壁垒的内容我们将在第六章详细讨论。

3. 市场结构与市场势力

已有的研究表明，市场集中度与市场势力之间存在较大的相关性，如贝恩（1956）根据进入壁垒程度对不同产业进行了分类，详细分析了进入壁垒、产业集中度及利润率之间的关系，发现进入壁垒在集中度越高的产业中越容易形成合谋，从而增加利润。随后，Mann（1966）等人的研究都发现主导性厂商（尤其是前4位或前8位的厂商）可以保持比平均水平高的收益率。Strickland 和 Weiss（1976）则利用产业平均每美元销售额中的广告支出及其对市场势力的影响，发现广告强度对市场势力存在强烈的正效应。此外，Domowitz等人（1986）还考虑了商业周期变化对市场集中度和市场势力的影响，发现商业周期内的市场结构对市场势力的影响更加显著。

但也有一些学者认为，企业规模可以含有高利润，但高利润不一定有高效率（Martin，1988），且来自小企业的竞争使大企业行使市场势力的能力受到限制。

二、市场集中度的度量

市场集中度是对企业市场力量的度量，理论界提出了多种测度方法，各有利弊。一个好的度量市场集中度的指标要灵敏地反应如下两个因素：一个是市场中厂商数目的多寡；另一个是市场中厂商占有的市场份额分布情况。[①]按照这两个因素对市场集中度指标进行分类,可将其分为:综合反映厂商数目与市场份额分布的指标和只反映市场份额分布的指标。

(一)综合反映厂商数目与市场份额分布的指标

综合反映厂商数目和市场份额分布的指标主要包括绝对集中度指标、赫芬达尔-赫希曼指数(Herfindahl-Hirschman index,HHI)、"熵"指数(entropy index,EI)、罗森布鲁斯指数(Rosenbluth index,RI)等。

1. 绝对集中度指标

绝对集中度指标是最基本的市场集中度指标,其直接将同一市场中最大的 n 个厂商的市场份额进行加总,反映最大的几家厂商所占的市场份额情况。其计算公式为

$$\mathrm{CR}_n = \sum_{i=1}^{n} s_i, \ s_i = X_i / \sum_{i=1}^{N} X_i \qquad (3\text{-}9)$$

式中,CR_n 为市场上规模最大的前 n 位厂商的市场集中度(一般来说,n 在 4 到 8 之间,最常见的是 CR_4);s_i 为第 i 家厂商的市场份额;X_i 为按市场份额大小排名的第 i 家厂商的规模(可以是销售额、资产额等指标);N 为该市场中厂商总数目。

当 n 较小而 CR_n 较大时,说明市场中规模最大的 n 家企业占据了市场份额的绝大部分,因而市场集中度高,一般而言,此时市场中寡占程度也较高,如当 CR_n 等于 1 时,说明该 n 家企业完全占据了市场;反之,则说明市场集中度较小,市场中竞争成分较多。

绝对市场集中度指标是最为常用的衡量市场集中度的指标,其优点在于在实际操作中简单易行,并且能够形象地反映市场中的市场集中情况和寡占程度。贝恩最早运用绝对市场集中度指标对美国各行业的寡占程度进行分类研究,其根据 CR_4、CR_8 两个指标与行业内厂商总数,将美国各行业分成了六种类型:极高寡占型($\mathrm{CR}_4 \geqslant 75\%$)、高集中寡占型($65\% \leqslant \mathrm{CR}_4 < 75\%$,$\mathrm{CR}_8 \geqslant 85\%$)、中(高)集中寡占型($50\% \leqslant \mathrm{CR}_4 < 65\%$,$75\% \leqslant \mathrm{CR}_8 < 85\%$)、中(低)集中寡占型($35\% \leqslant \mathrm{CR}_4 < 50\%$,$45\% \leqslant \mathrm{CR}_8 < 75\%$)、低集中寡占型($30\% \leqslant \mathrm{CR}_4 < 35\%$,$40\% \leqslant \mathrm{CR}_8 < 45\%$)、原子型($\mathrm{CR}_4 < 30\%$)。

但绝对市场集中度指标只表示行业中规模最大的几家厂商的市场份额加总,难以反映所有厂商的规模分布状况,这是绝对市场集中度指标的一个重要缺点。

2. 赫芬达尔-赫希曼指数

赫芬达尔-赫希曼指数(HHI)是指一个行业中各市场竞争主体所占行业总收入或总资产百分比的平方和,用来反映市场份额的变化,即市场中厂商规模的离散度。它可用公式表示为

$$\mathrm{HHI} = \sum_{i=1}^{n} (s_i)^2, \ s_i = X_i / \sum_{i=1}^{N} X_i \qquad (3\text{-}10)$$

式中,除了 HHI,其他字母含义与绝对集中度指标一致。

当一家厂商独占市场时,HHI 等于 1;当行业内所有厂商规模相同时,HHI 等于 $1/n$,因

[①] Hall 和 Tideman(1967)、Hannah 和 Kay(1981)分别提出了判断能够反映市场力量的市场集中度指标优劣的标准。

此 HHI 在 $1/n \sim 1$ 之间变动。HHI 越接近于 0，表示产业内厂商之间的规模越接近，厂商数量越多，市场中厂商规模分布越均匀；HHI 越接近于 1，表示产业内厂商所占市场份额分布越不均匀。并且，HHI 对产业内规模较大的企业（通常称为"上位企业"）市场份额变化较为敏感，而对规模较小的企业市场份额变动不太敏感。

HHI 综合反映了产业内企业规模分布，得到了广泛的运用，如美国司法部 1984 年公布的《横向合并指南》就是用 HHI 对市场进行区分，以辅助决策是否对行业内企业间的横向兼并进行干预。

3. "熵"指数

"熵"指数（EI）借用了信息理论中熵的概念，其计算公式为

$$\mathrm{EI} = \sum_{i=1}^{n} S_i \log \frac{1}{S_i} \qquad (3\text{-}11)$$

式中，S_i 的含义同上。EI 值越大，表示市场中寡占程度越强；而 EI 值越小，则表示市场中竞争较为激烈。

HHI 与 EI 都有较好的理论背景和实用性，二者之间相似却也存有差异。二者均利用了市场中所有企业的市场份额，并都对大企业分配较大的权重，属于综合指数。EI 与 HHI 之间的差异主要在于：两个指数分配给各个企业市场份额的权重不同，HHI 的权重是市场份额，而 EI 依据的是市场份额的对数。

4. 罗森布鲁斯指数

罗森布鲁斯指数（RI）用公式可表示为

$$\mathrm{RI} = 1 \bigg/ \left(2 \sum_{i=1}^{n} i S_i - 1 \right) \qquad (3\text{-}12)$$

式中，除了 RI，其他字母含义同上。

RI 主要强调了规模较小的企业的作用，因而 RI 值大小的含义与 HHI 相反。

（二）只反映市场份额分布的指标

上述市场集中度指标均难以完整反映产业内企业的规模分布状况，可以用洛伦兹曲线与基尼系数作为补充。

洛伦兹曲线最初是为了研究国民收入在国民之间的分配问题，由美国统计学家洛伦兹提出的。他将一国人口按收入由低到高排序，计算经过排序的任意百分比人口所占有的收入累计百分比，并将二者描绘成曲线，从而得到洛伦兹曲线。反映市场份额分布的洛伦兹曲线原理相似，其将产业中的企业按照市场份额大小由低到高排序，计算经过排序的任意百分比企业所占有的累计市场份额，并描绘成曲线。

洛伦兹曲线清晰地反映了产业中企业市场规模的分布情况。如图 3-2 所示，洛伦兹曲线位于均等分布线下方，其越接近均等分布线，则表示产业中的企业规模分布越均匀，当其与均等分布线重合时，表明产业中每一家企业占有同样的市场份额；反之，洛伦兹曲线越偏离均等分布线，则说明产业中企业规模分布越不均匀。

将分布不均匀的程度量化,则可以用基尼系数。基尼系数最初也是用于衡量收入分配差异程度。在衡量市场集中度方面,基尼系数用于量化企业市场规模分布的不均匀程度。其公式可表示为

$$基尼系数 = \frac{S_A}{S_A + S_B} \quad (3\text{-}13)$$

式中,S_A 表示均等分布线和洛伦兹曲线之间的面积;S_B 表示洛伦兹曲线之下的面积。

基尼系数在 0 到 1 之间变动,数值越大,表示产业中企业市场份额分布越不均匀。当基尼系数等于 0 时,意味着产业中所有企业占有相同的市场份额,而当基尼系数接近于 1 时,表示产业中企业市场份额分布极不均匀。

洛伦兹曲线和基尼系数是反映市场集中度的相对指标,较好地反映了市场中企业市场份额的分布状况,但其也存在一定的缺陷。只要各曲线与均等分布线所围成的区域面积相等,则同等大小的基尼系数可以代表形状不同的洛伦兹曲线。因而基尼系数不能代表特定市场中唯一的企业规模分布。此外,同一条洛伦兹曲线也可能代表不同的市场结构,例如,两家各占据 50% 市场份额的企业所构成的市场,与 100 家各占据 1% 市场份额的企业所构成的市场,洛伦兹曲线都与均等分布线重合,但很明显,两个市场的结构存在非常大的差异。

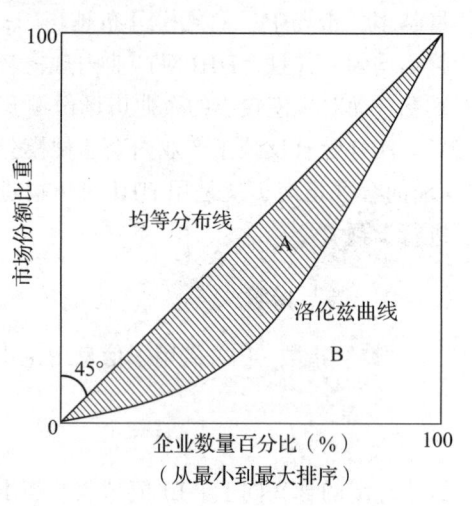

图 3-2 洛伦兹曲线与基尼系数

案例 3-1

中国上市商业银行市场集中度的动态变化(2010—2021 年)

利用 Wind 数据库,我们采用 HHI、CR_4 等两种市场集中度指标,分别计算了 2010—2021 年中国上市商业银行市场集中度的变化趋势,如表 3-2 所示。

表 3-2 2010—2021 年中国上市商业银行市场集中度的变化趋势

年份	2010	2011	2012	2013	2014	2015
CR_8	0.82	0.79	0.77	0.76	0.75	0.73
CR_4	0.57	0.62	0.60	0.58	0.57	0.55
HHI	0.11	0.11	0.10	0.10	0.10	0.09
年份	2016	2017	2018	2019	2020	2021
CR_8	0.71	0.72	0.72	0.71	0.71	0.71
CR_4	0.53	0.53	0.53	0.53	0.53	0.53
HHI	0.09	0.09	0.09	0.09	0.09	0.08

注:CR_4 包括中国工商银行、中国建设银行、中国银行和中国农业银行;CR_8 除上述四家银行外,还包括交通银行、兴业银行、中国邮政储蓄银行和招商银行。

资料来源:编者根据 Wind 数据库整理、计算得出。

从总体上看,2010—2021 年中国上市商业银行市场集中度仍然属于中(高)集中寡占型

（50%＜CR_4＜65%，75%＜CR_8＜85%），其中 CR_4 一直处于50%以上，2021年仍然达到53%。CR_8 虽然在2015年及以后已经低于75%，但仍然高于70%，2021年为71%。HHI则长期处于0.1附近，资产分布总体均衡。

另外就是2010—2021年中国上市商业银行市场集中度呈现出下降趋势。CR_4 从2010年的57%下降到2021年的53%，CR_8 从2010年的82%下降到2021年的71%，下降速度较快。可见，我国上市商业银行资产结构的变化可能主要集中表现为中小银行资产结构变化，大型银行结构变化不大，这也可能是商业银行HHI一直处于0.1附近的原因。

三、市场集中度的影响因素

某一产业市场集中度的高低，是由该产业的企业规模与市场总规模的相对关系决定的，因而影响企业规模和市场总规模的因素也就相应地能够影响市场集中度的高低。市场集中度的影响因素众多，主要包括产业自身的特性（规模经济、产品差异化、其他进入壁垒）、市场总规模的变化、经济政策等。

（一）产业自身的特性

1. 规模经济

规模经济主要是指企业扩大生产规模而带来的单位平均成本下降，但一般而言，当企业规模超过一定界限后，则呈现出规模不经济（关于规模经济的详细介绍参见本章第三节）。提高经济效益是企业行为的基本目标，规模经济的存在使得企业存在一个最优的生产规模，其大小由生产技术特点决定。因而企业将根据最优的生产规模来调整自身的生产规模，以期降低生产成本。在市场总规模一定的条件下，若最优生产规模水平高，则单个企业将在一个较大的生产规模上生产，市场集中度也将较高；若最优生产规模水平低，相应地，市场集中度也将较低。例如，在自然垄断行业，规模经济在极大的企业规模下仍然存在，因而这类产业的市场集中度往往也十分高。

2. 产品差异化

产品差异化对市场集中度具有两方面的影响：一方面，企业实施产品差异化策略是最大限度地占领各细分市场的一种手段，如通过改进质量、改变外包装、大量做广告等，这有利于企业规模的扩张，进而提高市场集中度；另一方面，产品差异化为新进入的企业提供了一定的生存与发展空间，产品差异化程度越高，则市场划分越细，消费者可选择的产品越多，因而新进入企业获得生存与发展空间的可能性越大。

3. 其他进入壁垒

简单来说，进入壁垒是新企业进入市场面临的障碍。除规模经济和产品差异化之外，各个产业均存在着程度不同的其他进入壁垒，如产业中已有企业为阻止新企业进入而主动实施的策略性行为（限制性定价、生产能力过剩投资、空间填占战略等），以及因制度而造成的行政进入壁垒，等等。进入壁垒越高，则新企业进入越难，已有企业在进入壁垒的保护下越有可能实现稳定的增长，从而提高市场集中度。

（二）市场总规模的变化

市场总规模的变化会造成市场集中度的变化。当市场中企业规模一定时，市场总规模越大，则市场集中度越低。

从静态来看，市场总规模越小，则市场集中度越高的可能性越大，少数几家企业扩张自身的生产规模就能够迅速引起市场集中度的大幅提高；反之，若市场总规模较大，少数企业扩张生产规模对市场集中度的影响较弱，市场集中度因而难以大幅提高，这类市场的集中度往往不高。从动态来看，市场总规模的扩大速度将影响市场集中度的变化。当市场总规模的扩大速度快于产业内企业的规模扩张速度，市场集中度降低；反之，市场集中度提高。

（三）经济政策

对于产业中的市场集中度变化，经济政策发挥了重要的作用。经济政策中既有限制市场集中的政策，又有促进市场集中的政策。例如，高集中度意味着垄断，维护竞争的反垄断法的出台，则在一定程度上限制了垄断和集中，不仅对企业间的合并做出了限制，甚至在某些情况下直接拆分大企业。与此相反，一些经济政策往往有利于市场集中。例如，许多国家为提升本国企业的国际竞争力，采取了一定的措施鼓励企业间的兼并重组，对大企业实行优惠的扶持政策，这有利于提高市场集中度。

此外，从产业的生命周期来看，随着产业从诞生、成长到成熟再到衰退，市场集中度常常呈现出逐渐提高至某一长期稳定的状态后继续提高的态势。在产业成长初期，市场集中度往往较低，并随着产业的发展逐渐提高，而到成熟、繁荣期则将处于一个长期的相对稳定状态，之后随着产业衰退期的来临，部分企业破产退出，市场集中度将继续提高。

案例 3-2
"一带一路"对中国茶叶对外贸易市场集中度的影响

2013 年，中国提出"一带一路"发展倡议，给茶叶的对外贸易带来了一些新的变化。

（1）红茶。红茶是全球茶叶进出口贸易的主体，但中国红茶进口超过出口。"一带一路"合作文件签署后，中国进口集中度越来越高，2020 年中国从斯里兰卡和印度进口的茶叶超过总进口额的 50%，尤其是斯里兰卡常年居于首位，且中国茶叶的主要进口国中，斯里兰卡、肯尼亚、越南、印度尼西亚等均为"一带一路"签约国。中国的红茶出口在"一带一路"签约后正在由竞争型转向低寡占型。

（2）绿茶。绿茶一直是中国出口茶类的主要品种，占全球的 75%。中国绿茶出口市场主要有摩洛哥、乌兹别克斯坦、马来西亚、越南、德国、中国香港等国家和地区，除中国香港与德国外，均为"一带一路"合作文件签署国。绿茶进口的集中度不稳定，但在"一带一路"合作文件签署后呈现出由寡占型向竞争型的转化，印度和斯里兰卡占比较高。

（3）乌龙茶。国际上将包括乌龙茶在内的其余半发酵茶统一称为特种茶，国际贸易中特种茶占比约为5%左右。乌龙茶的生产基本在中国（包括中国台湾）。乌龙茶进口市场为高寡占型市场，主要的进口地为中国台湾，其余国家和地区的进口量甚微。乌龙茶出口市场集中度趋于分散，但"一带一路"合作文件签署国的出口市场集中度有增加的趋势，俄罗斯、越南、马来西亚、泰国等"一带一路"国家成为乌龙茶重要出口地。

（4）花茶。花茶主要销往日本、美国、新加坡、德国、俄罗斯等国，2020年中国花茶出口日本一国的出口量占比高达43.9%。花茶进口量少，主要来自泰国、越南、德国、中国台湾等国家和地区。2020年，从泰国、越南两国进口花茶占比约为65%，市场集中度高。

资料来源：刘文敏，杨方，刘少明，等."一带一路"背景下中国茶叶对外贸易市场集中度变化研究[J].福建茶叶，2022，44（7）：4-8.

四、市场集中度与企业利润

市场集中度高意味着少数大企业具有较强的市场支配力，那么是否也意味着市场中企业能够获得更高的利润率？

许多实证研究试图对这个问题进行解答，大部分得出了市场集中度与利润率之间存在某种正相关关系的结论。贝恩（1951）最早对这一问题进行了实证研究[1]，得出了在美国42个细分产业中，CR_8大于70%的产业税后利润与股东权益的比率比集中度较低产业的平均水平高7.5%。此后，有实证研究表明，市场集中度与利润率之间的正向关系要在市场集中度达到一定水平之后才开始显现。例如，罗德斯和克里弗（Rhoades，Cleaver，1973）[2]分析1967年美国352个制造业数据时发现：当CR_4小于50%时，市场集中度与平均利润率之间几乎不存在明显的关系；而当CR_4大于50%时，平均利润率随着市场集中度的提高而显著提升。此后，盖特曼等人（Geithman，et al.，1981）的一项实证研究发现，对于不同的产业，市场集中度与平均利润率之间的显著正向关系开始显现的最小市场集中度有着不同的临界值，其认为原因在于不同产业的不同特性使得产业内企业进行合谋的能力存在差异。[3]

市场集中度与利润率之间存在的某种正向关系获得了许多实证研究的支持。但为什么较高的市场集中度伴随着较高的利润率？理论界对这个问题的认识却存在着较大的分歧。一种观点认为，高市场集中度意味着少数占有高市场份额的企业容易利用其垄断势力，获取高额的利润，如进行合谋，提高产品价格。另一种观点则对此提出了批评，其认为高利润率很可能不是高市场集中度的结果，而是其原因。只有高效率的企业才能够在市场中存活并得以发展壮大，因而在市场优胜劣汰的机制下，高效率的企业获得了较大比重的市场份额，市场集中度因此得以提高。进而，存在高效率的企业才促使市场集中度的提高，高效率的企业自然能够获得高利润率，这就造成了市场集中度与利润率之间的正向关系。

---

[1] BAIN J S, BARRO R J, HELPMAN E, et al. Relation of profit rate to industry concentraiton: American manufacturing, 1936—1940 [J]. The quarterly journal of economics, 1951, 65 (3): 293-324.

[2] RHOADES S A, CLEAVER J M. The nature of the concentration price/cost margin relationship for 352 manufacturing, 1967 [J]. Southern economics journal, 1973, 40 (1): 90-102.

[3] GEITHMAN F E, MARVEL H P, WEISS L W. Concentration, price and critical ratios [J]. The review of economics and statistics, 1981, 63 (3): 346-353.

第三节　规模经济、范围经济与企业边界

一、规模经济

（一）规模经济的概念

规模经济是指当生产或经销单一产品的单一经营单位因规模扩大而降低了生产或经销的单位成本时所导致的经济。[一]

规模经济的实现和追加投资扩大产出密切相关，但追加投资并非一定带来规模经济。当追加投资时产出增加的比例超过追加投资的比例，称为规模报酬递增，此时存在规模经济；当产出增加的比例低于追加投资的比例时，称为规模报酬递减，即存在规模不经济；当追加投资的比例与产出增加的比例相等时，此时规模经济报酬不变。其关系可用图 3-3 表示。

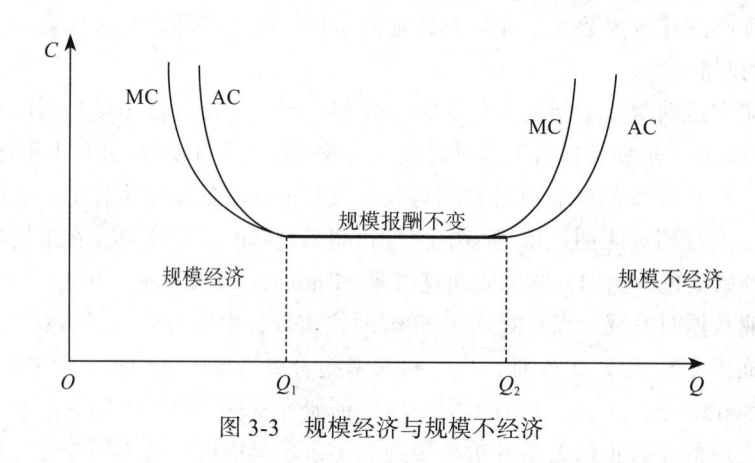

图 3-3　规模经济与规模不经济

图中，C 为成本，Q 为产量，MC、AC 分别表示企业的边际成本和平均成本。当 MC < AC 时，企业扩大规模能够带来平均成本下降，此时存在规模经济，图 3-3 中 $0 < Q < Q_1$ 区域存在规模经济；当 MC > AC 时，企业继续扩大规模将导致平均成本上升，存在规模不经济，图中 $Q_2 < Q$ 区域存在规模不经济。而当扩大规模对平均成本无影响时，此时 MC=AC，即规模报酬不变。可用平均成本和边际成本之比来定义判定系数（function coefficient，FC）以判断是否存在规模经济情况，公式为 FC = AC / MC。当 FC > 1 时，MC < AC，存在规模经济；当 FC < 1 时，存在规模不经济；当 FC=1 时，规模报酬不变。

依照规模经济的来源范围，可将规模经济分为产品规模经济、工厂规模经济和企业规模经济三个层次。产品规模经济是指在单一产品的生产过程中，随着生产规模的扩大而发生的单位产品生产成本降低，其主要来源于产品生产专业化的经济性。工厂规模经济是指工厂通过生产能力的改变，扩大生产规模，从而带来收益递增的现象。其主要来源于关键设备和关键生产线的规模使用而带来的经济效益。企业规模经济是指若干个生产同类产品的工厂或处于生产流程不同层次的若干工厂，通过横向合并或纵向合并成一个企业，从而产生的规模经

[一] 钱德勒. 企业规模经济与范围经济 [M]. 张逸人，陆钦炎，徐振东，等译. 北京：中国社会科学出版社，1999.

济效益。这三个层次的规模经济存在从属关系，产品规模经济是"细胞"，企业规模经济包含工厂规模经济。因包含多工厂的企业是现实产业组织中的基本形式，并且企业规模经济包含了另外两个层次的规模经济，因而下文的规模经济主要指企业规模经济。

（二）规模经济的成因

规模经济既可来源于生产技术方面因素带来的生产成本下降，又可来源于经营管理方面因素带来的费用节约，还可来源于大规模企业谈判力量的提升而带来的成本降低。具体来看，规模经济的成因主要包括以下几个方面。

一是专业化分工与协作的经济性。随着工厂规模的扩大，产品生产总量增大，劳动者能够从事更加专业化的劳动。专业化分工使得劳动者能够从事更细小领域的工作，这便于劳动者熟练掌握工作技能，也避免了劳动者从一种工作向另一种工作转换而带来的时间损失和学习成本，进而提高了生产效率。早在1776年，亚当·斯密在《国富论》中对此已有论述。他举了扣针制造业通过劳动专业化分工而提高生产效率的例子，在这个例子中，在专业化分工之前每人每天制针至多20枚，而实行专业化分工之后，平均每人每天能制针4 800枚，生产效率提高了240倍。

二是采用大型、高效设备而产生的经济性。实行规模化生产之后，可采用大型、高效的设备。一方面，因技术方面的原因，大型设备的建设投产往往具有经济性，例如在建设制造装置的工厂时，将球的容积扩大2倍仅需投入1.56倍的表面原材料。另一方面，大型、高效的设备进行大批量生产时无疑能够降低平均成本，若仅将大型设备用于生产少量的产品，则将造成资源的浪费。

三是提高管理效率而产生的经济性。在大规模生产的企业中，往往能够获得管理的高效率。企业规模大，则能够聘请更富有经验的管理人员，并借助新的通信、网络技术，采用更为高效的管理体制，进而能够提高管理效率。

四是大批量采购和销售而产生的经济性。大规模生产意味着大批量采购，大批量采购使得企业更具议价能力，常常使得企业在批发价格上能够获得更大的折扣。大规模产品销售则有利于充分利用广告等促销活动所获得的经济效益，降低单位产品的促销费用。

二、范围经济

（一）范围经济的概念

范围经济是指利用单一经营单位内原有的生产或销售过程生产或销售多于一种产品而产生的经济。[注]范围经济是一个与规模经济相联系又存在区别的概念。规模经济和范围经济都是企业实现资源有效配置的途径。企业利用原有生产或销售过程多生产同一种产品而降低单位产品成本，称为规模经济；而企业利用原有生产或销售过程多生产另一种（或几种）产品，并使得生产成本低于分别独立生产这几种产品时成本的加总，则存在范围经济。

考虑两种产品的简单情形，假设存在产品A和产品B，Q_A、Q_B分别表示两种产品的产量，

㊀ 钱德勒.企业规模经济与范围经济[M].张逸人，陆钦炎，徐振东，等译.北京：中国社会科学出版社，1999.

$C(Q_A, Q_B)$ 表示生产两种产品的成本，则存在范围经济的条件为

$$C(Q_A, Q_B) < C(Q_A, 0) + C(0, Q_B) \qquad (3\text{-}14)$$

若上述不等式带有等号，则称为"弱范围经济"；若上述不等式中不等号相反，则称为"范围不经济"。范围经济在现实经济中广泛存在，如分别经营羊肉和羊毛业务的两家企业的成本总和往往要高于同时经营羊肉和羊毛业务的一家企业的成本。

案例 3-3

表 3-3　国内典型区域推动块状经济（范围经济）转型升级的基本做法

关键举措	实施背景	升级效果	典型区域
转移一般生产环节	产业集聚地的土地、劳动力等成本上升，环境承载力约束加剧	"腾笼换鸟"，发展特色总部经济，资源整合能力有效增强	• 深圳水贝珠宝业 • 中国台湾新竹高新技术产业
针对性地嫁接外资	产业链关键技术缺乏，依靠内生增长和自我更新难以获取	利用较强的技术吸收和低成本生产组织能力，实现外资的本地化，产业链得到快速补充或延伸	• 海宁编织业 • 嘉善木业
改造提升专业市场	产能过剩，带来产品价格下跌，库存上升，企业利润减少和亏损增加等一系列问题	缓解产品的销路问题，有效发挥了流通产业引领制造业发展的先导作用	• 义乌小商品 • 乐从电子商务试点镇
龙头企业引领创新	块状经济中小企业众多，创新能力有限，力不从心	龙头企业提高自主创新能力，引领和带动行业的技术升级	• 上海纺织业 • 深圳电子信息业
政府优惠政策安排	政府希望采取非平衡发展战略，给予特殊性制度安排，以形成特定区域的独特优势	产业规模迅速壮大，园区若干产业出现明显的局部优势，产业竞争力有效提高	• 苏州工业园区 • 江苏无锡物联网

资料来源：宋炳林.国内典型区域推动块状经济转型升级的经验与启示[J].当代经济管理，2013，35（9）：51-54.

（二）范围经济的理论阐释

上述规模经济的成因，如管理效率、大批量采购和销售等经营管理方面的因素也是范围经济的成因。除此之外，范围经济的形成还存在以下几个方面的原因。

一是生产设备的多样化功能。在企业生产过程中，部分设备具有标准化、通用化的特征，这类通用化设备可用于生产不同的产品，从而提高生产设备的利用率。例如，炼油企业生产汽油、轻油、重油等多种石油产品可同时使用蒸馏设备，而由多家企业分别生产各类油，则需购置多台蒸馏设备，因而单一企业同时生产各类油能够产生经济性。

二是生产的连续性使得单一企业生产同一生产线的多种产品产生经济性。例如，在钢铁产业中，采矿、选矿、炼焦、炼铁、炼钢、轧钢等垂直生产集中于同一企业，可获得明显的经济性；生产各环节产生的热的连续利用，即将热的中间产品投入下一个阶段的生产，可节约重新加热中间产品而带来的成本；另外，将垂直生产的各产品集中在同一企业可减少中间投入原材料的搬运时间，减少搬运费用。

三是研究和开发的扩散效应。研究、开发具有一定的风险性，而其成果往往可应用于多种产品的生产，因而若一家企业生产与其研发活动相关的多种产品，可大大降低单位产品所分摊的研发成本。

四是企业品牌等无形资产的溢出效应。著名企业品牌等无形资产往往能够大大增加该企

业旗下所有产品的销量，因而企业生产多种产品往往能够充分利用原有品牌等无形资产的溢出效应，提高企业绩效。

案例 3-4

顺丰的规模经济与范围经济

顺丰诞生于 1993 年。在高速发展和综合物流转型过程中，顺丰一方面以快递物流为本，提高核心资产运营质量。另一方面，顺丰开展多元化发展，促进多业务板块协同发展，向快递物流综合服务商转型，涉足科技、电商、金融等领域，例如：2009 年成立顺丰科技，致力于人工智能、物联网、智慧物流等方向；2010 年成立电商平台"顺丰 E 商圈"；2015 年开始涉足重货快运，专注于高效解决客户厂仓、仓仓、仓店、电商及日常生活大包裹等物流场景的问题；2018 年顺丰收购敦豪，开始布局供应链业务；2018 年成立新夏晖，持续布局冷链业务；2019 年推出特惠专配，通过电商件填仓提升资源利用率；2020 年搭建加盟制的丰网，进一步拓展电商件市场。2020 年前三季度，顺丰传统快递物流业务收入 791 亿元，占总收入的 77.7%。与此同时，顺丰新业务板块（重货+冷运+同城配+国际+供应链）也快速扩张，收入占比从 2015 年的 7% 提升至 2020 年的 22%。

从范围经济的角度看，顺丰已经形成覆盖快递（时效、经济、冷链、同城、国际）、快运（中高端、中低端）、供应链多维度的产品服务体系，且不同业务间存在较强的协同效应。一是客户同时使用顺丰多种产品，其转移成本增加，有助于增加客户黏性，提升公司远期抗通胀能力；二是多元业务资源共享，新业务能够利用大网的客户、系统、人力资源，快速孵化，相同的业务背景下，顺丰细分业务投入资源更少，单位成本下限最低；三是品牌协同，共享溢价，调研数据显示，顺丰产品受品牌服务质量背书，特惠专配每件可以获得 2 元的溢价，丰网每件可以获得 0.3 元的溢价。

从规模经济的角度看，顺丰以商务件为主营业务，由于对时效要求较高，在揽收派件端需要 5～6 频次/天，干线运输频次也远大于通达系快递，成本大约为通达系的 3 倍，规模效益不及通达系公司。顺丰先后于 2013 年、2018 年、2019 年探索电商件快递市场，充分利用过去投入后的相对冗余资源和科技优化，在不增加额外资源投入的情况下，通过业务量的增加来提升干支线装载率水平，从而降低整体成本，带来边际正贡献，助力公司成本红利释放，较好地实现了规模效应。

资料来源：张琳超. 快递行业中的规模经济与范围经济 [J]. 物流工程与管理，2021，43（7）：148-150.

三、企业边界

（一）企业和企业边界

企业边界是指其在与市场的相互作用过程中形成的经营规模和经营范围，其决定因素之一便是企业效率。因为存在规模经济和范围经济，企业大规模经营和多元化生产能够让企业在低成本状态下运营。那么，这是否意味着企业规模越大越好？对此，施蒂格勒认为："规模收益会由于大企业管理困难而减少。企业越大，为了给中央制定决策提供必要的信息和履行执行决策所必需的批准手续,它的行政机构就必定会越大越正规。庞大的机构必定较不灵活——政策不能经常变化,还要细心加以控制。"因而,企业并非越大越好,企业规模过大往往带来的是规模不经济和范围不经济。本节从规模经济和范围经济角度探讨企业的规模边界和范围边界。

(二)企业边界的演化

自企业诞生以来,学界围绕着企业的边界问题开展了大量的理论与实证研究。自《国富论》开启劳动分工的研究以来,企业的生产能力与边界由劳动分工决定,即由于企业在生产过程中的各类部门、各类工序及各类工种之间的相互协调促进劳动分工下的专业化,劳动分工进一步产生边际报酬的递增,企业的边界也由此进一步扩大(斯密,2017)。实质上,无论是传统的古典经济学还是新古典经济学,企业的性质问题是较为模糊的,其立足的前提假设是,企业处于一个较为充分的市场竞争环境中,市场的价格竞争机制能够协调企业的一切生产活动,实现企业的局部均衡与市场的一般均衡(马歇尔,2017),因此企业最终可以达到一个资源最优化的配置,产生相应的竞争行为促进企业边界的调整(Dequech,2007)。但是,基于新古典经济学的框架难以完全解释市场中企业出现的兼并扩张等策略性行为,更无法解释企业的异质性生产与市场竞争行为,企业的成长边界在新古典经济学理论下成为无法揭开的"黑匣子"。正是沿着这一理论脉络,如何解释企业生产能力与成长边界的异质性成为经济学界与管理学界所关注的焦点话题,自罗纳德·科斯开启企业性质与企业边界的研究先河以来,围绕企业边界的异质性问题,包括企业边界的影响因素、边界的形成过程等问题产生了大量的理论学派,其中包括战略管理理论视角下的资源观、能力观、知识创新观与平台生态系统观,更包括社会学理论视野下的制度观及社会网络观,在不同的理论流派之间,企业成长边界的决定性因素相差甚远,由此为现实管理情境中的企业理解企业边界问题的异质性提供了差异化的思路。基于不同理论流派的企业边界观,桑托斯和艾森哈特(Santos, Eisenhardt,2009)系统性地将企业边界界定为效率边界、权利边界、能力边界与身份边界,呈现出企业边界理论丛林的系统性演化的特征(阳镇等,2021)。

四、规模经济与企业的规模边界

(一)最小经济规模

最小经济规模(minimum efficient scale,MES)是指厂商规模经济得以实现的最小产量,即使得长期平均成本曲线达到最低点的最小产量。

在图3-3中,Q_1点为最小经济规模点。当产量小于Q_1时,企业增大产量能够继续获得规模经济收益,而当产量等于Q_1时,再增加产量并不能继续获得规模经济效益。并且,产量Q_1对应的成本是整个平均成本曲线的最低点,因而Q_1点是最小经济规模点。

(二)最小经济规模的测算

如何确定最小经济规模?测算最小经济规模主要有三种方法:成本法、工程法、适者生存法。

1. 成本法

成本法是指通过分析对比同一行业中不同规模企业的单位产品成本，找到可能的成本曲线，并将使得单位成本最低的最小企业规模确定为企业最小经济规模。

这一方法需要大量的数据对成本进行估计，并且成本资料是对过去生产经营花费的描述，难以代表企业的最优生产经营效率。此外，这种方法主要是基于产量衡量产出的生产成本，而忽略了企业的交易成本，因而该方法较适用于工厂的最小经济规模，若应用于交易成本比重较大的大型企业则容易产生较大偏差。

2. 工程法

工程法又称为技术定额法，是指根据基本的设备参数、工艺参数与标准的技术费用定额来确定规模成本曲线，进而找出最小经济规模。工程法首先依靠专家的意见来确定生产线或工厂的基本技术参数与技术消耗定额，继而根据参数与消耗定额确定工序和独立流程的规模成本曲线，并组合工序规模成本曲线获得总规模成本曲线，以此确定最小经济规模。

工程法需要依靠专家的意见来确定最小规模，因而这种方法具有一定的专业性，若运用得当可以得到较为可靠的估计。但也正因为需要依靠专家的意见来进行判断，这种方法具有一定的主观性。例如，不同的专家常常意见不一致，并且往往过分夸大其所在工厂的规模，或者过于看重某类先进技术，容易造成偏差。贝恩（1956）首次应用这种方法对美国 20 个产业的最佳经济规模进行了测算，产生了较大影响。[1]

3. 适者生存法

适者生存法是由施蒂格勒（Stigler，1958）首次提出来的。[2]他认为，市场竞争中的优胜劣汰机制会在不同规模企业中自动筛选出效率较高的企业，因而可用于判断最小经济规模。适者生存法首先按生产规模标准将同一产业中的企业分成不同的规模等级，然后计算各时期各规模等级企业在产出中所占的比重。若某一规模等级企业所占的生产份额比重下降，说明该规模等级的企业效率较低；反之，若某一规模等级企业所占的生产份额比重上升，则说明该规模等级的企业效率较高，可视作企业的适度规模。

适者生存法需要的数据较容易获得，因而其简单易行，能够避免成本法和工程法因数据缺乏而难以实施的缺点。但适者生存法没有剔除价格、体制等因素对经济规模的影响，因而用于估计最小经济规模往往会造成一定的偏差。

五、范围经济与企业经营范围边界

（一）企业多元化经营

多元化经营，又称多样化经营，是指企业经营不只局限于一种产品或一个产业，而实行跨产品、跨产业的经营。

---

[1] BAIN J S. Barriers to new competition: [M]. Cambridge, MA: Harvard University Press, 1956.
[2] STIGLER G J. The economies of scale [J].The journal of law & economics, 1958 (1): 54-71.

企业多元化经营有多种形式，可以分为：①同心多元化（concentric diversification），指企业利用原有生产设备、技术，生产与原产品用途不同的产品；②水平多元化（horizontal diversification），指企业利用原有客户资源，生产新产品销售给原有客户；③垂直多元化（vertical diversification），指企业利用原生产上下游的优势，向上游原材料领域或下游加工阶段发展；④混合多元化（conglomerate diversification），指企业向与原产品、技术、市场无关的经营范围扩展，这种多元化经营模式，主要是企业凭借其雄厚的资金优势为追求高成长前景产业，或者为规避风险而开辟新领域。

（二）企业多元化经营的动机与范围经济

从上述企业多元化经营的分类可以看出，多元化经营主要包括向与原业务相关的领域多元化、向与原业务完全无关的领域多元化。多元化经营既可能是企业发展过程中自然而然的一种结果，也可能是企业核心战略的重要组成部分。企业多元化经营的动机多种多样，具体来看，主要包括：

1. 规避风险，安全经营

企业经营面临着各种各样的风险，但同一种风险对不同产业或不同业务的影响不一样，有时甚至具有相反的影响，因而多元化经营常常能够对冲风险。例如，若一家企业同时经营以某一国货币为结算货币的外销和进口业务，则当汇率波动时，外销和进口业务产生的收益与亏损将能够部分对冲，从而起到规避风险的作用。多元化经营能够规避风险的理论基础为投资组合理论，根据这个理论，在同一风险影响下，互为负相关的业务组合能够分散风险，并且每项业务在组合中占比越低，组合降低风险的性质就越好。

除了对冲经营风险，多元化经营常常还出于规避法律风险的目的。例如，多国的反垄断法以市场集中度为部分依据来判断企业是否垄断，因而企业可通过经营与原业务不在同一市场的业务来寻找新的利润增长点，规避反垄断法的制约。

2. 发挥企业原有资源优势及潜能

当企业成功占领某一业务领域的大部分市场份额时，其发展面临着一定的瓶颈。但其在发展过程中积累了品牌、技术、销售、资金等优势，这些优势在服务于原业务领域的同时还可用于相关领域业务的开拓。例如，在海尔集团的多元化道路上，从1984年创立开始的7年间一直坚持专业化经营战略，在冰箱市场中取得了巨大成功，从而建立起了较高的知名度和良好的品牌形象，此后，海尔充分利用原有品牌、技术、销售等优势，从单一冰箱产品扩展到白色家电、黑色家电、米色家电等领域，完成纵向一体化，取得了较大的成功。

3. 开拓高利润新兴领域业务

产业发展的生命周期使得处于不同阶段的产业市场前景具有十分大的差异。一个朝阳产业往往较夕阳产业更具发展优势，因而处于夕阳产业的企业有向朝阳产业发展多元化经营的动力。特别是在迅速发展中的国家，企业对新出现的高利润产业的追逐十分明显。例如：在中国，以生产品牌服装著称的雅戈尔集团积极开拓高利润的房地产业务；中国早期空调第一大厂商春兰集团向具有巨大前景的汽车行业进军。

(三) 范围经济对多元化经营的制约

由上述分析可知，企业多元化经营的众多目的均可归结为对范围经济的追求。事实上，范围经济不仅是企业多元化经营的目的，还是企业多元化战略成功实施的保障。

企业跨出原经营领域开展新领域的生产经营活动，需要新技术、新市场与新的管理体制作为保障，而能否充分利用原有品牌、技术、销售等优势，跨产品、跨产业整合资源，获取范围经济，则往往决定着企业多元化经营的成败。一般而言，企业需要具备进入新产业的技术和管理知识、协调不同产业业务的能力，并分析、比较多元化经营的长期收益与成本，方可进入新领域进行多元化经营。

多元化经营让众多企业获得了巨大成功，也让许多企业陷入了一蹶不振的境地。例如，海尔集团早期逐步进入高度相关的产业，取得了巨大成功，让海尔从一家单一生产冰箱的企业发展成生产众多品类家电的企业。但其此后向相关度较小的产业领域进军的非相关多元化战略，却让海尔产生了较大的亏损。另一家空调领域的龙头企业——春兰集团，急于开展众多诸如汽车、摩托车等不相关领域的多元化业务，也陷入了亏损的境地。因而企业在选择多元化经营领域时需要根据其自身各方面的能力选择能够与其原有业务共同配合形成范围经济的业务进行多元化，而不应该盲目扩张。

案例 3-5

苏宁：多元化未必能够成功

2004 年，苏宁在深圳证券交易所上市（股票代码：002024），其后便开启了多元化发展的扩张战略，先后收购了镭射电器、母婴平台"红孩子"、PPTV、国际米兰、天天快递、江苏足球、万达百货、家乐福，并对恒大进行了 200 亿元战略投资。苏宁的多元化发展历程如表 3-4 所示。

表 3-4 苏宁的多元化发展历程

年份	多元化行动
2004	苏宁易购上市；苏宁开辟海外市场，入驻日本 LAOX
2009	收购镭射电器，完成香港布局
2012	全资收购母婴平台"红孩子"，耗资 6 600 万美元
2013	2.5 亿美元收购 PPTV，进军影视领域
2014	获取移动通信牌照转售业务；成立物流公司；获取国内快递业务经营许可；获取保险代理牌照
2015	19.3 亿美元收购努比亚，进军智能手机赛道
2016	通过 PPTV 收购龙珠直播；苏宁体育产业集团 2.7 亿欧元收购国际米兰俱乐部
2017	42.5 亿美元收购天天快递
2019	27 亿元收购万达 37 家门店；48 亿元收购家乐福中国 80% 股份

苏宁的战略版图雏形形成后，相关多元化战略逐步实施，围绕苏宁易购的零售业务先后拓展了物流业务和金融服务，提升自身物流配送服务和消费金融服务水平，以形成协同效应；同时，进入房地产业务以拓展线下店面。非相关多元化战略布局方面，进入智能手机产业、体育产业、影视及直播产业等，以期带来多种方式的盈利。但一系列布局之后，这些措施并未给苏宁带来协同效应，反而出现主打业务中的零售业务不断亏损的局面，背后隐藏的风险

也慢慢暴露。这导致如今的苏宁只能"卖卖卖",先后出售旗下的苏宁小店、阿里巴巴的股份等以维持账面利润,甚至为回笼资金将股权质押给淘宝。

资料来源:徐志伟,张慧.苏宁多元化经营失败案例分析[J].财务管理研究,2022,4(4):4.

六、规模经济、范围经济与超大规模经济体

随着劳动力成本的上升,中国经济增长的低成本优势和"人口红利"正在逐渐消失,原有基于劳动力要素资源禀赋比较优势的中国经济需要寻找新的增长优势,而中国改革开放以来长期经济增长形成的"超大规模的市场优势和内需潜力"正成为保障我国未来经济长期稳定增长的重要因素之一,特别是我国充分挖掘超大规模市场带来的一系列新的比较优势,并使其在资源配置和消费投资中发挥基础和关键作用,"形成强大国内市场,构建新发展格局",进而服务我国内外"双循环"的战略转型。

(一)超大规模经济体的概念和特征

超大规模经济体的特征主要包括:首先,它在经济体总量上具备"超大规模"特征,这个经济体可以是一个国家,也可以是一个经济共同体,其不仅在经济总量上居世界前列,而且是一个经济整体,经济体内部融合度非常高,稳定性强。其次,它拥有一个巨大且统一的内部市场,能够吸引全球范围内的先进生产要素聚集,有利于增强抵御风险的能力。此外,它还拥有完备的工业化生产能力,自身的生产资源与要素禀赋能够使其形成较为完备的生产链和价值链,并形成高质量的经济创造和创新能力。

(二)规模经济、范围经济与超大规模经济体之间的关系

超大规模经济体也能够通过规模经济与范围经济形成成本优势。克鲁格曼曾经指出,只有当生产要素和产品规模达到一定水平时,产品的生产成本才会下降,如果一个国家生产要素构成的规模太小,就难以产生一个产品生产和产业形成的基本规模经济,生产就只能处于规模不经济的状况,导致生产成本长期居高不下。一方面,超大规模经济体形成的规模集群优势能够降低单位产品的生产成本,提高如交通和通信等基础设施的水平[①],降低资本进入成本和劳动力流动成本,从而提升劳动生产率,促进经济增长,并且这种集群效应会随着时间的推移而增强,形成长期且持久的影响[②]。另一方面,超大规模经济体形成的产业集群优势还有助于企业创建产品品牌和企业品牌,并由此升级为区域品牌,这种品牌效应又反过来促进产业集群向更强的方向创新、升级和转型,并进一步强化这种集群优势和国际竞争优势。目前,我国在珠三角、长三角和京津冀地区形成的一系列中心-外围结构的产业集群,如浙江的"块状经济"、广东和江苏的外资企业集聚、北京中关村科技园区等就是基于规模并由此形成的一系列创新产

---

① WILLIAMSON J G. Regional inequality and the process of national development: A description of the patterns [J]. Economic development and cultural change, 1965, 13 (4): 1-84.

② 范剑勇.产业集聚与地区间劳动生产率差异[J].经济研究,2006(11):72-81.

业集群[一]，这些产业集群都已成为推动我国区域经济创新发展的重要力量源泉。

案例 3-6
高铁在超大规模经济体内的优势分析

高铁在中国这种超大规模经济体内优势明显，主要体现在以下四个方面。

一是高铁促进现代服务业在大城市"极化"发展。"极化效应"首先反映在旅游业上，研究表明，高速铁路网络规划将重构我国的旅游空间格局，特别是将进一步推动北京、上海、广州和武汉这些区域大城市成为超级旅游城市。其次是高等级商品的服务范围扩大，使拥有完善、高品质服务业的大城市，在第三产业方面的空间极化趋势更加明显。消费空间角度的相关实证显示，城际高速铁路极大地提升了上海珠宝首饰等贵重实物商品消费地的地位，相应地降低了杭州、苏州、南京消费地的地位，奢侈品买卖单中心的趋势将越来越明显。

二是高铁促进第二产业在中小城市与大城市之间均衡发展。高铁建设在一定程度上缓和了区域内部的相互竞争情况，还强化了区域内的合作关系。例如，武广高铁开通以来，中部大城市武汉和长沙与周边中小城市的第二产业均呈上升趋势：与武汉相邻的咸宁、赤壁吸引广东企业投资明显增多；长沙周边以郴州、衡阳为代表的湘南地区，两年内共承接工业转移项目 3 000 多项。长三角的情况也类似，随着长三角城际高铁建设，一些企业除了继续把总部留在上海外，纷纷把物流基地和制造基地迁移到周边的江浙地区。

三是部分巨型城市周围的中小城市获得扩散作用。以天津市的武清区为例，高铁的开通激活了武清的经济发展，GDP 平均增长率由原来的 15% 增长为 22%，成为继滨海新区之后天津市经济发展的又一增长极。高铁的廊道效应不仅带动了站点周边地区的社会经济发展，也使武清区从京津双城之间获得了更多的中介机会，催生了诸多的经济活动与功能。休闲娱乐、旅游、商务、学术会议、物流、房地产等产业发展迅速。诸多信息显示，围绕在北京、上海等超大型城市周围的中小城市获得了扩散作用的有益影响。

四是高铁促使大城市间的"同城化效应"显现。同城化强调城市间的时空距离与经济联系。综合国内研究，将同城化分为三个层次：娱乐消费同城化、通勤就业同城化、产业分工协作化。从行为地理学角度看，行为主体在短期内会改变"交通行为"，长期情况下很可能改变"区位行为"。休闲娱乐活动和通勤就业都属于短期的"交通行为"，产业分工属于长期的"区位行为"。娱乐消费同城化为初始阶段，通勤就业同城化与产业分工协作化为成熟阶段。

资料来源：宋文杰，朱青，朱月梅，等 . 高铁对不同规模城市发展的影响 [J]. 经济地理，2015，35（10）：57-63.

第四节 有效竞争：规模经济与竞争活力

规模经济和范围经济等技术因素让企业有动力扩大经营规模，但企业规模的扩大将导致企业对市场的支配力逐渐增强，进而导致企业有能力利用其市场支配力争取高额利润并阻碍

[一] 如北京中关村移动互联网创新型产业集群、温州激光与光电创新型产业集群、保定新能源与智能电网装备创新型产业集群、潍坊半导体发光创新型产业集群、无锡高新区智能传感系统创新型产业集群、武汉东湖高新区国家地球空间信息及应用服务创新型产业集群、惠州云计算智能终端创新型产业集群、深圳高新区下一代互联网创新型产业集群。

市场竞争。自然而然的一个问题是，从优化资源配置角度出发，产业内的企业保持多大的规模对社会才是较为合理的？有效竞争理论试图揭开这一问题的面纱。本节从有效竞争理论角度简要介绍企业规模扩张与竞争活力二者之间的关系。

一、有效竞争市场中的规模效应

有效竞争最早是由美国经济学家克拉克针对完全竞争概念的非现实性而提出来的，因此也叫作不完全竞争（见本章第一节）。

一个高绩效、合理化的产业组织既要让企业能够获得较高的规模效应，又要不因企业规模扩张导致垄断而丧失经济活力。马歇尔认为，自由市场竞争导致的生产规模扩大，在让企业获得规模经济的同时将形成垄断，进而必然会阻碍竞争，扼杀企业活力，因而其认为规模经济和竞争活力这二者不可兼得，这就是著名的"马歇尔困境"。

有效竞争理论试图克服"马歇尔困境"，探索什么样的市场形态能够使得规模经济和竞争活力这二者协调发挥作用，实现资源的有效配置。有效竞争的概念首先由克拉克（1940）提出，此后经梅森等人归纳总结发展而形成。有效竞争是指规模经济和竞争活力相互兼容的一种状态，其实质在于追求较高的经济效率[1]。有效竞争取决于规模经济和竞争活力这两个因素，而竞争活力又取决于市场集中度和进入壁垒，因而有效竞争由规模经济、市场集中度和进入壁垒[2]三个因素共同决定。

二、有效竞争市场的评价标准

有效竞争实质上是协调规模经济和竞争活力的一种追求较高经济效率的竞争状态。但究竟什么样的市场能够协调规模经济和竞争活力共同对资源进行有效配置？不同产业具有不同的技术特征，继而由其决定的规模经济和竞争活力也随着产业的不同而不同，那么该如何判断不同产业是否处于有效竞争状态？

对此，梅森（Mason，1957）提出了衡量有效竞争的基准，包括市场结构基准和市场效果基准两方面。市场结构基准包括：①市场上存在相当多的卖家和买家；②任何卖家和买家所占的市场份额都不足以控制市场；③卖家集团和买家集团之间不存在"合谋"行为；④新企业能够在市场上出现。市场效果基准包括：①市场上存在着不断改进产品和生产工艺的压力；②当生产成本下降到一定程度后，价格能自动向下调整；③生产集中在最有效率的但不一定在成本最低的规模单位下进行；④不存在持续性的设备过剩；⑤不存在销售活动中的资源浪费现象。

此后，索斯尼克（Sosnick，1958）提出了以 SCP 为分析框架的有效竞争评价基准，从市场结构、市场行为、市场绩效三个角度提出了多条评价基准。[3]结构基准包括：不存在进入和

---

[1] 王俊豪. 论有效竞争 [J]. 中南财经政法大学学报，1995（5）：56-61.
[2] 关于进入壁垒的论述请见本书第四章。
[3] SOSNICK S H. A critique of concepts of workable competition[J]. The quarterly journal of economics, 1958, 72 (3): 380-423.

流动的资源限制；存在对上市产品质量差异的价格敏感性；交易者的数量符合规模经济的要求。行为基准包括：厂商间不相互勾结；厂商不使用排外的、掠夺性的或高压性的手段；在推销时不搞欺诈行为；不存在有害的价格歧视；竞争者对于其对手是否会追随其价格调整没有完全的信息。绩效基准包括：利润水平刚好足够回报创新、效率和投资；产品质量和产量随消费者需求的变化而变化；厂商竭力引入技术上更先进的产品和技术流程；不存在过度的销售开支；每家厂商的生产过程是有效率的；最好地满足消费者需求的卖家得到最多的报酬；价格变化不会加剧经济周期的不稳定。

梅森、索斯尼克提出的评价基准可以作为竞争是否持续的信号，具有一定的可操作性，各指标可具体化，在一定意义上它们可以作为政府制定经济政策的依据。但在实际操作过程中，仍存在一些难以操作的困难，比如"相当多""不足以"等字眼难以有一个准确的判定标准，并且有一些判定标准与现实相距较远，如"不存在销售活动中的资源浪费现象"。因而，有效竞争理论在实践中难以解决究竟什么样的组织形态能够获得规模经济和竞争活力两方面的资源配置效果，只是在制定产业合理化政策时，不得不将有效竞争作为一个努力方向。

案例 3-7

中国电信业有效竞争格局的构建之路

中国电信业在 20 世纪 90 年代中期之前处于邮电部的垄断经营之下。由于政企合一和高度集中，整个产业机构臃肿、企业冗员等现象十分严重，导致产业效率低下。打破电信业的垄断格局，成为政府改革者的共识。截至目前，中国电信业经历了三次重大改革。

电信业重组第一阶段：引入竞争（1994—1997 年）。在此阶段，最主要的变化是 1994 年成立中国联通，与从邮电部改制过来的中国电信进行竞争，但由于新进入的中国联通太弱小，以至于并不能形成真正的竞争格局，当时中国联通仅占中国电信市场份额的 1/267，难以对垄断者中国电信形成竞争威胁，难以称为"双寡头"竞争。

电信业重组第二阶段：拆分改革（1998—2007 年）。初衷是实现电信部门分业竞争，即在移动和固定通信业务内部实现有效竞争，主要采取拆分中国电信的方式进行。该阶段包括两次拆分：第一次为纵向拆分，中国电信按照业务领域一分为四，即（新）中国电信（固定业务）、中国移动（移动业务）、中国卫通（卫星通信）和国信公司（寻呼业务），拆分出来的中国移动与中国联通形成了移动"双寡头"竞争。第二次为横向拆分，中国电信固定网络按地域南北拆分，形成北方有中国网通（北方 10 省）和南方有中国电信（南方 21 省）的竞争格局。

电信业重组第三阶段：全业务重组（2008 年至今）。2008 年开始，中央又对电信产业进行了重组，目的是允许中国电信进入移动通信领域，同时中国移动进入固定通信领域，实现全业务竞争。2008 年 5 月 24 日，工信部、发展改革委和财政部发布了《关于深化电信体制改革的通告》，原 6 家基础电信运营企业重组为 3 家——中国电信收购中国联通 CDMA 网（包括资产和用户），同时将中国卫通的基础电信业务并入；中国联通与中国网通合并；中国铁通并入中国移动。中国电信业重组为中国移动、中国电信和中国联通，形成了三分天下的竞争格局。

资料来源：郑世林.进一步促进中国电信行业竞争[N].中国社会科学报，2012-05-07（300）.

案例 3-8

英国打造水务市场的有效竞争格局

1989 年，英国政府通过私有化改革，在英格兰和威尔士打造了一个意图以"私人手段"达成"公共目的"的水务市场，除股权私有化、分散化和民营化之外，"引入有效竞争是关键"。

1. 新政策链建构：有限竞争（1989—2002 年）

主要以 1989 年《水法》和 1991 年《水工业法》为基础。前者造就的是以流域为基础的十大股份制水务公司及相应的区域垄断性市场结构，赋予这些水务公司批发商的地位和权利，允许其他符合条件的公司进入水务市场并成为自来水服务零售业务的新承办商，这在实质性和程序性两个方面为水务市场的开放奠定了基础。后者维持了区域垄断性水务公司的批发商地位和加入竞争机制，清晰地规定了两类零售业务授权机制，即零售授权（retail authorisation）和补充授权（supplementary authorisation）。

2. 政策链补充：扩大竞争（2003—2013 年）

2003 年《水法》引入四种新的工具：供水许可证制度（water supply licences，WSL）；新授权与变更（new appointments and variations，NAV）；自建管道（self-lay）；跨界供应（cross-border supplies）。通过建立 WSL 激活 1991 年《水工业法》允许的两种零售授权，并完善了两种零售授权的操作办法，赋予 Defra、威尔士政府、Ofwat 制定二级立法和法定指导的权力，以保证 WSL 能够运转起来。在 WSL 框架下，现有公司根据既有的授权继续运作，但有责任以合理的条件允许 WSL 持有者进入其系统。必要时，Ofwat 可以根据 2003 年《水法》中的竞争条款，对现任公司的既定授权条件进行某些修改，这意味着现任公司必须开放自己的系统。

3. 政策链补充：全面开放零售市场（2014 年至今）

2014 年《水法》出台后，政府以此法领衔，建立了一套崭新的水务市场竞争激励及相关监管的政策框架。这套新的政策框架共有五个层次的制度安排。第一层为英国议会的基本立法，第二层为 Defra 制定的二级立法，第三层主要是 Defra 或 Ofwat 制定的守则、标准、规则和指南，第四层主要是由 Ofwat 制定的非法定守则和指南，第五层则是水务市场上的各类协议。这些制度安排，使得 Ofwat 在行使监管权时处处有据，还使公众特别是利益相关者更加明了新的市场架构及其中的规则，2014 年《水法》创造了一个更加开放的水务市场。

资料来源：唐娟，章平. 如何通过有效竞争改善市政公共服务？：英格兰和威尔士水务市场竞争激励的政策调整（1989—2019）及其效应 [J]. 中国行政管理，2019（9）：137-145.

本章小结

在企业经营过程中，市场资源向少数企业集中，随着企业规模的扩张和经营范围的增多，企业常常能够取得规模经济和范围经济，并拥有一定垄断势力，进一步强化大企业的成本优势和市场支配力，进一步推动市场集中。不同市场结构存在不同的市场行为和市场绩效特征。

现实中，由于产品的差异、需求多样化等原因，企业总是或多或少地对自己的产品价格具有某种影响力和控制力，这种力量即市场势力。不同的市场结构与市场势力之间的关系不同：竞争程度高的市场，市场势力小；垄断程度高的市场，则市场势力大。市场集中度的变化影响因素众多，主要包括：产业自身的特性（规模经济、产品差异化、其他进入壁垒），市场总规模的变化，以及经济政策等。

规模经济与企业的最小规模边界有关，而范围经济与企业的经营范围密切相关。企业规模的扩大将导致企业对市场的支配力逐渐增强，进而导致企业有能力利用其市场支配力争取高额利润并阻碍市场竞争，一个高绩效、合理化的产业组织既要让企业能够获得较高的规模效益，又要不因企业规模扩张导致垄断而丧失经济活力。

推荐阅读

[1] BAIN J S. Relation of profit rate to industry concentration: American manufacturing, 1936-1940 [J]. The quarterly journal of economics, 1951, 65 (3): 293-324.

[2] RHOADES S A, CLEAVER J M. The nature of the concentration price/cost margin relationship for 352 manufacturing, 1967 [J]. Southern economics journal, 1973, 40 (1): 90-102.

[3] GEITHMAN F E, MARVEL H P, WEISS L W. Concentration, price and critical ratios [J]. The review of economics and statistics, 1981, 63 (3): 346-353.

[4] BAIN J S. Barriers to new competition [M]. Cambridge, MA: Harvard University Press, 1956.

[5] STIGLER G J. The economies of scale [J]. The journal of law & economics, 1958 (1): 54-71.

[6] SOSNICK S H. A critique of concepts of workable competition[J]. The quarterly journal of economics, 1958, 72 (3): 380-423.

[7] 钱德勒. 企业规模经济与范围经济 [M]. 张逸人，陆钦炎，徐振东，等译. 北京：中国社会科学出版社，1999.

[8] 阳镇，陈劲，商慧辰. 演化视角下企业边界的决定性因素 [J]. 演化与创新经济学评论，2021（1）：34-50.

思考与练习

1. 市场集中度有哪几种度量指标？
2. 市场集中度的影响因素有哪些？市场集中度与利润率之间呈现什么关系？
3. 规模经济与范围经济有什么区别？试举例说明。
4. 企业如何确定其边界？企业边界与规模经济和范围经济有什么关系？
5. 什么是"马歇尔困境"？请以现实经济为例进行说明。
6. 试用有效竞争理论阐述什么样的组织形态能够协调规模经济与竞争活力之间的冲突。

第四章

CHAPTER 4

策略性行为

> 战略制定者的任务不在于看清企业目前是什么样子，而在于看清企业将来会成为什么样子。
>
> ——约翰·W.蒂兹

一家厂商通过影响竞争对手对该厂商行动的预期，使竞争对手在预期的基础上做出对该厂商有利的决策行为，这种影响竞争对手预期的行为就称为策略性行为。策略性行为的市场基础是寡占或垄断市场，其研究方法主要是博弈论和信息经济学的运用，研究成果主要应用于为现实的市场现象提供理论解释，并为反托拉斯分析提供理论依据。本章以策略性行为作为研究主题，目的在于介绍和评价产业组织理论的前沿领域，把握现代产业组织理论的发展趋势。

第一节 策略性行为概述

一、策略性行为的理论基础

策略性行为是在产业组织理论和博弈论基础上发展起来的。迄今为止，产业组织理论的发展大致经历了两个阶段：第一阶段以基本完成于20世纪60年代并在后来仍然具有很大影响力的传统产业组织理论（TIO）为主，它主要包括以市场结构研究为核心内容（SCP分析框架）的哈佛学派和以市场行为研究为核心内容的芝加哥学派；第二阶段以20世纪70年代及以后由于新的研究方法引入而出现的新产业组织理论（NIO）为主，它的研究焦点是策略性行为。新产业组织理论的兴起和发展对传统产业组织理论的分析方法和分析框架提出了重要挑战。一方面，新产业组织理论超越了传统哈佛学派的SCP分析框架，否认市场结构外生性的观点，并且认为企业不是被动地对给定的外部条件做出反应，而是试图以策略性行为改变市场环境，并影响竞争对手的预期，从而排挤竞争对手或遏制新厂商进入市场。另一方面，新产业组织理论也对芝加哥学派静态的价格-产出框架提出了质疑。芝加哥学派对市场行为的研究主要集中在企业的价格行为上。对于企业的策略性行为，由于不存在信息不对称，企业在没有与竞争对手协定的条件下不可能通过单方面的行为获得市场势力，因而芝加哥学派否认了单一企业实施阻止竞争对手策略的可能。但是，以博弈论和信息经济学为方法论基础的新产业组织理论则明确了策略性行为在产业组织理论中的核心地位。

二、策略性行为的定义与分类

（一）策略性行为的定义

策略性行为的定义，最早来自 2005 年诺贝尔经济学奖获得者谢林[①]（Schelling, 1960）在其经典著作《战略冲突》中的描述，他认为策略性行为是指一家厂商旨在通过影响竞争对手对该厂商行动的预期，使竞争对手在预期的基础上做出对该厂商有利的决策行为，这种影响竞争对手预期的行为就称为策略性行为。一家厂商的策略性行为对竞争对手预期的影响，实质上是通过影响它们共同的市场环境所实现的。这些市场环境包括市场中现有的和潜在的竞争对手数量、行业的生产技术、竞争对手进入该产业的成本和速度、各厂商的利润、消费者的福利、市场的需求偏好等影响市场结果的要素。也就是说，市场环境不再是外生的，厂商可以通过策略性行为改变市场环境，为自己在市场竞争中立于不败之地、获取超额利润创造条件。

策略性行为的市场基础是寡占或垄断市场。策略性行为的产生取决于厂商在市场决策方面存在的相互依赖关系。这种依赖关系在寡占市场上最为普遍，而在垄断市场上，垄断者的市场行为会对潜在进入者的行为产生影响，这两种市场构成了策略性行为分析的市场基础。在现实中，古诺模型（Cournot, 1838）、伯川德模型（Bertrand, 1883）、斯塔克尔伯格模型（Stackelberg, 1934）等寡占模型是最常用的理论分析模型。这些经典经济分析模型的运用也反映了新旧产业组织理论的显著区别，这是因为，后者的分析依据大多是简单或松散的理论，有些甚至强调经验性的产业研究。当然，传统的产业组织理论并未否认各种寡占模型分析的合理性，这是因为它们也采用了价格理论，而且用于多种市场结构的划分。但是，传统产业组织理论在逻辑上并不能将企业之间的策略性相互作用纳入分析框架，因此，基于寡占模型的企业行为分析无疑成了其一大固有缺陷。

策略性行为的研究方法主要是博弈论和信息经济学。动态分析与不完全信息的引入所致的博弈论方法本身的不断完善，使得正统经济理论对寡占市场的分析更富生机和活力。在策略性行为分析中，运用博弈论所进行的一系列研究主要是用纳什均衡来阐明企业的行为，分析在既定的初始均衡条件或状态下，如何运用策略性行为实现新的均衡。

策略性行为研究的应用主要是为现实的市场现象提供理论解释，并为反托拉斯分析提供理论依据。在现实生活中，企业之间的策略性相互作用构成了许多市场现象的基础，如合谋、掠夺性定价、垂直限制、排他性交易、价格歧视、研究与开发等，这些市场现象往往是在不完全信息和动态竞争环境中进行，因而要想明确地判断其对消费者或社会福利的影响是相当困难的。而采用策略性行为研究的模型和方法，能够在很大程度上为这些现象提供更加

[①] SCHELLING T C. The strategy of conflict [M]. Cambridge, MA: Harvard University Press, 1960.

具体和复杂的理论解释，并且贴近市场现实，从而为反托拉斯政策导向提供更加合理的理论依据。

（二）策略性行为的分类

根据企业之间是竞争还是协调的关系，企业的策略性行为可以分为两种类型。

一类是非合作策略性行为。非合作策略性行为是指企业为实现利润最大化而采取的提高自身竞争地位的行动，既包括企业削弱和消灭现存竞争对手，以及通过提高进入壁垒压制潜在竞争对手的行为，也包括企业通过研究、开发与投资等手段提高自身竞争力的行为。这类行为往往通过降低竞争对手的利润来实现自身利润的增长[1]。

另一类是合作策略性行为。合作策略性行为是指企业为了实现利润最大化的目标而采取的旨在协调本产业内各企业之间的行动以限制相互之间竞争的行为，它包括卡特尔和企业的暗中合谋[2]。通过合作策略性行为，企业之间可以减少竞争，从而增加本产业内所有企业的利润。

第二节 非合作策略性行为

非合作策略性行为是企业为追求利润极大化所采取的提高其竞争地位的行动。这类行为通常以降低竞争者的利润为代价来实现自身的利润增长。通常非合作策略性行为可以分为价格策略和非价格策略。

一、价格策略

（一）限制性定价

限制性定价（limit pricing）是一种短期非合作策略性行为，它通过在位厂商的当前价格策略来影响潜在厂商对进入市场后利润水平的预期，从而影响潜在厂商的进入决策。自贝恩（1949）[3]提出"限制性价格"概念以来，限制性定价就逐渐成为产业组织领域的一个重要主题。在此之前的相当一段时期内，经济学家意识到，在面临潜在进入威胁的产业中，索取短期利润最大化价格并不是一家理性的在位厂商的最佳定价策略。

限制性定价就是在位厂商采取的旨在阻止潜在进入者进入的定价策略。某一产业存在经济利润时，就会吸引其他厂商意图进入，这些厂商就是潜在的进入者。但新厂商的进入往往会降低在位厂商的利润，在位厂商会采取各种措施阻挠新厂商的进入。贝恩（1949，1956）、索罗斯-拉比尼（Sylos-Labini，1962）和莫迪利安尼（Modigliani，1958）是对早期限制性定价理论进行研究的主要学者。限制性定价理论的基本假设是，潜在的进入者预期在进入之后，在位厂商不会改变它的产量。对于潜在厂商而言，其进入市场后将面临的需求曲线为产业需求曲线减去在位厂商的产量。因此，为了阻止潜在厂商的进入，在位厂商可以选择高于垄断

---

[1] 杜朝晖. 产业组织理论 [M]. 中国人民大学出版社. 2010.

[2] 同[1].

[3] BAIN J S. A note on pricing monopoly oligopoly[J]. The American economic review, 1949, 39(2): 448-464.

水平的产出及相应的价格，使得潜在进入者进入之后的剩余需求量极低或面临较低的市场价格。这样一来，潜在进入者进入市场之后所能获得的利润就会较少，其进入的动机就会较弱，进入就较难发生。

案例 4-1

杜邦在玻璃纸行业的限制性定价

1924—1947 年，杜邦实际上垄断了整个美国玻璃纸行业。该行业存在显著的规模效应，并且杜邦早就认识到在其竞争对手进入该行业之前，将平均成本曲线向下移的优势。因此，杜邦长期采取了低价策略。1924—1940 年，价格下降了 84.8%，从每磅[一]2.51 美元下降为每磅仅 0.38 美元。在该行业发展的早期，玻璃纸需求急剧上涨，即使杜邦保持很高的价格，新厂商也能够渗透到该行业。但是通过长期降低玻璃纸价格，杜邦在新厂商有机会进入该行业之前，就已经掌握了控制权。潜在进入厂商无疑会意识到，大规模进入需要杜邦在新厂商进入之后要么降低产量，要么急剧降低全行业的价格。1924—1940 年，杜邦的定价策略一直与垄断厂商试图阻止新厂商进入的行为策略一致。为了保持自身的市场支配地位，杜邦显然愿意接受较低的价格，并且降低玻璃纸行业的利润。

资料来源：沃德曼，詹森. 产业组织：理论与实践（原书第 3 版）[M]. 李宝伟，武立东，张云，译. 北京：机械工业出版社，2009.

1. 不完全信息下的限制性定价

进入 20 世纪 80 年代，随着博弈论和信息经济学在策略性行为理论中的广泛应用，不完全信息假设被引入限制性定价理论中，米尔格罗姆和罗伯茨（Milgrom，Roberts，1982）[二]与哈尔瑞顿（Harrington，1986）[三]的研究可以证实这一点。

米尔格罗姆和罗伯茨（1982）认为，在现实环境中，市场信息往往是不完全的，对手的成本函数及其战略性决策以及整个市场的需求状况对于厂商来说并不是完全信息，很多信息为私人所有，因此，在在位厂商与潜在厂商之间进行的限制性定价行为可以视为不对称信息博弈行为。

米尔格罗姆和罗伯茨的限制性定价模型认为，在信息不对称的情况下，进入者不知道在位者的生产成本类型。如果在位者是高成本的生产商，进入则是有利可图的，但如果在位者的生产成本很低，进入者就不会选择进入。低成本在位者试图利用限制性定价手段向进入者显示自己是低成本的厂商，以区别于高成本的厂商，使进入者认为进入是无利可图的，而高成本的厂商制定高的价格才符合其自身利益。当然，一家高成本的在位厂商为了扰乱进入厂商对它的成本类型的估计，可以利用在位者的先动优势采取限制性定价手段使进入者产生"在位者是低成本厂商"的错觉。对于高成本厂商来说，这也是一种理性决策，进入者可能把

[一] 1 磅 = 0.453 6 千克。

[二] MILGROM P, ROBERTS J. Limit pricing and entry under incomplete information: An equilibrium analysis[J]. Econometrica, 1982, 50(2): 443-459.

[三] HARRINGTON J E. Limit pricing when the potential entrant is uncertain of its cost function[J]. Econometrica, 1986, 54 (2): 429-437.

它误认为是一家低成本的厂商,慑于进入后的价格战,进入者只能望而却步。在位者通过这种定价策略达到了阻止进入者进入的目的。

2. 限制性定价的福利效应与公共规制

人们通常从福利经济学的角度,来评价限制性定价对生产者和消费者的影响,并作为对其是否采取规制措施的依据。但是,要想从理论上准确判断限制性定价的福利影响,并在实践中采取相应的规制措施是十分困难的。

从理论上分析,静态模型表明,限制性定价遏制了潜在厂商的进入,这对竞争厂商是不利的,但是,限制性定价也降低了产品的价格,消费者可以从中受益,这种限制性定价的净福利效应是不明确的。在不完全信息条件下,信息的分布状况与限制性的福利影响是息息相关的。在米尔格罗姆和罗伯茨的模型中,限制性定价不仅没有遏制潜在厂商的进入,反而降低了产品价格,因而它的净福利效应是正的,而哈尔瑞顿模型表明,限制性定价既提高了价格也遏制了潜在进入,因而其净效应是负的。对于动态限制性定价,其净福利效应的判断更为复杂。由此可以看出,限制性定价的福利影响不能一概而论,要视具体情况而定。

在实践中,要区别竞争性行为和限制性定价行为并非易事。例如,同样是降价行为,有些可能是在位厂商为了达到遏制进入而采取的策略性行为,而有些却是由现有厂商正常的成本降低所致,但是政府管制机构很难把这两种行为区分开来。美国反托拉斯机构认为,对限制性定价等策略性行为管制过少将诱发不良的竞争方式和垄断力量,管制过严又妨碍厂商从事正当的竞争,它们也害怕正当竞争会被曲解为限制性定价等策略性行为而遭制裁。

(二) 掠夺性定价

掠夺性定价是指在位厂商将价格削减至对手平均成本之下,以便将对手驱逐出市场或遏制其进入,尽管会遭受短期损失。一旦对手离开市场,在位厂商就会提高价格以补偿掠夺期损失(Schmalensee, 1979; Rosenbaum, 1987; Romano, Berg, 1985)。它与限制性定价策略的显著区别在于:首先,掠夺性定价强调企业在短期内是亏损的,其亏损在未来会得到补偿;其次,限制性定价策略主要针对潜在进入者,而不是已进入者。

◻ 案例 4-2

美国烟草行业的掠夺性定价行为

19 世纪末 20 世纪初,美国烟草托拉斯运用掠夺性定价来对抗它的对手,通过实施掠夺性定价逼迫它的竞争对手以低价将其公司卖给它。例如,1901 年,烟草托拉斯在北卡罗来纳州有个香烟品牌叫"美国丽人",它与北卡罗来纳州温司顿的威尔斯白头烟草公司的类似产品相竞争。"美国丽人"的价格是每千支 1.50 美元,恰与要求缴纳的税金一样多,可见这个价格是明显低于生产成本的。不过,烟草托拉斯声称低价是产品导入期的优惠措施。在 1903 年,烟草托拉斯就顺利地收购了无法与其竞争的威尔斯白头烟草公司。1881—1906 年,烟草托拉斯收购了 40 家竞争对手,并且在烟饼、香烟、鼻烟和进口烟的销售上控制了很大的市场份额。

资料来源:卡尔顿,佩罗夫.现代产业组织[M].黄亚钧,谢联胜,林利军,译.上海:上海三联书店,1998.

掠夺性定价理论主要包括认为掠夺性定价非理性、不符合厂商的长期利润最大化目标的芝加哥学派[一]理论，以及通过引入信息不对称、认为掠夺性定价是厂商理性行为的后芝加哥学派理论。二者之所以得出截然相反的结论，是因为关于信息的假定不一致。信息在掠夺性定价理论的发展中起了至关重要的作用。因为掠夺性定价是厂商的一种策略性行为，策略性行为就涉及厂商之间的互动，互动就需要了解对方、猜测对方，因而不同的信息假定得出不同的结论就不足为怪了。

1. 芝加哥学派：非理性掠夺

该学派对掠夺性定价的定义非常简单：掠夺方在掠夺阶段遭受损失，然后在垄断阶段得到补偿。因此，掠夺是否理性，取决于两阶段总利润是否最大化。芝加哥学派分别从被掠夺方、掠夺方和垄断利润能否获得三个方面抨击了掠夺性定价是理性战略的观点。根据其观点，在掠夺阶段，被掠夺方可以获得资本市场的资金支持和消费者支持，从而度过被掠夺期，致使掠夺失败；而且，在掠夺期掠夺方的损失大于被掠夺方的损失，损失不对称导致掠夺无法成功；再者，垄断利润的获得具有很大的不确定性，进而掠夺损失的补偿就无法保证。具体而言，从被掠夺方角度考虑了资本市场和消费者联合。

（1）资本市场。

如果掠夺成功，那么就会在随后的垄断阶段获取垄断利润。这意味着被掠夺方到达垄断阶段是有利可图的，既然有利可图，那就可以找到资金支持者，获得渡过价格战所需的资金——贷款或股本。如果被掠夺方获得资金支持，就不会被驱逐出去。鉴于此，掠夺注定会失败，既然注定会失败，那掠夺就不会发生。

但是资金提供者对被掠夺方度过掠夺期的能力、资源和管理质量只有有限信息；对掠夺方的资源和掠夺决心也仅有有限信息。而且，资金提供者知道，被掠夺方有极力传递、夸大其生存能力的信息，掠夺方也有极力传递、夸大其掠夺决心的信息。鉴于存在不完全和机会主义的误导信息，资本市场不会给被掠夺方提供资金，除非考虑风险率（使被掠夺方的成本高于掠夺方）。这种成本差别使得掠夺方可以在被掠夺方亏损的价格上盈利。资本市场的这种行为并不是因为资本市场不完全，而是资本市场在不完全信息情况下的有效运作。有效的资本市场创造了掠夺机会，否定了芝加哥学派的观点。

（2）消费者联合。

伊斯特布鲁克（Easterbrook）认为，如果被掠夺方不能在资本市场获得资金，它还可以寻求消费者支持。因为消费者是垄断阶段定价的最终受害者，所以消费者愿意帮助被掠夺方度过掠夺期。最简单的方法是继续原价购买，拒绝掠夺方的低价商品，这似乎难以置信。因为每位消费者的力量太小以致不能帮助被掠夺方渡过难关，而且在提供帮助时有搭便车的激励。鉴于此，被掠夺方可以和消费者签订以竞争价格供货的长期合同。一旦被掠夺方通过长期合同保证了销售的连续性，掠夺方就不得不终止掠夺性定价，否则就会徒增损失。消费者则通过长期合同避免了随后的垄断定价而使自己获益。

芝加哥学派的上述观点有待商榷。一方面，被掠夺方与消费者签订上述合同的可行性值得怀疑：消费者对市场了解有限，无法相信包含被掠夺方正常利润在内的上述合同，从而产

[一] MARTIN S. Industrial economics: Economic analysis and public policy[M]. New York: Macmillan Publishing Company, 1988.

生机会主义行为；同时，被掠夺方签订这样的合同涉及大量的交易成本；再者，掠夺方会否认其制定垄断价格的可能性，阻挠上述合同的签订。另一方面，即使这样的合同得以成功签订，也可能会触犯反垄断法规，被指控与消费者合谋，妨碍公正交易。

从掠夺方角度，芝加哥学派认为，掠夺性定价会使在位者蒙受更大的损失，因为在位者拥有更大的市场份额。一方面，在位者在掠夺开始时就必须拥有大的市场份额，这样才可以很快压低市场价格；另一方面，在位者还需要足够的生产能力以满足低价格下的自身新需求，以及低价格下对手不愿增加产量的对手新需求。掠夺者的全部需求（包括掠夺前市场份额和新需求）都必须以低于成本的价格供给。因此，如果没有成本不对称，掠夺者的损失肯定大于被掠夺者的损失。这种损失不对称使掠夺者难以在掠夺阶段成功地将对手驱逐出市场。

从垄断利润能否获得方面，芝加哥学派认为掠夺方能否获得垄断利润具有很大的不确定性。即使对手被迫退出，垄断价格由于面临新进入、再进入和进入威胁而不能维持足够长的时间。因此掠夺损失的补偿只有在高进入壁垒下才可能产生。但是使对手退出市场要求低的退出壁垒，这种高进入壁垒和低退出壁垒是不可能并存的，因为大多数进入壁垒同时构成了退出壁垒。正如惠斯顿（Whinston, 1986）所言，可以把退出决策视为反向进入决策。例如，如果进入要求大量的品牌推销费用，那么一旦品牌已经树立、巨额推销费用已经沉淀，企业就不容易退出市场。

综上所述，基于基本价格理论的芝加哥学派认为掠夺性定价非理性。其成立的关键假设有两个：其一，信息获取成本非常低甚至接近于零，因此被掠夺方可以获得资本市场和消费者支持，从而度过掠夺期；其二，可以自由进入而且没有进入成本，导致垄断利润无法取得。这两个假设不切实际，正是这两个假设使其观点未被法庭和主流经济学家接纳——一些国家的法庭仍在受理掠夺性定价的起诉，经济学家仍在为法庭出谋划策。现实世界中，交易成本的存在干扰了资本市场的信息流动，掠夺性定价的发生将会提高潜在进入者的资金成本，便于掠夺方拥有市场势力；而且，现实中确实存在着进入壁垒。但是，芝加哥学派基于基本价格理论的掠夺性定价分析对经济学家研究掠夺性定价的方法产生了重大影响，而且使主流经济学家意识到：不存在进入或再进入壁垒的市场，掠夺性定价不可能发生。

案例 4-3

布朗和威廉姆森公司的掠夺者名声

美国最高法院在布鲁克集团公司与布朗和威廉姆森烟草公司一案[113U.S.2578（1993）]中，认为低于成本的一般香烟定价不能证明是怀有一种不可取的、打算垄断市场的掠夺意图，因为布朗和威廉姆森公司在此之后没有机会赚取超额利润。法院是否足够深入地看到通过一种定价政策而有效地阻止进入的长期效应是当前的一个反托拉斯热点争论问题。让人们认为一家厂商会使价格大大低于成本的声誉效应更有价值，新进入者的成本越高，原有厂商的品牌忠诚越弱，排队等候的潜在进入数量越多。所有这些因素都是来自一般香烟的新威胁的特点。

资料来源：麦圭根，莫耶，哈里斯. 管理经济学：应用、战略与策略[M]. 李国津，译. 北京：机械工业出版社，2003.

2. 后芝加哥学派：理性的掠夺

芝加哥学派的分析隐含着完全信息的假设，这个假设是非常关键的。后芝加哥学派放松了这个假设，得出了截然相反的结论：如果假设更接近现实的不完全信息，那么低于短期最优水平的定价——目的是遏制进入、引诱退出或威慑对手以便缓和竞争，将会成为理性战略。而且掠夺收益不仅仅来自掠夺市场，掠夺可以视作声誉投资——一个市场的掠夺通过遏制进入和威慑对手可以在其他相关的地域或产品市场获利。掠夺性定价的不对称信息博弈模型包括：①信号传递模型——存在一个和信号接受者利益相关的参数，该参数值不能被信号接受者直接观察到，只能根据相关信息推断，而信号发送者可以通过有代价的行动影响该参数的推断值，进而影响信号接受者的行动选择；②信号阻塞模型——博弈方均不知参数值，信号发送者的行动不能被信号接受者直接观察到，信号发送者的行动影响信号接受者可观察到的一个变量的分布，从该变量可以推断该参数值。

（1）连锁店悖论[⊖]。

后芝加哥学派采用博弈方法研究掠夺性定价始于泽尔腾（Selten）的连锁店悖论。当面临潜在进入者时，就每一期而言，在位者选择容纳进入将会获得更高的利润。但是，如果这个博弈重复进行，博弈早期在位者会采用掠夺战略劝阻潜在进入者进入，只有在接近博弈结束时在位者才会容纳进入。这是因为，通过选择掠夺战略，在位者可以给进入者提供这样一个信息，即进入是无利可图的。但是当博弈临近结束时，这样的信息就不再有价值了。因此，在最后一轮，在位者会容纳进入。如此逆推，从第 N 轮到第 1 轮，垄断者在每轮都会选择容纳。之所以称它为悖论是因为，在重复的博弈中，进入在每一轮中都被容纳，这一结论与直觉相反。

案例 4-4

英特尔、NEC 和摩托罗拉的半导体定价

随着一代又一代芯片的发展，市场领导者都采取了产品寿命周期定价方法。在实行一定时期的高目标定价法和基于价值定价法之后，占世界市场份额 26% 的英特尔采取了降价行为，与占世界市场份额 13% 的 NEC、占世界市场份额 10% 的摩托罗拉和无数小竞争者进行博弈。迅速降低芯片价格的目的就是阻止模仿者进入。当时随着不确定的时间发展，整个过程本身在重复，新的芯片以高价格引入市场，模仿者进行反向工程设计，降价再次发生。一代代芯片连续博弈终点的不确定性形成了一种与连锁店悖论不同的结果，增加了索取高价格的可能性。

资料来源：麦圭根，莫耶，哈里斯. 管理经济学：应用、战略与策略[M]. 李国津，译. 北京：机械工业出版社，2003.

（2）Kreps-Wilson 模型。

Kreps 和 Wilson 通过引入不完全信息来求解连锁店悖论。他们表明，如果在位者打击（即掠夺）进入的收益比容纳进入的收益大，而且进入者对在位者的收益具有不完全信息，那么掠夺就成为均衡战略。

Kreps-Wilson 模型的在位者有两种类型：弱小与强硬。对于弱小在位者，通过假设各自在不同情况下的收益函数，可以得出容纳优于掠夺；对于强硬在位者，掠夺优于容纳。如果进入者知道在位者类型，那么根据逆向归纳法，对于弱小在位者，容纳是其均衡战略，而进入是进入者的均衡战略。对于强硬在位者，掠夺是其均衡战略，而不进入是进入者的均衡战

⊖ SELTEN R. The chain store paradox[J]. Theory and decision, 1978(9): 127-159.

略。但关键在于进入者不知道实际面对的究竟是弱小在位者还是强硬在位者。

Kreps 和 Wilson 得出的结论是，博弈早期，弱小在位者会打击进入，以使进入者相信它是强硬的。鉴于此，潜在进入者早期不进入。博弈后期，弱小在位者还会打击进入（如果它以前一直打击）。只有最后的进入者"试水"，弱小在位者才会随机选择打击或容纳。沿着均衡路径，即使面对弱小在位者，进入者也不会进入。

（3）Milgrom-Roberts 模型。

Milgrom 和 Roberts（1982b）[①]将在位者分为三种可能的类型：一般、疯狂与弱小。无论何种类型在位者，当进入者不进入时，在位者收益都没有变化。当进入发生时，一般在位者会选择打击或容纳进入，疯狂在位者总是打击进入，弱小在位者总是容纳进入。

Milgrom 和 Roberts 模型包括一个在位者和 n 个潜在进入者。在位者打击进入的收益为负值，在位者知道其具体数值，而进入者不知道。进入者 n 不进入的收益可正可负，但决不会和在位者容纳进入时进入者的收益一样大。当进入者不进入时，进入者知道它的具体收益，而在位者不知道，即 Milgrom 和 Roberts 模型属于对手收益的双边不确定情形。博弈开始时，进入者仅知道在位者属于何种类型的概率。

Milgrom 和 Roberts 得出的结论是，潜在进入者由于不能确定在位者的类型，故选择不进入。只要在位者打击进入的概率存在，进入者就会推迟进入，直到博弈接近结束。

Kreps-Wilson 模型和 Milgrom-Roberts 模型假设潜在进入者不知道掠夺者成本，从而不能确定进入后是否会获利，退一步讲，如果进入者知道掠夺者成本，那么就像连锁店悖论那样，威胁不可置信。这些模型的新颖之处在于其揭示了当进入者不知道在位者正在实施掠夺还是具有成本优势时会出现什么结果。概括而言，掠夺者具有强硬在位者名声时，被掠夺者处境被动，然后被掠夺者就相信了掠夺者的威胁（案例4-5）。其逻辑上的问题类似于古老的领导者-跟随者寡占模型，即两模型都假设一些企业心甘情愿做被掠夺者（或跟随者），尽管采取进攻性战略利润会更大。坦率地讲，这样的模型没有很好地形式化现实世界中经营多个企业的强硬在位者。另一种批评来自 Easly、Masson 和 Reynolds，他们认为 Kreps-Wilson 模型和 Milgrom-Roberts 模型提供的战略太有限了。他们建立了更加复杂的允许多市场进入模型，说明掠夺仍是理性战略。从上述模型可以得出掠夺性定价理性的适用条件：掠夺方经营多市场或多产品；被掠夺方或潜在进入者不确定掠夺是否正在进行；掠夺市场允许竞争价格之上的价格存在。当然，在多市场赚取正常利润的在位者也有实施掠夺的激励。在这样的市场背景下掠夺性定价就是理性战略。

案例 4-5

航空公司强硬名声的建立

英国航空公司（BA）在 20 世纪 70 年代通过付出一些代价成功地击退了 Laker 航空公司企图进入跨越大西洋航线市场的行为。尽管在这之前，Laker 航空公司起诉 BA 和其他航空公司合谋将其赶出市场，这一案子最终在庭外和解，但 Laker 还是没能在竞争中存活下来。20 世纪 80 年代，BA 又以同样的方式对付维珍航空，但不是很成功。到了 20 世纪 90 年代，"受

[①] MILGROM P, ROBERTS J. Predation, reputation and entry deterrence[J]. Journal of economics theory, 1982, 27(2): 280-312.

害者"变成了易捷航空和维珍航空。这一系列富有攻击性行为的一个可能就是 BA 被认为是强硬的竞争者,从而阻止了未来的其他进入者。

在美国,美国航空公司也曾被指控采用掠夺性定价来驱逐企图进入其达拉斯－福斯沃斯航线的其他航空公司。美国航空公司确实曾经试图驱逐过三个竞争对手——先锋卫兵、太阳喷气和西太平洋航空公司。例如,当先锋卫兵航空公司进入市场时,达拉斯到堪萨斯城的机票从 108 美元降到了 80 美元,而当先锋卫兵航空公司被驱逐出市场后,美国航空公司逐渐提高票价,1996 年提至 147 美元。这种战略不仅达到了将目前的竞争对手驱逐出市场的目的,而且给潜在进入者一个明显的信号,即在位者是强硬的。

资料来源:海,莫瑞斯. 产业经济学与组织 [M]. 钟鸿钧,王勇,等译. 北京:经济科学出版社,2001.

二、非价格策略

前面提到的限制性定价和掠夺性定价都是企业通过制定价格策略,达到减少竞争对手、扩大和巩固本企业在市场上的占有份额,限制产业内竞争的目的。除了采取价格手段,企业还可以采取非价格策略设置进入壁垒,保持竞争优势,对企业规模的扩大和市场集中产生影响。常用的非价格策略包括过度生产能力、提高竞争对手成本、广告策略、企业并购、研发创新等手段。

(一) 过度生产能力

过度生产能力策略是一种较为常见的非价格策略。最早对过度生产能力策略加以系统研究的是斯潘塞(Spance,1977)。该策略的基本思路是,当面临潜在进入者的竞争时,在位企业可以通过事先设置过度的生产能力,并威胁潜在进入者:一旦其进入该产业,在位者将充分利用生产能力以提高产量。这样一来,潜在进入者进入后面临的产业剩余需求将会大大降低,从而使得进入无利可图。通过影响潜在进入者的预期,在位者通过过度生产能力的投资实现了阻止进入的目的。

案例 4-6
杜邦公司在二氧化钛生产中的过度生产能力投入

霍尔认为杜邦公司在二氧化钛生产中投入了过度的生产能力以阻止外来进入者。二氧化钛是一种用来生产白色或不透明印刷产品和纸张的化学漂白剂。20 世纪 60 年代,生产二氧化钛有 3 种不同的工序,其中第 3 种氯化物的处理工序是杜邦公司所专有的。

霍尔运用计量经济学的方法测算出杜邦公司在 1972—1977 年间采用的资本增长趋势是一种排挤潜在进入者的政策。杜邦公司在 1972—1977 年间使用其专有的氯化物生产工序扩大生产能力 114%,而在相同时间内,其他的生产者生产能力的扩大甚至不足 1%。生产能力扩大的数据说明杜邦 gognsi 运用其资本排挤了其他 5 家规模较小的对手。

资料来源:沃德曼,詹森. 产业组织:理论与实践(原书第 3 版)[M]. 李宝伟,武立东,张云,译. 北京:机械工业出版社,2009.

(二) 提高竞争对手成本

提高竞争对手的成本可以将对手赶出市场或使得进入变得无利可图，即使竞争对手仍然进入市场，由于其生产成本较高，在位者可以通过提高价格或市场份额的方式提高自己的利润。

提高竞争对手成本的方法有很多，例如：企业可以与投入要素的供应商签订排他性契约，要求供应商不向竞争对手提供或以更高的价格出售某种必需的投入要素；同一行业内企业的成本往往是相关联的，如果掠夺者的生产技术需要较少的劳动力，那么掠夺者还可以通过提高行业的工资使竞争对手承担更高的成本；增加广告支出也是用来增加对手成本的常见做法，因为这会提高潜在进入者在广告上的资本投入。

案例 4-7

游说政府对行业进入设置障碍

在纽约，只有得到城市出租车执照的出租车才可以合法上街载客。为了阻止外来者进入，执照持有者游说官员颁发更少的执照，为此潜在进入者只能通过购买旧执照来获得合法资格。执照的固定成本是多少呢？在2005年，一个出租车执照大约为250 000美元，这就增加了进入者的成本，而这种成本的增加就为进入纽约的出租车行业设置了障碍。一直有政治家提议取消这种出租车执照制度或以低价发放执照，而其最强烈反对者是那些想保持现状的出租车执照持有者。像出租车所有者、医生团体、律师、水管工人、电工和殡葬业者都希望通过建立许可证准入制度来阻止其各自行业的潜在进入者进入，并不断采取各种有效的或并非有效的措施来增加进入其行业的成本。

资料来源：沃德曼，詹森. 产业组织：理论与实践（原书第3版）[M]. 李宝伟，武立东，张云，译. 北京：机械工业出版社，2009.

(三) 广告策略

广告策略是市场上经常采用的一种主要的非价格策略。产业组织理论重点研究广告对市场结构与市场绩效的影响，以及广告在不同行业的特点等。对企业而言，广告的直接作用是信息披露。广告的信息内容取决于消费者能否在购买之前确定产品的质量。对于不同类型的商品，企业所采取的广告策略不同。广告对市场结构的影响是通过显示产品差异和增强进入壁垒来体现的。广告是企业向消费者传递产品差异最重要的手段，企业可以通过广告信息让消费者深刻认识其产品的差异化特点，从而与竞争者区别开来。同时，广告本身也是产品差异的组成部分，广告还会通过影响消费者的主观偏好，建立企业和产品品牌知名度，从而增加进入壁垒。

案例 4-8

美国李维斯牛仔裤的广告策略

李维斯（Levi's）是美国一个历史悠久的著名牛仔系列品牌，它的广告提出"穿李维斯牛仔的501条理由"。2001年，李维斯进入中国后一直以两位数的高速度增长；2018年，李维斯在中国拥有500多家线下实体店。

20世纪70年代出生于美国的X一代人对媒体发布的广告持天生不信任的态度，并对广告真实性提出质疑。对此，李维斯决定对这一消费市场发起主动进攻。通过市场调查，他们发现X一代比他们的父辈更注重商品质量、耐用性能和可靠性，他们对广告的真实性很看重。李维斯针对X一代专门设计制作了一系列广告，在1995年推出的巨幅广告"穿李维斯牛仔的501条理由"轰动了市场。

2014年，关于"在美国，李维斯对年轻消费者的品牌吸引力正在丧失"的报道再度将李维斯推向舆论的风口浪尖。面对经营状况下滑等挑战，李维斯决定巩固品牌形象，找回了曾合作68年的FCB广告公司，并在2014年7月推出全球性推广活动"Live in Levi's"。通过将现实生活与虚拟活动相结合，从而深入接触消费者，并激发出消费者参与的积极性。数据显示，2014年、2015年李维斯的销量有稳步提升。2016年之后，线上业务对实体店形成挑战，李维斯开始在微信公众号中精准投放地域广告，并结合定向功能，将互动的广告面向全国指定城市的优质女性用户精准投放，激发用户对新款牛仔裤的期待，同时配合线下试穿活动，带动消费者到店消费，实现了线上引流线下消费的零售突围。

资料来源：赵玉林，汪芳.产业经济学：原理及案例[M].5版.北京：中国人民大学出版社，2020.

（四）企业并购

企业并购是指两个以上的企业在自愿基础上依据法律通过订立契约而结合成一个企业的组织调整行为。具体地，企业并购分为兼并（merger）和收购（acquisition）两种类型，尽管两者存在差别，但均以企业产权作为对象，获得企业控制权与产权转移是两者的共同特征。企业并购是现代市场经济中实施资产重组和优化资源配置的有效手段，对于企业规模的快速扩张，推动产业结构升级具有重要作用。企业间横向并购能充分利用并购后企业的规模经济效应来提高市场竞争力，达到在市场竞争中取胜的目的。企业通过纵向并购能达到进入某一产业的目的，完成产业扩张。

案例4-9

联想收购IBM公司PC业务部门

2004年12月8日，联想集团宣布收购IBM公司PC业务部门。此次联想收购IBM公司PC业务部门的实际交易价格为17.5亿美元，其中含6.5亿美元现金、6亿美元股票、5亿美元债务。联想通过公司内部资金和向银行贷款来筹集现金。在股份收购上，联想会以每股2.675港元，向IBM发行包括8.21亿股新股及9.216亿股无投票权的股份。本次收购完成后，联想将成为全球第三大PC厂商，年收入约120亿美元，进入世界500强企业行列。新公司管理层的安排是，IBM高管沃德出任联想集团CEO，杨元庆改任董事长，柳传志退居幕后。新联想总部设在美国纽约，员工总数达19 500人（约9 500人来自IBM，约10 000人来自联想集团）。在北京和罗利（美国北卡罗来纳州）设立主要运营中心。新公司股权结构为，中方股东联想控股将拥有联想集团45%左右的股份，IBM公司将拥有18.5%左右的股份。

联想收购IBM的成效如何？在最初的两年出现了巨额亏损，被媒体形容为"悬崖边上"。联想高层进行重组，杨元庆出任CEO，柳传志出任董事局主席。在复出两年后，柳传志在采访中表示，经历 6 年努力，Think 品牌成为盈利的主打产品，完全符合当年并购 IBM PC 的初衷，联想的营业收入从最初并购时的 30 亿美元增长到 260 亿美元，进入行业前三名。

资料来源：王俊豪. 产业经济学 [M]. 3 版. 北京：高等教育出版社，2016.

（五）研发创新

1912 年，美籍奥地利经济学家熊彼特在其著作《经济发展理论》(*The Theory of Economic Development*) 中首次提出了创新（innovation）的理论观点。熊彼特认为，所谓创新就是"建立一种新的生产函数"，把一种从来没有过的关于生产要素和生产条件的"新组合"引入生产系统。熊彼特创新理论的重要观点之一，就是"实施创新活动的主体是企业家"。创新的成果是稀缺资源，一项新的发明若属于技术诀窍或申请了专利保护，就获得了知识产权，其他人无论再付出多少劳动都不可能获得这一产权。当这一产权受到法律保护时，它是唯一的，也是稀缺的。创新可以产生暂时的垄断，导致新技术、新产品的稀缺性，给创新者带来丰厚的垄断利润。

案例 4-10

利用"互联网+"的小米研发创新

2019 年，《福布斯》中国发布"中国最具创新力企业榜"，小米再登榜单，连续两年获得"中国智能家居领域最具创新力企业"称号，其创新影响力排名前三，仅次于华为和阿里巴巴。

小米的创新从手机延伸至"互联网+"智能设备的各个领域。例如，小米的"米系列"生态阵营开放多元。与此同时，小米还参与投资布局爱奇艺等流量入口型企业，以及美的等上市公司。通过掌握海量用户数据，小米为生态圈赋能，将品牌形象认识提升至简约、时尚的科技生活方式。小米的创新表现为硬件和软件两个方面的创新。通过搭建包括手机、电视、小米盒子、音响、手机配件与可穿戴设备等的硬件智能家居生态链和包括 MIUI 系统、米聊、小米桌面、小米商城、小米手机助手等的"互联网+"增值服务生态链，改变和占领用户的全方位智能生活需求。小米产品间的友好、便捷互接，极大地增强了用户的黏性，同时也带来了更多的口碑效应。2018 年，小米互联网服务收入达到 160 亿元，同比增长 61.2%，小米利用"互联网+"创新为企业带来了巨大的发展空间。

资料来源：赵玉林，汪芳. 产业经济学：原理及案例 [M]. 5 版. 北京：中国人民大学出版社，2020.

第三节 合作策略性行为

合作[⊖]策略性行为是指企业旨在协调本产业内各家企业行动和限制竞争而采取的一些行为。对于合作策略性行为的研究源于卡特尔合谋（collusion）理论，博弈论的引入使对合谋的研究达到了一个新的层次。本节依次探讨默契合作策略性行为、明确合作策略性行为，并在最后分析合作策略性行为的存在性及不稳定性。

⊖ "合作"是指为了共同的目的而一起行动，在此作为一个术语使用并不一定是指行业内厂商签订了一项承诺其某种行为的明确协议。

一、合作策略性行为概述

寡头垄断行业的厂商之间是相互依赖的。这种相互依赖性可以从寡头厂商利润最大化的一阶条件中看出来：

$$\frac{d\pi_1}{dx_1} = \frac{\partial \pi_1}{\partial x_1} + \frac{\partial \pi_1}{\partial x_2}\frac{\partial x_2}{\partial x_1} = 0 \tag{4-1}$$

式中，x_1，x_2 代表一个寡头垄断行业中厂商 1 与厂商 2 的行为；$\frac{\partial \pi_1}{\partial x_1}$ 代表了厂商 1 自身行为对自身利润函数的直接影响；$\frac{\partial \pi_1}{\partial x_2}\frac{\partial x_2}{\partial x_1}$ 是间接影响，它来源于厂商 2 的反应。一般而言，我们不能将 $\frac{\partial \pi_1}{\partial x_2}\frac{\partial x_2}{\partial x_1}$ 忽略不计，因为在一个寡头垄断行业中，厂商数目较少，其他厂商的反应对一家厂商决策结果的影响是很大的。

这种相互依赖性导致了寡头厂商之间不同程度的竞争与合作，从而导致了策略性行为的发生。合作策略性行为是指厂商旨在协调本行业各家厂商行动和限制竞争而采取的一些行为。研究合作策略性行为的重要性包括以下三个方面。

其一，可以为公共政策对竞争和效率的权衡提供基础依据。合作策略性行为有限制竞争的一面。例如，固定价格协议和划分市场范围协议都很显然会使某一市场范围内的竞争减少，从而使厂商能够赚取高额利润。但是同时，采取合作策略性行为在一定程度上能够提高效率。公共政策如何权衡这两点并在其中寻找一个均衡点，既能促进竞争又能在一定程度上维系效率，这就需要对各种合作策略性行为进行分析。

其二，对寡头垄断行业中厂商策略的制定也有一定的借鉴作用。在分析一个行业所存在的合作策略性行为时，发现我国厂商间一般只是对价格及价格变动的范围做了规定，而很少涉及一些更为精巧的策略安排。而这些商业实践的策略安排能够加大惩罚的力度或减少察觉背叛的时滞，使企业策略的长久性和有效性增强，在一定程度上是值得厂商借鉴的。

其三，可以运用于现实中的行业分析。例如，对于我国诸多行业的价格合谋和价格战行为，如果从合作的存在与不稳定性角度来分析就会得出较有价值的结论。对于一些价格合谋行为在行业分析中运用此方面的理论不仅可以分析现象，还能从厂商数目、企业规模、进入壁垒等市场结构因素方面分析其成因和稳定性。这样的行业分析更有意义，对于行业趋势的把握会起到一定的作用。

案例 4-11
美国铁路运输厂商的合作策略性行为

美国 19 世纪三四十年代修建的早期铁路只是用来连接当时的商业中心和补充水运的不足。这些铁路都非常短，很少有超过 50 英里[○]的，由大约 50 名工人和经理人员经营着，至 1861 年仍尚未建成铁路网。以同一城市为终点的不同铁路间也无铁轨连接，并且一家铁路公司的车辆无法转到另一家铁路公司的铁轨上行驶。在早期，这都是有意为之的，以维持一种地区性的垄断。但是，后来这些公司发现转运费用十分昂贵，降低了铁路与替代运输方式的

○ 1 英里 =1 609 米。

竞争力，要减少这方面的开支就需要各铁路公司的合作，铁路公司开始联营。

从19世纪50年代开始，由许多小公司进行的活动和交易开始内部化。19世纪80年代，铁路公司的联营成功的同时也加剧了彼此之间的竞争。铁路经理们为了控制这种竞争转而又携手合作。为了保持经常不变的运输流量，他们与竞争者和彼此之间路轨衔接的铁路公司订立非正式的联盟。但是，当日益加剧的竞争削弱了这种联盟时，铁路经理们订立了更正式的联盟，这成为美国企业史上规模最大且最复杂的卡特尔之一。

资料来源：WILLIAMSON O E. The Economic Intstitutions of Capitalism[M]. New York: The Free Press, 1985.

二、默契合作策略性行为

纳什（Nash，1951）认为合作行动是局中人之间某种讨价还价过程的结果，并且在这个讨价还价过程中，可以预期每位局中人都应该按照某个讨价还价策略来行动，以满足个人效用最大化的准则，就像在任何其他的博弈局势中一样。

（一）默契合谋

在某种条件下，只要合作带来的预期收益大于竞争带来的收益，厂商就有可能选择合作而不是竞争。虽然厂商之间并没有明确地表示出合作的意图，但是每家厂商从自己的利润最大化出发，结合对其他厂商行为的预期，最终会选择一种与其他厂商合作以增加集体利润与个体利润的行为。举例来说，当厂商想要通过降低价格来扩大产量、提高利润时，由于它的降价行为也会引起其他厂商纷纷降价，最终的结果会损害各方的利润，因此，厂商之间会有一种保持价格的默契。

案例 4-12

中国三大空调厂商在进行默契合谋吗

中国空调业的格力、美的、海尔连续数年以远超出其他厂商的产销量在空调业占据了市场份额的前三名，因而被称为三大一线品牌。这三大品牌之间有可能达成了默契合谋。在2000年以来业内多次的降价风波中，这三家厂商表现出了高度的一致性，异口同声表示本企业不参与降价，在2002年国庆节期间的各大家电商场，这三家厂商又一次采取了相同的行动，但这次行动采取的是共同降价的策略，都把部分柜机的价格猛降近千元。种种事实表明，这三家厂商在空调价格方面可能存在着某种默契合谋。

资料来源：赵玉林，汪芳. 产业经济学：原理及案例 [M]. 5版. 北京：中国人民大学出版社，2020.

（二）冷酷策略

冷酷策略（grim strategy）是指这样一种情形，在重复博弈中，只要各方都采取合作的策略，那么就一直合作下去，如果有一方背叛了合作，如提高产量，那么合作就永远终止，各方对此行为加以惩罚，大家都提高产量。一家寡头厂商的背叛是一个触发点，在此之后，寡头厂商间都是不合作的,所以冷酷策略又称"扳机策略"。

为什么无限重复博弈会出现完全不同于单期博弈下的均衡结果呢?原因之一是博弈的次数,博弈多次,参与人可能会为了长远利益而牺牲一次背叛的获利;原因之二是信息在我们上述的讨论中是完备的。任何参与方的行为和行动结果都被其他方看作历史,从而参与方会积极建立一种声誉以获取长远的利益。

(三)胡萝卜加大棒策略

胡萝卜加大棒策略(carrot and stick strategy)相比冷酷策略而言是一个较为温和的策略。起初,所有的垄断厂商都产出一个合作的低产量,相应地,利润也比较高,一旦有某个厂商背离了这个策略产出高产量时,所有的厂商都调整为高产量去惩罚它。如果任何一家厂商在惩罚期不惩罚(对于不执行惩罚策略的厂商给予惩罚是给予惩罚者的一个胡萝卜),惩罚期重新开始。如果没有厂商在惩罚期不惩罚,合作期重新开始。

案例 4-13

美国烟草业寡头在使用胡萝卜加大棒策略吗

1911年,美国最高法院判处烟草托拉斯违反了《谢尔曼法》,随后,该托拉斯就分裂为四家公司,即雷诺兹公司、里盖特与迈尔斯公司、美国烟草公司和洛里拉德公司。有趣的是,尽管该托拉斯已经一分为四,但是考察前三家公司在1928-1934年间的价格变动行为,我们可以发现与胡萝卜加大棒策略十分相似。

1928年4月20日,雷诺兹宣布从4月21日起将每支香烟的价格从6.40美元降至6美元。美国烟草公司在21日跟着降低了价格,里盖特与迈尔斯公司在23日采取了一致行动。

1929年10月4日,雷诺兹宣布从10月5日起将价格再次提至6.40美元,竞争对手在同一天宣布提价。

1931年6月23日,雷诺兹宣布从6月24日起将价格提至6.85美元,竞争对手同样宣布提价。

1933年1月1日,美国烟草公司将价格降至6美元,从1月3日起生效,两个竞争对手当天宣布降价。

1933年2月11日,美国烟草公司将价格降至5.50美元,两个竞争对手当天也宣布降价。

1934年1月9日,雷诺兹宣布将价格提至6.10美元,两个竞争对手当天也宣布提价。

在卖方集中度与进入壁垒很高,产品差别较小的行业中,无须企业的明确合谋,就会出现大量定价中的统一性现象,这似乎是胡萝卜加大棒策略在现实中的写照。由于默契合作策略性行为没有正式的书面协议,仅通过观察或预期竞争对手的价格行为来相应调整自己的行为,故这种合作策略性行为的确认较难。

资料来源:海,莫瑞斯.产业经济学与组织[M].钟鸿钧,王勇,等译.北京:经济科学出版社,2001.

(四)传统的静态分析

前面用动态博弈的方法分析了默契合作策略性行为,事实上在这些理论成形之前,经济学家曾试图在静态框架下对此做出分析,著名的有拐折的需求曲线和猜想变分(推测变差)模型。

拐折的需求曲线模型是斯威齐提出的，用以解释行业中的价格刚性问题，这个模型的基本假设是竞争对手对于提价基本不作反应，但是对于降价会加以跟随。猜想变分的概念是由保利（Bowley，1924）首次提出来的，此类模型假设厂商形成对其他厂商反应的预测。但是这两个模型均受到来自实证和理论方面的挑战，用来解释多时期厂商默契合谋的说服力不强，故不加细述。

三、明确合作策略性行为

明确合作策略性行为是指寡头厂商通过公开或秘密的协议来协调行动，以使合作组织利润最大化的一种行为。

（一）共同成本手册与多产品定价法

在寡头厂商明确合谋中，一个显而易见的难题是产品的异质性问题。这种异质性可以有以下两种情况：一种情况是不同厂商的产品是不完全替代品。例如，硬件配置基本一致的戴尔笔记本电脑和IBM笔记本电脑尽管基本功能一样，但是对于某些消费者来说，可能对其中某一品牌带有偏好。另一种情况是生产多种产品型号的厂商，它们的产品实际上是同质的，但是有多条生产线，产品范围不同。例如，生产纸板箱的厂商中，它们生产不同尺寸和硬度的纸板，在该产业中，互相竞争的厂商的产品线几乎是一样的。

前一种情况在现实生活中是难以避免的，厂商也已经习惯了制定产品差别化的策略。在这种情况下，合谋厂商可以使用共同成本手册来制定价格。产品是由零部件构成的，零部件一般是标准化的，厂商可以通过规定零部件的价格加总来计算产品的价格。使用共同成本手册的厂商保证了生产者价格基准的同一性，违反这一基准就被视为背叛行为。

后一种情况可以用多产品定价法来解决。例如，纸板箱行业，就可以用每立方米多少钱来定价。厂商可以协定一个基本单元价格，这个基本单元价格在合谋厂商间是通用的，价格的变动是同比例的，厂商只需用尺寸乘以基本价格单元就可以定价。

案例 4-14

通用电气与西屋电气合谋罪证

在研究明确合作策略性行为过程中，不能不提及的一个案例就是通用电气与西屋电气的合谋案例。通用电气历史上屡遭反托拉斯指控[一]。在通用电气与西屋电气的合谋过程中，它们使用了共同成本手册。根据美国司法部的指控，两家公司在1963-1964年间通过有意识地采用和公布同一价格策略来消除竞争。涡轮发动机一般是根据顾客的要求定制的，所以不可避免地存在着差别性，但是这两家公司公布了一个共同成本手册，包括下述内容：

- 所有在制造发动机过程中可能用到的零部件价格；
- 如何使用这些零部件价格去计算相关的发动机价格；
- 使用上述方法的详尽例子；

[一] 1960年，它与电气设备产业的其他28家公司一起被美国司法部指控违反《谢尔曼法》第一条，后又曾被指控与德比尔斯（Debills）一道垄断钻石价格。

- 规定了价格乘数，任何实际价格变化都只改变乘数值，零部件价格是不变的。

这些措施虽然使价格稳定于两家公司可控的水平上，但是消除了竞争，所以在1977年被司法判决强制中止。

资料来源：COOPER T E. Most favored customer princing and tacit collusion[J]. RAND journal of economics, 1986(17): 297-322.

（二）转售价格维持

转售价格维持（RPM）通常是指供应商与零售商之间的上下游价格控制关系。如果零售商不按供应商的建议价格销售商品，供应商就拒绝供货。理论界关于转售价格维持到底是一种制造商合谋惯例还是零售商合作行为一直存在争议。

其中一方的观点是转售价格维持是便利上游制造商合谋的商业惯例。在制造商合谋的过程中会出现这样一个问题：零售商的成本是不同的，那么市场上零售价格波动是制造商定价不同造成的，还是销售商成本变化或零售加成额变化造成的？这一般难以辨别。这样即使制造商制定了统一价格，背叛行为也根本无从辨别，因为一家厂商可以矢口否认说这是零售环节造成的，完全不是它的过失，但却偷偷降价。转售价格维持通过消除价格波动使背叛行为易于察觉，因为它要求销售价格不得低于一个底线。

还有一方的观点是转售价格维持是下游销售商之间的合作行为。这时上游供应商成为实际上的监督人，一旦发现零售商有任何超越价格底线的行为就停止供货，以给予惩罚。

需要说明的是，一般而言，转售价格维持是供应商向零售商设定的价格下限，但它还包括供应商向分销商或零售商设定价格上限甚至固定价格的权利。

案例 4-15
美国玩具厂商的转售价格维持

Play Mobil 是一家德国玩具制造商设在美国的销售分公司。1995 年，美国司法部宣称该公司利用转售价格维持促进共谋。美国司法部认定其罪状有：

- 分销商在销售该公司产品时必须遵守一个最低转售价格要求；
- 威胁、惩罚随意打折扣的分销商；
- 通过威胁和惩罚成功维系了最低转售价格，限制价格上升空间；
- 上述行为消除了价格竞争。

根据以上事实认定，美国司法部判 Play Mobil 有罪。

资料来源：根据有关英文网页整理，USA, Play Mobil, 1995-1, cch tradecases, 71000（1995）。

（三）基点定价

基点定价是引起经济学家广泛关注的一种合谋行为。关于此做法到底是增加了合谋的稳定性还是使得合谋更困难，不同学者各执一词。不过传统的论述是支持前者观点的，即基点定价是便利合谋的一种手段。基点定价在那些产品运输成本相对于产品价值较高的工业中更常见，如水泥、钢材、木材和食糖行业。

基点定价实质上是解决了厂商所处地点不同带来的合谋困难。基点定价使总的交货价格等于交货定价基点的通行市场价格加上从该地始计的运费，这样就防止厂商将折扣暗含在运费当中。

案例 4-16

美国木材业的基点定价

20世纪60年代之前，美国所有的夹板均产自美国西北部的太平洋沿岸。60年代初期，美国南部也开始输出夹板，且几年之后输出数量就相当可观。南部夹板的价格总是等于木材价格与运费之和，而运费的基点总是以美国西北部的太平洋沿岸为起点。实施这种木材价格的厂商声称这种价格策略只是一种方便的工具，用来比较南部和西北部的报价。它们还声称南部的离岸价（FOB）不同于西北部太平洋沿岸的离岸价。也就是说，两地的离岸价均由供求力量决定。

资料来源：卡尔顿，佩罗夫.现代产业组织[M].黄亚钧，谢联胜，林利军，译.上海：上海三联书店，1998.

有些行业，寡头厂商在地理上是很分散的，如果运输费用比较可观的话，厂商间达成和维持合谋的协议执行就变得困难重重了。在基点定价下，离产地较近的顾客支付的价格通常要高于货品的价格加上实际运输成本。

施蒂格勒（Stigler，1968）证明了需求随地理分布变化而变化时，基点定价是共谋机制的次优选择；而离岸价将导致厂商只选择在附近的地点销售，实现自然的市场细分。厂商采用FOB定价法的话将使得某一需求不旺地区的厂商有动机降价去占领较远的领地，所以不利于合谋。而在使用基点定价的情况下，厂商通过运费吸收（freight absorption）的方式允许厂商进入别人的自然领地，从而自然分配行业销售比例。无论需求在地区间分配如何不均匀，厂商都可以自行安排销售。

此外，本森（Benson，1990）等人还证明了基点定价能够减少执行成本。当所有厂商都采用基点定价的时候，它们就能够轻易地察觉一个厂商的欺骗行为，因为该厂商的背叛行为使所有厂商都能够很快受到影响，从而群起而攻之。当运用离岸价的时候，一些厂商降低价格只会影响某一地区的产品销售，那么别的地区的厂商就不会有惩罚它的动机。

但是卡尔顿（Calton，1998）认为，尽管基点定价制度能够促成合谋，但是并不一定会导致合谋。在有些场合下，它能比FOB定价法更能激起竞争。

（四）一致－竞争条款

现实中有两种一致－竞争条款（meeting-competition clauses）。一种是"不一致就解除"条款，供应商与顾客间签订合同规定供应商将与竞争对手的价格一致，若不一致就解除顾客购买的义务，顾客就可以寻找更优惠的供应商。另一种是"不解除"条款，使得供应商对顾客的承诺以合同的形式保存下来，但是没有解除的条款。

一致－竞争条款实质上是将顾客作为监督人，这种机制激励顾客去监督和报告竞争对手的价格。这样对价格偏离行为的察觉就容易多了,并且竞争对手率先降价的激励也没有了,因为这样它将失去所有的顾客。

(五) 价格领导

价格领导是指行业的价格变化总是由一家厂商率先做出,然后这一变化立即被其他厂商所采纳。价格领导解决了选择合谋结果的问题,领导者的价格就是合谋的价格。行业中厂商的数量越少,价格领导就越有效。这里讨论两种主要的价格领导方式:晴雨表价格领导和支配式价格领导。

在晴雨表价格领导中,一家厂商宣布价格变动,并希望被其他厂商所接受,这个价格领导厂商不必是行业中的最大厂商。它只是首先正确地对变化的需求和成本条件做出反应,从而使提出的价格变动能够被接受并且具有刚性。

在支配式价格领导中,一家厂商因为自己的规模较大,相对于其他竞争者的顾客忠诚度高、成本较低而把自己定为一个价格领导者。这个领导厂商的行动就如同在它的细分市场中的垄断者,把价格定在利润最大化的水平上。

案例 4-17

两大航空公司充当晴雨表价格领导厂商

1989 年 9 月 18 日,美国航空公司宣布从 9 月 29 日开始提高票价,内容如下:

- 提前 14 天订票,价格调高 10～20 美元;
- 提前 7 天订票,价格调高 30～80 美元;
- 提前 2 天订票,价格调高 60～80 美元。

9 月 20 日,中路航空公司和环球航空公司也按照美国航空公司的新票价,提高了自己的票价。9 月 21 日,三角航空公司和泛美航空公司、大陆航空公司也制定了相同的调价比例。在随后的几天内,联合航空、西北航空和美国空路公司都进行了调价。

1989 年 4 月,大陆航空公司提出从 5 月 27 日起将往返旅客的票价提高 20～80 美元。环球航空、联合航空和西北航空等航空公司同意调到大陆航空公司的高价上,而美国航空、三角航空和美国空路等其他航空公司拒绝跟随,航空业就此发生了分裂,原因是实际上夏季旅行的需求较少,其他航空公司对提价没有信心。

资料来源:麦圭根,莫耶,哈里斯.管理经济学:应用、战略与策略[M].李国津,译.北京:机械工业出版社,2003.

(六) 预告价格变动

预告价格变动实际上降低了率先实行价格变动的厂商所负担的风险。一家厂商率先提价面临着其他厂商不跟进的风险,那样其市场份额就会大大减少。如果先行提价的厂商要比慢慢跟随而动的对手厂商多承担一笔损失的话,就没有哪家厂商愿意充当价格领袖。预告价格变动就是解决这个问题的一种方法。该行业的其他厂商可以在提价生效前决定是否跟随。如果对手均决定不跟随,提倡提价的厂商就可以不实施提价。

案例 4-18
奥克斯的预告价格变动提议失败

2001年,我国的空调业出现了一次公开的以降价为主旨的价格合谋行为。2001年2月,刚刚获得免检资格的浙江宁波奥克斯空调通过广告邀请20家免检空调企业,参加在北京举行的国家免检企业价格研讨会,协商成立降价联盟的计划,海尔、格力、美的等知名品牌均在受邀之列。

奥克斯在广告中称"免检是爹,价格是娘",明显透露欲联合20家企业进行调价的愿望。后来由于大多数受邀的企业没有到会,该联盟也没能成立,合谋行为流产。

资料来源:赵玉林,汪芳.产业经济学:原理及案例[M].5版.北京:中国人民大学出版社,2020.

(七) 最惠国待遇条款

最惠国待遇条款是易于理解的。销售商向所有顾客做出承诺,卖方不会以更低的价格销售给其他购买者。有追溯效力的条款保证了现行的消费者也可以因未来的价格折扣而获利。这种类型的最惠国待遇条款具有双重效力。首先,它类似于厂商的一种保险条款,保证厂商不会打折扣,因为一旦打折扣,厂商还必须将这部分折扣返还给原来的消费者,这就增加了惩罚的力度。其次,它增加了消费者监督的激励,因为消费者一旦发现厂商向别的消费者提供折扣,就有追索的权利,这就降低了厂商降价的动力。

(八) 行业协会

行业协会是最常见的厂商明确合作的手段之一。波斯纳曾经指出,美国所有的反垄断案中,43%涉及行业协会。行业协会的功能是多重的:代表行业中所有厂商与政府沟通;游说使得价格变动的提案获得大多数厂商认可;公布产品的标准;发布行业数据;设立道德标准;出版行业期刊、报纸;定期集会;等等。

很显然,行业协会提供了一个信息交换的平台。此外,会员资格、质量标准、产品代码、资质认证、行业道德标准都可以成为合谋协议制定和执行的工具。例如,若一家厂商有背叛行为,行业协会可以采取极端的做法将其逐出该协会,做出惩罚。

案例 4-19
中国轿车业的价格自律

1998年,在国家机械工业局的指导下,经中国汽车工业协会组织协调,我国轿车业13家轿车生产企业、2家汽车销售公司签订了《汽车行业轿车产品价格自律公约》,规定1998年10月15日起国产轿车11个基本车型和25个型号将严格执行国家指导价。参加自律公约的轿车生产企业,保证不以任何形式变相降价销售,不销售"抵债轿车",不向不具备轿车经营资格的流通企业销售轿车及其系列车型和变型品种。在这次价格自律过程中,我国的国家机械工业局和中国汽车工业协会起到了西方意义上的业协会的作用。中国轿车业的各种各样的市场协调时有发生。有时表现为部分企业之间公开的市场协议或口头约定,更多地体现在有关企业间长期暗中配合。这些策略性行为对经济转轨时期中国轿车工业的成长产生了一系列重大影响。市场协调集中体现在公开的价格协调上。价格协调从操作手法上看，可大致分为两种情况：

（1）部分企业之间自发的价格协调。例如，中美就中国加入WTO达成协议后，我国汽车厂商就曾在北京召开行业会议商讨中国汽车工业面临的挑战及对策。各大汽车厂商及经销商都口头明确表示振兴中国的民族工业，不降低销售价格。

（2）政府主管部门或行业协会主持之下的价格协调。这种价格协调最终会达成书面协议，并且往往以避免降价竞争为目的。例如，上文提及的《汽车行业轿车产品价格自律公约》的签订。

（九）交换信息

厂商间互有的信息越完全，达成和维持合谋协议就相对容易。不确定性使得协议维持较难。交换信息减少了信息的不确定性。

厂商间交换成本和需求的信息使协议的制定变得更加容易。关于竞争对手的价格和产量的信息一旦公开就会使背叛行为更容易也更快被察觉。有时为了加快信息的传递速度，厂商们会采用公开价格策略。当价目单上的价格是公共信息的时候，厂商遵从的就是一个公开价格。有时候，明确合作的厂商甚至会雇用代理人，使代理人有权审查实际交易的价格和厂商的财务状况等。

（十）分割市场与固定市场份额

有些寡头厂商通过分配给每一家厂商一定的购买者或地理区域，从而成功地维系了合谋。因为一旦有厂商降价，那么某一地区的销量就会减少，从而使背叛行为易于被察觉。波斯纳发现7.8%的反托拉斯案例涉及客户的分配。

另一种有效的商业行为是市场份额固定。只要市场份额容易观察到，当然就没有厂商愿意降价，因为这易于被察觉，察觉到的厂商就可以调整产出水平保持在行业中的适当份额。所有的厂商都预期到这一反应，这样就没有厂商会有增加自己产量的动机，因为在被报复后只会减少自己的利润。

实际上，可以将这十种商业策略的目的分为3类，如表4-1所示。

表4-1　十种商业策略的目的分类

商业策略	加重惩罚力度	减少时滞	降低达成协议难度
共同成本手册与多产品定价法	0	0	1
转售价格维持	0	1	0
基点定价	0	1	0
一致－竞争条款	1	1	0
价格领导	1	0	0
预告价格变动	1	0	0
最惠国待遇条款	1	1	0
行业协会	1	1	1
交换信息	0	1	1
分割市场与固定市场份额	0	1	0

注：相关策略能达成相应目的计为"1"，否则为"0"。

四、合谋策略性行为的存在性与不稳定性

什么因素促使厂商采取合谋而不是纯竞争的形式？为什么诸多厂商设计出一些机制如共同成本手册、转售价格维持等明确合谋形式而不仅仅是默契合谋呢？这就是合谋的存在性问题和合谋形式的选择问题。合谋达成后，又是哪些因素导致价格战的间或发生，即合谋的不稳定？

（一）合谋的存在性

在一些重复博弈的模型中，合谋能否达成主要取决于利率和博弈的时间长度等。

利率成为一个条件很容易理解。从直观上看，每一家厂商都会选择使其利润贴现值最大化的策略，如果利率很高以至于远期利润与现期利润相比无足轻重，则未来惩罚就无关紧要，影响很小，所有厂商看重近期利润就会背离。

博弈的时间长度显然也是一个影响因素。单时期的"囚徒困境"模型中厂商都会选择不合谋，当博弈是无限期的时候，合谋是一个子博弈精练纳什均衡；在有限次博弈且博弈数目已知的博弈中，不合谋又成了子博弈精练纳什均衡；但是同样是有限次博弈，厂商直到结束前都不知道哪个是最后期，这时厂商又会选择合谋。

案例 4-20

中国钢铁企业之间的价格协调

2002年以来，我国各区域钢铁企业都召开了一系列会议，就该区域各钢铁企业间的原材料供应、价格、技术交流与合作进行协调。例如，2002年3月20日，中南地区钢铁企业网络小组2002年第一次市场研讨会在江西宜春召开，参加会议的钢厂有武钢、鞍钢、鄂钢、涟钢、湘钢、江西新钢、福建三钢、柳钢等。同年4月10日，西部钢厂第一次市场研讨会在成都召开，达成两点共识：第一，钢厂间有竞争更有合作，通过合作可以达到共赢；第二，通过市场研讨会的形式共同建立规范、有序、竞争、理性的市场秩序。

钢铁工业协会每年年初都会召开全国钢铁生产经营和钢材市场情况通报会，向钢铁生产企业和钢材经销商通报上半年钢铁生产和进出口及钢材市场运行情况和趋势。其召开的全国钢材市场价格网络小组长座谈会，便是要发挥区域价格网络小组的作用来稳定钢材市场，其实质是一种合谋行为。

资料来源：干春晖. 产业经济学：教程与案例 [M]. 2版. 北京：机械工业出版社，2015.

除了利率和博弈时间长度，达成合谋的条件还包括：成本的非对称性、信息不完全、产品的异质性、卖方的集中度、厂商偏好的非对称性、创新、不确定性等。现实中，这些因素的存在在一定程度上会成为决定合作是否发生的因素。

1. 成本的非对称性

如果厂商的成本不同，达成一项协议的难度就会增加。高成本的厂商倾向于选择较高的价格和较低的总产出，而低成本的厂商则倾向于选择较低的价格和较高的产出。而合谋利润最大化的解决方案需要每家厂商的边际成本等于边际收益，即满足下列条件：

$$\text{MR}(Q^*) = \text{MC}_1(q_1^*) = \text{MC}_2(q_2^*), \ Q^* = q_1^* + q_2^* \tag{4-2}$$

显然，低边际成本的厂商会生产较多产品，并且能够赚取合谋利润中比较大的一部分。合谋利润最大化有时需要关闭一些高成本厂商。举例说明，如果边际成本为常数，那么在最大化行业利润的目标下，所有的产品都应该由低成本的厂商来生产，高成本的厂商关闭，显然这是很难达成的。另外，成本的非对称性带来了逆选择的问题。例如，厂商是平均分配产量的，那么低成本的厂商就有更大的动力去采取欺骗行为，伪装成高成本厂商，因为它的边际收益减去边际成本得到的差值会更大。

如果厂商之间可以进行转移支付（side payment），这种状况可以得到缓解，它们可以首先分配产量以使合谋利润最大化，然后分配利润。

2. 信息不完全

如果关于价格、成本或需求的信息只为私人厂商所掌握，那么达成合作就是很困难的。当厂商对自己的成本或需求了解得比竞争对手多的时候，它们就会有动力使用这种信息以产生对自己更为有利的结果。例如，一家厂商如果成功地说服竞争对手相信自己的成本更低，它就有可能分配到更大的合谋产量。再比如，如果价格不是双方都拥有的信息的话，默契合谋就不可能。

3. 产品的异质性

产品的同质性意味着厂商只需要对产量或价格达成一致就可以促成合谋。产品的异质性则使合谋变得复杂起来，因为也许厂商们要就每件产品的价格或产出水平达成一致，这就使达成一致的可能性变小了。

产品的异质性还在另一个层面上使合谋协议达成变得更加困难。因为厂商会通过广告、创新、提升产品质量、提升产品服务等非价格手段去赢得更大的市场份额，在这种情况下，合谋的协议就必须包括关于非价格竞争手段的限制，这几乎是不可能的，但是如果不对上述非价格竞争手段进行限制，关于价格的合谋就不可能持久。

4. 卖方的集中度

卖方的集中度是影响合谋能否达成的重要因素。一般而言，卖方集中度越高，合谋就越易发生。这已经得到了理论和实证两方面的支持。[⊖] 相反，行业内的厂商数目太多则关于成本的非对称性、信息不完全、产品的异质性和关于合谋后利润的分配情况这些问题的复杂性就会大大增加，进而谈判的过程将会充满困难，合谋就不容易达成。

5. 厂商偏好的非对称性

厂商偏好的非对称性使得合谋变得困难。如前所述，贴现因子在一家厂商决定是否合谋的决策中至关重要。然而，有的厂商可能会是风险厌恶型的，它们也许会惧怕反垄断政策而不愿加入合谋的行列。另外，厂商也可能非常古怪，它们对合作没有偏好，这些都加剧了合谋达成的复杂性。

⊖ 理论方面参见泰勒尔的《产业组织理论》（1997）。实证方面参见卡尔顿和佩罗夫的《现代产业组织》（1998）。

6. 创新

处在一个产品创新十分活跃的产业中的厂商采取合作策略性行为会遇到很多困难。因为产品的特征、成本、需求会处于不断的变动中,这样达成一项协议就是十分困难的。当然,厂商为了减少非价格竞争的可能性也有可能达成产品标准化的协议,但是这有可能阻碍创新,从而阻碍整个行业的发展。

7. 不确定性

如果产业基本条件如成本、需求的变化具有不确定性,达成某一项合谋的协议就会变得十分困难。因为厂商对于未来的成本或需求的预期是不会统一的。即使达成了协议,由于不确定性的存在,当成本或需求条件发生重大变化时,厂商就必须重新协商达成新的协议。而任何重新协商的过程都增加了不一致意见的可能性。

(二)合谋的不稳定性

寡头厂商有可能冲破种种达成合作的障碍,但是一旦达成合谋,就还有一个合谋可维系性的问题。事实上,寡头厂商间的合作往往是不稳定的,表现为价格战时有发生。

案例 4-21

转瞬即逝的中国彩电价格合谋

2002 年 6 月 9 日,彩电企业进行了一场所谓业内同行结盟的行动,这次同盟没有行政主管部门的干预,完全是自发形成的。九家彩电企业签署了彩电同盟协议,协议的主要内容有:

- 九家企业包括康佳、TCL、创维、海信、厦华、乐华、金星、熊猫和西湖;
- 同盟内的企业制定了一个时期内各类彩电产品的最低限价(逾期库存机和返修机除外),共同遵守、互相监督;
- 同盟企业将加强合作,促进行业技术进步、全力开发国际市场。

但事实上,这个彩电同盟十分短命,第二天也就是 6 月 10 日,熊猫就违反协议,将 29 英寸[①]的彩电降到了最低限价以下。6 月 20 日在对上海市场的抽查中,熊猫、乐华、厦华低于限价的机种都有很多。

资料来源:赵玉林,汪芳.产业经济学:原理及案例[M].5 版.北京:中国人民大学出版社,2020.

如前所述,在协议达成以后,若惩罚的威胁比较强烈,合作就较有可能维系得住。下面我们就进一步解释影响未来惩罚的程度、速度和可能性的具体因素。

1. 订单性质

如果订单的性质是大额而且隔很久才签订一次,那么对于寡头厂商而言,合谋成功就很困难。大额订单意味着从一次背叛行为中所获得的收益是巨大的,间隔较长时间才会签订一

[①] 1 英寸 = 0.025 4 米。

次订单意味着惩罚会拖得很长。

一家大的买主采用公开招标的方式就是这种情况。典型的例子就是写字楼、高速公路和其他大型建筑项目的招标。在这种情况下，厂商有很强的背叛动机。合谋厂商就必须经过审慎的协调和充分的交流。有时会有一家领导厂商设计出一种方法让中标厂商在合谋者中轮换，具体参见案例4-22。

案例4-22

美国电气设备制造商的投标舞弊案

美国电气设备制造商的行业集中度是很高的，主要的市场由通用电气公司、西屋电气公司、艾利斯－查默、ITE公司占有。这些公司1958年订立过一项瓜分市场的协议，根据该协议，它们密封的政府投标按下列比例在合谋公司中瓜分：

- 通用电气42%的市场份额；
- 西屋电气38%的市场份额；
- 艾利斯－查默11%的市场份额；
- ITE公司9%的市场份额。

这些公司根据一定规则轮流赢取中标机会，并决定哪家公司递出最低投标价格。

<small>资料来源：卡尔顿，佩罗夫.现代产业组织[M].黄亚钧，谢联胜，林利军，译.上海：上海三联书店，1998.</small>

在密封价格投标方式下，欺骗行为是很容易被察觉的，因为买主最终会宣布中标的标的。这是一个利于合谋的条件，也即最终的价格是一个共有的信息。

2. 多市场接触

厂商间的博弈重复多次可以导致合谋的结果，因为在重复博弈中厂商可以在未来惩罚不合谋的厂商。同样，多市场接触有助于厂商合谋的稳定性。这种多市场接触可以有两种：一种是厂商们生产多种产品，它们在不同的产品市场上都有接触；另一种就是厂商们生产同一种产品，它们在不同地区的市场上接触。伯海因（Bernhein，1990）系统地分析了多市场接触对于合谋稳定性的影响。他认为多市场意味着惩罚会加重，因为背叛厂商会在多个市场遭到惩罚而不是一个市场。但是多市场的存在也会使背叛的动机加重。

3. 厂商的数目

厂商的数目不仅是影响协议是否可以达成的因素，也是影响协议是否可以维持的因素。

厂商的数目从两方面来影响合谋的稳定性：一是厂商背叛的动机；二是厂商察觉背叛的能力。

一个行业中，厂商的数目同样会影响到厂商察觉背叛的能力。若厂商数目多，每家厂商的市场份额都会很小，一家厂商削价会引起其他厂商市场份额的微弱变化，这时背叛行为就难以察觉。

4. 厂商的需求弹性

厂商的需求弹性是影响厂商是否会背叛的一个重要因素。如果厂商的需求弹性越小，那么它背叛的动机就会越小。因为它降价会使需求上升一点，或者少量增加产出就会导致价格大幅下跌，这样它就不会选择背叛。如果需求是富有弹性的，维持合谋就很困难了，因为厂商从欺骗行为中的获利增加了。

5. 产品差别化

因为产品差别化引入了非价格竞争，厂商不仅可以通过削价或增加产出来背叛合谋协议，还可以将背叛行为暗含于产品差别化当中，所以产品差别化也使合谋的稳定性大打折扣。并且，日益增多的广告、研究开发支出、售后服务、更优惠的支付条款等有时会比单纯的削价或增产更难以察觉。

6. 成本条件协议和产能利用情况

传统的观点是对于已达成的合谋协议，厂商的背叛动机依赖于厂商扩散产出的能力。如果厂商的产能已经达到充分利用并且有一个陡峭的上升形状的边际成本，它欺骗行为的所得就会是很有限的。所以在传统的观点看来，合谋的稳定性与产能的利用率呈反向关系。

但是夏皮罗（Shapiro，1989）的"颠倒原理"（topsy-turvy principle）似乎与上述观点恰恰相悖。按照此定理，可能性竞争越充分，合谋就越可能维系，理由是竞争越充分，惩罚就越重。所以平坦的边际成本曲线和过剩的生产能力就成了便于合谋的影响因素。按照博弈论的观点，过剩的生产能力与合谋是呈正向关系的，两方的观点都有不同时期的实证研究作为佐证，难以取舍。

需要说明的是，关于合谋不稳定方面的论述是大量的，以上仅归纳了六种。合谋不稳定性的一个直观表现就是价格战。当协议达成以后，若厂商仅通过价格信号来合作，一旦影响合谋的不稳定因素作用很大，合谋就会解体，表现为价格战的爆发，在寡头行业中价格战是时有发生的。

寡头厂商间的合谋策略性行为的发生排除一部分是由于传统使然或一些非理性的因素，相当程度上可以从产业视角来解释。一些行业特征使得厂商间的合谋不可能发生，只能采取竞争的形式。但若行业特征确实存在阻碍合作的因素，厂商可以通过一些机制设计（即便利合作的商务实践，如共同成本手册、交换信息等）使这些问题得到一定程度上的解决，那么厂商就可以以明确合作的形式形成合谋。如果一个行业中的信息不对称现象并不明显，卖方少，很难有新的进入者，那么厂商就不需要明确合谋，采用默契合谋策略性行为即可。当行业特征发生变化时，合作策略性行为可能发生变化，甚至合作也可能破裂，这是竞争因素在加强，若因素朝有利于合谋的方向发展，垄断的因素就会加强。

五、合作策略性行为的公共政策

事实上，关于合作策略性行为，经济学家和法学家研究的角度是很不一致的，基本前提就大相径庭。经济学家强调个人理性，个人做出决策的依据是个人期望效用函数最大，合作是非合作前提下的结果，在此基础上构建一系列模型，证明合作是一种均衡的结果。而法学家则强调厂商间有共谋性的沟通，厂商是为了谋取垄断利益。因此，经济学家研究的重点之一——默契合作策略性行为在法学家看来缺乏构成共谋的证据。如前所述，沿着默契合作策略性行为、明确合作策略性行为、多企业合并这一路径，竞争因素减弱、垄断因素增强。事实上，这与企业并购中垄断与效率的权衡是一致的。但是从法律上界定非法的合作策略性行为是比较困难的。正如美国最高法院一位法官所说的："一家厂商在制定其价格时怎能不考虑其他厂商的可能反应呢？"

在美国、加拿大和欧盟，明确的限制竞争的协议都是违法的。美国的《谢尔曼法》第一条就明确规定限制贸易是非法的。该法的重点在于涉及两个或两个以上的厂商的协同作用如果阻碍了竞争就是非法的。任何厂商预谋或正式缔结的协议都会作为其犯罪事实认定的充分证据，而不管这一协议是否最终导致了市场势力。例如，固定价格协议和划分市场范围协议都被认为是非法的。这些协议被认为严重损害了竞争。而另外一些合谋行为则需要调查进行权衡，看看这些行为是否出于正当的商业原因，如果协议比较合理并且效率提高抵消了对竞争损害的影响就不认为其是非法的。

当明确的合谋证据不易收集时，如何确定是否存在着合谋行为呢？有学者曾提出推断厂商进行合谋的证据，如通过交换信息去遵循同一计划的行为。但是这些标准同时也引起了很大的争议。在美国，价格同一本身并不是违反反托拉斯法的证据。价格平行是协议导致的还是只是厂商独立的定价策略的结果呢？将有意识的平行调整价格作为罪证也问题重重，因为认定和补救都是几乎不可能的。当然，有可能寡头厂商合谋得很好，进行暗中合谋，但是平时让它们不去考虑竞争对手的反应几乎是一件不可能的事情。

一旦价格同一伴随着另外一些证据出现就可被视为非法合谋。这些证据包括厂商如果没有合谋就不可能出现的行为，例如，在萧条时期提价，在密封投标时价格惊人的一致，等等。另一个是厂商有聚会或任何其他性质的直接沟通。即使这样的行为并没有导致垄断的市场势力，这一方面的证据也足以引起一项指控。

如果出现一些如前所述的一些便利合作的商务实践的话，通常被认为已经触犯了《谢尔曼法》第一条。这些便利合作的商务实践都会被视为建立协议或暗中固定价格的额外证据。但是这些证据通常会被以效率的名义加以反对，也有一些证据表明这些商务实践有着合理的商业原因并且实际上是促进了效率的提升。

一个很有意思的现象是，在美国单个厂商采用便利合作的商业实践是合法的，只有当这种行为没有合适的商业理由或存在反竞争的内涵时才会被认为是非法的。但是即使没有明确的证据，几家厂商共同采用这些商业行为，哪怕没有效率这个原则，也会被认为是违法的一个证据。在出现这些明确合作的商业实践作为合谋的证据时，补救措施很容易，那就是勒令中止这些行为。

本章小结

策略性行为是寡占或垄断市场中的企业通过影响竞争对手对该企业行动的预期，使竞争对手做出对其有利的决策行为。其研究方法主要是博弈论和信息经济学的运用。根据企业之间是竞争还是协调的关系，企业的策略性行为可以分为非合作策略性行为和合作策略性行为。

非合作策略性行为是指企业为实现利润最大化而采取的提高自身竞争地位的行动。它主要包括价格策略和非价格策略，价格策略包括限制性定价和掠夺性定价，非价格策略包括过度生产能力、提高竞争对手成本、广告策略、企业并购、研发创新等策略。合作策略性行为是指企业为了实现利润最大化的目标而采取的旨在协调本产业内各企业之间的行动以限制相互之间竞争的行为。它又可以分为默契合作策略性行为和明确合作策略性行为，前者包括默契合谋、冷酷策略、胡萝卜加大棒策略、传统的静态分析等，后者则包括共同成本手册与多产品定价法、转售价格维持、基点定价、一致－竞争条款、价格领导等多种策略。

◆ 推荐阅读

[1] HARRINGTON J E, SKRZYPACZ A. Private monitoring and communication in cartels: Explaining recent collusive practices[J]. The American economic review, 2011, 101(6): 2425-2449.

[2] FOROS O, KIND H J, SHAFFER G. Resale price maintenance and restrictions on dominant firm and industry-wide adoption[J]. International journal of industrial organization, 2011, 29(2): 179-186.

[3] ALLAIN M L, CHAMBOLLE C. Anti-competitive effects of resale-below-cost laws[J]. International journal of industrial organization, 2011, 29(4): 373-385.

[4] CALZOLARI G, DENICOLO V. Competition with exclusive contracts and market-share discounts[J]. The American economic review, 2013, 103(6): 2384-2411.

[5] 刘志成. 转售价格维持、不对称信息与反垄断执法[J]. 经济研究，2012（S2）：94-105.

[6] 谭小芬，钱佳琪. 资本市场压力与企业策略性专利行为：卖空机制的视角[J]. 中国工业经济，2020（5）：156-173.

◆ 思考与练习

1. 策略性行为的理论基础、定义及分类分别是什么？
2. 非合作策略性行为中价格策略和非价格策略包括哪些具体类型？
3. 什么是限制性定价与掠夺性定价？
4. 芝加哥学派从哪几个方面抨击了掠夺性定价？
5. 试述 Kreps-Wilson 模型和 Milgrom-Roberts 模型。
6. 简述几种默契合作策略性行为的策略。
7. 简述十种便于合作的商业实践。
8. 概述合作策略性行为的公共政策。

第五章
CHAPTER 5

产品差异与策略选择

企业三大竞争战略：差异化战略、聚焦战略、总成本领先战略。

——迈克尔·波特

众所周知，竞争——市场经济运行的灵魂所在，可以确保稀缺资源高效使用，达到帕累托最优配置。当然，竞争的手段是多种多样的：可以通过"合纵连横"——并购企业，增强企业的市场势力；也可以设置进入壁垒，稳固市场地位；还可以进行最基本的价格竞争；等等。但企业要想在激烈的市场竞争中占有一席之地，必须通过研发创新、产品选择、广告信息等标新立异，努力使自己的产品或服务在消费者心理上产生强烈的偏好。产品之所以存在差异，是由于消费者认为它们不同。即使两种产品从使用功能来看完全相同，但只要消费者认为不同并相应地进行购买，那么这两种产品实际上就存在差异。本章围绕产品差异展开分析，包括产品差异的定义与溯源、产品差异与市场势力、产品差异与广告、产品差异与策略选择。

第一节 产品差异的定义与溯源

什么是产品差异？一种产于马来西亚、新加坡和泰国的水果——榴梿具有不同的品牌和等级，根据榴梿香味、大小等的不同，可分为四个等级；榴梿也有不同的名称，如萨尔顿、金枕等。这就是产品差异，前者是直观上最基本的产品差异——实体差异，后者可视作品牌差异。下面将具体介绍产品差异的定义、分类与溯源。

一、产品差异定义

对于产品差异的界定，有着众多的版本，但核心思想并没有太大的区别。所谓产品差异，是指同一产业内不同企业生产的同类产品，由于在质量、款式、性能、销售服务、信息提供和消费者偏好等方面存在着差异，从而导致产品之间替代不完全的状况。进一步而言，产品差异是企业主要的竞争手段之一,也是一种非价格壁垒。

卡尔顿和佩罗夫(1998)更是一语中的,道出了产品差异的本质:产品存在差别是由于消费者认为它们不同。也就是说,尽管不同品牌的阿司匹林从化学角度来看成分是相同的,但如果消费者认为产品不同并相应地进行购买,那么产品实际上就存在差异。

产品差异之所以为企业所青睐,是因为它使企业面临一条向下倾斜的剩余需求曲线,使企业拥有将价格提高到高于边际成本的能力,也就是说具有市场势力。在完全竞争市场,企业面临的需求曲线是一条直线,如果企业将其价格提高到该需求曲线之上的价格水平,那么该企业的需求将变为零,所以企业只是价格的接受者;而在垄断竞争市场,由于产品差异的存在,也就是说,消费者认为这家企业的产品不同于这一产业其他企业的产品,使得企业将其价格提高到边际成本之上,仍然有需求,进而企业面临的需求曲线不再是水平的,而是向下倾斜的。

二、产品差异分类

(一)水平差异

水平差异也称为空间差异,这源自霍特林(Hotelling,1929)[⊖]对分布在一条直线上的消费者(更确切地说,是消费者最偏好的产品种类)的形象比喻。对于水平差异可以这样来理解:一条长度为1的线段,端点分别是消费者 A 和 B,一家厂商位于该线段之上。厂商到消费者的距离反映了消费者购买产品需要支付的运输成本,当然运输成本越少,消费者越高兴。厂商在线段上的位置反映了产品的特征组合,如果厂商离 A 更近一些,那么说明产品更贴近 A 的偏好。厂商位置的移动代表着不同产品特征的组合,也就是产生了水平差异。

对于水平差异而言,在给定价格相同的情况下,消费者的最优选择与特定消费者有关。因为消费者的偏好不尽相同,例如,不同的消费者喜欢不同的颜色,或者对于购物地址的选择,消费者更喜欢去附近的商店或超级市场购物。描述水平差异时,不存在"好"与"坏"的评判,因为消费者偏好是一种价值判断。

即使对于同一种产品,消费者的偏好也是多种多样的。以洗衣粉为例,有人认为洗涤和漂洗能力最重要,有人认为使织物柔软最重要,还有人希望洗衣粉气味芬芳、碱性温和、不伤皮肤,等等。宝洁公司正是抓住了消费者的这些不同偏好,开发出了多种品牌的洗发水,占领了美国一多半的市场份额。

> **案例 5-1**
> **宝洁公司和联合利华公司的水平差异**
>
> 针对消费者对洗发水的不同偏好,宝洁公司和联合利华公司为了满足不同细分市场的特定需求,展开了激烈的竞争,分别打造了旗下不同的洗发水品牌。但这不是简单地把一种产品贴上几种商标,而是从功效、包装、宣传等方面赋予产品不同的品牌,成功地占领了全球的大部分洗发水市场。以下是它们在我国洗发水市场的主要品牌。

⊖ HOTELLING H. Stability in competition[J]. The economic journal, 1929, 39(153): 41-57.

宝洁公司旗下的洗发水品牌：

- 海飞丝——去屑专家。美发护发，丝源复活、头皮养发。
- 潘婷——营养保健。维他命元素滋养，乌黑、亮泽、强韧防脱、丰盈健康。
- 飘柔——柔顺护发。使头发光滑柔顺，以自信作为品牌诉求点。
- 沙宣——专业美发效果。专业洗发、护发形象。
- 伊卡璐——蕴含草本精华。回归自然，芬芳新颖，天然纯净。

联合利华公司旗下的洗发水品牌：

- 力士——护理专家。独特配方、带来明星气质，闪耀秀发，散发灵动光芒。
- 清扬——专业去屑。年轻、时尚、自信、敢于挑战。
- 夏士莲——自然营养成分。天然、健康，拥有黑芝麻、灵芝等多种配方洗护系列。
- 多芬——秀发损伤理护专家。针对烫染发后的损伤、分叉进行护理修复。

资料来源：作者根据公开资料整理。

（二）垂直差异

垂直差异也可以理解为质量差异。所谓垂直差异，是指在产品空间中，所有消费者对所提及的大多数特性组合的偏好次序是一致的那些特性之间的差异。描述垂直差异时，在价格相等的条件下，关于特性空间有一种自然的排序。最典型的例子是质量，消费者关于质量的偏好次序是一致的，都认为较高的质量是更好的。

还是以长度为1的线段来说明。消费者A和B分别位于两端，但厂商现在位于该线段所在直线的右方，厂商位置代表产品质量，而且越往右，产品质量越高。显然厂商越向右移动，对消费者A和B都越有利，因为A和B双方的质量都得到了提高。

从上述解释水平差异和垂直差异的长度为1的线段，也可以从直觉上体会到二者的关系——在对消费者支付的运输成本进行适当假定之后，任何一个水平差异都是垂直差异的特例，[⊖]因为水平差异仅仅考虑在产品质量不变的前提下，产品不同特征的不同组合变换而已。

（三）服务差异

服务差异是指厂商在售前、售中和售后提供的服务内容和服务质量方面的差异。服务是产品完全价值的一部分，对于结构比较复杂、知识含量比较高的产品，如小到智能家用电器、电脑及其配件，大到飞机、轮船等，消费者往往不能很快熟练使用，而且使用中还经常由于操作不当出现故障，在这种情况下，如果厂商的售前、售中及售后的服务都很到位，那么消费者就倾向于选择这类厂商的产品。波音公司正是通过一流的服务赢得了全球消费者的青睐。

⊖ CREMER H, THISSE J F. Location models of horizontal differentiation: A special case of vertical differentiation models[J]. The journal of industrial economics, 1991,39(4): 383-390.

案例 5-2

波音公司的服务差异

波音公司是世界上最出色的民用飞机制造商之一,公司下设飞机项目部、民用航空服务部和波音787项目部等部门。它在服务差异方面做了很多努力并取得了卓有成效的成绩。

1. 设计研发环节

波音787项目启动前,波音公司耗巨资对商务舱的10万名旅客进行了全球范围的调研,主题是乘客的舒适度与飞机之间的关系。调研后,波音特意找来专业的建筑师,设计空间更大、旅客体验更好的客舱布局。

2. 产品生产制造环节

转型后的波音公司不仅重视技术给产品带来的价值,还邀请供应商和客户参与飞机的整个研制过程。波音采取了由传统制造商模式向制造商集成模式的转型。波音几乎所有的飞机都是由波音和全世界的合作伙伴共同生产的。例如,波音747飞机的450万个零部件,就来自近10个国家,由1 000多家大企业、15 000多家小企业共同生产。波音已经从单纯的飞机生产商转变为高端的系统集成商。这一战略使波音产品获得了更多的附加值。

3. 市场营销环节

在售前服务方面,波音公司将客户内部化,让客户参与到飞机的设计和生产过程中,通过向客户获取的市场信息来促进产品的改进;在售中服务方面,波音公司对自己的销售人员进行全面的培训,要求销售人员不仅对公司和客户有全面的了解,还要对客户的飞行计划、飞行时间表、驾驶员及客户的财务状况、发展战略和文化等细节都非常了解,使销售人员的业务能力在同行业处于最高水平;在售后服务方面,波音公司成立了由工程师、飞行员、机械专家、零部件管理员等各领域的专家组成的专门客户服务部来负责售后服务。每次客户购买飞机后,客户服务部都要派出一个专门的小组去跟踪服务。

4. 客户服务环节

波音公司增加了更多的培训服务项目来赢得全球客户的青睐。除此之外,波音还为客户提供飞行培训和技术数据出版物,如飞行手册、签派差异指南、最少设备清单和其他相关文件。此外,客户还可以通过电子商务的方式从网上获取服务,更大程度地丰富了制造企业的客户体验服务内容。

因此,正在向系统集成商和服务提供商转型的波音公司,通过压缩生产制造环节业务,增加研发设计、总装集成、营销客服等附加值高的业务,使其有能力为客户提供更多、更优质的服务,获取更大的竞争优势。

资料来源:彭本红,段一群.制造企业服务增强战略转型研究:以波音公司为例[J].管理现代化,2013(5):98-100.

(四) 信息差异

所谓信息差异,是指由于消费者和厂商之间存在着信息不对称,从而导致消费者对产品认识产生了差异。解决这种信息不对称最常见的方法是广告,厂商利用广告向消费者传递产品信息，影响消费需求。广告根据其传播内容可以分为两类：一类广告传递产品的"硬"信息，包括产品的存在、价格和产品的物质形态等，这类广告称为信息性广告；另一类广告传递产品的"软"信息，除了传递产品存在的信息以外，不传递任何其他信息，这类广告称为非信息性广告，大多数电视广告都属于这一类。

信息性广告和非信息性广告分别适合搜寻品和经验品[一]的信息传递，并且分别使搜寻品和经验品具有了信息差异。搜寻品是指消费者在购买产品之前通过自己的检查就可以知道产品质量的产品；经验品是指消费者在购买使用产品以后才能知道其质量的产品。对搜寻品而言，广告可以告诉消费者关于产品存在、销售地点、价格和产品特征等信息，但是由于广告费用高昂，因而不能告知所有消费者关于所有产品的信息，从而产生了信息差异；对经验品而言，根据经验了解一种产品效用的消费者，一般只知道一个或几个品牌，因为试用是费钱的，所以消费者不把使用过和没有使用过的产品视作一样，即使这两种产品事实上是一样的，这也产生了信息差异。

三、产品差异溯源

尽管现在产品差异包括水平差异、垂直差异、服务差异、信息差异等，但产品差异最早指的是水平差异，其他差异都是在其基础上发展而来的。因此，这部分主要追溯水平差异的渊源。

对水平差异的研究始于 20 世纪 30 年代关于垄断竞争问题的讨论，主要包括非选址模型和选址模型两条主线。非选址模型从一般竞争（large group competition）角度研究产品差异，而选址模型从局部竞争（small group competition）角度研究产品差异。

非选址模型的介绍要从马歇尔讲起，在马歇尔去世后不久，斯拉法（Sraffa，1926）[二]指出，现实中的许多制造业没有耗尽规模经济的现象与马歇尔的完全竞争理论不相一致。张伯伦（Chamberlin，1933）[三]和罗宾逊（Robinson，1933）[四]对此进行了解释，从而产生了垄断竞争理论。罗宾逊假定每个行业存在一个垄断者，尽管她的工作澄清了垄断理论，但并没有解释清楚斯拉法的观点。张伯伦假定存在大量的竞争厂商，每家厂商生产一种差异产品，并且进入自由，均衡结果是每家厂商的均衡产量都低于最小有效规模。张伯伦的理论对马歇尔的完全竞争理论进行了修正——引入产品差异，并且能够用竞争理论解释没有耗尽规模经济的现象。但其"过度生产能力理论"意味着自由市场经济的无效率，这引发了大量的争论。一直到人们意识到，在重视差异的社会里存在着一种权衡：通过减少生产成本节约资源和通过增加产品品种满足消费者的差异需求，导致最优的差异位于最小有效规模的左边，因此，过度生产能力并不一定意味着社会无效率。这样，对过度生产能力的争论才有所减弱。

选址模型可以这样形象化地理解：消费者均匀分布在长度为 1 的线段上，厂商要在这条线段上根据利润最大化进行选址。这也就是霍特林的"线性城市"模型。霍特林对生产差异

[一] NELSON P. Information and consumer behavior[J]. Journal of political economy, 1970, 78 (2) : 311-329.
[二] SRAFFA P. The laws of returns under competitive conditions[J]. The economic journal, 1926, 36 (144) : 535-550.
[三] CHAMBERLIN E H. The theory of monopolistic competition[M]. Cambridge, MA: Harvard University Press, 1933.
[四] ROBINSON J. The economics of imperfect competition[M]. London: Macmillan, 1933.

产品的寡占厂商竞争理论做出了开创性贡献。霍特林当时的出发点是解决"伯川德悖论"。

伯川德（Bertrand）假定：竞争厂商无生产能力约束；厂商只进行一次竞争；厂商生产同质产品。在这样的假设条件下，伯川德表明，竞争厂商按边际成本定价，即使只有两家企业的垄断也足以达到完全竞争的水平，这显然有悖常理。因为很难相信，即使在一个行业中只有几家厂商，厂商也永远不能成功地操纵市场价格，故称之为"伯川德悖论"。

为了解释"伯川德悖论"，霍特林对伯川德假设进行了关键性修改，允许厂商生产差异产品而不是同质产品。两家厂商的差异可以表现为不同的地理位置，也可以表现为一维特征空间的不同产品。差异产品的价格竞争将使价格高于边际成本。具体而言，霍特林在单一产品特性维度上引入产品差异——消费者和厂商之间的距离，认为在一个有限的线性市场中，两家在价格和定位上竞争的厂商将在市场的中心以"背靠背"的方式进行竞争，称之为"最小差异化原理"。

随后，学者们对霍特林选址模型进行了拓展。将霍特林模型的线性运输成本[⊖]拓展为二次运输成本，从而得出了"最大差异化原理"；为解决霍特林选址模型中存在的市场边界问题，又将线性城市转换为圆形城市（因为圆没有边界），其中消费者在圆周上均匀分布，每家厂商都来自相邻厂商的直接竞争[⊜]；随后，Economides（1984）进一步通过构建三阶段博弈模型，分析厂商先决定是否进入市场，然后选择在圆形上的地址，再在价格上进行竞争。

20世纪70年代以后，随着博弈论的不断发展及其在经济学领域应用的不断深入，鉴于产品差异与垄断竞争理论、技术创新、进入壁垒、不确定性及广告等内容的密切联系，产品差异成为经济学领域中涉及范围最广、成长速度最快、近期成果最丰富的研究前沿之一。

第二节 产品差异与市场势力

产品差异使得厂商即使将价格定在边际成本之上，也不会失去其所有顾客，也就是说，产品差异的引入使厂商面临的需求曲线不再是一条水平直线，而是一条向右下方倾斜的直线。这表明厂商具有一定的市场势力，即使价格高于别的厂商产品，消费者也会偏好其产品，予以购买。通常采用价格成本差 $p-MC$ 或 $(p-MC)/p$ 衡量厂商的市场势力。显然，产品差异越大，厂商的市场势力越大。本节将运用经典的霍特林（1929）[⊜]线性城市模型对产品差异厂商的市场势力予以分析。霍特林通过将产品差异划分为空间中直线段上的不同点，从而使产品的差异具有可检验性。

假设线性城市的长度为1，消费者均匀分布于这一区间上。每家厂商的产品在地理或产品特征空间中具有一个特殊的位置，为分析方便起见，在此假设存在两家厂商，每家厂商仅能提供一种品牌，分别定位于 a_1 和 a_2 处，如图5-1所示。厂商1位于厂商2的左侧，即 $0 \leq a_1 \leq a_2 \leq 1$，如果 $a_1 = a_2$，那么表明两家

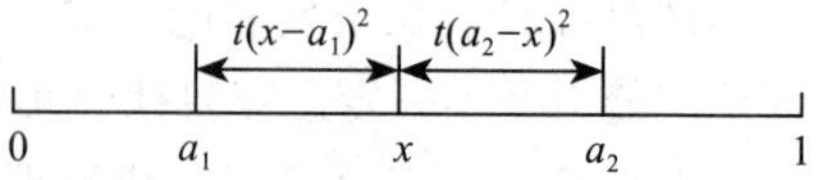

图5-1 霍特林线性城市模型

[⊖] 在霍特林选址模型中，消费者购买厂商产品除了支付产品价格以外，还要支付到厂商位置的运输成本。运输成本度量了厂商选址和消费者位置不一致导致的消费者效用损失，因此运输成本的函数形式对模型的结论至关重要。

[⊜] SALOP S. Monopolistic competition with outside goods [J]. Bell journal of economics, 1979, (10) : 141-156.

[⊜] HOTELLING H. Stability in competition [J]. The economic journal, 1929, 39 (153) : 41-57.

厂商提供给市场的不是差异产品，而是同质产品。对于厂商成本，假定二者在连续生产条件下，产品的平均成本和边际成本均为 0。

假设线性城市中某一消费者的偏好为 x，位于霍特林线段 $0 \sim 1$ 之间。点 x 到厂商 1 位置 a_1 的间距为 $x-a_1$，到厂商 2 位置 a_2 的间距为 a_2-x。消费者偏好和厂商位置不在同一点表明消费者购买不到其最偏好的品牌，消费者只能移动到厂商位置，购买其次偏好的品牌。这样消费者为了购买就需要支付运输成本。运输成本的函数形式对霍特林模型中均衡价格的存在非常关键，如果运输成本表示消费者购买了一个不太满意产品的效用损失，那么运输成本随距离的增加而增加是一个公认的看法。而且在产品差异问题上，二次运输成本比线性运输成本更易于理解，因而运输成本在此采用二次函数形式。消费者从厂商 1 和厂商 2 购买产品需要支付的运输成本分别为

$$c_1(x) = t(x - a_1)^2 \tag{5-1}$$

$$c_2(x) = t(a_2 - x)^2 \tag{5-2}$$

式中，t 是单位距离运输成本，体现产品差异。t 越大，消费者偏好与厂商提供的产品特征相差就越大。当 $t=0$ 时，消费者对产品不存在消费偏好上的差异，运输成本为 0。

确定了消费者支付的运输成本，就可以确定消费者购买需要支付的总成本。位于 x 的消费者从厂商 1 和厂商 2 购买需要支付的总成本分别为

$$p_1 + c_1(x) = p_1 + t(x - a_1)^2 \tag{5-3}$$

$$p_2 + c_2(x) = p_2 + t(a_2 - x)^2 \tag{5-4}$$

当 $p_1 + c_1(x) = p_2 + c_2(x)$ 时，消费者 x 对从厂商 1 和厂商 2 购买是无差异的，也就是说，$\hat{x} = (a_2 + a_1)/2 + (p_2 - p_1)/[2t(a_2 - a_1)]$ 是消费者从厂商 1 和厂商 2 购买的无差异点，位于 $\hat{x}$ 左边的消费者购买厂商 1 产品，而位于 $\hat{x}$ 右边的消费者购买厂商 2 产品。这样就可以确定厂商 1 和厂商 2 的产品需求分别为

$$q_1 = \hat{x} = \frac{a_2 + a_1}{2} + \frac{p_2 - p_1}{2t(a_2 - a_1)} \tag{5-5}$$

$$q_2 = 1 - \hat{x} = 1 - \frac{a_2 + a_1}{2} - \frac{p_2 - p_1}{2t(a_2 - a_1)} \tag{5-6}$$

可见，厂商的市场占有率取决于自然需求 $(a_2 + a_1)/2$、竞争强度 $1/[2t(a_2 - a_1)]$ 及价格差异 $p_2 - p_1$ 三个因素。当产品差异最大，即 $a_1=0$，$a_2=1$ 时，厂商 1 和厂商 2 的市场占有率分别为

$$q_1 = \frac{1}{2} + \frac{p_2 - p_1}{2t} \tag{5-7}$$

$$q_2 = \frac{1}{2} - \frac{p_2 - p_1}{2t} \tag{5-8}$$

利用上述分析，可以得出关于产品差异和市场势力的一些基本结论：

（1）市场上每家厂商都有自己的"自然需求"。厂商 1 的"自然需求"是消费偏好为 $x \leq (a_2 + a_1)/2$ 的消费者，他们购买厂商 1 的产品，是因为厂商 1 的产品更接近其消费偏好，也就是说，这些消费者购买厂商 1 的产品只需支付较少的效用损失——运输成本；类似地，厂商 2 的"自然需求"是消费偏好为 $x \geq (a_2 + a_1)/2$ 的消费者。而且每家厂商的"自然需求"由两部分组成：一部分是厂商自己的领地（turf）——对于厂商 1 是 $x \geq a_1$ 的消费需求，对于厂商 2 是 $x \leq a_2$ 的消费需求；另一部分是接近自然需求 $(a_2 + a_1)/2$ 的那部分需求——对于厂商

1 为 $a_1 \leq x \leq (a_2+a_1)/2$ 的消费需求，对于厂商 2 为 $(a_2+a_1)/2 \leq x \leq a_2$ 的消费需求。在价格相同的条件下，厂商的市场占有率等于其"自然需求"。厂商选址越接近竞争对手的位置，就越有利于抢夺对手的"自然需求"，但同时也将自己的"自然需求"暴露给对手。

（2）产品差异能够降低需求的价格弹性。市场需求的价格弹性为

$$e_{q_1,p_1} = \left|\frac{\partial q_1}{\partial p_1}\frac{p_1}{q_1}\right| = -\frac{\partial q_1}{\partial p_1}\frac{p_1}{q_1} = \frac{1}{2t(a_2-a_1)}\frac{p_1}{\frac{a_2+a_1}{2}+\frac{p_2-p_1}{2t(a_2-a_1)}}$$

$$= \frac{p_1}{t(a_2^2-a_1^2)+p_2-p_1} \tag{5-9}$$

将市场需求的价格弹性对产品差异参数 t 求一阶导数可得

$$\frac{\partial e_{q_1,p_1}}{\partial t} = -\frac{p_1(a_2^2-a_1^2)}{[t(a_2^2-a_1^2)+p_2-p_1]^2} \tag{5-10}$$

根据假设 $0 \leq a_1 \leq a_2 \leq 1$，因此 $\frac{\partial e_{q_1,p_1}}{\partial t} \leq 0$。可见产品差异越大，市场的需求价格弹性就越小，厂商调节价格的余地就越大，从而可以拥有较大的市场势力。也就是说，产品差异不仅可以填补市场需求的空白，满足消费者的多样化需求，而且从竞争战略角度可以应对竞争对手分割市场份额，起到遏制进入的作用。

（3）产品差异能够缓和竞争强度。同类产品的相对差异化程度越高，也就是说 a_2-a_1 越大，消费者的主观偏好程度就越高，厂商就有更大的市场势力。产品价格即使高一些，消费者也愿意买，愿意支付较高的运输成本，价格对消费需求的影响相对要小一些。从竞争强度的表达式 $1/[2t(a_2-a_1)]$ 可以看出，产品差异 a_2-a_1 越大，竞争强度就越低，厂商的市场势力就越大。

案例 5-3
霍特林模型在银行理财产品收益率市场化演进机制上的应用

利用修正的霍特林模型，罗荣华等人（2020）从理论上研究分析了我国银行理财产品收益率的市场化演进机制，并通过对 2005—2019 年的银行理财产品数据进行了实证检验，从而得出结论：①"输家"追赶"赢家"的锦标赛竞争机制，即收益率落后的"输家"银行在下一期将以更大的相对幅度提高其收益率；②锦标赛竞争机制受到三大因素的影响，即受"输家"银行排名、不同银行之间收益率差距、监管政策的影响。"输家"银行排名越靠后、不同银行之间的收益率差距越大，那么，下一期"输家"银行提高其理财产品收益率的相对幅度就越大，不同银行之间的竞争行为就越激烈；监管政策越严，则不同银行之间的竞争强度就越弱。

资料来源：罗荣华，和泽慧，刘劲劲，等. 银行理财产品收益率市场化演进机制研究：基于修正 Hotelling 模型的理论分析与实证检验 [J]. 金融研究，2020（11）：133-150.

第三节　产品差异与广告

在产业组织理论中，广告属于市场行为，按照产业组织理论的 SCP 分析框架，广告与市场结构之间存在着正反馈的关系，即市场结构决定厂商的广告行为，而广告反过来也会对市

场结构产生影响。市场结构的主要决定因素有三个：集中度、产品差异化和进入壁垒。根据多夫曼－斯坦纳条件可知，决定广告强度的主要是需求价格弹性和需求的广告弹性，而产品差别化正是通过这两个因素来影响广告的。一般而言，产品差异越大，广告强度就越大，产品差异越小，广告强度越小；同时，广告又是造成产品差异的重要因素，正是二者的相互作用导致了现在的广告竞争越来越激烈，各厂商的广告强度也越来越大。

厂商做广告的一个重要方面就是告知消费者自己的产品与同类厂商的产品是不一样的，广告的这一功能源于消费者和厂商之间的信息不对称。在搜寻品中，厂商通过信息性广告告诉消费者关于产品存在、销售地点、价格和产品特征等信息，可以让消费者深刻认识其产品与众不同的特点，从而与竞争者的产品区别开来。而在经验品市场上，厂商一般通过非信息性广告影响消费者的主观偏好，从而形成产品差异，此时广告本身也可以被看成产品差异的一个组成部分。显然，信息性广告更注重传递产品之间的真实差异，改善消费者和品牌的匹配；而非信息性广告则更多地影响消费者的主观判断，形成产品间的假性差异（也许产品之间本无实质性的差异）。

本节重点介绍产品差异与广告之间的关系，从而使读者对广告影响产品差异有一个更加深刻的理解。

案例 5-4

垄断厂商会做广告吗

如果市场中仅有一家厂商，不管它是自然垄断还是完全垄断，广告竞争是否就绝对不可能存在？1954 年，多夫曼和斯坦纳在他们的《最佳广告和最佳质量》论文中，首先讨论了这个问题，他们认为，在完全垄断的市场中，如果唯一的厂商以利润最大化为目标，那么该厂商是否做广告就取决于该厂商面对的市场对它及其产品的广告需求弹性与需求价格弹性的比值。如果市场对广告的反应比较敏感，而对价格的变化却相对迟钝，则该垄断厂商必然会增加广告的投入，以此建立、培育品牌的偏好度，此时，因为消费者受广告的影响已使其对价格的需求弹性趋于下降或呈刚性，通过提价来增加利润就不会导致销售额的下降。因此，完全垄断不会排斥广告宣传。另外，如果行业市场之外存在着有效的替代竞争，垄断厂商都会主动或被迫加大广告的投入。戴比尔斯在钻石业处于绝对的垄断地位，控制了全球市场 90% 以上的钻石分销渠道。但戴比尔斯每年还投资数百万美元代表钻石业推广钻石饰品，在全球约 34 个国家以 21 种语言开展宣传活动。其在半个多世纪前打造"钻石恒久远，一颗永留传"的宣传口号，至今在世界各地已家喻户晓，并成为戴比尔斯备受赞赏的报刊及电视宣传的主要讯息，这句口号的成功推广使钻石饰品成为恒久不变的定情信物。这些广告宣传活动非常成功，不但使钻石的销售增加，同时提高了消费者对钻石饰品的兴趣，并拓展了新的市场。

资料来源：作者根据公开资料整理。

一、产品差异对广告的影响

产品差异对广告的影响主要是通过影响产品的需求价格弹性和需求的广告弹性来实现的。产品差异程度越大，产品的替代品就越少，当产品价格变化时，其需求量变化也越小，因此产品的需求价格弹性 ε_p 就越小；而随着广告强度的增加，改变消费计划的消费者就越多，该产品的需求量增加得也越多，所以产品的广告弹性 ε_a 就越大。反之，产品差异程度越小，产品的需求价格弹性 ε_p 越大，广告弹性 ε_a 就越小。

因此，产品的需求价格弹性 ε_p 与产品差异程度成反比，需求的广告弹性 ε_a 与产品的差异程度成正比。因此，产品差异程度越大，$\varepsilon_a/\varepsilon_p$ 就越大，从而广告强度也就越大，产品差异程度越小，$\varepsilon_a/\varepsilon_p$ 也就越小，从而广告强度也越小。

此外，当产品的差异程度较小时，广告的公共物品的性质越大。例如，当牛奶广告不是特指某一品牌时，它将增加每家牛奶厂商的销售额，此时牛奶广告对所有的牛奶销售商来说是一种公共产品。在这种情况下，由于广告的外部效应，市场的广告供给不足，广告强度较小。反之，当产品的差异程度较大时，广告的私人物品的性质较大，广告的外部效应较小，从而市场上的广告供给较多，广告强度较大。

从上面的分析可以得出一个基本的结论：产品差异程度与广告强度呈正相关关系。当产品差异程度增大时，广告强度增大；当产品差异程度减小时，广告强度也随之减小。

二、广告对产品差异的影响

（一）信息性广告与产品差异

当市场上的产品存在差异，消费者又很难挑选适合他们自己的产品时，信息性广告就非常必要。对于有水平差异的产品来说，提供信息性广告可使消费者买到满意的产品。厂商提供信息的最明显的动机就是增加销量，降低需求弹性，当消费者购买产品之后，广告就建立了品牌效应，增强了厂商的竞争力。与此同时，信息性广告也使一些消费者了解到厂商的产品并不适合他们，这些消费者将转而购买其竞争者的产品。因此，为了得到更多的消费者，厂商必须通过不同的媒介在各种场合做更多的广告，此时，市场上就存在过度的信息性广告。

格罗斯曼和夏皮罗[①]首先证明了差别产品市场上存在过度的信息性广告。当产品存在差别时，使得消费者和品牌更好匹配的广告会增加福利，如果广告仅仅是将消费者从一家厂商转移到另一家厂商，那么这将是浪费的。他们的论述表明了在市场均衡中有太多的厂商（过度的产品多样化），而每家厂商所做的广告少于平均的社会最佳水平。然而，给定行业中厂商的实际数目，广告又太多了。因此，他们认为，提高消费者和产品配对的有益效果不足以弥补仅在厂商之间重新分配消费者的浪费效果。因此，广告的私人收益超过社会收益，有过度广告的存在。

然而，即使在差别产品市场上存在过度的信息性广告，广告也不可能告知消费者关于产品的所有信息，尤其是，如果广告中的有关信息可能导致厂商今后销售额的下降，那么厂商会提供较少的信息，这在一定程度上造成了厂商和消费者之间的信息差异。从这一点来看，厂商又提供了较少的信息性广告。

[①] GROSSMAN G M, SHAPIRO C. Informative advertising with differentiated products[J]. The review of economic studies, 1984, 51(1): 63-81.

(二) 非信息性广告与产品差异

1. 非信息性广告对产品差异的影响

信息性广告一般只是传递产品的差异，而非信息性广告则一般造成或加剧产品差异。非信息性广告主要针对的是经验品，由于产品的性能和质量只有在消费以后才知道，因此，厂商试图通过广告影响消费者的主观偏好，形成产品主观上的差异。即使是同一种产品，消费者对某一产品的前期消费也可能导致信息性差异。由于试用是需要成本的，故根据经验了解消费一种产品效用的消费者，一般只知道一个或几个品牌。因此，对于消费者而言，消费过的产品与未消费过的产品存在信息性差异。所以，非信息性广告是形成产品差异的一个重要原因。

百事可乐的成功在很大程度上就是因为它很好地利用了非信息性广告的这一功能。可乐是一种经验品，百事可乐在广告上摒弃了可口可乐一贯采用的无差异市场涵盖策略，从年轻人入手，通过广告树立其"年轻、活泼、时代"的形象，而影射可口可乐"老迈、落伍、过时"。百事公司成功地利用广告，造成了产品的主观心理差异化。这种差异又分为两个方面，一方面是百事与可口可乐之间的横向差异，另一方面是这两者与其他可乐生产商的纵向差异。因此，铺天盖地的"百事可乐：新一代选择"的广告，使百事不但能够与其他生产可乐的小厂商区分开来，还能够与可口可乐区分开来。

案例 5-5

广告与产品差异化的实证：来自日本的案例

从表 5-1 可以看出，产品差异化极高产业的平均广告强度是产品高度差异化产业的 2.8 倍，是中度差异产业的 9.6 倍，而产品高度差异的产业的平均广告强度是中度差异产业的 3.5 倍。可见，广告强度越高的产业产品差异化越高；反之，则越低。因此，广告强度与产品差异化成正比。

表 5-1 日本部分产业的广告强度与产品差异化

产业	企业数（个）	广告强度（%）	产品差异化	产业	企业数（个）	广告强度（%）	产品差异化
化妆品、牙膏	3	10.2	极高	蒸馏酒	4	3.3	高度
速用咖喱粉	4	9.4	极高	点心	4	3.0	高度
肥皂、洗涤剂	2	8.9	极高	鱼肉肠	2	1.9	高度
一般药品	5	13.3	极高	面包	3	1.7	高度
清凉饮料	2	4.6	极高	乳制品	3	1.5	高度
方便面	2	4.2	极高	橡胶轮胎	5	1.0	高度
酱油	2	4.1	极高	平均		2.07	
胶卷	2	3.9	极高	涂料	5	0.7	中度
音响设备	5	4.0	极高	实用油	5	0.7	中度
照相机	5	3.7	极高	人造黄油	4	0.6	中度
手表	4	3.3	极高	制粉	5	0.3	中度
家用缝纫机	3	2.8	极高	砂糖	5	0.1	中度
钢琴	2	2.6	极高	食品机械	4	1.2	中度
平均		5.77		平均		0.6	

资料来源：杨公朴，夏大慰.产业经济学教程[M].上海：上海财经大学出版社，1998：157.

2. 非信息性广告形成的垂直差异

直觉上，垂直差异意味着产品质量的高低区别，当然，质量高低可以是由于实体要素形成的，例如，30万元一辆的汽车肯定比10万元一辆的汽车质量高，因为前者的配件性能、外观造型等要优于后者；也可以是由于信息要素辅助形成的，尽管一分价钱一分货，但如果仅仅依靠价格表明产品质量，那么低质量产品也可以模仿高质量产品的价格，所以高质量产品还需要借助媒介传递高质量信号，如非信息性广告，以便和低质量产品区分开来。尤其是对于经验品，因为经验品只有在购买使用以后才知道其质量好坏。即使两种产品事实上一样，消费者也不会把使用过的和没有使用过的产品视同一样。若两家厂商同时进入市场，厂商如何传递自己产品的高质量信息，从而形成对自己有利的垂直差异？可以利用非信息性广告传递产品的质量信号。

如果存在一种机制使得高质量产品的生产厂商明白自己的高昂广告费用能获得较高的回报，那么这种非信息性广告其实是在传递产品高质量的信息。这种"烧钱"作用的潜在信息可以解释为："因为我们的产品是优质的，所以我们能够支付这样高昂的广告费用。事实上，消费者应该理智地相信，我们的产品是优质的并且可以购买它。消费者的经历会告诉他们自己，本产品的确是优质的。这样的结果使他们在未来会再次购买本产品。"关键是市场上是否存在这样一种广告支出和产品质量正相关的机制，若存在，消费者就可以根据广告来推断经验品的质量。

市场上其实存在这种机制，在产品质量外生的条件下，这种机制就是消费者经验的作用和高质量产品的被重复购买。劣质产品的生产厂商为什么不模仿高质量产品生产厂商的行为，花高价做广告并将其劣质产品出售给自以为买到高质量产品的消费者？也就是说，当消费者预期高额广告费用意味着优质产品时，理性吗？关键是销售优质产品的厂商与销售劣质产品的厂商相比，将从消费者尝试它们的产品中获益更多，因为销售优质产品的厂商将获得重复购买，而销售劣质产品的厂商则不会。因此，存在一种广告费用水平，在这个水平上，销售优质产品的厂商愿意承担该广告费用，而销售劣质产品的厂商则不愿意承担。在均衡状态，这意味着非信息性广告确实是产品高质量的信号。⊖

是否还存在其他可行的方法来传递产品高质量的信号，例如价格？当然可以使用价格信号。但是，如果单独使用价格信号，低质量生产者就比较容易模仿高质量生产者的行为——将低质量产品的价格和高质量产品的价格定得一样高，此时要达到分离均衡，高质量的生产者就要付出更高的代价。如果利用非信息性广告协助价格传递质量信号，那么达到分离均衡时高质量的生产者付出的代价要小得多。因此，厂商更愿意同时利用价格和非信息性广告传递产品高质量的信号。

事实上，利用非信息性广告传送产品质量信号，从而形成垂直差异的现象在现实生活中比比皆是。案例5-6中的苹果、OPPO、vivo、小米、华为等手机品牌，通过投入巨额的广告费用来提升自己手机品牌的知名度，并传达手机高质量的信号。再如，有实力的商店花大价钱装修店堂和门面，有实力的公司或银行购买和使用高档轿车，有支付能力的人穿名牌服装、去高档精品店消费，有军事实力的国家经常进行公开的军事演习和新式武器试验，并对演习和试验大肆进行宣传报道，等等。

⊖ NELSON P. Advertising as information[J]. Journal of political economy, 1974 (81): 729-754.

案例 5-6
利用非信息性广告形成垂直差异

调研机构 Canalys 发布的报告表明，2021年全年，全球供应商出货了 13.5 亿部智能手机。手机市场汇聚了苹果、OPPO、vivo、小米、华为等众多品牌。为了抢占巨大的手机市场，各手机品牌厂商之间的竞争愈加激烈，手机厂商通过投入巨额广告费用，充分利用了非信息性广告的质量传递作用。

QuestMobile 研究院发布的《2021中国互联网广告市场洞察》表明，2021年智能手机广告投放费用品牌排名中：苹果排名第一，广告投放费用占全行业的21.4%，且苹果热衷于投放户外大牌、楼体广告，还有年度的贺岁电影制作和宣传；OPPO、vivo、华为、小米的广告投放费用则分列第二、三、四、五位，其广告投放费用占全行业的比重分别为19.2%、18.1%、10.3%、7.9%。同时，国内手机品牌OPPO、vivo、华为、小米等纷纷通过签约当红明星、电视节目、地铁公交广告等多种方式投放广告，基本实现海陆空全面覆盖。

资料来源：① Canalys.Global smartphone market Q1 2021 [EB/OL].(2021-04-29)[2023-06-01].http://www.canalys.com/news room/canalys-worldwide-smartphone-market-Q1-2021.

② QuestMobile.QuestMobile 2021 中国互联网广告市场洞察 [EB/OL].(2022-04-06) [2023-06-01]. https://baijiahao.baidu.com/s?id=1728628675493253996 & wfr=spider & for=pc.

第四节 产品差异与策略选择

一、信息差异与先发优势

厂商和消费者之间存在着产品质量信息的不对称，先行进入市场的厂商，其产品已为消费者试用，和新进入厂商相比，其产品质量信息已经不再不对称。产品的试用需要一定成本，导致即使是同样的产品，消费者对试用过和未试用过的产品也并不视同一样。这样就在先行者产品和后发者产品之间形成了信息差异，使先行厂商具有一定的先发优势。

假设某一产品市场上存在数个潜在生产者，均能获得相同的技术，以相同的成本生产标准产品。尽管每家厂商都可以生产标准产品，消费者对标准产品的评价为v，但消费者并不知道每家厂商产品的确切价值。一般来说，消费者是风险规避者，在产品质量信息不对称的情况下，产品质量只是一个均值为v的事前随机变量，存在次品的主观概率为正，因此消费者对没有试用过的产品评价v_e较低，即$v_e<v$。但是第一个进入市场的厂商只要将产品定价为$P_1(P_1<v_e)$，就可以获得正的销售量。对于第二个准备进入该市场的厂商来说，产品会有什么样的预期需求呢？假设潜在进入者确信进入之后在位者，即首先进入的厂商会改变价格水平P_1，这与可竞争市场的假设很相似，区别只是在位者的产品质量由于已被消费者试用过，因此是已知的，消费者对其产品的评价为标准产品的评价v，而进入者的产品质量未知。显然，消费者只有预期能够获得更多的剩余，才会转向进入者产品的消费，即$v_e-P_2>v-P_1$，或者$P_2<P_1-(v-v_e)$，其中P_2是进入厂商的产品价格。也就是说，首先进入市场的厂商可以获得溢价收入$(v-v_e)$，相对于潜在进入者的预期收入要高。很明显，先进入厂商的定价只要稍稍低于后进入厂商的平均成本与溢价收入之和，即$P_1<P_2+(v-v_e)$，就能使进入者受损，从而可以成

功地遏制进入，保持市场的垄断地位并获取超额利润。

这种信息差异主要是由于，对于未知质量的产品，消费者需要支付质量信息的搜寻成本，对其评价必然低于已知质量的产品。这种低评价就给在位者通过定价策略遏制进入提供了可能。再者，先驱产品树立了质量声誉，而且法律对先驱品牌、商标的保护，也向消费者传递了足够的质量信息，增强了消费者对产品的信任和忠诚。因此，从先驱产品或建立起一定声誉的老牌产品那里吸引顾客要比从没有建立起任何品牌的新产品那里争夺顾客困难得多。

二、对潜在竞争的策略性反应

接下来，我们进一步考虑产品差异市场中两种特定产品的反应函数⊖。一种产品由在位者出售，另一种则由潜在进入者计划推出。在位者的价格为 p_1，进入者的计划价格为 p_2。那么，在这种情况下，在位者能够以固定价格 p_1 这样的方式遏制进入吗？答案是否定的。如果在纳什－伯川德均衡点，潜在进入者的利润为正，那么进入就会发生⊜。

尽管如此，相对于潜在进入者而言，在位者仍然具有一定的优势。给定现存产品在产品空间中的位置，进入者可以选择其产品性能以最大化其进入利润。在图 5-2 中，在位者生产 x_1 和 x_3 所表示的差别产品。一个潜在进入者研究整个市场，以寻求引入新产品最有利可图的恰当位置。在每个可能的位置上，它都必须估计选择进入时的纳什－伯川德均衡价格。根据图 5-2 可知，在 x_2 的进入将导致纳什均衡价格为 p_1，在位者的价格为 p_3，进入者的价格为 p_2，从而可以得到图示的 $x'_{1,2}$ 和 $x'_{2,3}$ 之间的市场线段。处在这些点上的消费者在邻近商品之间无差异，这是因为价格加上效用成本⊜对两个邻近产品是一样的。

假定在位者在 x_1 和 x_3 上拥有沉淀成本，

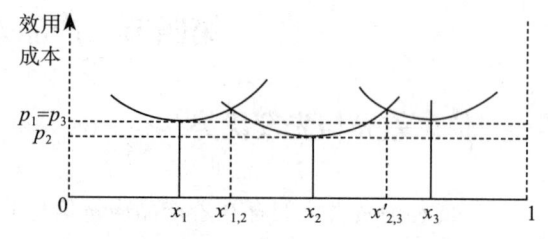

图 5-2　在位者与潜在进入者的策略性选择

其面对潜在竞争者的进入将会有两种结果。第一，在潜在进入者进入后的博弈中，只有边际成本与两者的博弈有关。第二，它们可能会通过选择恰当的产品性能，使进入者在进入后的博弈中找不到利润为正的产品位置，从而实行策略性的举措。即使它们不采取策略性举措，进入的过程也将以填满产品这种方式阻止所有其他的进入。因此，产品差异化或产品多样化能够成为遏制进入的强大壁垒。壁垒能够允许许多高水平的超常利润，Eaton、Wooders（1985），Macleod(1987)，Judd(1985) 等学者则进一步从进入者"老于世故"、合谋、退出等角度阐释了进入壁垒是如何影响超高利润的。

◆ 本章小结

本章首先对产品差异的定义进行了界定：产品差异是指同一产业内不同企业生产的同类产品之间的可替代不完全。然后对产品差异进行了分类，包括水平差异、垂直差异、

⊖ 海，莫瑞斯. 产业经济学与组织 [M]. 钟鸿钧，王勇，等译. 北京：经济科学出版社，2001.
⊜ 在位者的限制性定价只是一个用处不大的策略，除非其目的是隐瞒所得利润以欺骗潜在的进入者。
⊜ 假定产品空间是"距离"的二次函数。

服务差异和信息差异,并对最早的产品差异——水平差异从非选址模型和选址模型两方面进行了溯源。随后阐述了产品差异的本质所在——使厂商具有市场势力。之后,阐释了产品差异与广告之间的关系,信息性广告与非信息性广告对产品差异的影响。最后,从信息差异使先进入市场的厂商具有先发优势入手,分析产品差异市场中在位者对潜在竞争的策略选择,简单介绍了产品差异的策略运用。

◆ 推荐阅读

[1] EATON B C, WOODERS M H. Sophisticated entry in a model of spatial copetition [J].The rand journal of economics, 1985,16 (2) :282-297.
[2] ECONOMIDES N. Symmetric equilibrium existence and optimality in differentiated product markets [J]. Journal of economic theory,1989,47 (1) :178-194.
[3] GROSSMAN G M, SHAPIRO C. Informative advertising with differentiated products.[J]. The review of economic studies,1984,51 (1) : 63-81.
[4] HOTELLING H. Stability in competition[J]. The economic journal, 1929, 39(153): 41-57.
[5] JUDD K. Credikle spatial pre-emption[J]. The rand journal of economics, 1985(16):153-166.
[6] MACLEOD W, NORMAN G, THISSE J F. Competition , tacit collusion and free Entry[J]. The economic journal 1987 (97): 189-198.
[7] PRESCOTT E C, VISSCHER M. Sequential location among firms with foresight[J].Bell journal of economics,1977(8): 378-393.
[8] SPENCE A M.Product differentiation and welfare[J]. American economic review, 1976, 2(66), 407-414.
[9] SALOP S.Monopolistic Competition with Outside Goods[J]. Bell journal of economics, 1979(10):141-156.
[10] 海,莫瑞斯.产业经济学与组织 [M].钟鸿钧,王勇,等译.北京:经济科学出版社,2001.
[11] 泰勒尔.产业组织理论 [M].马捷,吴有昌,陈耀,等译.北京:中国人民大学出版社,1997.
[12] 罗荣华,和泽慧,刘劲劲,等.银行理财产品收益率市场化演进机制研究:基于修正 Hotelling 模型的理论分析与实证检验 [J].金融研究,2020 (11):133-150.
[13] 杨公朴,夏大慰.产业经济学教程 [M].上海:上海财经大学出版社,1998.

◆ 思考与练习

1. 什么是产品差异?厂商如何运用产品差异策略获得竞争优势?
2. 如何区分水平差异和垂直差异?
3. 如何衡量厂商的市场势力?
4. 为什么产品差异可以使厂商拥有市场势力?
5. 举例说明产品差异如何使先进入市场的厂商拥有先发优势。
6. 两家同时进入市场的厂商如何传送产品的高质量信息,从而形成对自己有利的垂直差异?
7. 信息性广告与非信息性广告有什么差别?它们对产品差异有什么影响?
8. 产品差异市场中在位者如何阻止潜在进入者进入市场?

第六章
CHAPTER 6

进入退出壁垒

> 防御绝不是单纯的盾牌，而是由巧妙的打击组成的盾牌。
> ——卡尔·菲利普·戈特弗里德·冯·克劳塞维茨

进入壁垒和退出壁垒是衡量一个产业竞争程度的重要指标，只有当某一产业可以自由进入和退出时，它才是一个可竞争的产业。产业的进入条件是影响市场运行绩效的重要因素，从长期来看，如果不存在新企业进入市场的障碍，在一家在位企业获取超额利润的产业内，超额利润会吸引新企业的进入，从而提高整个产业的生产能力，在生产技术和需求不变的条件下，将导致产业内所有企业的利润水平下降，使产业利润趋向于平均利润。但是由一些企业自身无法支配的、外生的因素形成的进入壁垒会限制新企业的进入，而已有企业（在位者）有充分的激励利用自己在位的各种优势采取策略性行为来阻止新企业的进入，新企业在进入某些产业时会遇到很大的障碍，产业间的利润差异可能会长期存在。因此，进入壁垒（barriers to entry）与进入阻挠（entry deterrence）是决定产业内企业数量和企业规模分布及产业长期利润水平的重要因素，自贝恩（1949）的开创性研究以来，进入壁垒和进入阻挠一直是产业经济学理论所关注的重点领域之一[⊖]。在完全竞争市场条件下，企业的进入和退出没有障碍，企业是否退出往往取决于企业利润分析中市场价格与企业生产成本的权衡结果。但是现实的市场结构往往介于完全自由竞争和垄断之间的"中间状态"，退出行为受到多种因素的制约，面临多种退出壁垒，不利于资源在不同产业和不同区域之间的重新配置。

本章的内容包括五个部分：第一节分析了关于进入壁垒和退出壁垒的几个重要定义，在此基础上界定了进入壁垒和退出壁垒及其分类；第二节重点讨论了结构性进入壁垒，并对其主要的结构性因素进行了详细分析；第三节分析了进入阻挠，即策略性进入壁垒，介绍了博弈论中进入阻挠的两个基础模型，在此基础上讨论了沉没成本和承诺行动在进入阻挠中的决定性作用，并分析了几种常见的进入阻挠策略；第四节分析了退出壁垒，并对限制企业退出的主要因素进行了介绍；第五节重点讨论了进入壁垒的福利效应和可竞争市场理论，以及退出壁垒的福利效应。

[⊖] BAIN J. A note on pricing in monopoly and oligopoly[J]. American economic review, 1949(39): 448-469.

第一节　进入退出壁垒概述

一、进入壁垒概述

(一) 进入壁垒的定义

所谓进入是指在某产业内出现新的卖者（企业）。这个新的卖者既可以是新设立的企业，也可以是原来其他产业的企业进入新的产业领域。某一产业存在的经济利润（超额利润）为新企业提供了进入这一产业的经济激励，对于潜在进入者，它们更关注在进入某一有利可图的产业时所遇到的困难和障碍，即进入壁垒，如果进入壁垒很高，新企业就可能无法进入。因此，进入壁垒理论主要关注这样一个问题：为什么有些产业中高利润和高集中度并存，是什么因素限制了新企业的进入？但在产业经济学理论中对进入壁垒定义的理解存在分歧，许多研究者从各自的研究视角给出了不同的定义。

梅森和贝恩等人在 20 世纪 40 年代末提出了在产业经济学研究领域长期占据主导地位的"结构 – 行为 – 绩效"（SCP）分析框架，而进入壁垒是反映市场结构的一个重要因素，从长期来看，它也是影响市场结构的决定性因素。因此，贝恩把进入壁垒作为 SCP 分析框架的中心，对其进行了系统的研究，第一次给出了进入壁垒的定义[1]：一个产业的进入壁垒是指在一个产业中在位企业拥有的相对于新进入企业的优势，从而使在位企业可以持续地把价格提高到最小平均生产和销售成本以上，而又没有引起新企业进入这个产业。

进入壁垒被认为是在位企业行使市场势力的一个必要条件："有效的进入壁垒正是垄断和寡占不可缺少的必要条件……当不存在进入壁垒时，卖者几乎没有力量决定价格，即使有也不会持久。"[2]贝恩把进入壁垒的来源归结为三类：规模经济、产品差异化和在位企业的绝对成本优势。

施蒂格勒（George J. Stigler）认为进入壁垒是新企业寻求进入某一产业时必须承担的、高于在位企业的生产成本[3]：进入壁垒是一种生产成本（在某些或每个产出水平上），这种成本是打算进入一个产业的新企业必须负担的，而已在该产业内的企业无须负担。

这一定义强调产业内在位企业相对于寻求进入的企业享有成本上的优势，这也是在位企业长期获得经济利润的基础。依此判断，如果进入者与在位者具有相同的成本曲线，那么规模经济就不构成进入壁垒，因为不存在在位企业在生产成本上的优势。

从 20 世纪 70 年代开始，运用博弈论对寡占市场和策略性行为进行分析成为产业经济学的主流方向，进入壁垒的研究重点也从分析消费者的需求偏好和生产技术特点等外生因素转向分析在位企业为了减少未来的竞争，通过自己的策略性行为影响市场结构而形成的内生性壁垒。色罗普（Salop）认为，如果在位企业采取某项行动的目的是把潜在的竞争对手排挤在市场之外，从而使自己免受进入者的威胁，那么由此形成的进入壁垒就是"策略性"(strategic)进入壁垒[4]。策略性进入壁垒是一种典型的影响市场结构的行为，随着产业经济学理论的发展，

---

[1] BAIN J.Industrial organization[M].New York:John Wiley&Sons,1968.
[2] SCHERER F M.Industrial market structure and economic performance[M].Chicago:Rand McNally,1970.
[3] 施蒂格勒.产业组织和政府管制[M].潘振民，译.上海：上海人民出版社，1996.
[4] SALOP S C.Strategic entry deterrence[J].The American economic review,1979,69(2):335-338.

策略性进入壁垒已成为进入壁垒理论研究的重点。

为了体现理论发展的历史过程，同时也有利于识别现实中存在的进入壁垒，我们在此将进入壁垒定义为：使进入者难以成功地进入一个产业，而使在位者能够持续地获得超额利润，并能使整个产业保持高集中度的因素。

这一定义把超额利润和高集中度作为进入壁垒的判断标准，主要基于以下原因：

（1）超额利润（经济利润）的存在是市场经济条件下吸引新企业进入某一产业的唯一经济因素。如果一个产业不存在经济利润，那就不可能有新企业进入这一产业，讨论这一产业的进入壁垒问题没有多少实际意义。

（2）如果一个产业中企业数量很多、集中度很低，这就意味着几乎不存在限制企业进入的结构性因素，同时，产业中企业之间的竞争与大量企业的存在，使得单个企业很难通过策略性行为来阻止新企业的进入。但是，如果一个产业中长期存在高集中度和超额利润，那么这个产业中必然存在进入壁垒。

（二）进入壁垒的分类

在进入壁垒理论的发展过程中，不同学者把进入壁垒按各自的标准划分为不同的类型。色罗普把进入壁垒分为"无意的"进入壁垒和"策略性"进入壁垒。冯·威泽克把进入壁垒划分为结构性进入壁垒和策略性进入壁垒[一]。我们按照进入壁垒的成因把它划分为两类：第一类是结构性进入壁垒，它是指企业自身无法支配的、外生的，由产品技术特点、资源供给条件、社会法律制度、政府行为、消费者偏好等因素所形成的壁垒；第二类是策略性进入壁垒，即进入阻挠，这类进入壁垒是指产业内在位企业为保持在市场上的主导地位，获取垄断利润，利用自身的优势通过一系列的有意识的策略性行为构筑起的防止潜在进入者进入的壁垒。在现代产业经济学理论中，有很多学者把策略性进入壁垒称为进入阻挠，作为企业市场行为的一部分单独分离出来。这主要是考虑在传统的产业经济学理论中，进入壁垒是市场结构的一个重要变量，而策略性进入壁垒是阻止市场进入的一种行为，为了保持进入壁垒的传统定义，把它分离出来也是合理的。但我们认为进入壁垒和进入阻挠的最终结果都是使进入者处于不利的竞争地位，从而减缓甚至完全阻止其进入。基于此，我们在进入阻挠和进入壁垒之间不加区别，把它看作进入壁垒的一种类型。

对进入壁垒的这种分类只是为了方便理论分析，现实中的进入壁垒并不是由单一因素构成的，往往是由多种因素综合形成的，既包括结构性因素又包括策略性因素。但应该强调的是结构性壁垒特别是由需求因素和生产技术因素形成的结构性壁垒是策略性壁垒存在的前提，如果没有结构性进入壁垒则策略性进入壁垒就不可能长期存在。另外，随着市场集中程度的不断提高，寡头型市场日益成为主导的市场结构。寡头企业可以利用自身的力量影响市场环境，使之发生有利于自己的变化。许多以前企业无法控制、被看作结构性变量的因素现在变成了可以控制的因素，例如，企业可以利用雄厚的经济实力游说政府改变法规和政策，可以利用强大的研发能力改变产业的技术特点，通过大规模的广告改变消费者的偏好，等等。因此，随着市场结构的演变，策略性进入壁垒日益成为主导形式。

[一] WEIZSACKER V.Barriers to entry:A theoretical treatment[M].Berlin:Springer-Veralag,1989.

二、退出壁垒概述

（一）退出壁垒的定义

退出是与进入相对而言的，有进入就有退出。所谓退出是指一家企业从原来的业务领域中撤出来，即放弃生产或提供某一特定市场上的产品或服务。在市场经济条件下，企业的退出是市场机制发挥调节作用的自然结果，是市场对资源配置发挥基础性作用的正常反应。企业进入的反面是企业退出，但并不是所有进入壁垒的反面都形成退出壁垒。退出有积极退出和被迫退出。积极退出是指有关企业发现了盈利更高的机会，而主动转移到其他产业或市场；被迫退出是指企业破产或被兼并收购后转产。一般而言，某一企业在市场竞争中被其他企业击败，就应该退出该产业或市场，但由于受到种种限制和制约，很难从该产业或市场中退出，这些妨碍企业退出的限制因素，就称为退出壁垒。

（二）退出壁垒的分类

退出壁垒是限制退出的各种因素，即当某一产业的在位企业不能赚取到正常利润（亏损）而决定退出时所负担的成本，或者说在位企业被迫在亏损状态下继续经营所造成的社会福利的损失。形成退出壁垒的因素多种多样，如经济的、政治的、法律的因素等。构成退出壁垒的结构性因素主要是资产的专用性，即沉淀成本。沉淀成本的存在增加了在位企业对已占领市场的依赖性，也是努力阻击其他企业进入的重要原因。构成退出壁垒的行为性因素主要是管理者的行为。在所有权与经营权分离的前提下，管理者及经营者的效用函数会对企业所有者的退出决策施加重要的、有时甚至是决定性的影响。

第二节　结构性进入壁垒

结构性进入壁垒是传统产业经济学理论研究的重点，构成进入壁垒的结构性因素主要有规模经济、绝对成本优势、必要资本量、网络效应、产品差别化和政策法律制度等。

一、规模经济壁垒

规模经济是指企业生产的平均成本随着产量的增加而下降。企业的最小有效规模（MES）是其长期平均成本最小时企业能生产的最小产量。

图 6-1 是关于某产业中企业的长期平均成本曲线图，OB 是最小有效规模（MES）产量，OM 是在现有市场需求条件下的最大市场容量。如果 MES 产量相对于市场容量来说较大，而在位企业已经在 MES 产量上进行生产，那么新企业在进入这一产业时面临着两难选择：如果新企业以低于 MES 的产量进入，则新进入企业的成本必然高于在位企业，在竞争中处于劣势，将导致自身的进入失败。如果新企业以 MES 产量进入，那么新企业进入后市场的总产量可能就会超过最大市场容量，引起市场价格下降到平均成本以下，从而进入会导致新企业亏损。因此，在产业的市场需求有限，同时存在规模经济的前提下，一家或少数几家企业在

MES 水平上进行生产并获得经济利润，如果再有新企业以同样的产量进入，则所有企业可能都会亏损。[①]这时新企业无法通过进入这一产业获利，规模经济就成为进入壁垒。

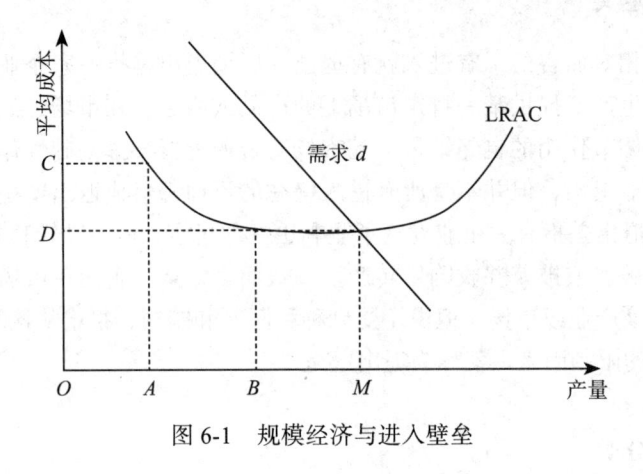

图 6-1 规模经济与进入壁垒

专题讨论 6-1

职业经理和施蒂格勒

凯尔凯亚和斯坦尔（Karakaya，Stahl）在 1989 年对美国 49 家公司的高级管理人员进行了关于 32 个产业进入机会的调查，根据调查结果对 6 种进入壁垒按重要程度进行了如下排序：

- （1）规模经济和绝对成本优势；
- （2）进入时发生的必要成本；
- （3）品牌忠诚赋予在位企业的产品差异化优势；
- （4）消费者的转换成本；
- （5）难以找到合适的销售渠道；
- （6）政府的政策，如政府的许可政策和规制政策。

其中，规模经济被认为是最重要的进入壁垒之一。然而，诺贝尔经济学奖获得者施蒂格勒却认为规模经济不构成进入壁垒，因为规模经济对在位者与进入者都是相同的，在这一点上不存在在位者和进入者之间的不对称。即使一个产业中存在明显的规模经济，但如果进入者与在位者有相同的需求条件和成本水平，进入并不会受到规模经济的限制。

资料来源：杨公朴. 产业经济学 [M]. 上海：复旦大学出版社，2005：92.

规模经济壁垒的高低主要取决于：①市场容量 OM 的大小；② MES 产量 OB 相对于 OM 的大小；③产量小于 OB 时平均成本曲线斜率的大小。一个产业的 MES 越大，且在 OM 中所占份额越大，则该产业客观上只能容纳少数企业存在，从而进入壁垒较高。产量小于 OB 时平均成本曲线斜率的绝对值越大，表明产量小于 MES 产量的企业的生产成本劣势越大，进入壁垒也就越高。

[①] BABU N, DENNIS O. On the definition of barriers to entry[J]. Southern economic journal, 1989(56): 236-239.

二、绝对成本优势壁垒

绝对成本优势是指在位企业在任一产量水平下的平均成本都低于潜在进入者。如图 6-2 所示，进入者的最低平均成本为 P_2，在位者的最低平均成本为 P_1，市场需求曲线为 $D(P)$，如果在位企业把价格定在 P_1 和 P_2 之间并满足市场需求，则在位企业在获得经济利润的同时阻止了潜在进入者的进入，在位企业的绝对成本优势构成了进入壁垒。

图 6-2 绝对成本优势

在位企业的绝对成本优势可能源于：①在位企业通过专利或技术秘诀控制了最新的生产工艺；②在位企业可能控制了高质量或低成本投入物的供应渠道；③在位企业可能控制了产品的销售渠道；④在位企业拥有具有特殊经营能力和其他技术专长的人才；⑤进入企业在筹集进入资金时可能需要支付更高的资金成本。

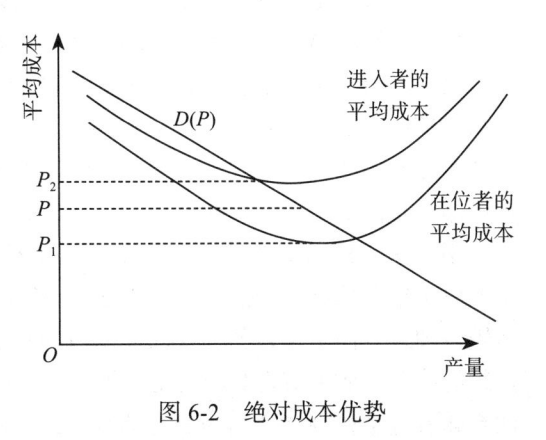

三、必要资本量壁垒

必要资本量是指新企业进入市场必须投入的资本。在不同的产业，必要资本量随技术、生产、销售的不同特性而表现出很大的差异。生产过程的资本密集程度越高，必要资本量越大，新企业筹措资金越困难，其资本费用就比在位企业高，因此新企业进入市场的难度也就越大，这就是必要资本量壁垒。

为什么新企业很难筹集到大量资本，或者新企业的融资成本比在位企业高？这主要有三个方面的原因：金融市场的不完全性、信息不对称和风险。阿克洛夫（Akerlof,1970）[一]的柠檬市场理论对金融市场所做的研究表明，信息不对称和金融市场的不完全性，造成金融市场系统性地缺乏鉴别失败进入者和成功进入者的能力，而在位企业的声誉可使金融市场估计出它们破产的概率，如果进入者破产的概率大于在位企业，为补偿进入者容易破产可能造成资金无法收回的风险，金融市场向进入者收取的资本成本将高于在位企业，在位企业因此获得融资成本的优势。已有的经验研究也证明了新企业进入后的失败率确实比在位企业的失败率高，因此进入者就比在位企业面临一个系统性的更高的资本成本，两者之间在融资成本上存在的不对称性成为新企业的进入壁垒。

四、网络效应壁垒

网络效应或网络外部性（network externality）是指消费的外部性，即购买某种商品的消费者数量的增加将提高消费者的效用水平，从而增加了消费者对该商品的需求。卡茨和夏皮

[一] AKERLOF G A.The market of 'Lemons': quility uncertainty and the market mechanism[J]. Quarterly journal of economics, 1970, 89(3): 345-364.

罗将网络效应分为两种：一种是"直接的网络效应"，由于消费某一产品的用户数量增加而直接导致网络价值的增大就属于"直接的网络外部性"，如电话、传真机、在线服务、Email等都是体现直接的网络效应的典型例子；另一种是"间接的网络效应"，随着某一产品使用者数量的增加，该产品的互补品数量增多、价格降低而产生的价值，这种网络效应主要是由基础产品与辅助产品之间技术上的互补性所形成的。卡茨和夏皮罗把这种基础产品与辅助产品的关系称为硬件或软件范式，基础产品称为硬件，辅助产品称为软件[⊖]。间接的网络效应的例子包括作为互补商品的计算机软硬件。

用户从一种网络产品（或是直接的网络，或是间接的硬件、软件系统网络）所获得的效用取决于消费网络现有的用户基数（installed base）。某个网络的用户基数越大，越能吸引新的用户加入，而新用户的加入又使原有用户在不用增加付费的情况下增加了可连接性，用户基数的扩大增加了网络对新老用户的价值。在硬件或软件系统中，一种硬件的用户基数越大，就意味着与这种硬件产品相兼容的软件产品的需求越大，因而会吸引软件产品生产商来生产兼容软件，软件产品的种类和数量就会增加，软件产品的价格水平就会越低，这又会吸引大量的用户购买这种硬件产品，从而使这种硬件产品的网络规模不断扩大，而这又促使大量的软件开发商为这种硬件产品提供配套软件，这就是网络产品的"正反馈效应"。

在具有网络效应的产品市场上，由于在位企业先进入市场，因此在用户基数上相对于潜在进入者往往具有明显的优势，正反馈效应的作用机制使潜在进入者处于十分不利的地位。对于潜在进入者，在存在直接网络效应的产品市场上，在已存在一个拥有一定用户基数的在位企业的情况下，可能很难获得消费者和用户的支持，因此，用户基数的不对称就成为网络市场上的进入壁垒。

在间接的网络效应中，在位企业的硬件产品可能已经拥有大量的配套软件产品，在正反馈效应的作用下，在位企业与进入企业在辅助软件产品上的数量差异会迅速扩大。另外，消费者转换到新产品上往往会产生很高的转换成本。消费者可能在以前的网络系统中投资了大量的软件产品，同时付出了很高的培训和学习成本。如果消费者转移到新产品上，由于这些投资无法收回，而且还需要花时间学习如何使用这些新产品、做相应的投资，这大大增加了消费者转移到新产品上的成本。这些因素的综合作用使在位企业相对于进入者具有明显的优势，建立在用户基数之上的辅助软件数量的不对称成为存在间接的网络效应市场上的主要进入壁垒。

案例6-1

网络效应与谷歌的垄断地位

2005年，谷歌收购安卓，开始了真正意义上的智能手机操作系统的开发。与微软在PC操作系统的垄断地位类似，谷歌通过安卓系统的网络效应成长为头部企业，构筑了牢固的进入壁垒。借鉴李太勇（2000）的分析框架，其网络效应与结构性壁垒体现在五个方面：一是规模经济。操作系统与应用软件之间存在正的网络效应，这种网络效应与规模经济相互作用与促进。二是用户安装基数。操作系统只是互联网的基础设施，本身不解决实际的问题，解

⊖ KATZ M L, SHAPIRO C. Network externalities, competition and compatibility [J]. The American economic review, 1985, 75(3): 424-440.

决实际问题的是操作系统上的 App。由于谷歌是在位企业，其安卓系统的用户基数规模庞大，吸引了众多的应用软件开发商为安卓系统开发种类繁多的应用软件，使用安卓操作系统的消费者现在和将来都会有丰富的应用软件资源可以选择。谷歌曾在"2021 年 Google 开发者大会"上透露，全球范围内智能手机、平板电脑等活跃的安卓设备数量超过了 30 亿台。根据多家第三方市场调研机构的统计数据，安卓系统在全球市场的份额为 85% 左右。这种网络效应不断强化谷歌在手机操作系统上的垄断地位。三是必要的资本规模。因为安卓系统绝对占优的市场份额，独立软件开发商有强大的激励为它提供应用软件。而新的操作系统在市场上站稳脚跟前，没有应用软件开发商愿意投入一定沉淀资金进行开发。四是绝对成本劣势。只有在给新的操作系统开发应用软件比给谷歌的安卓系统开发更有利可图时，应用软件开发商才会尝试。应用软件开发商面对的机会成本就是新的操作系统相对谷歌进入操作系统市场时的绝对成本劣势。五是消费者的转换成本。如果网络效应非常明显，则消费者极不情愿转换到与现有操作系统不兼容的新的操作系统上，因为不仅会产生转换成本，而且会导致网络外部收益的损失。

资料来源：① 廖奕驰. 欧盟对谷歌反垄断调查案给我国制造业反知识产权滥用的启示 [N]. 中国计算机报，2021-08-30（12）.
② 李太勇. 网络效应与进入壁垒：以微软反垄断诉讼案为例 [J]. 财经研究，2000(8)：21-26.

五、产品差异化壁垒

产品差异是指产业内相互竞争的企业所生产的产品之间替代程度的不完全性。产品差异主要来源于市场中的消费者对有关企业的产品在长期中所形成的消费者偏好差异，而且还会因企业的广告宣传活动，以及商标法、知识产权法、专利法等法律的支持而得到加强。因此，产品差异化壁垒的核心是指在位企业在市场中拥有进入企业所没有的消费者偏好优势。这种偏好优势存在累积效应，这就使先进入市场的在位企业享有一定的优势。而对新进入企业，由于还没有得到消费者的认同，所以消费者不可能对它的产品形成特殊的偏好，进入企业获取或转移消费者偏好就需花费一定的成本。

一般来说，在位企业的产品差异优势主要反映在以下几个方面：

（1）在位企业以专利或技术秘诀形式拥有在优良产品设计方面的有效控制权，使消费者把控制权与优良的产品等同化，企业成了高品质产品的象征，增加了消费者对该企业产品的偏好度。

（2）在位企业在长期经营过程中在定价和销售服务等方面所树立的良好声誉，增加了消费者对该企业产品的偏好度。

（3）在位企业通过以往的广告宣传建立的消费者忠诚，以及对销售渠道的控制，使得新进入企业在销售成本上处于劣势。

（4）在位企业和新进入企业的产品质量信息对消费者存在着不对称性。由于消费者已经了解在位企业的产品质量，而新进入企业的产品质量对消费者来说是未知的，因此新企业就必须向消费者提供更高的销售折扣，或者比在位企业支付更高的单位营销费用来吸引消费者试用自己的产品，新企业在生产和营销成本上处于劣势，从而限制了新企业的进入。

六、政策法律制度壁垒

如果政府认为一个产业中只适合少数几家企业生存，为避免过多企业进入引起过度竞争，政府就会实行许可证制度来限制新企业的进入。在公共事业等产业中，政府实行较为严格的进入规制，通过特许经营等方式限制新企业的进入。为保护发明者的利益，促进技术创新而实施的专利和知识产权保护制度也成为新企业进入某一产业领域的进入壁垒。政府的差别性税收政策以及其他规制性政策也会成为新企业的进入壁垒。由于政府的政策和法律一般来说是企业无法控制的外生变量，所以由此导致的进入壁垒是结构性进入壁垒。

第三节 策略性进入壁垒

策略性行为是寡占市场中企业通过对影响竞争对手选择的资源进行投资从而改变竞争环境的行为。策略性进入壁垒或进入阻挠是在位企业通过其策略性行为设置的进入障碍，对策略性进入壁垒的分析建立在非合作博弈理论和信息经济学的基础之上，进入和进入阻挠被看成一个在位企业和潜在进入企业的博弈过程。在位企业拥有首先行动（先动）和信息上的优势，它可以通过进行不可逆的投资或通过自己的行动向潜在进入企业传递对自己有利的信息，使潜在进入者预期到进入后无法获得经济利润，从而主动放弃进入。在这一部分，我们将基于斯坦克尔伯格－斯宾赛－迪克西特模型讨论沉没成本对于进入阻挠策略的重要性，并在此基础上分析几种常见的进入阻挠策略。

一、无进入成本的进入容纳

考虑到在位企业拥有先动优势，我们从经典的斯坦克尔伯格模型开始，通过两期序贯博弈来考察在位企业和潜在进入企业的最优选择。在位企业的产量为 q_1，潜在进入者观察到在位企业的产量后，选择自身的产量 q_2。假定潜在进入者与在位企业有相同的需求和技术条件，也就是它们具有相同的边际成本 c，市场的反需求函数为 $p = A - q_1 - q_2$。按照斯坦克尔伯格模型的博弈规则，我们先看潜在进入者的利润最大化行为：

$$\pi_2 = (p-c)q_2 = (A-q_1-q_2-c)q_2 \tag{6-1}$$

由一阶条件，可以得到潜在进入者的最优反应函数：

$$q_2 = (A-c-q_1)/2 \tag{6-2}$$

在位者必须预期到潜在进入者的最优反应函数，将选择 q_1 以实现自身利润最大化：

$$\pi_1 = (p-c)q_1 = (A-q_1-q_2-c)q_1 \tag{6-3}$$

将式（6-2）代入式（6-3），同样，由一阶条件，可得在位者的最优产量选择和最大利润分别为

$$q_1 = (A-c)/2 \tag{6-4}$$

$$\pi_1 = (A-c)^2/8 \tag{6-5}$$

将式（6-4）代入式（6-2）和式（6-1）可知，潜在进入者的最优产量选择和最大利润分别为

$$q_2 = (A-c)/4 \tag{6-6}$$
$$\pi_2 = (A-c)^2/16 \tag{6-7}$$

如果在位者偏离这一均衡，预计潜在进入者选择产量 $q_2 = (A-c)/4$，没有处在自身的最优反应曲线上，那么将 $q_2 = (A-c)/4$ 代入其利润函数式（6-3）中，由一阶条件可知，它的最优反应为

$$q_1 = 3(A-c)/8 \tag{6-8}$$

如果潜在进入者能预计到在位者这样做，将式（6-8）代入其利润函数，它的最优反应为

$$q_2 = 5(A-c)/16 \tag{6-9}$$

相应地，在位者和潜在进入者的利润分别为

$$\pi_1 = 15(A-c)^2/108 \tag{6-10}$$
$$\pi_2 = 25(A-c)^2/256 \tag{6-11}$$

可见，在位者无论是产量还是利润都减少。因此，在位者在具有先动优势时，上述斯坦克尔伯格模型的均衡为精练纳什均衡。

在上述精练纳什均衡中，$\pi_2>0$，潜在进入者一定会选择进入。那么，在位者能容纳潜在进入者进入吗？如果在位者想选择一个产量使得潜在跟随者利润为负，完全阻止潜在进入者进入，则意味着式（6-1）中 $\pi_2 \leq 0$，将潜在进入者的最优反应函数（6-2）代入，可得 $q_1 \geq A-c$，代入式（6-3）可知，此时在位者的利润 $\pi_1 \leq 0$。这意味着，在位者将不得不选择容纳策略。

造成上述在位者选择容纳策略的原因在于，在本模型中，不存在任何具有不可逆性和沉淀性的资本投资形成进入成本，在位企业无法利用自己的优势对相关资源进行投资来影响潜在进入者的利润预期，从而无法有效地遏制进入。

二、有进入成本的进入阻挠

接下来，我们讨论潜在进入者进入必须面对一定的进入成本情况下，在位者如何利用先动优势来进行有效阻挠。同样，采用两期斯塔克尔伯格模型，不同的是，潜在企业进入需要承担固定的进入成本 $f \geq 0$。在第 1 期，在位者选择产量水平 q_1；在第 2 期，潜在进入者选择是否进入。

在这一模型中，由于潜在进入者有两个选择：进入或不进入，其利润函数为

$$\pi_2 \begin{cases} =(P-c)q_2 - f = (A-q_1-q_2-c)q_2 - f & \text{当}\ q_2>0\text{时} \\ =0 & \text{当}\ q_2=0\text{时} \end{cases} \tag{6-12}$$

当潜在进入者不进入时，在位者获得垄断利润。当潜在进入者进入时，$q_2>0$，又回到上文的斯塔克尔伯格博弈中。由一阶条件可知，潜在进入者的最优反应函数依然为 $q_2=(A-c-q_1)/2$。与上文的两阶段斯塔克尔伯格博弈过程相同，可以得到，精练纳什均衡结果为

$$q_1 = (A-c)/2 \quad \pi_1 = (A-c)^2/8 \tag{6-13}$$
$$q_2 = (A-c)/4 \quad \pi_2 = (A-c)^2/16 - f \tag{6-14}$$

为了遏制潜在进入者进入，在位者必须选择产量 q_1^d 使得 $\pi_2 \leq 0$，即

$$f \geq (A-c)^2/16 \quad (6\text{-}15)$$

这意味着，当进入的固定成本 $f \geq (A-c)^2/16$ 时，在位者不需要采取额外的遏制策略（$q_1^d = q_1$），潜在进入者自动选择不进入。但是，当进入的固定成本 $f<(A-c)^2/16$ 时，$\pi_2>0$，在位者选择产量 q_1 可能不是最优选择，它可以通过完全阻止潜在进入者进入来提高自己的利润水平。

具体而言，当进入的固定成本 $f<(A-c)^2/16$ 时，将进入者的最优反应函数 $q_2=(A-c-q_1)/2$ 代入其利润函数式（6-12）中，使得 $\pi_2=0$，可得

$$\pi_2 = \left(A - q_1^d - \frac{A-c-q_1^d}{2} - c\right)\left(\frac{A-c-q_1^d}{2}\right) - f = 0 \quad (6\text{-}16)$$

可以得到在位者的产量选择为

$$q_1^d = A - c - 2\sqrt{f} \quad (6\text{-}17)$$

且 $q_1^d > (A-c)/2$。

再来看一下，当在位者采取遏制策略 q_1^d 时获得的利润是否比垄断时的利润更大。同样，将 $q_1^d = A - c - 2\sqrt{f}$ 代入在位者的利润函数 $\pi_1^d = (A - q_1^d - c)q_1^d$ 中，可得

$$\pi_1^d = 2(A-c)\sqrt{f} - 4f \quad (6\text{-}18)$$

当 f 趋于 $(A-c)^2/16$ 时，$\pi_1^d > (A-c)^2/8$。也就是说，当在位者采取遏制策略时，无论是产量还是利润都要比容纳策略时大。这也意味着在位者会积极行动，选择限制性产量 q_1^d 有效阻止潜在进入者进入。此时，市场价格为 $P = c + 2\sqrt{f}$，被贝恩（1956）称为限制性价格。

三、沉没成本与进入阻挠

上述两个策略的对比分析表明，当潜在进入者进入市场的固定成本适中时，在位企业可以通过策略性行为实施遏制策略，实现有效的进入阻挠。如果产能扩张的成本为零，而且在位者可以在任何时间扩张其生产能力，那么它可以事前宣布其将生产的产量水平定为 q_1^d，从而威胁潜在进入者：如果对方进入，在位者将生产遏制性产量水平。

但是，这一威胁必须具有可信性。也就是说，在位企业要使潜在进入者相信如果进入发生，在位企业将实施斗争策略，而这会使进入者蒙受损失，无法通过进入获利。因此，在位企业进行的策略性投资必须具有承诺价值，即在位企业通过这一投资行动改变了自己的行动空间或支付函数，如果进入发生，在位企业的斗争策略是理性的，实施斗争策略符合在位企业自身的利益，从而使原来不可置信的斗争威胁变成了可置信威胁，博弈的均衡结果因此而发生根本性的改变。在位企业的这种投资能否成功遏制进入取决于三个基本条件：①这种策略性投资必须发生在进入者的进入决策之前，而且能被进入者观察到；②这种投资能通过改变在位者的策略空间和支付函数，或者通过向进入者传递有关市场信息而改变进入者对进入后利润的预期，从而影响进入者的进入决策；③这种投资必须是不可回收或不可逆的，具有承诺价值。

沉没成本在策略性行为中具有重要的作用，增强了在位者斗争威胁的可信性。所谓沉没成本，是指企业在进入市场时所投入的资本，当企业退出市场时，不能收回的部分。例如，

当企业退出时，企业所持有的生产设备等专用性资产，由于无法在二手资产市场上出售或出售价格远低于其机会成本的部分，或者难以回收而只能作废处理的有形资产的未折旧部分，以及用于研究开发、广告、员工教育培训等形成无形资产的支出中，由于专用性而难以回收的部分。由于在位企业的策略性投资是一种不可逆的投资，投资的结果产生了沉没成本，使企业受制于此，只能继续实施其预定策略，否则它将会遭受巨大的损失。因此，沉没成本的不可回收或不可逆性产生的承诺价值使得在位者的遏制策略具有威胁性。

具体而言，如果在位企业在新企业进入之前做出了具有资产专用性的生产能力的投资，这些不可收回的专用性投资就成了在位者留在该产业中的抵押品，由此构成其将在产业中继续生存的可置信承诺，形成了实施斗争威胁的自我约束激励。这种投资同时向其他竞争者（产业内的竞争者和潜在的竞争者）发出了这样的信号：由于资产的专用性，它不可能将这些资产转作他用，这些生产能力将继续留在市场上，如果进入者贸然进入，就将面临激烈的竞争。正是沉没成本传达出的"誓不回头，决一死战"的信心，使在位企业的不可逆投资具有了策略性行为的内涵，而不仅仅是企业内部成本最小化的问题。而潜在进入者由于还没有在该产业内进行投资，对它来说，在决定是否进入时所有成本都是可回收的，因此潜在进入者无法通过有效手段向在位企业传达自己进入该产业的决心，因为任何不产生沉没成本的"廉价声明"都是不可置信的，不可能对在位企业的决策产生实质性影响。

由此可知，在存在沉没成本的情况下，在位企业能充分利用自己的在位优势和先动优势，通过策略性投资使潜在进入者改变对进入后产业内竞争状况和利润的预期，从而使潜在进入者降低进入规模或根本不进入市场，在位企业的沉没成本的比例越大，进入者进入的动力越弱。

四、常见的进入阻挠策略

现实中，在位者往往通过不同的行动释放遏制策略信号，例如，事先做出一定产能水平的投资，或者在事前将价格降至与遏制进入的产量 q_1^d 相匹配的水平，在事前花费成本向市场投放广告，等等[一]，以影响市场的成本结构和需求结构，从而改变潜在进入者的预期[二]。这一部分，我们将介绍几种常见的进入阻挠策略。

（一）过度生产能力投资

过度生产能力策略是一种较为常见的非价格阻止策略。最早对过度生产能力策略加以系统研究的是斯潘塞（Spence, 1977）[三]。该项策略的基本思路是，当面临潜在进入者的竞争时，在位者可以通过事先设置过度的生产能力，并威胁潜在进入者：一旦其进入该产业，在位者将充分利用生产能力以提高产量。这样一来，潜在进入者进入后面临的产业剩余需求将会大大降低，从而使得进入无利可图。通过影响潜在进入者的预期，在位者以过度生产能力的投资实现了阻止进入的目的。

迪克西特（1980）认为斯潘塞的模型实际上接受了贝恩假设，即认为潜在的进入者相信

[一] 于立宏，孔令承. 产业经济学 [M]. 北京大学出版社，2017.

[二] 李太勇. 市场进入壁垒 [M]. 上海财经大学出版社，2002.

[三] SPENCE A M. Entry, investment, and oligopolistic pricing [J]. Bell journal of ecnomics, 1977, 8: 534-544.

自己进入后,在位者将维持原来的生产能力不变。他对斯潘塞的模型进行了修正,放弃了这一假设[○]。基于迪克西特模型,我们对过度投资的遏制策略进行详细分析。假设在潜在进入者决定是否进入之前,在位者可以通过产能投资确定其生产能力。这种产能投资往往成本较高,是典型的沉没成本。这种产能投资对于在位者实施遏制策略很关键。一般而言,初期的产能投资越大,资本投入越多,后期诸如劳动等要素的边际产出越高,可变成本越低,相应的边际成本就越低。因此,当潜在进入者进入市场后,在位者就可以在生产能力范围内以较低的成本将产量扩大至遏制产量 q_1^d。对于潜在进入者而言,这意味着在位者的遏制进入威胁是可信的。

具体而言,假设在位者和潜在进入者分别存在一个初始的固定成本 f_1 和 f_2 外,其他的生产技术都相同,平均可变成本依然是 c。与上一节类似,假设市场的反需求函数为 $p=A-q_1-q_2$。

假设在位者可以选择在事前投资一个产能,且产能投资的单位成本是 r。那么在位者的总成本函数将分为两段:当 $q_1 \leq k$ 时,只需要投入可变要素,投入成本为 cq_1;当 $q_1 > k$ 时,在位者必须增加额外的生产能力 (q_1-k),需增加的成本为 $r(q_1-k)$。因此,在位者的总成本函数可以表示为

$$C_1 = \begin{cases} f_1 + rk + cq_1 & 当 q_1 \leq k 时 \\ f_1 + (r+c)q_1 & 当 q_1 > k 时 \end{cases} \tag{6-19}$$

相应地,在位者的利润函数可以表示为

$$\pi_1 = \begin{cases} (A-q_1-q_2-c)q_1 - rk - f_1 & 当 q_1 \leq k 时 \\ (A-q_1-q_2-c-r)q_1 - f_1 & 当 q_1 > k 时 \end{cases} \tag{6-20}$$

而潜在进入者只要选择进入则面临的总成本函数和利润函数如下:

$$C_2 = f_2 + (r+c)q_2 \tag{6-21}$$
$$\pi_2 = (A-q_1-q_2-c-r)q_2 - f_2 \tag{6-22}$$

当潜在进入者选择进入时,两者开始古诺竞争,同时决定产量。由一阶条件可知,两者的最优反应函数分别是

$$q_1 = \begin{cases} (A-c-q_2)/2 & 当 q_1 \leq k 时 \\ (A-c-r-q_2)/2 & 当 q_1 > k 时 \end{cases} \tag{6-23}$$

$$q_2 = (A-c-r-q_1)/2 \tag{6-24}$$

如图 6-3 所示,MM' 是在位者产量超过产能时的最优反应线,NN' 是产量没有超过产能的最优反应线。TV 是潜在进入者的最优反应线。但是在位者的实际最优反应线只有一条,即不连续的 $MBGN'$。当 $q_1 \leq k$ 时,反应线为 $N'G$,而当 $q_1 > k$ 时,反应线为 BM。随着 k 的变化,两条反应线的交点也就是古诺-纳什均衡点在 T、V 之间移动。

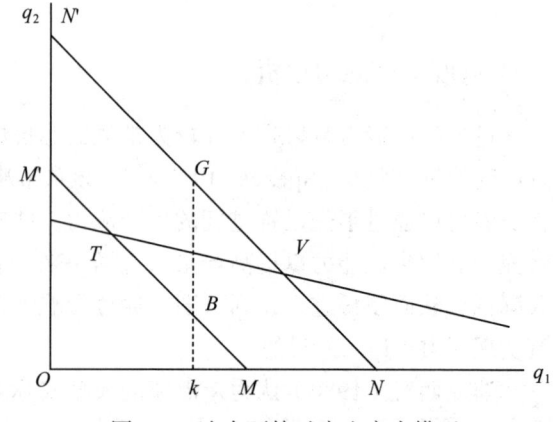

图 6-3 迪克西特过度生产力模型

[○] 徐国兴. 市场进入壁垒理论 [M]. 中国经济出版社, 2007: 67.

由于两条反应线的交点就是两家企业在古诺产量博弈中的纳什均衡点,因此在位者不会将产能设置在 T 左边的位置。因为如果产能设置在 T 的左边,显然增加产出对在位者有利。因此,T 左边的点不可能是纳什均衡点。同样,如果产能设置在 V 的右边,那么减少产量对于在位者有利,产能就会剩余,因此 V 的右边也不可能出现纳什均衡点。这说明可能的纳什均衡点必然位于 T、V 之间。如果 k 位于 T、V 之间,扩大产能的遏制策略就是可信的[⊖]。

(二) 干中学

干中学(learning by doing,也称学习效应)是指随着企业累计产量的增加,在生产过程中生产经验的积累使企业生产的效率不断提高,生产的平均成本下降,如图 6-4 所示。经验研究发现,在许多生产技术复杂的产业(如半导体、飞机、计算机制造等产业)中,都存在这种学习效应,而且生产过程越复杂,学习效应越明显。在位者先进入市场,因此在学习效应上具有天然的优势,相对于进入者拥有更多累积的生产经验,从而在市场竞争中就会享有成本优势。在位者为阻止潜在进入者的进入,会充分利用干中学这一技术性因素,进行策略性投资。可以用一个简单的两阶段分析来说明这一点。在第一阶段,市场上只有在位者;在第二阶段,进入者可能进入市场。如果在位者通过第一阶段的干中学,降低了它在第二阶段的成本,它便获得了相对于进入者的成本优势。为了获得更多的生产经验和学习效应,第一阶段在位者降低产品的价格以增加销量,它在第二阶段的成本将随着第一阶段累计产量的大幅增加而明显降低。第一阶段降低价格所损失的利润就是在位者为遏制进入所进行的策略性投资,这项投资具有承诺价值,使在位者获得了生产成本上的优势。如果干中学形成的成本优势足够大,潜在进入者可能选择放弃进入,而在位者在以后阶段将获得较高的利润。

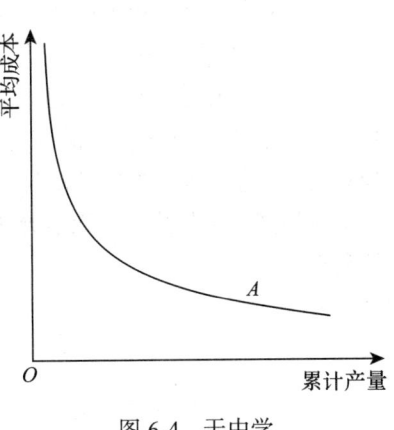

图 6-4 干中学

干中学能使在位企业获得多少优势取决于两点:①在位企业通过干中学能比新进入企业降低多少成本;②学习需要花费的时间,如果学习周期很长或很短,在位企业所能获取的优势都不会很大。学习周期很短时,新进入企业会较容易赶上在位企业。学习周期很长时,在位企业只能稍稍领先,不会有太大的优势。当学习周期趋中时,干中学的策略效应比较明显,在位企业能通过在干中学上的策略性投资遏制进入,并获取较高的利润。

(三) 提高竞争对手的成本

前面提到的限制性定价和掠夺性定价都是通过降低竞争对手的收益而达到遏制进入的目的,在位者也可以通过提高竞争对手的成本来达到同样的目的。提高竞争对手的成本可以将对手赶出市场或使进入变得无利可图,即使竞争对手仍然进入市场,由于其生产成本较高,在位者可以通过提高价格或市场份额的方式提高自己获得的利润。

⊖ 徐国兴. 市场进入壁垒理论 [M]. 中国经济出版社,2007:69.

提高竞争对手成本的方法有很多，例如：企业可以与投入要素的供应商签订排他性契约，要求供应商不向竞争对手提供或以更高的价格出售某种必需的投入要素；同一产业内企业的成本往往是相关联的，如果在位者的生产技术需要较少的劳动力，那么在位者还可以通过提高产业的工资使竞争对手承担更高的成本；增加广告支出也是用来增加对手成本的常见做法，因为这会提高潜在进入者在广告上的资本投入。

在位企业采取策略性行为提高竞争对手的成本可以使自己获得成本上的优势，从而达到遏制进入的目的。我们可以通过一个简单的例子来说明如何通过提高所有企业的成本来遏制进入[⊖]：在位企业在新企业进入前赚取 100 元的垄断利润。新企业进入后，两者共同赚取 80 元的双寡头利润，并且双方均分利润。如果在位企业能通过某种方式将双方的成本均提高 50 元，那么当潜在进入企业不进入时，在位企业的利润为 50 元，当潜在进入企业进入时，在位企业的利润为 −10 元。对潜在进入企业来说，成本提高后，它若进入就亏损 10 元，不进入利润为 0。这一博弈的扩展如图 6-5 所示，利用逆向归纳分析可知这一博弈的均衡为：在位企业采取提高成本的战略，而潜在进入企业放弃进入，在位企业成功地遏制了进入并获取 50 元的利润。

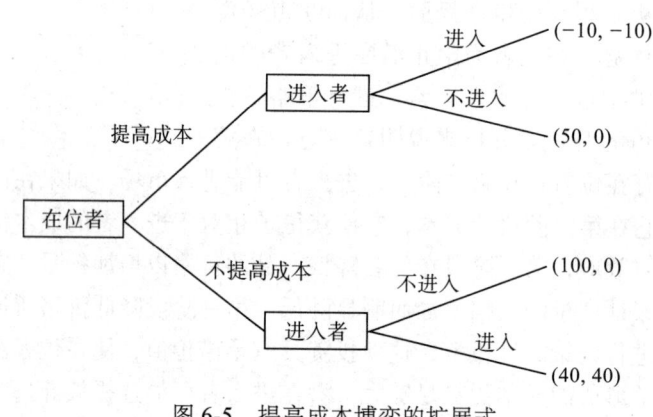

图 6-5 提高成本博弈的扩展式

在位者提高竞争对手成本的方法主要有：

（1）垂直一体化。在位者通过垂直一体化的方式，进入后向的原材料生产阶段，或者进入前向的销售领域，使自己的市场控制力向前或向后延伸，从而提高竞争对手的生产和进入成本。例如，在位者利用其对上游产品的控制力对最终产品市场上的竞争对手采取歧视性手段，提高向对手供应原材料的价格，或者采取排他性供应的方式拒绝向竞争对手提供原材料，从而提高对手的成本。

（2）利用政府管制。在位者可以凭借自身的在位优势，利用政府管制增加进入者的生产和进入成本。例如，在位者可以游说政府对新进入者执行更严格的环保要求，同时利用"老企业"的身份要求对自己执行相对宽松的特殊政策，从而增加新企业的进入难度。

（3）利用产品的互补性和配件生产。在位者可以利用自己的产品在市场上的优势，采取拒绝与竞争对手产品相兼容的方法，提高竞争对手的成本。

⊖ 卡尔顿，佩罗夫．现代产业组织 [M]．黄亚钧，谢联胜，林利军，译．上海：上海三联出版社，1998：597-598．

（4）提高工资和其他投入品的价格。当潜在进入者想进入市场时，在位者利用自己在市场上的主导地位，影响行业的投入品的价格，使进入者处于不利地位。例如，如果在位者所采用技术的资本密集程度比竞争对手更高，那么它通过支付更高的工资率来提高产业的工资水平从而使竞争对手承担更高的成本，这样竞争对手就处于成本劣势的地位[⊖]。

案例 6-2

蒙牛和伊利的奶源竞争：提高对手的成本

原料乳生产是加工企业的上游环节，是企业进行生产的第一车间，是企业发展的重要资源。不论是新进入企业要突破进入壁垒还是在位企业的规模扩张，对这一资源的争夺都是企业的行为选择。而奶源紧缺现象比较严重，乳企都在尽力提前锁定一些优质奶源，提高竞争对手的成本。20世纪90年代，作为国内第一家奶业上市公司和内蒙古自治区的龙头企业，伊利无疑具有很大的相对优势，拥有着对上游纵向的控制权和支配权。然而，随着蒙牛的崛起，伊利和蒙牛在奶源上的竞争旷日持久，愈演愈烈。

2008年以前，伊利和蒙牛的奶源之争主要体现为抢建鲜奶收购站，对大牧场的并购重组等。作为在位企业，面对蒙牛的进入，伊利不仅采取了空间竞争，扩大了牛奶的收购范围，甚至不惜收购牛奶后倒掉，从源头抑制蒙牛的进入。而蒙牛为应对伊利的遏制进入策略，采取在伊利的奶源基地上收购原奶的应对策略。2008年"三聚氰胺"事件暴发后，国家进一步提升了乳制品加工业市场准入门槛并对乳制品企业进行严格整顿。乳制品产业内的企业纷纷采取并购重组等方式，加强对上游奶源和下游销售渠道的控制。截至2021年，中国市场上的大牧场已经基本被下游的乳制品企业瓜分完毕。伊利阵营包括优然牧业、赛科星和中地乳业等，奶牛存栏总数约35万头。蒙牛阵营包括现代牧业、富源牧业、中国圣牧、原生态牧业等，奶牛存栏总数约40万头。另外，中鼎牧业与上陵牧业也主要为蒙牛供应原奶，储备奶牛10万头左右。

资料来源：①花俊国. 中国乳品工业产业组织理论与实践 [M]. 河南人民出版社，2008：194.
②刘莲匀. 蒙牛乳业全产业链整合案例研究 [D]. 兰州：兰州大学，2019.
③财经库. 伊利和蒙牛大肆瓜分牧场，目的何在？[EB/OL].(2020-10-02)[2023-06-01].https://caijingku.net/hongguan/20201002241340.html.

（四）影响未来的需求结构

在位者除了利用策略性行为来获取未来竞争的成本优势外，也可以通过策略性行为来影响未来的需求结构，使进入者在进入后很难获得足够的市场份额来保证从进入中获利，从而使潜在进入者选择不进入。在位者影响未来需求结构的策略性行为主要有三种：

（1）产品扩散策略。由于消费者偏好的差异，产品市场往往被分割成不同的细分市场（产品空间），而企业也可能以差别化的产品供应某一细分市场。潜在进入者要想成功进入市场，就必须寻找到可使自己赢利的细分市场。在产品需求空间有限的情况下，在位者可在进

⊖ WILLIAMSON O E. Wage rates as a barrier to entry: the pennington case[J]. Quarterly journal of economics, 1968, 85: 85-116.

入之前推出多种产品或品牌，利用产品多样化的策略先占满相关的细分市场，使潜在进入者难以找到可以获利的产品空间，因而放弃进入。

（2）提高转换成本。转换成本是指消费者或用户因为从在位者处购买产品转向从进入者处购买产品而面临的一次性成本。转换成本的存在降低了用户的需求弹性，限制了用户的转移，从而导致进入者必须付出更高的成本才能吸引用户转移。在位者可以用提高用户转换成本的策略把用户锁定在自己的产品上，使进入者难以获得足够的市场需求，从而放弃进入。在位者提高转换成本的方式很多，如对用户进行培训和个性化服务，在系统产品中使自己的产品与对手的产品不兼容，根据用户的累积购买量给予优惠、折扣等。

（3）利用长期契约锁定产品需求。在位者可以同用户之间签订长期契约来锁定未来需求，当用户转向新的供应者时必须支付一定的违约金。用户由于不能确定进入者的产品质量和价格，为减少供应中的风险，也愿意与在位者签订合理的长期契约。对进入者来讲，要想吸引用户转向自己的产品，其索取的价格要比在位者低，使用户从低价格中的获益能补偿其必须支付的违约金。在成本条件相同的情况下，进入者很难在这一低价格下获利，甚至成本比在位者略低的潜在进入者也被排斥在市场之外。[⊖]

第四节 退出壁垒

产业市场结构直接约束了企业进入产业市场与退出产业市场的行为，同时产业市场结构也是企业竞争关系与行为的反映。按照理论上的分析，完全竞争市场结构对企业的退出行为约束不大，处于自由进退无障碍的状态下，市场退出的决定因素是企业利润分析中市场价格与企业生产成本的权衡结果。如果市场价格恰好等于平均可变成本的最低点，企业的收益也仅够弥补可变成本，与停产无异，因此常常把等于短期平均可变成本或长期平均成本最低点的价格称为"停产点"。当市场价格低于"停产点"时，企业连可变成本也不能收回，宁可停产歇业退出市场。由于现实的市场结构往往是介于完全自由竞争和垄断之间的"中间状态"，产业内企业的数量越少，企业的规模越大，企业越易偏离自由退出状态，退出行为受多种因素制约，并不能单纯地以成本收益分析为依据，而需要面对以下几种退出壁垒。

一、资产的专用性

企业的固定资产中有通用性资产、半通用性资产和专用性资产。与之相对应，企业员工的技能也有类似的性质。因此当企业决定转产时，必须面对半通用性资产与专用性资产处置和变现的损失。对于规模经济来自产业专用性固定资产（如煤矿用地、油气管道等）的产业，有相当数量的投资一旦进入该产业就成为沉淀成本，即那些就算完全停止生产也无法消除的成本。例如，当企业退出时，企业所拥有的生产设备等专用性资产，由于无法在二手资产市场上出售或出售价格远低于其机会成本的部分，难以回收而只能作废处理的有形资产的未折旧部分，以及用于研究开发、广告、员工教育培训等无形资产的支出中，由于专用性而难以回收的部分。沉淀成本一经发生，必然产生一种实际净损失。它的大小一般与资产专用性成

⊖ AGHION P, BOLTON P. Contracts as a barrier to entry [J]. The American economic review, 1987, 77 (3): 388-401.

正比，如果市场上对某资产需求比较低，资产的专用性越强，沉淀成本就越高。较高的沉淀成本，致使资产清算价值下降，转移成本上升，企业主动退出产业的动机也就越弱。

企业的退出决策也影响着企业的进入决策，企业退出越困难，企业的进入决策就越谨慎。当进入一个市场需要支付高昂的沉淀成本时，两方面的原因可能限制潜在进入企业的进入。

第一，由于在位企业已经支付了沉淀成本，这些沉淀成本具有承诺价值，从而增加了在位企业利用策略性行为阻止潜在进入企业进入的能力，同时也向进入企业传达出在位企业将继续留在产业中的决心，如果潜在进入者进入，可能会面临激烈的竞争。

第二，对潜在进入企业来说，巨额的沉淀成本使其意识到，如果进入后经营失败，企业将会遭受重大的损失，因此在对产业的长期盈利能力和进入后的竞争性质缺乏准确判断的情况下，企业不会轻易进入，即使在位企业赚取了超额的经济利润。

二、退出的固定成本

企业中的某些投资形成了专用性资产，而专用性很强的固定资产难以出售，因此当企业退出某一产业时，不得不放弃一部分资产从而形成沉淀成本，它是企业退出某一产业时必须承担的损失。企业退出现有产业时通常要支付给律师、会计师、资产评估师等专业人员高额费用，要向职工支付安置费用，有时为了让工人改行，还需要支付培训费用和行政费用。如果企业退出某一产业，单方撕毁原先签订的购买原材料及推销产品的长期合同将会被罚款。企业要承担宣布退出决定后客户退货、供应商取消优惠、职工生产率下降等损失。

三、战略性退出壁垒

实行多元化战略的企业要退出某一特定业务，可能会导致企业总体战略上的损失。这一特定业务可能是企业标志和形象的中心，可能会损害企业与主要分销商的关系，可能会削弱企业总体购买能力，可能会妨碍企业销售其他产品，可能会动摇资本市场对企业的信心从而引发市价的大跌，可能会影响企业纵向整合的其他环节等。

四、政府和社会壁垒

政府为了一定的目的，往往通过制定政策和法规来限制生产某些产品的企业从产业内退出。例如，大量的企业退出某一产业对工人意味着失业，对政府意味着地方经济的衰退、财政收入的减少和财政支出的增加、社会矛盾的加剧。在电力、邮电、煤气等提供公共产品的产业中，各国政府都制定了相应的政策和法规来限制企业的退出。因此，政府和社会（尤其是产业结构单一的地区）会设法阻止企业退出所处产业。

在我国的社会主义市场经济体制改革过程中，地方政府对企业尤其是国有企业的退出决策的影响力不可忽视，因此学者们关注较多的是行政性制度壁垒。早期，地方经济恶性竞争导致重复建设、产能过剩问题严重，但是地方利益和就业保障等压力构成行政性制度退出壁垒，严重阻碍了国有企业的退出（于立，1991；江晓涓，1995；王军，杨惠馨，2004）。但是，随着国有企业改革的深化，以及市场经济体制的建立，国有企业的退出越来越表现为正常的市场行为，行政性制度退出壁垒在逐渐减弱。为了实现国有经济与市场经济体制的融合，国有企业逐步建立了现代企业制度并从竞争性产业中持续退出。这一制度改革和国有经济布局与结构的战略性调整，使得国有企业能适应市场机制，在市场竞争中不断提高效率，有效的市场体系在国有企业的进入和退出中发挥着越来越重要的作用[⊖]。

案例6-3

国有企业退出壁垒：以中国纺织业为例

新中国成立以来，特别是改革开放以来，纺织工业获得了快速发展，并为国家经济建设做出了突出贡献。但与此同时，国有纺织工业长期积累下来的矛盾和问题也日益突出。到20世纪末，纺织业全行业长时间效益低下。但是在这一情况下，其生产能力并未缩减，仍有1 000万锭，即存在约1/4的生产能力过剩。纺织业面临着高退出壁垒，靠自身力量进行结构性调整举步维艰。这一高退出壁垒的形成虽然有经济因素的作用，如纺织业的高资产专用性，但更多的是受到制度性因素的影响。

1. 国有企业多元化留存效用与高退出壁垒

国有纺织企业实现的多元化目标主要体现在企业承担的社会性负担和实现的财政性目标上。一方面，国有纺织企业承担着社会性负担。传统的纺织工业是劳动密集型产业，在吸纳劳动力就业方面发挥了重要作用，解决了大量劳动就业问题。此外，国有纺织企业还承担着职工的社会保障职能，如退休人员的退休金和职工医疗开支、下属企业所办的学校和职工医院开支等。另一方面，纺织业承载着财政性目标。纺织业因其具有较高的创利创汇能力和吸纳就业能力，在其迅速发展的20世纪80年代，成为各地竞相投资的项目，在全国形成了庞大的生产规模，为各地的发展提供了大量的积累，成为财政收入的重要来源。尽管后期实施了压锭计划，但是在地方利益的驱动下，部分地区对压锭采取观望态度，消极对待甚至新增了部分生产能力，或者为获取压锭补贴而采取假压锭等不正当手段，致使全国棉纺锭总量没有得到有效压缩。

2. 产品市场和要素市场转轨不同步与高退出壁垒

纺织业属于一种典型的市场竞争型产业。然而，作为纺织业重要原料之一的棉花，自1987年恢复购销统管体制以来，一直延续至今，使棉花成为现今制造企业中极少数"经营、市场、价格三不放开"的主要工业原材料之一。这种产品市场和要素市场转轨不同步的状况不仅导致产棉区的纺织企业大量进入，而且使得企业的实际经营业绩难以通过市场衡量，市场对企业的"优胜劣汰"作用难以正常发挥。

3. 市场退出的决策主体错位与高退出壁垒

纺织业作为典型的市场竞争型行业在市场经济与产权明晰的条件下，其经营成果由市场检验。然而，国有纺织企业产权模糊，企业的退出决策成为在所有者缺位情况下的公共选择，

⊖ 中国社会科学院工业经济研究所课题组. 论新时期全面深化国有经济改革重大任务[J]. 中国工业经济，2014（9）：5-24.

其参与决策者有政府、经营者、企业职工等，在现行的体制下，他们往往具有一票否决权。企业是否盈利不再成为决定是否退出的唯一因素，企业的退出难以发生。

这些高退出壁垒与纺织行业在发展进程中自发产生的结构变动要求发生了尖锐的矛盾，竞争规律不再起到优胜劣汰的作用，大量低效益的企业不能退出，而部分原本有效益、有市场的企业遭受过度竞争的打击，使整个行业陷入低效益运转的困境之中，严重地影响了产业的发展和升级。

资料来源：卢华. 国有企业退出壁垒的案例分析：以我国纺织业为例 [J]. 管理世界. 2000 (1)：87-93.

第五节 进入退出壁垒的福利效应

一、进入壁垒的福利效应

（一）进入壁垒与效率

根据我们对进入壁垒的定义，在位企业获取经济利润是进入壁垒存在的前提，因此，如果依据完全竞争市场理论中价格等于边际成本的帕累托静态效率的观点来判断，进入壁垒的存在无疑造成了资源配置效率的损失。但完全竞争理论的进入无壁垒、存在大量原子型企业的市场绝非对现实市场环境的客观描述，几乎所有的企业都是在不完全竞争的市场中从事生产经营活动。从效率增长和产业技术进步的角度来看，适度的进入壁垒和产业集中度可能有利于技术创新和产业技术进步，因此，从长期看，进入壁垒对社会福利有双重效应。一方面，进入壁垒是与垄断力量相联系的。进入壁垒限制了潜在进入企业进入，减少了产业中企业的数量，提高了这一产业的集中度，增强了该产业内大企业的市场势力，从而易于形成垄断性的市场结构，这一结果倾向于减少社会总福利。另一方面，进入壁垒的存在又具有正面作用，一定高度的进入壁垒可以提高资源的配置效率：①对于规模经济显著的产业来说，进入壁垒可以阻止低效率的原子型小企业进入市场，提高产业集中度，使社会获得规模经济效益；②企业进入或退出市场，其实质是资源重新配置的一种方式，在这一过程中需要增加许多额外成本。进入壁垒的提高使企业进入后在产业内的经营活动具有相对的稳定性，从而降低资源重新配置的成本，提高资源配置的净收益。

完全竞争理论表明，如果满足自由进入和其他一些条件，则长期竞争均衡将实现资源的有效配置。但是如果完全竞争的其他条件不满足（如企业不是价格接受者），则自由进入不一定会改善资源配置效率。我们可以用图 6-6 来说明这一点。假定某产业中所有企业不变的边际成本为 c，市场需求为 $p=D(Q)$。开始时有 n 个在位企业，每家的产量为 q_n，总产量为 nq_n，价格为 $p_n=D(nq_n)$。现在有另外一家企业进入这一市场，进入后每家企业的产量为 q_{n+1}，总产量为 $(n+1)q_{n+1}$，价格下降为 p_{n+1}。进入前后社会总剩余（不包括进入成本）的增加值 Δs 是面积 $ACDG$ 与面积

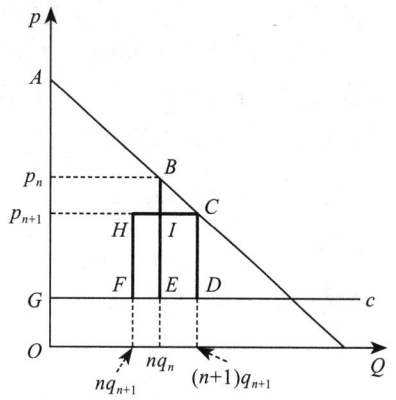

图 6-6 自由进入和福利效应

ABEG 之间的差额，即面积 BCI 加上面积 CDEI。新进入企业的利润为

$$\pi_{n+1} = (p_{n+1} - c)q_{n+1} = (p_{n+1} - c)[(n+1)q_{n+1} - nq_{n+1}] = 面积 CDFH \qquad (6\text{-}25)$$

由图 6-6 可以看出，总剩余的增加值（面积 BCI 加上面积 CDEI）小于边际进入企业获得的总利润（面积 CDFH），即边际企业进入的私人收益大于进入产生的社会收益，这意味着新企业的进入决策具有外部性。设进入成本 k 满足 $\Delta s < k < \pi_{n+1}$，则进入对企业是有利的，但从社会的角度看，进入造成了社会福利的损失。在这种情况下，自由进入将导致过度进入。为什么企业的进入具有外部性？这主要是因为新企业的进入在使自己获利的同时，造成了产业内其他企业利润的下降，但边际企业在进行进入决策时只关注自己的私人收益，不会考虑其他企业利润的下降，因此进入导致利润在在位企业和新进入企业之间的转移，这种转移并不会增加社会福利。这也说明了尽管进入壁垒的存在会造成社会福利的损失，但在不完全竞争的情况下，完全消除进入壁垒未必会改善资源配置的效率，这也给制定针对进入壁垒的公共政策增加了不确定性。

（二）流动性壁垒与可竞争市场理论

1982 年，鲍莫尔（Baumol）等人提出了可竞争市场理论。[一]该理论以完全可竞争市场及沉没成本为分析框架，来说明在不存在进入和退出壁垒的情况下，潜在竞争的压力就会迫使任何市场结构下的企业采取竞争行为，包括自然垄断在内的高集中度的市场结构是可以和效率并存的。

1. 流动性壁垒

沉没成本的大小决定了企业从市场退出的难易程度，企业进入时承担的沉没成本越高，企业退出市场的退出壁垒就越高。企业的退出决策也影响着企业的进入决策，企业退出越困难，企业的进入决策就越谨慎。因此，在对产业的长期盈利能力和进入后的竞争性质缺乏准确判断的情况下，企业不会轻易进入，即使在位企业赚取了超额的经济利润。正是由于进入决策和退出决策密切相关，很难在进入壁垒和退出壁垒之间划出明确的界限，特别是存在沉没成本的情况下，因此有人提出了流动性壁垒（mobility barriers）的概念：流动性壁垒是指限制资本在产业间流动从而使产业内的在位企业获得优势的因素。

沉没成本是理解流动性壁垒的关键因素。正是沉没成本阻止了资本在产业间的流动，限制了潜在进入者进入新的产业领域。因此企业投入的沉没成本越大，市场进入威胁就越小，正如冯·威泽克所指出的："导致进入壁垒形成的不是纯粹的规模经济性，而是规模经济性与不可回收的资本投入的结合。"[二]

2. 可竞争市场理论

完全可竞争市场（perfectly contestable market）是针对传统的完全竞争市场所提出的另一种理想型的市场概念。所谓完全可竞争市场，是指市场内的企业从该市场退出时完全不用负

[一] BAUMOL W J, PANZAR J C, WILLIG R D. Contestable markets and the theory of industry structure [M]. New York: Harcourt Brace Jovanovich, 1982.

[二] VON WEIZSACKER C C. A welfare analysis of barriers to entry [J]. Bell journal of economics, 1980, 11 (2): 401.

担不可回收的沉没成本,从而完全自由地进入或退出市场。按鲍莫尔等人的定义,在完全可竞争市场中,不存在施蒂格勒意义上的进入壁垒,即不存在在位企业进入时不需负担而只有后进入的新企业必须负担的费用。与完全竞争市场不同,完全可竞争市场并不依存于存在大量的小规模的原子型企业,即使市场上仅有一家企业独家垄断,只要不存在沉没成本和流动性壁垒,那么这个市场也是一个完全可竞争市场。

由于沉没成本为零,进入和退出是自由的,潜在进入者为了追求利润会迅速进入任何一个具有经济利润的可竞争市场,而当在位者做出报复反应使价格下降到无利可图时,它们会无摩擦地快速撤出。这种进入形式通常被称为"打了就跑"(hit-and-run)策略,进入企业在该产业中滞留时间的长短,通常取决于在位企业的反应速度。但即使是一个短暂的获利机会,也会吸引潜在进入企业的进入,而当在位企业做出反应时,它们会带着已获得的利润离开市场。进入或退出可以重复多次,直到消除任何垄断利润。由于这种闪电般的进入或退出压力经常存在,因此,无论是垄断市场还是寡占市场,任何企业都不能长期获得超额垄断利润。即使是完全垄断企业,也只能制定经济利润为零的价格,有效率的产业格局成为一种内生的结果。

鲍莫尔等人认为,可竞争市场的福利特性可从它的定义和易引致的"打了就跑"的结果归纳为三点:一是可竞争市场不会提供比正常水平高的利润,或者它的经济利润必须是零或负的,即便寡头或垄断市场也是如此[⊖];二是不会出现伴随产业均衡的生产无效率,既然进入自由、退出无成本,任何表现为超额利润或高成本的无效率都会引起进入,使新企业有机会取代在位企业;三是在长期均衡状态下,产品既不可能以低于边际成本的价格售出,也不可能以高于边际成本的价格售出。长期均衡必然是价格等于边际成本,这就得出了和完全竞争相同的福利含义。

因此,可竞争市场理论说明了在沉没成本为零和不存在流动性壁垒的条件下,即使是垄断和寡占市场,潜在进入的压力迫使在位企业只能把价格确定在经济利润为零的水平上,从而实现了资源的有效配置。这也说明在不存在流动性壁垒的条件下,即使只有一个企业垄断市场也不需要反垄断机构的干预。但也必须看到,完全可竞争市场仍然是一种理想的市场形态,依赖于非常严格的假设:进入时不发生任何沉没成本、进入的速度比在位企业调整价格的速度更快等,这些抽象的假设离现实还是有一定距离的,因为几乎不存在企业进入时不发生不可回收的沉没成本的产业。例如,企业在进入某一市场时一般要进行一些市场调查,以及支付一些必要的注册登记费用等,而这些支出都是不可回收的。即使进入企业可以无成本地退出,但如果在位企业的价格调整速度非常快,在进入企业还没有完全进入时就调整价格,那潜在进入企业采取"打了就跑"的进入策略也是无利可图的,因此进入企业难以实现获利的进入或退出,在位企业可以获得经济利润。此时垄断或寡占的市场结构并不能自动实现经济效率,反垄断政策的干预可能又成为必要的手段。

二、退出壁垒的福利效应

企业进入和退出是市场经济的正常现象和重要特征,是决定市场结构与绩效的关键性因素,也是资源重新配置的一种重要方式。在市场机制的作用下,高效率企业进入、低效率企业退出,要素资源在企业间、产业间和区域间重新配置,从而有效提升经济效率。这种持续

⊖ BAUMOL W J. Contestable markets: an uprising in the theory of industry structure [J]. The American economics review, 1982, 72 (1): 1-15.

的企业进入与退出不仅有利于产业结构的优化升级,而且为经济增长提供了源泉和动力。但是,退出壁垒的存在破坏了市场的竞争选择机制和资源配置机制,使得一些低效率企业无法有效退出,甚至挤出一些高效率企业,从而导致经济资源错配,降低了经济整体的发展效率。

案例6-4

"僵尸企业"、退出壁垒和资源错配

在我国,"僵尸企业"难以退出市场的原因复杂,与市场主体和资源的再分配有关,是市场、政府和银行三方力量博弈的结果(张璇,李金洋,2019)。从市场角度看,在不完善的市场体制中,行业垄断、地方封闭等因素抑制竞争,市场价格难以达到均衡,市场难以出清,大量"僵尸企业"随之产生。从政府角度看,清退长期亏损的企业成本高昂,企业退出会影响地方的就业、社会稳定和政府税收,因此,为了防止大规模失业对社会稳定的负面影响,避免债务链条受到冲击,地方政府不仅不愿处置"僵尸企业",反而通过行政力量干预市场,以政府补贴和优惠政策等方式来维系低效率企业的生存。从银行角度看,银行一方面迫于地方政府的压力,被迫向不具备贷款资质的"僵尸企业"提供贷款,另一方面迫于自身的业绩压力,为了避免不良贷款,不得不向"僵尸企业"输血,寄希望于企业随后经营状况好转,偿还所欠贷款。因此,在市场、政府和银行三方力量的共同作用下,"僵尸企业"获得持续的资金输血,从而造成其难以退出市场的局面。

"僵尸企业"不仅占用和消耗大量资源,而且阻止形成优胜劣汰的市场机制,扭曲了市场的公平竞争机制,造成了严重的资源错配。一方面,"僵尸企业"通过占据市场资源,扭曲了正常企业的投融资行为,尤其是挤出了正常民营企业的投资,造成了资本和劳动力在企业间的错配。另一方面,"僵尸企业"扭曲了企业家的进入和退出选择,造成低效率企业进入、高效率企业退出这一外延型错配。

为了加快"僵尸企业"退出,打破政策干预形成的退出壁垒,必须破除地方政府和部门的干扰,按照市场的规则让"僵尸企业"出局,避免继续消耗财政补贴、银行贷款、其他的实物和人力资源,提升资金和资源利用效率。2019年中央经济工作会议提出:2020年要有序推进"僵尸企业"处置,并将其与形成全国统一开放、竞争有序的商品和要素市场,建立健全市场主体退出机制,建设公平竞争的市场环境等目标结合起来。2019年7月发布的《加快完善市场主体退出制度改革方案》要求:对符合破产等退出条件的国有企业,各相关方不得以任何方式阻碍其退出,防止形成"僵尸企业"。不得通过违规提供政府补贴、贷款等方式维系"僵尸企业"生存等。通过构建全国统一开放、竞争有序的商品和要素市场,构建以公平竞争为基础的市场体系来推动"僵尸企业"清退。

资料来源:①张璇,李金洋.僵尸企业、退出行为和资源错配:来自中国工业企业的证据[J].经济学动态,2019(3):74-90.
②通过建立公平有效的市场体系推动僵尸企业清退[N].21世纪经济报道,2019-12-17(001).

本章小结

进入壁垒是在位企业排斥竞争、获取长期经济利润的决定性因素。进入壁垒按其成因的不同可分为结构性进入壁垒和策略性进入壁垒或进入阻挠。结构性进入壁垒主要包

括规模经济、绝对成本优势、必要资本量、网络效应、产品差异化和政策法律制度等因素。策略性进入壁垒是在位企业通过自身的策略性投资来影响潜在进入者对利润的预期从而遏制进入的行为。策略性投资必须有承诺价值，而沉没成本在进入阻挠的分析中具有关键性作用。在位者的进入阻挠策略主要包括过度生产能力投资、干中学、提高竞争对手的成本和影响未来的需求结构等。进入壁垒的存在可能会造成社会福利的损失，但绝对的自由进入也可能导致过度进入，因此进入壁垒的福利效应是复杂的。可竞争市场理论论证了高集中度市场和经济效率并存的逻辑可能性，但由于许多假设缺乏现实基础，因此并没有给制定针对进入壁垒的公共政策提供清晰的理论指导。

退出壁垒是限制退出的各种因素，即当某一产业的在位企业不能赚取正常利润决定退出时所负担的成本，或者说在位企业被迫在亏损状态下继续经营所造成的社会福利的损失。形成退出壁垒的因素多种多样，如经济因素、政治因素、法律因素等。退出壁垒的存在破坏了市场的竞争选择机制和资源配置机制，使得一些低效率企业无法有效退出，导致经济资源的错配。

推荐阅读

[1] BAIN J.A note on pricing in monopoly and oligopoly[J]. American economic review, 1949, 39: 448-469.

[2] MCAFEE R P, MIALON H M, WILLIAMS M A.What is a barriers to entry?[J]. American economic review, 2004, 94 (2): 461-465.

[3] SALOP S C.Strategic entry deterrence[J]. American economic review, 1979, 69: 335-338.

[4] KATZ M L, SHAPIRO C. Network externalities, competition and compatibility[J]. The American economic review, 1985, 75 (3): 424-439.

[5] SPENCE A M. Entry, investment, and oligopolistic Pricing[J]. Bell journal of economics, 1977 (8): 534-544.

[6] AGHION P, BOLTON P. Contracts as a barrier to entry[J]. The American economic review, 1987, 77(3): 388-401.

[7] VON WEIZSACKER C C. A welfare analysis of barriers to entry[J]. Bell journal of economics, 1980, 11(2): 399-420.

[8] BACCARA M, IMROHOROGLU A, WILSON A J, YARIV L. A field study on matching with network externalities [J]. American economic review, 2012, 102(5): 1773-1804.

[9] 陈少凌，等.规制性壁垒、异质不确定性与企业过度投资[J].经济研究，2021（5）：162-179.

[10] 干春晖.企业策略性行为研究.北京：经济管理出版社，2005.

[11] 冯永晟，张昊.网络效应、需求行为与市场规模：基于邮政快递业的实证研究[J].中国工业经济，2021（1）：115-135.

[12] 施蒂格勒.产业组织与政府管制[M].潘振民，译.上海：上海人民出版社，1996.

[13] 茅铭晨.政府管制理论研究综述[J].管理世界，2007（2）：137-150.

[14] 张璇，李金洋. 僵尸企业、退出行为和资源错配：来自中国工业企业的证据 [J]. 经济学动态，2019（3）：74-90.

◾ 思考与练习

1. 衡量进入壁垒的前提条件是什么？
2. 网络效应如何构成进入壁垒？请试着分析互联网餐饮外卖产业的进入壁垒。
3. 在策略性进入壁垒模型中，沉没成本如何影响在位企业的战略选择？
4. 你同意"适度的进入壁垒可能意味着效率的改善"这一说法吗？什么样的产业特点会使进入壁垒有利于社会福利的改善？
5. 请用可竞争市场理论分析中国电信产业的改革历程。
6. 我国国有企业改革对传统产业退出壁垒产生了什么影响？请举例说明。

第七章

产品选择、成本与生产能力

> 竞争的奥秘就在于以己之强，攻敌之弱。
>
> ——布鲁斯·亨德森

在市场竞争中，厂商常常为达到利己的目的，运用多种手段，或是遏制对手进入某一市场，或是将对手逐出市场，抑或是缩小对手的生产规模。

当企业饱受实施价格掠夺之苦或无力实施价格掠夺措施时，可考虑采取非价格掠夺手段。本章围绕产品选择、成本与生产能力展开分析，包括空间先占权与产品扩散策略、预告产品信息与掠夺性定价、提高转换成本、捆绑销售与搭配销售、提高对手成本与平台竞争、过度生产能力投资与兼容策略等六种策略。

第一节 空间先占权与产品扩散策略

人们通常认为，在位厂商在潜在进入者进入之前通过投资生产潜在进入者将生产的产品，能达到遏制进入者进入的目的。例如，Schmalensee（1978）[1]及 Eaton 和 Lipsey（1979）[2]认为，在位厂商为了阻止潜在进入厂商生产替代产品，可以通过在潜在进入厂商进入之前抢先生产新产品，来填满产品特性空间而不给潜在进入厂商留下任何销售空间。

但是，Judd（1985）[3]认为，当多产品生产厂商的退出成本非常低，在位厂商在进入发生后存在撤出某些产品的激励的时候，上述结论就不成立了。所以，对一些退出成本不高的行业来说，空间先占策略并不是一个十分有效的遏制潜在进入者进入的进入壁垒。

上述结论可以通过下面的简单例子来说明。

---

[1] SCHMALENSEE R.Entry deterrence in the ready-to-eat breakfast cereal industry[J].Bell journal of economics, 1978, 9 (2): 305-327.

[2] EATON B C, LIPSEY R G.The theory of market preemption: the persistence of excess capacity and monopoly in growing spatial markets[J]. Econmica, 1979, 46 (182): 149-158.

[3] JUDD K L.Credible spatial preemption[J]. RAND journal of economis, 1985, 16 (2): 153-166.

假设有两种产品：A 和 B，当投入一笔固定成本和沉淀成本以后，即以固定的边际成本生产，同时假设厂商之间只在价格方面发生竞争。如果在位厂商生产两种产品，则理性的进入将不会发生。如果新厂商进入 A 市场，那么价格竞争会使 A 的价格趋于边际成本，A 的利润则为 0，因此，该进入是无利可图的。由于这样的进入是不理性的，所以在位厂商会认为它通过首先生产 A 能达到遏制新厂商进入该产业的目的。

长期以来，一直认为在位的垄断厂商遏制进入存在相当大的困难，其关键原因在于遏制策略是否可信。也有关于在位者如何承诺不撤出产品的研究，如认为经销权就是一种承诺办法，在位者可能有意允许弱小的潜在进入者进入，以便遏制强硬的潜在进入者进入。

第二节 预告产品信息与掠夺性定价

一、预告产品信息

预告产品信息的策略适用于这样一种情形，即企业在产品的市场推广过程中慢于竞争对手，例如，竞争对手可能首先推出产品，那么企业就必须想方设法推迟竞争对手的市场份额到达临界点的时间，此时，企业可以采取预告产品信息的方法。

这种方法经常被应用于网络经济中的信息市场。信息市场是一个正反馈市场，由于产品具有网络外部性，任何一个人的消费都能够增大其他人消费所获得的效用，在技术相差无几的情况下，实际上是用户规模对消费者的需求价格起决定性作用：用户规模越大，消费者对自己的效用评估就越大，这就意味着，消费者对产品的选择实际上就是对产品网络的选择。虽然产品是相似的，但是产品网络是不同的，消费者对不同的产品网络的效用评估和需求价格也是不同的。在信息市场上，由于消费者同样知道信息市场具有正反馈，为了使自己的效用最大化，他们也会选择预期将成为标准的产品网络。实际上，被预期将成为标准的产品最终大都会成为标准。例如，在 20 世纪 80 年代中期，当 Borland 公司推出电子表格 Quattro Pro 时，微软马上召开了一场新闻发布会，描述它即将推出的 Excel 电子表格程序的种种优点，尽管它当时并没有这种产品。需要注意的是，只有市场竞争的强者才有能力让消费者产生这种预期。

这种通过预告产品信息以遏制现存消费者向其他供应商转移并鼓励他们耐心等待本公司产品出现的手段常常会被反垄断法指责为是反竞争的，不过也有一些学者认为该行为并非反竞争。例如，一般来说，公司没有理由蓄意延长推出新产品的时间，消费者将是产品质量和公司声誉的最终裁决者……预先宣布关于产品的一些真实信息并非反竞争。确实，这些预告是有利于竞争的，当预告的信息内容优良时，反而更会促进竞争。⊖

不过，当存在显著的网络外部性时，预告一个不具兼容性的新产品的时间则成为决定该产品能否超过现有产品或技术的关键因素。外部性的大小，依赖于现有的基础状况，当一项新技术从社会福利角度来说并不值得消费者采纳时，如果预先宣告该技术，则可能会确保技术被用户接受并取得成功。得出这一结论的直觉来自产品信息被预告之后，有两个使消费者

⊖ FISHER F, MCGOWAN J, GREENWOOD J. Folded, spindled and mutilated: economic analysis and US vs IBM[M]. Cambridge, MA: MIT Press, 1983: 289.

接受该产品的效应：第一，如果一些消费者愿意等待该技术的出现，则当技术真的出现时，网络效应会更大；第二，已有技术的网络效应会随等待新技术出现的消费者的数量增多而降低。某些情况中，没有预告行为的唯一均衡是不采用新技术，而有预告行为的唯一均衡则是采用该技术。当然，那些决定等待新技术出现的潜在消费者的确是具备充分信息的"产品质量裁决者"，并且他们的福利会提高。但他们在接受新技术的同时又会影响已使用旧技术的消费者和本应更喜爱旧技术却在日后接受了新技术的消费者，这时，预告行为可能会降低福利。

以上论述说明了产品预告可能会降低福利，主导厂商也常常会由于使用了预告产品信息的策略而被指控为"反竞争"，下面我们就来解释这个结论。

假设旧技术 U 是由竞争性厂商提供的，函数 u 表示在给定竞争性价格下消费者的效用。新技术 V 是由垄断性厂商提供的，函数 v 表示消费者选择 V 时，在最大化利润的垄断价格下获得的效用。当没有预告产品信息时，垄断厂商的新技术将不被消费者选择，当然，垄断厂商可以通过提供折扣来获取市场，直到 V 被广泛采用。然而，预告产品信息则会无成本地获得这些市场。所以，这损害了竞争，也降低了福利。

二、掠夺性定价

掠夺性定价是具有竞争优势的大型企业采用的一种手段，也可以称为"先低后高"定价，即大型企业将产品定价于一个较低水平，从而将对手挤出市场，在攫取垄断地位和积累了一定用户规模后，再提高价格以获得垄断利润。这种定价策略为垄断者带来大量利润的同时，也导致了价格恶性竞争。

在双边市场，由于实行非对称、倾斜式的价格结构，平台企业的"先低后高"定价则未必能帮助企业获得市场垄断地位。平台企业向某一边用户采取低于边际成本的定价，目的是促进该边用户参与，提升用户规模，以激励另一边用户更积极地参与进平台，从而形成正反馈效应。若此时平台提高某一边用户的价格，则会由于正向的双边网络外部性导致另一边用户规模缩小，从而将导致平台总体交易量下降并可能降低平台利润。

第三节　提高转换成本

转换成本是指消费者或用户从在位厂商处购买产品转向从新进入厂商处购买产品时面临的一次性成本。不论消费者或企业，当从一种产品转向另一种产品时往往会受到转换成本的限制。这种描述性的概念揭示了转换成本的特征和作用，针对特定交易活动而言，转换成本具有多种具体类型。在这方面展开研究的学者主要有保罗·克莱姆帕（Paul Klemperer）、凡·威斯艾克（Von Weizsacher）、阿兰·伯格斯（Alan Beggs）、詹斯弗·法莱尔（Joseph Farrell）和卡尔·夏皮罗（Carl Shapiro）等。从他们对转换成本的分析中，主要体现出两种观点。一种观点是将转换成本视为外生变量，来分析垄断与竞争。凡·威斯艾克利用模型说明，当消费者不能确定自己未来的偏好，当厂商承诺未来价格不变时，那么，外生转换成本变量将导致市场竞争更加激烈。因为不能确定偏好和转换成本增加了消费者对价格的敏感性，由此导致厂商只有降价的动机。在某些情况下，技术交易引发的转换成本可能独立于厂商或消费者而存在。另一种观点则将转换成本视为内生变量，来研究其对竞争的影响，从而为厂商决策提供依据。这两种观点的共同点是利用转换成本来锁定顾客的需求结构。

一、转换成本的构成

对于一般的消费品市场来说，转换成本主要包括学习成本，转换品牌的优惠折扣损失，改变习惯或更换品牌时的心理成本，交易成本，等等。

学习成本是指对某特定品牌产品的使用而付出的学习费用，这种投入具有不可传递性，不能随着品牌的转换而转换，它只能在使用原品牌时才具有价值。在计算机产业中，许多产品性能相似，但如果用户选择了其中某种品牌并投入了学习成本，他就具有强烈的动机继续购买同一厂商的产品，以及与之相配套的软件。因为如果转换品牌，前期的投入成本不能回收，而新产品的性能、质量又不确定，所以用户会面临一定的效用损失。转换品牌的优惠折扣损失所产生的转换成本主要是预期收益（折扣利益）的损失。例如，航空公司为激发重复消费推出的"常客"计划，零售商根据消费累积额对消费者提供不同的交易价格，商店向顾客赠送下一次消费时可使用的抵扣券，等等。心理成本是情感因素导致的成本感受。不同年龄的人随着年龄的增长，都会表现出一种形成习惯的（思维或行动的）共同倾向。这种倾向在每个人身上会越来越固定，而且每个人随着年龄的增长，愈发地偏好某些熟悉的东西，而不喜欢具有一定新颖性的东西。改变习惯与偏好本身也可以被视为一种成本。消费者对风险的态度，对未知产品质量的预期等都属于心理成本。交易成本是指寻找新的交易者，以及进行新交易所需付出的成本。它包括寻找新对象所付出的时间、精力、金钱，在与新交易对象打交道过程中的谈判成本，以及保证交易落实的种种费用。总之，包括所有寻找新交易者的相关费用。

在工业消费品市场，一个厂商要改变过去的供应商，可能会发生这样一些成本：已发生的投资（耐用设备的折旧情况与针对原设备进行的培训费用等），寻找新的供应商的费用，购买新的辅助设备的费用，熟悉新资源所需的时间及成本，重新进行技术培训的费用，产品重新设计与流程改造的费用，因更改设备造成产品供应延迟所导致的信誉损失的成本，寻找新的供应商所发生的新交易成本，以及终止与旧供应商合作需付出的心理成本。

转换成本的存在锁定了用户的需求，限制了其转换的可能，阻碍了新厂商的进入。转换成本使用户的后期选择发生了变化。在初始选择时，用户虽然没有与任何厂商建立特定关系，但是随着交易发生，相应的成本因素也就产生了，转换成本的出现将影响顾客的再次选择。例如，当航空公司给予消费者只能在第二期才能使用的常客折扣时，会导致第二期的价格竞争是微弱的，也就是说第一期存在竞争而第二期存在事后垄断。

此外，转换成本的存在降低了用户的需求弹性，限制了用户的转移，从而导致新厂商必须付出更高的成本才能吸引用户的转移。在位厂商与新厂商之间存在的需求和成本的不对称，使得在位厂商具有更大的优势。新厂商要吸引消费者，必须向消费者提供足以克服其转换成本的优惠措施，以更低的成本价格或更完善的服务来吸引用户的注意，只有这样，消费者才愿意去购买新厂商的产品。这种成本造成了在位厂商与进入厂商之间的成本不对称，在位厂商可以不断强化和巩固这种不对称来维持自己的竞争地位。同时，锁定使消费者转换厂商时存在一定的困难和损失，这使得新厂商面临需求上的不对称，它们可能无法获得足够的用户需求量来弥补成本支出。这种不对称性成为限制新厂商进入的壁垒，使进入该产业参与竞争的新厂商数量减少，从而巩固了在位厂商的优势。

在数字产品市场，转换成本的存在可以帮助厂商率先占领市场，产生锁定效应，一旦厂商的用户规模达到足够大的临界容量，就会产生正反馈效应，实现赢者通吃。因此，数字产品厂商通常使用完全免费、部分免费甚至用户补贴策略，吸引用户使用，培养用户的使用习惯，逐步提高用户的转换成本，以对用户形成锁定，这将为厂商带来长期的巨额利润。而对于消费者或个人用户、企业用户而言，在被锁定前期，可能会带来短期的消费者福利增加，然而一旦厂商在产品生命周期内提高价格，就会损害消费者福利（Klemperer，1995）。例如，在国内网约车市场初创时期，网约车公司为争夺市场开始了补贴拉锯战，不仅乘客可以免费乘车，而且网约车司机帮助平台获客也有补贴，并在一定时期内获得了高额收入。当网约车市场发育成熟，乘客形成网上叫车习惯，网约车业务发展起来，挤入城市出行市场，网约车公司开始根据订单距离向网约车司机收取一定比例的服务费，降低了网约车司机群体的收入，网约车市场的景气受到影响并趋向萎缩。又如，美国苹果笔记本使用自己的 Mac 操作系统，很容易对苹果用户产生锁定，使用户很难再更换到 Windows 系统。系统兼容性造成的数据文件迁移困难与使用熟练度引起的操作不顺畅，都无形中抬高了苹果用户的转换成本。

二、存在转换成本时的均衡模型

我们给出一个模型，来说明存在转换成本时的竞争性市场的均衡情况。

假设一种产品的成本为 c，在完全竞争市场上，有很多同类厂商，因此，在没有转换成本的情况下，该产品价格 $p=c$。

现在假设消费者转而使用其他产品时存在转换成本（假设转换成本可以用货币来衡量）。为了弥补消费者的转换成本，接受由从其他厂商那里转来的消费者的厂商可以在第一期为该消费者提供折扣 d 来吸引消费者（例如，网络服务协议这一商品，消费者每月都要向网络商付费）。

现在先分析一个消费者的选择问题。在第一期开始时，如果消费者转换产品，他支付的价格为 $p-d$，但是，他要承受因此而带来的转换成本 s。如果他不转换厂商，则不需要承担转换成本，并继续以价格 p 购买产品。

假定第一期后，两家供应商都索取相同的价格 p。如果消费者转换产品后的收益现值大于转换前的收益现值，则消费者就会选择转换产品。令 r 为每期的利率，则可得转换条件：

$$(p-d)+\frac{p}{r}+s < p+\frac{p}{r}$$

供应厂商之间的竞争使得消费者对这两个选择是无差异的，即

$$(p-d)+s = p$$

由此可得 $d=s$，即提供的折扣刚好抵消消费者的转换成本。

再来考虑厂商的问题。假设竞争使利润的现值为 0，则可得

$$(p-c)-s+\frac{p-c}{r}=0$$

整理上式，可得

$$p-c+\frac{p-c}{r}=s \quad (7-1)$$

或

$$p=c+\frac{r}{1+r}s \quad (7-2)$$

式（7-1）表明厂商从新用户处所得收益的现值刚好等于该用户的转换成本。这也就是厂商愿意提供折扣来吸引新用户的原因。

式（7-2）表明产品价格等于边际成本加利润，其中利润与转换成本成一定比例。在模型中加入转换成本，使得每期价格高出成本，但是竞争使其初始价格下降。

在实际情况中，许多厂商除了有从其用户处获得的收入以外，还有其他利润来源。例如，互联网公司相当大的一部分利润来自广告。因此，为获得广告收入，它们有必要提供比较大的折扣，即使这种折扣使得价格等于或低于互联网公司的成本。

我们可以把这一因素加入模型中。如果每位用户每期可为互联网公司带来的广告收入为a，则由零利润条件可得

$$p+a-d-c+\frac{p+a-c}{r}=0$$

因为$d=s$，则

$$p=c-a+\frac{r}{1+r}s \quad (7-3)$$

式（7-3）表明，当企业的用户增加一个且为企业带来附加利润时，产品的价格与提供该服务的净成本$c-a$有关，即与产品的成本和附加利润的大小之差有关。

三、提高转换成本策略的应用

传统产品的消费者只有当存在特定的消费偏好或出于品牌忠诚时才会选择某一固定品牌产品消费，否则一般会选择"更好"的产品。但对信息产品而言，消费者却常常面临着一种消费锁定（lock-in），即一旦消费者使用了某一品牌的信息产品，在基本可以满足其需求的范围内，消费者不太会像对其他产品那样轻易地去更换所谓"更好"的产品，而是被锁定在该品牌的产品上。这种由于高转换成本的存在而出现的锁定效应，在网络经济中普遍存在。

案例 7-1

艾美加的提高转换成本策略

艾美加（Iomerga）在1995年推出了Zip驱动器，它与Zip磁盘相配合，是一种可移动的计算机存储设备，容量是传统软盘的70倍。艾美加投入巨资、压低价格来促进Zip驱动器的销售，可谓不惜血本。到1998年，艾美加Zip驱动器的销售量达到了1 200万个。这一成功的关键在于艾美加对Zip驱动器进行了设计，使它只接受艾美加生产的Zip磁盘，使消费者被"锁定"了，即拥有Zip驱动器的用户只能购买利润很高的Zip磁盘，从而使艾美加获得

了高额利润。

资料来源：干春晖．产业经济学：教程与案例 [M]．2 版．北京：机械工业出版社，2015．

其实，案例 7-1 中的情况是企业在"锁定"的开始阶段让消费者免费或低价使用其产品，即建立安装基础，为产品升级或互补品销售做好铺垫，这个阶段对于网络企业而言是一个痛苦的过程，对于消费者而言，网络企业把一个充满诱惑的免费或低价的世界呈现在他面前。在这个阶段，主动权是掌握在消费者手中的，他可以使用这种产品，也可以使用那种产品，或者干脆不使用这类产品。然而，在消费者尝到一点甜头后，接下来就是网络企业"锁定"消费者了。

第四节 捆绑销售与搭配销售

一、捆绑销售

捆绑销售就是将可分离的产品或服务捆在一起向买方出售。例如，IBM 公司在过去的许多年中，曾将计算机硬件、软件和服务支持捆在一起经营；而汽油的防爆添加剂制造商传统上一直是以单一价格将技术服务和产品一同出售。以各种形式出现的捆绑销售很普遍，只是人们并不总能辨认出来。

在策略性行为中，捆绑销售的目的是实施价格歧视。假定一家企业出售两种产品：X 和 Y，它们对不同的顾客有不同的售价。同时假定该企业有两名顾客：A 和 B，A 愿意出 8 000 元购买 X，出 2 500 元购买 Y，而 B 愿意出 7 000 元购买 X，出 3 000 元购买 Y。如果该企业对 X 和 Y 分别定价，则它对 X 的最优价格是 7 000 元，对 Y 的最优价格是 2 500 元，因此它的总收入是 19 000 元。然而，如果该企业把 X 和 Y 作为一个产品套装来出售，它可以对这个套装要价 1 万元，由此获得总收入 2 万元。当两种产品被分别定价的时候，因为对每一种产品都会有一位购买者的估价低于其他购买者的，所以价格会被压低，捆绑消除了这种影响。能够捆绑在一起的产品越多，捆绑的盈利性就越大。因为，这使得产品套装中更有可能包含了不同消费者估价之间相冲突的产品，就像在前面以数字表示的例子中那样，A 对 X 的估价高于 B，而 B 对 Y 的估价却高于 A。

如果能成功实施捆绑销售，那么企业可以比其竞争对手获得更多的优势。由于捆绑销售使得企业在提供其中各部分产品时可以更好地共享价值链中的活动，通过促进制造生产的规模和学习的经济性来降低成本等，而使企业获得各种经济性，并且捆绑销售更易于实现差异化的目的。这些情况的出现是购买捆绑式产品的成本与单独购买各个产品的总成本之间的比较起了作用。如果捆绑式产品的价格并不比顾客想要购买的那些产品的价格之和高许多，那么这种捆绑式产品价格上的优惠能够促进一些顾客购买捆绑式产品，即使单独购买时他们不会买这么多。显然，捆绑销售使企图进入的竞争对手必须在捆绑式产品的每个组件上都拓展生产能力，而不能专门化经营，由此提高了进入壁垒。

不过，对于打算采取捆绑销售策略的企业来说，应当意识到这种竞争策略也是存在风险的，风险程度因企业策略及产业结构不同而各异。首先是买方需求的多样化。如前所述，捆绑销售的前提是很大一部分买方希望并且愿意购买捆绑式产品，如果在某产业中，买方的要求大相径庭，那么捆绑式产品对部分买方群体就可能是次优选择，这使与采用聚集策略向该买方群体提供各种特殊组合的企业相比，捆绑式经营策略也就很脆弱了。例如，在一个买方对售后服务需求差异很大的产业中，采取聚集策略的竞争对手可以通过只提供产品，不提供服务的方式进入市场，获得足够的市场份额以立足。人民捷运公司（People Express）将免费食物、免费行李运送，以及其他一些传统上和空运捆绑式销售的业务从空运中分离出来，这就使那些对价格敏感，而又不需要分离出业务的买方感到满意。类似地，采取低价销售策略的零售商，已经成功地打击了采取传统销售方式的商人，它们以少服务、不赊销、无广告来吸引特定的买方群体。其次是当买方自身已具有技术、财力和管理上的能力来组合该捆绑式产品时，这种策略就变得很脆弱。最后是当聚集力量于捆绑式产品中的一件或几件产品的专门企业能够在生产时获取低成本，或者能够产生产品差异化，捆绑式销售的策略也会变得很脆弱。

在数字产品市场，由于数字产品生产的边际产品基本接近于零，数字产品或数字服务进行组合的成本非常低，使得数字产品在捆绑销售策略运用上，比传统产品具有更显著的优势，因而数字厂商大量运用捆绑销售策略吸引特定用户。尤其在内容竞争方面，数字厂商愿意为上游内容支付更多费用，不断向捆绑包中增加新产品和服务，以提供更多的消费者剩余，并借此占据市场主导地位。其竞争优势也随着捆绑商品数量的增加而不断增强，同时也有利于形成购买或开发新商品方面的规模经济和范围经济。

案例 7-2

瑞典利乐公司的捆绑销售

利乐公司作为一家大型软包装供应商，至今已在中国销售了千余台灌装机，取得中国灌装机市场 95% 的份额。在中国市场，利乐公司先是在 20 世纪 70 年代末至 90 年代初期，以灌装机销售为其主要实现盈利模式。然后，从 20 世纪 90 年代中期起，在中国建立了包装材料工厂，逐渐将盈利模式从灌装机市场转换到包装材料领域。这使得客户在合同约定的期限内无权选择其他包装材料公司，并迫使灌装机客户长期以来使用该公司的包装材料，从而达到了排斥其他竞争对手的目的。同时，该公司还在其灌装机与包装材料上分别建立识别该公司包装材料的特殊装置与标识，以人为设置障碍的方式，排除其他竞争对手进入市场；该公司并以停止、限制供应灌装机零部件相威胁，迫使客户不敢向其他竞争对手订购物美价廉的包装材料；等等。

资料来源：干春晖．产业经济学：教程与案例 [M]．2 版．北京：机械工业出版社，2015．

案例 7-3

国内 OTA 的捆绑销售

Online Travel Agent（OTA）是指网络平台与旅行社相互融合的在线旅行社。近年来，在线旅游市场不断扩张，受制于订票成本和各项费用，为保证利润，国内多家 OTA 均存在捆绑销售现象，如果消费者抢票心切，付款时就容易漏看或来不及手动取消默认增值服务，在购买机票时容易被捆绑销售保险产品、接送机券、贵宾休息室和酒店优惠券，在购买火车票时则容易被捆绑销售提高抢票速度的增值服务。目前,由于消费者投诉,携程网等平台已采取增加"消费提示"、取消默认勾选产品等,优化订票服务。

资料来源:潘福达."捆绑销售"风波折射机票代理困境 收服务费或成机票改革方向[N].北京日报,2017-11-24.

二、搭配销售

搭配销售(简称"搭售")是指经营者利用其经济和技术的优势地位,违背顾客的意愿,在向顾客供应一种商品或服务的同时,又要求其购买另一种商品或服务。顾客被迫购买被搭售的产品,以此为条件获得搭售产品。企业为了吸引顾客去购买他不想要的附带品(如果他想要的话,就没有必要搭售了),或者以超竞争的价格购买他想要的附带品(这是把搭售作为价格歧视手段的一种情形,因为这时候被搭售产品的价格实际上转移给了名义上很便宜的搭售产品),卖方必须对搭售产品给出一个比没有搭售的时候更划算的价格,例如,当被搭售产品是攫取消费者剩余的手段时,它可能会赠送搭售产品。

在营销实践中,作为垂直非价格限制竞争行为的一种方式,即卖方与买方之间的交易行为处于不同的生产销售阶段,搭售是一种较普遍的行为。但是一些经营活动中的搭售行为妨碍了市场的竞争自由,影响了交易相对人自由选购商品的经营活动,导致竞争对手的交易机会相对减少,明显具有了不正当竞争的性质。对于现实生活中的经营者是否有搭售行为、哪些搭售行为构成不正当竞争,若已构成不正当竞争,该经营者又应如何对顾客和其他经营者进行法定补偿等存在较大争议。

从消费者和厂商的角度来看,购买搭配销售商品与实施搭配销售策略对他们来说有以下几个常见的理由。

(1)可提高效率。搭配销售可以节省一件产品的各种独立组件的审核成本。由于消费者必须一起购买产品的各个组件,因此他就无须对每个组件单独进行审核,从而节约了总的搜寻成本。

(2)可以避开价格管制。如果政府对企业的某种商品进行管制,那么企业可以要求购买该商品的用户同时购买另一种高利润商品,以避开管制。在美国电报电话公司解体之后,厂商逃避价格管制的能力问题受到了特别关注。美国电报电话公司解体后,形成了几家地区性电话服务公司,但这些公司收取市内电话服务费用时受到了政府的管制。这些地区性电话公司经常提出请求,要求涉足电话服务业以外的其他行业,如几乎不受任何管制的计算机服务业。有些人认为,如果一家地区性电话公司被允许进入一个不受管制的竞争性行业,它就能搭配销售受管制的产品(如市内电话服务)和不受管制的产品(如计算机服务),并通过对后者索取高价来完全避开对电话费率的管制。在美国电报电话公司解体之后,政府限制地区性电话公司进入不受管制的行业。不过,由于行业条件的变化,有些限制正在被取消。

(3)暗中给予价格折扣。在寡占情形下,一家寡头厂商想瞒过对手秘密地给予价格折扣,则它可以以寡占价格销售某种产品,但同时以非常低的价格向购买者销售另一种产品,变相地实行折扣。例如,厂商在顾客购买一件价格为100元的商品时赠送给他另一件价值10元的商品,这就相当于对100元的商品提供10%的折扣,厂商为了暗中给予10%的折扣,还可按低于竞争价格10元的价格向顾客销售用来搭配的商品。

（4）给予质量保证。柯达公司一度在销售胶卷时附赠冲洗服务，此举是实施了搭配销售，这样做的理由是它不相信其他的相片冲洗商能如它一样娴熟地冲洗柯达胶卷。试想，如果由于其他冲洗商冲洗不当导致冲洗效果不佳，消费者因搞不清楚是胶卷的问题还是冲洗的问题，有可能今后就不敢再买柯达胶卷了。

捆绑销售和搭配销售原则上都可以迫使进入者为了进入市场而生产本来不必如此复杂的产品，从而排斥同样有效率或更有效率的新进入者。因为这种进入更有风险，也因此成本更高，所以进入会被推迟或遏制。在捆绑的情况下，希望获得该捆绑中其余产品的顾客就不会愿意再专门向另外一个卖家购买被搭售产品中的一种而为它支付两倍的价钱。

在传统产品市场中，搭售行为实际上是一种价格歧视，损害了消费者选择的权利，影响了消费商品的多样性，从而削减了消费者剩余。在双边市场，互联网平台通过交叉补贴方式吸引大量消费者，然而，仅凭消费端的竞争优势不足以保证其维持垄断地位，于是平台倾向于对生产者提供补贴，搭售便是其中的一种变相补贴。平台往往采取允许搭售的方式吸引生产者集聚，生产者数量增多有利于形成双边网络外部性，有助于增加消费者福利。

案例 7-4

微软搭售行为的反垄断案

微软在提供 Windows 操作系统时，通常会附带 IE 浏览器、Office 系统、Media Player 媒体播放器等软件，这一行为构成搭售。欧盟早在 2004 年就要求微软提供不附带任何软件的纯净系统服务。后来，欧盟反垄断当局对微软 Windows 操作系统搭售 Media Player 媒体播放器提出反垄断诉讼，认为 Media Player 媒体播放器运用在个人电脑上的普遍性构成微软的竞争优势，法庭由此做出停止搭售的判决。美国对微软 Windows 操作系统搭售 IE 浏览器提起反垄断诉讼，认为这一搭售行为会将与其具有竞争关系的浏览器排挤出市场，凭借这一垄断优势，在双边网络外部性的作用下，微软操作系统也可以在市场上长期维持主导地位。

资料来源：凤凰资讯. 微软反垄断案大事记 [EB/OL]. (2008-06-26)[2023-06-01].https://news.ifeng.com/opinion/special/msgates/data/200806/0626_3890_619720.shtml.

第五节　提高对手成本与平台竞争

一、提高对手成本

一方面，某些策略性行为会无理地将对手赶出市场，这也是反垄断法关心的问题，掠夺性定价会导致对手利润的损失；另一方面，厂商也可通过提高对手成本将对手赶出市场。对一个掠夺者来说，提高对手成本比掠夺性定价有更明显的优点，与高成本者竞争总是一件更好的事情，也就是说，即便不会将对手赶出市场，提高对手成本也是有利可图的。

提高对手成本的策略有很多，主要包括：①提高工资和其他投入品的价格；②配件生产；③提高转换成本；④利用政府管制；等等。

以上我们仅仅讨论了提高成本策略对领导厂商利润的影响，接下来，我们将讨论这些策略对跟随厂商利润的影响。

一般来讲，跟随厂商的产出和利润会增加或减少，存在这样两种不同的效应：①成本提高，利润降低；②由于领导厂商选择一个新的产出价格，跟随厂商的利润会受到更深的影响。当然，由于边际成本的提高会带来价格的上升，这两种效应通常会从相反的方向产生作用。举例来说，若需求完全无弹性，则当提高成本策略使跟随厂商边际成本的上升快于平均成本的上升时，跟随厂商的利润会下降。这是因为，当产出不变时，边际成本的上升会导致价格的上升。跟随厂商产出的下降强化了这一效应（利润下降）；相反，产出的上升补偿了这一效应。

若竞争者的利润没有下降，则提高对手成本的策略是失败的。但是，若该产业有较高的进入壁垒，则提高对手成本的策略也有可能提高整个产业的利润。特别地，若边际成本提高的速度快于平均成本且需求弹性很小，则价格的上升会快于边际成本的上升，从而导致该策略失效。

二、平台企业的竞争策略

在现实中，用户在平台间选择，往往与平台开放度高度相关，不同平台之间可以保持竞争与合作的多重关系。在考虑交易成本和转移成本的情况下，用户通常面临两种可能的选择：一是在两家规模和业务相近的平台之间，边际用户的选择同时考虑交易成本和转移成本，一般会同时选择两家平台，以期同时获得两家平台的额外收益。例如，很多消费者同时是淘宝和京东的用户，利用平台竞争，进行比价，选择更优惠的商品。比价平台也应运而生。二是在大平台和小平台之间选择。受网络外部性影响，大平台用户的交易成本更低，小平台用户的转移成本不高。相较之下，用户倾向于向大平台流动。例如，饿了么和百度外卖，后者用户规模远不及饿了么平台，最终被其兼并。此外，在第二种情况下，小平台也可以采用封闭策略，降低平台开放度，提高定制化水平，形成小平台用户多重归属。典型的例子是智能手机 App 登录方式，绝大部分支持微信账户一键登录，而微信却一直保持其自身账户登录方式的唯一性。

由此可见，在平台竞争中，平台的开放性决定了平台规模，二者相互促进，规模越大，平台开放度也越高。平台型企业在竞争与合作中可以采取四种策略：一是用户锁定策略。平台向用户承诺给予其更多好处，以维持用户黏性。通常，平台开放度越低，其进行用户锁定策略的收益越高，因此，大平台开放度高，将承担更高的锁定成本，更依赖大流量带来的收益以留住用户。同理，小平台更依赖于客户定制化，以避免客户流失。二是注意力配置策略。由于平台经济具有注意力经济的特征，合理进行注意力配置，提高用户预期收益，增强其支付意愿，提高交易成功率，可以帮助平台企业将用户集聚，获取更高利润，并在竞争中获得优势。三是低成本策略，也叫低成本营销策略，即通过降低注册费用和交易成本以吸引用户，利用用户规模增长形成更高的双边网络外部性，进一步增进平台交易，由此提高平台收益。四是互补品合作策略。实际上平台之间的业务并非完全竞争关系，当两家平台的商品相互依赖，表现出高度关联时，用户在任一平台交易，都会同时给两家平台用户带来相似的网络效应。因此，存在互补品的情况下，平台便不必在意用户向另一平台迁移，平台型企业之间形成合作机制，获取更大的网络效应，既保持了用户数量，也提高了平台企业利润。

第六节　过度生产能力投资与兼容策略

一、概述

在第 3 章，我们提到了过度生产能力策略在进入阻挠中的运用，这里着重对该策略理论上的发展脉络进行综述。过度生产能力投资是在贝恩－索罗斯限制性定价模型的基础上提出来的。过度生产能力投资和限制性定价一样，都属于遏制进入型策略性行为。在早期的遏制进入分析模型中，一般采用前面所述的贝恩－索罗斯假定，即假定潜在进入者相信在位厂商的产量水平在其进入前后保持不变。然而，这种假定至少在两个相反的方面令人怀疑。一方面，在位厂商在面对不可改变的进入事实时，发现自己最好的选择是适量减少产出；另一方面，它想以掠夺性增产对这种进入进行威胁。但是，此时在位厂商面临的问题是，在潜在进入厂商了解上述情况下，如何让潜在进入厂商相信它的威胁是可置信的。关于可置信威胁问题，谢林（Schelling）于 1960 年提出了初步想法，他认为，花费一定执行成本的威胁通过进行事先的承诺而变得可信[1]。

后来，这一点被斯宾塞（Spence,1977）运用于进入问题的研究中，他认为在位厂商先前不可改变的生产能力投资决定也属于这种承诺，并在限制性定价基本模型基础上加入了生产能力变量[2]。他假设潜在进入厂商会相信，如果进入发生，在位厂商将生产与进入前的生产能力相同的产量，由此，潜在进入者是否进入就依赖于在位厂商把产量水平扩大到生产能力水平之上进入者是否获利。为了遏制进入，在位厂商可能会把生产能力设置在一个很高的水平，而且在潜在进入厂商进入前，它并不会利用全部生产能力。这种早期对生产能力的过度投资必然产生大量的沉淀成本，由于这会影响到以后的需求和成本结构，因此对于以后遏制进入的策略性行为具有极强的承诺作用，它表明进入威胁发生时在位厂商会采取提高产量、降低价格的策略是可信的。而潜在进入者慑于进入后发生建立在行业总供给超过行业总需求基础上的破坏性竞争，就很有可能基于此预期而放弃进入。

迪克西特（Dixit,1980）[3]放弃了斯宾塞模型中生产能力不变的假设，在其模型中，在位厂商是一个斯塔克尔伯格领导者，进入决策依赖于潜在进入者进入之后的古诺双头垄断利润。而在斯宾塞模型中，潜在进入者是否进入就依赖于在位厂商把产量水平扩大到生产能力水平之上进入者是否获利。

二、生产能力投资模型的基本结论

斯宾塞模型的基本结论是，过度生产能力投资是一种有效的遏制进入策略，之所以如此，主要是因为在位厂商的过度生产能力投资是一种不可逆的事先承诺。该结论是建立在严格的假设基础之上的，即潜在进入厂商预期在位厂商对于进入的反应是将产出维持在进入前的生产能力水平上，而不管这种生产能力水平的高低。

---

[1] SHELLING T C. The strategy of conflict[M]. Cambridge, MA: Harvard University Press, 1960.

[2] SPENCE M. Entry, investment and oligopolistic pricing[J]. Bell journal of economics, 1977, 8 (2): 534-544.

[3] DIXIT A. The role of investment in entry-deterrence[J]. Economics journal, 1980, 90(357): 95-106.

而迪克西特认为，在纳什博弈规则下，在位厂商维持过度生产能力投资的假设是不可信的，但是，在位厂商的不可改变的投资承诺在遏制进入中的作用，可以通过有利于在位厂商的方式改变进入后博弈的初始状态而实现。在位厂商作为斯塔克尔伯格领导者，可以通过对生产能力投资的选择，把均衡维持在有利于自己的水平上，在位厂商没有必要维持过度生产能力[⊖]。

两个模型结论的差异主要是假设前提不同所引起的。在斯宾塞模型中，生产能力的选择是固定的，潜在进入厂商是否进入就依赖于在位厂商把产量水平扩大到生产能力水平之上进入者是否获利。迪克西特模型放弃了生产能力不变的假设，在位厂商是一个斯塔克尔伯格领导者，进入决策依赖于潜在进入厂商进入之后的古诺双头垄断利润。由于在位厂商在潜在进入厂商进入之后不存在任何不对称优势，纳什博弈规则具有相当的吸引力，在此规则下，在位厂商就不希望在进入发生前将生产能力安排在有闲置能力的水平上。

三、生产能力投资理论的扩展

除了斯宾塞（1977）和迪克西特（1980），施马兰西（Schmalensee，1981）在迪克西特模型基础上提出了最小生产能力约束模型。但是，这三个模型在本质上都是静态的单时期模型，尽管可以把这些单时期模型进行重复推断，从而得到动态结论。斯宾塞（1979）运用动态方法直接研究了生产能力投资与进入问题，他认为，厂商的投资行为要受到资本市场扩容的约束，厂商尽可能迅速地投资以达到无约束的最优资本水平。在位厂商在知道进入厂商的投资策略后，可能充当"资本领导者"的角色，诱导进入厂商选择使在位厂商最有利可图的资本水平。这与斯塔克尔伯格模型中的产量领导权相当。Fudenberg 和 Tirole（1983）进一步扩展了斯宾塞（1979）模型。

这些模型通常注重单一的在位者与单一的进入者之间的策略性竞争问题。如果进入面临的市场结构是寡占型的话，则会引出一些其他问题。

Eaton 和 Ware（1987）检验了拥有完全信息的寡占型市场结构下的进入问题。该模型的均衡结果是，厂商并不拥有过度生产能力，只要最后边际厂商在进入后的古诺均衡中有利可图，它就会进入，这是非合作限制性定价的一种形式。

Waldman（1987）检验了当在位厂商不能合谋并且遏制进入所需投资水平不确定时，寡占厂商遏制进入的生产能力投资问题。他表明，不确定性会导致寡占厂商企图遏制进入的投资水平低于仅有一家在位厂商的水平。每一家寡占厂商都认为其他厂商会设置遏制进入的生产能力，而自己采用"免费搭车"策略。与合谋和单一在位厂商相比，这种行为降低了遏制进入的均衡投资水平。但是，这不是一个必然结果，Waldman 提供了另外一个模型，说明不确定性并不会导致在遏制进入情况下投资过少的问题。

Ungern 和 Sternberg（1988）指出，遏制进入并不是在位厂商采用过度生产能力投资策略的唯一动机。如果过度生产能力从根本上遏制了进入，是因为在面临进入的情况下，它变

⊖ Bulow（1985）表明，这个结果与迪克西特模型的需求假设有关，该假设是一家厂商的边际收入随另一家厂商产出的增加而下降。如果这个假设不满足，例如，需求的价格弹性不变，那么，迪克西特模型中的在位厂商拥有过度生产能力是最优的。

成保留在该产业的一个承诺。如果在位厂商和垂直关联厂商保持了长期的业务关系，那么过度生产能力可以视为在位厂商将在该产业持续经营的一种信号。在这种情况下，拥有过度生产能力所获得的利益包括减少与垂直关联厂商进行业务往来的交易成本。类似地，Saloner（1985）论证了，一个主导厂商可以通过过度生产能力来诱导竞争对手减少产出。Malueg 和 Schwartz（1991）论证了当市场增长和进入者的规模非常小时，在位厂商的遏制进入问题。他们表明，当这种"立足"式的进入发生时，通常，在位厂商遏制所有的进入是不可能的，让一些厂商进入市场是有利可图的，而且随后进入厂商的预期反应可以成为后来进入厂商的威慑力量。

案例 7-5

世界汽车市场中的过度生产能力

通用、福特和宝马公司都在泰国建立了新工厂。韩国的现代-起亚、大宇、三洋和三星的汽车生产能力现已达到 600 万辆，尽管它们在国内的销售量只有 150 万辆，在全世界的销售量只有 350 万辆。通用-菲亚特和福特对于通过收购大宇进入此市场都表现出兴趣。韩国企业集团三星投资 50 亿美元建成了一座年产 50 万辆汽车并装备机器人的新工厂。可以预见，韩国的当地价格会下降，因为隐约出现的过度生产能力会迫使利润降到不再吸收新的汽车工业投资的水平上。但这可能只是个想法。原有制造商希望遏制对此市场的进一步进入，通过以足够的生产能力进行事先承诺，就可以很容易地享受这个亚洲新兴的增长市场，因为潜在进入者不会怀疑前者大力削价保护市场占有率的威胁。如果这种策略性行为起作用，潜在进入者就不会进来，原有厂商将不一定会实施威胁。

资料来源：麦圭根，莫耶，哈里斯.管理经济学：应用、战略与策略 [M].李国津，译.北京：机械工业出版社，2003.

四、兼容策略

平台间的"封杀战"此起彼伏，兼容性是平台竞争的重要话题。平台是否选择与其他平台兼容，严重关系平台利益。两家平台一旦联通，将会产生双向网络效应，即一方平台的用户可以向另一方平台转移，存在用户流失风险，平台同时也能获取对方用户，实现平台共享。因此，平台兼容性与网络竞争息息相关。

平台选择兼容策略之前，需要权衡性能、开放和控制。在性能方面，为了触发网络正反馈效应（用户共享），平台运营商有两种方式优化功能：一种是放弃一些非核心性能以保证产品的兼容性，方便消费者接受，而保证兼容性的代价则是功能改进上将受到不小限制。另一种是注重提高性能，生产出更卓越的新品，不保留旧产品已有的技术和性能，这将提高用户的转换成本，同时也会对在位企业造成巨大威胁。

开放和控制对于兼容性也是十分重要的影响因素。开放是一种较为谨慎的策略，是指放弃对技术、用户、数据等瓶颈制约的掌控，允许其他企业使用必要的界面和规格，使新技术和新商业模式得以在市场中普遍运用。当市场中还没有出现技术寡头时，开放策略就比较重要。相反，控制则是独占系统与技术。然而，数字技术迭代创新的速度不断加快，只有具有强大竞争力的市场主导者才能对战略资源保持高效控制,如微软、英特尔。也有少数具有技术优势的企业有实力处于这种优势地位,如苹果、高通。

在考虑了性能、开放和控制以后,平台企业的兼容策略通常有四种选择:一是丰富性能策略,即在引入一种新的、非兼容技术的同时,保持很强的独家控制。当新技术可以为用户提供远远超出现有技术的优势时,适宜采取此策略,否则企业将面临巨大风险。二是控制转移策略,即向用户提供新的、改进的技术,可与现有技术兼容,但由供应者独家拥有。软件程序升级和更新属于这种类型。三是开放转移策略。供应商提供新产品,并且转换成本非常低,这不仅让用户得益,也有利于具有较强扩展能力的企业扩大市场规模,实现规模经济。如微软发布的 Windows 操作系统现已更新至第 11 代,每一次更新都向前兼容,方便用户顺畅地使用历史文件和程序,实现系统快速、平滑升级。四是中断策略。这种策略适用于新技术或新产品与现有技术不兼容,且由多个供应商提供的情况,尤其是在制造效率较高的硬件行业和一些有能力提供增值服务或软件改进的软件行业。例如,微软 Xbox One 游戏机采用了新标准,在其手柄上设计了全新的数据接口,从而无法继续支持目前的耳机接入,这就意味着第三方设备商都需要为其设计新的耳机产品。

案例 7-6

微信、淘宝与抖音平台的兼容性

当前,微信、淘宝已成为人们日常生活中必不可少的社交、购物平台。然而,二者并没有完全兼容,淘宝商品只能通过复制文字或淘口令等方式分享给微信好友。由于存在电商竞争,2013 年,淘宝以微信平台中大量伪造淘宝店为由,关闭了微信直接跳转淘宝页面的通道。同样的情形也发生在微信和抖音之间。短视频势力崛起以后,抖音成为直播电商新零售的主战场之一。2019 年,微信同样屏蔽了数十万条抖音链接,以防止用户转移。

资料来源:孙毅.数字经济学[M].北京:机械工业出版社,2021.

本章小结

在市场竞争中,为达到利己的目的,厂商常常对竞争对手采取掠夺性行为。厂商运用多种手段,或是遏制对手进入某一市场,或是将对手逐出市场,抑或是缩小对手的规模。常用的掠夺性定价策略由于具有某些劣势,故本章为那些饱受实施价格掠夺之苦的企业或无力实施价格掠夺措施的企业提出几种非价格掠夺手段,围绕产品选择、成本与生产能力展开分析,包括空间先占权与产品扩散策略、预告产品信息与掠夺性定价、提高转换成本、捆绑销售与搭配销售、提高对手成本与平台竞争、过度生产能力和兼容策略等六种策略。空间先占权与产品扩散策略,是指在位厂商为了阻止潜在进入厂商生产替代产品,可以通过在潜在进入厂商进入之前抢先生产新产品,来填满产品特性空间而不给潜在进入厂商留下任何销售空间。预告产品信息是指当企业在产品的市场推广过程中慢于竞争对手,竞争对手可能首先推出产品,那么企业就可以通过预告产品信息的方法来推迟竞争对手的市场份额到达临界点的时间,不过这种策略可能会降低社会福利。掠夺性定价是将产品定价于一个较低水平,从而将对手挤出市场,在攫取垄断地位和积累了一定用户规模后,再提高价格以获得垄断利润。提高转换成本是指将消费者或用户从在位厂商处购买产品转向从新进入厂商处购买产品时面临的一次性成本提高而锁定顾客需求。捆绑销售是将可分离的产品或服务捆在一起向买方出售，搭配销售是指经营者利用其经济和技术的优势地位，违背顾客的意愿，在向顾客供应一种商品或服务的同时，又要求其购买另一种商品或服务。提高对手成本是指厂商通过提高对手成本将对手赶出市场。平台竞争策略主要包括用户锁定策略、注意力配置策略、低成本策略和互补品合作策略。过度生产能力投资是一种遏制进入型策略性行为。兼容策略包括丰富性能策略、控制转移策略、开放转移策略和中断策略。

推荐阅读

[1] BAYE M R, MORGAN J, SCHOLTEN P. Information, search, and price dispersion[M]// Hendershott T (ed.). Handbooks in Economics and Information Systems, Elsevier, 2006.

[2] GOLDMANIS M, HORTACSU A, SYVERSON C, EMRE O. E-commerce and the market structure of retail industries[J]. Economic journal, 2010, 120(545): 651-682.

[3] PEPALL L, Richards D J, NORMAN G. Industrial organization contemporary theory and practice[M]. Cincinnati: South-Western College Publishing, 1999.

[4] Anderson S P, Palma A D. Competition for attention in the Information (overload) Age[J]. RAND journal of economics, 2012, 43(1):1-25.

[5] Farrell J, SALONER G. Installed base and compatibility: innovation, product preannouncements, and predation[J]. American economic review, 1986, 76 (5): 940-955.

[6] 国务院发展研究中心课题组. 当前中国产能过剩问题分析：政策、理论、案例[M]. 北京：清华大学出版社，2014.

[7] 林毅夫，等. 潮涌现象与产能过剩的形成机制[J]. 经济研究，2010（10）：4-19.

[8] 曲创，刘伟伟. 双边市场中平台搭售的经济效应研究[J]. 中国经济问题，2017（5）：13.

思考与练习

1. 通过案例解释预告产品信息策略。
2. 什么是转换成本？它包括哪些内容？
3. 捆绑销售与搭配销售的异同点是什么？
4. 提高对手成本的途径有哪些？
5. 试举例说明本章的六种策略在现实中企业的使用情况。

第八章

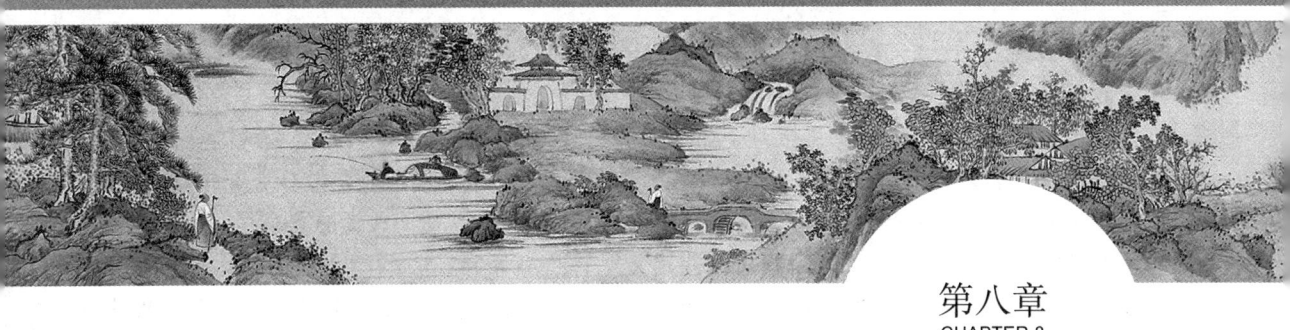

CHAPTER 8

企业并购

"一家企业通过兼并其竞争对手的途径成为巨型企业是现代经济史上一个突出现象","没有哪一家美国大公司不是通过某种程度、某种方式的兼并而成长起来的,几乎没有一家大公司主要是靠内部扩张发展起来的"。

——乔治·J. 施蒂格勒

企业并购是现代市场经济中实施资产重组和优化资源配置的有效手段,有助于实现企业规模的迅速扩张,推动产业结构的不断升级。本章主要对企业并购的相关问题进行简单介绍,共分为四节。第一节首先介绍了并购的概念及类型,其中最为重要的分类方式是按照被并购双方的产业特征划分的横向并购、纵向并购和混合并购。随后介绍了到目前为止西方国家发生过的六次并购浪潮,分析了六次并购浪潮的特点和动因。第二、第三、第四节从产业组织角度分别对横向并购、纵向并购和混合并购进行了深入分析,并以具体的案例加以说明。第五节针对并购中的反垄断问题,介绍了经营者集中审查的相关内容。

第一节 企业并购概述

一、并购的概念

所谓兼并 (merger),含有吞并、吸收、合并之意。通常我们会从狭义和广义两个角度来理解兼并的含义。狭义的兼并是指,在市场机制作用下,企业通过产权交易获得其他企业的产权,使这些企业法人资格丧失,并获得它们控制权的经济行为。简单地说,有 A、B 两家企业,如果 A 企业兼并 B 企业,那么 B 企业就不再存在,而成为 A 企业的一部分。广义的兼并是指,在市场机制作用下,企业通过产权交易获得其他企业产权,并企图获得其控制权的经济行为。我们仍以 A、B 企业为例,在广义兼并的情况下,如果 A 企业兼并 B 企业,出现的结果可能会有如下几种:一是 B 企业被兼并后不存在,而成为 A 企业的一部分;二是 A

企业兼并 B 企业后，A、B 企业都解散而成立一家新的 C 企业；三是 A 企业兼并 B 企业后，A、B 企业都存在，但是 A 企业控制了 B 企业。

所谓收购（acquisition），是指对企业的资产和股份的购买行为。收购涵盖的内容比较广，A 企业收购 B 企业，结果或者是 A 企业吞并了 B 企业，或者是 A 企业获得 B 企业较多的股权而控制了 B 企业，或者是 A 企业只购买了 B 企业很少的股份，从而成为 B 企业的一个股东。

收购通常和广义的兼并作为同义词使用，尤其是当兼并和收购同时使用时。虽然兼并、收购、合并存在差别，有时候在特定场合下它们的区别甚至很重要，但是由于兼并、收购、合并都以企业产权为对象，获得企业控制权与产权转移是三者共同的主要特征，并且由于在实践中经常交叉使用兼并、收购、合并三个概念，所以研究中经常以并购来涵盖上述市场行为。并购泛指在市场机制作用下企业为获得其他企业的控制权而进行的产权交易活动。

通常，我们把主兼并或主收购公司称为兼并公司、收购公司、进攻公司、出价公司、标购公司或接管公司等，把被兼并或被收购的公司称为被兼并公司、被收购公司、目标公司、标的公司、被标购公司、被出价公司或被接管公司等。

二、并购的类型

从不同的角度看，并购也可以有多种不同的分类方式，比较常见的有如下两种方式。

（一）按产业特征分类

按照并购双方的产业特征，可以将并购划分为横向并购、纵向并购和混合并购。

横向并购又称水平并购，是企业扩张的一种基本形式，并购双方处于同一产业，换言之，横向并购是一种竞争者之间的并购。并购企业与目标企业生产相同的产品或提供相同的服务，并且在其他生产经营、销售环节具有相似性或互补性。企业之间通过实施横向并购，能够充分利用并购后企业的规模经济效应来扩大市场竞争力，达到在市场竞争中取胜的目的。

纵向并购又称垂直并购，是指处于生产同一（或相似）产品不同生产阶段的企业之间的并购。企业之间通过实施纵向并购可以在获得被并购企业的同时得到所需的资源，也可以通过纵向并购达到进入某一产业的目的，完成企业的产业扩张。从纵向并购方向来看，有前向并购（前向一体化）和后向并购（后向一体化）之分。前者指生产原材料的企业通过并购向经营第二次加工阶段的业务扩展，或者一般制造企业通过并购向经营流通领域等业务扩展；后者指装配或制造企业通过并购向零部件或原材料生产等业务扩展。

混合并购是指既非竞争对手又非现实中或潜在的客户或供应商之间的并购。混合并购有三种形态：在相关产品市场上企业间的产品扩张型并购；对尚未渗透的地区生产同类产品的企业进行市场扩张型并购；生产和经营彼此间毫无相关产品或服务的企业间的纯粹的混合并购。企业进行混合并购的目的主要是追求组合效应，降低经营风险。

（二）按公司法分类

按照并购后的法律状态可以将并购划分为新设合并型、吸收合并型和控股型。

新设合并型并购是指两家以上的公司通过合并成一家新公司的形式而进行的合并。采取这种形式的合并，合并双方均解散，失去法人资格。我国《公司法》第一百七十二条规定：两个以上公司合并设立一个新的公司为新设合并，合并各方解散。我国《公司法》第一百七十九条规定：设立新公司的，应当依法办理公司设立登记。

吸收合并型并购是指一家公司通过吸收其他公司的形式而进行的合并。采用这种方式并购，被吸收的公司解散，失去法人资格，继续存在的公司称为存续公司，存续公司要进行变更登记，被吸收公司的债权、债务由存续公司继承。

控股型并购是并购双方都不解散，但一方被另一方所控制。在这种情况下，目标公司被并购后仍保留其法人资格。

三、西方企业并购的演进

从19世纪末20世纪初发展至今，全球企业并购已经历了六次浪潮。有些学者根据不同阶段的统计资料加以整理，绘制了一幅西方企业百年并购图（见图8-1）。该图基本上反映了西方国家前四次的企业并购浪潮。第五次并购是从20世纪90年代中期，一直延续至2000年；第六次并购则是从2005年至今。

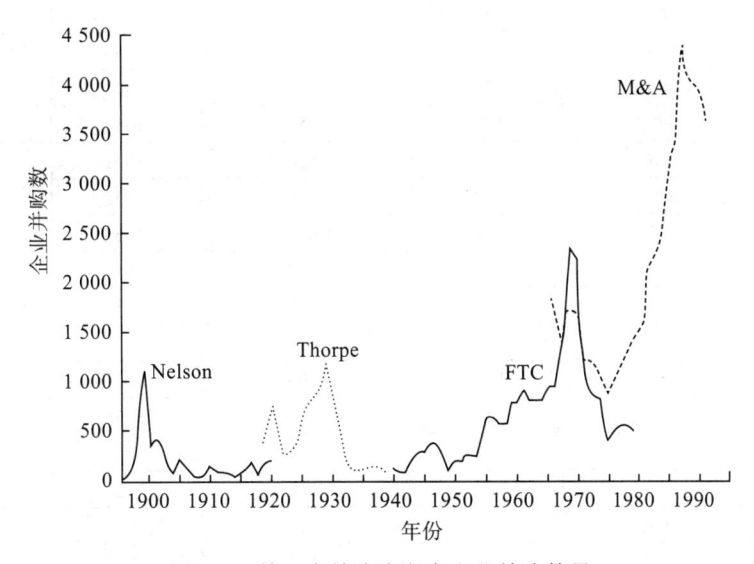

图 8-1 前四次并购浪潮中企业并购数量

资料来源：AUERBACH A J. Corporate takeovers: Causes and consequences[M]. Chicago: University of Chicago Press, 1988.

（一）第一次并购浪潮

第一次企业并购浪潮发生在19世纪末20世纪初，其高峰时期为1898—1903年。这一阶段的并购浪潮被认为是历次并购浪潮中非常重要的一次，不仅是因为企业垄断现象在这个阶段首度出现，还因为这一次并购浪潮使得西方国家逐渐形成了自己的现代工业结构，对整个世界经济的发展产生了十分重要的影响。

横向并购是第一次并购浪潮的重要特征。优势企业通过对同行业劣势企业的兼并，集中了同行业的资本，在市场上获得了一定的市场势力。一方面，此次并购有利于优势企业达到最佳的生产规模，采用新技术，取得规模经济效益；另一方面，降低了市场竞争的程度，垄断者可以凭借其垄断地位获得超额的垄断利润。所以，追求垄断地位与规模经济是此次并购浪潮的主要动因。

以美国的矿业和制造业为例，在1898—1903年的6年间，该产业发生了2 795起并购，其中1899年就发生了1 208起，如表8-1所示。这次并购使美国经济集中度大大提高。到1909年，产值在100万美元以上的大企业已增加到3 000多家，占企业总数的1.1%，而它们所占有的产值和雇员数分别为43.8%和30.5%，其中100家最大的企业控制了全美近40%的工业资本。这次并购浪潮产生了一些后来对美国经济结构影响深远的垄断组织，如美国烟草公司（American Tobacco）、美国钢铁公司（U.S.Steel）、杜邦公司（Dupont）、美国橡胶公司（U.S.Rubber）等一大批现代化的大型托拉斯组织。这些大企业是通过并购5 000多家企业而形成的。

表8-1　美国矿业和制造业的并购情况

年份	每年并购数	年份	每年并购数	年份	每年并购数
1895	43	1920	206	1945	333
1896	26	1921	487	1946	419
1897	69	1922	309	1947	404
1898	303	1923	311	1948	223
1899	1 208	1924	368	1949	126
1900	340	1925	554	1950	219
1901	423	1926	856	1951	235
1902	379	1927	870	1952	288
1903	142	1928	1 058	1953	295
1904	79	1929	1 245	1954	387
1905	226	1930	799	1955	683
1906	128	1931	464	1956	673
1907	87	1932	203	1957	585
1908	50	1933	120	1958	589
1909	49	1934	101	1959	835
1910	142	1935	130	1960	844
1911	103	1936	126	1961	954
1912	82	1937	124	1962	853
1913	85	1938	110	1963	861
1914	39	1939	87	1964	854
1915	71	1940	140	1965	1 008
1916	117	1941	111	1966	995
1917	195	1942	213	1967	1 496
1918	71	1943	324		
1919	171	1944	333		

资料来源：①尼尔逊.美国工业的兼并活动：1895—1956[M].普林斯顿：普林斯顿大学出版社，1959：37.
②美国联邦贸易委员会1968年和1955年《企业收购和兼并报告》。

(二) 第二次并购浪潮

第二次并购浪潮发生在两次世界大战之间的 20 世纪 20 年代。在这个时期，科学的发展、新技术的应用，以及产业合理化政策的实行产生了新的工业技术，从而带动一系列新的产业的出现，如汽车工业、化学工业、电气工业等，这些新兴的资本密集型的产业和产业合理化都需要大量的资本。在这种经济环境下，第二次并购浪潮蓬勃发展。

第二次并购浪潮中出现了多种兼并形式，其中以纵向并购居多。这种并购有助于生产的连续性，并能减少商品流转的中间环节，节约销售费用，等等；不过，这种并购也加强了垄断，有助于优势企业获得更多的垄断利润。另外，工业资本与银行资本开始相互兼并、渗透，成为这一阶段并购的另一特征，如洛克菲勒公司控制了美国花旗银行，摩根银行则创办了美国钢铁公司。

第二次并购浪潮涉及许多新兴产业，并产生了许多著名的大企业，如电机制造业的三大企业——英国电器、GEC 和电器行业联合体就是在这个时期通过并购形成的。其中，最为浩大的一次并购发生在 1926 年，四家经过同业并购已在各自产业中占有重要地位的大公司——诺贝尔公司、布鲁诺姆德公司、不列颠染料公司、联合碱制品公司合并组建了 ICI 公司。

(三) 第三次并购浪潮

第三次并购浪潮发生在第二次世界大战结束后的 20 世纪 50 年代和 60 年代的资本主义经济"繁荣"时期，并在 60 年代后期达到高潮。

这段时期并购的主要形式是混合并购，即并购与被并购的企业分别属于不同的产业部门，且这些部门之间没有特别的生产技术联系，进行这种并购的主要目的是谋求生产经营多样化，降低经营风险。1948—1964 年美国发生了 647 起企业并购，其中混合并购 406 起，占 63%。表 8-2 所列的美国制造业和矿业中大企业并购的分布情况，以及表 8-3 所列的英国工业、商业与金融业的混合并购情况均反映了这种趋势。

表 8-2　美国制造业和矿业中大企业并购及其分布情况

并购类型	1948—1953 数目	1948—1953 百分比	1954—1959 数目	1954—1959 百分比	1960—1966 数目	1960—1966 百分比	1967 数目	1967 百分比	1968 数目	1968 百分比
横向并购	18	31%	78	25%	69	13%	14	9%	7	4%
纵向并购	6	10%	43	14%	82	15%	13	8%	14	7%
混合并购	34	59%	193	61%	387	72%	128	83%	171	89%
合　计	58	100%	314	100%	538	100%	155	100%	192	100%

资料来源：谢佩德. 市场势力与福利导论 [M]. 北京：商务印书馆，1980：106.

表 8-3　英国工业、商业与金融业的混合并购情况

年　份	并购企业数	并购资产价值（百万英镑）
1955—1959	44	57.57
1960—1964	40	87.61
1965—1969	60	1 183.00

资料来源：考林，等. 兼并与经济绩效 [M]. 剑桥：剑桥大学出版社，1980：8-9.

(四)第四次并购浪潮

第四次并购浪潮发生在20世纪70年代中期至80年代末并在80年代达到高潮。这次并购浪潮的形式呈多样化趋势,横向并购、纵向并购和混合并购多种形式并存,没有哪一种并购形式占主导地位。

这次并购浪潮出现了小企业并购大企业的形式,即"小鱼吃大鱼"。同时,这一时期并购与反并购斗争日益激烈,使并购与反并购活动越来越不择手段。有些企业为了获得某种先进的生产技术,有些企业甚至为了得到目标企业的某位人才,竟不惜将整个企业买下。

在这一时期,跨国并购进一步发展。到1988年,外国企业以并购形式在美国的投资占投资总额的92.3%,并且呈上升势头。到1991年,外国企业并购美国企业的金额达到197亿美元。

(五)第五次并购浪潮

第五次并购浪潮始于20世纪90年代中期,一直延续至2000年。这次并购浪潮的发生主要得益于以下两方面:一是科学技术特别是通信技术的突破为并购活动创造了很多机会;二是政府反托拉斯政策的转变为"强强联合"打开了方便之门。

第五次并购浪潮的第一个特点是规模极大,参与并购的企业规模都非常大,此次并购形成了一批巨型的大公司和跨国公司,如1995年迪士尼公司收购美国广播公司,西屋电气公司收购美国大电视网哥伦比亚广播公司。第二个特点是跨国并购占了很大的比重(见表8-4)。在经济全球化的趋势下,跨国公司所进行的战略调整建立起一体化国家生产网络,从而推动世界经济的发展。第三个特点是横向与纵向并购剥离并存。大量企业把无关联业务剥离出去,相应地并购同类业务企业,使生产经营范围更加集中,多起剥离在不少大公司特别是跨行业经营的公司内展开。第四个特点是并购的支付手段不是以现金支付,而主要是采取股票的形式支付。

表 8-4 1995—2000 年全球跨国并购销售额   (单位:10 亿美元)

地区/国家	1995年	1996年	1997年	1998年	1999年	2000年
发达国家	164.6	188.7	234.7	445.1	681.1	1 057.2
欧 盟	75.1	81.9	114.6	187.9	357.3	586.5
美 国	53.2	68.1	81.7	209.5	251.9	324.4
日 本	0.5	1.7	3.1	4.0	16.4	15.5
发展中国家	18.0	34.7	64.6	80.8	73.6	69.7
非 洲	0.2	0.7	1.7	0.7	1.2	2.0
南亚、东亚及东南亚	8.3	9.7	18.6	15.8	28.4	21.1
拉丁美洲	8.6	20.5	41.1	63.9	41.9	45.2
西 亚	0.2	0.4	0.4	0.1	0.3	0.9
中、东欧	5.9	3.6	5.5	5.1	9.1	16.9
世 界	186.6	227.0	304.9	531.6	786.0	1 143.8

资料来源:联合国贸发会议(UNCTAD)《2001年世界投资报告》。

注:根据联合国贸发会议当年对于世界经济格局的划分,发达国家+发展中国家+不发达国家=世界,因此这里发达国家+发展中国家≤世界。

（六）第六次并购浪潮

第六次并购浪潮始于2005年。随着世界经济复苏的步伐加快，国际资本流动明显增加，时隔5年，在2005年第六次并购浪潮随之而来。并购之所以在沉寂几年之后又重新活跃，深受当时世界经济趋好的大环境影响。同时，还得益于三方面原因：第一，跨国公司整体盈利状况改善，意图扩大营业范围；第二，全球的市场竞争日益激烈，迫使企业整合，加快调整经营，提高自身的竞争力；第三，信息技术激励企业外部合作结构变迁，产业一体化成为必然选择。目前企业内部组织由"金字塔"结构向"网络化"转变，企业间协作大大加强，并购成为必然趋势。

根据全球经济形势的新变化，第六次并购浪潮表现出一些新的特征。第一，行业特征明显，以资源型并购为主。此次并购浪潮中，原先主要集中于电信、金融行业的投资银行家将主要精力转移到了资源型产业。2009年，全球并购各产业占比中，能源和原材料产业占比最高，为27%，其次为金融业和科技、媒体、电信等产业，占比分别为20%和16%。2004年，能源、原材料产业的并购数只占5%，到了2005年则猛增到15%，2009年这一占比则达到了27%。并购规模也由2005年的5 100亿美元扩大到2009年的5 600亿美元。国际市场资源价格的大幅度上升致使能源企业积累了大量资金，这可能是引发此次资源型企业并购浪潮的主要原因。第二，新兴市场崛起，成为突出的并购主体特征。来自拉丁美洲、亚洲等新兴市场成为此次并购浪潮的主体，尤其是中国，俨然成为此次并购浪潮的主角。2008年，在全球并购交易额下降的情况下，中国并购交易额达1 596亿美元，较2007年同比增长44%。其中，跨境并购交易额为784亿美元，主要集中于原材料和金融领域。由此可见，以中国为代表的新兴市场国家也掀起了新兴市场国家和西方发达国家双向互动并购的新浪潮。

第六次并购浪潮于2007年达到高潮。随着2008年金融危机的到来，全球企业并购进度陷入停滞状态。2013年起，资本市场的巨型并购交易不断涌现，股东积极主义自美国和欧洲蔓延至全球，2015年交易额和交易量创下新高后再度回落，至2018年迎来企业并购的高潮[一]，全球并购交易额达到4.1万亿美元。2020年新冠疫情席卷全球，全球并购呈现出资产剥离需求高、供应链本土化、范围交易与规模交易同时增长的新趋势。

此轮企业并购浪潮以纵向整合和产业整合为目的，其中，医疗、科技和能源领域的并购最为活跃。跨境并购交易比例占总并购交易数量的40%以上，企业跨境并购在创造协同效益和行业垂直整合等方面的优势日益凸显。同时，并购交易主体呈现多极化的特征，前五次并购浪潮的叙事主体为西方国家，近年来，随着中国等发展中经济体成为跨境并购交易的主力军，全球企业并购格局发生了根本性改变，中国在并购浪潮中积极参与，也重塑了全球企业并购中的估值方式、交易惯例与风险分配机制。

全球企业并购浪潮为中国企业的跨境运营和全球市场布局提供了重要战略机遇，推动中国企业并购重组也是我国经济结构调整和产业转型升级的内在要求。当前，中国企业并购的交易额和交易数量都位居全球第二，并购也已经成为中国企业和产业发展的一种重要模式。

[一] 关于此次并购高潮是否可以被定义为第七次并购浪潮，学术界与业界仍然存在争论。目前对于第七次并购浪潮的起始时间，存在始于2013年、始于2018年和始于2023年三种划分方式，暂未达成一致观点。因此本章未对第七次并购浪潮进行划分，仅介绍第六次并购浪潮后的全球并购新动向。

第二节　横向并购：福利权衡

一、横向并购与效率效应

横向并购的效率效应主要体现在两个方面：一是横向并购可减少固定资产的重要投资，提高固定资产的使用效率，实现规模经济效应，带来产品价格下降的压力；二是横向并购有利于企业实现更合理的内部资源配置，发挥组织资本的综合利用，实现管理协同效应。

（一）规模经济效应

获得规模经济效应的前提条件是该产业中存在较为显著的规模经济且并购之前的运营规模在规模经济之下。通过横向并购扩大生产规模，企业能获得规模经济效应，从而促使成本降低。

第一，企业横向并购会使企业规模扩大，从而产生企业规模经济。企业规模经济出现的根本原因是企业规模扩大所引起的特定生产要素的重新组合，如使用更加先进的技术或工艺、专业化分工与协作的形成、学习效果的产生、建设费用的降低等。

第二，企业横向并购会扩大企业规模，形成企业规模经济。企业作为制造销售产品的组织，必须管理和经营与此相关的所有工厂。除了通过扩大工厂规模达到一定程度来降低单位成本以外，企业也可能通过管理和经营多个具有规模经济的工厂来进一步获取经济性。这些经济性不是大工厂的经济性，而应当被描述为多工厂企业的经济性。具体来讲，企业规模经济可以通过管理费用的分摊、营销资源的综合利用、原材料购入的批量采购、融资能力的提高等途径实现。

（二）管理协同效应

所谓管理协同效应就是指当两家管理能力有差别的企业发生并购之后，合并企业将受到具有强管理能力企业的影响，其管理能力将大于两家单独企业管理能力的总和，其本质是一种合理配置管理资源的效应。两家管理效率不同的企业横向并购有利于提高低效率企业的管理水平。特别是一家企业拥有高效率的管理团队，其管理能力又超过管理原企业的需要，那么并购管理低效率的企业，将提高整个经济的运行效率。对于储备有高水平管理能力人才的企业，如果能用最简单的方式发挥其能力，就不一定要并购别的企业，而如果管理者只能以团队的形式发挥作用，那么并购将是较好的策略。

要深入了解这种效应的产生机理，还应从组织经验和组织资本谈起。组织经验是指"在企业内部通过对经验的学习而获得的雇员技巧和能力的提高"。根据组织经验所适用的管理领域的不同可将其分为三种：第一种是一般性管理的组织经验，它适用于一般性的管理活动，如预测、组织、协调、控制及普遍的财务管理等。一般性管理活动的组织经验不存在明显的产业特征，也就是说，在各种产业中都存在大体相同的一般性管理经验。第二种是产业专属性管理的组织经验，它与某种特定的产业生产、经营管理特点密切相关。换言之，某一产业中的企业专属性管理经验，在另一产业的企业中可能不再有效。第三种是非管理性质的组织经验，它适用于非管理性质的劳动投入要素领域，例如，生产工人的技术水平就是伴随着对经验的学习和积累而逐渐提高的。这些组织经验存在于组织中的个体之间，其作用在于提高个体的管理或生产能力。由于它可以随着个体的流动而发生转移，对一家企业而言并不十分重要。然而，"当组织经验与企业专属信息或组织资本结合起来，从而无法通过劳动力市场自由地转移到其他企业时，组织经验就变得相当重要了"。

组织资本是指企业特有的信息资产，它随时间而积累，用来提高生产率，主要包括在分配给雇员适当任务和组成雇员小组时使用的信息以及每位雇员获得的关于其他雇员和该组织的信息。组织资本也可以分为三种：第一种是体现在员工身上的组织资本。企业的雇员在工作中会对企业的生产特点、工作安排、管理控制机制等不断了解，因而能获得一定的信息。第二种是雇员与其工作的匹配信息。主要是指通过了解工人的相关信息，安排工人进行与其特长、能力等相匹配的工作。第三种是工人与工人的匹配信息。企业由众多个体组成，个体之间存在各类直接或间接的合作，当一名工人了解了其他工人的信息之后，工人之间的匹配程度就可以得到提高。当企业组织资本与组织经验相结合之后，就会形成企业的管理能力，在生产、经营中发挥管理、控制的作用。与组织经验相类似，管理能力按其专属性的不同可以分为一般管理能力、产业专属管理能力、企业专属非管理人员的能力。这三种管理能力在随兼并而发生转移的属性方面有较大的区别。一般管理能力的专属性最差，可以转移到其他大多数产业或企业中去；产业专属管理能力则只能在本产业内的企业之间进行转移；企业专属非管理人员的能力的可转移性最小，即便是在同产业的企业之间也难以转移。当企业并购发生时，第一种和第二种管理能力就有可能从"密度"较大的企业转移到"密度"较小的企业，从而实现人力资源管理能力的最佳配比，提高合并后企业整体的管理水平，这就产生了管理协同效应。

管理能力的转移是协同效应产生的前提条件，但管理能力的转移本身也是有条件的。由于产业专属能力只能在同一产业中转移，所以与此相关的并购应是同产业企业间的并购，即横向并购。对于一般管理能力的转移而言，虽然并购类型不能对其构成任何限制，但是若想促成转移发生，也并非轻而易举的事情。因为组织经验一旦与组织资本结合，就不会由于个别人员的工作转移而发生转移。这就是说，管理能力的转移不是个别管理者的转移，必须是整体性的转移。在并购之后，只有令企业的组织资本、组织经验与管理人员同时发生流动，才会使管理能力转移成功，而且产业专属管理能力的转移也是如此。

二、横向并购与竞争效应

并购具有潜在的反竞争效果，但是由于并购可以优化企业资源配置效率，增强规模经济效应，降低交易成本，也会增加整个社会的福利。从欧美反垄断实践来看，并不是所有并购都会遭到限制，自20世纪80年代以来，似乎横向并购更容易遭到反垄断当局的限制。

横向并购的目的是迅速扩大生产经营规模，提高规模效益和市场占有率。规模效益主要来源于要素的不可分性，包括固定资产和生产工艺流程的不可分性，以及管理资源的专用性。横向并购的结果是，迅速实现规模经济和提高产业市场集中度。通过市场集中，企业的市场势力得以扩大。可以看出，当市场上的竞争者数目过少，造成市场集中度过高时，产业内成员更容易形成合谋以获得垄断利润，进而威胁到市场的有效竞争。由于横向并购对竞争存在潜在的副作用，因而一直是反垄断法的管制重点。横向并购可能导致的反竞争效果主要表现在以下几个方面。

第一，过度的并购将造成市场过度集中，进而导致企业间形成合谋。

生产相同或同类产品的企业出于各自的盈利动机，相互就市场行为达成限制竞争的协议，如限制产量和提高市场价格，以增加产业利润和自身利润。这种合谋行为可能是公开的，也可能是非公开的。而横向并购有利于同一产业内的企业达成合谋协议。这一方面是因为横向并购减少了产业内的企业数目，使企业间的合谋协议容易达成，协调各企业行为困难较小，不易被政府部门察觉。显然，有 5 家企业的市场与有 50 家企业的市场相比，前者更容易达成限制产量和提高价格的协议。另一方面是因为横向并购可能造成产业市场高度集中，这样，产业内市场份额位居前列的大企业就可以独立行动，限制产量和提高价格而不顾及其他小企业的情况，而其他小企业不得不跟随大企业的行为来调整自己的策略，从而形成一个非正式卡特尔。

当然，卡特尔的维持需要一定的市场条件，它能有效察觉参与卡特尔的企业的欺骗行为并给予必要的惩罚，使得企业遵守卡特尔协议比违背协议收益更高。此外，执行卡特尔协议的成本必须相对较低。这样的市场条件包括获得有关企业的生产或经营信息的可能性、卡特尔成员企业的特性和其产品的性质、企业的定价方式、产品销售方式、边际成本曲线弹性、固定成本占总成本的比重等。其中，市场的透明度和成员企业产品的同质性对于形成和维护卡特尔至关重要。成员企业之间信息越灵通，产品在用途、性能和价格等方面越具有同质性，则卡特尔协议越容易被遵守；反之，如果产品具有很大的异质性，相互之间的生产或经营信息难以沟通掌握，则卡特尔难以形成或协议难以被遵守。

第二，过度的并购会导致独占，从而限制竞争。

横向并购如果没有形成企业合谋关系，也有可能限制竞争。当企业通过横向并购取得了足够大的市场份额，并购就有可能限制竞争。并购就企业凭借取得的优势市场地位，就可能不顾其他中小企业而滥用市场势力，提高市场价格，限制产量。当然，并购企业这种滥用市场势力的行为，需要具备一定的市场条件。根据美国司法部和联邦贸易委员会 1992 年颁布的《横向并购指南》，横向并购必须具备以下几个因素。

首先是并购企业产品之间的差异性。差异性是从产品的相互替代性考虑出发的。拥有不同产品的企业发生并购后，如果企业单方面将并购一方或双方产品的价格提高到高于并购前水平，并购企业就可以获利，该并购就会降低竞争。如果涨价造成的销售损失可从扩大其他并购产品的销售中得到弥补，基于并购双方产品的相对差价，即使并购前未曾盈利的企业也可能通过涨价获利。如果并购企业之间产品相互替代性很大，并且双方产品在市场上占据相当大的市场份额，也就是说，并购企业所面临的市场需求弹性很低，则并购后企业单方面涨价的幅度就很大。

其次是并购企业的市场集中度。根据《横向并购指南》，在中度集中的市场条件下，如果并购后企业的市场份额至少达到了 35%，并且产品差异性较低，则两者的并购会对竞争产生不利影响。贝恩于 1951 年最早进行了市场集中度与企业利润之间的调查。他选择了 42 个产业部门，对它们从 1936 年到 1942 年的集中程度和利润率进行了比较。结果发现，CR_8（8 家最大企业所占的市场份额）大于 70% 的产业部门与 CR_8 小于 70% 的产业部门之间的利润率有很大差异。前者的平均利润率为 12.1%，而后者的只有 6.9%。这在一定程度上证明了并购造成的市场集中形成了一定的市场势力，提高了企业的利润。

三、横向并购的福利分析

一方面，横向并购扩大了企业生产规模，降低了单位产品成本，提高了效率，产生了规模经济；另一方面，横向并购形成卖方集中，增加了卖方施加市场势力的机会，造成了一定程度的垄断，产生福利损失。威廉姆森福利权衡模型就是通过对比这两个方面的福利影响来分析横向并购的效应的。

威廉姆森的模型应用了新古典经济学的局部均衡理论，并继承了 Harberger（1954）的早期垄断福利损失分析的传统。我们可以借助图 8-2 和图 8-3 来说明其原理。图中 DD_1 是某种商品的需求曲线，C_1 是并购前的平均成本曲线和边际成本曲线，为了便于说明，这里假设平均成本和边际成本为常数。消费者剩余和生产者剩余之和定义为总社会福利，当价格与边际成本相等时，总社会福利最大。

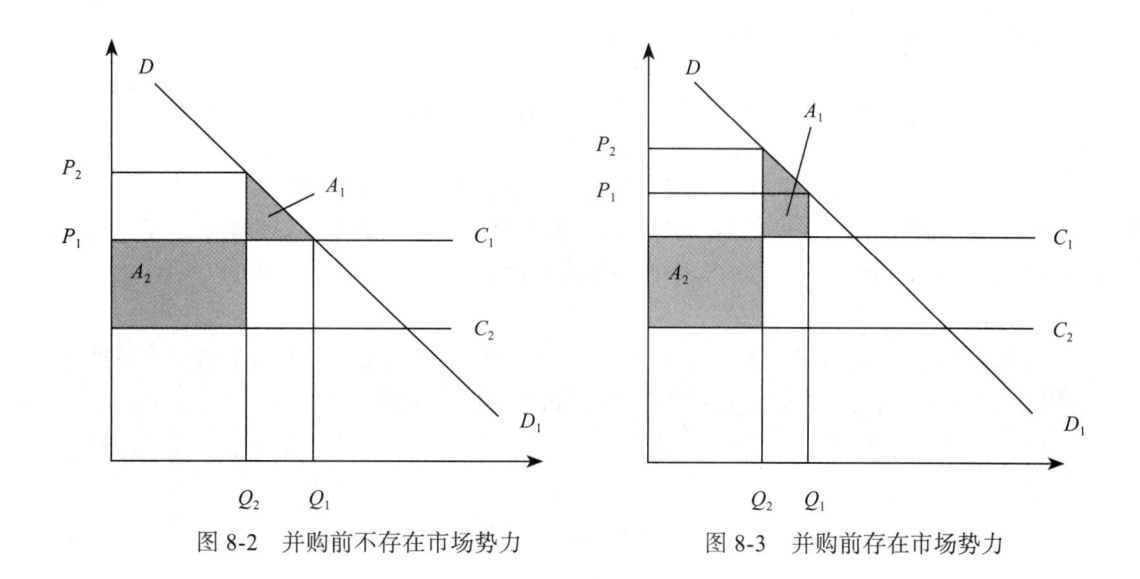

图 8-2　并购前不存在市场势力　　图 8-3　并购前存在市场势力

阴影部分 A_1 表示并购导致价格上涨，消费者剩余减少而引起的福利损失；而阴影部分 A_2 表示并购导致的成本节约，即福利收益。所以 A_2-A_1 就是净社会福利收益，将 A_2-A_1 与 0 比较可以得出并购的福利影响是正的还是负的。

威廉姆森同时还导出了计算公式，设需求曲线 DD_1 是直线，则有

$$A_1 = \frac{1}{2}(P_2 - P_1)(Q_1 - Q_2) = \frac{1}{2}\Delta P \times \Delta Q$$
$$A_2 = (C_1 - C_2)Q_2 = \Delta C \times Q_2$$
$$A_2 - A_1 = \Delta C \times Q_2 - \frac{1}{2}\Delta P \times \Delta Q \tag{8-1}$$

设需求弹性

$$\eta = \frac{\frac{\Delta Q}{Q_1}}{\frac{\Delta P}{P_1}} \tag{8-2}$$

将式（8-2）代入式（8-1），当 $A_2 > A_1$ 时，

$$\frac{\Delta C}{P_1} - \frac{1}{2}\eta \frac{Q_1}{Q_2}\left(\frac{\Delta P}{P_1}\right)^2 > 0 \tag{8-3}$$

（1）并购前不存在市场势力时 $P_1=C_1$，式（8-3）变为

$$\frac{\Delta C}{C_1} - \frac{1}{2}\eta \frac{Q_1}{Q_2}\left(\frac{\Delta P}{P_1}\right)^2 > 0 \tag{8-4}$$

（2）并购前存在市场势力时 $P_1>C_1$，则根据图 8-3 可得

$$A_1 = \frac{[(P_2-C_1)-(P_1-C_1)](Q_2-Q_1)}{2}$$

$$A_2 = (C_1-C_2)Q_2$$

$$A_2 - A_1 = (C_1-C_2)Q_2 - \frac{[(P_2-C_1)-(P_1-C_1)](Q_2-Q_1)}{2} \tag{8-5}$$

令 $K=\dfrac{P_1}{C_1}$，则式（8-5）可以转化为如下形式：

$$\frac{\Delta C}{C_1} - [\frac{1}{2}K\frac{\Delta P}{P_1}+(K-1)]\eta\frac{\Delta P}{P_1}\frac{Q_1}{Q_2} > 0 \tag{8-6}$$

式（8-4）和式（8-6）是判别垄断是否对社会福利存在正向影响的条件。若并购前不存在市场势力，只要满足式（8-4）的条件，那么并购对社会福利就存在正向影响，反之则为负向影响；若 $A_1=A_2$，则并购的影响为中性。如果并购前存在市场势力，则可以用式（8-6）的条件来分析。

威廉姆森的主要论点是在关于 η 和 ΔP 的合理性的假设值下，福利增加值很容易抵消福利损失，所以一般而言，横向并购对净社会福利的影响是正向的。

案例 8-1

顺丰控股并购 DHL

2018 年 10 月，顺丰控股的全资子公司顺丰香港与 DPDHL 下属子公司德邮控股、海洋控股及敦豪货运签署了《股份出售与购买总协议》，2019 年 1 月，德邮控股和海洋控股、敦豪货运分别与衡风有限公司（顺丰香港指定子公司）签署了股权转让协议。交易完成后，顺丰香港或其指定的全资子公司将成为敦豪香港和敦豪北京的唯一股东。顺丰控股并购 DHL 的主要动因有以下几个方面。

并购动因之一：增强盈利能力，获取规模经济效应。顺丰控股整合优质标的资产与 DHL 达成区域内供应链战略合作，通过取得 DHL 品牌的特定期限使用权，扩大供应链业务，获取高水平合同物流专业经验，进一步巩固行业领先地位。

并购动因之二：降低经营成本，提升管理组织经验。顺丰控股通过此次并购实现了产品业务线与管理经验的优势互补，提高了仓储管理与运输等专业领域的管理组织经验，延伸了自身的业务范围。

并购动因之三：开拓国内和国外市场，增强市场势力。顺丰控股的横向并购削弱了市场的同质化竞争水平，帮助顺丰获取 DHL 的跨国企业客户群体，在稳定现有需求群体的基础上继续增加新的市场受众，提高国外营业收入。在实施并购战略后，顺丰控股形成新品牌"顺

丰敦豪",通过 DHL 的品牌价值等优质资产丰富客户高附加值的服务品类,致力于引领物流业的高端市场,实现综合实力的提升,推进了顺丰控股的业务全球化进程。

资料来源:陈冠卿.顺丰横向并购敦豪的动因及并购绩效评价研究[D].北京:北京交通大学,2020.

第三节 纵向并购:降低交易成本与稳定经营环境

一、纵向一体化理论

纵向一体化理论有许多种,在此我们重点从市场失灵、所有权的成本与收益角度进行解释。

(一)市场失灵的解释

威廉姆森对由市场失灵导致的纵向一体化进行了考察,他认为,用技术相互依赖的观点来解释纵向一体化有个明显的缺陷,那就是企业不仅是有效地实现规模经济和成本最小化的要素比例配合,而且有时还拥有超越市场的潜在协调能力[一]。企业作为代替市场的内部组织,具有激励、控制和固有的结构优势。他所说的市场失灵是狭义的,即以内部组织代替市场交换可减少交易成本。"机会主义与交易专用性投资的结合是解释决定纵向一体化的主要因素"[二]。

如需多种部件投入生产,卖方市场有垄断性余额,这对成品装配者的后向一体化和部件供给者的前向一体化提供了"明显"激励。从双边垄断到双边寡头垄断都存在价格和数量上的讨价还价,导致双方共同利益的损失。有三种不同的方法可减少这种损失,即永久性契约、一系列短期契约和纵向一体化。价格歧视和进入壁垒效应这两类反竞争的效应也是一体化的理由。

一体化还能产生结构优势:一是有信息处理效应,二是有制度适应能力。克莱因、克劳福德和艾尔奇安(Klein,Craw Ford,Alchian,1978)认为,纵向一体化是避免机会主义者占有专用性资产准租的好办法。他们得出的规律是:"可占用性专用准租越低,交易者依赖契约关系而不是共同所有的可能性越大;反之,由共同或联合所有的一体化的可能性越大,资产所包含的可占用性专用准租就越高。"他们同时认为,市场契约和纵向一体化只是两个极端的例子,现实中大多数商业关系都介于这二者之间。[三]

克莱因(1980)沿着专用性资产和可占用性准租的逻辑,认为存在着的机会主义行为可能会阻碍契约的实现,从而会迫使一方当事人进行纵向一体化。但由于许多契约内容涉及人力资本,因此,在全部所有权意义上,纵向一体化是不可能的。最终的结果只能由契约解决,但由于专用性资产的存在,必然存在着不平等的谈判力量,从而必然出现所谓"不公平"的

[一] 威廉姆森.生产的纵向一体化:市场失灵的考察[M]//陈郁.企业制度与市场组织:交易费用经济学文选.上海:上海三联书店,1996:2.

[二] 威廉姆森.生产的纵向一体化:市场失灵的考察[M]//陈郁.企业制度与市场组织:交易费用经济学文选.上海:上海三联书店,1996:55.

[三] 克莱因,克劳福德,阿尔奇安.纵向一体化、可占用性租金与竞争性缔约过程[M]//陈郁.企业制度与市场组织:交易费用经济学文选.上海:上海三联书店,1996:110-153.

契约条款。这时有两种办法：一种是"由政府执行的明示契约"，另一种是"自我执行的默许契约"，克莱因赞成后者[一]。

应该说明的是，准租金的出现是投资专门化的结果。一种资源被专门投资于某领域，就不可能再另作他用而不减少其价值。"准租金代表资源现期收益与把此资源用于其他地方所获最佳收益之间的差额"[二]。

（二）所有权的成本与收益的解释

格罗斯曼和哈特（Grossman，Hart，1986）认为，契约权利有两类，即特定权利和剩余权利。前者指那种能事前通过契约加以明确界定的权利，后者指那种不能事前明确界定的权利。当契约成本过高时，一方当事人就会购入剩余权利，这时所有权就等于剩余权利。纵向一体化是购入某一供应者的资产，其目的在于获得剩余控制权。以往关于交易成本的经济文献把一体化归于不完全契约，这其中暗含着一个假设：一体化所导致的后果与完全契约带来的后果相同。格罗斯曼和哈特则认为这没有意义，有意义的是把剩余权利配置给哪一方。当一个企业的投资决策相对其他企业的投资决策而言特别重要时，一体化是最优的；当双方的决策都相当重要时，非一体化是可取的。一体化是否必要，取决于契约双方配置所有权是否能使事前投资扭曲最小。他们最后得出的结论是：产权分配的结果是有效率的。[三]

二、交易成本理论

从交易成本的角度理解纵向一体化问题，通常认为：①市场和企业是用以完成一系列相关交易的可供替代选择的工具；②一系列交易应该在企业之间（经过市场）进行还是在企业之内完成，这取决于每种方式的相对效率；③通过市场签署和履行复杂契约的成本，一方面随着与契约有关的人类决策制定者的特征而有所变化，另一方面随着市场客观特性的不同而有所变化；④尽管妨碍企业之间（经过市场）交换的人为因素和交易因素与企业之内的情况表现有些不同，但同样一组因素适用于两种情况。因此，对交换的对称性的分析要求，应该承认内部组织的交易限度，也应该承认市场失效的交易根源。当契约的签订、实施与强制执行的成本非常高昂时，考虑到不完备的契约是有风险的，企业可能决定避开市场并求助于科层制组织方式，原本可能在市场中进行的交易就会在内部来进行，并受到行政管理程序的控制。就内部而言，问题是随时加以处理，无法从一开始就制定详尽的应变计划。由于内部各个部门并不拥有对利润流的优先索取权，相反是在共同的所有权和监督的条件下运作，更接近于最大化联合利润，并且内部的激励和控制机制与在市场交换中可以获得的手段相比，显得丰富精细得多，机会主义对于这种内部的连续性的供给关系，就不会造成同通过市场进行谈判时一样的困难。因此，企业能够更好地在投资方面采取长远的观点，与此同时以一种适应性、

[一] 克莱因. "不公平"契约安排的交易费用决定 [M]// 陈郁. 企业制度与市场组织：交易费用经济学. 上海：上海三联书店，1996：154-166.

[二] 埃格特森. 新制度经济学 [M]. 北京：商务印书馆，1996：50.

[三] 格罗斯曼，哈特. 所有权的成本与收益：纵向一体化和横向一体化的理论 [M]// 陈郁. 企业制度与市场组织：交易费用经济学. 上海：上海三联书店，1996：270-314.

连续性的方式针对变化的市场环境做出调整。由此可见，纵向一体化（即把交易由市场转向内部组织）在解决有限理性和机会主义问题方面是有其优势的，当市场作用在企业之间的交换过程中失效时，纵向一体化方式应当首先被考虑到。

我们可以举一个例子来说明纵向一体化对交易成本的节约。原油生产和冶炼处于纵向生产阶段，假如一炼油公司的设备只能加工海湾原油，而不能加工其他原油，那么这座炼油厂就对海湾石油有很大的依赖性。一旦海湾石油供应商"卡脖子"，要提高原油供应价格，炼油公司要么忍气吞声，接受高价，要么重新设计炼油设备或关闭，两者都会给炼油公司带来很大的损失，换言之，炼油公司随时处于被胁迫的地位，有潜在的交易成本。那么，为什么炼油公司的设备要"特定"为海湾原油而设计，而不设计成可以加工各种原油呢？答案是设备的特定性越高，设计越简单，制造费用越低。当这种特定性或依赖性达到一定程度时，市场交易的潜在费用就会阻止企业继续依赖市场，这时，垂直化收购就会出现。炼油公司就会不惜巨资去收购原油生产公司，"内化"石油这个生产环节，把原油生产作为公司内部的一个生产过程，炼油公司的原料供应就得到了保障，被人"卡脖子"或胁迫的潜在损失也就消失了。现代大公司往往通过并购，直接将几个生产、流通阶段垂直地或多角度地集中，从而扩大内部交易，减少市场交易的风险和费用，可见，通过收购来放大交易成本效应对公司有重要作用。

案例 8-2

美国杜邦公司收购大陆石油公司

1981 年 8 月，杜邦公司以 80 亿美元的价格收购大陆石油公司。这是美国当时最大的并购案例。杜邦公司是美国十大财团之一，是由杜邦家族组成的依靠化学工业和军火工业起家的财团。从第一次世界大战到 20 世纪 30 年代初，杜邦公司并购了 100 多家公司，成为巨大的化学垄断组织。大陆石油公司（Conoco，也译为科诺科公司）成立于 1875 年，是当时美国第九大石油公司，由摩根财团独家控制，拥有 3 000 多口油井，在 30 个州设有上万家零售店。杜邦是化工原料的使用者，大陆石油公司是其上游企业，杜邦收购大陆石油属于纵向并购。

并购动因之一：应对经济环境变化。在美国，1980 年发生了对杜邦影响深远的三件大事。第一，石油输出国组织提高石油价格，直接导致杜邦的成本上升 36%；第二，1980 年年底，美国国会通过"超额清理法案"（CERCLA），杜邦需要和其他公司在 5 年内提供 16 亿美元的信托基金用于清理有害物质；第三，卡特总统提高利率以应对高通胀，影响之一是美国经济出现"衰退"，1982 年杜邦只能维持 65% 的生产能力。此后，杜邦高层面临"能源危机"。

并购动因之二：建立稳定的原料供应基地。在其他垄断组织的竞争下，杜邦公司的化学垄断地位下降。杜邦公司总资产在美国七大化学公司中的占比从 1939 年的 49.6% 下降到 1974 年的 33.1%。杜邦公司 80% 的产品原料是石油，收入的 70% 来自石油制品。由于没有控制大型石油公司，杜邦公司的石油化工产品及其他化工原料失去竞争地位，1973 年以来石油危机令杜邦公司雪上加霜，当年公司的乙烯生产能力仅为 34 万吨，在美国化学公司中排名第十位。因此，杜邦公司并购大陆石油公司可以建立起稳定的原料供应基地，不受或少受石油涨价的影响，其产品在石油化工产品中地位的提高也会加强它在化学工业中的地位。

资料来源：干春晖. 产业经济学：教程与案例 [M]. 2 版. 北京：机械工业出版社，2015.

案例 8-3

药品零售商 CVS 收购安泰保险

2018 年 11 月，美国大型连锁药店集团 CVS 完成对美国安泰保险（Aetna）的收购，总交易金额为 690 亿美元。CVS 采取医药福利管理（PBM）经营模式，向大众提供低成本的便捷日常护理服务，在美国拥有超过上万家零售药店和 1 100 家小型诊所。Aetna 主营医疗保健零售业务，拥有 2 311 万名健康险会员。收购完成后，Aetna 品牌作为独立单位运营。该并购意味着全美最大药店、第三大 PBM 公司和第三大保险公司实现垂直整合，形成涵盖"PBM+医药零售+健康保险+医疗服务"的健康服务体系。

并购动因之一：垂直整合产业链，触发业务协同效应。该并购顺应了美国平价医疗法案关于降低医保控费的要求，使医疗保健机构和药房融为一体，CVS 为 Aetna 会员提供药品福利管理和控费，Aetna 会员则成为 CVS 的新用户接口和流量来源。此次并购将传统实体药店转变为提供融合式医疗服务的社区健康医疗中心，涵盖临床、药学、视力、听力、营养、美容和医疗设备在内的多项服务，并向消费者提供健康和保险咨询服务，服务更具综合性和系统性，巩固了 CVS 医疗保健服务商的实力。

并购动因之二：降低交易成本，提高经营效率。第一，CVS 通过制定 Aetna 保险计划，为客户提供免费的就诊服务、健康产品折扣和免费的处方药递送。第二，CVS 利用 Aetna 的健康数据跟踪处方药的使用情况，对患者的用药情况进行有效的干预和指导，这使 CVS 能更好地控制 PBM 经营的成本问题。收购交易完成后的成本协同效应估计为 7.5 亿美元。

资料来源：作者根据公开资料整理。

第四节 混合并购：资产利用与风险降低

一、混合并购与资产利用

资产利用理论把企业看作能够从事一定独立经营活动的有形资产、人和无形资产的资产集合。某些资产具有专用性，只能用于生产特定的产品和服务，而另一些资产则可以通用于生产一定种类的产品和服务。如果这种类型的资产在企业内部没有得到充分利用，或者无法根据企业的经营现状得到充分利用，那么把它用于其他方面就可以获得更高的收益。利用的方式可以是出售或出租这部分资产，也可以通过混合并购自己留用这部分资产，特别是在市场机制失灵的情况下，企业通常认为自己通过内部组织比通过市场利用这部分资产更有效率，所以，企业更倾向于通过混合并购来利用这部分资产。这种资产的利用可能包括以下几种情况：①资产是一种固定的生产要素，如铁路，可以把固定成本分摊到尽可能多品种的产品或服务上，从而降低成本，提高收益；②对那些具有季节性需求的产品，生产互补性季节产品可以提高设备的利用率；③对于产品需求的变化，生产几种产品可以避免需求变动引起的设备利用率的下降；④如果面临长期的或周期性的需求下降，企业可以通过混合并购来抵消生产能力的下降。除了有形资产，无形的管理经验同样是一家企业重要的资产。一些企业往往拥有具备特殊组织才能和企业家才能的管理队伍，在这种情况下，扩展经营范围，企业可以更有效地利用它的管理资产。经营管理才能,尤其在高层管理经验上,一般不局限于某种具体的产品,因此,混合并购能够扩展企业产品的种类和服务的范围,可以充分利用这些管理才能,提高这些资产的利用效率。另一类无形资产是技术知识,它是企业研究与开发的结果,这种技术知识和创新的应用往往超越企业现有的经营范围。企业既可以通过出售这种技术知识获利,也可以多元化利用这种技术知识,如果企业自己利用这种技术知识的预期收益高于出售这种技术知识的预期收益,企业就可能扩大其经营范围,利用这种技术知识,自己从事生产经营。最后,利用企业已有的良好信誉、推销专长或业已建立的营销网络,也可能是混合并购的一个资产利用方式。

二、混合并购与风险降低

降低经营风险的观点经常被用来解释混合并购的动因。当企业通过混合并购把经营领域拓展到原经营领域相关性较小的行业,就意味着整个企业在若干不同的领域内经营,这样,当其中的某个领域或行业经营失败时,可以通过其他领域内的成功经营而得到补偿,从而使整个企业的收益率得到保证。如果企业混合并购了一家与原企业收益率完全负相关的企业,且双方经营规模相当,那么兼并后的企业几乎可以得到一个完全平衡的收益率。即使不是这种极端的情况,混合并购后的企业的收益率变动程度也大大低于混合并购前的变动程度。因此,即使混合并购不能使企业的期望收益额增加,也能降低收益的变动范围,使企业能更稳定地获得这种收益。同时,当有价证券投资组合的交易成本很低时,混合并购对股东或投资者来说意义可能不大,因为投资者完全可以购买不同行业专业化生产企业的股份,使自己的投资多元化,同样达到降低风险的目的。但是,如果有价证券投资组合的交易成本很高,那么投资混合并购后的企业就显得更具吸引力,因为这样可以以较低的成本,同样达到降低投资风险的目的。

三、混合并购的福利分析

混合并购对竞争的影响可能是多方面的,某些影响可能改善资源配置,而另一些影响可能造成行业垄断,增加福利损失。这里主要考虑市场进入、成本节约、掠夺性定价等几个方面的问题。

一般来说,混合并购后的企业在进入新的市场时比专业化企业拥有更多的有利条件。其一是因为混合并购企业可以更容易地从集团内部或资本市场筹措资金;其二是因为混合并购企业可以在更大程度上承受在新市场中的初期亏损,因为其他行业的盈利可以很便捷地用来弥补这部分损失,直到发展壮大至盈利。所以,混合并购方式更易于进入一个新行业,这样,混合并购就会使某个行业内的竞争得以增加,降低行业的垄断利润。虽然混合并购的其他影响可能会造成一定程度上的抵减作用,就多元化进入本身而言,很可能增加了社会福利,改进了资源配置。

如果由于资产利用的结果,进行混合并购的企业能够比同等专业化企业以更低的成本进行生产,对企业而言,这将使它获得更高的市场份额和销售盈利;假如其他情况均不变,对于整个社会而言,多元化企业将改善资源配置效率,增加社会福利。当进行混合并购的企业具有较强的市场势力时,可能会产生掠夺性定价的问题,通常这对于整个社会福利来说是不利的。所谓掠夺性定价是指企业为了达到在较长时期内把价格提至垄断水平的目的,在短期内将价格定在成本之下,以排挤竞争对手,而当对手被挤出该行业后,企业又将价格上调至垄断价格以实现长期的利润最大化。进行混合并购的企业完全有可能实行掠夺性定价,因为它可以用其他市场的盈利来弥补某一市场的暂时性亏损,即以交叉补贴的方式来追逐利润。多元化的企业在某一个市场上的掠夺性行动可以阻止实际或潜在的竞争。在多个市场上处于支配地位的多元化企业采取掠夺性定价的潜在收益要远远大于任何单个市场上的收益。

如果在两个不同的市场上分别存在着两个垄断者,它们的产品存在着互补或替代关系,那么理论上通过混合并购组成一家企业就可以提高总利润。若两个产品甲、乙互为替代性产品,即需求的交叉价格弹性为正,那么发生混合并购后存续的企业可以把甲的价格定得高一些,而不必去考虑甲的价格变动会对乙的需求产生何种影响,对于乙也是如此。甲产品虽然因略微提价减少了利润,但是乙产品可以从销售的增加中获得更高的利润。所以对甲、乙均享有垄断权的多元化企业,会把每一种产品的价格都定得比并购前高一些。若需求的交叉价格弹性为负,即甲和乙互补的时候,就会出现相反的情况,即厂商会把甲和乙的价格定得稍低一些。

案例 8-4

菲利浦·莫瑞斯公司并购卡夫食品公司

菲利浦·莫瑞斯公司(Philip Morris Companies Inc.,简称 PM)创办于 19 世纪中叶。其旗下的"万宝路"是美国第一卷烟品牌。1983 年,PM 成为世界第一大烟草公司。1988 年,PM 以 129 亿美元的巨资并购了卡夫食品公司(Kraft),利用卡夫食品公司的包装、食品保鲜专长和通用食品公司的分销渠道,大幅降低销售费用,使 PM 成为仅次于雀巢的世界第二大包装食品公司。

此次并购是 PM 多元化经营战略的重要举措。20 世纪 60 年代以来 PM 的经营压力大增:第一,随着美国的反吸烟呼声越来越高,WHO 于 1996 年推出《全球烟草框架公约》,加强国际烟草控制,卷烟人均消费量有所下降;第二,美国烟草诉讼案增多,1998 年,几十个州政府状告五大烟草公司危害民众健康,误导消费者,增加了美国各州医院的医疗开支,法官裁定美国五大烟草公司在未来 25 年内赔偿 1 450 亿美元,其中 PM 承担 739 亿美元。败诉致使 PM 的股价从 50 美元跌至 19 美元。

PM 选择进入食品行业,是因为食品和烟草均为消费品,可以共用市场营销的渠道和策略,从而实现并购后的协同效应。同时,卡夫食品公司可以获得 PM 的巨额资金支持,增强经营实力。

资料来源:干春晖. 产业经济学:教程与案例 [M]. 2 版. 北京:机械工业出版社,2015.

案例 8-5

复星国际收购保险集团 CSS

复星国际有限公司(简称"复星国际")是上海最大的民企之一,业务涵盖医药、房地产、钢铁、矿产、零售、服务及战略投资等领域。为组建以保险业务为核心，具有综合金融实力的国际投资集团，2014年1月复星国际收购CSS的三家全资子公司80%的股权及投票权。CSS成立于1835年，是葡萄牙最大的保险控股公司，截至2012年年底，其总资产为130亿欧元，净资产为14亿欧元。

并购动因之一：以保险为核心业务。保险既可以投资又可以提供保障，对于复星国际来说，保险业务可以为其多元化投资经营提供有效的保障，降低风险。在整合了CSS之后，复星国际在继续扎根于中国市场的基础上，投身国际市场，依靠对国外优质资源的合理配置，努力成为以金融为核心的全球性投资集团。

并购动因之二：多元化经营、全球化视野。经济危机导致以欧、美、日为主要市场的公司估值处于低位，复星国际此时以相对低廉的价格收购了葡萄牙的国有资产，进入欧元区国家。复星国际的国际化并购行动搭建起了一个国际化平台，帮助中国各类企业和资源与海外项目对接。复星国际也可以借助这些企业和资源增加海外并购的胜算。

资料来源：干春晖.产业经济学：教程与案例[M].2版.北京：机械工业出版社，2015.

第五节 并购中的反垄断问题

一、并购和市场集中度

很显然，横向并购将使一个行业的市场集中度提高。一些学者认为至少有50%的集中度提高是并购引起的。这里我们归纳了一些实证分析的方法及结论。为了分析并购对集中度变化的影响，一般可以采用这样一种基本方法：从开始年份到结束年份发生了若干起并购案，开始年份的集中度为C_1，为了与C_1对比，将发生并购的工厂的基本资产值加总起来作为新的整体，计算集中度C_2，如果结束年份的市场集中度为C_3，那么并购造成的集中度变化的比率可以由以下公式计算得到：

$$\frac{C_2 - C_1}{C_3 - C_1} \times 100\% \qquad (8-7)$$

据Saronovitch和Sawyer（1975，1976）统计，在1975年底就已经有70%的英国企业（资产大于500万英镑）主要从事制造业和商业活动（金融业、农业、矿业不在统计范围内）。通过对1958—1967年的总体集中比率变化的分析（主要指标是CR_{25}、CR_{50}、CR_{100}），我们可以看到并购对集中度的影响，如表8-5所示。

表8-5 并购对集中度的影响（Saronovitch，Sawyer）

集中度	1958年	1967年	并购的影响比率
CR_{25}	31.37%	35.28%	110%
CR_{50}	40.92%	49.23%	62.3%
CR_{100}	51.65%	62.03%	54.3%

Hannah和Kay（1974）使用基本相同的资料评价了总体上并购对集中度的影响，结果如表8-6所示。

表 8-6　并购对集中度的影响（Hannah，Kay）

集中度	1957 年	1969 年	并购的影响比率
CR_{25}	48.4%	60.6%	116.4%
CR_{50}	60.1%	74.9%	102.7%
CR_{100}	88.9%	97.0%	116.0%

两表的差异是很明显的，但无论哪一种结论，都同样支持至少有 50% 的集中度提高是并购造成的这一结论。

Hart、Utton 和 Walshe（1973）从理论上论证了上述结论。其中，Walshe 在 1974 年对英国的 32 种专利产品进行了研究，在这 32 种专利产品中，有 11 家生产专利产品的厂商最终被并购。在大多数情况下，集中度提高被解释为少数厂商内部的扩展，是提高市场份额的结果，但是当时在 32 种专利产品中，仍有 10 种产品的生产厂商被并购。由此可见，并购是提高市场集中度的重要因素。也许有人会说，并购和企业内部发展都能够提高市场集中度，所以并没有理由说并购是主要因素。但是对于不同产业的个案研究也支持我们上述的结论，如表 8-7 所示。在表 8-7 中，Utton、Hannah 和 Kay 基本上使用了前述的方法，但是采用了不同的衡量指标。Utton1 和 Utton2 是不同的，Utton1 是按基年企业发生并购的方法来计算的，Utton2 则是按末年企业发生并购的方法来计算的。

表 8-7　并购影响市场集中度变化的效果评估

产业	工厂大小的不同记录（Utton）				CR_{10}（Hannah，Kay）		
	集中程度		并购效应		集中程度		并购效应
	1954 年	1965 年	Utton1	Utton2	1957 年	1969 年	
食品	3.43%	5.44%	77%	66%	62.1%	80.5%	70.1%
饮料	2.76%	5.37%	58%	71%	49.8%	87.2%	76.3%
烟草	—	—	—	—	100%	100%	—
化学品	3.72%	5.51%	49%	52%	80.6%	86.4%	31.2%
金属产品	3.97%	5.64%	69%	72%	58.7%	74.3%	107.1%
电子工程	3.82%	5.41%	39%	52%	60.4%	81.2%	105.8%
无线电工程	2.29%	3.18%	38%	21%	39.0%	32.1%	—
造船	—	—	—	—	80.3%	93.3%	80.8%
车辆	3.40%	5.12%	46%	57%	57.2%	85.8%	70.6%
金属货物	2.08%	2.63%	—	—	67.2%	77.1%	129.2%
纺织	2.36%	2.70%	—	—	55.9%	74.2%	127.8%
建材	2.12%	3.88%	45%	22%	71.2%	65.0%	—
纸和出版物	3.18%	4.37%	60%	41%	63.6%	78.1%	111.1%
衣服和鞋袜	1.76%	2.02%	—	—	—	—	—
杂货	—	—	—	—	58.3%	65.6%	95.9%

总之，上述的研究结果都支持前述结论——至少有 50% 的集中度提高是并购引起的。

二、经营者集中与控制权变化

根据我国《反垄断法》，经营者集中的法律概念包含三种情形：①经营者合并；②经营者通过取得股权或者资产的方式取得对其他经营者的控制权；③经营者通过合同等方式取得对其他经营者的控制权或者能够对其他经营者施加决定性影响。

我国《反垄断法》关于经营者集中的解释参考了欧盟竞争法体系中判别经营者集中的企业"控制权变化"理念，包括经营者的合并、收购与设立全功能的合营企业（欧盟委员会，《根据欧盟理事会控制经营者集中的139/2004号条例明确管辖范畴的通知，2008》）。

2018年，《关于经营者集中申报的指导意见》对《反垄断法》的控制权作出解释：经营者集中所指的控制权，包括单独控制权和共同控制权。判断经营者是否通过交易取得对其他经营者的控制权或者能够对其他经营者施加决定性影响（控制权和决定性影响以下统称为"控制权"），取决于大量法律和事实因素。集中协议和其他经营者的章程是重要判断依据，但不是唯一的依据。虽然从集中协议和章程中无法判断取得控制权，但由于其他股权分散等原因，实际上赋予了该经营者事实上的控制权，也属于经营者集中所指的控制权取得。

美国的经营者集中规则非常复杂，主要依据为《谢尔曼法》第1条、《克莱顿法》第7条、《联邦贸易委员会法》第5条。联邦反托拉斯法对经营者集中的解释则直接采用了"合并"的概念，其含义比州公司法的合并含义更广，包括新设合并与吸收合并，两家原先独立的企业归于共同所有或共同控制之下就属于合并。《克莱顿法》第7条在1950年修订以前只适用于股票收购，如今资产收购和股票收购均适用，1980年以前只适用于公司，现在适用于所有"人"。^㊀美国联邦反托拉斯法中的并购政策主要关注竞争者之间的横向合并，符合四个条件的企业合营会被认定为竞争者之间的横向合并：①参与合营的企业是相关市场上的竞争者；②为了提升效率而在相关市场上对经济活动进行整合；③该整合行为排除了相关市场上参与合营的企业之间的所有竞争；④通过具体而明确的条款规定了企业合营在足够期限内不会终止。

三、经营者集中的申报与审查

经营者集中审查、反卡特尔、禁止企业滥用市场支配地位构成了反垄断法的三大支柱。与后两者针对已经发生的反竞争行为不同，经营者集中审查聚焦于事前预防阶段，有着独特的监察程序与实施方式。

我国的经营者集中申报和审查制度可以追溯到2003年，由商务部负责对经营者集中进行审查。2008年，我国的《反垄断法》正式生效，建立了强制事前申报的经营者集中审查制度，其中第二十一条要求经营者对达到申报门槛的拟定经营者集中交易在实施交易前进行申报审批。2018年，国家市场监督管理总局成立，并于2020年10月颁布《经营者集中审查暂行规定》，该规定整合了各项经营者集中审查的程序性规定。

根据国家市场监督管理总局发布的"中国反垄断执法年度报告"，我国竞争执法机构审查的经营者集中案件数量自2008年以来呈现稳步递增的态势，2009年申报案件约有80件，2018年和2019年已经增长至每年400多件，2020年达到520件。我国竞争执法机构在十三五时期已完成2 316件经营者集中案件的审查，其中2 147件案件被无条件批准，22件案件被附条件批准，涉及交易额23万亿元。从审查案件的特点来看，交易规模尤其是大型交易数量逐

㊀ 霍温坎普. 联邦反托拉斯政策：竞争法律及其实践 [M]. 许光耀，江山，王晨，译. 3版. 北京：法律出版社，2009.

年上升，2020年交易金额为3.57万亿元，其中百亿元以上案件为68件。实体经济企业仍然是并购主体，其中一半案件涉及制造业，同时，我国境内企业间集中案件逐渐超过境外企业，且以横向集中占比最高（2020年为50%），交易模式以股权收购为主（2020年为71%）。

（一）经营者集中的法律识别与申报标准

我国《关于经营者集中申报的指导意见》第十三条规定：通过合并方式实施的经营者集中，由参与合并的各方经营者申报；其他方式的经营者集中，由取得控制权的经营者申报，其他经营者予以配合。在同一案件中，有申报义务的经营者是两个或两个以上时，可以约定由其中一个经营者负责申报，也可以共同申报。约定一个经营者申报而没有申报的，其他有申报义务的经营者不因上述约定而减免其未依法申报法律责任。

经营者集中的申报标准，即符合国务院规定的参与集中的经营者的营业额门槛，其计算包括相关经营者上一会计年度内销售产品和提供服务所获得的收入，扣除相关税金及附加。参与集中的经营者的营业额，应当为该经营者以及申报时与该经营者存在直接或间接控制关系的所有经营者的营业额总和，但是不包括上述经营者之间的营业额。中国、欧盟和美国对于经营者集中申报的营业额门槛标准做出了不同规定，如表8-8所示。中国的申报门槛标准主要参照欧盟的相关规定，申报标准较为固定，美国则是根据年度GDP而进行相应调整。美国标准更有利于判断并购规模对竞争的有效影响，但对申报制度的管理效率提出了更高的要求。

表8-8 经营者集中申报的营业额门槛标准

国家或地区	法律依据	营业额门槛标准
中国	《关于经营者集中申报的指导意见》	（一）参与集中的所有经营者上一会计年度在全球范围内的营业额合计超过100亿元人民币，并且其中至少两个经营者上一会计年度在中国境内的营业额均超过4亿元人民币 （二）参与集中的所有经营者上一会计年度在中国境内的营业额合计超过20亿元人民币，并且其中至少两个经营者上一会计年度在中国境内的营业额均超过4亿元人民币
欧盟	《欧盟并购条例》	（一）所涉及企业在全球范围内的营业额合计超过50亿欧元，并且其中至少两家企业在欧盟境内的营业额合计超过2.5亿欧元 （二）所涉及企业在全球范围内的营业额合计超过2.5亿欧元；在至少三个成员国内所有企业营业额在每个国家都超过1亿欧元；以上每个成员国内，至少有两家企业在欧盟范围内的营业额都超过1亿欧元。但每家企业在同一成员国内的营业额均超过其在欧盟境内总营业额的2/3的不需提交欧盟委员会审查
美国	HSR法	（一）交易价值2亿美元以上 （二）交易价值超过5 000万美元、低于2亿美元，年销售额总资产1亿美元以上的企业或个人收购年销售额或总资产1 000万美元以上的制造业者，或者总资产1亿美元以上的企业被年销售额或总资产1 000万美元以上的企业或个人收购 上述标准自2004年9月30日后的每个财年，将根据当年GDP与2003年9月前一财年GDP的比值进行相应调整

（二）经营者集中的申报与审查程序

经营者集中的申报与审查程序主要包括申报前商谈、事前申报、立案和实质审查、作出审查决定等。

1. 申报前商谈

在反垄断局决定立案审查前，经营者可就已申报或拟申报的经营者集中，向反垄断局申请商谈。反垄断局将根据商谈申请方提供的信息，就其关心的问题提供指导意见。商谈不是经营者集中申报的必经程序，经营者自行决定是否申请商谈。商谈制度有利于反垄断机构与经营者进行充分的事前沟通，提高案件审查效率。

2. 事前申报

申报人向市场监督管理总局提交申报书、集中对相关市场竞争状况影响的说明、集中协议、参与集中的经营者经审计后的会计报告、市场监督管理总局规定的其他资料。根据暂行规定，经营者集中达到国务院规定的申报标准（以下简称"申报标准"）的，经营者应当事先向市场监督管理总局申报，未申报的不得实施集中；经营者集中未达到申报标准，但按照规定程序收集的事实和证据表明该经营者集中具有或可能具有排除、限制竞争效果的，市场监督管理总局应当依法进行调查。符合简易程序的，经营者可以作为简易案件申报，市场监督管理总局按照简易案件程序进行审查。

3. 立案和实质审查

经营者提交申报材料后，国家反垄断局负责审核材料的真实性、准确性和完整性，审核后反垄断局将符合规定的申报进行立案审查。在审查阶段，反垄断局组成案件审查小组，对重大复杂案件，小组由4人组成，成员包括法律和经济学专业人员。具体审查流程包括案情事实梳理、相关市场界定、竞争分析、商谈救济条件、作出决定等阶段。

4. 作出审查决定

针对经营者集中案件，国家市场监督管理总局将作出三种决定——禁止集中、无条件批准集中、附条件批准集中，对于第三种决定，具有或可能具有排除、限制竞争效果的经营者集中，参与集中的经营者提出的附加限制性条件承诺方案能够有效减少集中对竞争产生的不利影响的，市场监督管理总局可以作出附加限制性条件批准决定。根据经营者集中交易的具体情况，限制性条件包括结构性条件、行为性条件和综合性条件。结构性条件包括剥离有形资产、知识产权等无形资产或相关权益（以下简称"剥离业务"）；行为性条件包括开放其网络或平台等基础设施、许可关键技术（包括专利、专有技术或其他知识产权）、终止排他性协议等；综合性条件是结构性条件和行为性条件的结合。剥离业务一般应当具有在相关市场开展有效竞争所需要的所有要素，包括有形资产、无形资产、股权、关键人员及客户协议或供应协议等权益。剥离对象可以是参与集中经营者的子公司、分支机构或业务部门。

案例 8-6

沃尔玛公司收购纽海控股（1号店）案

2011年11月，沃尔玛公司与相关方签署购股协议，根据协议，沃尔玛将通过其全资子公司对纽海控股的持股比例从17.7%增加至51.3%，纽海控股将获得网上购物平台1号店的网上直销业务。交易完成后，沃尔玛将成为纽海控股的控股股东，并通过纽海控股取得对1

号店网上直销业务的控制权。经审查，反垄断局认为，沃尔玛通过收购纽海控股 33.6% 股权，取得对 1 号店网上直销业务的控制权可能具有排除、限制竞争效果，决定附加行为救济限制性条件批准此项集中（商务部"2012 年第 49 号公告"），要求沃尔玛履行相应的义务：第一，沃尔玛间接控股的纽海信息技术（上海）有限公司对上海益实多电子商务有限公司持有的 1 号店网上购物平台的收购，仅限于利用自身网络平台直接从事商品销售部分；第二，在为获得增值电信业务许可的情况下，纽海上海在此次收购后不得利用自身网络平台为其他交易方提供网络服务；第三，本次交易完成后，沃尔玛不得通过 VIE（可变利益实体）架构从事之前由益实多运营的增值电信业务。

2015 年 7 月，沃尔玛提出解除所附加的限制性条件的申请。反垄断局依据《反垄断法》《关于经营者集中附加限制性条件的规定（试行）》和商务部"2012 年第 49 号公告"，认为附加的限制性条件难以对相关市场的竞争产生排除、限制影响，于 2016 年 5 月 30 日发布公告，决定解除此前所有的附加限制性条件。

资料来源：北京市天地合律师事务所案例。

拓展阅读 8-1

经济分析在中国反垄断中的应用

随着我国反垄断事业的不断推进，经济分析在我国反垄断执法机构案件中和法院民事诉讼案件中受到的重视与应用日益加深。起初，人们只把经济学看作"工具"，经济分析偏重于相关市场界定，而并未涉及反垄断的核心内容。随着反垄断案件的复杂性加深，经济分析的科学性与精确性帮助执法机构更深刻地了解案件的行为排除、限制竞争渠道、救济措施的设计。例如，"竞争伤害理论"将观测到的经营者行为与竞争效果之间建立一种连接，成为每一件反垄断案件经济分析的核心，单方面提价、共同提价和封锁效应等理论已经深入执法机构的日常应用中，但是在《反垄断法》刚实施之时，竞争伤害理论已成为国际上分析反垄断案件的通用理论，但反垄断局的公告并未直接引用这类词汇，而是使用市场份额、市场集中度等技术性词汇，使业界和公众逐步认识和接受相关概念。

资料来源：林平. 反事实状态与反垄断执法误差 [J]. 竞争政策研究，2016（3）.

本章小结

根据被并购双方的产业特征，可以将并购划分为横向并购、纵向并购和混合并购。横向并购的具体动机包括两方面：一是节约成本。横向并购有利于实现规模经济效应和管理协同效应。二是追求市场势力。并购也具有潜在的反竞争的效果，因此需要进行福利权衡。纵向并购（纵向一体化）的主要动机是机会主义与交易专用性投资的结合，减少交易成本是企业采取纵向一体化战略的一个重要解释。混合并购帮助企业充分利用多余的非专用性资产，使企业降低经营风险，混合并购对竞争的影响可能是多方面的，某些影响可能改善资源配置，而另一些影响可能造成产业垄断、福利损失。

一些学者认为，至少有 50% 的集中度提高是并购引起的。经营者集中的情形包括经营者合并，经营者通过取得股权或资产的方式取得对其他经营者的控制权，经营者通过合同等方式取得对其他经营者的控制权或能够对其他经营者施加决定性影响。中国的经营者集中申报与审查程序主要包括申报前商谈、事前申报、立案和实质审查、作出审查决定。

推荐阅读

[1] NOCKE V, WHINSTON M D. Merger policy with merger choice[J]. American economic review, 2013, 103 (2): 1006-1033.

[2] HOSKEN D, SILVIA L, TAYLOR C. Does concentration matter? measurement of petroleum merger price effects [J]. American economic review, 2011, 101(3): 45-50.

[3] 干春晖. 并购经济学 [M]. 北京：清华大学出版社，2004.

[4] 李杰，李捷瑜，黄先海. 海外市场需求与跨国垂直并购：基于低端下游企业的视角 [J]. 经济研究，2011（5）：99-110.

[5] 顾露露，REED R. 中国企业海外并购失败了吗？[J]. 经济研究，2011（7）：116-129.

[6] 唐兵，田留文，曹锦周. 企业并购如何创造价值：基于东航和上航并购重组案例研究 [J]. 管理世界，2012（11）：1-8.

[7] 刘婷，张宇杰. 中外企业联盟中的"合资—亏损—并购"路径沦陷 [J]. 管理世界，2013（11）：184-185.

[8] 李青. 中国反垄断二十年：回顾与展望 [M]. 北京：中信出版社，2020.

思考与练习

1. 横向并购、纵向并购、混合并购的区别是什么？
2. 第六次并购浪潮的特点是什么？
3. 举一横向并购的具体案例，并说明促使该并购发生的原因。
4. 混合并购的主要动因有哪些？

第九章
CHAPTER 9

创新、研发与组织变革

> 尽管创新曾经……是一种经济行为，但也只是一种非常规的经济行为。现在，创新已经日益成为商业企业的一种全天候的、持续的行为，有其自身的规律。
>
> ——J. 施穆克勒

由创新（innovation）引起的技术进步已成为一国经济增长的重要源泉，而以企业为主体、以营利为目的的商业性研究与开发（research and development，R&D，简称"研发"）活动为持续的创新提供了坚实的物质和技术基础。从动态竞争和效率的观点看，产业变迁主要不是由于新企业的进入或已有企业的退出，而是源于对新产品和新流程的采用。新产品和新流程主要产生于企业的研发活动。研发已成为企业竞争战略的一个重要部分，成功的研发和创新可以改变企业的市场经营条件，使企业拥有市场势力和获得垄断利润。成功的研发和创新推动生产技术的进步，一批影响强大、显而易见且崭新的技术带动经济的巨变，形成了技术革命反作用于企业的组织结构，并对社会产生广泛的影响。本章主要通过四个部分来分析创新、研发与组织变革：第一部分主要讨论了创新与研发的基本概念；第二部分分析了研发与创新激励，重点是专利制度；第三部分讨论了企业规模、市场结构与研发和创新之间的关系；第四部分分析了技术革命与组织变革。

第一节　创新与研发的基本概念

一、创新

（一）创新的概念

创新不是"创造新东西"的简单缩写，而是具有特定的经济学内涵。最早对创新进行研究的经济学家是约瑟夫·熊彼特（Joseph Schumpeter）。1912年，他将创新概念引入经济学，提出了创新理论。[1]熊彼特把创新界定为一种新的生产函数的建立，是企业家对生产要素的"新组合"，即把一种从来没有过的生产要素和生产条件的新组合引入生产体系，从而形成一种新的生产能力，以获取潜在利润。熊彼特罗列了五种主要的"新组合"形式：①引进新产品或提供一种产品的新质量；②采用新技术和新生产方法；③开辟新市场；④获得原材料的新来源；⑤实现企业组织的新形式。事实上，这五种"新组合"都离不开技术创新的支撑。换言之，创新是以技术创新为核心，并包含由其所触发的一系列创新形式，如市场创新、流程创新和组织创新等。由此，本书对创新做如下定义。

创新是市场主体（主要是企业）利用新技术，把一种从来没有过的生产要素和生产条件的新组合引入生产体系，形成新产品、新质量、新流程、新市场、新材料、新组织结构等，实现对潜在利润的获取。

这一定义表明：①技术创新是创新的核心；②创新形式是多样化的，除了技术创新，还包括市场创新、流程创新和组织创新等；③创新是一种经济行为，获得商业利润是其主要目的。因此，在产业经济学中重点研究创新的经济属性。

当然，随着经济社会实践的不断发展，创新的经济学意义在熊彼特创新理论的基础上已经逐步深化，形成了技术创新理论、制度创新理论和知识创新理论。但是，在产业经济学中关于创新的研究重点依然还是技术创新。

案例 9-1

技术创新和国家竞争力

总部设在瑞士日内瓦的世界经济论坛（WEF）于 2019 年 10 月发布了《2019 年全球竞争力报告》，在这份覆盖全球 148 个经济体的报告中，新加坡凭借 84.8 分的综合得分跃升至首位，成为距离竞争力满分（100 分）最近的国家；中国位列第 28 位，在市场规模、创新能力和技术通信领域有较为突出的表现。中国香港和中国台湾分别位居第 3 位和第 12 位。

报告指出，随着货币政策开始失去动力，在采取其他措施的同时，加强研发、提高劳动力基础技能、开发新的基础设施和整合新技术等至关重要。对此，世界经济论坛创始人兼执行主席施瓦布表示：在新经济体中，创新成为竞争力的关键因素；那些重视基础设施、技能、研发和对落后国家提供支持，并将这些措施纳入其经济政策的国家，比那些只注重传统增长因素的国家将更为成功。

资料来源：作者根据公开资料整理。

关于技术创新，比较普遍的观点是技术创新是技术发明的首次商业化应用，包括产品创新和过程（或工艺）创新。美国学者曼斯费尔德（Mansfield）对技术创新所下的定义被较多地使用，他认为："一项发明当它首次被应用时，可以称之为技术创新。[2]"英国经济学家克利斯·弗里曼（Chris Freeman）认为："创新这个词被用来表示在经济中采用和推广新型改进的产品与工艺……从经济意义上讲，创新只是在实现新的产品、工序系统、装置的首次商业交

---

[1] 熊彼特. 经济发展理论 [M]. 何畏, 等译. 北京：商务印书馆, 1997 年：73-74.
[2] MANSFIELD E. Industrial research and technological innovation[M]. New York: W.W.Norton, 1968.

易时才算完成。⊖" 英国学者斯通曼（Paul Stoneman）也认为创新与发明不同："发明是指为了新的或改进的装置、产品、工艺或系统而提出的一种新的观念、图纸或模型。而只有那些首次在经济活动中得到应用的新生产工艺等才称得上是创新。"⊜

国内对技术创新的定义以 1999 年 8 月颁布的《中共中央 国务院关于加强技术创新，发展高科技，实现产业化的决定》对技术创新概念进行的界定最具代表性："技术创新，是指企业应用创新的知识和新技术、新工艺，采用新的生产方式和经营管理模式，提高产品质量，开发生产新的产品，提供新的服务，占据市场并实现市场价值。企业是技术创新的主体。技术创新是发展高科技、实现产业化的重要前提。"这一定义体现了两个特点：一是企业是技术创新的主体，离开企业的组织实施，技术创新活动难以完成；二是技术创新的最终目的是实现创新的市场价值，这体现了技术创新是一个商业化的活动，必须以市场为导向。

从以上引述的技术创新定义可以看出，尽管这些定义侧重点略有不同，关注技术创新的视角有所区别，但它们的共同之处在于都强调技术的新颖性和创新的成功实现。这里的新颖性是针对应用于技术创新过程中的知识和技术本身而言的，而创新的成功实现则是指新技术在商业上的首次成功应用，这也是把"技术创新"同一般意义上的技术发明区别开来的关键。综上，本书对技术创新做如下定义。

技术创新是市场主体（主要是企业）以实现长期利润最大化为目标，应用新知识和新技术开发出新产品或新工艺，并成功实现首次商业化应用，以改善企业在产品市场上的供给和需求条件的活动。

这一定义表明：①技术创新是市场主体的一种经济行为，以获得商业利润为目的，因此尽管技术创新有很强的技术属性，但在产业经济的分析中主要关注它的经济属性；②技术创新是新技术发明与市场相结合的一个动态过程，在这一过程中企业的研发活动是关键环节，正是通过企业的有组织研发活动将新技术发明与市场实现成功结合起来，实现创新资源的合理配置；③技术创新主要表现为产品创新和过程创新，产品创新改善市场需求条件，而过程（工艺）创新则影响市场供给条件。

（二）技术创新的分类

1. 发明（invention）、创新（innovation）、模仿（imitation）

技术创新可区分为狭义的技术创新和广义的技术创新。狭义的技术创新始于研究开发而终于市场实现，广义的技术创新始于发明创造而终于技术扩散。

广义的技术创新是一个动态的过程，一般将这一过程划分为三个阶段⊜：①发明。发明是指创造新思想和新知识，包括新的基础科学概念、应用性的新思想等智力活动的成果。发明活动分为两类，一类是自发性发明（autonomous invention），即不以获取经济利益为目的进行的发明活动，这主要是那些具有创造能力的人出于好奇，热衷于创造新知识，即使在发明过程中投入了资金，也不是为了获利；另一类是引致性发明（induced invention），即受经济利益

⊖ 弗里曼，苏特. 工业创新经济学 [M]. 北京：北京大学出版社，2004：4-7.
⊜ 斯通曼. 技术变革的经济分析 [M]. 北京：机械工业出版社，1989：27.
⊜ SHEPHERD W G, SHEPHERD J M. The economics of industrial organization[M].5th ed. Long Grove, Illinois: Waveland Press, INC., 2004: 109-120.

直接驱动的发明活动，如果无法从发明成果中获取经济利益，就不会有这种发明活动，至少发明的速度会大大减慢。②创新。这里的创新是指狭义的技术创新，即成功实现新知识的首次商业化应用。创新者需要建立必要的生产设施，把新产品或新工艺成功地引入市场，以实现创新的价值。③模仿。模仿是其他企业对创新的复制，通过模仿可促进创新技术在产业内、产业间和国家间的扩散。

上述各个阶段的活动各有其特点，需要有不同的技能和资源，激励因素也各不相同。一般来说，发明过程往往是由一个人或几个人的小团队独立进行的，通常不需要大规模经济的支持。当然，也有少数发明由大规模的研究队伍承担，要进行较多的投资。创新活动更多地由企业来进行，因为创新活动需要筹集资金，进行实际生产和市场销售。由于创新过程充满技术和市场的不确定性，企业需要承担很大的风险，因此创新通常需要规模经济的支持。而模仿是比较容易的，风险也比创新要小得多。

2. 产品创新和过程创新

根据技术创新中对象的不同，技术创新可分为产品创新和过程创新。这种分类方式是从企业的角度进行的，即从微观角度对技术创新进行分类。

产品创新是指在市场中首次引入新产品，或者对现有产品的十分显著的改进，而产品的生产工艺没有发生变化。产品创新通过创造新的市场使企业获得垄断力量，或者通过产品差异化影响市场的需求。

过程创新是指引进新的生产方法或对现有生产方法的改进，从而使企业生产原有产品的成本明显下降。过程创新使创新企业获得了成本优势，改善了产品的市场供给条件，使创新企业在市场竞争中处于有利的地位。

应该看到，对创新进行的这一分类主要是从概念上进行的区分，在这两类创新之间并没有一条清晰的界线，实际的创新往往是两者的混合。产品创新侧重于全新产品或改进产品的商业化；过程创新更强调产品生产技术的重大变革，如采用新工艺、新设备、新的生产管理和组织方法等。从逻辑角度看，二者之间并没有根本区别，因为产品创新也可以看作降低成本的过程创新，即引入的新产品的生产成本从无限大（以前无法生产）降低到一个有限的水平。[⊖]

过程创新根据创新后生产成本降低的程度又可分为以下两种类型[⊖]：

（1）剧烈创新或重大创新（drastic or major innovation）。剧烈创新是指创新使企业的生产成本发生了大幅度的降低，创新者在新的成本水平下的利润最大化价格为市场垄断价格，即创新者成为一个完全垄断者，它所制定的垄断价格低于竞争对手的边际或平均成本。如图 9-1 所示，其中，MC 为创新发生前企业的边际成本，MC′ 为成功实现创新后企业的边际成本，其他企业的边际成本仍为 MC。在新成本 MC′ 下，市场的垄断价格为 p^*，而这一价格低于竞争对手的边际成本 MC。创新企业的成本优势如此明显，使它成为市场的完全垄断者，而不用考虑进入者和竞争对手的价格竞争。

⊖ SHY O. Industrial organization: theory and applications[M]. Cambridge, Mass.: The MIT Press, 1996: 221-222.

⊖ PEPALL L, RICHARDS D, NORMAN G. Industrial organization: contemporary theory & practice [M].3rd ed. Boston: South-Westrn, Division of Thomson Learning, 2005.

图 9-1 剧烈创新

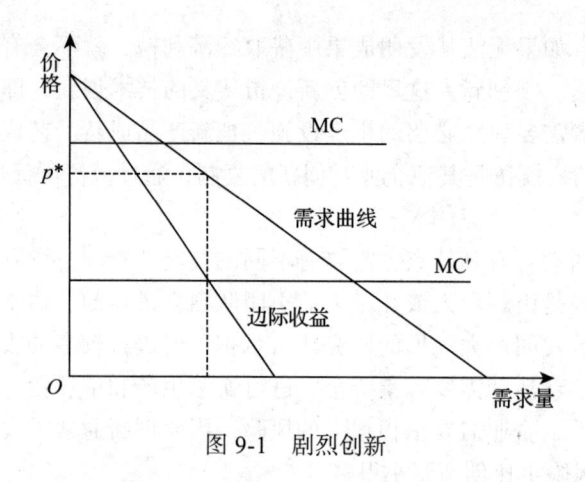

（2）非剧烈创新或微小创新（nondrastic or minor innovation）。非剧烈创新是指企业通过创新所获得的成本优势不足以使其完全垄断市场，在新成本下的完全垄断价格高于竞争对手的边际或平均成本，如图 9-2 所示。显然，在创新成本相当的情况下，剧烈创新能给企业带来更高的收益。

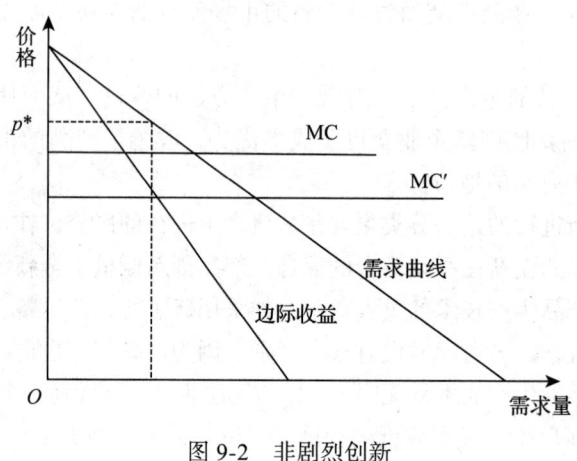

图 9-2 非剧烈创新

二、研究与开发

（一）研究与开发的概念和类型

研究与开发（R&D）是指为了进行知识创造和知识应用而进行的系统的创造性工作，是人们不断探索、发现和应用新知识的连续过程。R&D 包括三种类型：基础研究（basic research）、应用研究（applied research）和开发（development）。基础研究主要是增加人类的知识总量，以揭示客观事物的本质和运动规律，并不以商业应用为目标。这类研究主要由大学和政府资助的科研机构承担，企业一般很少从事基础研究，即使少数实力雄厚的跨国公司在从事基础研究，这种研究也往往是一种"定向的基础研究"。应用研究以特定问题为目标，主要利用基础研究所发现的知识，探索新工艺或新产品的技术基础，但不直接产生新的（或改进的）产品和工艺，其成果以科学论文和著作、原理性模型和专利为主。开发主要是利用基础研究、应用研究和实际经验所获得的知识，建立新的工艺、系统和服务，以及对已经建立的系统和服务进行实质性的改进而进行的系统性工作，包括对引进技术的改进活动。其成果形式为具有新系统基本特征的原型，可达到设计定型的新产品、新工艺和实验报告等。

R&D 本质上是一个知识的创造过程，是为了创造知识、应用知识而进行的创造发明活动。技术创新是企业以获取利润为目的，将有关新工艺、新产品的知识商业化的过程。R&D 过程中"生产"出的知识在增加知识总量的同时，也可成为技术创新的基础。R&D 为新技术和新产品的商业化提供了可能性，而技术创新则把这种可能性变成了现实。因此，R&D 是创新过程的一个重要环节，也是技术创新的重要推动力量之一。一般说来，只有存在 R&D 活动，技术创新才能实现，R&D 活动是技术创新开始的必要条件，也是保证创新成功的物质和技术基础。从狭义的技术创新过程来看，企业的开发活动是 R&D 与企业技术创新对接的关键，企业的 R&D 与技术创新过程融为一体，中间没有清晰的界限。

（二）研究与开发的基本特征

企业实施研发项目的目标是开发出新的生产工艺或新产品，通过商业化来改变它在市场中的经营条件。在 R&D 活动中企业必须投入资金、人力资本（科研、管理人员等）和物质资本（研究和实验设施等），其产出是有关新产品和新工艺的知识。这些知识通过成功的商业化可改变产品市场的供求条件，并为企业赢得长期竞争优势。因此，研究与开发是企业的一个长期投资决策，也是企业竞争战略的一个重要部分。作为一种长期投资，R&D 决策中的主要因素和相互关系可用图 9-3 来表示。㊀企业的 R&D 资金分为三部分：R&D 投入、物质投资和市场投资。R&D 投入转化成了产出——产品和技术（工艺）的变化，而这一转化过程是一个"黑箱"。同时，企业通过在生产设备等上的物质投资和对市场开发的市场投资，将产品和技术的变化引入市场，产品变化影响需求 D，技术变化影响供给 S。成功的商业化使企业获得了利润，而这又为持续的研发活动提供了资金来源。

图 9-3 作为一种长期投资的 R&D 过程

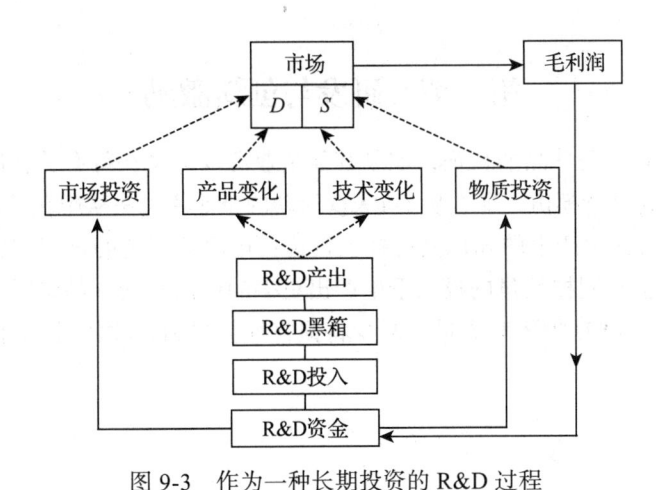

㊀ 海，莫瑞斯. 产业经济学与组织 [M]. 钟鸿钧，王勇，等译. 北京：经济科学出版社，2001.

如果将 R&D 过程作为一项长期战略投资，这一投资决策和其他投资决策相比，有两个特别重要的特征。

（1）不确定性。R&D 的不确定性主要来自两个方面：第一，知识生产过程的不确定性。在进行投资决策时需要预测在一定的投入下 R&D 的产出水平，但由于 R&D 是新知识的生产过程，其生产函数是一个"黑箱"，企业甚至无法去预测 R&D 产出的概率分布，因此这一投入产出过程充满了高度的不确定性。第二，市场实现过程的不确定性。在将 R&D 的产出——新工艺和新产品商业化的过程中，由于是新工艺和新产品，企业无法根据已有工艺和产品去预测新工艺和新产品的市场效果和可能给企业带来的未来收益，因此这一实现过程也是不确定的。

（2）溢出效应。R&D 活动的主要产品是知识或信息，知识具有公共物品的特性：一方信息的获取不会影响另一方获取信息，即信息具有非竞争性；一般情况下，转移信息的成本较低，即信息具有非排他性。因此，R&D 活动具有显著的外部性，即溢出效应。溢出效应的表现之一是 R&D 活动的收益由研究者向模仿者转移。这一转移主要是通过两种方式来实现的：第一，通过企业之间的经济技术联系。某一企业通过投资于研发活动产生的知识可能被其他企业无偿获得，而这可能有利于其他企业改进工艺和开发新产品。例如，一家企业通过 R&D 使得产品质量提高，该企业将产品供应给下游企业时，下游企业的产品质量得以改善。第二，通过 R&D 人员的流动。R&D 成果最初只是一个主意，难以受到专利制度的保护，此时 R&D 资本体现在创新者本人身上，这种资本即是知识的人力资本。随着创新者工作的变动，知识不断扩散至其他厂商，使这些厂商从中收益。因此，R&D 投资的社会收益大于私人收益，投资者不能占有自己投资于 R&D 带来的全部收益，此时投资者投资于 R&D 的动机减弱，导致投资总额比社会最佳的投资总额要小。[①]曼斯菲尔德通过对包括 100 家美国制造企业的样本的调查研究发现：竞争对手平均能在 12～18 个月内获得创新者 R&D 决策的信息，在一年内便能获得创新者的新产品或新工艺的信息。[②]

不确定性和溢出效应的存在可能使企业对 R&D 活动的投资不足，因此对企业的 R&D 进行有效的激励是促进技术创新的重要制度保证。

第二节　研发与创新激励

由于知识产品具有公共品的特征，如果其他企业可以无偿获得有关新产品或新工艺的知识，并对企业的创新进行模仿，那么从事 R&D 活动的企业将无法从中获益，它们将不会从事 R&D。由于 R&D 活动中产生的知识具有社会价值：运用新工艺的过程创新将降低现有产品的生产成本并使社会在同样数量的投入下生产出更多的产出，新产品将提高生产率或满足新的消费需求，因此，R&D 投入和数量的减少将损害社会福利，故此对 R&D 与创新的激励是必要的。

[①] 郑德渊，李湛. R&D 的溢出效应研究 [J]. 中国软科学，2002（9）：77-81.

[②] EDWIN M. How rapidly does new industrial technology leak out?[J]. Journal of industrial economics, 1985, 34(2): 217-223.

一、专利

专利是一项所有权证明，是政府依法向发明者（创新者）授予的，在一定期限内对某项实用新型产品、工艺、物质或设计的独占权利。为了获得专利，发明者必须证明自己的发明成果具备新颖性、创造性和实用性。专利承认发明者对自己提出并公布的而且能够用来从本质上改进产品或工艺的那种知识所享有的排他性权利。专利权本质上是对知识和信息所享有的垄断性权利。

（一）专利制度的效应

（1）专利制度是一种有效的制约机制，提高了模仿成本，从而限制了模仿。如果没有专利，任何人都可以免费使用新技术，并可以合法生产和销售新技术的模仿品。这样每家企业都希望模仿其他企业的发明，所有企业都不愿意进行 R&D 投资。在实施专利制度的情况下，如果企业不进行创新，而剽窃他人的发明创造，就会因为侵犯他人的专利权而受到制裁。如果模仿者设法对新发明进行改进而规避专利侵权，专利也会提高模仿成本，延迟模仿者进入市场的时间。

（2）专利鼓励企业投资于 R&D。专利制度的基本目的是限制模仿、鼓励创新，通过提高潜在模仿者的模仿成本，专利使专利持有者获得了市场垄断力量，由此产生的垄断利润吸引企业投资于 R&D 活动，并展开专利竞赛，争取使自己成为第一个发明者和市场垄断者。

R&D 作为企业的一项经济活动，利润最大化原则使理性的企业进行成本高昂的 R&D 活动直到进一步进行 R&D 的边际收益等于边际成本。若企业投资研发的收益低于研发的社会收益，企业对研发的投入从社会福利最大化的角度看就会明显不足。专利通过使发明者享有对专利知识的垄断权利，允许专利者获取与专利知识生产有关的大部分利润，使 R&D 的外部性内部化，从而鼓励企业更多地投资于研发活动，使社会获得了更多的发明。

（3）专利鼓励发明信息的披露，提高了发明的速度，有利于实现 R&D 投入的有效配置。各国的专利法都有关于披露发明内容的规定，发明者要获得专利保护就必须披露发明的内容，并证明发明成果的新颖性和创造性。这样专利制度在对 R&D 产生更强刺激的同时，也通过发明内容的披露促进了创新，一名发明者可依据另一名发明者披露的信息来提高发明的速度。另外，发明信息的披露，也使企业在进行 R&D 活动时可利用专利检索，了解国内外专利分布的有效信息，通过获取的专利信息，可以避免重复研究和低水平研究，提高研发资源的配置效率。

由于专利制度要求发明者披露发明成果的内容，有的企业为了对重要发明成果进行保密，往往不申请专利，这可防止竞争对手从披露的发明成果信息中获得利益。

（4）专利限制了技术扩散。从社会福利的观点看，信息知识的获取都应是无偿的（除了信息的传递成本，因为信息生产的边际成本几乎为零），这样才能保证信息的最佳使用。技术的快速扩散有利于社会福利的改善，然而这又刺激不了 R&D 投资。承认发明者对发明拥有垄断权，会导致专利技术的推广过于缓慢。发明的逐利性使得创新资源的分配不能实现最优化。⊖

⊖ ARROW K. Economic welfare and the allocation of resources for inventions[M] // National Bureau of Economic Research. The rate and direction of inventive activity: economic and social factors. Princeton: Princeton University Press, 1962.

社会必须在信息的有效利用和刺激更多的发明之间进行权衡。通过设计合理的专利期限，使社会从发明中获得更大的收益，从而实现创新资源的次优配置。专利期限不同，对发明的刺激也就不同，发明的数量也就不同，社会在信息利用上的损失也不同。

（二）专利期限

专利制度允许企业拥有市场势力并制定垄断价格，会造成消费者和社会福利的损失。同时，专利制度也会吸引几家企业之间展开竞争，争取第一个做出发明并被授予专利，这就是专利竞赛。为尽可能避免专利保护所导致的低效率现象，必须给专利保护以时间限制。专利期限的变动与社会福利的关系是：一方面，专利期限越长，引致的 R&D 和创新越多，这会增加社会的福利；另一方面，专利期限越长，企业预期获得专利后的收益也越高，这会刺激更多的企业来进行获取专利的竞赛，超过了社会最优的数量，从而提高创新的成本，降低社会福利，同时，企业垄断市场的时间越长，垄断造成的损失也越大。因此，社会从发明中获得的净收益随着专利期限的变化而变动：一开始，社会净收益随着专利期限的增加而增大，但到一定限度后，专利期限的增加使社会净收益下降，最优的专利期限使社会净收益最大化，如图 9-4 所示，T^* 为最优专利期限。

为什么社会净收益的变动会先增后减呢？这主要有两方面的原因：

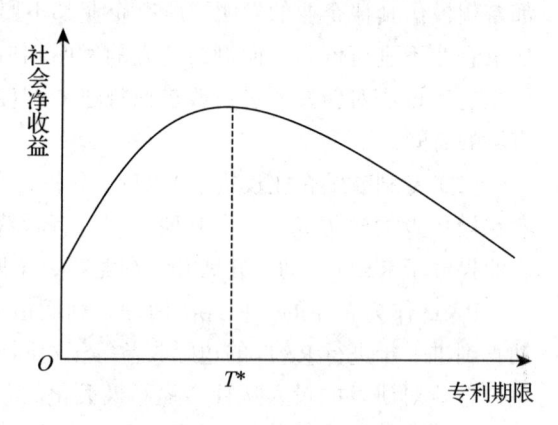

图 9-4　最优专利期限

（1）发明的社会净收益是创新带来的社会收益减去创新的成本和垄断造成的社会损失。由于创新的收益是每期垄断利润的贴现值，而这随着专利期限的延长而增加，但增加的幅度越来越小（在每期利润相同的情况下，期限越长利润的现值越小）。同样，垄断造成的损失随专利期的增加而增加，但增加的幅度也是越来越小。

（2）随着专利期限的增加，专利对企业的价值也增加，因此会吸引更多的企业加入专利竞赛的行列中，这会增加创新的社会成本。而专利竞赛最终只能有一个获胜者，即这是一个"赢者通吃"（winner takes all）的游戏。每家企业为使自己在专利竞赛中获胜，必须加大在 R&D 上的投入，因为失败者将一无所获，而这也将提高创新的成本，因此创新的社会成本会随着专利期限的延长而增加，而且增加的幅度越来越大。㊀

各国的专利法都规定了专利保护的最长期限：英国为 16 年，德国为 18 年，法国为 20 年，美国为 17 年。不过，如果技术变化非常迅速，对专利保护的年限规定也就失去了意义。因为，新的发明使旧的技术专利毫无价值，再进行保护也没有什么实际意义。

发明者获得专利后，专利持有者可能自己生产这种产品（或使用这种新工艺），也可能通过收取专利使用费许可其他企业生产这种新产品。专利许可制度提供了一种较为有效的机制，使新发明可以得到广泛的应用。当许可证接受方的生产成本比发明者低时，发明者更有可能通过许可证方式来收取专利使用费，而不是自己生产。

㊀ 干春晖．企业非合作策略性行为的产业组织理论述评 [J]．经济学动态，2001（11）：64-68．

案例 9-2

中国的专利保护

在新中国成立后不久，中央人民政府就颁布了《保障发明权与专利权暂行条例》等发明奖励条例，对技术发明实行奖励政策，当时是对发明创造给予奖励而不是确认权利，发明的所有权属于国家，而且全国各单位都可以无偿使用。因此，可以说在1985年第一部专利法正式实施以前中国并未在真正意义上实行专利制度。

1984年3月12日，第六届全国人大常委会第四次会议通过了《中华人民共和国专利法》，1985年1月19日，国务院批准了《中华人民共和国专利法实施细则》，两者均于1985年4月1日起施行。自此，中国的专利事业翻开了新的一页。1986年4月12日，第六届全国人民代表大会第四次会议通过了《中华人民共和国民法通则》，知识产权作为一个整体首次在中国的民事基本法中被明确，并被确定为公民和法人的民事权利。为履行我国政府在国际协议中的承诺，使专利法的规定和《与贸易有关的知识产权协定》（简称TRIPS协定）相一致，1992年9月4日，第七届全国人大常委会第二十七次会议审议了国务院关于《中华人民共和国专利法修正案（草案）》的议案。在我国明确提出要建立社会主义市场经济体制后，为使我国的专利制度与市场经济的要求相一致，2000年8月25日，第九届全国人大常委会第十七次会议通过了《关于修改〈中华人民共和国专利法〉的决定》，再次对专利法进行了修正。2008年12月27日，第十一届全国人大常委会第六次会议通过了《关于修改〈中华人民共和国专利法〉的决定》，对专利法进行了第三次修正。2020年10月17日，第十三届全国人大常委会第二十二次会议《关于修改〈中华人民共和国专利法〉的决定》，对专利法进行了第四次修正。

在中国，专利被分为三种类型：发明、实用新型和外观设计，专利保护的最长期限为20年。在获得专利的条件上，要求发明成果具有新颖性、创造性、实用性，其中新颖性的判断标准为：国内未公知公用、国内外刊物上未发表。对于谁能获得专利，各国的规定有一些差异。大致有两种方式：一种是发明在先原则，即专利归第一位发明者所有，美国和加拿大采用这一方式；另一种是申请在先原则，即谁先申请谁就先获得专利，包括中国在内的大多数国家都实行这一方式。

随着中国专利制度的不断完善和全社会专利保护意识的不断提高，专利保护日益成为促进我国技术创新的重要制度保证。

资料来源：作者根据公开资料整理。

二、政府奖励和研发补贴

除了专利制度外，政府还可以采取其他措施来刺激R&D和技术创新。

（一）政府奖励

政府可以设立奖金，以奖励那些成功的发明者。政府奖励可以在降低风险的情况下吸引企业从事R&D活动，因为如果企业的R&D没有获得成功，政府就不会有任何付出。而一旦创新获得成功，政府在支付预设的奖金后，任何人都可利用这一创新成果，从而使新知识发挥最大的社会效益。政府设立的奖金额越高，企业投资于R&D的激励就越大。如果政府恰当地确定奖金额，就会吸引最优数目的企业通过竞赛赢取奖金。

如果企业是风险中性的，只要它预期的奖励至少等于企业从事R&D的成本，企业就会选择从事R&D来赢取奖金。通过竞赛赢取奖金的企业数是由政府的奖励力度决定的，如果从事R&D的最优企业数为n^*，其中至少有一家企业发明成功的概率为$p(n^*)$，R&D的成本为m，政府设立的奖金为x，如果每家企业认为自己有平等的机会在发明竞赛中获胜，那么最优奖金数额x^*由下式决定：

$$x^* p(n^*) = m \tag{9-1}$$

如果同时有几家企业都取得成功，则奖金可平均分配或随机地分配给其中的一家。当政府提供的奖金小于最优额度时，参与奖金竞争的企业数量就会不足；而政府的奖励超过最优奖金额度时，就会吸引太多的企业参与竞赛，从社会福利的角度看，尽管R&D成功的概率提高了，但是R&D的社会成本也提高了，社会净收益因此下降。

案例9-3

发明奖金

奖金能够鼓励研究。历史上有过三个重要的例子，即经纬仪的发展、罐头的引进和赛璐珞的发明。

1713年，英格兰提供的奖金鼓励了海上经线测量尺度的发明。其中，一项重要的发明是由迈耶（Mayer）做出的，他能够准确地测算出月亮的位置，据此可计算出航船所在的经度。因为这项发明，迈耶的遗孀获得了3 000英镑的奖金。此后，英格兰又分别以10 000英镑、15 000英镑和20 000英镑悬赏发明能够准确到60分、40分和30分的经纬仪。49年后的1762年，约翰·哈里森有资格获得了20 000英镑的奖励。1773年完成了这笔奖金的支付。至1815年，共计发放奖金101 000英镑。

1795年，拿破仑的工业鼓励社提供12 000法郎的奖金，以征求能用于军队的食物保存方法。15年后的1810年，尼古拉斯·阿伯特获得了这笔奖金，他发明了将食物经过热处理后放入密封的香槟瓶中这一食物罐装法。

19世纪60年代，约翰·威利斯·哈亚特发明了赛璐珞，这是第一种人工合成塑料。他因此成为一项发明象牙弹子球替代物竞赛中的获胜者，并赢得10 000美元的奖金。

另一个例子也可称为典范，它综合了鼓励创意和商业成功。盖茨基金会的"大挑战探索"（Grand Challenges Explorations）项目宣布，只要能为该基金会列出的健康问题找到有趣而独特的解决方案，就可以获得10万美元的奖励。这些健康问题包括发明基于手机平台的提高疫苗接种率的方法，或者创建新一代卫生技术。参赛者只需要提交一份两页的书面计划，基金会负责出资研究，如果项目获得成功，还可以赢得高达100万美元的奖金。自2008年以来，该基金会已向44个国家的602位研究人员颁发了奖金。

资料来源：CARLTON W, PERLOFF M. Modern Industrial Organization [M]. 4th ed. New York: Addison-Wesley, 2005.

(二) 研发补贴

政府可通过补贴 R&D 成本来鼓励更多的创新。政府可给予 R&D 支出一定的税收减免，政府也可直接付款给企业以资助其进行 R&D。例如，美国已给予 R&D 支出 20% 的税收减免，中国则对高新技术企业进行认定，对于满足 R&D 强度条件的企业给予税收减免。

如果政府知道 R&D 的真实成本和预期的收益，那么它就可以选择最优数目的企业，同它们签订合同，资助其从事 R&D。在政府资助的 R&D 中，如何处理 R&D 过程中产生的知识产权是一个重要的问题。一种观点认为，政府应当获得相关创新的知识产权，并由政府免费对公众开放，以保证来自公众投资所产生的技术创新成果能最大限度地实现扩散，服务于公众；另一种观点则认为，政府应允许 R&D 合同的合约人（即 R&D 活动的主体）拥有知识产权或持有独占性许可，以激励其创新积极性。[⊖]

允许专利垄断会导致效率损失，如果政府有充分的信息来吸引最优数量的研究，那么政府提供奖金和签订 R&D 合同就是一种比专利更有效率的激励机制。但是政府通常只有有限信息，无法确定最优的奖金额度和 R&D 合同数目，因此专利制度是世界各国普遍采取的创新激励机制。

案例 9-4

中国的高新技术企业认定项目

经济学家认为创新对经济增长至关重要，这一信念激励着世界各国政府通过税收激励措施鼓励 R&D 投资。中国作为最大的发展中国家，在 GDP 快速增长的同时，R&D 投资也经历了爆发式增长。其中，政府对私人部门的 R&D 激励作用非常显著。典型的便是高新技术企业的认定项目。该项目针对合格企业，政府将其认定为高新技术企业，并根据企业 R&D 强度给予优惠的税收。2008 年之前，R&D 强度超过 5% 的公司有资格获得特殊的高科技企业地位，平均税率降低为 15%，大大低于法定税率 33%。2008 年之后，政府为不同规模类别的公司设立了 3%、4% 和 6% 的三个门槛。通过改变平均税率，而不是边际激励，该项目为公司增加报告的 R&D 提供了非常大的激励。

但是正如经济学家所担心的那样，政府通常只有有限信息，高新技术企业的认定项目也诱导企业经常发出虚假的"创新"信号来获得政府 R&D 补贴，例如，将其他费用重新标记为 R&D 支出，重新标记约占企业报告的 R&D 费用的 24.2%。即便如此，高新技术企业的认定项目对企业层面的生产效率和盈利能力还是有显著的促进作用。换言之，一旦区分真实的 R&D 与管理支出的费用化，中国高新技术企业的 R&D 投入回报就显著提高。

资料来源：CHEN Z, LIU Z K, SERRATO J C S, XU D Y. Notching R&D investment with corporate income tax cuts in China[J]. American economic review, 2021, 111 (7): 2065-2100.

⊖ 顾金亮. 美国政府资助 R&D 计划与我国国家科技计划知识产权管理的比较 [J]. 科学学与科学技术管理, 2004 (1): 15-19.

三、合作研发

如果没有政府的激励措施，R&D 就会很少，其原因在于：若发明者不能获取一项新发明的所有价值，就会存在外部经济性，每家企业都可能等待其他企业来承担 R&D 成本，自己从外部性中获益，因此企业进行的 R&D 数量很少。但如果一个产业中的所有企业都愿意分担 R&D 成本，合作进行 R&D，就可避免 R&D 的外部性问题。

所谓合作 R&D 指的是在进行 R&D 的企业间，围绕事前的 R&D 投资水平、方向、开发成果的利用与普及的方法等问题，预先以某种形式缔结契约的行为。

从以下几个方面看，合作 R&D 有利于改善创新资源的配置效率。

第一，通过合作 R&D，能够实现 R&D 的规模经济性。这是因为，通过数家企业的协作，就有可能实施因人员、资金等资源的制约而不能由某一家企业单独来实施的研究项目。特别是 R&D 项目，其实施高度依赖于科学家、工程师等人力资本，由于人力资本的稀缺性，一家企业很难拥有足够的人力资本来实施一些重大的研究项目。

第二，合作 R&D 能有效分散 R&D 过程中的风险。一些研究项目具有规模大和风险高的特点，例如，开发新型飞机、设计新的微型芯片或开发新型药物等。在这种情况下，通过企业间的合作可分散投资和技术风险。

第三，通过数家企业分别承担不同的 R&D 项目，能够避免 R&D 的重复投资。在非合作 R&D 中，专利竞赛使许多企业投资于同样的 R&D 项目但终无所获，造成 R&D 上的重复投资和资源浪费。在合作 R&D 中，预先在企业之间有效地分配研究课题，可能会将 R&D 的投资引向有利于社会福利的水平。

第四，通过合作 R&D，能将 R&D 的外部性部分内部化。通过合理地分担 R&D 成本，在合作伙伴之间实现 R&D 成果的共享，从而使创新收益内部化。

但是合作 R&D 中存在的某些问题有可能影响企业之间的合作关系。例如，合作过程中道德风险引起的个别企业的"搭便车"行为会导致合作 R&D 的低效率；再如，当存在"局外人"或潜在进入者时，可能会极大地损害内部化的效果。[⊖]

第三节　企业规模、市场结构与研发和创新

熊彼特早年认为，在完全竞争条件下，任何企业都没有利润来支持技术创新。而垄断企业能够承担创新风险，垄断利润是技术创新资金的主要来源，对垄断利润的预期可以成为创新的激励机制，因此垄断的市场结构有利于技术创新。这就是所谓的熊彼特假说。由此引出了两个问题：①是否企业规模越大，R&D 活动越有效率；②是竞争的市场结构还是垄断的市场结构更有利于创新。

一、企业规模与研发和创新

在企业的 R&D 活动中，对于企业规模和 R&D 的关系问题一直存在分歧，主要有两种观

[⊖] 植草益，等. 日本的产业组织：理论与实证的前沿 [M]. 锁箭，译. 北京：经济管理出版社，2000：207-208.

点：一种观点认为大企业在 R&D 和创新上更有优势，另一种观点认为小企业的 R&D 和创新更有效率。

（一）大企业的研发和创新优势

大企业的 R&D 和创新优势主要来源于 R&D 活动的规模经济性，这体现在以下几个方面：

（1）由于资本市场的不完全性和 R&D 活动的不确定性，企业很难通过资本市场为自己的 R&D 项目融资，主要依靠企业内部留利为 R&D 提供资金。而大企业的利润保证了 R&D 项目投入有充足和稳定的资金来源。

（2）大企业可利用 R&D 具有的专业化和分工的利益，发挥规模经济的作用。大公司可建立设施完善的实验室，购买昂贵的专用性设备，这可使 R&D 更为有效。大公司也可以聘用不同领域的专家，相互分工协作，来从事利用单一学科知识无法完成的 R&D 项目。

（3）大企业能够将 R&D 的固定费用分摊到各种各样的项目中，通过同时进行多项 R&D 项目来分散 R&D 风险。

（4）大企业可充分利用 R&D 与企业其他活动之间的互补关系，有效利用 R&D 成果。当企业的 R&D 取得成功后，大企业可利用自己在市场份额、销售渠道、促销和运输等活动中的规模经济性，有效利用 R&D 的成果，充分实现创新的市场价值。

（5）大企业在过程创新上具有优势，能够降低平均生产成本的新生产工艺可使大规模生产的企业节约更多的成本。

第二次世界大战后，在西方发达国家的经济发展过程中，大企业对技术创新的贡献部分印证了上述观点。例如，AT&T 从创立之初到 20 世纪 80 年代都是一家垄断企业，它的研究机构——贝尔实验室完成了一些在 20 世纪最为重要的发明，包括晶体管和激光器。在经济合作与发展组织（OECD）的范围内，全部工业技术创新支出的 2/3 左右是由那些雇员人数超过 1 万人的大公司完成的。美国 20 世纪 80 年代前半期的统计显示，大企业技术创新投入占全国企业技术创新投入的 95%，其中最大的 15 家企业占了 40%。对英国工业各种规模公司在 1945—1983 年完成的创新数量进行的调查发现：在整个被调查时期，雇员人数超过 1 000 人的公司，其创新占全部工业创新的 2/3。[1]

大企业在 R&D 和创新方面也存在一定的劣势，这主要表现在两个方面：第一，由于 R&D 过程也需要管理，随着企业和 R&D 规模的扩大，管理效率趋于低下，在 R&D 项目之间的资源分配及创新项目的选择等方面，大企业的决策过程复杂而耗时，造成大企业的 R&D 效率不高。第二，大企业，尤其是在该产业中拥有很大市场势力的企业，由于它们有较好的技术基础，现有产品在市场上占有垄断地位，因而缺乏竞争压力和技术创新动力，大企业为了保护其现有投资的价值，通常会推迟引入新工艺或推广新产品。

（二）中小企业的研发和创新优势

中小企业在 R&D 和创新上的优势通常体现在以下几个方面。

（1）在激烈的市场竞争压力下，以及对垄断利润的预期，使中小企业有充分的激励和动

---

[1] 弗里曼，苏特.工业创新经济学 [M].华宏勋，等译.北京：北京大学出版社，2004：301-302.

力来进行 R&D 和创新活动。

（2）中小企业能及时适应市场和用户需求的变化，具有很大的灵活性，善于捕捉市场机会。例如，在 20 世纪 70 年代兴起的苹果公司和其他小公司先开发出微型计算机技术，并敏锐地捕捉到具有很大潜力的计算机市场，结果创造出一个新型行业——微型计算机业，随之又带动了软件开发业和多媒体技术等行业的发展。

（3）中小企业组织机构较为简单，管理层次少，企业内部成员之间能进行有效的沟通，上下级之间的关系较为融洽，能够减少信息传递过程中的损失，组织效率高，决策更加有效。因此，在创新效率和实现创新的时间上小企业较大企业更有优势。

中小企业具有更高的技术创新敏感性，对新兴产业的 R&D 更具有活力。例如，20 世纪中小企业对一些新兴产业的技术创新做出了很大贡献，计算机、真空管、飞机、复印机、心脏起搏器、生物合成胰岛素、调频收音机、机器人等，都是中小企业发明、创新的。中小企业往往也是最新技术向产业转化的尝试者、新产业的先驱，例如，仙童半导体、EMI、苹果公司、索尼、微软、谷歌等都是在中小企业时期分别成为半导体、人体扫描仪、个人计算机、半导体收音机、操作系统和网络企业的先驱。中小企业的创新效率也可能比大企业高。

当然，中小企业在 R&D 和创新上也有自己的劣势，例如，受自身资源条件的限制，不具有 R&D 的规模经济性，承担风险的能力较差，等等。

以上分析表明，大企业的优势主要体现在规模经济和 R&D 能力上，而中小企业的优势则体现在创新动力和效率上。因此，在企业规模与 R&D 和创新的关系上，有三种观点得到了更多的认同：①大企业可以把技术创新经费投向不同的项目来分散风险，以盈利的项目来支持持续的自主创新。因此相对来讲，大企业的 R&D 项目要比中小企业的项目更能体现产业技术发展的前沿，其技术创新的不确定性更大。②在创新效率方面，从动态角度来看，中小企业或许优于大企业。中小企业对非连续性技术创新的捕捉能力要强于大企业。这说明在技术创新管理方面，大企业比中小企业更容易出现低效率的问题。③在创新投入方面，大企业比中小企业有更大的优势。这种优势表现在资金投入、人员投入与信息资源投入方面。

二、市场结构与研发和创新

是竞争产业结构还是垄断产业结构有更强的 R&D 和创新激励？这取决于是否存在专利竞赛。如果没有专利竞赛，企业不会为其他企业首先发明而担心，那么竞争性企业比垄断性企业有更大的 R&D 和创新动力。如果企业担心潜在竞争对手通过发明进入市场，那么竞争的威胁使垄断企业比竞争性企业具有更强的 R&D 和创新动机。

（一）无专利竞赛时的研发、创新激励

下面我们主要以过程创新为例来说明在没有专利竞赛的情况下，同一发明专利对竞争性企业的价值更大，因此竞争性企业有更强的 R&D、创新动机。⊖

⊖ ARROW K. Economic welfare and the allocation of resources for inventions[M] // National Bureau of Economic Research. The rate and direction of inventive activity: economic and social factors. Princeton: Princeton University Press, 1962.

1. 创新的社会价值

假设一家唯一适合发明的企业认为若自己不发明新工艺，就不会有任何其他企业发明。新工艺是一个非剧烈过程创新，实现创新后企业获得专利，成为该新工艺的唯一拥有者。

如图 9-5 所示，创新使企业的边际成本从 MC_1 下降到 MC_2。从价格等于边际成本的社会福利最大化原则看，创新使社会福利增加，净增加量为四边形 $BCEF$ 的面积，记为 π^s，即图中的阴影部分，这也是这一创新的全部社会价值。

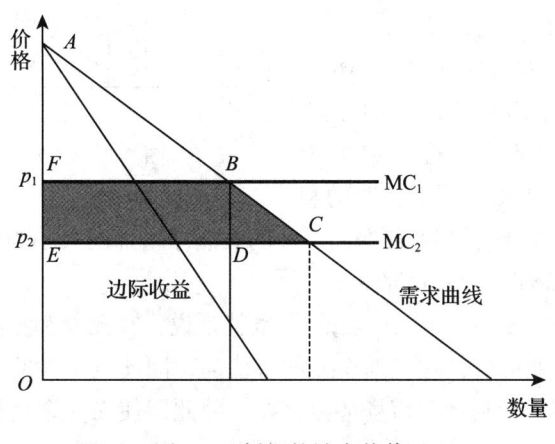

图 9-5　创新的社会价值

2. 创新对竞争性企业的价值

对竞争性企业来说，它通过创新获得了成本优势。由于其属于非剧烈创新，创新者并不能成为市场的完全垄断者。成功实现过程创新后，创新者可把价格 p_1 定在 MC_1 的水平上（实际上比 MC_1 略低），而使其他厂商退出市场，创新企业满足价格 p_1 下的全部需求，其利润为 $BDEF$ 的面积。在实现创新前，企业是在一个完全竞争市场上，其利润为零，因此创新使竞争性企业利润的净增量为 $BDEF$ 的面积，记为 π^c，即图中的阴影部分（见图 9-6），这也是创新对竞争性企业的价值。

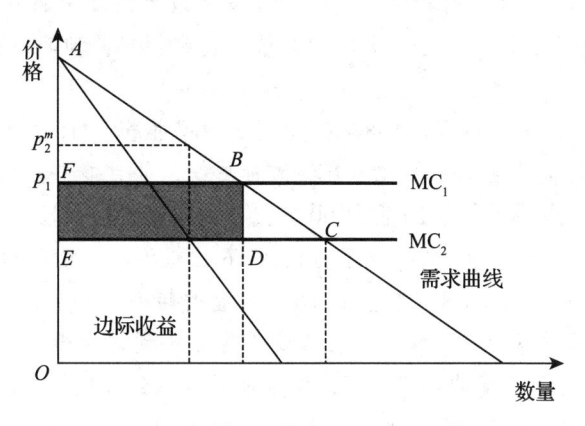

图 9-6　创新对竞争性企业的价值

3. 创新对垄断企业的价值

对一个垄断企业来说，创新前它垄断市场并获取垄断利润 π_1，实现创新后，它仍然是垄断企业，并获取垄断利润 π_2。因此，创新对垄断企业来说意味着用新工艺的垄断利润 π_2 去替代起初的垄断利润 π_1，这就是所谓的更新效应（replacement effect）。由于存在更新效应，创新对垄断企业的价值降低了。如图9-7所示，创新前的边际成本为 MC_1，市场垄断价格为 p_1^m，垄断企业的利润 π_1 为 $MLFN$ 的面积，成功创新后，边际成本为 MC_2，市场的垄断价格为 p_2^m，垄断企业的利润 π_2 为 $GHEK$ 的面积。因此，创新使垄断厂商的利润净增加的大小为图中的阴影部分，记这一面积为 π^m，这是创新对垄断者的价值。

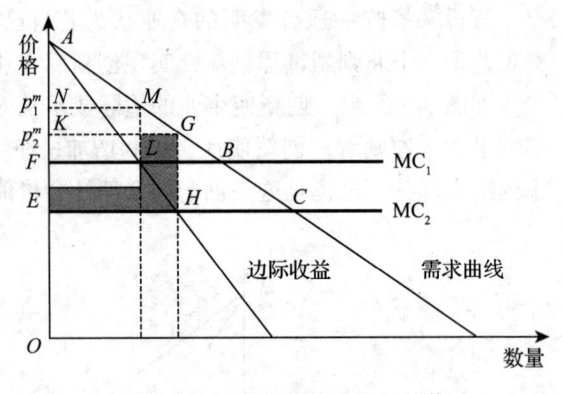

图 9-7 创新对垄断企业的价值

通过比较可以看出，$\pi_2 > \pi_1$，$\pi_2 > \pi^m$，也就是说，在无专利竞赛的情况下，由于更新效应，创新对竞争性企业的价值比垄断企业的价值高，因此竞争性的市场对企业的创新激励更强。同时，也说明由于专利允许市场势力存在，因此即使在一个竞争性市场上，当企业成功实现创新后，就拥有了一定的市场势力，它制定的价格高于自己的边际成本，从而造成了社会福利损失。

案例 9-5

世嘉和任天堂

电子游戏市场是一个巨大的市场。任天堂是20世纪80年代成功的经典之一。在10年中它的市场价值超过了索尼和尼桑。那时，任天堂的主要产品是8位游戏机和超级玛丽系列游戏。尽管世嘉的历史更悠久，但市场份额比任天堂低很多，处于第二位。

从20世纪80年代末开始，任天堂就在开发一种更快的16位游戏机。但是，任天堂并不急于推出这款新产品，"任天堂的哲学是，我们还没有最大限度地赚够8位游戏机的钱呢"。事实上，20世纪80年代末，任天堂的8位游戏机已达到销售的顶峰，推出16位机型会明显侵吞8位机型的市场。

世嘉则不用担心这种产品替代。1988年10月，世嘉推出了16位的家庭系列游戏机。这种功能更强大的机型的优势在于图像和声音的质量更好，并且能够显示多人游戏图像。更好的系统加上有力的促销使得世嘉在20世纪90年代初的市场份额大幅度提升。

最后，在1991年9月，任天堂推出了自己的16位机型。激烈的价格战开始了，两家的市场份额几乎是各家一半。在从8位机型到16位机型的转换过程中，任天堂失去了近乎垄断的地位，不得不与世嘉共享市场。然而，任天堂是否能比现在做得更好不得而知。尽管早日推出16位机型能够保住任天堂的市场份额，但是如果考虑到8位机型的销售利润，早日推出16位机型恐怕依然不能提高企业的总利润。

资料来源：卡布罗. 产业组织导论[M]. 胡汉辉，赵震翔，译. 北京：人民邮电出版社，2002：285-286.

（二）专利竞赛与研发、创新激励

假设垄断企业害怕其潜在的竞争对手会发明一种相似的新工艺或新产品从而进入市场，那两家企业都具有创新的动机。如果垄断企业首先实现创新，它就维持了它的垄断地位。如果潜在的竞争对手首先实现创新，它就必须与现有企业竞争（因为这种创新属于非剧烈创新），双寡头的市场结构就产生了。因此，报酬是非对等的：垄断企业若不能首先创新的话，其损失比其潜在竞争对手的损失要大。若在专利竞赛中失利，竞争对手仅损失它的 R&D 成本，而垄断企业损失它的 R&D 成本及一部分垄断利润。在这样一个专利竞赛中，不输是垄断企业的主要目标，它并不特别在意自己是否能成功实现创新，它只是关注自己的竞争对手是否能实现创新。如果垄断企业首先成功创新并获得专利，它可能会让它的专利"沉睡"。[⊖] 也就是说，垄断企业为自己的创新成果先申请专利，但并不使用这一专利成果，其目的仅仅是防止其他企业通过创新申请类似的专利。

垄断企业如何才能保证在这一竞争中不输并维持它的垄断地位呢？方法之一是在专利竞赛一开始就遥遥领先，使得所有的潜在竞争对手不得不退出竞赛。在这种情况下，垄断企业可继续维持它的垄断地位，但它可能被迫进行快于它意愿的发明，这也可能是许多垄断企业拥有大量专利的原因之一。

以上分析表明，竞争性市场或潜在竞争给企业的 R&D 和创新以更大的激励，从而刺激企业从事更多的 R&D 和创新。因此，创造一个提供平等机会的竞争性（现实竞争或潜在竞争）市场环境将使社会从更多的创新中获益。

案例 9-6
2020 年全球企业或科研单位专利数量排名

根据美国商业专利数据库（IFI Claims）发布的 2020 年全球专利持有者分析报告（IFI 250: Largest Global Patent Holders），2020 年三星电子拥有全球最多的有效专利资产，为 80 577 件，是 IBM 的两倍多。IBM 以 38 541 件在排行榜中位列第二，佳能以 36 161 件排名第三，微软和博世进入前五。排名前 10 位的主体中，美国企业占据 4 席，德国、日本和韩国企业各占 2 席，这些国家均为传统制造业强国。

表 9-1 是该榜单中前 10 大专利持有者名单。

表 9-1　2020 年全球专利持有者前 10 名

排名	公司	总部所在地	专利数（件）	排名	公司	总部所在地	专利数（件）
1	三星电子	韩国	80 577	6	松下	日本	26 705
2	IBM	美国	38 541	7	LG 电子	韩国	24 313
3	佳能	日本	36 161	8	通用电气	美国	23 630
4	微软	美国	30 042	9	英特尔	美国	23 523
5	博世	德国	28 235	10	西门子	德国	22 373

资料来源：IFI Claims.

⊖ CARLTON W, PERLOFF M. Modern Industrial Organization [M].4th ed. New York: Addison-Wesley, 2005: 564-565.

第四节 技术革命与组织变革

短期看,企业是技术创新的主体,企业通过有组织的 R&D 活动实现创新资源配置,改变市场需求和供给方式。长期看,技术创新的不断迭代和积累将引爆技术革命,反过来影响企业的组织结构。熊彼特的创新理论认为创新是生产要素的"新组合",其中一种典型的"新组合"便是企业组织的新形式。本节我们将讨论技术革命对组织结构的影响。

一、相关概念

(一) 技术革命的概念

相对于技术革命,很多人更熟悉的概念是工业革命,不少人在基础教育阶段已经对第一次工业革命和第二次工业革命及其社会影响有较充分的认识。但是,关于第三次工业革命或第四次工业革命,目前学界还没有一致的定义。当前最为著名的是德国"工业 4.0"(Industry 4.0)项目提出的关于四次工业革命的划分。

> **案例 9-7**
>
> **德国工业 4.0**
>
> 2013 年 4 月,德国工程院、弗劳恩霍夫协会(Fraunhofer-Gesellschaft)、西门子公司等德国学术界和产业界代表在汉诺威(Hannover)工业博览会上推出"工业 4.0"项目。该项目认为,人类社会已经经历了三次工业革命,当前正处于第四次工业革命时期,具体划分如下:第一次工业革命是以 18 世纪 60 年代开始在生产中广泛使用蒸汽机为标志,实现机械化生产方式;第二次工业革命是以 19 世纪 70 年代开始在生产中广泛使用发电机、电动机、内燃机等为标志,实现电气化生产方式;第三次工业革命是以 20 世纪 70 年代以来在生产中广泛使用电子和信息技术(IT)为标志,实现自动化生产方式;第四次工业革命(或工业 4.0)是指未来生产中广泛使用信息物理系统,将实现智能化生产方式。
>
> 资料来源:工业 4.0 工作组,德国联邦教育研究部. 德国工业 4.0 战略计划实施建议(上)[J]. 机械工程导报,2013(7-9):23-33.

值得注意的是,"工业 4.0"项目对四次工业革命的划分或定义也仅是一家之言,学术界对人类社会至今经历了几次工业革命仍存诸多争议。熊彼特在其著作《商业周期》中甚至把经济增长的重要波动和技术变革解释为"连续的工业革命"。不过,多数学者都认同技术革命及其影响,即大规模技术变革引起的技术、经济、社会和文化等领域的巨变引发工业革命(Ashton, 1948)。不少经济学家认为技术创新是一个渐进缓慢的过程,但是熊彼特认为技术创新的出现和扩散有时是非常缓慢的,有时是爆炸性的,也就是说技术进步可能是连续的也可能是非连续的,因此一次工业革命会包含若干次技术革命。[⊖]产业经济学关注的重点是企业主导的技术创新,因此我们讨论技术革命的影响,聚焦技术革命对企业组织的影响。

⊖ 贾根良. 第三次工业革命与工业智能化[J]. 中国社会科学,2016,(6):87-106+206.

卡萝塔·佩蕾丝（Carlota Perez）认为技术革命通常需要具备两个特征：一是"（技术）产生了爆炸性的增长和结构性的变革"；二是"（技术）能够更新和升级成熟产业"。参考佩蕾丝关于技术革命的相关论述，本书将技术革命定义为：技术革命是指由一批崭新且有强大影响力的技术、产品和部门引发的整体经济巨变。

这一定义表明：①技术革命是由一组技术创新集群（clusters）引发的；②该集群技术所产生的影响突破了其源起的产业或部门，并扩散到广泛的领域；③经济巨变是指一段长期（至少 50 年）的经济发展飞跃和整个生产体系的生产率提升。

（二）组织变革的概念

企业组织形态由企业内部因素和外部因素共同决定，其中的内部因素有企业战略目标、效率需求、信息畅通需求等，外部因素包括宏观经济环境变化、科技进步的影响、资源的变化等[一]。

学者们非常关心引致组织变革的众多因素中哪些才是关键因素。权变理论学派认为，组织结构是企业内部和外部环境的契合，是一个因时而变、因地制宜、因势而动复杂的变量。[二] 琼·伍德沃德（Joan Woodward）认为组织结构取决于公司采用的生产技术类型。艾尔弗雷德·D. 钱德勒（Alfred D. Chandler）认为，组织结构反映了企业的战略目标，组织结构跟随战略转变，因此是战略决定组织结构。[三]但是从历史发展的角度，钱德勒依然将现代工业企业出现和发展归结为技术。[四]换言之，组织变革的终极影响均为技术引致。据此，我们将组织变革定义为：组织变革是组织为了适应生产技术变化而在组织结构和体制方面做出的重大调整或重构。

二、技术驱动组织变革

（一）技术革命与组织变革的内在逻辑

演化经济学将关于生产体系（包括组织、技术及其相互依赖性）各种新思维方式的结合称作"技术－经济范式"（techno-economic paradigm）变迁，并利用"技术－经济范式"变迁解释技术革命与组织变革的内在逻辑。

新技术使得一些关键投入（如煤、钢铁、石油和数据）变得廉价而且普遍可得，从而促进了一些新产业的诞生，并快速成长为国民经济主导部门。新的产业、服务、商品和技术中产生的结构性变革，必然与设计、使用、生产和分配它们必需的各种组织创新联系在一起。管理和组织新技术的新"常识性"规则渐渐出现，它们一旦被证明在旧产业和新产业中均是有

[一] 周三多，陈传明，鲁明泓. 管理学：原理与方法[M]. 5 版. 上海：复旦大学出版社，2009.
[二] DALTON G W, LAWRENCE P R LORSCH J W. Organizational Structure and Design[M]. Homewood, IL: Richard D. Irwin, 1970.
[三] 钱德勒. 战略与结构[M]. 孟昕，译. 昆明：云南人民出版社，2002.
[四] 钱德勒. 看得见的手：美国企业的管理革命[M]. 重武，译. 北京：商务印书馆，1987.

效的,就会对社会产生广泛影响,包括企业、政府和大众文化等。

总而言之,技术变革带来了新产业的迅速增长,而且在更长时期内带动许多"旧"产业的复苏,这些传统产业受到新产业的影响,找到了利用新技术进行组织和管理变革的方法。

(二)技术革命推动组织变革的历史进程

18 世纪 70 年代至今,是人类技术进步最为显著的时间段,期间一共经历了五次技术革命,经济学家非常关心这些技术革命的开始时间,以便于认识此后经济社会演变的一连串进程,包括组织变革是如何发生的。五次技术革命推动的组织变革如表 9-2 所示。

表 9-2 五次技术革命推动的组织变革

革命名称	开始年份	流行名称	组织结构	简记	组织运行方式	代表性产业
第一次技术革命	1771	产业革命	直线型	L 型	工厂系统	纺织业
第二次技术革命	1829	蒸汽和铁路时代	直线型	L 型	合股公司与有责任心的手工工人签订再承包合同	纺织业、铁路
第三次技术革命	1875	钢铁、电力和重工业时代	职能型	H 型	"泰勒主义"、专门人才管理系统	铁路、钢铁工业
第四次技术革命	1908	石油、汽车和大规模生产的时代	事业部	M 型	"福特主义"、大规模生产与消费、层级制	汽车工业
第五次技术革命	1971	信息和远程通信时代	网络型	N 型	内部网、局域网和全球网	电子工业

资料来源:① 佩蕾丝.技术革命与金融资本[M].田方萌,胡叶青,刘然,等译.北京:中国人民大学出版社,2007.

② 弗里曼,卢桑.光阴似箭:从工业革命到信息革命[M].沈宏亮,译.北京:中国人民大学出版社,2007.

第一次技术革命开始于 1771 年,以阿克莱特在富有水力资源的克罗姆福德建立棉纺厂为标志。阿克莱特的棉纺厂以水力作为卷轴纺纱机的动力,雇用 300 余名工人,随后,沿河建立的纺纱厂和织布厂越来越多。与此同时,蒸汽机也开始在纺纱业成功运用,到了 1788 年,英国出现了超过 200 家阿克莱特式工厂,这些工厂将人类生产力发展推向了史无前例的突破和裂变。工厂替代了手工作坊,工厂制度在经济社会中得到了确立,工厂制度为直线型组织结构,即上下级的权责关系,一切管理工作均由领导者(厂长)直接指挥和管理,是一种最为简单的组织结构形式,适用于小型组织。

第二次技术革命开始于 1829 年,以蒸汽动力机车"火箭号"在利物浦到曼彻斯特的铁路上试验成功为标志,人们习惯把这个时代称为蒸汽和铁路时代。在这个时代,铁路公司和工程企业的雇员稳步增长,机器逐步增加,管理遇到的问题越来越多。一种新的管理解决方案开始被采纳:将责任下放给熟练的工人或工头,他们与股份制公司签订转包合同。工厂制度

○ PEREZ C. Structural change and assimilation of new technologies in the economic and social systems[J]. Futures, 1983, 15(5): 357-375.

○ FREEMAN C. Preface [M] // PEREZ C. Technical revolutions and financial capital:the dynamics of bubbles and golden ages. Ccheltenham, UK: Edward Elgar Publishing, 2002.

的直线型组织结构虽然没有被改变，但是管理上已经出现了分权的雏形。○

第三次技术革命开始于 1875 年。在美国，卡耐基酸性转炉钢厂在宾夕法尼亚州的匹兹堡开工，在法国，巴黎北火车站建成世界上第一座发电厂，标志着钢铁、电力、重工业时代的开始。技术的创新最有助于引导企业实现大规模经营，企业家们开始纷纷推行一体化战略，兼并和重组驱动公司向着大型化方向发展。庞大的公司规模、分布在不同地区的工厂、来自遥远国度的原材料，管理问题已经超出了单个企业家的管理能力，需要建立一种全新的管理结构。新的管理体系建立在专门经理人控制的部门结构基础上，被称为职能型组织结构。值得注意的是，最早的职能型组织结构在第二次技术革命期间已经在铁路公司内得到了一定的发展，美国"钢铁大王"安德鲁·卡耐基的管理模式几乎完全来自他的铁路工作经验。因此，钱德勒认为："卡耐基在钢铁工业中的贡献在于他致力于技术变革，在于他将由铁路发展而来的管理和控制方法富有想象力地转移到制造业中"。

第四次技术革命开始于 1908 年，以第一辆 T 型车从密歇根州底特律市的福特工厂出产为标志。T 型车被视为第一种老百姓负担得起的汽车，得益于福特公司对汽车生产流程的伟大创新，即发明了第一条汽车装配流水线，流水线生产方式使汽车产业的生产效率大约提高了 4 488 倍，大规模生产成为现实。福特公司的巨大成功，使得美国其他汽车公司几乎面临绝境，其中一些小公司联合组成了新公司，即通用汽车公司，这家新成立的巨型公司在生产上引进了流水线，在管理上成立了分支部门负责各个细分市场，形成了分权型事业部制的组织结构。流水线生产方式和新的组织结构同时迅速在美国企业间扩散，由此，形成了大规模生产与消费互相促进的良性循环，促进了美国第二次世界大战后长达 20 年的经济高速增长。

第五次技术革命开始于 1971 年，英特尔微处理器宣告问世，标志着计算机进入了微处理器时代，电脑开始在民用部门普及，组织管理呈现计算机化。企业内部各部门的计算机相互连通构建起来的局域网，使信息可以在组织内部快速流动○，一些管理层级不再必要，组织结构呈现出扁平化特征。

1986 年，美国国家科学基金会（National Science Foundation，NSF）建立了名为 NSFNet 的广域网，方便大学和科研机构共享 NSF 计算机的运算能力，同时也允许企业甚至个人接入该网络。新的使用者发现计算机相互间的通信更加吸引人○，依托该网络企业与外部沟通也逐渐被建立起来。企业内部关系和外部关系的网络化成为新组织的典型特征。网络型组织结构成为这一时期的组织变革的代表。

案例 9-8

网络化企业思科的兴起

思科公司（Cisco Systems, Inc.）是一家由一群斯坦福大学的计算机科学家创立的企业。公司成立于 1984 年，用了短短 16 年时间，思科便追上微软和通用电气，成为世界上最大企业

○ 奥利弗·E. 威廉姆森（Oliver E.Williamson）在他的著作《资本主义经济制度》中依据分权的程度对组织结构进行分类。

○ 在英特尔微处理器问世之前，计算机相互连通技术已经出现。1969 年，美国国防部高级研究计划局（ARPA）资助研究 ARPANET 网络。ARPANET 通过租用电话线路实现了将分布在美国不同地区的 4 所大学的主机连成一个网络。

○ NSFNet 后来发展成为互联网的骨干网。

之一。思科与传统企业的最大区别就是企业内部和企业外部关系的网络化。据《商业周刊》报道，这种网络化改变了传统企业的管理方式。

思科是最早利用互联网销售产品和服务的企业之一，它成功实现了在互联网上销售复杂、昂贵的设备。不仅如此，思科还利用内部网络黏合职能部门，并将内部网络开放，与供应商分享生产信息，外部合同商可以通过网络直接监控思科客户发出的订单，并在当天晚些时候将装配好的硬件运送给购买者。毫不夸张地说，整个交易流程中思科经常连箱子都不碰一下（Byrne，1998）[1]。思科借助网络化实行外包而不是自己建厂生产，使它的产量提高了3倍。

资料来源：弗里曼，卢桑.光阴似箭：从工业革命到信息革命[M].沈宏亮，译.北京：中国人民大学出版社，2007：338-339。

三、数字技术驱动的组织变革

（一）数字技术的概念

21世纪以后，互联网网速倍增，特别是移动互联网技术在短期内快速迭代，涌现出了一大批基于互联网的新兴技术，典型的有人工智能（artificial intelligence，AI）、区块链（blockchain）、云计算（cloud computing）和大数据（big data）等，学术界将这些技术的英文名称核心词首字母作为简称，将这些技术合称为ABCD技术。

ABCD技术与此前的信息与通信技术（information and communication technology，ICT）组合成了一簇技术群，不仅实现了信息在全球的快速流动，还大大提升了信息的数字化存储、保密、加工与应用能力，因此产业界习惯将这一簇技术群称为数字技术。

（二）数字技术对企业组织的影响

数字技术蓬勃发展，不仅推动了软件、通信、电子计算机产业的兴起，同时传统产业在数字经济的渗透下焕发出新活力，提升了生产效率和市场竞争力。将数字技术定义为新一代技术革命的代表可能为时尚早，但数字技术对组织结构的影响已经显现，主要表现为三个方面。

1. 组织规模两极化

在前五次技术革命中，技术创新带来生产效率快速提升，组织规模迅速扩大，旧的组织体系无法适应新生产方式，管理问题层出不穷，促使组织发生变革。因此，有必要首先讨论数字技术对组织规模的影响。

关于数字技术对组织规模影响的讨论最早可以追溯到1937年，罗纳德·哈里·科斯（Ronald H. Coase）在他的经典论文《企业的性质》[2]中便关注了电话、电报等通信技术对企业规模的影响。科斯认为，虽然电话、电报等技术可以降低企业组织成本，也可以降低市场交易成本，但是对降低企业组织成本的作用会更大一些，因此通信技术总体上会促进企业规模扩大。

---

[1] BYRNE J A. The corporation of the future [J]. Business week, 1998(3593): 102,104,106.

[2] COASE R H. The nature of the firm[J]. Economica, 1937, 4(16):386-405.

数字技术也给初创企业和小微企业带来新的发展机遇,一个典型的现象是,在各种电子商务平台上,无数小微企业利用互联网轻松地接触到分布于世界各地的潜在客户,它们同时使用一键式交易方式买卖服务和产品。

由此可见,数字技术很有可能导致企业规模趋于两极化:一方面是数字技术支持传统生产系统升级和改造,甚至重构,出现了无人工厂、用户直连制造(customer-to-manufacturer, C2M)等新的制造模式,大企业在资金、人才、市场及品牌等方面优势更为明显;另一方面,小微企业可以成为大企业平台构建的产业生态中的重要参与者,强化大企业平台的功能。

2. 组织流程数字化

数字技术最有可能为传统组织带来的变革是流程创新。最为经典的流程创新是福特公司发明的流水线,它不仅引发了汽车产业革命,也成为工业经济时代组织的基本制度。当前,业务数字化转型已经成为企业的群体战略。2012年,世界银行曾经对中国企业进行微观调查,其中一个调查项是关于2011年企业业务流程数字化程度,即ICT对企业关键业务流程的支持程度,要求被调查企业对"产品服务增强""营销与销售""生产运营""供应商关系"和"客户关系"五个关键业务中使用ICT的程度进行评分,评分采用5分制的李克特量表(Likert scale)(1代表从不使用,5代表一直使用)㊀。我们对该项调查结果进行数据整理㊁,一共有2 600家企业,其中,制造业企业1 633家,服务业企业967家。在所有企业样本中,五个关键业务流程数字化程度平均值都高于3分,服务业企业的业务流程数字化程度略高于制造业企业,如表9-3所示。

表9-3 中国企业业务流程数字化程度(2011年)

部门	产业	样本数量	产品服务增强	营销与销售	生产运营	供应商关系	客户关系
制造业	食品制造业	145	3.00	3.57	3.17	3.12	3.50
	纺织业	150	2.84	3.56	3.01	3.07	3.57
	服装业	124	2.89	3.36	2.93	3.24	3.48
	化学品制造业	141	3.11	3.58	3.35	3.28	3.67
	塑料和橡胶业	140	3.01	3.54	3.18	3.18	3.47
	非金属矿产品	147	2.76	3.09	3.08	2.83	3.08
	基础金属制造业	87	3.20	3.52	3.31	3.33	3.55
	金属制品	170	3.05	3.34	3.28	3.16	3.38
	机械设备	143	3.26	3.54	3.38	3.18	3.51
	电子产品	154	3.44	3.75	3.58	3.50	3.79
	汽车及其他交通	128	3.23	3.65	3.44	3.34	3.63
	其他制造业	104	2.82	3.22	2.86	2.94	3.31
	制造业总体	1 633	3.05	3.48	3.21	3.18	3.50
服务业	建筑业	129	3.06	3.35	3.21	3.36	3.53
	机动车服务	139	3.30	3.58	3.38	3.65	3.57
	批发	142	3.35	3.78	3.42	3.64	3.82

㊀ 1:从不使用;2:很少使用(很久会用一次);3:有时使用(一个月会用几次);4:经常使用(一周会用几次);5:一直使用(每天都会使用)

㊁ 主要是删除了对问题回答为"不清楚"或者"不适用"样本,同时考虑到数字化是市场技术选择的结果,100%国有控股的企业没有作为后文分析的样本

(续)

部门	产业	样本数量	产品服务增强	营销与销售	生产运营	供应商关系	客户关系
服务业	零售	145	3.25	3.80	3.54	3.61	3.82
	酒店和餐饮	142	2.75	3.01	3.01	2.54	2.79
	交通运输	137	3.05	3.50	3.48	3.36	3.55
	信息技术服务	133	4.02	3.83	3.89	4.01	3.88
	服务业总体	967	3.25	3.55	3.42	3.45	3.57
全样本		2600	3.15	3.52	3.32	3.32	3.54

资料来源：根据世界银行的调查数据整理。

3. 组织运营平台化

20 世纪初，社会经济中最为典型的一个现象是一系列互联网企业迅速崛起，这类企业采取了与传统工业经济时代企业完全不一样的商业模式——平台商业模式（platform business model），获得了巨大成功，引起了学术界和产业界的广泛关注。马克·阿姆斯特朗（Mark Armstrong）[1]、让·夏尔·罗歇（Jean-Charles Rochet）和让·梯若尔（Jean Tirole）[2]通过引入双边市场（two-sided market）的概念对平台商业模式做了规范经济学分析。简单地说，所谓的双边市场是指一个（或多个）主导企业能够聚集两类（或多类）用户参与该企业搭建的平台达成交易，并通过适当地向其中一方收费实现盈利的市场。其中，主导企业被简称为平台；采用双边市场盈利的商业模式被称为平台商业模式。

由于双边市场具有网络外部性的特征，使得采用这种商业模式的企业能够快速形成自然垄断，实现短期快速扩展，被初创企业广泛采纳，同时也引起了传统在位企业的高度重视。平台化战略成为 2010 年之后产业界的共识。钱德勒认为，组织结构跟随战略转变，[3]受平台战略的影响，不少企业已经开始在组织内部采用平台作为快速配置资源的架构，并认为组织结构平台化转型是对传统科层制的终结。[4]

以上分析表明，数字技术不仅驱动着产品转型升级，也赋能于企业的业务流程，重构企业的组织模式、管理模式。

案例 9-9

终结科层制：海尔的实践

海尔是一家中国制造业企业，是世界上最大的白色家电品牌之一，年营业额 350 亿美元，与惠而浦、LG 和伊莱克斯等企业齐名。2010—2019 年，海尔核心家电业务总利润每年增长 23%，年均收入增长 18%，还利用新的创业公司创造了超过 20 亿美元的市值。

海尔的业绩与 2010 年以来企业实施组织变革有着密切关系。作为一家工业经济时代建立起来的传统制造业企业，海尔意识到，数字经济时代，科层制的组织结构将成为竞争中的负

---

[1] ARMSTRONG M. Competition in two-sided markets [J]. RAND journal of economics, 2006, 37(3): 668-691.
[2] ROCHET J C, TIROLE J. Two-sided markets: a progress report[J]. The RAND journal of economics, 2006, 37 (3): 645-667.
[3] 钱德勒. 战略与结构 [M]. 孟昕，译. 昆明：云南人民出版社，2002.
[4] GARY H, MICHELE Z. The end of bureaucracy[J]. Harvard business review, 2018 (6): 50-59.

担，于是开始了对传统组织结构彻底改造。

海尔将整个大公司分为 4 000 多家小微企业（microenterprise，ME）。小微分为三类：①转型小微——根植于传统业务，依托互联网转型的小微；②孵化小微——在原有产品上开发新商业模式的小微；③节点小微——面向市场小微提供元件和设计、制造及人力资源支持等服务的小微。

海尔利用小微企业实现"建立全球首家真正的互联网时代企业"这一目标，开创一种与互联网结构相似的组织模型。这种组织模型具有以下三个主要特点。

第一，内部契约代替内部垄断。每个小微企业可以自主选择是否向其他小微企业购买服务，或者选择与外部服务商合作。即使是内部小微企业之间的合作，也需要签订协议（海尔更倾向于使用"契约"这个词），高层管理人员不干预内部协议的签订。

第二，自发协作代替命令式协调。为了解决企业内同步处理技术和设备方面的重大投资与跨业务的能力。海尔建立了内部平台，平台主的职责是将小微团队整合起来，协助它们发现合作机会，但几乎不下达命令。

第三，开放发展代替封闭管理。海尔将自身定位从公司转为市场网络中的一个节点。传统的科层制组织会严格划分内外，而且有个特点是保密，不愿把关键任务交给外部合作者，属于封闭式系统。海尔所有新产品、新服务都采取开放发展模式，将产品开发过程移到线上：利用社交平台邀请产品用户参与产品的改进；建立海尔开放式创新平台——Haier Open Partnership Ecosystem（简称 HOPE），汇聚世界各地技术专业人士及机构参与技术攻关；利用众包收集产品反馈和支付开发成本。

与众多中国新经济明星公司不同，海尔是一家工业经济时代建立起来的传统制造业企业，海尔花了近十年时间，才成为我们今天看到的模样。数十年来，许多公司积极拥抱互联网，发展电子商务。但海尔做到了更超前的事情：管理模式的互联网化转型。

资料来源：哈梅尔，扎尼尼. 终结科层制 [J]. 哈佛商业评论，2018（12）.

本章小结

技术创新是推动经济增长的重要因素。从企业竞争的角度看，创新是企业获得竞争优势的重要战略之一。技术创新是企业以实现长期利润最大化为目标，应用新知识和新技术开发出新工艺或新产品，并成功实现首次商业化应用，以改善企业在产品市场上的供给和需求条件的活动。商业化是技术创新区别于一般的技术发明的关键，这也使技术创新成为一种经济行为，从而可用经济分析的基本工具对其进行研究。技术创新可分为以新工艺的商业化为主的过程创新和以向市场成功推出新产品的产品创新。在一定意义上，产品创新可看成一种过程创新。过程创新根据新工艺所降低成本的幅度可分为剧烈创新和非剧烈创新。

研究与开发是一个知识的创造和应用过程，包括三种类型：基础研究、应用研究和开发。企业的研究与开发通常以商业化为目的，因此企业的研发与技术创新过程融为一体，其中开发环节是联结研发与技术创新的关键。企业在研发中的投入是在进行一项长期投资，这一投资过程有两个主要特征：不确定性和溢出效应，这会导致企业在研发上的投资不足。

研发与创新激励从社会福利的角度看是必要的。主要的激励机制有专利制度、政府奖励和研发补贴等。另外，企业之间也可通过合作研发的方式来使研发的外部性内部化。专利制度对社会福利有两方面的影响：刺激研发和创新活动增进社会福利；赋予企业合法的垄断地位而造成社会福利的损失。通过选择合理的专利期限可使社会的净收益最大化。

大企业在研发和创新上的优势体现在规模经济和研发能力上，而中小企业的优势则体现在创新的动力和效率上。如果不存在专利竞赛，那么竞争性的市场结构对研发和创新有更强的激励，但在专利竞赛的压力下，垄断企业有更强的研发和创新动机。

熊彼特将企业组织的新形式作为一种重要"新组合"类型，组织结构创新也是一种重要的创新。技术变革带来了新产业的迅速增长，而且在更长时期内，带动许多"旧"产业的复苏，这些传统产业受到新产业的影响，找到了利用新技术进行组织和管理变革的方法。组织和管理创新一旦出现并被证明有效，就会对社会产生广泛影响，包括企业、政府和大众文化。

推荐阅读

[1] GILBERT R, SHAPIRO C. Optimal patent length and breadth[J]. The RAND journal of economics, 1990, 21(1): 106-112.

[2] FERSHTMAN C, MARKOVICH S. Patents, imitation and licensing in an asymmetric dynamic R&D race[J]. International journal of industrial organization, 2010, 28(2): 113-126.

[3] AW B Y, ROBERTS M J, XU D Y. R&D investment, exporting, and productivity dynamics[J]. American economic review, 2011, 101(4): 1312-1344.

[4] DAWID H, KOPEL M, KORT P M. R&D competition versus R&D cooperation in oligopolistic markets with evolving structure[J]. International journal of industrial organization, 2013, 31(5): 527-537.

[5] 熊彼特. 经济发展理论 [M]. 何畏，易家详，等译. 北京：商务印书馆，2020.

[6] 干春晖. 企业非合作策略性行为的产业组织理论述评 [J]. 经济学动态，2001（11）：64-68.

[7] 王华. 更严厉的知识产权保护制度有利于技术创新吗？[J]. 经济研究，2011（S2）：124-135.

[8] 周亚虹，贺小丹，沈瑶. 中国工业企业自主创新的影响因素和产出绩效研究 [J]. 经济研究，2012（5）：107-119.

[9] 哈梅尔，扎尼尼. 终结科层制 [J]. 哈佛商业评论，2018（12）.

[10] 佩蕾丝. 技术革命与金融资本 [M]. 田方萌，胡叶青，刘然，等译. 北京：中国人民大学出版社，2007.

思考与练习

1. 技术创新和技术发明之间有什么区别？
2. 创新和研究与开发之间有什么区别和联系？
3. 你同意"专利期限的设立应视不同产业和不同类型的发明而不同"这一观点吗？请说明你的理由。
4. 在什么情况下政府奖励比专利更有效？在什么情况下专利比政府奖励更有效？
5. 你认为大企业的研发效率高还是中小企业的研发效率高？为什么？
6. 什么样的市场结构更有利于创新和研发？

垄断厂商会让自己的专利"沉睡"吗?

7. 合作研发有什么优势?这对市场结构会产生什么影响?

8. 假定市场需求为 $p = 120 - Q$,创新前厂商的不变边际成本为 80,成功实现创新的厂商边际成本下降为 20,这一创新是剧烈创新还是非剧烈创新?如果边际成本下降为 60,在没有专利竞赛的情况下,这一创新对竞争性厂商的价值是多少?对垄断厂商的价值又是多少?更新效应的影响是多大?

9. 在五次技术革命中,分别出现了哪些组织结构?它们的特点是什么?

第十章 CHAPTER 10

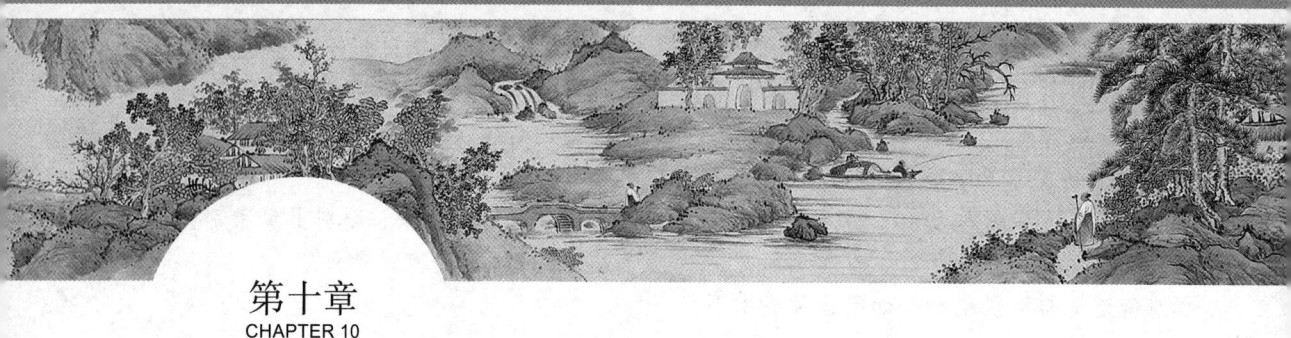

市场绩效

> 有些事情是不能等待的。假如你必须战斗或在市场上取得最有利的地位，你就不能不冲锋、奔跑和大步行进。
>
> ——拉宾德拉纳特·泰戈尔

市场绩效反映的是特定市场结构和市场行为条件下市场运行的效果。产业经济学对市场绩效的研究主要从两个方面展开：一是对市场绩效本身进行直接的描述和评价，主要从产业的资源配置效率、产业的规模结构效率、产业的技术进步程度和 X 非效率等几个方面，用利润率、勒纳指数、贝恩指数和托宾 q 等指标度量，描述市场绩效的基本情况及评价市场绩效的优劣；二是研究影响市场绩效的因素，包括市场结构、市场行为、经济外部性等因素与市场绩效之间的关系，以便对影响市场绩效的内在机制作出解释。

第一节 市场绩效概述

市场绩效（market performance）是指，在特定市场结构下，通过一定的市场行为使某一产业在价格、成本、产量、利润、产品质量、品种及技术进步等方面达到的最终经济成果。除此之外，市场绩效往往还包括厂商是否提高了生产效率、实现了资源配置效率，是否生产了满足社会需要的产品和数量等。因此，市场绩效既反映了在特定的市场结构和市场行为条件下市场运行的实际效果，也表示最终实现上述经济活动目标的程度。从上述目标出发，产业经济学不仅要探讨经济活动中企业层次的市场绩效衡量问题，更需要从产业和整个国民经济层次上，从产业的资源配置效率、产业的规模结构效率、产业的技术进步程度等若干方面进行更全面的市场绩效评估。

由于从长期来看，具有市场势力的企业能够维持高于边际成本水平的定价，从而获得高于竞争均衡水平的经济利润，反映的是企业在市场的定价能力，因此，市场绩效的度量往往与利润率、市场势力的度量一致，即收益率、价格-成本加成（勒纳指数）、托宾 q 和贝恩指数（见第三章第二节）。除此之外，还可以从产业的资源配置效率、规模结构效率、技术进步程度和 X 非效率等视角对市场绩效进行评价。

一、产业的资源配置效率

资源配置效率是指配置资源的有效性,它同时从消费者的效用满足程度和生产者的生产效率高低的角度来考察资源的利用状态。它包括以下三方面的内容:

第一,有限的消费品在消费者之间进行分配,使消费者获得的效用满足程度。

第二,有限的生产资源在生产者之间进行分配,使生产者所获得的产出大小程度。

第三,同时考虑生产者和消费者两个方面,即生产者利用有限的生产资源所获得的产出大小程度和消费者使用这些产出所获得的效用满足程度。[㊀]

产业经济学认为,资源配置效率是反映市场绩效优劣的重要指标,这个指标在实际运用中常常用收益率来表示。价格理论认为,竞争性的市场机制能保证稀缺资源的最优配置,因为在完全竞争条件下,价格由自由竞争的市场决定,资源在产业间和企业间的自由流动使得产业间的利润率趋于平均化,所有的产业和企业都能获得正常利润,不存在垄断利润。所以,可以用产业和企业的收益率作为衡量资源配置效率的指标。

一般情况下,市场竞争越充分,资源配置的效率就越高;与此相反,市场垄断程度越高,资源配置效率越低。福利经济学第一定理表明:完全竞争市场经济的一般均衡是最优的。一般均衡表明整个经济处于效率状态,因此,所有的消费活动都是有效率的,所有的生产活动也都是有效率的,而且消费和生产活动是协调一致的,即对于任何两种资源,所有消费者的边际消费率全部相等,所有生产者的边际技术替代率都相等,且边际消费率与边际技术替代率也相等。虽然产业经济学与福利经济学这个定理本身也有某些不严密性,受到了某些学者的质疑,但对于完全竞争的市场结构能够实现资源配置的最优状态这一点,绝大部分经济学家是深信不疑的。

与理想的完全竞争相比,垄断市场的供应量比完全竞争市场低,而垄断价格通常比竞争价格高。经济学分析表明,与完全竞争的市场相比,垄断企业通过较高的价格和较低的产量提供商品,攫取了一部分消费者剩余,使消费者剩余减少;与此同时,还导致一部分剩余的永久性损失,即所谓的社会福利的净损失,或称效率损失。当然,垄断所导致的社会福利的损失不仅表现在上述一方面,还表现为垄断企业为了谋取和巩固其垄断地位经常采取一些特殊的手段并为此支付巨额的费用,诸如广告和特殊产品差异化、设置人为的进入壁垒等。经济学家认为,只要是为竞争市场所付出的不必要的手段及其开支,都可以看作一种社会资源的浪费。

二、产业的规模结构效率

产业的规模结构效率,又称为产业组织的技术效率,反映产业经济规模和规模效益的实现程度。产业的规模结构效率既与产业内单个企业的规模经济水平密切相关,还反映产业内企业之间的分工协作水平的程度和效率。衡量某个特定产业的规模结构效率可以从以下三个方面来进行:①用达到或接近经济规模的企业产量占整个产业产量的比例来反映产业内经济规模的实现程度;②用实现垂直一体化的企业的产量占流程各阶段产量的比例来反映经济规

㊀ 刘家顺,杨洁,孙玉娟.产业经济学 [M].北京:中国社会科学出版社,2006:162.

模的纵向市场程度；③通过考察产业内是否存在企业生产能力的剩余来反映产业内规模能力的利用程度。这有两种情况：一是某些产业特别是集中度低的产业，企业未达到经济规模，又存在开工不足、利润率低的情况；二是多数企业达到经济规模，但开工不足，能力过剩。

产业内企业规模经济性的实现可以分为如下三种状态：

1. 低效率状态

低效率状态即产业市场上未达到获得规模经济效益所必需的经济规模的企业是市场的主要供应者。这种状态表明该产业未能充分利用规模经济效益，存在着低效率的小规模生产，如处在起步阶段的家电产业、汽车产业等。

2. 过度集中状态

过度集中状态即市场的主要供应者是超过经济规模的大企业。由于产业过度集中，无法使产业的长期平均成本降低，在这种情况下，大企业的市场力量得到了过度的增强，反而不利于提高产业资源配置效率，如改革前的电信、石油、电力等一些国家垄断产业。

3. 理想状态

理想状态即市场的主要供应者是达到和接近经济规模的企业。这表明该产业已经充分利用了规模经济效益，产业的长期平均成本达到最低，产业的资源配置和利用效率达到了最优状态。

在市场经济发达国家，如美国、欧洲和日本，多数产业（贝恩对美国的研究结果是70%～90%）已经实现了产业规模经济水平的理想状态，即主要生产企业都是达到经济规模的企业。尤其是那些规模经济性显著的产业，如钢铁、石油化工、汽车和家电等。而在另外一部分产业中，存在着超经济规模的过度集中。贝恩发现，许多过度集中的产业中大企业的生产成本比规模较小的企业高，可见，过度集中实际上是降低了产业的规模结构效率。

影响产业的规模结构效率的主要因素包括两个：一是产业内的企业规模结构。产业内的企业规模结构是指产业内不同规模企业的构成和数量比例关系，它同时反映了大企业和中小企业所占的比例。根据不同产业的特点，形成大型、中型、小型企业按照一定的比例组合的规模结构，有利于整个产业实现生产的协同效应。在这样的规模结构中，大企业负责开拓市场、设计新产品、使用大型自动化生产线完成产品总装的工作，中小企业则通过专业化为大企业提供零部件等配套产品，通过这样的协作可以从整体上发挥产业的规模经济水平。二是市场结构。市场结构是影响产业规模结构效率的直接因素。大量实证研究表明，产业市场的过度集中和分散都会降低产业的规模经济水平。

三、产业的技术进步程度

产业的技术进步是指产业内的发明、创新和技术转移（扩散）的过程。技术进步渗透于产业的市场行为和市场结构的方方面面，并且最终通过经济增长表现出来。产业技术进步反映了一种动态的经济效率，它是衡量经济绩效的一个重要指标。

不同规模的企业在技术进步过程中的作用和地位，是研究产业组织和技术进行关系的重要内容。对于这个问题，不同的经济学家有不同的看法。

熊彼特等人认为，大企业对技术进步的作用最大，其理由是：①技术进步创新的成本巨大，只有大企业才能承担。反过来说，一旦创新失败，也只有大企业才有能力承担亏损，并用其他成功项目的利润加以弥补。由此可见，大企业更有能力承担技术进步过程的风险。②研究开发中也存在规模经济，大企业的研究开发也存在规模经济，大企业比小企业更有能力利用和发挥这种规模经济的效益。③由于大企业拥有的市场份额更高，并且大多从事多元化经营，因此大企业能够从发明和创新活动的成果中获取更高的收益。④维护和巩固垄断地位的需要迫使大企业开展更多的技术发明和创新活动。

　　谢勒等人认为，小企业在推动技术进步方面的作用更大，其理由是：①大企业在试图形成垄断力量的过程中确实会从事技术进步活动，但是垄断地位一旦形成，技术进步的动力和行为就会消失，市场支配能力反而成为限制技术进步的障碍，因此，竞争才是技术进步的原动力。②大企业拥有的大规模在技术进步的过程中也会成为劣势，如决策过程低效率、技术开发人员之间的相互倾轧、管理层对某些独特的创新活动的忽略和不支持等。③实践表明，在许多产业中，小企业能对某些独特的创新活动作出重要的贡献。

　　在一定的规模临界点以内，研发投入随企业规模扩大而增长，研发成果也随之增加，这种规模临界点因产业而不同。大量研究表明，在研发能力方面，大企业确实比小企业强。经济学家所做的部分研究数据表明，大企业在发明和创新的投入中占的比重大于其规模的比重，可见在研发的实际投入方面大企业的确占据了主导地位。这不仅证明了大企业投入的能力，而且也不可否认地表明了大企业技术投入的意愿。就实际贡献来说，实证研究表明，大型、中型、小型企业在发展和创新方面的作用与产业类别、技术进步阶段的特点、专业化分工程度及政府政策这些因素有着密切的关系，大型企业和中型、小型企业的作用经常是互相补充和联系的，正是小企业的技术发明和创新对处于垄断地位的大企业构成了一定程度的挑战和竞争压力，从而加速了技术进步的进程。因此，我们的结论是：技术进步并不限于某个特定规模的企业，所有规模的企业在技术进步上都可以有所作为。⊖

四、X 非效率

　　哈佛大学雷本斯坦教授于 1966 年首次提出的 X 非效率（X-inefficiency）理论，也称内部低效率理论，它是反映市场绩效优劣的一个指标。该理论认为，垄断性大企业由于外部市场竞争压力小，组织内部层次多，机构庞大，加上所有权和控制权的分离，它们往往并不追求成本最小化。这种现象统称为"X 非效率"，它是"X 效率"的对称。

　　雷本斯坦的 X 非效率理论涉及市场环境（ME）、企业组织（EO）和经济效率（EE）三个变量之间的关系，其中经济效率是市场环境和企业组织的函数，即 $EE=f(ME, EO)$。在变量 ME 为给定（即没有市场竞争压力）的条件下，变量 EE（即 X 非效率的程度）就取决于变量 EO（即垄断厂商）适应环境的情况。X 非效率理论的整个分析框架是建立在"庇护下的厂商追求利润极小化"这个前提假设之上的，不同于传统理论中的"经济人"假设，将人性的弱点假定为"惰性"及由此形成的"习惯"，即企业行为 $=f(惰性，环境)$。因此，在没有压力的市场环境（ME）中，最高决策者（经理）的行为模式是"极小型"的，因而，他就不可能

⊖ 苏东水. 产业经济学 [M]. 北京：高等教育出版社，2003：154-163.

把压力从最高层逐级向下传导下去。于是，垄断企业全体员工的这种利润极小化行为模式就"集体"地构成了企业组织（EO）的行为模式。在没有压力的市场环境下，经济效率（EE）的值就不可能是 X 效率，而只能是 X 非效率。[①]

第二节　所有权、市场结构与市场绩效

目前，研究者从不同的视角研究影响市场绩效的因素。有研究者从市场结构的视角来进行研究，认为战略联盟能够通过分散风险、交换资源、突破市场壁垒、实现规模经济和协同经济等为企业带来竞争优势（如 Jorde，Teece，1989[②]）；Shapiro 和 Willig（1990）则从所有权的角度展开研究，发现产权关系如生产型合资企业（production joint venture）能够促进竞争和限制竞争的双重效应，进而对市场绩效产生影响[③]；Bain（1951）[④]、Demsetz（1973）[⑤]、Baumol 等（1982）[⑥]等则发现集中度和进入壁垒与市场绩效之间存在显著关系；Plott（1982）[⑦]则发现价格形成模式、实现的交易数量和买卖双方之间的利益分配也是交易活动所产生的市场绩效的重要方面。因此，我们将分别从所有权、市场结构和集中度等方面对影响市场绩效的因素进行分析。

一、所有权与市场绩效[⑧]

对于所有权与市场绩效的关系问题，经济学界一直都热烈关注，特别是对所有权与市场绩效问题，经济学家没意识到需要更加关注所有权与市场绩效之间的复杂关系，并且需要进行全面理性系统的分析。目前对二者关系的研究主要从以下几个视角展开。

（一）新古典一般均衡理论的视角

总体而言，基于新古典局部均衡和一般均衡的所有权与绩效方面的研究仍然不是非常到位。在一般均衡理论的框架下，私人所有权与国家所有权的作用与本质在经济活动中其实是差不多的，只要掌握的信息正确，私人企业可以在政府的管制之下产生最大化的福利。与此

[①] 刘家顺，杨洁，孙玉娟. 产业经济学[M]. 北京：中国社会科学出版社，2006：166.

[②] JORDE T, TEECE D. Innovation cooperation and antitrust: balancing competition and cooperation [J]. High technology law journal, 1989: 1-13.

[③] SHAPIRO C, WILLIG R. On the antitrust treatment of production joint ventures[J]. Journal of economic perspectives, 1990, 4(3): 113-130.

[④] BAIN J S. Relation of profit rate to industry concentration: American manufacturing, 1936—1940[J]. The quarterly journal of economics, 1951, 65(3): 293-324.

[⑤] DEMSETZ H. Industry structure, market rivalry and public policy[J]. Journal of law and economics, 1973, 16(1): 1-9.

[⑥] BAUMOL W J, PANZAR J C, WILLIG R D. Contestable markets and theory of industry struture[M]. New York: Harcourt Brace Jovanovich, 1982.

[⑦] PLOTT C R. Organization theory industrial and experimental economics [J]. Journal of economic literature, 2012, 20(4): 1485-1527.

[⑧] 该部分内容可以参考石明明和张小军的《所有权和市场绩效的理论逻辑与经验证据：比较视角及去意识形态化反思》(《经济理论与经济管理》，2012 年第 10 期)。

同时，国有企业也会排除委托代理的问题，因为对于国有企业，政府可以设计出完美的有效激励制度。

即使在二十世纪八九十年代，尽管新古典经济理论被认为是西方两次"私有化浪潮"和中东欧与拉美自由化改革的重要理论来源之一，但从当代经济学的严谨观点来看，在一般均衡框架下，出于完全信息的假设，国家所有权与私人所有权在经济活动中的作用在本质上是等价的。一般均衡框架对初始约束条件过于敏感，因此对现实的解释力常常受到经济学家的批评。经济学家在分析现实经济现象时，常常使用局部均衡分析框架。在这一分析中，所有权分析的基础是垄断。垄断常常伴随着高于充分竞争水平的低产量和高价格。在垄断均衡中，产出的边际成本低于竞争均衡中的水平，因此常常带来"无谓损失"（dead weighted loss）。国有所有权常常作为一种干预这种效率损失的政策工具被提出——尽管它并不是逻辑上的必然，因为在一般的垄断产业中，规制和反垄断政策可以作为一种有效的替代方案。所有权问题真正受到关注的地方在"自然垄断领域"。自然垄断的概念来自于"成本弱可加"。在这一市场中，达到资源有效配置的情况下，市场上只能容纳一家企业，而竞争则会带来重复建设和无效率。

事实上，已有的实证研究也不能从一般均衡的视角来支撑所有权与市场绩效之间的关系问题，如 Bortolotti 和 Milella（2008）[1]考察了西欧的私有化进程与绩效，发现20世纪90年代西欧大规模的私有化主要是由当时的财政状况与对金融市场的乐观看法所驱动的，并没有改变大多数公司的治理结构，各国政府仍然通过投票权或黄金股牢牢地控制着大量的"私有化后的公司"，私人所有权与公共控制权共存的情况仍然大量存在。此外，Goldstein 和 Nicoletti（2003）、Megginson（2001）、Parker 和 Saal（2003）等的论文都没有发现明显证据。

（二）契约理论的视角

一些研究者对国有企业的批判往往从国有企业缺乏效率、缺失委托代理和动机、监管缺位等视角进行研究。也有一些研究发现了国有企业的优势，如 Hart（2003）[2]曾经提出，信息、不完全契约与所有权配置的不完备性密切相关。如果这种契约的不完备仅仅是由道德风险和信息不对称引发的，那么组织的形式——包括所有权和企业的边界——是无关紧要的，因为在完全契约的情形下，所有事情都可以通过初始契约来指定；但如果契约是不完全的，那么所有权就非常关键，因为资产的所有者可以行使初始契约内没有指定的所有权利（即剩余控制权）。因此，在完全契约的情形下，政府不需要拥有任何自己的企业，因为它可以通过制订详细的初始契约来实现自己的目标，但是在契约不完全的情况下，由于所有权可以给政府提供以"剩余控制权"形式存在的特定权利，政府需要拥有一些国有企业（如电力公司和监狱）。Shleifer（1998）[3]的研究也发现，私有产权优于公有产权的原因是政府雇员缺乏削减成本和创新的激励。他同时指出，国有产权可能在以下四种情况下具有优势：当一些质量信息无法写入合约时，国有产权可能更有利于削减成本；在一些创新相对而言不是很重要的产业；竞争较弱，消费者选择无效率；声誉机制较弱。此外，Perotti（1995）、Besley 和 Ghatak（2001）

---

[1] BORTOLOTTI B, MILELLA V. Privatization in western europe: Stylized facts, outcomes, and open issues[M]. New York: Columbia University Press, 2008.

[2] HART O. Incomplete contracts and public ownership: remarks, and an application to public–private partnerships[J]. The economic journal, 2003, 113 (486): c69-c76.

[3] SHLEIFER A. State versus private ownership [J]. Journal of economic perspectives, 1998, 12 (4): 133-150.

等也有类似观点。

(三) 新规则理论的视角

越来越多的文献认识到了国家所有权可以当作一种十分强的规制性工具。一旦出现信息不对称的问题，国有企业可以使用自己的权利来约束私有企业特别是自然垄断私有企业的发展。Shapiro 和 Willig（1990）的研究就发现，与管制者的规制政策相比，国有企业的所有者可以更好地获得必要信息，以使受监管企业的行为与社会目标相一致。因此，即使国有企业存在效率劣势，但是从监管的角度看，它们也不必然比既有的其他规制方式更低效。拉丰和梯若尔（2005）[一]进一步明确认为，国有部门与私人部门的成本效率在理论上并不存在定论，而目前关于两种所有权结构相对效率的实证文献本身也是没有定论的。在他们的开创性文献——《政府采购与规制中的激励理论》一书中，拉丰和梯若尔对传统的观点进行了批评，并论证说明了所有权与市场绩效之间的关系在理论上非常复杂，至少政府规制与政府所有权结合的形式可以减缓信息不对称问题，从而有助于政府对私人企业的规制。因此，规制与所有权应该是互补的控制与治理形式。此外，Bauer（2005）[二]认为政府利用国有企业来实现社会目标，例如提供稳定就业的公共服务。

(四) 混合寡占理论的视角

目前对所有制的典型范式是"混合寡占"（mixed oligopoly）理论或"规制混合寡占"（regulated mixed oligopoly）理论，这是基于现实市场是多种所有制经济共同竞争的现实的理论，其基本思路是，不同所有制经济的目标函数不同，在市场上进行策略互动的结果互有很大的不同，而市场内的国有企业作为一种直接规制工具，可以有效改进或提高社会福利（Fraja，Delbono，1989）[三]。该观点认为，在不完美的市场中，国有企业的存在可以作为一种政策工具来改进资源配置的效率，即国有企业可以作为一种内部规制机制。一些学者在混合型垄断竞争框架下，证明在一个不完美的市场上，国有企业可以偏离边际成本定价法则，从而能够最大化社会福利函数（Rees，1984）[四]。同时，当国有企业作为一个市场追随者时，社会福利将会得到有效的改进，因此，在混合型垄断的市场上，低效率国有企业与高效率私人企业共存这一机制，其市场绩效也将优于完全私有化的市场（Capuano，2010）[五]。即使国有企业存在代理问题，但只要它不是极端严重，那么也可以改进期望社会福利，而外包或私有化都会降低期望社会福利（Miyazawa，2008）[六]。

[一] 拉丰，梯若尔. 政府采购与规制中的激励理论 [M]. 石磊，王永钦，译. 上海：上海人民出版社，2004.

[二] BAUER J M. Regulation and state ownership: conflicts and complementaries in EU telecommunications [J]. Annuals of public and cooperative economics, 2005,76(2): 151-177.

[三] DE FRAJA G, DELBONO F. Alternative strategies of a public enterprise in oligopoly [J]. Oxford economic papers, 1989, 41(2): 302-311.

[四] REES R. Public enterprise economics [M]. London: Weinfeld and Nicolson, 1984.

[五] CAPUANO C, DE FEO G. Privatization in oligopoly: the impact of the shadow cost of public funds [J]. Rivista italiana degli economisti, 2010(2): 175-208.

[六] MIYAZAWA S. Innovative interaction in mixed market: an effect of agency problem in state-owned firm [J]. Economics bulletin, 2008, 12(12): 1-8.

二、市场结构、集中度与市场绩效：SCP 分析框架理论

市场结构是对市场内竞争程度及价格形成等产生战略性影响的市场组织的特征。市场结构的主要决定因素有三个：市场集中度、产品差别化和进入壁垒。市场结构与市场绩效之间的关系，历来属于产业经济学研究的重要领域。

哈佛学派首创了产业组织的理论体系，主要代表人物有哈佛大学的梅森（E. Means）、克拉克（J. M. Clark）、贝恩（Z. Bain）、谢勒（F. M. Scherer）等。这一理论体系由具有因果关系的市场结构（structure）、市场行为（conduct）和市场绩效（performance）三个要素构成，构造了一个既能深入具体环节又有系统逻辑体系的市场结构（structure）-市场行为（conduct）-市场绩效（performance）的分析框架，简称"SCP 分析框架"。他们认为，市场结构决定企业行为，企业行为决定市场运作的经济绩效。因此，为了获得理想的市场绩效，最重要的是通过公共政策来调整和直接改善不合理的市场结构。由于哈佛学派将市场结构作为产业组织理论的分析重点，因此信奉哈佛学派理论的人通常也被称为"结构主义者"。

在哈佛学派的 SCP 分析框架中，产业组织理论由市场结构、市场行为、市场绩效这三个基本部分和政府的公共政策组成，其基本分析程序是按市场结构→市场行为→市场绩效→公共政策展开的。因此其政策主张是：为了促进资源在产业内企业间的合理配置以获得理想的市场绩效，由政府制定用以引导和干预市场结构和企业市场行为的政策。包括保护和鼓励竞争的反垄断政策（或反托拉斯政策）、反不正当竞争行为政策，以及中小企业政策和适用于自然垄断产业的政府直接规制政策，等等。

根据 SCP 分析框架，企业产品的价格 P 与其边际成本 MC 的关系，以及经济利润的大小取决于市场结构。因此，在垄断产业中，企业具有市场力量，可以将价格提高到边际成本以上，从而获得经济利润，资源配置效率较低，市场绩效也就比较差。企业之间的竞争程度越高，企业的市场势力就越小，价格就越接近边际成本，难以获得经济利润，资源配置效率就比较高，市场绩效比较高。

价格 P 与边际成本 MC 的关系，以及经济利润的存在与持续取决于市场结构（见表 10-1）。

在一个由相同厂商组成的能自由进入的竞争产业中，价格等于短期边际成本，短期利润或正或负，长期利润为零。即使厂商是价格的接受者（竞争性），只要每家厂商能平等地获得相同的技术及投入，它们的利润从长期来看等于零。如果一些厂商的成本低于其他厂商，那么它们的利润不会被进入者完全侵蚀。自由进入会保证进入的获利最少的厂商（边际厂商）的长期利润为零。

在垄断竞争中，价格高于边际成本而进入推动长期利润为零。在垄断或寡占中，价格高于边际成本，短期利润或正或负而长期利润或正或零。

基于表 10-1 概括的关系可以得出两个重要结论：①检验长期利润是否为零是一个自由进入而非（完全）竞争的检验。自由进入保证长期利润为零，而不是价格等于边际成本。在垄断竞争产业中的厂商可能获得零利润，尽管价格高于边际成本。为了确定价格是否高于边际成本，必须检查价格数据而非利润数据。②短期利润对产业

表 10-1　以市场结构为基础的预期

市场结构	P-MC	πSR	πLR
竞争	0	+或-	0
垄断竞争	+	+或-	0
垄断	+	+或-	+或0
寡占	+	+或-	+或0

注：P=0，MC=边际成本（短期），πSR=短期利润，πLR=长期利润。

中竞争程度的揭示很少。因为在所有的市场结构中,短期利润可以为正也可以为负。

从一种连续的观点来看,价格偏离边际成本的程度和利润的大小会随着竞争对手的数量,以及进入壁垒的大小而发生相应的变化。例如,三家企业的寡占与五家企业的寡占在定价上会有所不同,各企业获得的利润也可能存在差异。

将市场结构与市场绩效联系起来,从实证的角度研究两者之间的相互关系是哈佛学派的主要研究领域。在这方面作出开创性工作的首推贝恩,他对产业的利润率和市场结构之间的关系进行了大量的开拓性研究,为后续研究奠定了坚实的基础。贝恩(1951)调查了42个产业并将它们分为两组:$CR_8 \geqslant 70\%$ 的产业和 $CR_8 < 70\%$ 的产业。与较不集中产业6.9%的收益率相比,较集中产业的收益率为12.1%。在此基础上,贝恩根据他对进入壁垒程度的估计对产业做了分类,并提出假说:"在高集中度和高进入壁垒的产业中,利润应比较高。"

使用1950—1960年的数据,曼恩(1996)得出了与贝恩相似的结论(见表10-2)。他还发现具有极高进入壁垒的产业比具有较高进入壁垒的产业享有较高的利润,而具有较高进入壁垒的产业又比具有中低进入壁垒的产业赚得较高的利润(见表10-3)。他证实了贝恩的预期和发现:具有极高进入壁垒的集中产业的平均利润率高于不具有极高进入壁垒的集中产业。

表10-2 不同集中度的产业平均利润率

$CR_8 \geqslant 70\%$		$CR_8 < 70\%$	
产业	利润率(%)	产业	利润率(%)
汽车	15.5	鞋类	9.6
烟草	11.6	啤酒	10.9
处方药品	17.9	烟煤	8.8
酒类	9.0	罐装水果和蔬菜	7.7
钢	9.0		
所有被研究产品的平均数	13.3	所有被研究产品的平均数	9.0

资料来源:卡尔顿,佩罗夫.现代产业组织[M].黄亚钧,谢联胜,林利军,译.上海:上海三联书店,1998.

表10-3 根据曼恩进入壁垒相关观点得出的高集中产业平均利润率(1950—1960年)

产业	利润率(%)	产业	利润率(%)
极高进入壁垒		肥皂	13.3
汽车	15.5	平均数	11.1
口香糖	17.5	**中低进入壁垒**	
香烟	11.6	玻璃容器	13.3
平均数	16.4	剃须刀	8.5
较高进入壁垒		平均数	11.9
钢	10.8		

资料来源:卡尔顿,佩罗夫.现代产业组织[M].黄亚钧,谢联胜,林利军,译.上海:上海三联书店,1998.

对于价格-成本加成与集中度关系的统计学检验发现,价格-成本加成与集中度间的关系是不稳定的,而且即使存在关系也很微弱,因此,还需要更科学的经济计量学研究做出更有说服力的解释。

例如，一个实证回归模型为

$$\frac{P-V}{P} = 0.16 + 0.10\,CR_4 + 0.08\frac{P_K K}{PQ} + 其他变量$$

$$(0.01)\quad (0.02)\qquad (0.02)$$

这里 $(P-V)/P$ 是价格-平均可变成本加成，V 是平均可变成本，CR_4 是四厂商集中率，$P_K K/PQ$ 是资本（账面）价值与产出价值之比（资本产出比）。在每个系数下面括号内的数字是标准误差，它被用来衡量被估计的系数的精确度。

根据这一方程，若资本产出比 $P_K K/PQ$ 为 40%，四厂商集中率 CR_4 为 50%；其他变量为零，则预期的价格-平均可变成本加成为

$$\frac{P-V}{P} = 0.16 + 0.10 \times 0.5 + 0.08 \times 0.4 = 0.24$$

或者 $P=1.3V$，即价格高于平均可变成本 30%。

如果这一产业四厂商集中率从 50% 加倍上升到 100%，价格-平均可变成本上升到

$$\frac{P-V}{P} = 0.16 + 0.10 \times 1 + 0.08 \times 0.4 = 0.29$$

或者 $P=1.4V$，即价格大约上升到平均可变成本的 1.4 倍。这反映了即使集中度大幅度增长，价格不可能同步增长。

关于托宾 q 与市场结构之间的关系，目前的研究还不太成熟。一般认为，如果托宾 q 大于 1，企业可以赚取比资产成本能保证的收益率更高的收益率，这样的收益若没有长期壁垒则不能持续。实证分析发现，企业的托宾 q 值在一段时间内是稳定的，而且 q 值高的企业倾向于拥有独特的产品和生产要素，q 值低的企业通常存在于拥有竞争性或受到严格管制的产业中。

案例 10-1

中国汽车产业市场集中度变化与市场绩效

改革开放以来，中国的汽车业发展很快，一方面中国乘用车的产量快速增长，从 2001 年的 237 万辆增加到最高时的 2017 年的 2 808 万辆，随后虽然面临行业调整的三连降，但 2021 年回升到 2 627 万辆（见图 10-1）。

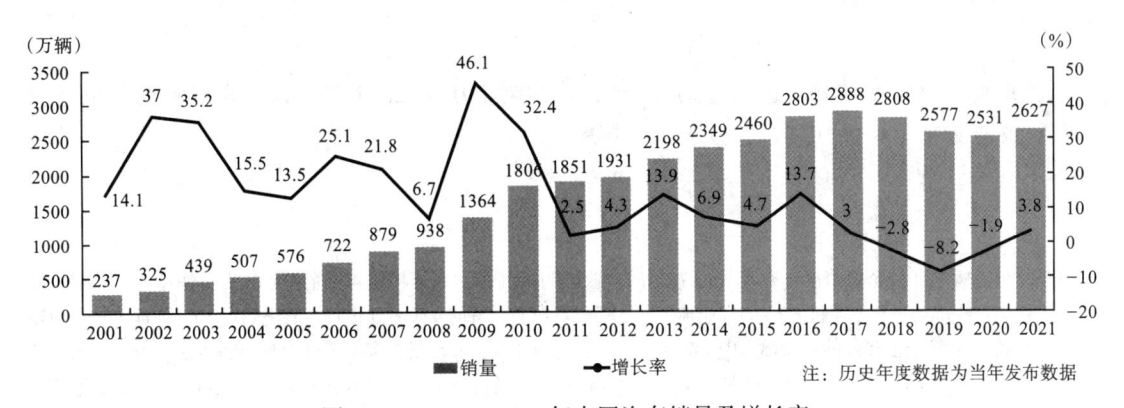

图 10-1 2001—2021 年中国汽车销量及增长率

数据来源：中国汽车工业协会。

在汽车工业发展过程中，汽车行业的集中度也在逐年提升，目前已经基本形成了包括中国一汽、上汽集团、东风汽车的"三大"和包括广汽集团、北汽集团和长安汽车的"三小"，以及其他汽车产业正向发展的汽车产业格局（见图10-2）。

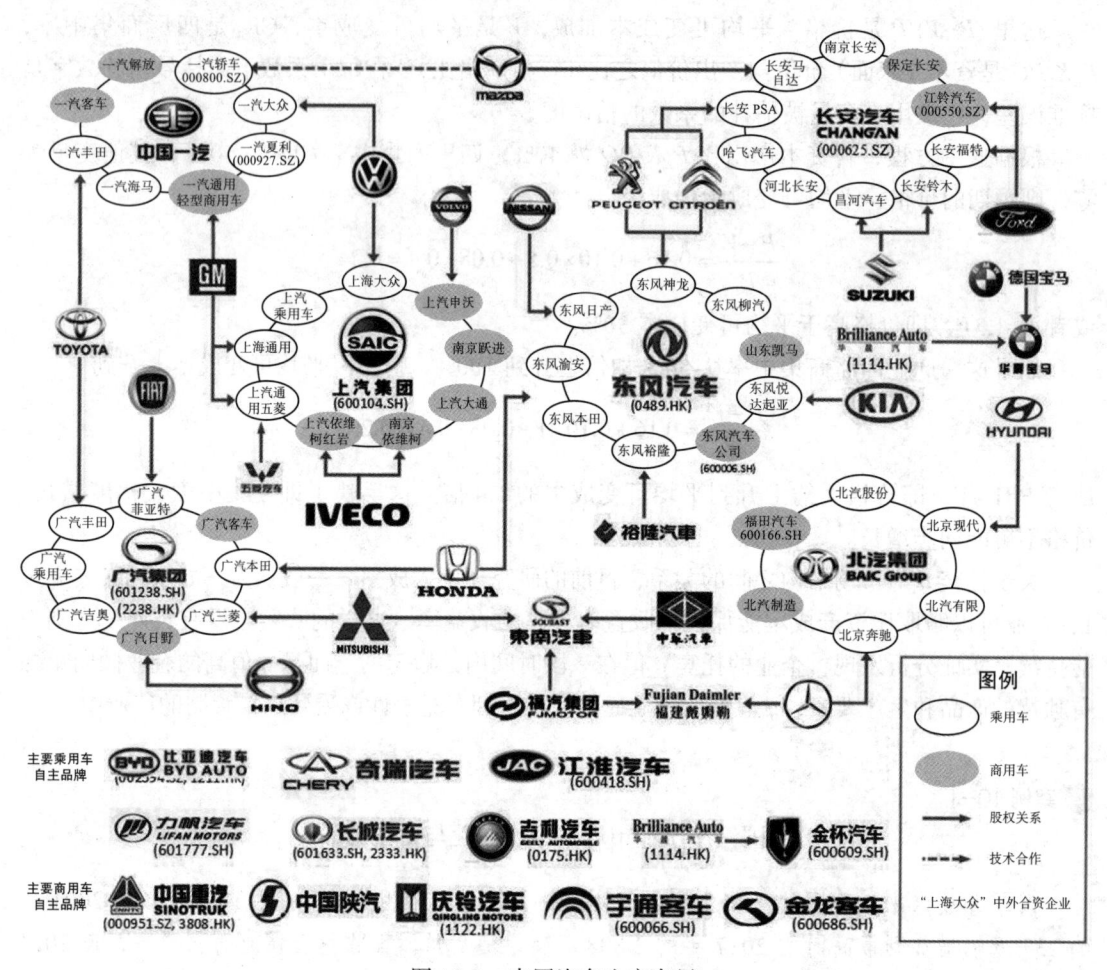

图 10-2　中国汽车生产布局

图片来源：Wind 数据库。

根据贝恩对市场结构类型划分的标准[一]，我们对2010—2021年中国汽车产业的行业集中度和绩效的变化（见表10-4）进行了初步判断：

[一] 贝恩将前4位企业市场占有率超过75%的产业称为极高寡占型，将前4位企业市场占有率超过65%或前8位企业市场占有率超过85%的产业称为高度集中寡占型，将前4位企业市场占有率超过50%或前8位企业市场占有率超过75%的产业称为中上集中寡占型，将前4位企业市场占有率超过35%或前8位企业市场占有率超过45%的产业称为中下集中寡占型，将前4位企业市场占有率超过30%或前8位企业市场占有率超过40%的产业称为低集中寡占型，将前4位企业市场占有率低于30%或前8位企业市场占有率低于40%的产业称为竞争型。

表 10-4 2010—2021 年中国汽车企业集中度情况

年份	产量 CR$_3$	产量 CR$_4$	产量 CR$_8$	产值 CR$_3$	产值 CR$_4$	产值 CR$_8$	利润 CR$_3$	利润 CR$_4$	利润 CR$_8$	资产 CR$_3$	资产 CR$_4$	资产 CR$_8$
2010	53.19	67.43	88.03	58.62	63.90	80.67	61.98	67.32	81.86	55.61	60.90	77.86
2011	56.30	68.06	88.22	63.97	67.87	81.46	76.82	80.08	90.10	60.04	65.16	81.57
2012	57.06	67.83	88.17	65.33	70.02	82.76	80.79	83.92	93.94	56.16	62.11	80.33
2013	56.15	66.81	89.33	66.09	69.85	83.15	74.66	79.19	90.90	56.43	62.36	80.38
2014	56.22	67.99	91.19	65.24	69.83	83.27	72.13	81.22	94.42	55.94	62.67	80.58
2015	54.27	66.36	90.27	64.53	69.74	83.67	67.33	77.23	92.39	57.04	64.16	81.73
2016	53.23	64.89	89.31	64.57	69.87	85.16	68.73	78.43	97.06	56.59	63.74	82.39
2017	53.97	64.44	90.16	64.83	69.65	84.83	72.27	79.34	96.05	58.43	64.75	83.02
2018	54.29	63.22	89.23	68.04	72.39	85.85	95.70	101.48	107.61	60.11	66.17	82.06
2019	54.13	63.33	89.04	72.12	76.79	89.37	86.90	91.49	97.92	66.46	72.82	87.08
2020	52.55	61.06	87.73	68.39	75.21	91.85	70.93	80.39	96.27	65.98	73.38	87.95
2021	49.50	58.95	85.36	69.09	75.33	91.90	74.76	82.28	97.52	66.94	74.38	88.87

数据来源：根据 Wind 数据库提供的原始数据计算得出。

一是总体而言，我国的汽车产业高度集中，寡占型的特征非常明显，按照贝恩指数的度量，无论是从产量的视角，还是从产值、利润和资产占比的视角，我国汽车产业均处于高度寡占型的集中度下，并且少数寡头主导的特征比较明显。其中，从产量 CR$_4$ 来看，虽然占比略有下降，但仍然在较长时间内稳定于 60% 左右的占比上，利润占比甚至长期高于 75%，企业属于极高寡占型，产值也在 2019 年后超过 75%。CR$_8$ 则在产量、产值和利润上长期稳定在 85% 以上。

二是汽车产业资产集中度趋于集中，这导致汽车产业的产值和利润日趋集中，高集中度带来的绩效增加日趋明显。从资产上看，2010—2021 年，CR$_4$ 的资产占比从 60.9% 增长到 74.4%，增长了 13.5%；CR$_8$ 从 77.9% 增长到 88.9%，增长了 11.0%。与此同时，CR$_4$ 的产值从 63.9% 增长到 75.3%，增长了 11.4%，利润从 67.3% 增长到 82.3%，增长了 15.0%；CR$_8$ 的产值从 80.7% 增长到 91.9%，增长了 11.2%，利润从 81.9% 增长到 97.5%，增长了 15.6%。行业集中带来的生产集中和利润集中趋势明显。

资料来源：作者根据公开资料整理。

三、对 SCP 分析框架的批评

自 20 世纪 60 年代以来，SCP 分析框架成为理论界和实业界讨论与批评的热点，这些批评主要来自芝加哥大学的经济学家，主要代表人物有施蒂格勒、德姆塞茨、布罗曾、波斯纳等。芝加哥学派的产业组织理论，对美国 80 年代以来的里根、老布什政府时期反垄断政策和规制政策的转变起了很大的作用。

在哈佛学派的 SCP 分析框架中，市场结构是基本决定因素，不同的市场结构会产生不同的市场绩效。而芝加哥学派则认为，市场绩效起着决定性的作用，不同的企业效率形成不同的市场结构。正是由于一些企业在剧烈的市场竞争中能取得更高的生产效率，所以它们才能获得高额利润，并进而促进企业规模的扩大和市场集中度的提高，形成以大企业和高集中度为特征的市场结构。

芝加哥学派认为，在高集中度的市场中，大企业必然具有高效率，而产生这种高效率主要在于大规模生产的规模经济性、先进的技术和生产设备、优越的产品质量和完善的企业组织和管理等因素。芝加哥学派特别注重研究市场集中及定价结果是否提高了效率，而不是像结构主义者那样只看是否损害了竞争。

在芝加哥学派看来，如果高度集中的市场中长期出现高利润率，这只能说明该市场中大企业在高效率地经营。因为不是建立在高效率经营上的高利润水平，都会招致其他企业的大量进入而使利润率很快降至平均水平。正是各家企业通过合理的选择采取最优行为的结果，在适者生存的法则下效率高的企业的市场占有率不断扩大，才导致高集中市场的出现。从这一立场出发，芝加哥学派对哈佛学派的 SCP 分析框架进行了猛烈抨击，该学派认为，与其说存在着市场结构决定市场行为进而决定市场绩效这样的因果关系，倒不如说是市场绩效或市场行为决定市场结构。

因此，芝加哥学派在产业政策上主张：一个政府对其合意的市场绩效所能够做的事情，就是不参与，要让市场力量自动起调节作用。他们对政府在众多领域的市场干预政策的必要性持怀疑态度，认为应尽可能地减少政策对产业活动的干预，以扩大企业和私人的自由经济活动的范围。他们断言：在现实经济生活中并不存在哈佛学派所认为的那样严重的垄断问题；生产日益集中在大企业手里，有利于提高规模经济效益和生产效率；大公司的高利润完全可能是经营活动高效率的结果，而与市场垄断势力无关。他们因此主张放松反托拉斯法的实施和政府规制政策。芝加哥学派的这种反垄断政策立场与 20 世纪 60 年代以来积极提倡实施严厉的反垄断政策的哈佛学派形成了鲜明对立。

除芝加哥学派以外，新奥地利学派也认为，当今的市场基本上是竞争性的，高额利润是企业创新和规模经济的报酬。该学派与芝加哥学派观点相似且更偏激，反对政府严厉的反托拉斯政策。该学派还强调企业家创新精神的重要性，认为高利润是企业家创业的回报。该学派从企业家精神出发，认为只要市场是自由进出的，市场能形成充分的竞争压力，而唯一的进入壁垒就是政府的进入管制和行政垄断，因此可以对大企业保持宽容态度。新奥地利学派及其政策主张在产业组织学界产生了一定的影响，同时也遭到一些批评。

20 世纪 70 年代以来，由于可竞争市场理论、交易成本理论和博弈论等新理论、新方法的引入，产业组织理论研究的理论基础、分析手段和研究重点等发生了实质性的突破，大大推动了产业组织理论的发展。新产业组织理论沿着 SCP 分析框架的方向发展成为"新产业组织学"，不再强调市场结构，而是突出市场行为，将市场的初始条件及企业行为看作一种外生力量，而市场结构则被看作内生变量，逐渐形成了从重视市场结构的研究转向重视市场行为的研究，即由"结构主义"转向"行为主义"，突破了传统产业组织理论单向、静态的研究框架，建立了双向的、动态的研究框架。因为从长期来看，市场结构是变化的，而市场结构的变化往往是市场行为变化的结果。因此，市场结构、市场行为和市场绩效之间是相互影响、相互作用的关系。在长期中，市场结构、市场行为和市场绩效之间的关系不是单向的因果关系，而是双向的因果关系。但一般来说，结构对行为、行为对绩效的影响是主要的，而绩效对行为和结构的影响是相对次要的。

案例 10-2
美国在波音与麦道的合并和微软分拆两个案例上的不同做法比较

1996年年底发生的波音公司和麦道公司合并事件,波音公司以166亿美元的价格兼并了麦道公司,当时的波音公司和麦道公司是美国航空制造业的老大和老二,同时这两家公司在全球航空制造业中居第1位和第3位。合并后的新的波音公司继续保持全球最大飞机制造商的地位,而且成为美国干线飞机市场上的唯一供应商,国内市场占有份额几乎达百分之百。针对该行为,美国政府不仅没有阻止,反而利用政府采购等相关措施推动了这一兼并活动成为事实。美国政府如此操作主要出于以下两个方面的原因:一方面是由于民用干线飞机制造业本身寡占垄断的行业属性,波音公司虽然在美国国内市场保持垄断地位,但从全球市场来看,则面临其他地区特别是欧洲空中客车公司越来越强劲的挑战,为应对空客的竞争,波音与麦道合并能够强化美国在航空领域的竞争力;另一方面,从波音公司本身而言,由于其竞争对手空客公司并不亚于波音公司,因此它不可能获得绝对垄断地位,也无法滥用市场地位提高价格。

但对微软,美国政府则采取了完全不同的态度,美国曾经有19个州和哥伦比亚特区的法院指控微软公司利用其市场力量非法挤垮竞争对手,为此,地区司法部还提出了把微软分解为两家企业的方案。这是因为微软公司市场份额占世界软件市场的80%以上,已成为世界上最大的软件公司,没有任何真正的竞争对手,并且微软采取了一系列行为,例如,把浏览器捆绑在Windows操作系统上,把软件系统固化到芯片上以阻止竞争对手进入,因此,法官们认为微软的这种垄断行为在一定程度上是反竞争的,不仅侵害了消费者的利益,更重要的是打击了竞争对手。但在如何分解微软上相关研究者仍然不确定。如果垂直分解微软公司,微软的操作系统市场份额仍将占市场的85%以上,Office应用软件市场份额也将占据美国市场的90%以上,两家企业仍在各自市场中处于垄断地位;如果水平分解,又不利于微软的知识产权保护。所以微软的拆分仍然存在问题。

资料来源:作者根据公开资料整理。

第三节 市场行为与市场绩效

市场行为是指企业为在市场上赢得更大利润和更高市场占有率所采取的一系列策略性的活动,包括价格行为和广告行为、企业创新等非价格行为。本节分析垄断者的定价行为及其福利损失,比较垄断企业与竞争性企业的创新动力和创新能力,剖析垄断企业的广告行为与社会福利目标的偏差,并简要阐述进入威胁与进入壁垒对垄断者市场行为与市场绩效的影响。[⊖]

一、价格行为与市场绩效

在竞争性的市场结构中,企业无力左右市场价格,只是价格的被动接受者。因此,价格

⊖ 王俊豪.现代产业经济学[M].杭州:浙江人民出版社,2003:144-151;戴伯勋,沈宏达.现代产业经济学[M].北京:经济管理出版社,2001:165-168.

行为总是与有市场势力的企业联系在一起。由于寡占企业间存在相互依存关系,个别企业单独采取行动往往会造成两败俱伤,因此企业间通常通过协定或暗中配合等协调方式来共同采取行动,以达到控制市场、增大利润的目的。常见的有卡特尔、价格领导制串谋行为。

卡特尔(cartel)是由一系列生产类似产品的独立企业所构成的组织,是集体行动的生产者,其成立的目的是提高该类产品价格和控制其产量。卡特尔是一种正式的串谋组织,它能使一个竞争性市场变成一个垄断市场,这属于寡头市场的一个特例。卡特尔以扩大整体利益作为它的主要目标,为了达到这一目标,卡特尔内部将订立一系列的协议,来确定整个卡特尔的产量、产品价格,指定各企业的销售额及销售区域等。生产同类商品的企业作为卡特尔成员,各自在法律上保持其法人资格,独立进行生产经营,但必须遵守协议所规定的内容。

价格领导制(price leadership)是不公开的串谋定价的主要形式。经济学家普遍认为价格领导制存在三种类型:支配型价格领导制(dominant-firm price leadership)、串谋式价格领导制(collusive price leadership)和晴雨表式价格领导制(barometric price leadership)。这是根据结构与行为方面的特点加以分类的。在现实中,这样的分类并不绝对,有些价格领导行为兼具两类或三类价格领导制的特征;还有可能是,一个产业的价格领导行为在一个时期属于某一类型,下一个时期变成了另外一种类型。

(一)垄断定价与福利损失

产业组织理论给出了垄断定价导致社会福利净损失的形式化证明。垄断者根据边际规则以求利润最大化,但垄断价格引致需求降低,使得消费者剩余与生产者剩余之和下降,社会福利出现净损失。垄断造成社会福利损失的原因:一是消费者支付了较高的价格,但却消费较少的产品数量,造成消费者剩余减少;二是垄断使企业的生产能力未得到充分利用,造成效率损失。

在图10-3中,边际成本曲线与边际收益曲线交于F,垄断价格为P_m,产量为Q_m,消费者剩余与生产者剩余之和为$AFED$的面积。如果垄断者制定竞争性价格P_c,消费者剩余与生产者剩余之和为三角形AGD的面积。三角形FGE的面积就是垄断定价下的福利净损失,净消费者剩余由竞争性价格下的三角形P_cGD的面积变成了垄断定价下的三角形P_mED的面积。由此可见,垄断的市场结构导致垄断定价行为,其市场绩效低于竞争性市场结构。

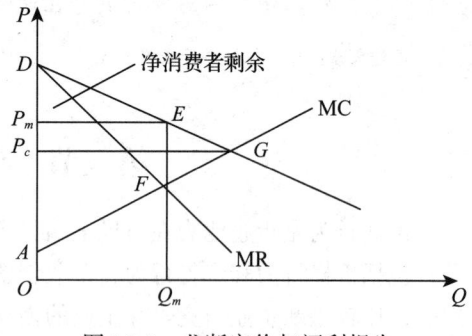

图10-3 垄断定价与福利损失

(二)价格歧视与侵占消费者剩余

在完全竞争市场中,厂商对产品完全没有价格决策权,所有的厂商都只能接受既定的市场价格。但是,大多数的市场并不是完全竞争的市场,因此,厂商在确定价格上会拥有一定的决策权。如果厂商向不同的消费者出售相同的产品时收取不同的价格,这样的厂商就是实行了价格歧视。价格歧视是非统一定价的一种,一般对市场绩效有负面影响。

价格歧视可以使厂商获得更多的利润。但是,只有在特定的条件下,厂商才能成功地实行价格歧视并获得期望的效果。①厂商（或厂商的集团）必须拥有一定的市场势力，否则就不可能对消费者收取高于竞争性价格水平的价格。②厂商必须了解或能够推断消费者的购买意愿，而各个消费者的购买意愿必须是不同的，或者，消费者的购买意愿是随购买量而变化的（即个人的需求曲线向下倾斜）。③厂商必须能够阻止或限制转卖行为，即以低价购买再以高价出售给另外的消费者。转卖的可能性对于任何类型的价格歧视都是关键性的因素。

价格歧视的基本类型包括一级价格歧视、二级价格歧视和三级价格歧视。一级价格歧视向每名顾客索要不同的价格，即向每名顾客索要其愿意为所买的产品付出最高的价格。这是一种完全的价格歧视，在实际的交易中，企业不一定能够真正做到。一级价格歧视的特点是垄断者能够将价格定在使消费者完全没有消费者剩余的水平上。二级价格歧视是根据消费量实行的价格歧视，通过对相同货物或服务的不同消费量或区段索取不同价格来实施。二级价格歧视如果导致产量增加，则可能比独家垄断对社会的影响更为有利一些。三级价格歧视将消费者分为有不同需求曲线的组别，对不同的组别收取不同的价格。三级价格歧视对效率的不利影响有两个方面：①使价格高于边际成本，从而降低产量，即降低产出效率。②对消费效率的不利影响，因为不同的消费者对同样的产品支付不同的价格，每名消费者的边际支付意愿不同，由于不能通过进一步的交易而增加消费者福利，这就导致了消费效率的损失。

二、广告行为与市场绩效

广告是一种提供有关产品和服务的价格、质量及销售地点的信息形式，信息的发出者是卖方，买方并不一定要对其所接收的信息付费。企业做广告的目的是使消费者在主观上认为原本相似的产品存在差异，从而吸引消费者。作为一种阻止新企业进入的手段，当广告费用相当高时，广告就成为一种进入壁垒，迫使新企业承担更多的成本。

对于广告的作用，人们持三种观点：第一种观点认为广告具有劝说性，广告能改变消费者的品位并打造差异化产品，提高品牌忠诚度；第二种观点是广告能够提供信息，由于消费者具有不完全信息，广告可以解决市场信息不足的问题；第三种观点是广告对所宣传的产品具有补充性，这一观点假定消费者对产品具有稳定偏好，广告内容中增加了该产品时尚、精美等因素，对产品构成补充，从而使消费者更乐意购买。这些行为主要包括三个方面的内容：一是确定广告宣传费用和形式，根据产业特点、产品差别化形成的主要原因和企业的市场地位确定广告费规模，选择适当的广告媒介并确定广告宣传的具体内容和实施步骤；二是确定销售活动的内容与行为，主要包括为用户代订货、邮购、包装、运输、安装、调试、维修等方面的政策；三是确定销售渠道，企业的主要销售渠道有自销、销售子公司、批发商、零售商、专销商和代理商；企业销售渠道的选择与组合往往与企业规模大小、市场集中程度和产品差异化程度有关。

下面以垄断企业的劝说型广告为例，阐述企业的广告行为与市场绩效。

（一）垄断利润最大化条件下的广告决策

在某一市场上有一垄断厂商正在销售某一产品，需求曲线为 $Q(A,P) = \beta A^r P^e$ ($\beta>0$, $0<r<1, e<-1$)。这里 A 代表厂商的广告支出，Q 为需求量，P 为价格。所以，需求量随广

规模以递减的比率（$r<1$）而单调递增。分别用 $\eta A(A,P)$ 和 $\eta P(A,P)$ 代表需求的广告弹性和价格弹性，很明显，$\eta A=r$，$\eta P=e$。再假设产品的单位成本为 C，故垄断厂商将对两个变量——P 和 A 做出决定，使之满足于

$$\max \pi(A,P) \equiv PQ - CQ - A \equiv \beta A^r P^{e+1} - C\beta A^r P^e - A$$

分别对 A、P 求偏导，整理得

$$(P^m - C)/P^m = e^{-1}$$
$$(P^m - C)/P^m = (\beta r A^{r-1} P^{e+1})-1$$

当 $Q^m \equiv Q(P^m)$ 时，$-re^{-1} = A^m/Q^m P^m$，这就是著名的多夫曼-斯坦那（Dorfman-Steiner）条件。

由此得到结论：垄断利润最大化的广告和价格应满足条件——广告支出占总收益的比率等于广告弹性与价格弹性之比的绝对值，也就是满足多夫曼-斯坦那条件。所以，垄断厂商在需求的广告弹性较大，如 r 接近于1，或者价格弹性较小时，就应该提高其广告-销售比率。

（二）劝说型广告的福利效应

劝说型广告是一种传递信息的方法，它能够增加所宣传产品的需求。这种广告的功能在于增加消费者对产品的吸引力从而有可能增加福利。但这并不意味这种广告是可信的。劝说型广告能树立产品的形象，进而使消费者购买该产品。其目的不过是让消费者识别广告品和广告主而已。下面来分析劝说型广告的福利效应。

首先对上面的需求函数做一番简化，令 $\beta=64$，$r=0.5$，$e=-2$，则需求函数为 $Q=64A^{\frac{1}{2}}P^{-2}$，然后令单位生产成本 $C=1$。垄断厂商决定 P^m、Q^m 以使

$$\max \pi(A,P) = PQ - 1Q - A = 64A^{\frac{1}{2}}P^{-1} - 64A^{\frac{1}{2}}P^{-2} - A$$

解之得 $P^m=2$，$Q^m=16$。

因为需求函数的弹性是不变的，所以，垄断价格与广告水平是相互独立的，从而可得 $A^m=64$，$Q^m=16A^{-1}=128$。

为考察这种广告是否处于社会的最优水平，我们必须计算每一种广告水平所对应的消费者剩余（CS）。

图10-4中阴影部分为在给定劝说型广告水平的条件下，消费者剩余的数量，即 $CS(A)=32A^{-1}$。

当 $P^m=2$ 时，厂商的利润与广告构成一种函数关系：

$$\pi(A,2) = 2Q(A) - Q(A) - A = 16A^{-\frac{1}{2}} - A$$

社会计划者将 $P^m=2$ 视为给定的，而将 A^* 作为决策变量，以使

$$\max(A) \equiv CS(A) + \pi(A,2) = 48A^{-\frac{1}{2}} - A$$

达到最大，解得 $A^*=24^2>64=A^m$。

所以，社会的最大广告水平并不是最优的，因为最优值的获得有赖于边际成本定价。

由此得出结论：在垄断的市场结构中，劝说

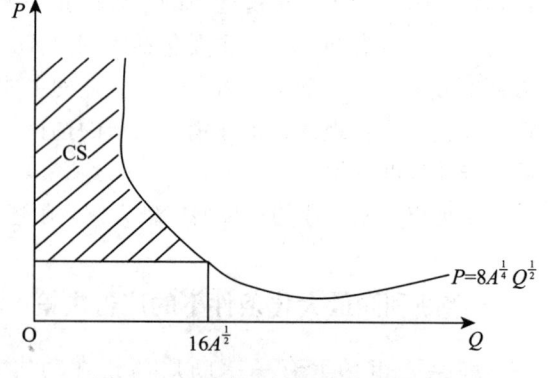

图10-4 劝说型广告与消费者剩余

型广告的均衡水平要低于社会的最优水平。但值得注意的是，这种方法仅用于分析劝说型广告的福利效应。与结论相关，也会有一些问题。其一，当需要做广告影响时，用 CS 来衡量社会福利水平合适吗？其二，即使这种衡量是合适的，但由于该模型是一种局部均衡而不可能包括全部福利效应。与此同时，后者又是与广告产品需求的增加相联系的。也就是说，某一产品需求的增加可能会导致另一种产品（如替代品）需求降低。为此，在评价广告的福利效应时，有必要考虑另一市场上消费者剩余的变化。⊖

三、企业创新与市场绩效

随着经济社会的进步，科学技术的重要性日益凸显。在市场经济的竞争中，拥有雄厚研究开发实力的高技术公司，普遍采用以产品创新为主的差异化战略。这些公司拥有优秀的科技人才和执着于创造的创新精神，同时建立了鼓励创新的组织体制和奖励制度，使技术创新和产品创新成为公司的自觉行动。可以从创新动力和创新能力两个方面来加以分析，推断出什么类型的企业更有创新动机和创新能力，以及其市场绩效如何。

假设某产业的需求曲线为 D，边际成本曲线为 MC，边际利润为 MR。如果该产业为完全竞争产业，则有 MR=MC=C，C 即为市场价格，超额利润为 0，如图 10-5 所示。

如果某一项创新使得单位产品成本由 C 降到 C'，产量不变，则 CHIC′ 面积等于节约的成本。创新企业可转让专利，收取的转让费为 CHIC′ 的面积，即最多能把成本节约总额占为己有。通过市场竞争，产品的价格和产量与创新以前相同。若该产业为垄断产业，边际收益曲线位于 D 之下。根据边际定价规则，价格为 P'，超额利润为 P′AEC 围

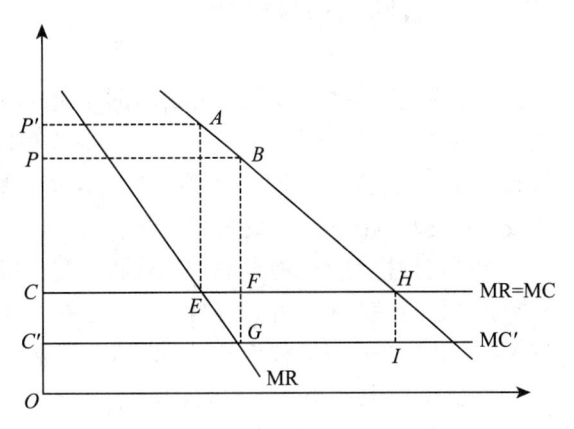

图 10-5 垄断产业与竞争性产业的创新动力比较

成的面积。现在假设垄断企业具有上述相同的创新，则价格为 P，超额利润为 PBGC′ 围成的面积，增加额等于 PBGC′ 面积减去 P′AEC 面积，即为垄断企业的创新收益。将竞争性企业与垄断企业的创新收益做一比较，即比较 CHIC′ 面积与（PBGC′-P′AEC）面积的大小：

$$\text{CHIC}' \text{面积} - (\text{PBGC}' - \text{P}'\text{AEC}) \text{面积}$$
$$= \text{CHIC}' \text{面积} + (\text{P}'\text{AEC} - \text{PBGC}') \text{面积}$$
$$= \text{FHIC 面积} + (\text{P}'\text{AEC} - \text{PBFC}) \text{面积}$$

P′AEC 面积和 PBFC 面积为垄断企业在创新之前两个不同价格产量组合下的超额利润，而 P′AEC 面积为最大化利润，可见

$$(\text{P}'\text{AEC} - \text{PBFC}) \text{面积} > 0$$

由此可以看出：

⊖ 戴伯勋，沈宏达. 现代产业经济学 [M]. 北京：经济管理出版社，2001：165-168.

$$CHIC' \text{面积} - (PBGC' - P'AEC) \text{面积} > 0$$
$$CHIC' \text{面积} > (PBGC' - P'AEC) \text{面积}$$

因此，完全竞争市场中的企业比垄断企业具有较强的创新动力，从而带动市场绩效。但是，在创新能力上，有理论认为竞争性小的企业不如垄断企业。第一，由于垄断企业的规模一般比较大，可以充分发挥规模经济的优势。如果项目必须达到一定的规模才有效益，就使得垄断企业的创新能力大于竞争性小的企业。第二，创新存在风险，垄断企业一般资金雄厚，比竞争性小的企业在筹措创新所需资金方面占有优势。第三，垄断企业有能力吸引优秀人才从事创新。

垄断企业的创新能力主要依赖规模上的优势，但目前还没有充分的证据能全面证实创新与企业规模之间的正相关关系。在研究经费和技术人员数量方面，有数据表明大企业占的比重大于其规模的比重，但在产出方面还缺乏有力的证据。在一些部门，并不存在企业规模扩大、创新会增加的情形。美国一位经济学家考察了1955—1960年期间的387家企业，并未观测到创新和企业规模之间的正向关系。

四、进入威胁与市场绩效

一般来说，垄断价格是边际成本的非递减函数，垄断者的边际定价导致社会福利净损失。然而有些西方经济学家认为，通过需求曲线和边际成本曲线的估计方法测算出的垄断定价所导致的社会福利净损失微不足道，经济学家正将宝贵的时间和精力浪费在垄断定价问题上，造成了数据及方法论方面的很多矛盾。

垄断定价模型并没有考虑进入威胁，在典型的发达市场经济中，多数行业存在进入威胁。垄断者要保持垄断地位并不容易，它们也在"走钢丝"，必须利用各种限制进入的手段来封锁进入。但封锁进入是有代价的，垄断者要权衡利弊，是封锁进入还是容纳进入。

考虑进入威胁对垄断者定价行为的影响，如图10-6所示。设规模收益递增的单一产品垄断企业，在没有进入威胁的情况下，垄断定价为P_m，垄断产量为Q_m。由于存在进入威胁，垄断企业为了维持垄断地位，可能需要采用平均成本定价策略，即制定竞争性的价格P_c和产量Q_c，显然，$P_c<P_m$，$Q_c>Q_m$。

如果潜在进入者以低于P_c的价格进入会蒙受损失，垄断者的地位得以保持。如果垄断者制定高于P_c的价格，则潜在进入者可以通过削价与在位者竞争，垄断者的垄断地位就不可维持。从理论上说，进入威胁制约了在位垄断者的垄断定价策略，进而改善了市场绩效。

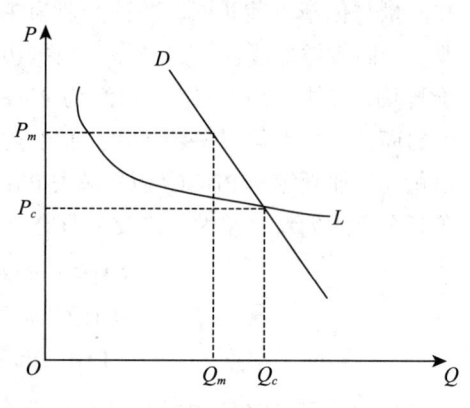

图10-6 存在进入威胁的垄断企业的定价策略

受进入威胁的垄断企业的质量决策与价格决策具有很大的相似性，即产品质量太低同样可以引致潜在进入者的进入。因为生产成本与产品质量存在正相关关系，当垄断者的产品质量与生产成本脱节时，潜在进入者就可以同等价格、较高质量与垄断者竞争，这在相当大的程度上保证了垄断者的质量供给不会太低。

与此同时，受进入威胁的垄断企业由于潜在进入者的压力，不得不努力创新。如果潜在进入者通过创新能将平均成本降到 P_c 以下，则进入就会成功，从而将垄断者逐出市场。

尽管垄断者总是力图维护自己的垄断地位，通过各种合法和不合法行为（此类不合法行为一般可观察但不可证实）设置进入壁垒或通过寻租行为以求政府的庇护（一些研究人员发现，寻租行为导致社会福利的净损失达到了 GNP 的 7%），但只要存在进入威胁，垄断者就处在竞争的汪洋大海中。当其利润过高、质量供给过低时，如果潜在的竞争者在排除各种障碍后仍能获得高于平均利润率的利润，它们就会进入。进入威胁迫使垄断者的市场行为接近于竞争性企业的市场行为，垄断者必须谨慎定价，且有一定的质量保证。也就是说，在存在进入威胁的垄断市场中，其市场绩效不会太差。

第四节　外部性与市场绩效

随着人们对市场绩效问题研究的逐渐深入，研究者认识到市场绩效与企业自身要素投入有关，也与外部性有较大关系，这些外部性体现在创新外部性、网络外部性、环境外部性、集聚外部性等方面。

一、集聚、创新外部性与市场绩效

由于外溢效应的存在，落后经济体能够从先进经济体身上获得先进的知识和技术，从而提高产出能力，这个作用会导致经济体之间产出水平的趋同。目前的研究表明，创新活动的外部性与市场绩效之间的关系主要通过以下三种方式体现：

一是 MAR（马歇尔－阿罗－罗默）外部性，即知识外溢源自相似产业在地理上的集聚，有利于专业化生产，大量企业集聚将加剧企业间的竞争。对于企业而言，为了保证或提升市场份额，企业会加速产品的更新换代以满足消费者多样化需求偏好，进而推进知识在产业内的集中和溢出，即"专业化外部性"带来的绩效提升[一]。

二是 Jacobs 外部性，即同一产业链不同生产环节的上下游企业在地理上接近可降低搜索成本，方便企业之间相互熟悉了解，企业在创新过程中易于发现合作伙伴，有助于原料供应商、中间产品厂商、终端产品厂商针对某种技术或市场需求进行联合攻关，因此，它强调的是知识在行业间溢出形成的"多样化外部性"[二]。

三是 Porter 外部性，强调学习效应，认为产业集聚增强了同类企业间和上下游企业间的信息交流，为企业进行新产品研发与创新提供了更好的平台，企业通过相互学习能够加速技术交流与合作，降低企业获取创新资源的成本与创新的不确定性。因此，更强调一个地区的产业结构需要在多样性与专业化方面保持合理的结构平衡的"相关多样性"[三]。

[一] 杜威剑，李梦洁. 产业集聚会促进企业产品创新吗？：基于中国工业企业数据库的实证研究 [J]. 产业经济研究，2015（4）：1-9.

[二] 郭景先，邱玉霞. 行业集聚度、研发投入与企业价值 [J]. 工业技术经济，2017（2）：16-22.

[三] 刘霞，陈建军. 产业集群成长的组织间学习效应研究 [J]. 科研管理，2012，33（4）：28-35.

二、网络外部性与市场绩效

随着信息技术的应用与分工专业化的加深，原有企业与市场的边界中诞生出了具有准企业或准市场功能的新兴产业组织——企业网络（陆伟刚，2005）[①]。企业网络中蕴含的社会资本，推动企业的价值创造源泉、价值创造方式和价值创造空间都悄然发生了变化，并推动企业实现了由物质性生产要素向知识性生产要素的升级，企业生产方式实现了信息化、网络化与全球化的转变，从有形物质拓展到了无形资源价值创造方式，从实体经营拓展到了虚拟运营，价值创造空间从企业内部延伸到了企业外部（王树祥等，2014）[②]，进而提高企业经济绩效（于永海，吕福新，2014）[③]。因此，企业网络理论不仅被经济学家用于对企业家行为和中小企业的研究，而且渗透到市场理论和组织理论的研究领域（黄泰岩，牛飞亮，1999）[④]。企业的这种网络外部性对市场绩效的影响主要体现在以下几个方面。

1. 由企业内部网络转向企业外部网络

随着时代的发展和竞争的加剧，企业发展和价值提升主要依靠三大新的资源：企业的知识能力或能力要素、企业的顾客要素或市场关系要素、企业价值网络或价值体系的结构要素（王树祥等，2014）。出于创新的需要，企业对各种资源需求的种类和数量越来越多，同时企业自身所拥有的资源常常不足以满足其创新的需要，因而企业需要整合各种正式和非正式合作所组成的网络（即外部利益相关者，包括同行业者、同地域者、供应商、客户、行业协会或地域性协会、科研机构等）中的资源，通过建立和利用外部网络获取所需资源，来提高自身创新的成功率，决定企业绩效的核心因素已经由企业内部转向了企业之间。因此，企业发展的价值网络结构不仅是企业内部价值提升的重要因素，也是企业外部网络发展的战略关键。企业与外界发生联系的同时自身也以结构性嵌入或关系性嵌入的形式存在于企业网络之中，企业对网络位置、属性、功能等方面的认知也决定了其在网络中的行动。因此，企业在对内部资源充分挖掘，以及对外部网络关系资源有足够的认识基础上，通过相互之间关系的运作可以更加有效地提高企业绩效（于永海，吕福新，2014）。

2. 由供应链拓展至商业生态系统

20世纪90年代以来，随着供应链思想成为企业纵向联系的研究热点，围绕供应链上的一系列企业整合能够提升纵向企业间的整体竞争力。从企业内部的价值链条到外部供应链、产业链的线性延伸逐渐形成了企业外部价值链条，并由此形成链条的网络化，企业价值网络进而形成结构更为复杂的价值星系（王树祥等，2014）。在此基础上，穆尔提出了商业生态系统的概念，其关注点在于企业与其利益相关者之间的多向关系，即企业的生态网络是由企业与其利益相关者之间的良性互动关系构成的且不拘泥于企业规模、所在地域与行业的开放性和动态性的复杂系统，企业之间形成了"共生、共栖、偏害、互利共生、竞争与捕食关系"。这种关系能够跨越行业和供应链的界限，使系统内成员之间能够共享规模经济和范围经济，

[①] 陆伟刚. 传统产业组织理论的危机及实践含义：基于企业网络的视角 [J]. 中国工业经济，2005（11）：26-34.
[②] 王树祥，张明玉，郭琦. 价值网络演变与企业网络结构升级 [J]. 中国工业经济，2014（11）：93-106.
[③] 于永海，吕福新. 企业网络的演化趋势 [J]. 管理世界，2014（1）：180-181.
[④] 黄泰岩，牛飞亮. 西方企业网络理论与企业家的成长 [J]. 中国工业经济，1999（2）：75-78.

从而降低交易成本，提升企业的市场绩效（于永海，吕福新，2014）。

3. 由个人主导的关系型企业网络转变到市场交易网络

已有的研究表明，虽然个人主导的关系型企业网络能够通过嵌入其中的信任更容易地获取信息、节约交易成本和降低不确定性等，但它具有相对封闭等局限性，且在技术含量高的资本密集型行业中扩大市场能力方面存在局限性（刘仁军，2006）[一]，因此，以市场交易为主导的企业网络逐渐占据主流，虽然这种新型网络关系仍然存在不可避免主观性色彩，但由于注重规则与法律形成的契约环境，更注重通过资产专用性形成的企业之间的纽带，如分包制、连锁或特许经营、虚拟企业、战略联盟、相互持股等。由于不同产权安排的企业组织并存，同时相互之间发生作用，企业网络化的形成过程变得更加复杂和形式多变（李新春，1998[二]；于永海，吕福新，2014），进而适应当今知识化与全球化的市场大势所需，推动企业市场绩效的提升。

4. 由生产网络演化到服务网络

工业经济时代的企业网络关系以供应链为核心进行构建，包括企业与原材料提供企业、经销商和零售商等，其目的包括减少库存和降低交易成本。在新经济时代，企业的供应链逐渐为顾客的需求链所主导，顾客需求也越来越趋于个性化和多样化，产品生命周期日益缩短，企业与企业之间的竞争不再仅仅局限于产品的价格和质量，供货时间和方式、售前和售后服务、产品和企业品牌等都成为顾客选择消费对象的重要考量因素，服务使原有产品的价值增值并成为一种新的价值源泉。企业的角色由原来的产品提供者，转变成为顾客提供一揽子服务与产品的服务供应商，这导致企业原有的围绕产品生产而构建的以供应链为代表的生产性企业网络必然要向服务性企业网络进行重心转移，即生产性企业越来越多地与物流企业、电子商务企业、金融企业、广告公司等服务性企业和顾客合作，围绕顾客需求以产品为载体构建服务性企业网络，增加企业柔性，更好地满足多变的市场需求，提升企业绩效（于永海，吕福新，2014）。

三、市场交易制度与市场绩效

在实验经济学以前，产业组织理论研究主要集中在市场结构和企业竞争行为上，因此，市场绩效是由市场竞争决定的，如果没有竞争和竞争行为，市场就会存在低效率。但研究者发现，竞争只能部分解释市场效率的形成原因，忽略了交易双方力量对比和交易过程对市场效率的影响。实验经济学则将交易制度作为一个重要变量进入分析视野（张耀辉等，2005）。

在实验经济学看来，市场交易制度是市场运行的规则，也是买卖双方的组织机制，其核心是价格形成机制，因此，任何市场交易活动都必须在市场交易制度下完成。这些交易制度种类繁多，包括标签价格（明码标价）、口头双向拍卖、单边序列拍卖（主要包括英式拍卖和荷式拍卖等）、密封报价、统一定价、分散议价等。各种不同市场交易制度的差别反映在四个

[一] 刘仁军.关系契约与企业网络转型 [J].中国工业经济，2006（6）：91-98.
[二] 李新春.企业战略网络的生成发展与市场转型 [J].经济研究，1998（4）：70-78.

方面：一是买者、卖者的数量；二是由谁来制定价格建议或报价；三是采取序列报价还是同时报价；四是合同确认的方式。这些因素的不同组合形成不同的市场交易制度。例如，双向拍卖制度，它有许多买者与卖者，买卖双方都可报价，双方报价序列走高或走低，双方都可确定合同。一方面，人们将市场上已经出现的交易制度不断加以移植和应用，使交易制度在不断演变；另一方面，还在不断重新组合这四个因素，形成新的交易制度。现有的交易制度中，口头双向拍卖、标签价格（明码标价）和分散议价是比较典型的制度形式，在市场中大量的交易活动都遵循这三种制度或者以此为基础（张耀辉等，2005）。

从交易角度衡量，市场绩效不仅是配置效率和生产效率，价格形成模式、实现的交易数量和买卖双方之间的利益分配也是交易活动所产生的市场绩效的重要方面（Plott，1982）。价格形成模式由价格形成程序和价格决定权构成，价格形成的程序会影响价格决定时间效率，即会影响交易成本。如果允许市场可以无休止地出价，价格不能得到有效收敛并做出最后决定，这样的市场显然是无效的。给定价格决定权，虽然有可能造成权力分配偏差，但它可以迅速收敛价格；实现的交易数量决定了实际的社会财富量；利益分配体现了买卖公平的程度。一些实验经济学文献表明，公平因素是影响交易动力的重要因素，或者说，交易是否公平所产生的市场绩效有很大差别。在市场绩效中最为重要的是用消费者剩余与生产者剩余的总和来衡量的市场效率，它在很大程度上体现了市场交易的目的和本质，其他内容是市场绩效的补充。

将市场交易制度因素引入市场绩效分析框架之中，即市场绩效不仅取决于市场结构因素，也取决于市场交易制度，这可称为市场交易制度影响市场绩效假说，简化为市场绩效由市场结构和市场交易制度共同决定，市场绩效函数写成：

$$市场绩效 = F(市场结构，市场交易制度)$$

这一假说是一个多维结构，市场结构由市场集中度单一指标表示，市场交易制度由四个因素，或者以三个基本典型交易制度表示，市场绩效由四个指标表示。假说的基本含义是：如果市场结构被确定，市场绩效仍然不能被确定，它还受市场交易制度的影响；如果市场交易制度确定，不同的市场结构才会成为市场绩效差异的原因。在市场结构无法改变的情况下，改变交易制度可以提高市场绩效。这意味着，交易制度变量的引入不仅可以更完整地理解市场效率的形成，也扩大了市场绩效分析的广度和深度，深化了配置效率和生产效率的分析（张耀辉等，2005）。

四、集聚外部性与市场绩效

集聚经济事实上是一种空间外部规模经济，这种规模经济源自于空间距离的缩短，使得交通成本和通信成本降低，从而引起企业和劳动力的汇集。集聚形成的外部性具有 MAR 外部性、Jacobs 外部性、Porter 外部性三种代表性类型，三者对市场绩效的影响机制也不尽相同。

MAR 外部性指的是同行企业在地理上的集中所引起的外部性，它与企业生产率有密切关系。马歇尔（1890）[①]强调，当同行的企业在地理上集中时，大量从事同一行业具有专业技术的工人汇聚，这些工人能被当地的所有专业化的企业所利用，便于知识溢出或技术扩散（赖

[①] 马歇尔. 经济学原理 [M]. 陈良璧，译. 北京：商务印书馆，1997.

永剑，2012）①，同时，大量同业工人的存在又会减少劳动力搜寻成本；此外，同行企业地理集中还有利于企业在较近的距离内利用产业链上下游或关联配套关系实现就近配套，从而节省运输成本。因此，Glaeser（2009）②将集聚外部性带来的这三种便利概括为知识流动成本、劳动力流动成本和货物运输成本的节约，此外，企业还能够通过集聚形成共享、匹配和学习三种效应，直接或间接地降低各类生产成本，进而提高企业生产率（叶素云，2015）③。

Jacobs外部性指的是不同行业的企业集中所引起外部性。Jacobs（1969）④强调产业多元化的好处，认为知识溢出更可能发生在地理上相互临近的不同行业企业之间，可以共享相同的地方投入，包括专业化的商业服务、金融机构和某些特殊的基础设施，可以使知识在那些共享同一知识基础的产业内企业流动（Bartelsman，et al，1994）⑤，这样的集聚有利于新思想、新观念的产生，从而促进企业技术创新和生产增长，并提高企业的生产率水平。雅各布斯强调的外部性与马歇尔外部性的不同在于，前者是指新的思想或创意在不同行业微观主体间的交流和碰撞产生的外部性，而后者通常指同一行业内部的技术扩散或经验交流。许多学者（如Boschma，et al，2013⑥）通过案例研究的方式进行检验，证实了在地理上相互临近的专业化集群之间确实存在密切的产业联系的雅各布斯外部性。

Porter外部性则是指区域内企业间相互竞争导致的创新和知识溢出所形成的外部性。波特（1998）⑦指出，同行企业集中将带来激烈竞争，这种竞争效应客观上有利于激发企业进行创新活动，提高企业生产率水平，从而占据市场竞争优势，即地理范围内的知识流动可以由区域的学习过程传导出来。但是，也可能存在相反的情形，如Gkeser等（1992）就发现，在不完全产权保护下，竞争反而有可能削弱企业的创新意愿，进而降低其生产率水平（叶素云，2015）。

本章小结

市场绩效既反映了在特定的市场结构和市场行为条件下市场运行的实际效果，也表示最终实现上述经济活动目标的程度。产业经济学不仅要探讨经济活动中企业层次的市场绩效衡量问题，更需要从产业和整个国民经济层次上，从产业的资源配置效率、产业的规模结构效率、产业的技术进步程度等若干方面进行更全面的市场绩效评价。

市场绩效的度量往往与利润率、市场势力的度量一致，即收益率、价格-成本加成（勒纳指数）、托宾q和贝恩指数，还可以从产业资源配置效率、产业规模结构效率、产业技术进步效率和X非效率等视角对市场绩效进行评价。

---

① 赖永剑. 集聚、空间动态外部性与企业创新绩效：基于中国制造业企业面板数据[J]. 产业经济研究，2012（2）：9-17.
② GLAESER E L. The wealth of cities: agglomeration economies and spatial equilibrium in the United States [J]. Journal of economic literature, 2009 47(4): 983-1028.
③ 叶素云. 集聚外部性与城市制造业企业生产率研究[J]. 城市与环境研究，2015（1）：34-50.
④ JACOBS J. The economy of cities[M]. New York: Vintage, 1969.
⑤ BARTELSMAN E J, CABALLERO R J, LYONS R K. Customer-and supplier-driven externalities[J]. American economic reciew, 1994, 84: 1075-1084.
⑥ BOSCHMA R, MINONDO A, NAVARRO M. The emergence of new industries at the regional level in spain: a proximity approach based on product relatedness [J]. Economic geography , 2013(1): 29-51.
⑦ PORTER M. Clusters and the new economics of competition[J]. Harvard business review, 1998,12: 77-90.

研究者们从不同的视角研究影响市场绩效的因素，其中所有权、市场结构、集中度等对市场绩效都有明显影响，此外，价格行为、广告行为、企业创新等也是影响市场迹象的重要因素。

推荐阅读

[1] SMIRLOCK M, GILLIGAN T,MARSHALL W.Tobin's q and the structure-performance relationship:reply[J]. The American economic review, 1986,76(5): 1205-1210.

[2] STEVENS J L.Tobin's q and the structure-performance relationship:comment[J]. The American economist review, 1990, 80(3):618-623.

[3] SHEPHERD W G Tobin's q and the structure-performance relationship:comment[J]. The American economist review, 1986, 76(5): 1205-1210.

[4] BAIN J S.Relation of profit rate to industry concentration: American manufacturing, 1936—1940[J]. The quarterly journal of economics, 1951, 65(3): 293-324.

[5] MARTIN S, PARKER D.The impact of privatization: ownership and corporate performance in the UK[M]. New York: Routledge, 1997.

[6] TOBIN J. A general equilibrium approach to monetary theory[J]. Journal of money, credit and banking, 1969, 1(1): 15-29.

[7] 波特.国家竞争优势[M].李明轩，邱如美，译.华夏出版社，2002.

[8] 夏大慰.产业组织与公共政策：哈佛学派[J].外国经济与管理，1999，21（8）：3-5+24.

[9] 夏大慰.产业组织与公共政策：芝加哥学派[J].外国经济与管理，1999，21（9）：3-6.

[10] 刘小玄.中国转轨经济中的产权结构和市场结构：产业绩效水平的决定因素[J].经济研究，2003（1）：21-29+92.

[11] 丁守海：托宾q值影响投资了吗？：对我国投资理性的另一种检验[J].数量经济技术经济研究，2006（12）：146-155.

[12] 孙元元，张建清.中国制造业省际间资源配置效率演化：二元边际的视角[J].经济研究，2015（10）：89-103.

[13] 杨超，黄群慧，贺俊.中低技术产业集聚外部性、创新与企业绩效[J].科研管理，2020，41（8）：142-147.

[14] 张耀辉，卜国琴，卢云峰.市场交易制度与市场绩效关系的实验经济学研究：对SCP分析范式的修正[J].中国工业经济，2005（12）：34-40.

思考与练习

1. 何为市场绩效？
2. 市场绩效的衡量方法有哪些？如何评价？
3. 影响企业市场绩效的因素有哪些？试举例说明这些因素是如何影响企业市场绩效的。
4. 市场行为如何影响企业市场绩效？请举例说明。
5. 外部性因素如何影响企业市场绩效？请举例说明。

第十一章
CHAPTER 11

产业与产业结构

> 结构失衡造成可利用资源不能被充分利用是落后的本质特征。
>
> ——霍利斯·钱纳里（Hollis Chenery）

产业结构是产业经济学的重要组成部分。本章主要介绍产业结构理论与产业结构政策的主要内容。本章分为六节：第一节，介绍产业结构的概念与各种表征；第二节，介绍产业结构演进的一些基本规律，这将有助于读者把握产业结构的变化方向；第三节，介绍产业结构的增长效应；第四节，介绍产业结构优化的内容，重点是对产业结构优化的两个方面——合理化和高级化的判断；第五节，论述产业结构演进中制造业与服务业融合的动因和方式；第六节，介绍产业结构变化的影响因素。

第一节 产业结构

一、产业结构的概念

产业结构是指各产业在其经济活动过程中形成的技术经济联系，以及由此表现出来的一些比例关系。各产业之间在经济活动过程中有着广泛的、复杂的和密切的技术经济联系，例如，一般情况下，各产业都需要其他产业为自己提供产出，作为其生产要素的供给；与此同时，各产业的产出也必须由其他产业进行消费，这样一来，再生产过程才能得以继续下去。因此，在"产业结构"这一概念中，由各产业在其经济活动过程中形成的技术经济联系是事物的实质和经济活动的内在规律，而由此表现出来的一些比例关系则是这种内在规律的表象和反映。

从系统论的角度看，一个经济社会的产业结构可以被看作一个社会系统。这个产业结构系统，具有一般系统所共有的特性，如系统性、层次性、有序性等。产业结构系统的发展同样也受到系统的输入、输出，以及环境的影响。

二、产业结构的各种表征

从不同的角度观察同一个产业结构,可以得到不同的表征。以下是我们常见的几种产业结构的表征。

1. 产出结构

我们将产业结构系统看作一个资源转换系统:一方面,该资源转换系统从系统外部吸收各种生产要素作为系统的输入;另一方面,该资源转换系统又根据市场的需要,将所吸收的各种生产要素转换成市场所需的产品作为系统的输出。此时,作为资源转换系统的产业结构的产出所构成的比例关系,就是所谓的产出结构。我们可以通过产出结构,观察相应的产业结构并对其进行分析。常见的产出结构,是以产值(增加值)为计量单位的,因此,通常也称其为产值结构。

2. 劳动力结构

作为系统输入的生产要素,种类极其繁多。但劳动力这一生产要素,在同样的经济发展阶段和一定的技术水平下,具有相对稳定的投入比例。而且,劳动力结构相对于其他反映投入要素结构的表征,有着更为直观的特点。因此,人们也经常利用劳动力结构这一表征,对产业结构进行剖析和研究。

3. 资本结构

在商品经济社会,绝大多数的生产要素均可表现为商品和资本的形式。因此,人们有时也自然地利用资本结构这一反映生产要素投入结构的视角,观察和研究产业结构。从理论上讲,资本结构是一个比劳动力结构更为全面反映投入要素结构的表征。但由于资本这一指标需经过价格函数的转换,而价格体系的合理与否,直接影响到价格函数转化的准确性。因此,在现实中,资本结构的使用率反而不及劳动力结构。

4. 需求结构

产业结构系统作为资源转换器,其产出的目的是适应市场的需求。因此,在市场供求基本平衡的前提下,我们也可用市场的需求结构作为产业结构的表征。但应注意的是,一般来讲,市场的需求结构与系统的产出结构之间总存在着一定的差异。因而,用需求结构间接地反映产业结构,也必然存在着一定的结构性差异。

第二节 产业结构演进规律

一、配第－克拉克定律

威廉·配第在其代表作《政治算术》一书中,根据当时英国的实际情况明确指出:制造业比农业,进而商业比制造业能够得到更多的收入。配第举例说明,英格兰的农民一周可赚到 4 先令[①]，而一名海员的工资加上伙食等其他形式的收入可以达到每周 12 先令，因此一名海员的收入是农民的 3 倍。配第同时还指出，当时的荷兰，由于大部分的人从事制造业和商业，因此荷兰人的收入要远远高于欧洲其他国家。配第对不同产业收入的描述，揭示了产业间收入相对差异的规律性，后人称之为配第定律。

克拉克在配第的研究成果基础上，计量和比较了不同收入水平下就业人口在三次产业中分布结构的变动趋势，得出结论：随着时间的推移和社会经济的发展，从事农业的人数相对于从事制造业的人数趋于下降，进而从事制造业的人数相对于从事服务业的人数趋于下降。而劳动力在产业之间变动的原因是经济发展中各产业间的收入出现了相对差异。克拉克认为他的发现只是印证了配第的观点而已，故后人把克拉克的发现称为配第－克拉克定律。

配第－克拉克定律可以表达为：随着经济的发展，人均国民收入水平的提高，劳动力首先由第一产业向第二产业转移；当人均国民收入水平进一步提高时，劳动力便向第三产业转移。克拉克对其本人总结的规律做了两点解释：一是关于需求因素。他认为，随着人均收入的增长，很明显，人们对农产品的相对需求一直在下降，而对制造品的相对需求先上升后下降，最后让位于服务业。二是关于效率因素。除了产业部门间的需求差别外，克拉克认为，产业部门间的效率差别也是结构变化的一个重要因素。按照他的观点，不同产业存在不同的生产效率。制造业的劳动生产率差不多总是比同一个经济系统中其他产业的劳动生产率增长的比例更大。因此，制造品的一个稳定的相对需求将会导致该产业部门劳动力就业比例的下降，甚至当制造品相对需求上升时，仍然可以预期。

二、库兹涅茨法则

库兹涅茨在克拉克的研究成果基础上扩大了样本的范围，从国民收入和劳动力在产业之间的分布两个方面对伴随经济发展的产业结构演进规律做了进一步的研究。库兹涅茨根据众多样本国家的数据，对国民收入和劳动力在产业之间的分布结构进行了研究，得到了后来被称为库兹涅茨法则的结论：农业部门的相对比重，无论在产值结构方面还是在劳动力结构方面，都处于不断的下降之中；工业部门的产值相对比重和劳动力相对比重是趋于上升的，但其上升的速度并不一致。与产值的相对比重相比，劳动力的相对比重显得基本稳定或上升相当缓慢。在工业和制造业内部，一些与现代技术密切相关的新兴产业部门上升最快（无论是产值的结构比重还是劳动力的结构比重都处于上升的阶段），而一些传统的产业部门，则在产值的结构比重和劳动力的结构比重方面均有下降的趋势；在服务业方面，无论是产值的相对比重还是劳动力的相对比重同工业部门一样，均具有上升的趋势，但上升的速度却与工业部门不同，劳动力相对比重上升的速度要快于产值相对比重上升的速度。在服务业内部，各产业部门的发展也是不同的，如教育、科研和政府行政部门的劳动力结构比重是上升的。

三、霍夫曼定理

霍夫曼对工业化的演进规律进行了开拓性的研究，其代表作《工业化阶段和类型》一书，

[①] 先令是英国的旧辅币单位，1 英镑 =20 先令。

对工业化进程中的重工业化问题进行了详尽的分析。霍夫曼利用近 20 个国家的时间序列数据，分析了消费资料工业和资本资料工业的比例关系，得出了著名的霍夫曼定理。消费资料工业净产值与资本资料工业净产值之比称为霍夫曼比例。霍夫曼定理表明，随着工业化的进程，霍夫曼比例是不断下降的。霍夫曼还根据霍夫曼比例的变化趋势，把工业化的进程分为四个阶段（见表 11-1）。霍夫曼认为，在工业化的第一阶段，消费资料工业的生产占据着统治地位；在工业化的第二阶段，虽然消费资料工业的生产规模仍远远大于资本资料工业，但资本资料工业已开始加速；在工业化的第三阶段，资本资料工业在规模上已与消费资料工业并驾齐驱；在工业化的第四阶段，资本资料工业的规模就超过了消费资料工业。

表 11-1　霍夫曼对工业化进程的划分

阶段	霍夫曼比例	
第一阶段	5	（±1）
第二阶段	2.5	（±1）
第三阶段	1	（±0.5）
第四阶段	1 以下	

资料来源：杨治. 产业经济学导论[M]. 北京：中国人民大学出版社，1985：60.

四、高加工度化进程

霍夫曼定理揭示了工业发展中的重工业化进程，而在重工业化的进程中，工业发展还同时显示出高加工度化的演进规律。"高加工度化"最早由日本经济学家筱原三代平（1987）提出。所谓高加工度化，是指在重工业化的进程中，工业结构表现出的由以原材料产业为中心转向以加工装配产业为中心的发展趋势。工业的高加工度化进程，意味着随着工业化的进程，工业增长对原材料的依赖程度逐步减弱，对中间产品的利用能力不断增强，最终产品中附加价值的比重日益提高，同时也体现了工业经济不断从粗放式增长向集约式增长的转变。第二次世界大战后，日本工业化进程就较为典型地反映出这样一条轨迹（见图 11-1）。

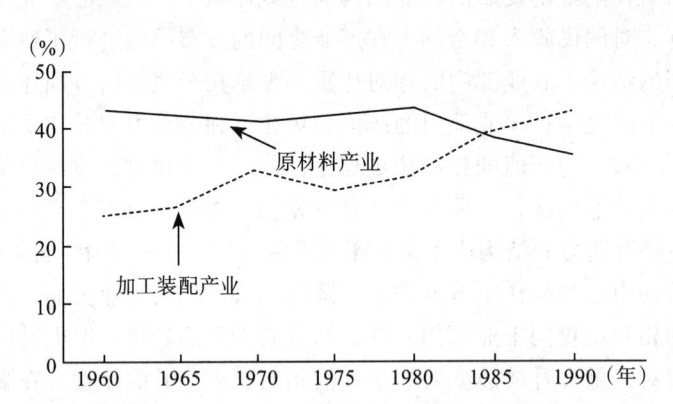

图 11-1　第二次世界大战后日本工业化进程中的原材料产业与加工装配产业增长轨迹

资料来源：小野五郎. 产业结构入门[M]. 东京：日本经济新闻社，1996.

现有的关于高加工度化的研究比较少，大部分在研究产业结构高度化与工业结构高度化时，会涉及高加工度化，将高加工度化作为产业结构高度化或工业结构高度化的内容之一，高加工度化不过是衡量产业结构高度化或工业结构高度化水平的因素之一。例如，宋鸿明（2008）认为，产业结构高度化包括三个方面的内容：一是产业高附加值化下的高技术化，即产业利用高新技术产生高附加值;二是产业高集约化,即产业组织合理,规模经济效益高;三是产业高加工度化,即加工深度大。张久台(2009)将产业结构高加工度化指标作为度量产业结构高度化的指标之一,认为在衡量产业结构的高度化时要考虑加工业、组装业相对于原材料业的发展速度。苏东水(2011)指出工业结构高度化的规律表现为工业结构由重工业化向高加工度化,再由高加工度化向技术集约化的发展。对于高加工度化的意义,陈淮(1996)提出,在中国现实的工业结构中,最薄弱的环节是加工业,尤其是国民经济装备制造业,并指出"高加工度化"是中国产业结构调整的新战略目标,中国经济增长将在很大程度上依赖于以较少的资源投入支持较大的产业增长的工业高加工度化,中国将通过发展深层次的加工,利用规模经济及成本降低来形成新的国际比较优势。江林(1996)指出,产业结构的高加工度化是工业化进程的必经之路,许多石油输出国,不论其人均国民生产总值达到何等水平,至今仍只能处于发展中国家水平,其原因之一就是未能及时完成产业重心后移的结构性调整。

五、经济服务化趋势

20世纪70年代以后,一些学者利用库兹涅茨的分析方法,对世界主要工业化国家的产业结构进行了实证研究。然而,实证研究的结果与库兹涅茨法则并不相符。这些国家无论是劳动力还是国民收入,在第一产业中的相对比重自70年代以来下降的势头都有所放缓;在第二产业中的相对比重70年代以后也都出现了下降的趋势,工业特别是传统制造业在国民经济中的作用正在逐步减弱;在第三产业中的相对比重则显示出了强劲的上升趋势,已占到了整个国民经济的一半以上,一个被称为"经济服务化"的时代已悄然到来。图11-2是1994—2020年日本产业结构变迁图,从中也许可以看出一些"经济服务化"的变化趋势。

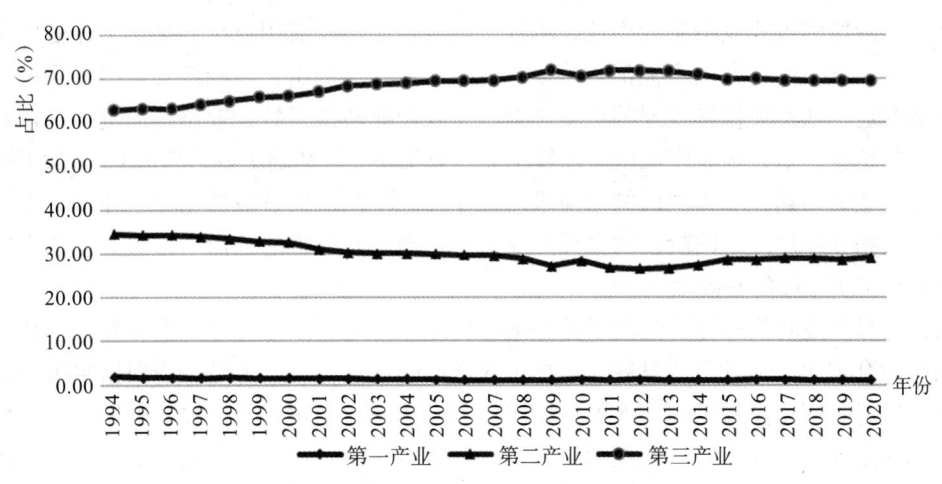

图11-2 1994—2020年日本产业结构变迁(增加值占GDP百分比)

资料来源:世界银行数据库。

近年来,我国已经开始向工业化后期转型升级,经济服务化成为经济结构优化升级的重要任务。中国服务业增长迅速,1978年以来多数年份第二产业的增速仍快于第三产业。2021

年，第三产业增加值为 609 680 亿元，增长 8.2%，增加值比重为 53.3%。㊀我国东部地区部分大城市第三产业的比重超过 50%，成为主导产业。2021 年，北京、上海、广州第三产业占比分别达到 81.7%、73.3% 与 71.6%。㊁相关统计数据表明，中国服务业的增长速度已经快于制造业，中国已经开始向工业化中后期转变，经济发展越来越依靠第三产业的全面增长，经济服务化将成为产业结构演进的大趋势（简新华，2013）。经济服务化是经济转型升级的路径选择，是产业链竞争、需求层次升级、科技发展和全球产业转移规律的必然要求。经济服务化是经济发展的高级阶段，是产业融合的新形式，具有重要的战略意义（刘小二，2018）。

六、主导产业转换规律

主导产业是指在产业结构中处于主体地位，具有较高占比、一定规模和技术优势，以技术优势对产业结构演进与经济发展起到促进和推动作用的产业。主导产业群是由若干个主导产业组成的产业体系。主导产业主要具备以下几个特征：一是以较强的创新能力和技术获得新的生产函数，推动产业转型与突破；二是实现部门增长率的持续上升且高于经济增长率；三是具有较强的市场带动能力，产业关联性强，能够带动其他产业快速发展，具有较大的市场潜力；四是具有一定的产业规模，在区域经济中发挥主导和优势作用；五是具有发展的阶段性特征，并且随着经济的发展不断变化和转换。

不同的经济发展阶段，决定了主导产业群的更替和发展，主导产业进而发生变化，不同时期的主导产业，是在不同经济发展阶段下选择的结果。若具体条件发生变化，原有的主导产业也会随之发生变化、弱化甚至消失，新旧主导产业会发展更替。从产业更替序列的角度看，根据产业的初创、成长、成熟、衰退等不同发展阶段，产业可分为新兴产业、扩散产业、成熟产业和衰退产业。罗斯托在《经济成长的阶段》中提出了经济成长阶段理论，它是经济发展的历史模型，在第三阶段，即起飞阶段，与生产方式的变革联系在一起，将纺织工业称为"起飞"阶段的古典式的主导产业，钢铁、电力、煤炭、通用机械、化学工业是成熟阶段的主导产业，汽车制造业是高额消费阶段的主导产业。他提出，在经济发展中要重视主导产业的扩散效应。从产业结构变迁的历史来看，主导产业转换引致产业结构演进，存在着从以农业为主的结构开始，按顺序依次向以轻工业、重工业（以基础工业为重心）、高加工度化工业、信息产业和知识产业为主的结构演进的规律性。不同发展阶段的主导产业群，既存在替代关系，又相互作用。不同阶段的主导产业群的选择不是随机的，前一主导产业群为后一主导产业群奠定了发展的基础。

研究主导产业转换规律，是为了更好地选择主导产业，扶植主导产业的发展，从而实现产业结构的合理化，促进经济发展。选择主导产业的过程，实质上是一个根据本国经济发展的具体国情对不同角度和不同层次的需要解决的经济问题，按轻重、缓急顺序作出取舍的过程。因此，主导产业的选择基准也就是如何确定倾斜式的产业发展战略。根据已有的研究成果，主导产业的选择基准主要有赫希曼基准（关联效应标准）、罗斯托基准、筱原基准（收入

㊀ 数据来源：《中华人民共和国 2021 年国民经济和社会发展统计公报》。

㊁ 数据来源：《北京市 2021 年国民经济和社会发展统计公报》，《2021 年上海市国民经济和社会发展统计公报》，《2021 年广州市国民经济和社会发展统计公报》。

弹性基准和生产率上升率基准)、动态比较优势基准、短缺替代弹性基准、瓶颈效应基准等。

> 拓展阅读 11-1
>
> ### 《产业结构调整指导目录（2019年本）》解读
>
> 2019年10月30日，国家发展和改革委员会修订发布了《产业结构调整指导目录（2019年本）》（以下简称《目录（2019年本）》），自2020年1月1日起施行。《目录（2019年本）》共涉及行业48个，条目1 477条，其中鼓励类821条、限制类215条、淘汰类441条。
>
> 本次修订抓住四个重点。一是推动制造业高质量发展。把制造业高质量发展放到更加突出的位置，加快传统产业改造提升，大力培育发展新兴产业。《目录（2019年本）》制造业相关的条目共900多条，占总条目数的60%以上。二是促进形成强大国内市场。其重点是：加强农业农村基础设施建设，改善农村人居环境，促进农村一二三产业融合发展；提高现代服务业效率和品质，推动公共服务领域补短板，加快发展现代服务业；促进汽车、家电、消费电子产品等更新消费，积极培育消费新增长点。三是大力破除无效供给。适度提高限制和淘汰标准，新增或修改限制类、淘汰类条目近100条。同时，对现有条目不能完全覆盖，且不符合法律法规和行业标准的，在限制类和淘汰类中分别设置了兜底条款。四是提升科学性、规范化水平。对限制类、淘汰类条目，明确品种和参数，突出可操作性；对鼓励类条目，发展方向比较明确的领域，尽可能明确指标参数，方向尚不明确的新产业新业态，则"宜粗不宜细"，仅作方向性描述。同时，把市场能有效调节的经济活动从限制类删除。
>
> 资料来源：中国政府网，http://www.gov.cn/zhengce/2019-11/06/content_5449198.htm。

第三节　产业结构的增长效应

一、产业结构转换的增长效应

经济增长与产业结构是相互影响的。一方面，如前所述，经济增长过程中产业结构也在发生着变化；另一方面，产业结构的变化又对经济增长产生重要的影响。库兹涅茨曾经在其代表作《各国的经济增长》中明确指出："现代经济增长及其按照人均产值和人口增长迅速增加……必然会在生产体系各部门的增长速度中形成颇大的差别，从而，正在经历着这种增长的经济的生产结构，也必然会发生迅速的变化，如果不去理解和衡量生产结构中的变化，经济增长是难以理解的。"从发展经济学视角来看，产业结构转换是指一个国家（或地区）的国民经济各产业及整个产业结构发生质变的过程（张培刚，2001），它往往被认为是经济增长的重要的独立源泉之一（麦迪森，1997），同时也是经济发展到一定阶段的重要目标。把产业结构转换对现代经济增长的促进作用联系起来的最重要的媒介变量，是技术创新的速度与其扩散速度。产业结构转换的增长推动效应，基本上体现为技术创新的作用。刘志彪（2020）实证分析了产业结构转换对全要素生产率的影响，二者之间呈倒U形关系，我国产业结构的服务化趋势越来越明显，产业结构转换总体上处于倒U形曲线的左侧，因此，产业结构转换通过提升全要素生产率，可实现高质量发展。

二、二元经济结构改变与经济发展

上述研究以制造业为研究对象,谈经济发展不能不涉及国民经济中的农业和工业化问题。对于落后国家和地区来说,这一问题对经济发展更具有现实意义。所谓二元经济,是把发展中国家和地区的经济结构概括为两大部门:一个是主要使用劳动力生产的农业部门;另一个是主要使用资本生产的非农业部门。任何国家和地区的经济发展过程,都包含从农业经济到二元经济,再从二元经济到现代经济的增长这样两个过程。

在农业经济向二元经济转变的过程中,从农业部门的角度来看,一方面出现了农村剩余劳动力向非农业部门的大量转移,另一方面,由于剩余劳动力的流出,出现了人均收入水平和剩余产品率的提高,而这正是从传统农业走向现代农业的前提条件。从经济发展过程来看,首先获得发展的是资本投入较少的轻工业,这和该发展阶段以农业为积累的主要来源是一致的。以后随着人均收入水平的提高,居民消费指向发生了从以农产品为原料的轻工业转向以非农产品为原料的轻工业的变化,由此又诱发对基础工业的需求。这时的产业结构变化,也相应地进入以基础工业和重加工业为主导的重工业化阶段,到了从二元经济向现代经济(一元经济或同质经济)转换的时期。

二元经济理论在西方经济学中也被称为劳动力无限供给理论。提出二元经济理论的第一人是荷兰的社会学家博克(Bock)。1953 年他考察印度尼西亚后提出了一个观点:现代发达资本主义国家的经济是一元的(或同质的),而(一些)发展中国家却存在二元结构,这是由于引进了资本主义的力量使其结构为不同质的"二元性",即一方面存在资本主义经济,另一方面存在传统经济,因此称之为"二元经济"。1954 年,美国经济学家刘易斯(Lewis)发表了题为"劳动力无限供给条件下的经济发展"一文,提出了二元经济理论,即发展中国家如何从传统农业经济向现代经济转变的理论。在刘易斯看来,在那些相对于资本和自然资源来说人口众多的国家,劳动的边际生产率很小或等于零甚至为负数的部门,劳动力的无限供给是存在的。"刘易斯拐点"的内容就是:在工业化进程中,随着农村富余劳动力向非农产业的逐步转移,农村富余劳动力由逐渐减少变为短缺最终达到劳动力短缺、人口红利消失的瓶颈状态,但工业和农业的价值将趋同。费景汉和拉尼斯等人又在刘易斯理论的基础上进一步发展,改进成为刘易斯-费-拉尼斯模式(Lewis-Fei-Ranis Model;详细内容可参阅发展经济学相关教材)。

> 拓展阅读 11-2

三次产业与经济增长

1952—2019 年,我国三次产业总体上都实现了快速增长,并由此引起产业结构发生巨大变化。根据《中国统计年鉴》的数据(见表 11-2),以 1952 年 GDP 消胀指数(不变价格)计算,1952—2019 年我国 GDP 实际增长 185.37 倍,1953—2019 年年均增长 8.35%。其中:第一产业实际增长 25.25 倍,年均增长 5.17%;第二产业实际增长 348.57 倍,年均增长 9.94%;第三产业实际增长 348.76 倍,年均增长 9.48%。显然,这一期间三次产业增长率存在较大差距。其实,1952—2019 年期间,除个别年份外,第一产业基本上都是实际增长最慢的产业,其年均增长率远低于 GDP 年均增长率。第二产业在三次产业中增长最快,第三产业年均增长率也较大，其年几何平均增长率[①]（9.14%）甚至比第二产业（9.13%）还要高。改革开放前后，我国实际 GDP 及三次产业实际产值的增长也表现出不同特征。如表 11-2 所示，同改革开放前相比，改革开放后我国第二产业增长率略有下降，但第一产业、第三产业的增长率大幅度提高，它们几乎比改革开放前高出一倍。

表 11-2　我国实际 GDP 和三次产业实际产值的增长倍数和年均增长率：1952—2019 年

时间段（年）	按照 GDP 消胀指数调整价格				按照各产业上年不变价格计算		
	GDP	第一产业	第二产业	第三产业	第一产业	第二产业	第三产业
增长总倍数（单位：倍）							
1952—2019	185.37	25.25	348.57	348.76	8.73	898.46	222.61
1952—1978	3.74	1.60	9.89	3.06	0.70	14.24	2.94
1978—2019	38.29	9.09	31.10	85.10	4.73	58.02	55.77
1978—2002	7.99	3.32	7.37	14.43	1.90	11.79	10.68
2002—2012	1.73	0.87	1.79	1.93	0.54	2.00	1.82
2012—2019	0.60	0.25	0.38	0.90	0.29	0.54	0.72
年算术平均增长率（单位：%）							
1953—2019	8.35	5.17	9.94	9.48	3.57	11.44	8.65
1953—1978	6.70	3.99	11.55	6.13	2.29	12.85	5.88
1979—2019	9.40	5.91	8.92	11.60	4.38	10.54	10.40
1979—2002	9.62	6.43	9.37	12.26	4.58	11.31	10.84
2003—2012	10.56	6.53	10.82	11.39	4.39	11.63	10.95
2013—2019	6.98	3.29	4.68	9.64	3.65	6.34	8.09

资料来源：王弟海. 三次产业增长和产业价格结构变化对中国经济增长的影响：1952—2019 年[J]. 经济研究，2021，56（2）：22-38.

第四节　产业结构优化

一、产业结构优化的含义

产业结构优化是指通过产业调整，使各产业实现协调发展，并在满足社会不断增长的需求的过程中合理化和高级化。产业结构优化主要依据产业技术经济关联的客观比例关系，遵循再生产过程比例性需求，促进国民经济各产业间的协调发展，使各产业发展与整个国民经济发展相适应。周振华（1992）认为，产业结构优化的两个基本点是产业结构的合理化和高级化。苏东水（2001）指出，产业结构优化是指推动产业结构合理化和高级化发展的过程。干春晖等人（2011）的实证研究表明，产业结构合理化和高级化进程对经济增长的影响均有明显的阶段性特征，并且我国产业结构合理化对经济发展的贡献要大于产业结构高级化。

产业结构优化遵循产业结构演化规律，通过技术进步，使产业结构整体素质和效率向更高层次不断演进的趋势和过程，通过政府的有关产业政策调整，影响产业结构变化的供给结构和需求结构，实现资源优化配置，推进产业结构的合理化和高级化发展。

[①] 根据总增长倍数可计算出年几何平均增长率，其数值同算术平均增长率略有差异。

二、产业结构的合理化

产业结构的合理化是产业结构优化的一个重要内容，也是产业结构高级化的基础，各国产业结构的演进历史告诉我们，缺乏合理化的基础，是难以完成产业结构高级化演进的。那么，什么样的产业结构是合理的？判断合理化的标准又是什么？

对于产业结构合理化的特征和外在表现，李京文等（1989）的观点颇具代表性，他们认为，合理的产业结构"首先应当满足这样几个要求：①能满足有效需求（包括生活上的最终需求和生产上的中间需求），并与需求结构相适应；②具有较为显著的结构效益；③资源配置合理并得到有效利用，出现资源供给不足或产品过量时，能通过进出口贸易进行补充调节；④各产业间能相互补充配套、协调发展；⑤能吸收先进技术，有利于技术进步；⑥在保证技术进步的前提下吸收较多的就业人数；⑦有利于保护自然资源和生态平衡。"⊖

产业结构合理化是要素投入结构和产出结构耦合程度的一种衡量，学者一般采用结构偏离度对产业结构合理化进行衡量。干春晖等人（2021）将泰尔指数用于度量产业结构的合理性。泰尔指数为 0 时，经济处于均衡状态；泰尔指数不为 0，表明产业结构偏离了均衡状态，产业结构不合理。

关于判断产业结构合理化的标准，目前常见的主要从五个方面加以考察：①与"标准结构"的差异；②对市场需求的适应程度；③产业间的均衡比例关系；④对资源的合理使用；⑤可持续发展。

（一）与"标准结构"的差异

库兹涅茨和钱纳里等人在产业结构理论的研究中分别根据样本国家的实证数据，统计回归出产业结构的"标准发展模式"。⊜这些"标准发展模式"是大多数国家产业结构演进轨迹的综合描述，反映了产业结构演进过程的某种规律。既然"标准发展模式"是大多数国家产业结构演进轨迹的综合描述，反映了产业结构演进过程的某种规律性，那么可以合乎逻辑地将其作为判断某个特定产业结构系统是否合理的参照系。如果某一产业结构系统在其发展过程中与"标准结构"产生了一定的差距，就可认为该系统偏离了大多数国家发展的共同轨迹，很自然地可以认定这一系统违背了产业结构发展的规律，其内部的结构是不合理的；反之，如果一个特定系统在发展到一定阶段时，其内部结构恰好与"标准结构"相符，也可自然地认定这一系统与产业结构发展的共同规律是吻合的，因此其结构也是合理的。

虽然"标准结构"可以作为判断某个特定产业结构系统是否合理的参照系，但进一步的研究表明，由于所处时空环境存在差异，各产业结构系统在自身的发展中，都有独特轨迹（如大国结构与小国结构的差异、工业先行国与工业后发国的差异），因此这一参照系的参照作用大打折扣，以致其"至多只能给我们提供一种判断产业结构是否合理的粗略线索，而不能成为判断的根据"。⊜

⊖ 李京文，郑友敬．技术进步与产业结构：模型 [M]．北京：经济科学出版社，1989：221-222．

⊜ 库兹涅茨．各国的经济增长：总产值和生产结构 [M]．常勋，等译．北京：商务印书馆，1999；钱纳里、鲁宾逊、赛尔奎因．工业化和经济增长的比较研究 [M]．吴奇，王松宝，等译．上海：上海三联书店，1989．

⊜ 周振华．产业结构优化论 [M]．上海：上海人民出版社，1992：103．

(二) 对市场需求的适应程度

在商品经济社会，产业结构的产出是为了满足市场的需求。因此，观察和判断一个产业结构是否合理，也可从产出结构对市场需求结构的适应程度视角进行。

在运用产出结构对市场需求结构的适应程度来检验某一产业结构系统是否合理时，应当注意的是：①由于市场需求的易变性和产出结构相对的滞后性及刚性等特点，"一般地，产出结构并不能及时地和完全地适应市场的需求结构，两者之间会存在一定的偏差"。[一] ②产出结构和市场需求结构间的偏差通常表现为两种形式，即总量偏差和结构偏差。当存在总量偏差时，也一定存在结构偏差，而当存在结构偏差时，则未必一定存在总量偏差。因而，结构偏差是总量偏差的必要不充分条件。③产出结构对市场需求的适应一般可通过产品储备、生产能力储备与生产能力调整的方式给予调整和解决，但这三种调整方式在适应程度和适应时间上是不同的。

(三) 产业间的均衡比例关系

上文所述，所谓的"产业结构"，是由各产业在其经济活动过程中形成的投入产出关系。在特定的技术水平下，各产业间的投入产出关系是一定的，即由此表现出来的产业间的比例关系是一定的。因此，也可用产业间的比例关系来考察产业结构系统的合理性。合理的产业结构应当反映产业间的均衡比例关系，即在一段时期内既不存在长线产业，也不存在短线产业。

对于一个产业结构系统而言，其存在众多的产业间比例关系，如三次产业间的比例关系、传统产业与新兴产业间的比例关系、中间产品与最终产品产业之间的比例关系等。

在以产业间的均衡比例关系考察某一产业结构系统是否合理时，我们特别应当注意：①各产业间的比例关系并非始终不变的。随着产业结构的演进，必定有些产业发展得快些，有些产业发展得较慢，因而产业间的比例关系也就常常处于均衡 → 不均衡 → 均衡的运动之中。②当产业结构存在较大"瓶颈"时，可以断定该产业结构系统是不合理的。因为根据"水桶原理"，该产业结构系统的最终产出取决于"瓶颈产业"的产出能力。而"瓶颈"的存在，制约了其他产业生产能力的充分发挥，使得该产业结构系统的资源没有得到最佳配置。③产业间的均衡比例关系一般是通过对存量的调整和增量的投入来完成的。

(四) 对资源的合理使用

产业结构系统作为资源转换器，其功能就是将所输入的各种生产要素转化成适合市场需求的各种产出。由于资源的稀缺性，作为资源转换器的转换效率就显得相当重要。因此，可以合乎逻辑地将对资源的合理、高效使用作为判断产业结构是否合理的标准。对资源的合理使用，一般包括两个方面的含义：一是提高资源的使用效率；二是充分利用各种资源。

对于一个系统而言，要素、结构和功能是其三个基本因素：一个特定的产业结构系统，其要素就是各个不同的产业；这些产业之间的技术经济联系，便构成了系统的结构；特定的结构，决定了系统特定的功能。由此可知，对于特定的产业结构系统，产业间的技术经济联系是影响系统功能和转换效率的重要因素。而技术经济联系，很大程度上取决于产业技术水平和技术进

[一] 龚仰军.产业结构研究[M].上海：上海财经大学出版社，2002：182.

步。因此，产业技术水平和技术进步是决定产业结构系统资源使用效率的重要因素。

在产业结构的演进过程中，可获得资源的数量和质量是结构变动的基础。因此，合理的产业结构应当尽可能地通过多种渠道来获取各种资源。对于特定的产业结构系统而言，可利用的资源一般有两类获取渠道，即系统内部的资源和系统外部的资源。系统内部资源，具有较大的可控性；而系统外部的资源，则具有外在的不可控性，需经过与系统的交换而获得。鉴于这两类资源的特点，一个合理的产业结构系统，应主要立足于系统内部的资源，同时不失时机地充分利用外部的资源。

（五）可持续发展

自从人类进入工业经济社会以来，经济总量飞速增加，社会财富也得到迅速积累。然而，这样的经济总量和社会财富增长是以自然资源的大量消耗和生态环境的严重破坏为代价的。随着社会的进步，人们已充分地认识到，人类赖以生存的地球，资源正在日益枯竭，环境正在日益恶化。因此，一个合理的产业结构，还应满足可持续发展的要求。

所谓的"可持续发展"，是指"既满足当代人的需求，又不对后代人满足自身需求的能力构成危害的发展。"[①]根据可持续发展的要求，合理的产业结构应当是：①首先强调发展，满足当代人的基本需求是放在第一位的，这与主张实现经济零增长的罗马俱乐部的悲观论调有根本的区别；②当前的发展必须考虑到后代人将来的发展需要，不能为了目前的过度需求而进行杀鸡取卵、竭泽而渔式的生产。

三、产业结构的高级化

配第定律发现以来，人们逐渐意识和了解到，产业结构演变是有规律的，产业结构的演变是一个不断地从低级向高级转变的过程，是经济发展的历史和逻辑序列顺向演进的过程。产业结构这样的一个转变和演进过程，我们称之为产业结构的高级化过程。对于产业结构的高级化过程，除了主导产业的有序选择以外，[②]衡量一个产业结构系统在这一过程中的转变和演进程度，即对产业结构高级化的判别，也是一项极为重要的内容。

（一）"标准结构"与产业结构的高级化判断

既然产业结构的演进是有规律的，在对一个特定产业结构系统高级化进行判别时，一种合乎逻辑的做法是将其与所谓的"标准结构"进行比较。在利用"标准结构"对产业结构高级化进行实证研究中，库兹涅茨、钱纳里、赛尔奎因等人做出了较大贡献，他们在一些著作中所统计归纳的一些"标准"，经常被他人作为"尺子"来"丈量"一些特定的产业结构系统，所归纳总结的"标准结构"被称为是产业结构的"发展型式"。

产业结构的高级化有诸多方面的表征。按郭克莎的理解，产业结构高级化可表现为四个方面的内容：①产值结构的高级化；②资产结构的高级化；③技术结构的高级化；④劳动力

[①] 世界环境与发展委员会. 我们共同的未来 [M]. 王之佳，柯金良，等译. 长春：吉林人民出版社，1997：52.

[②] 关于主导产业的选择，我们将在本章的第四节叙述。

结构的高级化。[一]尽管产业结构高级化有诸多方面的内容，但似乎在国内外对产业结构高级化研究的文献中，绝大多数采用产值比例和劳动力比例来分析产业结构高级化，并将其作为衡量高级化的指标。

1. 以产值结构为指标的"标准结构"

我们已经知道，可以通过产值结构来观察相应的产业结构。因此，通过产值结构来分析特定产业结构的高级化程度就是十分自然的了。自库兹涅茨起，从事产业经济学研究的经济学家就开始重视产值结构与产业结构高级化关系的研究。表11-3就是赛尔奎因和钱纳里在分析产业结构高级化时所使用的以产值结构为指标的"标准结构"，被称为赛尔奎因–钱纳里模式。

表11-3 以产值结构为指标的赛尔奎因–钱纳里模式

	人均国内生产总值的基准水平（1980年；美元）					
	300以下	300	500	1 000	2 000	4 000
第一产业（%）	46.3	36.0	30.4	26.7	21.8	18.6
第二产业（%）	13.5	19.6	23.1	25.5	29.0	31.4
第三产业（%）	40.1	44.4	46.5	47.8	49.2	50.0

资料来源：SYRQUIN M, CHENERY H.Three decades of industrialization[J].The world bank economic reviews, 1989, 3(2): 145-181.

在利用产值结构对产业结构高级化程度进行分析时，必须注意所采用的价格体系。若价格体系中各产业产出的比价是合理的，则产值结构能准确地反映产出结构；而当比价不合理时，其所反映的产出结构是扭曲的，此时的产值结构不能准确地反映产出结构，从而在衡量产业结构高级化程度时也会导致误差。例如，在我国计划经济体制时期，实行的是工农业产品"剪刀差"的价格体系，在这样的背景下，产值结构不能反映真正的产出结构，导致了当时的产值结构中工业产值比重较大的假象。

2. 以劳动力结构为指标的"标准结构"

在劳动力能够自由流动的商品社会，人们为了获得更多的收入，一般会趋向于收入较高的产业。劳动力在不同产业间的分布，就形成了劳动力结构。劳动力结构较之产值结构对人们更为直观和更易于观察，因而最早考察产业结构演变规律的不是产值结构而是劳动力结构。表11-4是以劳动力结构为指标的赛尔奎因–钱纳里模式。

表11-4 以劳动力结构为指标的赛尔奎因–钱纳里模式

	人均国内生产总值的基准水平（1980年；美元）					
	300以下	300	500	1 000	2 000	4 000
第一产业（%）	81.0	74.9	65.1	51.7	38.1	24.2
第二产业（%）	7.0	9.0	13.2	19.2	25.6	32.6
第三产业（%）	12.0	15.9	21.7	29.1	36.3	43.2

资料来源：SYRQUIN M, CHENERY H.Three decades of industrialization[J].The world bank economic reviews, 1989, 3(2): 145-181.

[一] 郭克莎.中国：改革中的经济增长与结构变动[M].上海：上海三联书店，1993.

通过劳动力结构来观察产业结构，也有一些理论方面的问题值得注意：①劳动力作为产业结构系统的投入，只是诸多投入要素之一。在社会生产中，劳动力要素必须和其他投入相结合才能发挥作用。因此，从理论上讲，仅从劳动力要素一个方面来观察产业结构，继而衡量其高级化有失全面性。②不同的劳动力具有相当的异质性。马克思曾指出，人类的劳动存在着简单劳动和复杂劳动之别，而不同质的劳动力在生产活动中所发挥的作用是不同的。但简单劳动和复杂劳动之间的换算问题在实践中一直没有得到很好的解决，因此仅用劳动力人数结构（目前的"标准结构"都是采用"劳动力人数"基本指标）来反映劳动力结构也就存在着一定的缺陷。③劳动力要素的市场流动问题也是在选用劳动力结构指标时应当考虑的一个问题。如果劳动力要素不能自由流动，则一个产业对劳动力的雇用不能真实反映该产业对劳动力要素的需求，因而所观察的产业结构在劳动力结构上所表现出的也就是一种被扭曲的假象。

（二）相似比较与产业结构的高级化判断

如果将利用"标准结构"对一国产业结构高级化进行判别比作用一把尺子来丈量一个人的身高，那么所谓的相对比较判别就是两个人站在一起，以其中的一个为参照系，对另一个人的身高做出判断。这样的判断，有时比用尺子丈量身高更直观。在对一个产业结构系统的高级化进行衡量时同样如此，以另一个产业结构系统为参照系来评价和判别，有时更为直观和更能说明问题。

相似比较的关键是构造一个关系式，将被判别产业结构系统与作为参照系的产业结构系统联系起来，并且这个关系式能反映两者之间的相似程度。为讨论问题的方便起见，我们先规定：被判别的产业结构系统为 A，作为参考系的产业结构系统为 B，u_i 为产业 i 在整个产业结构系统中的比例。自然，u_{Ai} 和 u_{Bi} 分别表示了产业 i 在产业结构系统 A 和产业结构系统 B 中的比例，并且有

$$\sum_{i=1}^{n} u_i = 1 \quad (11\text{-}1)$$

显然，也应当有 $\sum_{i=1}^{n} u_{Ai} = 1$ 和 $\sum_{i=1}^{n} u_{Bi} = 1$。我们在一些产业经济学教材和著作中常见的相似比较的公式为

$$r_{AB} = \sum_{i=1}^{n} u_{Ai} u_{Bi} \Big/ \left[\left(\sum_{i=1}^{n} u_{Ai}^2 \right) \left(\sum_{i=1}^{n} u_{Bi}^2 \right) \right]^{\frac{1}{2}} \quad (11\text{-}2)$$

龚仰军和应勤俭曾利用此方法，就我国和日本（为参照系）的产业结构高级化程度进行过比较，比较的结果如表 11-5 所示。

表 11-5　以日本为参照系的中日产业结构相似性比较（日本为 1）

比较年份		1920 年	1930 年	1940 年	1950 年	1960 年	1970 年
1990 年	产值结构		0.882 8	0.982 9	0.968 5	0.942 9	0.909 2
1994 年	相似系数		0.874 2	0.971 8	0.948 6	0.941 9	0.938 0
1990 年	劳动力结构	0.994 5	0.975 7	0.959 5	0.973 1	0.855 2	0.684 7
1994 年	相似系数	0.999 6	0.991 9	0.982 9	0.991 2	0.904 1	0.754 7

资料来源：龚仰军，应勤俭.产业结构与产业政策 [M].上海：立信会计出版社，1999：142.

一般文献根据克拉克定律采用非农业产值比重对产业结构升级进行度量。20世纪70年代之后，信息技术革命对主要工业化国家的产业结构产生了极大的冲击，在"经济服务化"的趋势下产业结构也发生了变化，而这种传统的度量方式不能完全反映经济结构变化的趋势。在信息化推动下的经济结构的服务化是产业结构升级的一种重要特征，并且第三产业的增长率要快于第二产业的增长率（吴敬琏，2008），干春晖等人（2011）采用第三产业产值与第二产业产值之比对产业结构高级化进行度量，该方法可清楚地反映经济结构的服务化倾向，明确地昭示产业结构是否朝着"服务化"的方向发展。如果第三产业产值与第二产业产值之比处于上升状态，就意味着经济在向服务化的方向推进，产业结构在升级。

第五节 制造业与服务业融合及结构演进

一、制造业与服务业融合的动因

关于制造业与生产性服务业融合，现有研究更多的是从价值链、研发创新等视角进行研究。Vandermerwe等人（1988）认为，制造业通过实现价值链的延伸，提升服务水平，实现"服务化"转型。Pappas和Sheehan（1998）提出，在生产活动中加入创新研发、生产、销售等与制造业相关的产业和服务。陆小成（2009）提出知识链模型，并对生产性服务业与制造业融合的机制进行了探讨。Wirtz（2001）、Araujo和Spring（2006）从价值链视角提出，服务业与制造业融合是价值链分解和重组的过程，从而实现生产结构重组。刘鹏和刘宇翔（2008）从产业价值链的角度阐述了生产性服务业与制造业的融合过程。杨仁发（2011）认为生产性服务业与制造业价值链环节上活动的相互渗透、延伸和重组，是生产性服务业与制造业融合发展的反映。制造业与服务业融合主要的动因有以下三个方面：

（一）价值链的高度相关

价值链的高度相关是生产性服务业与制造业融合的条件和基础，体现了产业间的协同和竞争关系。经济全球化趋势、生产性服务业竞争加剧，给服务业与制造业融合提供了良好的机遇和挑战。企业既需要持续推动管理、服务和技术创新，保持自身的竞争优势以实现利润最大化，也需要加强产业间的协同与合作，企业需要在竞争中协同，在协同发展中进行创新，实现某种程度的融合，企业间的竞争从单个企业的追求利润最大化到价值链竞争、跨价值链竞争。因此，生产要素从生产性服务业向制造业拓展，也实现了智力要素由制造业向生产性服务业延伸。生产性服务业与制造业相融合，可突破产业间的壁垒和条块分割，逐步构建产业间的协同和竞争关系，降低产业的进入壁垒，减少交易成本，从而提升产业的竞争力。

（二）技术创新

技术创新是实现生产性服务业与制造业融合的内在动力。技术创新处于价值链的前端，是产业发展的动力源泉。现代科技特别是信息技术为生产性服务业与制造业提供了动力支撑。从融合的过程看，通过制造业技术创新研发出关联技术或产品，通过技术渗透将技术融合到生产性服务业中，改变制造业的产品技术路线和生产成本函数；生产性服务业亦通过技术创新将技术或服务渗透到制造业中，降低制造业的成本，进一步提升制造业的利润水平。制造业与服务业的技术创新具有统一性的特点，通过技术创新改变市场结构，进一步发掘市场需求与市场空间。因此，生产性服务业与制造业通过技术创新实现融合，消除了不同产业的壁垒，形成共同的技术基础，技术边界趋于模糊，最终实现两者之间的融合。

(三) 政策支持

政策支持是实现生产性服务业与制造业融合的外在推动力。产业间性质差异导致的产业存在进入壁垒和各自边界。美国经济学家施蒂格勒认为，产业进入壁垒使得新企业进入旧企业需要支付更多的成本，因此产业壁垒本身就是生产成本的要素之一。生产性服务业在市场准入、定价、生产经营等方面受到较多的管制，从而影响了该行业的发展，减少了市场竞争，对该行业的发展形成了不利影响。政府规制放松可使规制合理化，进一步减少对该产业发展不利的规制，增加有效的政策激励，以实现资源优化配置。发达国家生产性服务业发展经验表明，生产性服务业发展离不开政府政策，政府政策直接决定生产性服务业的准入门槛，影响生产性服务业的竞争程度及市场结构。对生产性服务业给予政策支持，促使该行业与制造业相协作，从而使两者的价值链活动相互配合，实现两者之间的融合。因此，规制放松是生产性服务业与制造业融合的外在动力。

二、制造业与服务业融合的方式

(一) 互补型融合

互补型融合是指生产性服务业与制造业的价值链相互渗透融合的过程，在两者之间形成一种新型产品。这种融合后的新产品既体现了制造业的功能，亦兼有生产性服务业的典型特征。从融合过程看，两者之间通过产业协作、互补及价值链渗透等方式实现融合发展，保留了制造业的整体价值链，生产性服务业同时融入制造业的价值链中。制造业与生产性服务业的密切渗透和相互配合，在研发、生产及销售等环节可进一步提升制造业的价值链，实现制造业与生产性服务业的核心价值链之间的有效捆绑，以满足客户对实物产品的需求，实现企业的利益诉求。因此，生产性服务业与制造业互补型融合模式，需要两者之间在价值链上相互渗透，满足客户对于实物产品和生产性服务的完整需求并提供完整的解决方案。Hockers (1999) 所指的"需求导向服务"，以及 Marceau 和 Martinez (2002) 提出的"产品服务整合"都属于互补型融合模式下的融合产品。需求导向服务并不跟特定产品有关而旨在提高顾客满意程度，如最小成本化计划、制造业设备管理。产品服务整合是指制造企业在生产过程中根据客户特殊要求或偏好额外增加研发、设计、技术服务。这种融合模式能够扩展生产性服务业与制造业价值链内涵，更加关注消费者的需求，因而能有效地提高消费者的满意度。制造企业可通过提高顾客满意度来提高客户或品牌忠诚度，从而提高自身的市场渗透力，提高产业竞争力。这种融合模式最为典型的是 IBM 为客户提供的信息系统整体解决方案。在这一融合模式下，培训、咨询等生产性服务全面渗透到 IT 制造业中，从而有利于 IBM 为客户提供解决方案。这一解决方案不但包括服务器、终端机、网络设备、信息采集设备等硬件及相关软件，还包括提供培训、咨询等生产性服务，而且该方案可根据客户的特点和特别需求分析客户的业务流程、信息种类及处理情况、客户战略等问题并提供相应的服务，以便与客户需求相匹配。

(二) 延伸型融合

延伸型融合是生产服务业对制造业价值链的延伸，是一种单向的融合方式，是同一价值链上游或下游衍生出的融合方式，是延伸式的融合过程。制造业在产业生产的过程中，随着投入的增加、产品开发的深入及客户需求的日益多元化，对生产性服务提出了新需求。制造业通过分析产品特点和市场需求，整合并提升从研发到售后的价值链，发掘新的生产性服务需求，将产业链延伸到生产性服务业中，延伸生产过程的价值链，通过增强产品的市场地位，拓宽制造业的新市场，推动服务业进一步发展。这种融合方式是基于产品实物的衍生，以"用户导向"的生产性服务需求为立足点，使得生产性服务业领域不断得到拓展，进一步渗透到制造业中，两者之间的融合使得生产性服务业分工更加细化，发展集群化和专业化程度得到提高。该模式主要是发生在以实物产品销售、研发等为主的生产性服务业与制造业中，如汽车制造业、大型机械设备制造业。Hockers（1999）所指的"用户导向服务"，以及White（1999）提出的"产品扩展服务"属于这种延伸型融合模式下的融合产品。以通用汽车、上汽集团和上海通用汽车合资建立的上海安吉安星信息服务有限公司为例，该公司不断拓展汽车价值链需求，为汽车用户提供更多有价值的生产性服务。该公司不断推出服务品牌和相关产品，如金融贷款服务、二手车业务等，进行价值链的延伸，同时为用户提供广泛的汽车安全信息服务，例如，撞车自动报警、道路援助、远程解锁服务、远程车辆诊断等，服务于消费者，为消费者创造更多价值，通过这种拓展提升上海通用汽车的产品竞争力和服务竞争力。这种模式通过在价值链上创造和开发客户需求来实现产品的生产性服务。

(三) 替代型融合

替代型融合是指生产性服务业与制造业通过价值链的分解进入重组状态，形成新的价值链，从而形成新的产品或服务需求。制造业在产品制造过程中通过积累相关的服务技术、服务知识及相关服务设施，以实物产品的形式成功进入基础的生产性服务领域。该融合模式通过价值链的重组，推进技术、资源、业务、管理组织等方面的融合，提升实体产品的附加价值，为消费者提供一站式服务解决方案，进一步降低消费者的交易成本，从而使双方实现效益的最大化。该融合模式是一种全新式的重组，能够拓展制造业自身的价值链，并与生产性服务业在技术、资源、业务、管理和市场等多领域重组融合，为消费者提供替代型的产品或服务。该模式通过替代型模式创新，使生产性服务业和制造业在价值链上寻找新的重组结合点，从而在一定程度上拓宽生产性服务业和制造业领域。在替代型融合模式下，企业通过价值链分解和重组，进行跨地区、跨行业的重组、合并和转型，此时，企业所属产业的定位不再清晰，转型后的企业不一定能清晰地定位是属于制造业还是生产性服务业，例如，GE、AT&T通过转型，具有优势的产品和服务在市场上占据不同地位，形成替代型融合模式下新的竞争优势。在这种融合模式下，重要的是结合制造业自身业务的特点，找到制造业与生产性服务业价值链的最佳重组点，通过转型企业能够产生新的竞争优势。这种替代型融合模式适合于大中型企业，尤其是拥有一定的品牌和市场地位的企业。这种融合模式主要发生在电信、通信、机械设备等行业。

拓展阅读 11-3
服务型制造发展的新趋势与新进展

从世界制造业发展实践来看，在不同历史时期、不同工业化发展阶段，制造业与服务业融合的程度、方式和领域有所不同。在工业化中后期阶段，西方发达国家制造企业开始探索在产品生产的基础上向服务领域渗透的实践，并将这样的产业演化现象称为"制造服务化"（servitization of manufacturing，SOM）。进入 21 世纪，发达国家纷纷在宏观层面布局制造业服务化战略，探索思考如何重振制造业，并把促进服务型制造融合发展作为一项重要政策推进，如德国工业 4.0 项目、日本产业振兴计划、美国半导体芯片（ESS）项目、欧盟研发框架（FP5-FP7）计划、芬兰"创新服务"计划、英国"复杂产品系统创新中心"等。有国外学者对全球 1.3 万家制造业上市公司提供的服务进行了研究，数据显示，发达国家制造业服务化的水平明显高于正处在工业化进程中的国家。美国制造与服务融合型的企业数量已经占到制造企业总数的 58%，通用电气公司通过服务所创造的价值相当于其海外工程承包总额的 70%，IBM 全球营收体系中大约有 55% 的收入来自互联网技术服务；欧洲装备制造业市场 60% 以上的利润来自服务收入。无论从经济理论还是产业实践来看，向服务型制造转型是传统制造业拓展盈利空间、重塑竞争优势的一条必由之路。

从我国国家政策层面看，2015 年 5 月，国务院在全面推进实施制造强国的战略文件——《中国制造 2025》中首次提出"促进生产型制造向服务型制造转变"。2016 年 7 月，工信部、国家发展改革委、中国工程院联合印发《发展服务型制造专项行动指南》，提出"推动服务型制造向专业化、协同化、智能化方向发展"。2017 年 6 月，国家发展改革委印发《服务业创新发展大纲（2017—2025 年）》，明确提出要推动服务向制造拓展，搭建服务制造融合平台，强化服务业对先进制造业的全产业链支撑作用。2019 年 11 月，国家发展改革委、工信部等 15 部门联合印发了《关于推动先进制造业和现代服务业深度融合发展的实施意见》，提出要培育融合发展新业态新模式，探索重点行业重点领域融合发展新路径。2020 年 7 月，工信部等 15 部门联合印发《关于进一步促进服务型制造发展的指导意见》，再次明确要积极利用工业互联网等新一代信息技术赋能新制造、催生新服务，推进先进制造业和现代服务业深度融合。文件提出，新遴选培育一批服务型制造示范企业（平台、项目、城市），深入发展服务型制造主要模式，着力提升制造业企业服务投入和服务产出。

第六节 产业结构变化的影响因素

一、技术进步因素

技术进步和创新是经济增长的主要推动力，也是影响产业结构变动的主要方面，可以说没有技术创新，就没有产业结构的演变，没有产业结构的演变就不会有经济的持久增长。以技术革命为标志的工业革命，重新塑造了人类的生产生活方式，给社会带来广泛深远的影响。

第一次工业革命的标志是蒸汽机的广泛应用，机器生产代替了以手工劳动为基础的工场手工业，技术进步打破传统农业低水平生产的路径，加速新产业部门诞生，产业打破以农业为主的结构，经济生产转向以工业为主。第二次工业革命同样凸显新技术的重要性，特别是电力、内燃发动机、新材料与新物质，以及通信技术的大力发展。产业不断分化，细分产业集中度不断提高，垄断产业不断涌现，制造业和服务业产值比重进一步增加。第三次工业革命主要以电子和信息技术（IT技术）为标志，云计算、3D打印、工业机器人、新能源等技术是第三次工业革命的核心内容，这一次的技术革命将使生产力超越传统经济组织局限，形成以新技术为动力的新型产业关联体系，产业空间与互联网和新能源技术融合，继续推动产业结构演进。第四次工业革命（或工业4.0）是指通过广泛使用的信息物理系统，实现智能化生产方式。

二、国际贸易因素

可以说，各国产业结构的演进都不是在封闭的环境下发生的，国际环境对于一国的产业结构形成和发展起到至关重要的作用，而国际环境对一国产业的影响主要集中于贸易领域。国际贸易理论发展经历了三个阶段：亚当·斯密绝对成本理论、李嘉图比较优势理论和赫克歇尔-俄林的资源禀赋理论。随着国际贸易理论的发展，研究认为在各国技术水平相当的情况下，国际贸易的发生取决于各国生产要素的禀赋，各国应专门生产大量使用具有优势禀赋的商品。所以一国应依据本国的生产要素禀赋制定产业结构政策，因为生产要素禀赋决定了产业比较优势。充分利用相对充裕的生产要素就能增加本国优势和福利。伴随国际贸易的发展，全球产业链积极地延展和寻求优势产业成为其链条中的一个环节。后发国家往往承接先发国家转移的产业，进而促成本国产业发展，赤松要提出的"雁阵理论"恰当诠释了产业转移和承接过程。所以国际贸易因素对本国产业结构有引导和推进功能。

三、资本投入因素

资本是生产和经济增长的重要要素禀赋。任何产业的形成和发展都离不开资本的投入。可以说，资本投入是影响产业结构最直接的因素。宏观经济学理论把资本和劳动力投入作为基本的生产要素，随着资本投入增加，产出也相应增加。不同产业的资本产出弹性不一样，所以投入相同的资本量会引起不同的产业产出，造成产业结构发生变化。从各国经济增长的角度来观察，资本往往成为发展中国家经济增长的重要瓶颈，高技术和高附加值的产业大多具有资本密集特点。霍夫曼说："从一个社会整个生产结构来看，工业化的主要特征是资本品的相对增加和消费品的相对减少。在这个意义上，工业化可以定位为生产的'资本化'（在一定生产过程中，扩大利用资本并加深利用资本）。"哪一个产业得到的投资多，哪一个产业就更容易获得较快发展。所以产业结构调整过程，一定要注重资本要素的调节。

四、劳动力因素

劳动力与资本一样是经济增长的重要要素禀赋。当一国具有丰富的劳动力时，其劳动力成本低廉，企业倾向于采用多用劳动力、节约资本的技术，产业结构具有劳动密集程度高、资本劳动比比较低的特点，因为这样的产业结构才能具有比较优势和竞争优势。在典型的二元经济发展阶段，一国劳动力从原来的过剩向短缺转变之后，即跨越刘易斯拐点，生产要素的稀缺程度发生变化，相应的比较优势和竞争优势发生变化；相对于资本要素而言，劳动力价格提高之后，企业倾向于使用更加节约劳动的技术，这就决定了产业结构为了获得竞争优势更趋于采用资本密集型技术，资本劳动比也就相应提高。企业是生产组织的最小单位，最先对生产要素相对价格变化做出反应，当企业主感受到招工难和劳动力成本上升时，他们总是会购买更多的机器，雇用较少的工人。投资者也会对变化后的生产要素禀赋做出反应，开始投资于使用劳动力较少、资本更加密集的产业。

五、需求因素

社会生产的最终目的是满足人类各种需求。需求不断变化会引起产业结构变动，对产业结构有序演进具有直接推动作用。凯恩斯理论提出之后，需求对经济增长的作用得到肯定。这彻底打破了之前经济学者信奉的萨伊定律"供给创造需求"，人们对需求总量和需求结构影响一国经济增长、供给结构、产业结构的认识进一步深化。通常认为，需求结构的变动会引起产业结构变动，而且两者有对应关系，由于产品间存在不同的需求收入弹性，随着居民收入的提高，消费者对产品的需求不一样，生产企业为满足需求，最终生产会随着消费者需求变化而变化，促成生产结构与需求结构对应起来。一国经济发展过程中农业产品往往比制造业产品有更低的需求收入弹性，这样随着国内消费者收入上升，制造业消费需求数量增加得更快，由于制造业部门的"干中学"促使技术进步，保证工业化得以实现，从而加速了一国产业结构演进。

六、制度因素

制度是约束人行为的一系列规则，不仅包括社会的经济规则，同样包括社会规则和政治规则。新制度经济学家诺思将制度定义为一个社会的博弈规则，或者更规范地说，是人们设计的、塑造人们互动关系的约束。在诺思看来，产业革命与主导产业的更替与其说是科技创新的结果，倒不如说是制度创新的结果。在不同的制度安排下，使得资本、劳动力等生产要素在企业、产业和产业间的配置上存在差异，导致各产业生产不同，从而引起产业结构变动。另外，科技创新需要制度激励，不同制度安排对科技创新的作用不同，好的制度安排激励研究人员不断创新，使得产业技术得到快速发展，从而提高生产效率，最终促使产业升级；坏的制度会抑制创新，从而使得产业在若干年内发展缓慢，阻碍产业升级。

七、数据要素

数据要素作为数字经济最核心的资源，具有可共享、可复制、可无限供给等特点，这些特点打破土地、资本等传统生产要素有限供给对经济增长推动作用的制约。与土地、资本等传统生产要素相比，数据要素对推动经济增长具有倍增效应。在数字技术不断革新的基础上，通过数字技术与传统产业的深度融合，促进企业在精准营销、个性定制、智能制造等方面的创新能力不断被激发，引起产业在生产模式、组织形态和价值分配领域发生全面变革，不断提升产业链和价值链，从而实现产业结构转型升级。郭凯明（2019）认为，人工智能作为具体溢出性的通用技术，催生的新业态和新模式，推动产业结构的变化和升级。

八、其他影响因素

经济环境的多方面因素都能够影响产业结构演进。有学者提出，一国的自然禀赋对产业结构有重要影响，包括地理位置、土地状况、水资源富集程度、气候等；也有学者认为，人口规模也会对一国的产业结构有作用；还有学者研究认为，文化和信仰都会对产业结构有影响。产业结构变动过程都是从一定的经济状态出发，这种经济状态也可以称为产业结构的初始条件，按照库兹涅茨的说法是现代经济增长中的起始产业结构状态，起始状态是历史形成的自然过程，所以涉及内容极其广泛，而且产业结构变动具有动态性，优势产业可以培育，原来的劣势产业经过培育有可能成为优势产业；而原来的优势产业随着产业生命周期的结束或被更有优势的产业所替代变成夕阳产业。所以，产业结构的演进是一个复杂的过程，受多方面因素影响，需要学者进行多角度和多因素的分析。

本章小结

本章是学习和掌握产业经济学基本概念、相关演进规律等的基础性章节。产业是社会分工现象，是国民经济的重要组成部分。产业结构体现了各产业在其经济活动过程中形成的技术经济联系。辨析产业与产业结构是产业经济学不可或缺的内容。本章阐释了产业与产业结构的基本概念、产业结构的演进规律和增长效应。从产业结构合理化和高级化两个维度提出产业结构优化的两个基本点。从产业融合和演进的视角进一步探讨制造业和服务业融合的动因和方式。从技术进步、国际贸易、资本投入、劳动力、需求、制度、数据等维度提出影响产业结构变化的主要因素。新中国成立以来，我国一直保持高速经济增长。对本章的学习，有助于更好地探究不同发展阶段我国产业结构的基本特征，分析我国不同发展阶段产业结构的变化和规律，进一步研究产业结构调整和优化对经济增长的贡献。

推荐阅读

[1] JIN K. Industrial structure and capital flows[J]. The American economic review, 2012, 102(5): 2111-2146.

[2] 刘伟. 工业化进程中的产业结构研究 [M]. 北京：知识产权出版社，2020.

[3] 江小涓. 经济转轨时期的产业政策：对中国经济的实证分析与前景展望 [M]. 上海：上海三联书店，1996.

[4] 库兹涅茨. 各国的经济增长：总产值和生产结构 [M]. 常勋，等译. 北京：商务印书馆，1999.

[5] 李斯特.政治经济学的国民体系 [M].陈万煦,译.北京:商务印书馆,1997.

[6] 周振华.现代经济增长中的结构效应 [M].上海:上海三联书店,1995.

[7] 夏大慰,史东辉.产业政策论 [M].上海:复旦大学出版社,1994.

[8] 钱纳里,鲁宾逊,赛尔奎因.工业化和经济增长的比较研究 [M].吴奇,王松宝,等译.上海:上海三联书店,1989.

[9] 龚仰军.产业结构研究 [M].上海:上海财经大学出版社,2002.

[10] 赫希曼.经济发展战略 [M].曹征海,潘照东,译.北京:经济科学出版社,1991.

[11] 吴敬琏.中国增长模式抉择 [M].增订版.上海:上海远东出版社,2008.

[12] 张军,陈诗一,JEFFERSON G H.结构改革与中国工业增长 [J].经济研究,2009(7):4-20.

[13] 干春晖,郑若谷,余典范.中国产业结构变迁对经济增长和波动的影响 [J].经济研究,2011(5):4-16.

[14] 林毅夫.新结构经济学 [M].北京:北京大学出版社,2012.

[15] 王弟海.三次产业增长和产业价格结构变化对中国经济增长的影响:1952—2019 年 [J].经济研究,2021,56(2):22-38.

[16] 杨仁发,刘纯彬.生产性服务业与制造业融合背景的产业升级 [J].改革,2011(1):40-46.

[17] 刘志彪,凌永辉.结构转换、全要素生产率与高质量发展 [J].管理世界,2020,36(7):15-29.

[18] 郭凯明.人工智能发展,产业结构转型升级与劳动收入份额变动 [J].管理世界,2019,35(7):20.

思考与练习

1. 结合产业结构演进规律和中国的国情,请分析中国走新型工业化道路的必然性。
2. 请判断中国产业结构发展的高级化进程。
3. 你认为金融危机之后,影响中国产业发展的关键因素有哪些?
4. 你认为中国目前应选择哪些产业作为主导产业?
5. 请判断当中国经济由高速增长转向中高速增长之后,中国如何培育动态比较优势?
6. 如何看待当前我国制造业与生产性服务业的深度融合?
7. 与日本、德国相比,我国产业结构演进有哪些特点?
8. 影响我国产业结构变化的新因素有哪些?

第十二章
CHAPTER 12

产业布局与集群

> 我们的生存,在时间上不能由我们的力量来决定,但对于区位,我们大都能够自由选择……一个合适的区位必然是一个能保证事物会最妥善发展的区位。若进行更精密的考察,则这些本来单纯的问题必然会不断更新细分和再细分,这样,与考察研究不同,表述一开始就得从问题纷繁的混乱中引出一定的秩序来。
>
> ——奥古斯特·勒施

一个地区的经济发展离不开其微观活动主体——企业,同样也不能脱离由众多微观企业所构成的产业,反过来,不论是企业还是产业也离不开其赖以生存的空间载体,即产业的空间分布及企业的区位选择,所以,研究产业布局必然要涉及经济地理、产业经济与区域经济,即产业与空间的有机结合。产业在空间上如何分布?影响产业布局的因素有哪些?产业布局的规律是怎样的?产业布局的相关理论、产业布局战略及中国产业布局的特征等,构成了产业布局问题研究的基本内容。

第一节 产业布局的理论发展

产业布局研究的内容应该包括农业、工业及服务业等三次产业在区域内的空间分布及与区域经济发展之间的内在联系等。由于受苏联学科体系的影响,在一段时期内我国经济学界对于该问题的研究内容主要是关于体现生产力水平的农业及工业的产业布局问题,特别是工业的布局问题,所以,我们称之为生产布局学。当然,鉴于现阶段工业经济的主导地位及其对国家及区域经济发展的影响力问题,我们也将研究对象主要定位于工业的布局问题。

一、产业布局的区位理论

产业布局的空间载体——区位(location)应该说属于产业布局理论最基础性的概念,而相应的区位理论也就成为产业布局最基本的理论。区位理论被称为距离的经济学,没有运输成本也就不会有区位问题。区位理论确定了各种经济活动在何处进行的原则。[1]

(一) 古典区位论

首先提出区位理论（location theory）的是德国经济学家冯·杜能（J.H.Von Thunen, 1826）,其在名著《孤立国》中首次提出了农业区位理论,引入抽象演绎和数学推导的方法,通过计算各种农作物的地租曲线,绘制出最佳作物空间配置图,并系统阐释了农业布局的空间分异规律及其成因。而后,随着工业的发展及贸易增长所引发的工业区位的转移,阿尔弗雷德·韦伯（Alfred Weber, 1909）对工业区位进行了研究,提出了相应的工业区位理论,分析了运费成本、劳动力成本及集聚力对企业区位决策的影响。

(二) 新古典区位论

恩伦德尔（Englander, 1924）与普雷德赫（Predohl, 1925）把区位理论作为价格理论的一个分支加以研究；勒施（1946）扩展了区位理论的范围,将贸易流量与运输网络中的中心地区的服务区位问题也纳入其中进行研究；胡佛（Hoover, 1937）考察了更复杂的运输费用结构、生产投入的替代物和规模经济。一般空间区位理论中,艾萨德（Isard, 1956）增加了运输和生产其他投入品之间的替代关系。艾萨德还提出用垄断竞争替代完全竞争、关注空间演化等观点,对新经济地理区位理论的诞生产生了重要影响。新古典经济学认为,企业区位选择实际上是企业追求利润最大化目标的自发行为,不同的地点、不同的市场及技术条件,使企业面临成本与收益的取舍,从而也得出一个区位选择矩阵[2],如表12-1所示。

表 12-1　区位选择矩阵

成本		收益	
		与区位无关	与区位有关
成本	与区位无关	自由定位	市场导向
	与区位有关	资源或劳动力导向	不以单项因素为导向

(三) 现代工业区位论

行为区位论,是主要考虑人的主观因素对区位决策影响的理论。行为区位论综合了韦伯的空间费用曲线和勒施的空间收入曲线,确定最佳区位、次最佳区位的点等,能够得到最大利润的区位是总收入超过总费用金额最大的点。

战略区位论认为,企业区位决策过程涉及不同的企业行为主体,包括竞争对手、政府、工会等。因此,企业在区位选择过程中会受到不同行为主体的影响,如企业主要为了扩张市场、获取利益或关键资源,而政府则主要为了经济增长和就业,二者在相互的谈判和商讨中

---

[1] 伊特韦尔,米尔盖特,纽曼.新帕尔格雷夫经济学大辞典（第三卷）[M].北京:经济科学出版社,1996:242-247.

[2] 伊特韦尔,米尔盖特,纽曼.新帕尔格雷夫经济学大辞典（第三卷）[M].北京:经济科学出版社,1996:242-247.

最终决定企业布局。

新经济地理区位论主要包括地理学界的"新经济地理学"和经济学界的"新经济地理学"。前者强调制度、文化、关系网络和历史演化等非经济要素对产业布局的影响；而经济学界的"新经济地理学"主要强调内生集聚效应对产业区位的影响。克鲁格曼（1991）基于数学模型描绘了产业分布的核心-边缘结构，分析了贸易成本对企业布局的影响。

二、产业布局的空间经济学基础

产业布局的微观基础是集聚经济。新经济地理学对集聚经济的多数分析研究是建立在 Marshall（1920）关于外部性的三个源泉的基础之上的。下面就从 Marshall 关于外部性的三个源泉来分析集聚经济的微观机制。需要指出的是，为了构建模型和阐述的方便，Duranton 和 Puga（2004）把集聚经济的这三种机制重新概括为共享（sharing）、匹配（matching）和学习（learning）。

（一）共享

1. 共享中间投入品

中间投入品的共享有利于生产的专业化和规模化，如果中间投入品生产规模报酬递增，即使最终产品生产是规模报酬不变的，中间投入品的共享也会引起加总的规模报酬递增，即总产出相对于总投入以更快的速度增长，那么平均生产率将随着总投入的增加而上升。共享效应包括不可分设施的共享、多样化的中间投入品的共享、劳动力的专业化分工、收益的共享及风险的共享等。当某一企业单独提供某种中间投入品（如各类基础设施）时，成本可能太大，因此需要一批企业来共同分摊成本，从而产生规模经济。因此，中间投入品共享是集聚经济的一个重要来源。

从企业层面来看，假定在完全竞争的市场结构中，企业生产最终产品满足规模报酬不变，而生产最终产品所使用的中间投入品则具有大于1的替代弹性，因此各类中间投入品的使用将会带来多样化的收益。

根据 Ethier（1982）的模型，不考虑最终产品的生产，假设中间投入品是由 Dixit-Stiglitz（1977）的垄断竞争企业生产，经过推导最终认为每种中间投入品的生产都是规模报酬递增的，而垄断竞争企业之间相互利用其他企业生产的差异性中间投入品带来的规模收益递增实现共享多样性的收益。

在企业实现利润最大化的行为准则下，基于企业最终产品和中间投入品的生产函数所得出的企业生产函数是一个具有规模报酬递增的生产函数，这表明最终产品的生产在部门水平上满足总规模报酬递增，因为部门劳动投入的增加意味着中间投入品种类的增加。因此我们发现，可获得的中间投入品的种类数越多，最终产品的生产率也越高。

2. 劳动力的专业化分工

亚当·斯密（1776）提出，一家企业工人数量的增加能够促进产出以更快的速度增长，因为这样每名工人就可以专注于更少的活动，从而提高劳动生产率。原因在于重复的工作将提高劳动者的熟练程度，可以节省工人在不同工作之间转换的（固定）成本，从而促进创新以节省劳动时间。Stigler（1951）认为这种思想同样适用于企业间的分工。近年来，这一思想又被引入空间经济框架中用以分析产业集聚和规模报酬递增。

假定最终产品的生产函数与中间投入品的使用量、替代弹性及中间投入品生产企业的数目有关，其中，每名工人被赋予一单位的劳动投入。任何工人都花 $l(h)$ 单位的时间来生产产品 h，在替代弹性大于 1 的情况下，中间投入品 h 的生产满足规模报酬递增。值得一提的是，$l(h)$ 可以理解为专业化水平的测度，因为越多的时间配置在产品 h 的生产中，也就意味着越少的时间做其他工作，每个产品（中间投入品）的生产都存在规模报酬递增。但是，与中间投入品共享模型相比，这两个模型规模报酬递增的来源是完全不同的，此处的规模报酬递增来自工人自身而非中间投入品的生产企业，而工人边际生产率的提高源于专业化劳动分工。

同样地，基于企业的利润最大化准则可以得到企业的生产函数。需要注意的是，规模报酬递增的程度由劳动力专业化水平决定，而不再是中间投入品的替代弹性，即劳动分工的细化能够提高生产率，并实现加总的报酬递增，总规模报酬递增系数由单个劳动者专业化分工报酬递增效应的强度决定（Duranton，1998）。另外，劳动者数量的增加将使得劳动者之间的分工更为精细化，那么劳动分工的收益将由劳动力市场容量决定。然而，这并不意味着劳动者数量不断增加，即劳动力市场规模的无限扩大，能够促使分工无限细化，从而提高生产率。在更进一步的研究中，Becker and Murphy（1992）在分析中曾引入分工活动的协调机制，认为由于存在协调成本，劳动分工的收益将有一个上限。当劳动力市场足够大，劳动分工的约束条件将是协调成本。

3. 风险分担（企业风险）

Marshall（1920）认为，当地企业由于劳动力市场的共享而产生收益，因为它能够获得稳定的劳动力（技能）供给。假设企业将市场工资视为既定，在生产率受到冲击后，企业将决定雇用工人的数量，每家企业面对相同的冲击，但相互独立，同时企业按劳动者的边际产出支付工资。可以证明，劳动力市场出清时的预期工资与企业的数量成正比，这是因为在收益递减的条件下，每家企业所雇用的劳动力减少能够提升劳动的边际产出，因此将会提高预期的工资。期望工资还与本地劳动力的规模和收益递减的程度成反比。

如果在企业准备扩张生产规模以应对正的冲击时工资提高，或者，企业准备压缩生产规模以应对负的冲击时工资下降，企业的期望利润将减少。企业在没有受到生产率冲击时，由于存在收益递增，在支付给工人的边际产出和企业的平均产出中存在一个正的差额，企业预期利润随着报酬递减系数 γ 的增大，边际产出与平均产出之间的差距也越大，企业的利润也越高。考虑企业在劳动力共享后风险分担的收益，在面对特定冲击时，企业由于与更多企业共享劳动力市场而获益，在冲击方差既定的情况下，企业数量的增加将增加企业的收益。这一收益还是收益递增强度的减函数，因为伴随着特定冲击，企业的劳动力需求变得缺乏弹性。

（二）匹配

通常我们都假定经济中劳动力是同质的，但在现实经济当中，劳动力的人力资本水平和技术水平并不相同，企业对劳动力的需求与劳动力的供给之间往往需要经过一定的搜寻过程才能相互匹配。显然，劳动力和企业在空间上的集聚有利于改善匹配质量、提高匹配机会，因此，劳动力市场的供需匹配是引起集聚经济的重要机制。实际上，劳动力供需匹配模型的基本思想与 Marshall 提出的劳动力蓄水池效应是基本一致的。

劳动力市场供需匹配的一般性模型始于 Salop（1979），由 Helsley 和 Strange（1990，1991，2002）及 Kim（1989）等人开创性地应用于城市经济模型中，之后由 Becker 和 Henderson（2000）、Brueckner（2002）等人予以拓展。具体说来，匹配机制可以分为两类：一是源自匹配外部性，就业人数的增加和企业数量的增多，使得每名工人能找到与其自身技术更匹配的企业，即改善了匹配的质量；二是劳动力市场的扩大可以提高工人与企业之间的匹配机会。

1. 改善匹配质量

Helsley 和 Strange（1990）首先提出了匹配外部性，其中的机制是劳动力市场中试图参与匹配的工人数量的增加可以改善每个匹配的预期质量。一旦放松它们模型的条件，假定劳动力市场完全竞争，又引出了第二个集聚经济的匹配来源——竞争使得企业数量的增加低于劳动力数量的增加，从而可以节省每家企业的固定成本。

在竞争的劳动力市场上，企业可以自由进入，这将使得最终的利润为零。而此处总体收益出现了规模报酬递增，令人惊奇的是这一加总水平上的规模报酬源自企业之间的竞争。因为当总劳动力（L）增大时，由于劳动力市场的竞争，企业数目并没有成比例的增加——最后每家企业雇用了更多的工人。由于生产过程中的固定成本的存在，更多的工人提高了每名工人的人均产出。而在劳动力市场出清时，随着劳动力市场规模的扩大，每名工人的人均收入也将得到提高，这是固定成本存在条件下劳动力市场竞争的结果，也是匹配外部性的结果：随着劳动力市场的发展，企业数目也增多，从而使得每名工人能够找到与其技能更相匹配的工作，即改善了匹配的质量。匹配外部性的存在意味着企业进入对社会是有利的。只要边际匹配不当成本的下降抵消了额外固定成本的增加，企业没有把这一因素考虑进决策中造成了无效率，其结果是进入企业的数目过少；另一个无效率出现的原因在于，企业只要能够从竞争者那里吸引到足够弥补固定成本的工人就会进入。

2. 提高匹配机会

另一种匹配机制是劳动力市场的扩大可以增加工人与企业之间的匹配机会。分别可以通过下面三种途径实现集聚经济。

第一种，途径也是最普遍的途径是建立在代理人之间不协调的随机匹配过程中的（Butters，1977；Hall，1979；Pissarides，1979；Peter，1991）。该模型的核心思想为加总的匹配函数，即劳动力市场的预期匹配数目为失业人员和空缺岗位数的函数，更为通俗地讲，就是预期成功匹配数目为劳动力市场买方和卖方的函数。这一随机搜寻方法的要点是工人需要申请某一职位，也知道哪里有空缺，但不知道其他工人将申请哪些职位，当工人采用相同的混合策略进行职位申请时，一些职位有多名工人申请，但所有申请者中只有一名获得工作，而其他职位没有工人申请并保持空缺状态。

用 V 表示可获得空缺岗位总量，U 表示失业工人总量，并且假定所有的空缺岗位对每名工人的吸引力都相同，也就是说每名失业工人申请任何一个空缺岗位的概率为 $1/V$。虽然总体匹配函数表现为规模报酬递减,但收益递减的速度随着空缺岗位和失业工人数量的增加而减慢,达到极限时,该函数的规模报酬不变。在这种情况下,匹配的矛盾是工人在决定申请岗位时缺乏协调导致的。

第二种途径是 Lagos(2000)提出的另一匹配的微观机制。他认为,一旦代理人为了获得更好的匹配而有意识地选择区位,搜寻摩擦就会内生出现。但是,最后的函数还是表现为不变规模报酬。

Coles(1994)、Coles 和 Smith(1998)则提出了第三种途径,并且他们的匹配函数满足了规模报酬递增。他们设定一名失业工人可以同时申请所有可能适合他的空缺岗位。因此,在第一阶段,工人申请了所有可行的空缺岗位。然而,假定存在一种外生的概率 ψ,其表示某个申请与空缺岗位这样的配对不可接受的概率,即第一阶段的申请有 ψ^V 的概率被拒绝,一旦被拒绝,这些工人又开始向开放的新的空缺岗位申请。同样,一个新的空缺岗位会被所有潜在失业工人的申请,其中有概率 ψ^U 的配对并不适合,没有配对成功的企业又对新的失业者开放。所以,加总的匹配函数可以表示为

$$M(U,V) = v(1-\psi^U) + u(1-\psi^V) \tag{12-1}$$

这一加总的匹配函数呈规模报酬递增,且不论是在存量上还是在流量上。该公式的直观含义很简单:一个市场同时可以发展更多的工作机会时,工人找不到工作的可能性会大大降低。

(三) 学习

不论是基于研发的意义还是对经济增长的贡献,广义上的学习(包括学校教育、培训和研究)都是非常重要的。Jovanovic(1997)认为现代经济有超过 20% 的部分应该归功于学习。事实上,学习机制早就在城市集聚的描述中受到人们的关注。Marshall(1920)强调了城市如何有助于创新和思想的传播。之后,Jacobs(1969)和很多的学者强调了城市所提供的环境如何提高新思想的产生。此外,城市环境对于学习的优势不仅体现在前沿技术方面,还体现在技能的获取和日常知识的创造、传播和积累方面(Lucas,1988)。但是,相较于共享和匹配机制,集聚经济研究中学习机制在理论上的进展相对比较缓慢。

1. 知识的产生

根据 Jacobs(1969),多样化的环境有利于创新所需要的搜寻与试验过程,产业集聚通过提供这样的一种环境来促进知识的产生。Duranton 和 Puga(2001)为此发展了这一角色的微观基础。他们将产品生命周期理论引入集聚经济模型中,将产品的市场分为实验阶段和大规模市场阶段,当一家企业决定从事某一产品的生产时,会面临多种生产流程的选择,企业要通过多次实验才可以找到最优的生产流程,如果该企业周边地区存在很多种可以参考的生产流程,则该企业可以逐一模仿这些生产流程从而节省实验的成本。显然,企业可以参考的生产流程种类越多,其实验的成本越低,因此不同种类产业集聚于一地有利于降低实验成本、促进创新。企业依托多样化城市提高了知识创造的效率,同时,大量企业的集中也增加了城市的通勤成本和土地租金等负外部性。因此,企业一旦完成实验阶段,进入大规模生产阶段,就会考虑重新选址,即转入专业化城市。为什么专业化和多样化的集聚模式能够并存,是因为当企业或产业处于实验阶段时,多样化的环境有利于企业的创新,而当企业或产业处于成

熟阶段时，专业化的生产环境有助于降低成本（拥挤成本）。

2. 信息和知识的溢出

Fujita 和 Ogawa（1982）、Imai（1982）的模型建立最初是为了解释（central business district，CBD）是如何内生形成的。他们一般假定地区 s 的生产率是各地经济活动密度的加权衰减函数，确切地说是产出函数为标准生产函数与外部环境因子的联合函数，其中外部环境因子为其他地区产出的加权总和，其中的权重为衰减函数。这一函数在城市层面上呈规模报酬递增，因为不论是城市经济活动密度变大还是城市地理面积扩展所引起的企业数量的增加，都可以实现规模报酬递增地方化。

另外，如果将知识作为产出的一种伴随产品（Helsley，1990；Arrow，1962），一个地区的产出将因为知识的扩散而受其相邻地域产出的影响，那么上述函数就可以反映一个地区的知识对相邻区域的扩散及其对生产的影响。因此，为了获得更多来自其他企业的知识溢出，企业将出现相互临近的趋势，而这种趋势受到知识传递空间衰减函数的影响。目前，人们已达成共识，知识和技术的传播与溢出确实受到地理空间的限制，知识溢出对产业集聚的强化作用恰恰表现在它的地方性特征上。然而，所有这些都只能是向知识或信息外部性微观基础迈出了第一步，在多数文献中，技术和知识的外溢仍然被当作"黑箱"来处理，而且很多情况下，技术和知识外溢并没有得到明确的测度。⊖

3. 知识的积累

根据 Romer（1986）、Palivos 和 Wang（1996），假定同质的最终产品以人力资本和劳动力为投入品进行生产，地区 i 的总生产函数为

$$y_i = \beta(K_i) K_i^{1-\gamma} L_i^{\gamma} \tag{12-2}$$

其中，K_i 为地区 i 的总人力资本，L_i 为净劳动投入，$\beta(K_i)$ 是基于总人力资本的外部性生产率参数。均衡时，人均产出和人力资本的增长率满足

$$\frac{\dot{y}_i}{y_i} = \frac{\dot{k}_i}{k_i} = \delta [N_i(1-\tau N_i)]^{\gamma} \tag{12-3}$$

这一外部性同时扮演了两个角色：增长的引擎和集聚力量，两者解释了集聚的存在。

4. 动态外部性

根据 Lucas（1988）、Eaton 和 Eckstein（1997），可以用动态外部性将城市增长模型化。城市 i 的工人用其自身的人力资本以规模报酬不变的生产函数生产消费品：

$$y_i = k_i l \tag{12-4}$$

其中，k_i 是工人的人力资本，l（<1）为这名工人花在工作上的时间。同时，这名工人

⊖ 近年来，已有学者开始尝试对技术外溢及其效果进行测度。Nadiri（1993）将外溢研究分为两类：技术流量法和成本函数法。技术流量法关注产业间的垂直外溢，即进行研究的产业能否提高另一产业的技术水平；成本函数法使用计量技术估计技术外溢成本的减少效应。但这两种方法都没有考虑溢出的空间方面。进一步，Koo（2005）认为还有两种方法：生产函数法和文献跟踪法。生产函数法运用计量模型估计外溢对 TFP 或革新的影响；文献跟踪法则利用专利及专利引用数据直接测度外溢的效果。这两种方法将空间因素融入模型中。

还配置其拥有时间的 δ 比例积累自身的人力资本,人力资本的变动为 $\dot{k}_i=\delta f(K_i,k_i)$,$f(K_i,k_i)$ 是"学习函数"。通过一系列的简化假设,我们得到人力资本存量和产出的增长轨迹为

$$\frac{\dot{y}_i}{y_i}=\frac{\dot{k}_i}{k_i}=\delta f(N_i,1) \tag{12-5}$$

与前面的机制完全不同,此处的增长是人力资本积累中产生的外部性引起的,因此,我们可以称之为动态外部性。同样地,这一外部性也扮演了双重角色:增长的引擎和集聚的力量。

从上述的阐述中可以看出,对集聚经济的微观经济基础的研究自20世纪70年代以来取得了巨大的进展,它综合了城市经济学与区域经济学、产业组织理论、博弈论、内生增长理论等多个领域的理论和方法,从集聚过程的不同侧面建立了多种多样的理论模型。总体而言,这些理论模型使得我们对于产业集聚、产业布局、城市的形成和发展、区域差异等经济现象的解释方面已经具备了坚实的微观基础。但其仍然存在一定的不足之处:一是现有的理论研究多是从不同的集聚机制分别构建模型,而没有将多种不同的集聚机制整合在一个模型中。到目前为止,还没有一个模型能够很好地将马歇尔提出的三种集聚力量整合起来。二是上述模型的建模过程普遍较为复杂,模型显得非常烦冗,这在很大程度上限制了模型的应用范围和进一步的发展空间。三是集聚与增长理论的整合滞后。实际上,集聚与增长是集聚活动不可分割的两个方面,两者具有很强的动态性:很多发达地区之所以发达,不仅仅因为其自身增长速度较快,还因为这些地区从其他地区集聚了大量的要素,而这种集聚效应又能够进一步提高这些地区的增长速度。这一思想实际上在缪达尔(Myrdal,1957)、赫希曼(Hirschman,1958)等人的研究中得到了很好的阐述,但截至目前,集聚与增长整合的模型研究仍然处于探索阶段,如上述关于动态外部性的模型(Lucas,1988;Eaton,Eckstein,1997)。此外,关于学习这一微观机制,由于其作用过程较为复杂,参与主体较多,建模难度相当难,现有的模型仍然没有完全地反映出这类集聚机制,因此发展空间还很大。

第二节 产业布局的指向性、原则与规律及战略

从产业布局的理论中我们可以逐步归纳出产业布局的一些特点以及其内在的发展规律,进而探索促进产业合理布局的发展战略。

一、产业布局的指向性

产业布局的指向性应该说是产业布局指向性理论的具体表现,主要探讨影响产业布局的因素。该理论认为,企业工艺及技术上的特点所引起的企业区位选择必然性,使得企业的区位选择具有明显的区域指向性,这一理论其实与产业聚集与分散理论有着密切的关系。由于各地区自然资源基础及社会经济资源各不相同,那么,其对不同的企业及行业将会产生不同的吸引力。不同的地区或区域,具有不同的优势基础,企业如何选择区位也就因指向性不同而不同。不同的工业具有不同的工业布局指向,甚至是多种指向同时起作用,也存在多种工业同一指向的特征,即同一区域存在多种工业的状态,而且工业布局指向因素的重要程度也会因经济的发展、交通及通信技术的进步等而发生变化。奥林(Ohlin)在研究国际贸易及区

域内贸易时也分析了影响企业及产业布局的主要因素：自然资源和市场间的距离；原料和成品的可运性；运输能力与运输设施的地方差别。这三种因素综合决定了每个地方的运输条件。而在其他情况不变时，这三种因素影响到企业及产业布局。其还讨论了第四种影响因素——某种集中的趋势，当然也有分散的趋势。而第四种因素可能使布局从前三种影响因素的轨道上偏离出来。从这些因素中也可以看出，其主要从运输成本及贸易角度分析影响产业布局的主要因素，同时指出了集中或分散因素对于企业与产业的重要性，因为奥林认为，这种因素可以改变决定运输成本的以上三种因素，进而决定产业布局的模式。

二、产业布局的原则与规律

产业布局的原则应该起源于产业布局的战略思想，无论是产业聚集或分散，其最终的产业布局模式或战略选择只有两种：均衡产业布局与非均衡产业布局。在经济发展的不同阶段，产业布局的原则并不相同。例如，从新中国建国初期一直到改革开放前，为消除原来产业布局不合理的局面，便采取了均衡布局的战略指导思想。当时的产业布局原则是：以内地作为工业化的重点，使全国各地的经济和文化都得以发展，从而使各地的生产趋向平衡，即均衡配置生产力；尽量使生产接近原料地、燃料地及消费地区，以减少不必要的运输成本；加快落后地区的发展，消除地区间经济不平等及城乡差距；实行各经济区域的地理分工并综合发展各区域经济；等等。改革开放前近三十年的均衡产业布局指导思想，逐步改变了我国生产力布局集中于东部沿海地区不合理的状态，从而对发展内地经济、缩小东西部地区之间的差距起到一定的作用。但均衡的生产力布局抑制了东部沿海地区的经济发展优势，使得整体投资的效率相对低下，这不仅限制了沿海地区的迅速发展，同时由于沿海地区不能为内地提供有力的工业支持，继而制约了西部地区的增长速度。

改革开放后，经济增长与发展成为政府部门所面临的主要问题，为促进经济增长，我国的经济学者受非均衡区域发展及梯度转移等非均衡增长理论的影响，提出了相应的产业布局的原则：第一，正确处理先进地区与落后地区的关系，把充分利用、合理发展沿海原有工业基地和积极建设内地新工业基地相结合，并把工业重点逐步合理地移向内地；第二，地域分工与地区工业综合发展相结合，合理确定地区专业化规模和生产部门多样化的界限；第三，工业生产尽可能接近原料、燃料产地与消费区，一方面要根据工业的趋向性合理选择分布地点，另一方面要加强原料基地的建设；第四，正确处理企业布局集中与分散的关系，合理集中与适当分散相结合。而陈栋生所提出的产业布局原则还包括以下内容：自觉运用地区经济发展不平衡规律，通过不平衡发展逐步缩小各地区经济发展水平的差距，最终达到全国范围内的地区经济发展的相对均衡化；要避免急于求成，追求不切实际的均衡布局；等等。此外，有些学者还提出了在专业化基础上综合发展地区经济及提高劳动生产率的原则：技术转移原则，即将先进技术由发达地区向落后地区转移，由先进部门向落后部门转移，使各地区、各部门技术普遍提高与协调发展；专业化分工与协作原则，即连锁布局原则，其指根据产业部门的前向联系、后向联系及旁侧联系协调布局生产力；产业政策的地区倾斜与产业倾斜相结合原则；以产业政策为重点的效率优先兼顾公平的产业布局战略原则；等等。

在经济发展的不同阶段，产业布局的指导思想与原则并不相同，这主要是因为经济发展不同阶段目标不同。在经济发展的不同阶段，同样还受到技术、制度约束、生产要素流动等现实性因素的制约，进而使产业布局具有一定的规律性，这主要表现为不同发展阶段的产业布局模式的不同。

第一阶段为均质产业布局模式。在该阶段，由于生产力水平相对低下，并以农业产业为主，生产要素的流动性受技术、交通运输等因素的影响，这时的产业布局以均衡布局为主。

第二阶段为极核式产业布局模式或点状产业布局模式。在该阶段，随着生产技术的发展，生产力水平有了极大提高，这时，经济增长将可能从具有较好经济地理条件的区域开始，而且聚集经济或因果循环的增强作用，将使该地区的经济增长逐步成为佩鲁所论述的推动性单元，从而成为区域发展中的主导产业、产业联合体及地理上集中的产业极。在该阶段，产业布局主要受产业极及其对周边地区的极化作用与扩散作用的影响，并逐步形成中心－外围的产业布局模式，在空间上表现为多个功能并不相同甚至是相互独立的产业聚集区域（点）的结构模式。

第三阶段是极核基础上的扩展模式——点轴模式。在该阶段，随着极核功能的逐步显现，该地区与周边地区产生大量的商品、信息、劳动力等物质流与信息流，进而连接两者之间的线路逐步形成与发展，以至这些地区经济快速增长，特别是沿线地区经济快速增长，这样，极核形式的产业布局便逐渐被以极核为中心、沿线为依托的点轴产业布局模式所替代。城市产业布局逐步从中心地区向郊区转移，进而带动周边地区发展。许多城市的产业布局是以市中心为核心、以交通干线为依托形成中心地区与郊区的产业布局线，进而形成一种中心－外围的产业布局模式。

第四阶段为产业的网络布局模式或多极化与多核心的产业布局模式，区域核心之间的产业既存在垂直分工也存在水平分工，进而形成相互影响相互依存的空间布局模式。在该阶段，随着点、轴经济的快速发展，区域经济之间的关联度逐步增强，并且，在该区域内逐步形成等级不同的核心与轴线，这些核心与轴线相互作用，相互影响，使得一定区域内的点与点之间、轴线与轴线之间形成了相对复杂的网络体系，产业布局表现为集中与分散、垂直分工与水平分工相结合的优化结构。这种模式一般只在经济较为发达的地区产生。

拓展阅读 12-1
中国区域发展战略及其重心演变

表 12-2 展现了中国改革开放前后的区域发展战略及其重心演变。

表 12-2　中国改革开放前后的区域发展战略及其重心演变

阶段	地理区划	区域发展战略的重心	具体内容与相关政策措施
1949—1978 年改革开放前	沿海、内陆；三线建设	平衡发展战略，注重均衡发展和国防安全，以公平为重心	计划经济下的重工业优先发展战略、区域平衡发展方针（"二五"计划）；三线建设的大规模西推
1981—1985 年"六五"计划	沿海、内陆和少数民族地区	不平衡发展战略，效率优先；设立经济特区；控制大城市，发展中小城市	重点产业投资布局，"东倾"政策；经济特区、沿海开放城市、经济开放区和保税区的"特殊政策，灵活措施"；开放沿海港口城市；实施国家扶贫开发政策；少数民族地区对口支援和财政补贴政策

（续）

阶段	地理区划	区域发展战略的重心	具体内容与相关政策措施
1986—1990年"七五"计划	东部沿海地区、中部、西部地带	东部优先、中部重点、西部准备的效率优先，非均衡发展战略；沿海地区经济发展战略作为国家方针正式提出	沿海对外开放政策；加速东部沿海地区发展；开辟沿海经济开放区；开发台商投资区；构建地区协作和三级经济区网络
1991—1995年"八五"计划	沿海、内陆、少数民族和贫困地区	非均衡协调发展战略，注重效率；严格控制大城市规模，小城镇大战略，梯度推移战略	形成全方位的对外开放格局（沿边、沿江和省会）；增设国家级经济技术开发区；加快中西部乡镇企业发展；促进棉纺织工业区域转移；投资布局重点西移；开发开放以上海浦东为龙头的长江地区
1996—2000年"九五"计划	七大经济区	非均衡协调发展战略，注重效率兼顾公平；大中小城市和小城镇协调发展；梯度推移	引导地区经济协调发展，形成若干各具特色的经济区域，提高东部经济活力，加强东中西部合作，促进中西部改革开放；优先在中西部地区安排资源开发和基础设施建设项目；"八七"扶贫攻坚计划
2001—2005年"十五"计划	东部、中部、西部	相对均衡促进协调发展战略，促进东部创新，辐射带动中西部发展；注重效率兼顾公平	实施西部大开发战略，加快中西部地区发展，合理调整地区经济布局，促进地区经济协调发展；提高东部地区的发展水平，形成各具特色的区域经济
2006年至今	东部、中部、西部、东北地区；四类主体功能区	均衡协调互动发展战略，注重公平为重心；以特大城市为依托，形成辐射作用大的城市群，培育新的经济增长极	坚持实施推进西部大开发，振兴东北地区等老工业基地，促进中部地区崛起，鼓励东部地区率先发展的区域发展总体战略，健全区域协调互动机制，形成合理的区域发展格局；合理确定不同区域的主体功能，明确优化开发、重点开发、限制开发、禁止开发的空间布局
2013年至今	欧亚大陆经济整合的"一带一路"倡议，双循环战略	以边境地区为依托，辐射带动沿线各国在交通基础设施、贸易与投资、能源合作、区域一体化、人民币国际化等领域共同发展	涵盖东南亚经济、东北亚经济整合，并最终融合在一起通向欧洲，形成欧亚大陆经济整合的大趋势，从海上联通欧亚非三个大陆和丝绸之路经济带，形成一个海上、陆地的闭环。积极构建以国内大循环为主体、国内国际双循环相互促进的新发展格局，加快构建完整的全国统一市场，构架自主可控的产业链体系；同时，加强与世界经济的联系和外循环，培育国际合作竞争新优势，以高水平开放反制逆全球化

资料来源：根据国民经济和社会发展历次五年计划（规划）整理。

三、均衡与非均衡产业布局战略

根据产业布局的原则、规律及布局的理论，结合地区经济发展的阶段及整个国家或地区的经济发展战略，进而采取相应的产业布局战略。经济发展战略从总体上可以分为均衡区域发展战略与非均衡区域发展战略，进而采取均衡或非均衡配置生产力或产业的模式以达到均衡或非均衡发展战略的目的，即产业布局战略必须与国家区域经济的整体发展战略相结合。

（一）20世纪50年代—60年代中期：均衡发展阶段

新中国成立之初，大约70%以上的工业集中于东部沿海地区。据1952年的相关统计，全国沿海工业总产值约占 70%，而内地仅占 30% 左右，广大内陆地区，除重庆、武汉等极少数地区因自然地理优势等原因还具有一定的工业基础外，其他地区工业基础非常薄弱。为改变我国生产力布局严重不均衡的局面，扭转沿海与内陆之间关系的不平衡关系，所采取的均衡区域经济发展的战略必然要求均衡的产业布局战略，这主要体现在我国前两个"五年计划"中。当时我国的区域经济发展和生产力布局基本是将全国划分为沿海与内陆地区两大经济地带，一方面对沿海老工业基地进行了改扩建，另一方面则对内陆地区进行了新建工业工程的建设。

其中，苏联援助的 156 项大型项目主要以重工业项目为主，并且 80% 在内陆地区。具体看来，"156 项工程"分布在全国 17 个省（自治区、直辖市），其中东部地区有 2 个，中部和西部地区各有 6 个，东北地区有 3 个，投资重点集中在东北地区，投资额占到总投资的 44.33%，中部和西部投资额分别占到总投资的 24.84% 和 28.10%，东部地区的仅占到 2.73%（见表 12-3）。同时，还有 694 项与之配套的工程，其中，68% 集中在中西部地区，使得 1952—1957 年内陆地区的投资占全国的比重从 39.3% 上升至 49.7%，而沿海地区则从 43.4% 下降至 41.6%。

表 12-3 "156 项工程"的区域分布与投资份额

地区	投资额（万元）	投资比重（%）	分布省域（个）
东部地区	53 458	2.73	2
中部地区	487 262	24.84	6
西部地区	551 101	28.10	6
东北地区	869 514	44.33	3

资料来源：董志凯. 中国共产党与 156 项工程 [M]. 北京：中共党史出版社，2015.

（二）20 世纪 60 年代中期—70 年代中期：分散发展阶段

20 世纪 60 年代中期，由于中苏关系的恶化及苏美军备竞赛下紧张的国际局势，中国立足国防安全的需要，开展了一场以备战为中心、以工业交通和国防科技为基础的大规模基本建设，即"三线"建设。"三线"建设主要集中在京广线以西、甘肃省的乌鞘岭以东和山西省雁门关以南、贵州南岭以北的广大地区，具体包括四川省、云南省、贵州省、青海省和陕西省的全部，山西省、甘肃省、宁夏回族自治区的大部分地区和豫西、鄂西、湘西、冀西、桂西北、粤北等地区。三线建设历经 3 个五年计划时期，涵盖 13 个省、自治区，共投入 2 050 余亿元资金、几百万人力，安排了数千个建设项目，建成了一大批工业交通基础设施，新增了一大批科技力量，建成一大批新型工业城市（如宝鸡、攀枝花、六盘水、十堰等），促进了内陆省区的经济繁荣和科技文化进步，初步改变了沿海和内陆产业布局不均衡的状况（陈东林，2003）。

（三）20 世纪 80 年代—90 年代末：集中（非均衡）发展阶段

改革开放后，随着非均衡经济增长理论的引进及我国的区域经济实践，按照地区经济发展的水平，将我国分为东部、中部、西部三大经济地带。这三大经济地带客观上存在经济技术梯度，中西部地区虽然资源丰富，但技术、资金、人才等方面相对较弱，大多数地区的技术水平甚至处于传统技术水平,而东部地区及中部部分地区相对来说具有较先进的技术及资本基础。这就决定了我国经济发展的重心应该自东向西逐步转移,因此区域经济梯度发展及梯度转移理论适合于我国的东、中、西区域经济发展实践。以梯度转移为内涵的非均衡区域发展战略必然对应着产业的非均衡布局或东部沿海地区的集中布局。

随着我国对外开放水平的不断提升及社会主义市场经济发展模式的建立,我国的产业布局开始集中到沿海地区及沿长江的主要城市,逐步呈现"T"字形经济开发格局。在这一时期,得益于靠近港澳及国际市场的优势,珠三角、长三角两大地区率先发力,成为我国外向型经济的主要地区,同时,京津地区也处于快速发展当中,东部沿海地区成为我国产业布局的核心集聚区。

(四) 2000年以来:协调发展阶段

随着东、中、西三大地带的差距不断扩大,解决地区发展差距,坚持区域经济协调发展,是我国今后改革和发展的一项战略任务。从"九五"时期开始,国家更加重视中西部地区经济的发展,逐步加大解决地区差距继续扩大的力度,积极朝着缩小差距的方向努力。

从2000年开始,国家先后实施了西部大开发、东北振兴、中部崛起等区域协同发展战略,通过加快基础设施建设、加强生态环境保护、发展科技教育和文化卫生事业、促进对内和对外开放等政策,优化中西部地区的投资环境,引导东部沿海地区的产业逐步向中西部和东北地区转移。与此同时,东部沿海地区劳动力、土地等要素成本价格的上涨及产业结构的调整,进一步推动沿海地区的产业向中西部内陆地区转移。

2013年"一带一路"倡议提出以来,我国与国外政府签订合约,为中国企业的海外投资创造了良好的环境。我国在"一带一路"沿线建设及与沿线国家的合作交流过程中,进一步打开了中国企业的海外市场。一方面,推动了中国的过剩产能的海外转移,推动了中国企业"走出去";另一方面,在与"一带一路"沿线国家的合作中,中国企业通过收购或参股海外公司的方式,进一步提升了自身在全球产业链、价值链与创新链中的话语权与控制力。

2020年,面对新冠疫情的爆发,中国政府为了应对国内外形势变化,提出了"构建国内国际双循环相互促进的新发展格局"战略。双循环战略是以国内大循环为主体,利用国内雄厚的工业基础、完整产业链条、超大市场规模等特点,畅通生产、分配、流通、消费等经济运行的各个环节来推动实现内部自我循环,包括供需循环、产业循环、区域循环、城乡循环与要素循环等。未来,中国将继续通过发挥国内市场与国际市场两种优势,提升中国的产业发展质量和参与国际贸易的能力。

第三节 产业布局的影响因素

一、区位因素

区位作为绝对位置的术语,是指由经度和纬度确定的其在地球上的某个位置。而相对区位,是指其相对于其他位置来说所处的位置。在考虑产业布局时所提到的经济位置,则是指某个地区在与周边地区的经济联系中所形成的空间关系,也就是某个个体在整个区域中的位置。

区位因素不仅影响到自然条件，而且关系到交通、信息、市场和其余一系列社会经济条件。

（一）地理位置

地理位置指所处的经纬度及海陆位置，是一个地区在地理空间上的绝对位置，地理位置决定了光照、热量、降水、土壤等自然基础条件。地理位置首先影响的便是农业，因为农业发展受光、热、水、土等自然条件的影响。地理位置决定了第一产业的发展方向。同时，海陆位置决定了地区的产业发展模式。例如，英国是一个岛国，且所处的经纬度不利于农业的发展，从而决定了其经济应以外向型产业为主，且其四面八方临海，便于对外进行产业联系。

（二）经济区位

经济区位是指所处的经济联系空间中的位置。长期以来，全球的经济由欧美等发达国家主导，我国远离经济发达的欧美地区，毗邻经济欠发达地区，导致外资在全球寻找新的产业布局时，先向亚洲"四小龙"布局，随后再由亚洲"四小龙"向我国沿海地区布局。具体而言，我国沿海地区由于靠近日本、韩国、中国台湾、中国香港等经济较为发达的国家和地区，处于东亚经济圈的重点辐射区域，从而最先吸引了日资、韩资、台资、港资等企业的进入。就我国不同地市来看，东莞、深圳产业的发展便是因为其毗邻港澳地区，正好承接港澳的制造业转移，从而吸引了中国香港、中国澳门等众多资本进入，促进了外向型经济的发展。

（三）政治区位

政治区位主要是指一些沿边地区，方便与邻国展开贸易，发展沿边贸易产业。我国国土面积广阔，陆上与朝鲜、俄罗斯、蒙古、哈萨克斯坦、吉尔吉斯斯坦、塔吉克斯坦、阿富汗、巴基斯坦、印度、尼泊尔、不丹、缅甸、老挝和越南等国家接壤。以云南为例，云南毗邻越南、老挝、缅甸，有利于发展边境贸易产业和进出口贸易，基于此，云南提出要建设成为辐射东南亚、南亚的重要枢纽。

二、自然因素

自然地理环境是人类赖以生存与生产的空间，在宏观尺度上决定着经济社会活动的基本分布。一般而言，自然环境主要包括地形地貌、气候条件、河流水系、自然资源等。

（一）地形地貌

这里的地形地貌指地区是否具备开展大规模制造业、建筑业发展的平坦地形。平原地区有利于实现大规模的现代化农业耕作和灌溉，有开阔平坦的地形供制造业、建筑业使用，发展各种运输线路，是产业布局最优的环境。而山地、丘陵地区，地形起伏大且复杂，对外联系不便，不利于制造业、建筑业的规模生产。就中国的地貌特征来看，我国地势西高东低，呈三级阶梯分布，塑造了中国的各类平原、高原、山地和丘陵，形成了中国基本的产业地理格局。例如，华北平原主要以农业为主，内蒙古高原主要以畜牧业为主。

（二）气候条件

气候是大气、海洋、岩石圈和生物圈综合作用的结果，加上海陆分布差异的影响，影响了全球的大气环流，形成了不同地区的基本气候条件。受亚欧大陆、太平洋及青藏高原的影响，中国形成了独特的气候特征。气候对产业的影响主要体现在，对处于不同气候带的地区的农业种植类型和熟制有影响，南方主要种植大米，北方主要种植小麦，形成了农业的基本差异。同时，气候还对水利枢纽、航海航空、露天采矿、飞机制造及旅游业产生较大的影响。

（三）河流水系

河流对产业的影响主要体现在灌溉和运输功能上。其中，就第一产业而言，农业、畜牧业的发展除需要天然降水之外，河流也发挥着重要的作用。农业灌溉可以有效解决旱季耕作缺水的问题，而河流水源充足的地方一般水草肥美，可以解决牛、羊成长需要的饲料，有利于畜牧业的发展。从第二产业来看，河流对工业原料的运输、航运服务业、港口经济都会产生重要的影响。

（四）自然资源

自然资源主要包括矿产资源、土地资源、生物资源、水资源、气候资源和海洋资源等，是地方产业发展的基础要素，是大自然赋予地方的天然优势。以矿产资源为例，中国的煤炭、石油和天然气资源的分布非常集中。其中，山西、内蒙古、陕西、新疆、贵州等五个省、自治区的煤炭储量达到全国储量的74.7%，因此这五个省、自治区的煤炭采掘业及加工业在本地产业结构中占据重要地位。同样，石油资源主要集中在新疆、黑龙江、陕西、山东、甘肃、河北、吉林、辽宁，储量达到全国总储量的88.8%，石油加工和炼焦业也主要分布在这些地区。天然气资源主要集中在四川、新疆、内蒙古、陕西，天然气开采业务同样是这些省、自治区的重点产业。表12-4反映了2016年中国煤炭、石油和天然气储量分布特点。

表12-4　2016年中国煤炭、石油和天然气储量分布特点

资源类型	主要省、自治区	比重（%）
煤炭	山西、内蒙古、陕西、新疆、贵州	74.7
石油	新疆、黑龙江、陕西、山东、甘肃、河北、吉林、辽宁	88.8
天然气	四川、新疆、内蒙古、陕西	83.0

资料来源：胡安俊.中国的产业布局：演变逻辑、成就经验与未来方向[J].中国软科学，2020（12）：45-55.

三、社会经济因素

（一）历史基础

历史继承性是产业布局的基本特征，历史上形成的产业基础是地区产业布局的出发点。

历史基础形成的路径依赖，使得一个地区一旦符合规律地选择了某个产业，那么在后续仍旧会发展这个产业。地区产业基于原有的历史基础，利用原有的基础设施进一步发展，会对产业布局产生积极影响，才会使得某种产业作为该地的主导产业发展下去。例如，德国的鲁尔区矿产资源丰富，从19世纪上半叶到第二次世界大战后的百余年里，该地区一直以资源型产业为主。

（二）市场条件

由于商品经济的发展，市场也成为影响产业布局的重要条件。首先，市场需求会影响产业的空间布局，因为无论产业在哪里布局，都必须以一定范围内市场对产品的需求为前提。其次，市场的需求状况和需求结构会对产业布局的部门规模和结构产生影响，因为产业在发展过程中会随着市场需求状况和需求结构来不断调整生产规模和产品类型，从而形成某地的主导产业或支柱产业。最后，产业在市场竞争中会形成不同地方的专业化分工和生产，从而建立地方彼此之间的相对优势，进而推动某些产业进入、成长、成熟、退出等，实现产业在空间上的合理布局。

（三）战略政策

中国的产业布局离不开国家政策或地方政府的作用，政府通过重大工程项目的布局会对产业布局产生重要影响。从历史上看，自新中国成立以来，国家通过制定五年发展计划，会提出重点发展哪些产业、重点在哪些区域布局产业，以及重大工程项目的布局，等等。"一五"时期接受苏联援助的156项工程的布局影响了东部、中部、西部的产业布局与产业类型；20世纪60—70年代的三线建设让很多内陆边远城市建设成为重工业城市；20世纪70年代末的改革开放，支持沿海地区发展外向型"三来一补"加工制造产业，推动沿海地区成为制造业的核心集聚区；再后来的西部大开发、东北振兴、中西部产业转移政策的制定等，推动了中西部地区承接沿海地区的产业转移，为实现中国产业的梯度转移等发挥了积极的作用。

（四）价格与税收

国家的价格政策、产品地区差价及产品可比价格等要素均会对产业布局产生重要影响。其中，价格政策体现了国家对整个国民经济的宏观调控，合理的价格政策对产业布局会有积极的影响。产品的地区差价主要体现了商品生产和消费在空间上的差异与矛盾，合理的地区差价有利于企业按照价值规律选择最佳区位。

税收政策也会对产业布局产生重要影响。合理的税制结构可以控制重复建设、以小挤大和地区封锁，从而促进产业布局合理化和地区经济的协同发展。例如，为促进西部地区产业结构调整、产业布局优化、特色优势产业发展壮大，2021年1月18日，国家发展改革委印发了《西部地区鼓励类产业目录（2020年本）》，各个省区市依此制定了本省区市的鼓励类产业，符合鼓励类项目的产业可以享受15%的企业所得税优惠，从而吸引了东部沿海地区的产业转移布局。

(五) 国内外政治环境

任何一个国家的经济建设和产业发展都必须建立在稳定的国内、国际环境基础上，国内局势紧张或经常与邻国发生冲突的国家，其经济很难得到稳定的发展。新中国成立初期，由于当时紧张的国际局势，不得不把沿海的一些产业迁移到内地，并重点建设东北老工业基地，尤其在 60 年代中苏、中美之间的紧张关系，以及苏美军备竞赛的国际环境下，我国重点将产业布局在内陆的边远、深山地区。改革开放以后，由于国际关系的变化及中美关系的正常化，在新国际劳动分工体系下，沿海地区便于吸引全球的产业转移，我国又将投资重点集中在沿海地区，进而促进了沿海地区的产业发展，形成了当前总体的东、中、西地区产业布局。

四、人口因素

人口条件对产业布局有很大的影响，人既是生产者，又是消费者，通过生产和消费两个方面的属性对产业布局产生影响，同时人口结构的变动也会对产业布局产生重要影响。

(一) 从生产者角度看人口因素对产业布局的影响

首先，人口数量对市场规模和资源开发程度的影响较大。一般而言，人口数量较多的地方意味着可以为生产提供充足而廉价的劳动力，有利于通过发展劳动密集型产业来促进地方经济发展。同时，人口数量较多的地区可以作为本地的一个比较优势，吸引其他发达地区的劳动密集型产业转移，从而带动本地就业。

其次，人口质量或人口素质对产业布局的影响也比较大。人口素质的高低一定程度上反映了本地的经济发展水平，人口素质较高的地区往往发展技术水平较高的产业，同时也能吸引技术密集型产业布局。近年来，随着科学技术的快速发展，高科技产业的布局更加趋向于向人口素质较高的地区集中。

(二) 从消费者角度看人口因素对产业布局的影响

人口的消费水平对产业布局也会产生重要的影响。不同地区的人口数量、民族构成和消费水平的差异，要求其产业布局与本地人口的消费特点、消费数量相适应。例如，特大城市都分布着为本市人口消费服务的大城市工业（以汽车、机械设备、针织、家具等工业为主）和都市型农业（以蔬菜、牛奶、肉类加工、水产品等现代农业为主）。此外，人口的性别、年龄、民族、宗教信仰，使得市场需求特征具有多样性，要求产业布局要根据地方的具体情况，有针对性地布局差异化的产业类型与规模，最大限度地满足各种层次人口的消费需求。

五、科技因素

(一) 技术进步

技术进步不断拓展人类利用自然资源的广度和深度，使得自然资源的经济价值得到了进一步提升。其中，采选和冶炼技术的进步，不仅使品位较低的矿物资源得到了利用，还促进了采矿业的发展。同时，伴随技术的进步，可以对矿物资源进行深加工，延伸其产业链，吸引一些技术深加工和配套产业的布局。更进一步，随着技术的进步，自然资源基础对产业布局的影响在进一步弱化。同时，技术进步能提高资源的综合利用能力，使单一产品市场变为多产品的综合生产区，从而使生产部门的布局不断扩大。

（二）技术革新

技术革新可以影响产业在空间上的重新布局。技术革新通常可以带来新的生产方式和消费需求，从而吸引新的产业布局。从历史上看，三次工业革命便是因为全球主要国家掌握技术革新的要素，从而快速壮大了本国的工业体系。尤其是第三次科技革命以来，在新国际劳动分工背景下，全球产业内分工逐步向产品内分工转变。产品的生产不再局限于一个国家或少数国家，而是可以通过模块化生产来将产品的不同环节分散到全球的不同地方，各个国家依靠自己的技术优势和要素禀赋参与某个环节和几个环节的生产，从而形成本国专业化的生产体系。例如，在苹果零部件生产体系中，珠三角地区主要布局液晶面板、触控面板和相机模块领域产业，长三角地区则主要布局芯片、液晶面板，中原地区（包括河南、山西）以组装、包装印刷及材料产业布局为主（康江江等，2019）。

（三）新科技要素

新科技要素是指近年来发展比较热的数据资源要素。作为一种新的生产要素，新科技要素是当前各个城市争相发展布局的产业，对经济活动的各个环节将产生重要的影响。在大数据和人工智能时代，数据成为推动产业发展的关键力量。数据增长与产业发展布局之间形成了良好的循环累积关系，推动产业规模报酬递增发展，使得产业呈现集聚的空间布局特征（胡安俊，2021）。

第四节 中国产业空间布局与成因机制

一、中国工业空间布局差异

（一）1952—1978年中国工业格局变化

1. "东强西弱"特征明显，中西部地区工业比重稳步提升

新中国成立之初，中国区域工业主要集中在东部和东北地区，其工业产值的比重占到54.16%和20.65%，而中部地区和西部地区的工业总产值的比重分别是13.41%和11.78%。1952—1965年，中国工业格局呈现中西部升、东部降的总体特征，这是因为"一五"计划期间我国的重点投资项目主要集中在内陆地区，沿海地区得到重点投资的项目数量较少；东北地区的工业比重得到了缓慢提升，主要得益于东北较强的工业基础及苏联项目的援助。到1965年，东部地区的工业占比下降至47.84%；同期，西部地区的工业占比达到了15.35%，中部地区的工业比重达到15.79%，中西部地区的工业占比达到31%。1966—1978年，中国

工业格局呈现出东西并升、东北下降的趋势,这主要是因为"三线建设"需要,大量工业投资向内陆地区倾斜,特别是中部地区的豫西、鄂西和湘西地区。同时,由于中苏关系的恶化,东北地区的工业投资明显减少,东北地区的工业比重下降明显。1970年,中央进一步提出了加快沿海地区发展的经济发展战略。到1978年,东部地区的工业占比达到49.15%,中部地区的工业占比达到17.74%,西部地区的工业占比达到16.87%,东、中、西三大地区的工业占比都得到了提升;而东北地区的工业占比下降明显,1978年其工业占比下降到16.24%。

2. 南北方地区交替领先,但南方总体处于领先地位

新中国成立初期,南北方地区的工业布局总体相对均衡,南方地区工业总产值比重略高于北方地区。1952年南方地区的工业总产值在全国的比重为53%,北方地区的工业占比为47%;1952—1970年,南方地区工业布局在全国的比重在逐步下降,下降了近4个百分点,到1970年,南方地区的工业占比下降至48.78%;同时,北方地区在中国工业格局中的比重得到了进一步提升,到1970年北方地区的工业占比上升至51.22%,这仍然是国家重点项目倾向于北方和"三线"建设的结果。1970—1978年,南方地区的工业占比重新超过了北方地区,二者的工业占比分别达到51.04%和48.96%。1971年,随着中国与美国、英国、日本等国家外交关系的建立,国际形势进一步好转,中国从西方国家引进了43亿美元的外资,许多工业投资项目在交通便利的沿海地区和长江经济带布局,南方地区在全国的工业比重又得以提升。

(二)1978—2002年中国工业格局变化

1."东、中、西分化"趋势愈发突出,区域发展不平衡现象加剧

改革开放以后,我国将经济发展重心转移到沿海地区,东部沿海地区积极发展出口导向型产业,使得东部地区的产业快速发展,因而东部地区的工业在全国总体占比得到了快速提升;同期,西部地区由于市场、交通等不利因素的影响,产业占比规模在不断下降。1978—2002年,东部地区的工业占比由49.15%上升至66.81%,尤其是1987年以后,随着我国沿海地区的进一步开放、社会主义市场经济体制改革目标的确立及中国加入世界贸易组织等,沿海地区进一步吸引产业布局,东部地区成为我国产业布局的核心。同期,中部地区的工业占比又出现波动发展的变化特征,呈现先增加后减少的变化趋势,由17.74%降至13.56%;而西部地区的工业占比主要呈现出较大的下降趋势,由16.87%降至11.01%。此时,东北地区的工业占比则呈现出非常显著的下降趋势,由16.24%降至8.62%。

2."南北分化"格局基本形成,南北差距不断扩大

1978—1997年,我国工业产业布局进一步倾向于向南方地区和长江经济带集中,导致南、北方产业布局分化加剧。1997年,南方地区工业占比达到63.13%,而北方地区的工业占比仅为36.87%,南方和北方的工业占比相差26个百分点,可见1978—1997年,南方地区逐步成为我国经济发展的重心,成为我国产业布局的核心集聚区。而1997—2002年,南北方直接的差距有所减少,南方地区的工业占比下降了近2个百分点,在中国工业总产值中的占比为61.37%;同期,北方地区在中国工业格局中的地位略有上升,其占比达到38.63%。

(三) 2002—2020 年中国工业格局变化

1. "西升东降"趋势明显

我国在经济发展战略上适时调整,更加重视产业布局的区域协调发展,相继提出了西部大开发、东北振兴及中部崛起等重要的战略决策,同时出台了鼓励沿海地区产业向中西部地区转移的优惠政策,沿海地区的产业开始向中西部地区转移,使得中西部地区产业地位不断提升。2002—2020 年,西部地区的工业总产值占比上升速度虽然较慢,但由 11.01% 稳步上升至 16.64%。同期,中部地区在中国工业格局中的地位也得到了稳步提升,工业占比由 13.56% 上升至 20.81%,这主要得益于中部地区积极吸引沿海地区的产业转移,如河南吸引了富士康,带动了郑州经济的快速崛起;安徽、江西等中部省份吸引了很多沿海地区产业的转移,合肥和南昌在新一轮的产业竞争中表现突出;同时,2002—2013 年煤炭产业快速发展,以致中部地区工业占比得到了较大的提升。与此同时,东部地区的产业占比呈现出较快的下降趋势,由 2002 年的 66.81% 下降至 2020 年的 57.59%;反观我国的东北地区,在全国工业格局中的地位在进一步下降,其产业占比由 2002 年的 8.62% 下降至 4.96%。

2. "北升南降"和"北降南升"先后出现,"南北分化"差异突出

2002—2015 年,南方地区工业占比呈现先下降后上升的趋势,由 61.37% 先下降至 58.16% 后又提升至 59.05%;同期,北方地区工业占比呈现出先上升后下降的趋势,由 38.63% 先上升至 41.84% 后又下降至 40.95%。然而,到 2020 年南北方工业格局发生剧烈的变化,二者的差距达到了 33 个百分点,北方地区工业仅占全国工业的 1/3,南方地区工业占全国工业的 2/3。2015—2020 年,南方地区的工业占比从 59.05% 上升至 66.22%,上升了 7 个百分点;同期,北方地区的工业占比则由 40.95% 下降至 33.78%。

从整个中国工业格局的变迁来看,"东西差异"逐渐被"南北差异"代替,2020 年南北差异已经达到了 1952 年以来的最高点,南、北工业的"7∶3"布局超过了东、西工业的"6∶4"布局。东北地区在中国工业格局中的地位呈现出不断下降的趋势,东北地区的下降十分显著。1952—2020 年我国不同地区工业总产值占比变化如表 12-5 所示。

表 12-5　1952—2020 年我国不同地区工业总产值占比变化　　　　(%)

地区	1952年	1965年	1970年	1978年	1982年	1987年	1992年	1997年	2002年	2007年	2015年	2020年
东北地区	20.65	21.02	19.20	16.24	15.40	13.46	10.53	7.43	8.62	8.04	6.06	4.96
东部地区	54.16	47.84	48.31	49.15	49.67	52.40	58.24	60.27	66.81	63.94	57.93	57.59
西部地区	11.78	15.35	15.70	16.87	16.03	14.93	13.76	11.69	11.01	12.11	14.51	16.64
中部地区	13.41	15.79	16.79	17.74	18.90	19.21	17.47	20.61	13.56	15.91	21.50	20.81
南方地区	53.00	50.14	48.78	51.04	53.77	56.77	59.38	63.13	61.37	58.16	59.05	66.22
北方地区	47.00	49.86	51.22	48.96	46.23	43.23	40.62	36.87	38.63	41.84	40.95	33.78

资料来源:历年《中国工业统计年鉴》。由于 2015 和 2020 年缺乏产值数据,故采用营业收入指标代替,下同。

二、中国服务业空间布局差异

(一) 东西差异相对较小,东北地区衰退明显

20 世纪 90 年代以来,东、中、西及东北地区在全国服务业发展格局中呈现出差异化的

特征，东、中、西部地区之间的差异相对较小，东北地区呈现出非常显著的衰退趋势，在全国服务业分布格局中的地位下滑明显。

具体看来，1990—2010年东部地区服务业处于快速的发展之中，这主要得益于东部地区的制造产业快速发展，带动为生产配套的服务业也快速发展，使得东部地区的服务业在全国的占比快速上升。尤其是1990—2000年间上涨的幅度较大，由1990年的49.16%上涨至57.1%，而2000—2010年则仅上涨了3个百分点。1990—2010年，中西部及东北地区服务业在全国的占比则呈现出不同程度的下降趋势，其中，中部地区服务业在全国的占比由21.22%下降至16.11%；同时，可以发现1990—2000年和2000—2010年的两个十年中，服务业在全国的下降份额相当。西部地区则呈现波动下降的趋势，1990—2010年西部地区服务业在全国的占比由20.02%下降至16.21%，不过1990—2000年下降的幅度相对较大，而2000—2010年又出现小幅度的上涨。反观东北地区，其服务业在全国的占比处于逐步下降的趋势，1990—2010年由9.6%下降至7.41%，下降了2个百分点。到2020年，东部地区的服务业在全国的占比呈现出一定份额的下降，由2010年的60.27%下降至2020年的56.79%。然而，中西部的服务业在全国的占比均得到了一定的提升。2010—2020年，中部地区的服务业在全国的占比由16.11%上升至20.01%，西部地区的服务业在全国的占比由16.21%上升至18.74%。这主要是由于东部地区的产业向中西部内陆地区转移，中西部地区也在吸引服务业向当地布局。东北地区的服务业在全国的占比呈现继续下降的趋势，由2010年的7.41%下降至2020年的4.46%，可见东北地区在全国产业格局中的地位在不断下降。

（二）南北差异较为突出，呈现不断扩大趋势

1990—2020年，南北方服务业分布差距也在不断凸显，虽然呈现出一定的"升、降、升"波动特征，但是总体差距在不断扩大。具体而言，1990—2020年南北方地区的服务业在全国的占比差距在逐步扩大，1990年南方地区服务业增加值占全国的比重为56.5%，到2000年上升至61.19%；同期，北方地区服务业增加值占全国的比重由43.5%下降至38.81%。2000—2010年，南北方地区之间的差距有所缩小，2010年南方地区服务业增加值占全国的比重为59.18%，而北方地区服务业增加值占全国的比重为40.82%。然而，到2020年南北方地区之间的差距又进一步扩大，南方地区服务业增加值占全国的比重为65.87%，而北方地区服务业增加值仅占34.13%，这也说明全国的服务业在进一步向南方地区集中布局。1990—2020年不同地区服务业增加值占全国服务业增加值的比重变化如表12-6所示。

表12-6　1990—2020年不同地区服务业增加值占全国服务业增加值的比重变化　（%）

地区	1990年	2000年	2010年	2020年
东北地区	9.60	9.09	7.41	4.46
东部地区	49.16	57.10	60.27	56.79
西部地区	20.02	15.27	16.21	18.74
中部地区	21.22	18.54	16.11	20.01
南方地区	56.50	61.19	59.18	65.87
北方地区	43.50	38.81	40.82	34.13

资料来源：历年《中国统计年鉴》。鉴于国家统计数据的可获取性，选取交通运输、仓储和邮政业、批发和零售业、住宿和餐饮业、金融业、房地产业五个行业的数据，下同。

1990—2020 年，中国服务业主要集中在"胡焕庸线"东侧省区市，中西部地区、东北地区的省区市在全国服务业格局中的份额较低。同时，北方地区省份的服务业在全国的占比较低，且呈现出不断被南方省市取代的发展趋势。具体来看，1990 年服务业占比在全国排名前 5 位的省市是广东、四川、江苏、上海和浙江，排在 6～10 五位的省市是河南、辽宁、河北、山东和天津，南北方地区均有 5 个省市排在全国前 10。其中，广东省的服务业在全国占比最高，达到 10.01%；到 2000 年，广东省的服务业在全国占比仍旧处于第 1 位，达到 11.15%。同时，江苏上升至第 2 位，占比达到 8.86%；北方省市仅有山东挤入全国第三位，占比达到 8.47%，而其余北方省市如辽宁、河北和河南的服务业在全国的占比仍旧排在全国 6～9 名；2010 年排名前十的各省市变化较小，北京跻身全国第 6 位，北方省市服务业在全国的占比仍旧较低。2020 年，我国服务业进一步向南方省区市集中，北方地区仅剩山东、河南和北京，这 3 个省市的服务业在全国的占比分别排在第 3、第 6 和第 7 位。1990—2020 年服务业占全国比重的前十大省市如表 12-7 所示。

表 12-7　1990—2020 年服务业占全国比重前 10 大省市　　　　　　　　（%）

排名	省份	1990 年	省份	2000 年	省份	2010 年	省份	2020 年
1	广东	10.01	广东	11.15	广东	11.65	广东	11.60
2	四川	7.39	江苏	8.86	江苏	10.41	江苏	10.64
3	江苏	6.43	山东	8.47	山东	8.84	山东	7.47
4	上海	6.01	上海	7.01	浙江	7.33	浙江	6.79
5	浙江	5.28	浙江	6.38	上海	5.95	上海	5.55
6	河南	5.27	辽宁	4.89	北京	5.18	河南	4.73
7	辽宁	5.26	河北	4.67	河北	4.34	北京	4.44
8	河北	4.99	福建	4.57	辽宁	3.87	四川	4.39
9	山东	4.84	河南	4.24	河南	3.80	福建	4.21
10	天津	4.08	湖北	4.01	福建	3.49	湖北	3.81

资料来源：历年《中国统计年鉴》。

三、中国产业布局的成因机制

中国产业的空间布局与动态演化是不同地区内部各种经济、社会、文化、制度和政治等因素综合作用的结果。任何单一因素并不能完全解释现实世界中的产业区位现象，自然优势和集聚经济共同决定产业区位。但是，随着中国渐进式的改革过程，制度和政策因素对产业区域分布也起到了关键性的作用。

一方面，在计划经济时代，全国的产业布局主要由国家进行综合布局与调配；从计划经济向社会主义市场经济的转变过程中，市场机制成为资源分配的根本手段，比较优势和区位优势逐步引导我国产业的重新布局与区位选择（贺灿飞，胡绪千，2019）；同时，中央向地方下放经济决策权和财政权，央－地分权关系使得地方政府在产业发展方面可以发挥更多的介入作用，影响产业的空间布局。另一方面，在经济全球化背景下，积极参与全球贸易分工，引进外资与中外合作提升了比较优势和竞争优势对产业区位的影响，进一步促进产业向具有地理区位优势的沿海地区集中（贺灿飞，胡绪千，2019）。伴随沿海地区产业的快速发展，促进地方经济增长的同时也在促进地方的城市化进程；同时，城市化集聚效应会强化地方比较优势，进而吸引产业向城市化较高的沿海地区集聚。然而，随着产业发展与城市化的推进，沿海地区的产业结构也在不断调整，加之沿海地区各种生产要素成本的上涨，也在驱动着产业区位重新选择。

因此，中国的产业布局是自然条件、全球化、市场化、分权化、城市化及国家战略导向综合作用的结果。

（一）自然条件促成了中国产业布局的基本现状

内陆地区的地形、气温、降水等自然地理环境决定了该地区对人口与经济开发的承载力有限。而东部沿海地区地形平坦且气候条件优越，人口与经济开发的承载力较高，具有较好的经济发展基础。中西部地区尤其是西部地区深处内陆，距离国外市场较远，运输成本较高，对外通道不顺畅，导致接受发达地区的产业辐射作用较小。而东部地区与外界联系方便，很多现代化的工业和服务业最先受到国外的影响。正是这些产业发展的自然禀赋的基础差异，构成了中国产业空间布局的基本形态。

（二）全球化重塑了中国产业的空间布局

改革开放以来，中国逐步成为全球工业品消费市场的主要供应者和生产加工基地，大大提高了国家经济的外向性。外商投资的区位选择在很大程度上决定了我国产业的空间分布特征。但因不同地区所具备的地理区位和对外开放程度上的差异，开放程度高、开放时间早的东部沿海各省区市的经济外向性大大高于中西部各省区市，这进一步促使产业向地理区位较好的沿海地区集中。特别是劳动密集型产业，受外资主导高度集中于东部沿海地区。中西部地区对外联系不便，导致这些地区很难获得新产业发展的机会。然而，2008年国际金融危机后，外向型经济区域内部的产业空间重构与经济转型，劳动力、土地等要素成本上升迫使大量劳动力密集型企业转向低成本的中西部地区，重塑中国的产业空间布局。

（三）市场化改变了中国产业的空间布局

改革开放以后，中国逐步由计划经济体制向市场经济体制转轨，市场机制成为资源分配的根本手段，政府对产业布局由完全计划管理转向计划引导的市场调节与宏观调控。新贸易理论和新经济地理学理论认为规模经济是影响产业集聚的重要因素，企业倾向于集聚在市场潜力较大的地区。中国的改革开放具有时间和空间上的渐进性，导致不同地区和不同产业的市场化程度存在显著的差异，进而影响不同地区和产业的空间集聚。从宏观角度看，中国的市场化进程为比较优势和集聚经济作为产业集聚驱动力创造了条件。东部沿海地区相比中西部地区更具有比较优势和区位优势，进一步强化沿海发达地区的产业集聚优势，扩大了我国东西部地区与南北方地区的产业发展差距，从而加大了中国产业空间布局的非均衡趋势。

（四）分权化影响了中国产业的空间布局

中国经济转型伴随着经济决策权和财政权的下放。经济权力下放，尤其是财政分权，极大地提升了地方政府的自主决策能力。权力下放会触发激烈的区域间竞争，导致地方政府在制定产业政策时采取相互模仿战略（Thun，2004）。基于经济发展绩效的地方政府官员评估体系、适度的地方自主权、财政激励制度及预算硬约束等共同造成地方政府在产业发展方面跟随领先者，发展与领先地方相似的产业，从而加速地方经济增长与产业发展，导致中国产业分散化布局。更进一步，地区分权导致了地方市场隔离和生产要素配置扭曲，造成激烈的区域竞争和国内市场分割，降低了中国产业地理集中程度。

（五）城市化推动了中国产业的空间布局

规模较大的城市可以提供种类充足的中间产品和最终产品，使企业从城市化经济中获得越来越多的回报。这意味着企业将会集聚在城市化水平较高的地区，共享各种相关或不同的中间投入，获得商品和服务交易高效率，进而提高企业生产率。企业在城市中的不断集聚的结果是推动城市规模不断增长。为了接近大市场和追求集聚效益，经济活动会逐渐向大中城市集聚，大量劳动力由农村流向城市，受过良好教育的劳动力更是向大城市集中，这种优势资源的集聚推动城市化水平高的沿海地区经济的快速增长，从而拉大我国不同地区的产业发展差距。然而，随着东部沿海地区的城市化进入成熟阶段，劳动力、生产资料、土地成本上升或资源供给能力下降使得产业开始转移，推动中国产业布局出现新的变化。

（六）国家战略导向调控了中国产业的空间布局

我国的产业发展过程中，中央政府的战略决策起到了关键性的作用，尤其是计划经济时代，国家先后将产业重点布局在东北、"三线"等地区，调控了建国初期的产业格局。改革开放后，产业布局也采取了倾斜式的发展思路，将工业发展重点向基础好的沿海地区倾斜。20世纪90年代，国家投资布局和政策支持的重点主要集中在沿海地区，加快了沿海地区率先发展的步伐，加速了中国工业经济融入全球产业体系的进程。但是，随着国家战略规划的调整，我国产业布局的东西差异与南北差异问题逐渐凸显。鉴于此，一方面，国家继续发挥沿海地区在外向型、生产加工基地上的优势，实施"T"发展战略，鼓励东部地区和长江经济带率先发展；另一方面，针对各地区实际情况，国家先后推出了"西部大开发战略""实施东北地区等老工业基地振兴战略""促进中部地区崛起战略"，以及"一带一路"倡议、"双循环"战略等，鼓励推动东部沿海地区的产业向中西部地区投资和转移，推动中国区域经济的协调发展，缩小我国不同地区产业发展的差距。

第五节　产业集群

一、产业集群相关主要概念

（一）产业集群

地区内相互联系的关联企业、专业化供应商、服务商及相关的制度聚集在一起，通过产业之间的相互联系，强化产业集聚与专业化生产，进而提升企业效益和产业竞争力（Porter，

2000）。产业集群作为产业演化过程中的一种地域现象，不仅普遍存在于经济发展水平不同的国家和地区，也存在于不同的产业类型中，可以形成专业化的生产协作网络，从而获得其他组织难以比拟的竞争优势。产业经济活动的演变过程是存在路径依赖的，企业会选择在产业上具有相关性的地区进入，以获得大量潜在的有经验的企业家（Boschma，Frenken，2011）。可通过设置企业进入和退出机制，使得某类或几类产业在某个地区实现自我强化和发展，形成专业化的企业集聚，进而推动产业集群的形成。现有研究中，测算产业集群的方法主要有区位熵法、因子分析法、等级聚类法、里昂惕夫逆矩阵法、图谱分析法等。

（二）产业集聚

产业集聚主要是研究整个经济的集中形态，考察所有产业在空间上的集中分布形态，其核心体现了产业与空间之间的关系（陈良文，杨开忠，2006；Kopczewska，et al.，2017）。产业在特定地区的集聚主要是为了获得专业化的中间投入、技术熟练的劳动力、共享基础设施和面对面的交流（Marshall，1890；Coe，et al.，2019）。由于处理空间单元的差异，具体的测算方法便分为两种方法。一种为独立单元的集聚指数，即将整体的单元划分为具体的亚单元进行研究，如以不同国家、城市、县级或乡镇为尺度来分析不同单元制造业的份额占比，考察集聚状况（Franceschi，et al.，2009）。另一种为基于聚类的连续单元集聚指数，即将整个研究区域看作一个整体，利用企业地址信息来展示产业的空间分布情况，如核密度分析、点密度分析等（Kopczewska，et al.，2017）。

（三）产业集中

产业集中主要是指产业的地理集中状态。产业集中和分散是市场垄断程度高低的反映。衡量产业集中度的指标之一是绝对集中度，即该产业中前几位大企业的产量之和占该产业总产量的比重。产业的地理集中度反映的是产业在空间上的集中程度。例如，意大利的毛纺织工业集中分布在两座城市——比拉和普拉托，丹麦的风车工业集中在海尔宁。测算产业的地理集中程度需要产业-区域数据，即每个产业在各个区域内的规模，如就业或产值，区域内产业数据的统计通常是按照行政单元进行统计的。已有研究中采用了大量衡量总体产业地理集中度的系数，包括赫芬达尔系数、赫希曼-赫芬达尔系数、胡弗系数、信息熵系数、锡尔系数和基尼系数等。

以上三个概念存在一定差异。产业集聚是产业集中的高级阶段，主要考察某些相同或相似产业在空间上的聚集程度，主要强调同类产业可以通过集聚来获得集聚经济，其在空间上表现为产业的地理集中。产业集中主要是分析产业的集中程度或空间上的分布形态，主要考虑在某个产业中，某一区域在整个地区中所占的份额大小，而份额大小的差异可能是少数几家市场份额多的企业引起的，也可能是多家企业占的市场份额多引起的，产业地理集中主要是产业空间集聚引起的。产业集群是产业集聚发展的目标，是可以衡量一个地区产业竞争力的核心指标，不仅考虑相同或相似产业的聚集，还将辅助配套、金融机构、科研机构、政府机构等行为主体形成紧密的产业生态圈。同时，产业集群可以将很多集聚的产业关联到一起，如新能源汽车产业集群，可以是橡胶产业集聚、有色金属产业集聚、新能源电池产业集聚、零部件配套产业集聚等多个不同类型集聚产业构成的大产业集群。

二、产业集群主要理论

(一) 竞争优势理论

竞争优势理论或波特产业集群理论,其核心是探讨在全球化知识经济的环境下地理集中如何成为区域、国家竞争优势的来源。波特(Porter,1990)所提出的钻石模型(要素条件、需求条件、相关及支撑产业、企业战略和结构及竞争、政府、机遇)是对该问题的初步解答,其基本机理是:地理集中造成国内竞争压力,使"钻石六要素"成为一个动态系统,国内企业创新能力由此提升,最终国家竞争力增强。之后,波特(Porter,1998a)总结了集群影响竞争的3种方式:增加区域企业生产力、驱动企业创新的方向和步伐、刺激集群内新业务的形成。这些理论都仅限于质性论述,直到2003年波特才量化检验集群对区域经济绩效(以工资、工资增长、就业增长、专利率为指标)的影响(Porter,2003)。竞争优势理论以知识的创造和同化为竞争基础,尤其注重政府和制度对集群的影响。

(二) 新产业区理论

新产业区理论主要针对后福特时代探讨区域经济为何重要及如何发展的问题,是用来研究中小企业如何发展的代表性理论。政治经济学家皮奥里等人(Piore, et al.,1984)发现,资本主义已经发生转变,进入后福特时代,区域经济要想取得持续增长,需要采取柔性专业化生产方式(以中小企业为主体,加深劳动力分化,进行小批量多品种生产以满足多个细分市场的需要)。基于柔性专业化生产方式,新产业区理论把人力关系作为研究基础(Storper,1997),主张机构、行业组织、企业等行为者间的信任和协作,斯托珀(Storper,1995)称之为非贸易性相互依赖;或者说,机构性基础设施和集体行为者,是区域发展的关键。区域文化、制度同样影响区域经济,尤其是其演化(Pyke, et al.,1990;Saxenian,1994)。例如,硅谷和波士顿128号干线经济发展出现差异的根本原因在于:硅谷在无意中发展了一种分散的、基于网络的工业文化,位于硅谷的这些高度专业化、相互依赖的公司高度重视彼此之间的实验、合作和集体学习,这使得它们在面临市场变化和技术挑战时能快速反应,避免倒闭的危机;而波士顿128号干线被一些大型自给自足的公司所控制,这些公司既不能也不愿意与区域经济互动,最终在快速变化的市场中被其他区域的后来者淘汰(Saxenian,1994)。

(三) 演化经济地理理论

演化经济学范式强调人的能动性、认知的多样性和自由裁量的可能性对于集群演化的作用(Staber,2010),并提出了多维邻近性研究框架,利用认知邻近性、组织邻近性、社会邻近性、制度邻近性、地理邻近性等因素探究集群网络的形成机制。Boschma(2005)认为,地理邻近既不是集群本地学习的必要条件,也非充分条件(Boschma,2005)。甚至还存在邻近性悖论,即邻近性与集群内部网络主体的创新绩效之间呈倒"U"形关系(Broekel,Meder,2008)。在分阶段讨论集群空间布局演化过程时一般选择集群生命周期模型为研究方法(Menzel, et al.,2010)。由于该模型更加强调研究对象是集群,在划分集群发展阶段、分析不同阶段演化的内生性作用机制上更有优势。利用该模型所得结论可总结为:极少集群遵循固定发展阶段，有些集群一直保持在增长阶段（如硅谷），有些集群走向衰退（如波士顿128号干线），有些集群则在衰退后复苏（如马尔凯区由手风琴业转变为电子业）。

（四）关系经济地理理论

关系经济地理学范式从空间视角探讨互动、组织、演化、创新四个方面如何决定产业集群的发展，提出了集群的形成与发展具有根植性、情境性、或然性、路径依赖性四大特征。关系经济地理学范式在一定程度上整合了新区域主义范式、曼彻斯特学派范式和演化经济地理学范式三大研究范式（滕堂伟，2015）。本地联系与集群间合作均有利于企业获得关键知识和重要资源。忽视集群间合作的集群分析视角是有局限性的，特别是产业集群的本地合作网络可能阻碍企业对外学习，并减少创新机会（Glückler，2014）。为维持竞争优势，集群企业需要跨越区域边界，与本地以外的资源、市场、伙伴建立联系（Morrison，et al.，2013）。集群企业为了与行业动态同步，趋于与类似或相关行业、技术的集群产生合作（Turkina，et al.，2016；Turkina，2018）。地方集群广泛地与其他集群产生合作，成为一个嵌入更大的"全球集群网络"中的网络节点，从而产生全球集群网络（Bathelt，Li，2014）。产业集群领域的知识结构如图12-1所示。

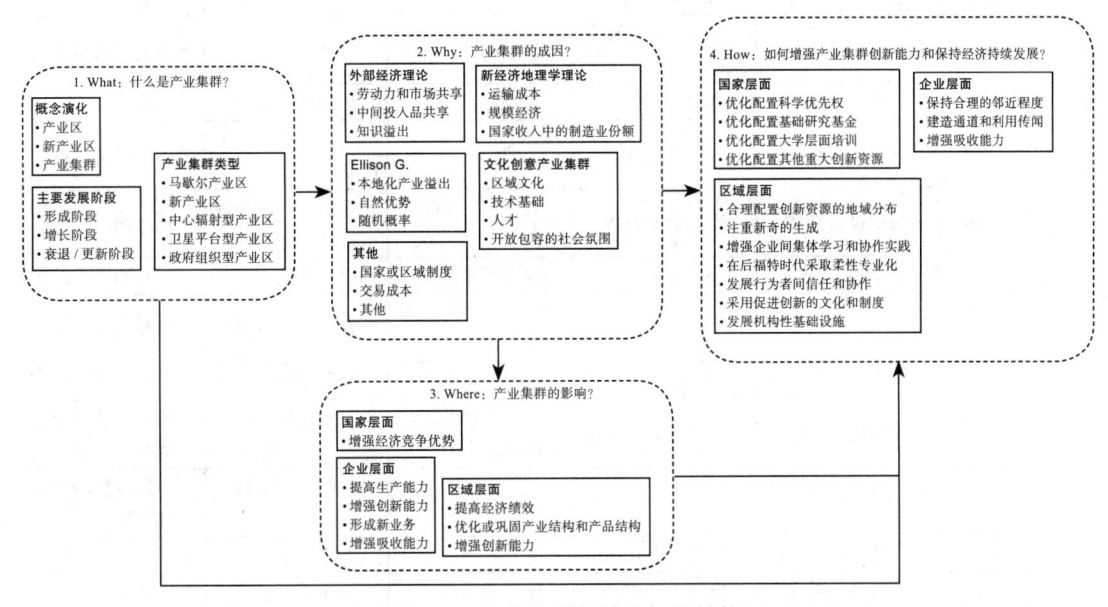

图 12-1　产业集群领域的知识结构

资料来源：汪秀琼，陈海鹰，吴小节. 产业集群研究的知识结构及主题演化 [J]. 热带地理，2021，41（1）：190-205.

三、产业集群的空间特征与成因

（一）产业集群的空间特征

参考沈体雁等人（2021）关于中国国家标准产业集群的测度方法，依据国家标准产业集群分类将企业数据汇总至省级尺度，并通过计算地方产业集群的区位熵（基于就业人口规模），得到各省区市生产专业化或集中化程度最高的5类国家标准产业集群，以进行省市区间对比（见表12-8）。

表12-8 中国各省区市排名前五的产业集群分布

地区	省份	NO.1	NO.2	NO.3	NO.4	NO.5
东部	北京	出版	金融服务	信息服务	城市公共交通服务	电影电视制作
	天津	物流运输服务	石油开采加工	文体用品制造	汽车及摩托车制造	金属制品制造
	河北	金属矿产采选	金属冶炼及加工	铁路设备制造	橡胶制品	非金属矿物及耐火材料
	山东	畜禽屠宰及加工	橡胶制品	水产养殖及加工	农业专用设备制造	农业用品及农产品批发
	江苏	船舶制造及修理	仪器仪表制造	电子信息设备制造	照明及电气设备	纺织
	浙江	日用杂品制造	纺织	制鞋	家用器具制造	皮革制品
	上海	物流运输服务	城市公共交通服务	食品及其他产品批发运输	商务服务	信息服务
	福建	制鞋	日用杂品制造	皮革制品	水产养殖及加工	服装制造
	广东	家用器具制造	电子信息设备制造	皮革制品	文体用品制造	通信设备制造
	海南	旅游	木材生产及制造	水产养殖及加工	休闲娱乐服务	房地产
中部	山西	煤炭开采加工	石油开采加工	畜牧饲养	农业生产及相关产品	铁路设备制造
	河南	通信设备制造	畜禽屠宰及加工	农业专用设备制造	非金属矿物及耐火材料	食品加工
	安徽	烟草加工	环境服务	煤炭开采加工	服装制造	工矿和工程建筑
	湖北	水产养殖及加工	非金属矿产采选	汽车及摩托车制造	食品及饮料零售	酒及饮料制造
	江西	非金属矿产采选	化学原料及产品	医疗设备制造	交通运输服务	木材生产及制造
	湖南	铁路设备制造	非金属矿产采选	化学原料及产品制造	公共管理和社会组织	非金属矿物及耐火材料
西部	重庆	汽车及摩托车制造	保险	交通运输服务	农业生产及相关产品	建筑材料制造和建筑安装
	四川	酒及饮料制造	畜禽屠宰及加工	电力生产	铁路设备制造	家具制造
	陕西	铁路设备制造	电力生产	煤炭开采加工	石油开采加工	旅游
	云南	烟草加工	金属矿产采选	煤炭开采加工	农业生产及相关产品	非金属矿产采选
	贵州	烟草加工	煤炭开采加工	酒及饮料制造	非金属矿产采选	公共事业服务
	广西	木材生产及制造	非金属矿产采选	电力生产	畜牧饲养	金属矿产采选
	甘肃	畜牧饲养	石油开采加工	公共管理和社会组织	电力生产	公共事业服务
	青海	畜牧饲养	公共管理和社会组织	金属矿产采选	农业生产及相关产品	交通运输服务
	宁夏	电力生产	石油开采加工	煤炭开采加工	金融服务	畜牧饲养
	西藏	公共管理和社会组织	电力生产	电影电视制作	旅游	金属矿产采选

（续）

地区	省份	NO.1	NO.2	NO.3	NO.4	NO.5
西部	新疆	石油开采加工	农业生产及相关产品	畜牧饲养	公共管理和社会组织	交通运输服务
	内蒙古	金属矿产采选	煤炭开采加工	非金属矿产采选	畜牧饲养	电力生产
东北	辽宁	石油开采加工	金属矿产采选	铁路设备制造	水产养殖及加工	通用设备制造
	吉林	生物医药	木材生产及制造	农业生产及相关产品	畜牧饲养	畜禽屠宰及加工
	黑龙江	木材生产及制造	农业生产及相关产品	铁路设备制造	煤炭开采加工	烟草加工

资料来源：沈体雁，李志斌，凌英凯，等. 中国国家标准产业集群的识别与特征分析[J]. 经济地理，2021，41（9）：103-114.

东部地区以机械设备制造产业集群和都市型产业集群为主，如电子信息设备、仪器仪表、日用杂品制造等。其中，北京和上海这两大核心城市的产业集群存在较强的相似特征，以高级生产性服务业产业集群为主，如信息服务产业集群、城市公共交通服务产业集群均是两市的主导产业集群。广东和江苏以机械设备制造业为主，广东以家用器具制造、电子信息设备制造、通信设备制造等产业集群为主，江苏以电子信息设备制造、仪器仪表制造、照明及电气设备制造等产业集群为主。天津、河北以金属制品、金属冶炼及加工等产业集群为主；山东以农产品与农用设备等产业集群为主；浙江、福建以日用品、纺织、服装、制鞋、皮革制品等产业集群为主；海南以初级产品加工和旅游、休闲娱乐及房地产等产业集群为主。

中部地区以农产品加工、矿产品采掘及粗加工、机械设备制造等产业集群为主，体现出较强的资源型初级产品加工制造特征，同时装备制造产业集群也发展较好。具体来看，山西以煤炭开采、农牧业产品加工、铁路设备制造等产业集群为主；河南则以通信设备制造、农业专用设备制造、非金属矿物及耐火材料等产业集群为主；安徽以烟草加工、环境服务、煤炭开采加工等产业集群为主；湖北以水产养殖及加工、非金属矿产采选、汽车及摩托车制造等产业集群为主；江西以非金属矿产采选、化学原料及产品、医疗设备制造等产业集群为主；湖南以铁路设备制造、非金属矿产采选、化学原料及产品制造等产业集群为主。

西部地区以农牧业产品、矿产资源、矿物原料、电力能源及烟草加工等原料加工型产业集群为主，体现了较强的资源型产业集群为主的发展特征，重工业产业集群缺乏。陕西、贵州、云南、青海、甘肃、宁夏、新疆、内蒙古等西部省区市表现出非常显著的矿产资源开采及加工、农牧产品加工、电力生产、烟草加工等基于地方资源禀赋基础的产业集群发展特征。重庆以汽车及摩托车制造、保险、交通运输服务等产业集群为主；四川以酒及饮料制造、畜禽屠宰及加工、电力生产、铁路设备制造等产业集群为主；西藏以公共管理和社会组织、电力生产、电影电视制作、旅游、金属矿产采选等产业集群为主；广西以木材生产及制造、非金属矿产采选、电力生产等产业集群为主。

东北地区以农副产品加工、资源原料及现代装备制造等产业集群为主。具体来看，辽宁以石油开采加工、金属矿产采选、铁路设备制造、水产养殖及加工及通用设备制造产业集群为主；吉林以生物医药、木材生产及制造、农业生产及相关产品、畜牧饲养、畜禽屠宰及加工产业集群为主；黑龙江以木材生产及制造、农业生产及相关产品、铁路设备制造、煤炭开采加工、烟草加工产业集群为主。

（二）产业集群的形成动力

1. 外部经济效应

集群区域内企业数量众多，从单个企业来看，规模也许并不大，但集群内的企业彼此实行高度的分工协作，生产效率极高，产品不断出口到区域外的市场，从而使整个产业集群获得一种外部规模经济。

2. 空间成本的节约

空间交易成本包括运输成本、信息成本、搜寻成本、交易合同的谈判成本与节约成本。产业集群内企业地理邻近，容易建立信用机制和相互信赖的关系，进而大大减少机会主义行为。集群内企业之间保持着一种充满活力、灵活性高的非正式关系。在一个快速变化的动态环境里，这种产业集群现象相对垂直一体化安排和远距离的联盟安排，可以提高整个地区产业的发展效率。

3. 学习和创新效应

产业集群可为培育企业学习能力与创新能力提供良好的环境。企业彼此邻近，在激烈的竞争环境下，不甘心落后于其他企业，迫使企业不断进行工艺创新、产品创新、技术突破和组织管理创新。一家企业的知识创新很容易外溢到区内的其他企业，这种创新的传导效应是产业集群获得竞争优势的一个重要原因。

（三）中国产业集群的研究与反思

1. 中国产业集群的研究

中国在 20 世纪 90 年代开始对集群研究进行跟踪。1999 年，仇保兴的《小企业集群研究》出版；2001 年，王缉慈等人的《创新的空间》一书问世；2002 年年底，中国软科学研究会主办的全国"产业集群与中国区域创新发展"研讨会在宁波召开，这些都加速了集群研究的进展，中国学者对产业集群进行了广泛的实证研究。

很多国内学者探讨了中国产业集群的成因机制。首先，从新古典经济学视角出发，认为集群存在的最大动力是可以改善内部企业的供给和需求条件，完善区域内的资源配置，影响企业间的合作关系，促进其完成协同演化，从而增强企业和区域的竞争力（梁琦，2004；卢彩梅，梁嘉骅，2009）。其次，基于交易成本理论解释中国产业集群的形成动力，如盖启华和朱华晟（2001）将中国产业集群的形成动力概括为交易成本较低、获得外部经济、增强创新功能。何雄浪（2006）研究发现，产业集群可以显著降低资产专用性所带来的不确定性风险。

集群的发展与创新主要体现于：研究东南沿海地区的出口型产业集群如何从大规模的标准化生产模式转变为个性化的高效弹性专精生产模式（王辑慈，2009），如何从低技术的加工业升级为高技术的创新集群，如何从代工模式（OEM）升级为拥有自主品牌的集群（OBM）（康志勇，2009）。研究发现，集群的升级需要依托集群内部属性，如技术能力、创新能力、外向关联、社会资本和创新系统，以及企业间的组织结构和分工体系（张杰，刘东，2006）。

此外，还有研究关注全球价值链视角下的中国集群升级，发现价值链驱动类型、层级治理模式及产业集群在全球生产网络中的位置都会显著影响产业集群的升级能力和模式。

2. 中国集群研究的反思

以往研究仅关注集群与经济发展的问题，亟须展开环境治理、利益相关者管理等与生态、社会诸多方面紧密相关的研究，以促进中国五位一体总体布局战略目标的实现。中国学者还需要深入思考集群对其他学科理论的吸纳问题。

对服务业、新兴市场和欠发达市场的共同重视起步较晚，导致这方面的研究还有很大拓展空间。中国产业集群研究领域目前存在着对服务业重视不足、过于关注自身市场的问题，未来研究可以考虑增加对旅游、物流等服务业在创新、区域发展等方面特性的揭示，也可以考虑与其他新兴市场或欠发达市场进行比较研究。

深入探讨更多可能的集群类型。既有的集群类型学成果主要基于发达市场中的制造产业进行阐述，而在其他市场和服务业的情境下既有的类型划分是否依然适用还有待深入探讨。中国的整体经济处于转型期，探讨中国集群的类型特点具有较高的理论价值（汪秀琼等，2021）。

创新集群是地方要素协同作用的产物，是长期自发形成的，主要由市场推动。集群的发展要靠自下而上的内生动力，自上而下的政府干预有可能助力这种协同作用的实现。政府充当中介的作用主要在集群形成的初期，当集群发展到一定规模时，要发挥社会中介组织的作用，尤其要重视行业协会作用。当下，有些地方试图将兴建产业园区来视同发展产业集群，或者把集群培育的希望寄托于园区建设之上。集群可能在园区的基础上发展，但这需要较长的时间。产业集群不仅要重视企业的地理邻近，更要增强产业联系。

❖ 本章小结

本章主要从相关理论出发，结合中国发展实际，对产业布局和产业集群涉及的主要内容进行了重点分析与梳理。首先，从产业布局的基本理论出发，梳理了影响产业布局的古典、新古典和现代工业区位论，并从空间经济学理论中的共享、匹配和学习机制方面介绍了影响产业布局的经济学基础。其次，重点介绍了产业布局的指向性、原则与规律，并从历史维度大致梳理了新中国成立以来产业空间布局策略的总体进程和新近特征，以便读者将产业布局的理论和中国产业空间布局的具体策略相联系。再次，本章又从区位因素、自然因素、社会经济因素、人口因素和科技因素五个方面分析了影响产业布局的主要影响因素。更进一步，利用相关的经济统计数据，介绍了1952年以来中国工业、服务业空间布局的东西差异、南北差异，并从自然条件、全球化、市场化、分权化、城市化、国家战略导向方面综合分析了中国产业布局的成因。产业在空间上的地理集聚，会通过产业上下游关系形成产业集群，对经济增长、创新产出的作用巨大。因此，本章在最后一节主要介绍了产业集群的主要概念和相关理论，在此基础上分析了中国产业集群的空间特征和成因，并对中国产业集群的研究进行了反思，综合对产业布局和产业集群予以分析，以期读者对产业布局和集群的主要内容有更深程度的理解与认知。

推荐阅读

[1] DURANTON G, PUGA D. Micro-foundations of urban agglomeration economics[M]// HENDERSON V, THISSE J F. Handbook of regional and urban economics. Amsterdam: North-Holland, 2004.

[2] SALA-I-MARIN X. Regional cohesion: evidence and theories of regional growth and convergence[J]. European economic review, 1996, 40(6): 1325-1352.

[3] KRUGMAN P. Geography and trade[M]. Cambridge, Mass: MIT Press, 1991.

[4] VENABLES A J. The International division of industries: clustering and comparative advantage in a multi-industry model[J]. The scandinavian journal of economics, 1999, 101(4): 495-513.

[5] SWANN G M P, PREVEZER M, STOUT D. The dynamics of industrial clustering[M]. Oxford: University Press, 1998.

[6] 勒施. 经济空间秩序：经济财货与地理间的关系[M]. 王守礼，译. 北京：商务印书馆，1995.

[7] 奥林. 地区间贸易和国际贸易[M]. 王继祖，等译. 北京：首都经济贸易大学出版社，2001.

[8] 胡安俊. 产业布局原理：基础理论、优化目标与未来方向[M]. 北京：中国社会科学出版社，2021.

[9] 沈体雁，李志斌，凌英凯，等. 中国国家标准产业集群的识别与特征分析[J]. 经济地理，2021，41（9）：103-114.

[10] 汪秀琼，陈海鹰，吴小节. 产业集群研究的知识结构及主题演化[J]. 热带地理，2021，41（1）：190-205.

[11] 贺灿飞. 高级经济地理学[M]. 北京：商务印书馆，2021.

[12] 林柄全. 集群间合作对企业选址及生产率的影响研究[D]. 上海：华东师范大学，2020.

思考与练习

1. 如何理解企业区位选择与产业空间布局之间的内在联系？
2. 产业布局的理论演变过程是怎样的？
3. 企业区位选择与产业布局是否存在指向性？
4. 如何理解产业发展与区域发展的统一？产业与区域两者之间的关系如何体现？
5. 产业布局的原则、战略如何与区域经济发展的阶段相结合？
6. 产业布局是否存在一般规律？如果存在，在信息经济条件下，又如何理解这一规律？
7. 试用产业布局的理论来解释我国的园区经济现象。
8. 我国产业空间布局的演化存在什么规律？
9. 为什么中国产业布局的南北差异越来越突出，如何推进产业协调发展？
10. 中国不同地区之间的产业集群有什么相同与相异之处？
11. 试阐述在生活中看到的产业集群，分析这些产业集群的特点与变化。

第十三章
CHAPTER 13

产业关联

可以认为一个国家的经济活动可以被视作一个庞大的会计系统。"投入产出"分析实质上是利用经济各部门之间商品和服务流量的相对稳定形态，把整个体系的详尽得多的统计事实置于经济理论的控制之内。因此，这种方法不得不等到现代化的高速计算机出现以后，等到政府和私人机构像现在这样热衷于积累大量的资料以后，才开始使用。这种把经济事实更密切地同理论相结合的方法可使两者都能够有效地进步。

——瓦西里·里昂惕夫

社会化大生产中，各产业间通过要素市场和产品市场广泛发生联系。本章简要介绍了产业关联的具体方式，利用投入产出基本原理，重点讨论了在产业体系中特定产业的消耗系数、中间投入与需求率、波及系数等的计算方法，从"量"的角度考察国民经济产业间"投入"与"产出"的量化比例关系，主要介绍产业关联分析的方法、基本工具和主要内容。

第一节 产业关联概述

一、产业关联的内涵与理论渊源

（一）产业关联的内涵

产业关联是指经济活动中不同产业之间投入品和产出品相互运动形成的广泛、复杂和密切的技术经济联系。这种投入品和产出品可以是有形产品，也可以是无形产品。这种技术经济联系形式可能以实物形态或价值形态呈现。与产业结构理论相比，产业关联理论侧重从"量"的角度考察国民经济各产业部门之间的技术经济联系方式与联系程度。由于实物形态的联系难以用计量方法准确衡量，而价值形态的联系易于从量化比例的角度来进行研究，更能反映产业关联的内涵，因此在产业关联分析的实际应用中更多使用价值形态的技术经济联系及其联系方式,主要借助产业关联表(投入产出表或里昂惕夫表)对产业之间生产、交换、分配上发生的关联关系进行分析研究。这种方法又称投入产出分析(input-output analysis),是研究经济体系(国民经济、地区经济、部门经济、公司或企业经济单位)中各部分间投入与产出相互依存关系的一种经济数量分析方法,已为世界各国所公认。

(二) 产业关联的理论渊源

产业关联理论始于20世纪30年代,由美国经济学家瓦西里·里昂惕夫(Wassily Leontief)提出,用于研究一国的国民经济各个产业间的联系,后来被称为投入产出理论,投入产出法也成为产业关联分析的基本方法。里昂惕夫将投入产出法发展成为现代化的经济数学模型,又将该复杂的数学模型发展成为适用于经济分析、经济预测和经济计划的一种科学方法。里昂惕夫本人因为在产业关联理论上的杰出贡献,获得了1973年诺贝尔经济学奖。

投入产出分析的产生有深刻的社会现实和历史背景,它适应了当时资本主义经济发展的需要。20世纪30年代,资本主义世界出现了严重的经济危机,原有的经济理论无法解释许多经济现象。同时,当时苏联实行的是计划平衡的经济核算办法,经济发展取得很大成就,引起了发达资本主义国家的广泛关注。于是,一些经济学家希望通过运用数学方法和统计资料对原有的经济理论加以改造。苏联经济学家涅姆钦诺夫认为,里昂惕夫的"投入产出分析"曾受20世纪20年代苏联计划平衡思想的影响。投入产出表在结构上吸取了苏联中央统计局使用棋盘式表格编制国民经济平衡表的经验。

投入产出分析的应用范围目前已很广泛,既可以应用于分析和计量一个地区(省、市、地、县)、一个产业(行业),甚至一家公司或企业的生产经营活动,也可用于研究国际经济关系(包括许多国家的世界模型),涉及宏观、中观与微观各个方面,数量分析方法的原理基本相同。投入产出分析方法通过一个线性方程组来描述某一经济系统的各个部分间的数量依存关系,方程中的系数由统计、预测或其他数学推导方法测定,反映具体经济结构的特点,再运用线性代数等数学方法和电子计算机运算求解。

投入产出分析方法的发展表现在以下三个方面。

1. 投入产出分析原理的发展

早期的投入产出表及其模型比较简单,多为静态分析,经过几十年的发展,投入产出分析法的原理已经比较成熟,并且在深度方面有很大发展,如外生变量内生化、静态模型向动态模型发展、投入产出模型的优化等。另外,投入产出分析法与其他数量经济分析方法的结合和相互渗透是当前发展的一个趋势,如与经济计量方法、经济控制论等的结合。

2. 投入产出模型的扩展

投入产出分析不仅在原理和方法论的深度方面有很大发展,而且在应用范围的广度方面也有所扩大,如反映地区内和地区间投入产出关系的地区投入产出模型以及由此进一步扩展的国际投入产出模型,核算劳动力、固定资本、投资等的投入产出模型,产业的时间关联分析,把环境污染及相应的处理污染的劳务纳入投入产出表的环境污染投入产出核算模型等。

3. 投入产出表及其模型的编制方法和手段的改进

在现代计算机技术支持下，投入产出分析中编表和建模的自动化如统一建模语言（unifed modeling language，UML）显著减少了计算强度，提高了计算精度和速度。

二、产业关联的形成机制

在经济系统中，各个部门既消耗产品（投入），又生产产品（产出），各生产部门的总投入应等于总产出。每个部门同时生产和消费，既产出产品供其他部门和领域消费，又消费其他部门的产品。这样，国民经济中的生产和分配相互交织，就形成了所有部门相互消耗和相互提供产品的内在联系，即产业关联。

（一）产品、劳务联系

产品、劳务联系是产业间最基本的联系，原因在于：第一，产业间其他方面的联系，如生产技术联系、价格联系、劳动就业联系等都是在产品、劳务联系的基础上派生出来的；第二，各产业部门间协调发展最本质地表现为产业间相互提供产品、劳务的数量比例要均衡；第三，社会劳动生产率和经济效益的提高，最终归纳为产业间提供产品或劳务的质量提高和成本节约。

（二）生产技术联系

不同产业部门对生产技术有不同的要求，其产品结构的性能也不同。因此，在生产过程中，一个产业部门不是被动地接受其他相关产业部门的产品或劳务，而是依据本产业部门的生产技术特点、产品结构特性，对所需相关产业的产品和劳务提出各种工艺、技术标准和质量等特定要求，以保证本产业部门的产品质量和技术性能，使得产业之间的生产工艺、操作技术等方面产生必然联系。一般来说，这种生产技术联系与各产业间的供求联系有关。生产技术作为产业间联系的重要依托，其发展变化不仅将直接影响产业间产品和劳务的供求比例关系，还会使与之联系的产业的依存度发生变化，或者转换相联系的产业。例如，在工业化初期，纺织工业对棉花种植业的依赖程度很大，后者直接制约着前者的发展。随着技术进步、化纤产业的产生和发展，在与纺织工业发生联系的产业中又加入了化纤业，自然使纺织工业的发展对棉花种植业的依存度降低了。因此，技术进步是推动产业联系方式即产业结构变动最活跃、最积极的因素。

（三）价格联系

产业间的价格联系，实质上是产业间产品和劳务联系的价值量的货币表现。产业间产品与劳务的"投入"和"产出"联系，必然表现为以货币为媒介的等价交换关系，即产业间的价格联系。产业间的价格联系有重要作用。首先，产业间的价格联系可使不同产业间不同质的产品、劳务联系用价格形式来统一度量和比较，从而为投入产出价值模型的建立铺平道路；

其次，产业间的价格联系使得生产具有替代性能产品的产业引入了竞争机制，为产业间的联系注入了竞争活力，从而有利于成本费用的节约和社会劳动生产率的提高；再次，以价格来度量产业间的联系，可为产业结构变动分析、产业间的比例关系分析等提供有效的计量手段。

（四）劳动就业联系

社会化大生产使得产业间的发展相互制约、相互促进。产业关联效应使得产业间的劳动就业机会也有了必然联系。某一产业的发展会相应地增加一定的劳动就业机会，而该产业发展带动相关产业的发展，也就必然使这些相关产业增加劳动就业机会。产业间的这种劳动就业联系，在西方经济学中被描述为投资乘数在就业中的作用。

（五）投资联系

产业部门间的协调发展必然存在投资联系。例如，为促进某一产业发展，必须要有一定量的投资，但由于该产业发展受到相关产业的制约，因而相关产业也必然需要增加投资，这就是产业间投资联系的表现。产业间投资联系集中反映在"投资乘数效应"上，即在增加的收入中，用于消费的比例越大，投资引起的产业间连锁反应就越大，总收入增加就越多。

三、产业关联的类型

（一）按供给与需求联系划分

按照产业间供给与需求的联系，产业之间的关联可以划分为前向关联和后向关联。前向关联是指一个产业向其他产业提供产品或服务而发生的关联；后向关联是指一个产业需要其他产业的产品或服务而发生的关联。在一些产业部门间，前向关联与后向关联往往是交织在一起的，有些产业部门间还形成蛛网式的联系。

（二）按产业间技术工艺方向与特点划分

按照产业间技术工艺的方向与特点，产业之间的关联可以划分为单向关联、双向关联和多向关联。单向关联是指A、B、C、D等一系列产业间，上游产业为下游产业提供产品，以供其生产时直接消耗，但下游产业的产品不再返回上游产业的生产过程；双向关联是指两个产业形成了相互提供投入品和产品市场的关联，例如煤炭产业为电力产业提供燃料，电力产业为煤炭产业提供动力；多向关联是指A、B、C、D等产业间，上游产业为下游产业提供产品，作为下游产业的生产性直接消耗，同时下游产业的产品也返回相关的上游产业的生产过程。

（三）按产业间依赖程度划分

按照产业间的依赖程度，产业之间的关联还可以划分为直接关联和间接关联。直接关联是指两个产业之间存在着直接的产品和技术联系；间接关联是指两个产业本身不发生直接的生产技术联系，而是通过其他产业发生间接联系。

案例 13-1

奥运会的产业关联分析

奥运会是一种综合性的国际化体育盛事，不仅有参与人员多、文化内涵高、持续时间长和竞赛水平高等独特魅力，更是一场巨大的投入产出经济活动，需要许多产业部门为其提供各种产品（中间或最终产品），同时将奥运产品提供给各产业部门消费，通过前向、后向、间接等产业关联，产生一系列的波及和扩散效应，带动其他产业强力发展。

奥运会的产业关联与其他产业一样，是由产业间的供求关系所维系的。依据不同的维系关系，可将奥运会的产业关联方式分为前向关联、后向关联和间接关联，如图 13-1 所示。据统计，与奥运会直接或间接相关联的行业近 60 个。

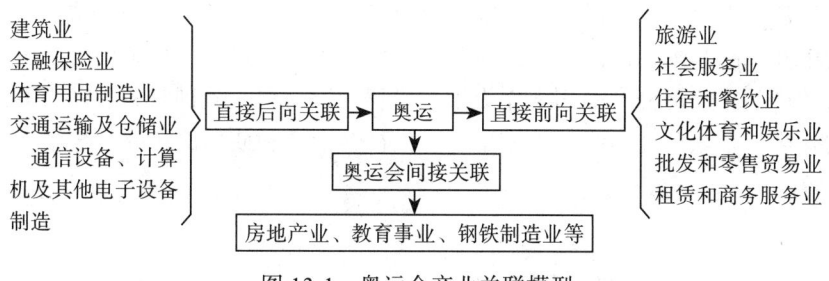

图 13-1 奥运会产业关联模型

将举办奥运会而发生的相关部门的额外投入从原有投入产出表中的对应部门剥离并入奥运会产业，会使得整个投入产出流量矩阵、直接消耗系数矩阵及完全消耗系数矩阵发生相应的变动。但只要这种部门分离是按照一定的比例进行的，则根据投入产出的另一基本假设——消耗系数不变可知，如果原投入产出模型的行和列是平衡的，则新的投入产出模型的行和列也会是平衡的。表 13-1 是奥运会投入产出表。

表 13-1 奥运会投入产出表

投入来源	分配取向	中间部门				最终产品	总产品
		部门 1	部门 2	L	部门 n	部门 $n+1$		
中间投入	部门 1	X_{11}	X_{12}	L	X_{1n}	$X_{1(n+1)}$	Y_1	X_1
	部门 2	X_{21}	X_{22}	L	X_{2n}	$X_{2(n+1)}$	Y_2	X_2
	N	N	N	O	N	N	N	N
	部门 n	X_{n1}	X_{n2}	L	X_{nn}	$X_{n(n+1)}$	Y_n	X_n
	部门 $n+1$	$X_{(n+1)1}$	$X_{(n+1)2}$	L	$X_{(n+1)n}$	$X_{(n+1)(n+1)}$	$Y_{(n+1)}$	$X_{(n+1)}$
初始投入	固定资产折旧 d_i	d_1	d_2	L	d_n	$d_{(n+1)}$		
	劳动者报酬 V_i	V_1	V_2	L	V_n	$V_{(n+1)}$		
	生产税净额和营业盈余 M_i	M_1	M_2	L	M_n	$M_{(n+1)}$		
	总投入	X_1	X_2	L	X_n	$X_{(n+1)}$		

资料来源：张辑.奥运会的影响有多大？：基于产业关联视角的模型与测算[J].中国乡镇企业会计，2009（2）：36-38.

第二节 投入产出分析概述

一、投入产出分析原理

投入产出经济学是通过建立投入产出模型，研究经济系统各要素之间投入与产出的相互依存关系的经济数量分析方法。该方法借助投入产出表，对各经济系统间在生产、交换和分配上的关联关系进行分析，然后利用上述得到的产业间特定的关联关系，进行经济预测和经济计划。投入产出法首先将各生产部门的投入来源和产出去向纵横交叉地编制成投入产出表，然后根据投入产出表的平衡关系建立投入产出数学模型，最后借助投入产出表和数学模型进行计划平衡、经济预测和经济分析。

投入产出的基本思想认为，为获得一定的产出，必须有相应的投入。"投入"是指产品在某期生产过程中所消耗的各种要素，包括各种原材料、辅助材料、燃料、动力、固定资产折旧和劳动力等各种要素。"产出"是指在某期生产出来的产品总量及其分配去向和数量，又叫流量，分为中间产品和最终产品两类。前者主要用于生产消费，是指某期生产出来又回到生产过程中去的产品，这部分产品用来作为生产过程的原材料、辅助材料、动力等的消耗；后者指本期内在生产领域已经最终加工完毕，可供社会消费和使用的产品，包括生活消费、积累和净出口等。

二、投入产出分析学术应用发展史

如上所述，系统性的投入产出分析是里昂惕夫于20世纪30年代首创的。从国别角度看，美国是世界上研究和应用投入产出分析最早的国家。自里昂惕夫1936年编制出第一张表以来，美国每五年编制一次全国的投入产出表，主要用于为政府提供咨询服务。日本20世纪50年代初开始应用投入产出法，是世界上应用投入产出分析最好的国家之一，同样每五年编制一次全国的投入产出表，并十分重视编表资料的总结和积累，不仅积极用于分析编表年度期间的经济变化情况，而且分析结果直接应用于长期经济发展规划等方面。苏联和东欧国家对于投入产出分析也很重视。苏联不仅编制全国的投入产出表，而且各加盟共和国、各地区也都编表，把投入产出表直接用于经济规划工作中；匈牙利自1961年开始，每四至五年编一张基础表，每年编一张延长表。从20世纪70年代开始，第三世界的发展中国家也相继开始应用投入产出分析。许多发展中国家尚未形成完整的国民经济体系，因此，这些国家投入产出表的实际部门分类相对较少。

我国自1974年开始编第一张全国投入产出表，主要应用于分析整个经济的重大比例关系、分析最终需求对各部门的影响、分析能源消耗，等等，从应用范围来说，基本上可以概括为三个层次，即国家、地区、企业。事实上，投入产出法在我国地区级的研究应用从1962年便开始了，时间上要早于全国表的研究。地区编制投入产出表的主要目的是针对各省经济的不同情况，为深入分析并充分发挥各地区的经济优势服务。山西是我国应用投入产出法最早的省份。投入产出法在我国微观经济范围的应用始于鞍钢这样的大的联合企业，随后扩展到一些中小企业。

自投入产出分析方法问世以来,世界上应用投入产出分析方法的国家已发展到一百多个,应用范围远远超出经济领域,在社会、教育、环保等各领域获得广泛的应用,这显然归功于各国学者对投入产出分析方法的拓展做出的巨大贡献。从经济学领域的方法论拓展角度来看,美国学者主要结合经济计量模型,重视各种随机因素对经济变动的影响,活用动态模型来研究资本形成等对经济发展的作用。例如,诺贝尔经济学奖获得者劳伦斯·克莱因(Lawrence R.Klein)认为,投入产出分析是一种经济计量工具,应当是经济计量学的一个组成部分,经济计量学和投入产出分析是一种互相补充的关系,利用经济计量学进行预测对投入产出模型的动态化非常有用,而在经济计量模型中需利用投入产出模型进行分部门的计量。[一]在投入产出分析领域的这个研究方向上,美国宾夕法尼亚大学和马里兰大学的相关教授不断拓展深化[二],相关研究成果获得了学术界公认的影响力。[三]苏联学者更重视将投入产出分析与最优规划法的结合应用。日本学者同样重视这一领域的相关研究并做出了重要贡献,如筑井甚吉(Tsukui)不仅在理论上分析了投入产出模型下的"大道定理"(turnpike theorem),而且对日本经济展开了"大道"性质的学术研究。[四]同时,在研究投入产出模型的拓展和乘数分解领域,罗斯(A.Rose)和博蒙特(P.Beaumont)提出了美国的地区间收入分配乘数的概念,宫泽健一(Miyazawa Kenyichi)把卡莱斯基结构化的凯恩斯乘数概念引入了投入产出分析模型中[五]。

在产业结构与产业关联的研究领域,钱纳里在投入产出理论基础上推进了产业间联系的研究。例如,Chenery-Watanabe 于 1958 年发表的论文《生产结构的国际比较》将产业研究的重点聚焦到中间投入和中间需求的结构比例上,分析了当时意大利、日本、美国和挪威产业发展模式的异同点。[六]之后,钱纳里于 1960 年和 1962 年进一步提出基于投入产出分析的 DPG(Deviation from Proportional Growth)模型,分析了经济产业发展的模式,为日后提出研究产业结构变化规律的"标准结构"分析打下了坚实的研究基础。这一系列论文分析堪称产业关联分析的经典之作。[七]DPG 模型在一定程度上反映了赫希曼(Hirschman)在 1958 年提出的非均衡增长理论,该理论主要关注产业之间的直接、间接的关联程度。事实上,该理论的分析框架也使用了投入产出分析的理论框架,其结果强调产业关联度高的产业应作为优先发展的主导产业。在非均衡增长的前提下,DPG 模型可以用来识别哪些产业在分析期内增长相对迅速且影响力较大,进而分析哪些主要因素对这些影响力较大的主导产业的增长起到了相对较大的推动作用。

改革开放后,我国学者钟契夫、乌家培、邵汉青、张守一、陈锡康、李秉全编著的《投入产出原理及其应用》(中国社会科学出版社,1982),陈锡康撰写的《投入产出方法》(人民

[一] KLEIN L R. The supply side [J]. American economic review, 1978, 68:1-7.
[二] ALMON C Jr. A modified leontief dynamic model for consistent forecasting or indicative planning [J]. Econometrica, 1963, 31:665-678.
[三] MILLER R E, BLAIR P D. Input-output analysis – foundations and extensions [M]. 2nd ed. Cambridge, Eng.: Cambridge University Press, 2009.
[四] TSUKUI J. Turnpike theorem in a generalized dynamic input output system [J]. Econometrica, 1966, 34,:369-407.
[五] 宫沢健一. 経済構造の連関分析 [M]. 東京:東洋経済新報社,1963.
[六] CHENERY H B, WATANABE T. International comparisons of the structure of production [J]. Econometrica, 1958, 26:487-521.
[七] CHENERY H B. Patterns of industrial growth [J]. American economic review, 1960, 50 (4):624-654.
CHENERY H B, Shishido S, Watanabe T. The Pattern of Japanese Growth [J]. Econometrica, 1962, 30(1):98-139.

出版社，1983），邵汉青、钟契夫编著的《投入产出法（部门联系平衡法）概论》（中国人民大学出版社，1983）等学术著作为我国应用投入产出分析服务经济社会发展起到了重要作用。例如，陈锡康教授于 20 世纪 80 年代末在国际上首先提出了一种投入产出的扩展分析方法，即投入占用产出分析模型，获得了包括里昂惕夫本人在内的国外很多著名学者的好评。同时，陈锡康教授自 1980 年开始，组织团队开展全国粮食产量预测工作，在每年 4 月底或 5 月初，提前半年完成"全国粮食、棉花和油料产量预测报告"，对当年粮食、棉花、油料等作物产量进行预测。40 多年来的实践表明，各年度粮食产量丰、平、欠方向正确，预测平均误差仅为 1.8%，比发达国家的 3% 更要为精准。相关报告被认为这一预测"为国家准确判断农业生产形势进行宏观决策，安排粮食生产、储备、进口提供了科学的参考依据"。相关研究也获得了首届中国科学院杰出科技成就奖、首届管理学杰出贡献奖、国际运筹学进展奖一等奖等奖项。[一]

三、投入产出分析的理论基础

投入产出经济学的诞生基于深刻的社会现实和历史背景以及众多的理论渊源基础，包括魁奈的"经济表"、马克思的再生产图式、瓦尔拉斯的一般均衡理论，以及凯恩斯的国民收入理论，等等。

（一）魁奈"经济表"与投入产出表

一般认为，里昂惕夫的投入产出表构思来自魁奈的"经济表"。法国重农学派代表人物魁奈在其代表作《经济表》中，从重农主义的理论观点出发，用简单图式描述了社会总资本的再生产过程，这是经济学发展史上第一个用图式描述社会再生产过程全貌的创举。

魁奈把社会成员划分为三个不同的阶级：生产阶级、土地所有者阶级、不生产阶级。然后，他采用固定价格，考察了"年预付"（流动资本）、"原预付"（固定资本）和"纯产品"三者之间的关系，并把这些社会经济总量用图式进行了描述。魁奈主要考察了工业和农业之间的投入产出关系。该方法对以后的投入产出研究具有重要的意义。里昂惕夫的投入产出表也是一种描述社会再生产过程的表，它尽管在经济学基础理论上并没有沿袭魁奈的重农主义理论，但就描述社会再生产过程的表达手法来说，是具有一定继承性的。

（二）马克思的再生产图式与投入产出经济学

马克思在《资本论》第 II 卷中，用图式阐述了其著名的社会总产品价值形式的等式——$W(I)=c(I)+v(I)+m(I)$。马克思通过这一等式对社会再生产过程中的有关比例关系进行了详细论述。这些论述被认为是里昂惕夫投入产出经济学理论的主要渊源。例如，波兰著名经济学家奥斯卡·兰格 (Oskar Lange) 就认为："里昂惕夫的产业间联系的理论是马克思再生产理论的发展"[二]，并对此进行了详细的论证。由于里昂惕夫曾经在圣彼得堡国立大学和柏林大学攻读经济学，所以兰格认为："里昂惕夫的分析，从历史角度考察，也许是在马克思的再生产理论和

[一] 陈锡康. 全国粮食产量预测研究 [J]. 中国科学院院刊，1992, 7(4): 330-333.

[二] 兰格. 经济计量学导论 [M]. 袁镇岳，林克明，译. 北京：中国社会科学出版社，1980：143.

苏联的物资平衡实践的影响下产生的。"① 此外，兰格还通过对马克思再生产图式与里昂惕夫投入产出表在形式上的相似性进行了论证。马克思再生产图式认为，整个社会国民经济的总价值财富等于两大部类生产产品的总价值，如图 13-2 所示。

第一部类生产物的总价值	$W(I)=C(I)+V(I)+M(I)$
第二部类生产物的总价值	$W(II)=C(II)+V(II)+M(II)$
整个国民经济的总价值	$W=C+V+M$

图 13-2　马克思再生产图式

兰格认为，从里昂惕夫表式横行的分配方程式和纵列的费用方程式中，很容易推导出马克思所表述的基本关系，即国民最终产品等于国民收入。而且，里昂惕夫表示的费用方程式是一个部类的总产品等于 $c(I)+v(I)+m(I)$（$I=1, 2$），这就是马克思的关系式。因此，可以非常容易地把马克思再生产图式改写为里昂惕夫表式（见表 13-2）。显然，上述正是一个简单再生产的里昂惕夫表式，这个表式的均衡和马克思的简单再生产图式是完全一致的。

表 13-2　简单再生产的里昂惕夫表式

		第 I 部类	第 II 部类	最终产品	总产出
第 I 部类		$c(I)$	$c(II)$		$W(I)$
第 II 部类				$v(I+II)+m(I+II)$	$W(II)$
国民收入	v	$v(I)$	$v(II)$		
	m	$m(I)$	$m(II)$		
总产出		$W(I)$	$W(II)$		

（三）瓦尔拉斯的一般均衡理论与投入产出经济学

数理经济学家瓦尔拉斯（Walras）是一般均衡理论的代表人物，他在 1874 年出版的《纯粹政治经济学纲要》一书中，以边际效用价值论为基础，考察了商品供给和需求达到均衡时的价格决定问题，并首次提出了"一般均衡理论"，即在各种产品和要素市场上，消费者和生产者的最大化行为在某些条件下能够促使需求和供给之间的数量均衡。

一般均衡理论认为，边际效用分析可以从两种商品的交换比例关系扩大到全部商品范围。任何一种商品的供给和需求，是自身价格和所有其他商品价格的函数。当市场上一切商品的价格，恰好使得这些商品的需求量和供给量相等时，竞争市场就会达到均衡状态。为此，瓦尔拉斯使用了一个大型的联立方程组来论证该理论，每一个方程代表一个企业或私人所生产商品的价格水平与供需数量达到均衡。尽管表述是可行的，但方程数目极多，根本无法实际应用及求解。此外，现实经济中也不符合一般均衡理论的假定条件，即经济处在一个自由竞争的情况。尽管从理论上讲，瓦尔拉斯的一般均衡理论非常严密，但是却很难应用于经济实际问题中。

但是，正如里昂惕夫自己强调的，"投入产出经济学"的理论基础是瓦尔拉斯的一般均衡理论，是一般相互依存的古典经济理论的个体延伸。他称投入产出经济学是"古典的一般均

---

① 兰格.经济计量学导论[M].袁镇岳，林克明，译.北京：中国社会科学出版社，1980：139.

衡理论的简化版本"。这种简化主要包括三方面内容。第一，将经济主体按照一定的属性分为若干产业部门、家庭和其他部门，这种归类大大减少了一般均衡理论中所需要处理的方程数目。第二，以中间产品的交易为纽带，利用投入产出之间联系的短期固定性来描述各部门之间在生产活动中的结构性关系；将不同产业之间的关系加以线性程式化。第三，将生产同支出也就是最终需求在不同产业的结构及分配中的附加价值在不同产业的分布联系起来，形成了供求平衡、收支平衡这一投入产出的核心原则。经过这一简化，里昂惕夫就把一般均衡理论转化成了可以用来描述国民经济均衡的可计算模型。

(四) 凯恩斯的国民收入理论与投入产出分析

里昂惕夫的投入产出经济学初步形成于20世纪30年代，而凯恩斯的《就业、利息、货币通论》一书亦于同期面世。这两个理论诞生于同一时期，而且有相当密切的关系，都是在整个国民经济均衡关系中确定数量关系的。当然这两个理论也有区别，主要在于：第一，国民收入理论只讨论附加价值的总和——国民收入，而投入产出经济学中还包括国民收入理论抽象掉了的中间产品的生产技术联系。当然，由于投入产出经济学中固有的"方法论"特点，它并没有像国民收入理论那样去研究国民收入运动中的均衡问题。第二，国民收入理论是以一个国家的国民经济整体为出发点，把国民收入的总和作为分析对象；而投入产出经济学是从产业部门这个角度出发，把国民收入与支出的形式分为多个部门进行研究。由此可见，这两者的差异实际上也是互为补充的关系。

由此可见，里昂惕夫的投入产出分析有着极其广泛的理论渊源与实践基础，它在一定程度上反映了经济理论发展沿袭的继承性和深刻的批判性。

四、投入产出分析的特点

投入产出法反映了经济体系中各部门之间产品的生产与分配、投入与产出之间的技术经济联系，具有以下特点。

第一，投入产出表是投入产出法的基本分析形式。投入产出表采取棋盘式，纵横互相交叉，从而能从生产消耗和分配使用两个方面来反映产品在部门之间的运动过程，反映社会产品再生产过程。

每个部门同时具有生产者和消费者的双重身份，它既产出产品，按社会需要分配，供其他部门和领域消费，又要消费其他部门的产品。这就是说，它通过本身的生产消费过程，才能把产品生产出来。这正是马克思所指出的生产和消费（生产消费）的同一性。这样，国民经济中产品的生产和分配相互交织，就形成了所有部门间相互消耗和相互提供产品的内在联系。投入产出表中的第Ⅰ部分，每个方格内的数字，都具有上述双重意义。

第二，投入产出法在投入产出表的基础上，利用现代数学，建立数学模型，并利用电子计算机运算求解。某一经济体系各个部分间的数量依存关系是通过一个线性方程组来描述的，通过在方程组中引入的不同系数来反映经济体系不同部分之间的具体经济联系。系数一方面反映在一定的生产技术和生产组织条件下各部门间的技术经济联系，另一方面可用以测定社会总产品与中间产品、社会总产品与最终产品之间的数量联系。因此，投入产出法强调要建立数学模型，而现代经济联系的复杂程度也需要利用电子计算机来对模型进行求解。

第三，投入产出法的应用具有很大的灵活性。利用投入产出法，可以研究经济部门中不同方面的技术经济关联关系，在应用时具有很大的灵活性。根据不同的目的，可以编制不同的投入产出表，用以研究和解决不同的具体问题。

（1）根据研究问题的需要，投入产出模型可大可小。从研究部门多少来看，部门可少至几个，多则几十个、上百个等；从研究范围来看，投入产出模型可用于世界范围、多国范围，也可用于一个国家、一个地区或几个地区、一家企业或几家联合企业，还可以研究一些专门的经济问题和社会问题。

（2）投入产出表按编制时期不同，可分为投入产出报告平衡表和投入产出计划平衡表。前者是为了经济分析和经济决策，根据历史统计资料对过去某一时期进行编制；后者是为了进行计划计算和预测，为今后某一时期编制。

（3）投入产出表根据采用的计量单位不同，可以用来反映不同部门之间的价值和实物关联关系。目前很多国家除编制价值型投入产出表外，还在采用实物型投入产出表，即表中产品部门的计量单位是实物量单位。实物型投入产出表是进行区域物资平衡工作的重要依据。

（4）按分析时期不同，可采用投入产出静态模型和动态模型。静态模型分析与研究某一时期的再生产过程；动态模型则分析与研究若干时期的再生产过程，并研究各个时期再生产过程的相互关系。

五、投入产出分析的局限性

国民经济各部门之间在投入与产出上存在着极其密切的生产技术联系和数量联系，尽管投入产出分析可以反映上述联系，且有很多优点，但同时存在很大的局限性。

1. 同质性假设

投入产出分析假设一个产业或部门生产的产品都是同质的，并且采取的生产技术方式都是相同的，即每个产业或部门的消耗结构是单一的。这样，在应用中导致一种产品就是一个产业或生产部门，一种生产技术就代表一个产业或生产部门。这一假设忽视了现代社会中企业生产的范围经济、产品的多样化与协作化的现实情况。

2. 固定比例假设

投入产出分析假设各产业部门的投入和产出之间的关系是线性的。每个产业部门各种投入的数量同该部门的总产出成正比例变动，即各项消耗系数是不变的。实际上，不同的企业、不同的产业生产与生产消耗之间可能存在两种不同的关系。一部分消耗会随产量的增加而以一定比例增加，如原材料、燃料、动力等消耗，这使得投入与产出之间存在固定的线性比例关系；另一部分消耗并不随产量的增加而增加，而是基本上保持不变，通常称为固定消耗。此外，固定比例假设与现实中存在的规模经济和规模不经济这些现象是不相符的。

3. 静态模型假设

没有考虑各产业部门生产时间先后的影响，这显然与现实的产业相悖。此外，投入产出分析没有考虑价格变动、技术进步与劳动生产率提高等因素的影响。

因此，投入产出模型是产业结构分析中的一个重要的理论工具和分析方法，但有一些局限性。一般来说，它适用于短期分析而不适用于长期分析，适用于分析而不适用于预测。这是我们在运用投入产出模型进行产业结构分析时应特别注意的。

第三节 投入产出模型

投入产出模型主要表现形式为投入产出表，也称里昂惕夫表或产业联系表，是投入产出经济模型的一种实现形式。投入产出模型也可由系数、变量的函数关系组成的数学方程组构成。该表以矩阵的形式记录和反映了一定时期内一个经济系统中各个产业部门之间发生的产品与服务流量和交换关系。根据不同的计量标准，将投入产出模型分为实物型投入产出模型和价值型投入产出模型。

一、实物型投入产出模型

实物型投入产出模型反映了某一时期内（一般为一年）国民经济中按实物单位计量的各生产要素投入使用及产品分配流动的情况。实物型投入产出模型是根据实物型投入产出表建立的。实物型投入产出表以实物为计量单位，如表 13-3 所示。

表 13-3 实物型投入产出表

投入	中间需求率产出	计量单位	中间产品 1	2	…	n	小计	最终产品 消费	积累	出口	小计	总产品
物质投入	1		q_{11}	q_{12}	…	q_{1n}					Y_1	Q_1
	2		q_{21}	q_{22}	…	q_{2n}					Y_2	Q_2
	…		…	…	…	…					…	…
	n		q_{n1}	q_{n2}	…	q_{nn}					Y_n	Q_n
劳动投入			q_{01}	q_{02}	…	q_{0n}						V

（一）实物型投入产出表结构

实物表的每一行表示某一特定的物质投入，包括被列入实物表的各类产品名称，它们都用实物单位计量。实物表的列由中间产品、最终产品与总产品三部分组成。将实物表分为两大部分：一是中间产品象限，对应的行是物质投入，对应的列是中间产品，分别有 n 种相同的物质产品，排列顺序一致，构成 n×n 维矩阵；二是最终产品象限，对应的行是物质投入，对应的列是最终产品，最终产品包括消费、积累和出口，该象限表示各种物质产品在本年度内作为最终产品使用的数量。

为了方便说明，令投入产出表的行下标为 $i(i=1, 2, \cdots, n)$，列下标为 $j(j=1, 2, \cdots, n)$。这样，在中间产品象限部分，数量 q_{ij} 表示部门 i 流向部门 j 的产品数量，也就是部门 j 消耗部门 i 的产品数量，即两部门之间的产品消耗流量。每行消耗流量之和为对应产品部门的中间产品数量，等于 $\sum_{j=1}^{n} q_{ij}$（$i=1, 2, \cdots, n$）。Y_i 和 Q_i 分别表示部门 i 的最终产品数量和总产品数量。

表中最后一行各数据 $q_{01}, q_{02}, \cdots, q_{0n}$ 表示各个部门消耗的劳动力数量。劳动力数量的单位可以用小时、日等时间来表示，也可用货币单位来表示，其总量等于 V。

（二）实物型投入产出表的平衡关系与平衡方程

根据上面的实物型投入产出表，可以看出：在表中，每一纵列表明了为生产 j 部门产品的总量所需要消耗的各部门产品的数量和劳动消耗量。数据 q_{ij} 表示部门 j 消耗部门 i 的产品数量，q_{0j} 表示 j 部门消耗的劳动力数量。每一横行反映了各类产品的分配使用情况，其中一部分作为中间产品供各部门生产使用，另一部分作为最终产品供消费、积累和出口。两部分之和表现为在一定时间内各类产品的生产总量，即总产品实物总量。

根据上述分析，可以得到实物型投入产出表的平衡关系与平衡方程。值得注意的是，实物型投入产出表由于用实物单位计量，所以同一种产品横行分配流量可以相加，但纵列消耗产品的计量单位不同，不能相加。因此实物表只能列出实物产出分配方程组和劳动分配方程式。

上述两个平衡关系可以归纳为：第一，总产品产出数量 = 中间产品数量 + 最终产品数量；第二，劳动力投入数量 = 各个产业劳动力投入数量之和。这两个平衡关系分别对应下面两个公式。

$$\sum_{j=1}^{n} q_{ij} + Y_i = Q_i, \quad i = 1, 2, \cdots, n \tag{13-1}$$

$$\sum_{j=1}^{n} q_{0j} = V \tag{13-2}$$

其展开式为

$$\begin{cases} q_{11} + q_{12} + \cdots + q_{1n} + Y_1 = Q_1 \\ q_{21} + q_{22} + \cdots + q_{2n} + Y_2 = Q_2 \\ \quad\quad\quad\quad \vdots \\ q_{n1} + q_{n2} + \cdots + q_{nn} + Y_n = Q_n \\ q_{01} + q_{02} + \cdots + q_{0n} = V \end{cases}$$

（三）直接消耗系数

上述方程仅仅给出了在经济体系中各类产品和劳动力的分配使用状况。虽然上述方程可以对经济结构进行一定程度的分析，但是这种分析非常粗略。因此，为了满足对经济问题进一步深入分析，以及满足计划计算的需要，还要在实物投入产出表的基础上计算反映产品之间的生产技术联系的各种系数，以揭示各产品在生产中的内在规律。

显然，某件产品的生产既要直接消耗某些产品，又要间接消耗某些产品。这就是产品生产中的直接消耗和间接消耗。在实物型投入产出表中，产品间存在的这种直接消耗关系可以用直接消耗系数来刻画。

直接消耗系数又称投入系数，反映生产某种产品对另一种产品的直接消耗程度。如果某产品的产出总量是 Q_j，对应的产品 i 作为直接的中间产品投入应该是 q_{ij}，因此，直接消耗系数应该等于 q_{ij} 除以 Q_j。更一般地说，直接消耗系数等于中间产品的消耗数量除以对应的该物质产品的总的生产数量，即

$$a_{ij} = \frac{q_{ij}}{Q_j}, \quad i,j = 1, 2, \cdots, n \tag{13-3}$$

式（13-3）表示为了得到一单位产品 j 需要消耗多少单位产品 i。劳动的直接消耗系数为

$$a_{0j} = \frac{q_{0j}}{Q_j}, \quad j = 1, 2, \cdots, n \tag{13-4}$$

单纯从理论上讲，产品两两之间均存在直接消耗系数，因此直接消耗系数的最大数目，应该是产品种类数目 n 的平方减 n，也就是 $n(n-1)$ 个，再加上劳动的直接消耗系数 n，直接消耗系数不应该超过 n^2。但实际上并非所有产品之间都存在直接消耗关系，很多直接消耗系数为 0。所以，直接消耗系数的多少取决于整个经济的产业结构状况，需要通过编制投入产出表才能确定。

如果在一定时期内，生产技术和中间产品的作用等相关条件没有变化，可以将直接消耗系数视为相对稳定的固定值。这样，就可以用最终产品数量 Q_j 和直接消耗系数 a_{ij} 来得到产品消耗流量 q_{ij}，也就是有

$$q_{ij} = a_{ij} \times Q_j, \quad i,j = 1, 2, \cdots, n \tag{13-5}$$

以及对劳动的消耗，即

$$q_{0j} = a_{0j} \times Q_j, \quad j = 1, 2, \cdots, n \tag{13-6}$$

通常称上述公式为消耗流量函数式，它表明，在直接消耗系数稳定的情况下，部门消耗流量是部门产出数量的倍数函数。这在进行国民经济平衡预算时具有重要的作用。如果我们计划生产的总产品数量已知，就可以根据直接消耗系数来计划安排中间产品的生产数量。

（四）实物型投入产出表的数学模型

由于投入产出表实际上描述了不同部门之间的线性关系，因此，可以通过矩阵的形式来对其进行重新描述。将式（13-5）和式（13-6）代入式（13-1）和式（13-2），我们有

$$\sum_{j=1}^{n} a_{ij} Q_j + Y_i = Q_i, \quad i = 1, 2, \cdots, n \tag{13-7}$$

$$\sum_{j=1}^{n} a_{0j} Q_j = V \tag{13-8}$$

将上述两式分别展开，可以得到

$$\begin{cases} a_{11}Q_1 + a_{12}Q_2 + \cdots + a_{1n}Q_n + Y_1 = Q_1 \\ a_{21}Q_1 + a_{22}Q_2 + \cdots + a_{2n}Q_n + Y_2 = Q_2 \\ \quad\quad\quad\quad\quad\quad \vdots \\ a_{n1}Q_1 + a_{n2}Q_2 + \cdots + a_{nn}Q_n + Y_n = Q_n \\ a_{01}Q_1 + a_{02}Q_2 + \cdots + a_{0n}Q_n = V \end{cases}$$

可以将不含劳动总产量的上式用矩阵符号简单表示为

$$\boldsymbol{AQ} + \boldsymbol{Y} = \boldsymbol{Q} \tag{13-9}$$

式（13-9）中，$\boldsymbol{A}$ 为直接消耗系数矩阵，是由各个直接消耗系数组成的，$\boldsymbol{Q}$ 为各类产品的总产量所组成的列向量，$\boldsymbol{Y}$ 为各类总产量中减去中间产品消耗后的剩余，也就是最终产品

组成的列向量。

将式（13-9）合并同类项，进行变形，可以得到

$$(I-A)Q = Y \tag{13-10}$$

式中，I 是单位矩阵。在式（13-10）的左边，由两项组成，IQ 和 AQ。前者 IQ 表示某一时期经济中不同部门的总的产出数量，等于分配给用于中间产品产出的数量和用作最终产品的数量。AQ 表示该部门产品用于中间产品的数量，也是该部门产品分配给其他部门的中间产品数量。两者之差等于该部门产品用于最终产品的数量。

在式（13-10）中，矩阵 $(I-A)$ 完全刻画了经济中各部门的生产与消耗，或者投入与产出之间的关系。该矩阵的每一列表示为了生产（或产出）一单位最终产品需要消耗（或投入）的各种产品的数量，当然这里包括该产品本身。例如，以第一类产品为例，每生产一个单位最终产品，就要消耗第一类产品本身 $I-a_{11}$，消耗第二类产品 a_{12}，依此类推，消耗第 n 类产品 a_{1n}。而主对角线上各元素，则是各种产品扣除自身消耗以后的净产出。

式（13-10）建立了总产品与最终产品间的联系。若已知各种产品的总生产量，利用式（13-10）就可以计算出一定生产技术结构下各种产品的最终产品数量。如果社会计划生产一定数量的最终产品，可以将式（13-10）变形为

$$Q = (I-A)^{-1}Y \tag{13-11}$$

也就是说，可以通过计算 $(I-A)$ 的逆矩阵来实现社会生产计划。

二、价值型投入产出模型

价值型投入产出模型是以货币为计量单位构建的，记录了全部用货币计量的中间产品价值、最终产品价值、转移价值和总产值，它是对实物型投入产出模型的自然扩充，这是价值型投入产出模型与实物型投入产出模型的不同之处。价值型投入产出模型是建立在价值型投入产出表的基础之上的。

（一）价值型投入产出表结构

典型的简化了的价值型投入产出表如表 13-4 所示。从表 13-4 中可以看出，价值型投入产出表是按照国民经济价值流转的各物质生产部门来编制的。由于用价值而不是实物数量来描述，因此，每个部门的划分用同类产品（或劳务）来表示，而不一定用同一产品（或劳务）。这对于实物型价值表是一种改进。如果需要反映整个国民经济活动，还可以在价值型投入产出表中纳入非物质生产部门。

表 13-4　简化的价值型投入产出表

投入 \ 产出			中间产品				最终产品					总产品
			消耗部门				固定资产更新改造	消费	积累	净出口	小计	
			1	2	…	n	小计					
生产资料转移价值	中间投入	1	x_{11}	x_{12}	…	x_{1n}						Y_1	X_1
		2	x_{21}	x_{22}	…	x_{2n}						Y_2	X_2

(续)

投入 \ 产出			中间产品 消耗部门 1	2	...	n	小计	最终产品 固定资产更新改造	消费	积累	净出口	小计	总产品
生产资料转移价值	中间投入	...	...	...	...	...						...	...
		n	x_{n1}	x_{n2}	...	x_{nn}						Y_n	X_n
	小计												
	折旧		D_1	D_2	...	D_n							
	合计												
新创造价值	劳动报酬		V_1	V_2	...	V_n							
	社会纯收入		M_1	M_2	...	M_n							
	小计												
总投入			X_1	X_2	...	X_n							

价值型投入产出表的不同横行反映了国民经济中的价值投入情况，由三部分组成：生产资料转移价值（物质消耗）、新创造价值（活劳动消耗）和总投入（总产值）。生产资料转移价值是由所消耗生产资料的价值构成的，包括劳动对象的消耗，如原材料、辅助材料和动力等的价值，以及固定资产消耗，以折旧（D）的形式。新创造价值是活劳动的消耗，分为劳动报酬（V）和社会纯收入（M）。在编制价值表时，还可以将劳动报酬展开为工资、福利基金、劳动者收入等项。也可以将社会纯收入展开为利润、税金、利息及其他等项。其基本的恒等式为：生产资料转移价值 + 新创造价值 = 总投入价值。结合纵列来看，任一纵列对应的横行数字表示该产业的投入结构，即该产业在本期中从包括本产业在内的各个产业购进了多少中间产品（原材料），以及为使用的各生产要素支付了多少报酬，包括工资、利息等。将该纵列所对应的横行数据加总就是该纵列所代表的产业的总投入情况。

组成价值型投入产出表的不同纵列反映了国民经济价值的产出分类情况，包括中间产品、最终产品与总产品三部分。与实物型投入产出表相比，在价值型投入产出表最终产品的纵列中，多了一列表示"固定资产更新改造"。结合横行来看，每一横行所对应的纵列数字是各行业的产出构成，包括中间产品和最终产品的产出，反映了该部门产品的销路或分配去向。每一横行的总计为相应产业部门的总产出价值。

综上所述，价值型投入产出表的横行代表国民经济各部门的生产产品的消耗或投入情况，这与实物表是一致的，纵列代表各部门产品的产出或价值形成情况。根据投入的来源和产出去向的分类，可以用纵横两条线将表分为四个组成部分。这四个部分可以按照左上、右上、左下、右下的顺序，分别命名为Ⅰ、Ⅱ、Ⅲ、Ⅳ象限。下面依次对这四个象限进行分析。

1. 第Ⅰ象限

第Ⅰ象限一般也称为中间需求部分，亦称为内生部分，是投入产出表的核心部分。它是由 n 个物质生产部门和 n 个中间产品消耗部门纵横交叉组成的一张棋盘式表格。该表格中的物质生产部门和中间产品消耗部门数目相同，名称相同，排列次序一致。它反映了国民经济各物质生产部门之间在生产与分配上的联系。这种联系为分析部门间的比例和运用数学方法进行平衡计算提供了重要数据。折旧也是一种物质消耗。如果把折旧包括在第Ⅰ象限中，第Ⅰ象限就不是方阵，对投入产出的数学描述带来不便，所以一般将折旧单列，成为第Ⅰ象限与第Ⅲ象限的中间项。有时为了表述方便，也把折旧项归入第Ⅲ象限。

在该象限中，横向数据表示某一产业向包括本产业在内的所有产业提供其产出的中间产品的状况，也就是所有产业生产中所需该产业产品的概况，亦即中间需求情况。纵向的数据表示某一产业为了生产，向包括本产业在内的各产业购进中间产品的状况，也就是所有产业向该产业的中间投入情况。

为了表述方便，令 $i(i=1, 2, \cdots, n)$ 表示横行第 i 个部门，令 $j(j=1, 2, \cdots, n)$ 表示纵列第 j 个部门，则 x_{ij} 表示第 j 个部门生产产品时消耗第 i 个部门的产品产值情况，也就是第 i 个物质生产部门在一年内分配给第 j 个物质生产部门的产品产值，称 x_{ij} 为物质生产部门间的流量，即第 i 个部门向第 j 个部门的流量，简称部门间流量。该系数大小主要取决于各部门之间的技术经济联系。

2. 第Ⅱ象限

第Ⅱ象限一般也称为最终需求部分，是一种外生部分，反映各物质生产部门的年终产品价值中可供社会最终消费或使用的产品价值，以及这些最终消费或使用的构成情况。这种比例主要取决于社会经济因素。其最终去向包括三部分：第一，消费部分。其具体可分为个人消费与社会消费两部分，前者是指家庭消费的总和，后者是指公共福利、社会保障、政府等行政性支出的各种社会性消费。第二，投资部分。其由固定资产更新改造与新增固定资产（积累）两部分构成，其中新增固定资产又可分为生产性固定资产和非生产性固定资产。第三，净出口部分。本年中出口总值减去进口总值；也可以根据编制需要按照不同的标准划分最终需求。

在该象限中，$Y_i(i=1, 2, \cdots, n)$ 为国民经济第 i 个物质生产部门一年的最终产品产值，其数值等于该象限横行的小计。从纵列看，各项数字表明，为了得到既定的最终产品，各物质生产部门分别提供的价值数量。对所有的 Y_i 求和，也就是所有的社会最终产品加总，就会得到社会总产值或国民生产总值。在价值上，其等于国民收入全部价值加折旧；从物质形态看，其等于固定资产更新加上实物形态的国民收入。

3. 第Ⅲ象限

第Ⅲ象限也称为毛附加价值部分，也是一种外生部分，主要反映最终产品，也就是国民生产总值的价值形成过程，也就是各物质生产部门的新创造价值，反映国民收入的初次分配以及其中的比例关系。如果考虑折旧，这部分也可以表示各物质生产部门生产的最终价值。这部分包括：各产业部门的折旧；各产业部门在一定时期内新创造的价值。

第Ⅱ象限和第Ⅲ象限从总量上来说应相等，即 $\sum_{i=1}^{n} Y_i = \sum_{j=1}^{n} (D_j + V_j + M_j)$。这里，$D_j(j=1, 2, \cdots, n)$ 为第 j 个部门的折旧，$V_j(j=1, 2, \cdots, n)$ 是第 j 个部门需要的劳动者在一年内所得到的劳动报酬，$M_j(j=1, 2, \cdots, n)$ 表示第 j 个部门劳动者为社会劳动而新创造的价值，即纯收入（利润和税金）。但对某部门来说，最终产品价值与该部门的新创造价值加固定资产折旧之和不一定相等。

4. 第Ⅳ象限

第Ⅳ象限是投入产出表中剩余的部分，反映了某些国民收入的再分配过程，如非生产领域的职工工资、非生产性企事业单位的收入等。对该部分的分析编制非常复杂，常常把第Ⅳ象限略去。

(二)价值型投入产出表的平衡关系与平衡方程

由于价值型投入产出表以货币为计量单位,横行和纵列都可以相加。根据对表格的分析,价值型投入产出表的平衡关系与平衡方程可分为三个方面:

第一,前 n 个横行的平衡关系。因为横行中不同的纵列反映了各部门产出的最终去向,因此,各行的中间产品 + 各行的最终产品 = 各行的总产品。可以用公式表示为

$$\sum_{j=1}^{n} x_{ij} + Y_i = X_i, \quad i = 1, 2, \cdots, n \quad (13\text{-}12)$$

该方程式通常被称为分配平衡方程式,因为它描述了各部门生产产品的分配情况。

第二,前 n 个纵列的平衡关系。因为纵列中的不同横行反映了各部门生产中的最终消耗,因此,各列的生产资料转移价值 + 各列新创造价值 = 各列的总投入。可以用公式表示为

$$\sum_{i=1}^{n} x_{ij} + D_j + V_j + M_j = X_j, \quad j = 1, 2, \cdots, n \quad (13\text{-}13)$$

该方程式通常被称为生产平衡方程式,因为它描述了各部门生产产品的投入情况。

第三,根据投入产出表的结构,行列还存在着如下平衡关系及其方程。

(1)第Ⅰ象限中物资消耗之和等于中间产品之和,说明生产过程中投入生产的生产资料总价值要转化为等量的中间产品。

(2)第Ⅲ象限的合计等于第Ⅱ象限的合计,说明社会最终产出与国民收入加上本年度的固定资产折旧额在数量上是相等的,即最终需求等于毛附加价值。用公式表示为

$$\sum_{i=1}^{n} Y_i = \sum_{j=1}^{n} (D_j + V_j + M_j) \quad (13\text{-}14)$$

(3)每一列的总计等于同名部门的行总计,说明国民经济各部门产品在生产和分配使用上是总量相等的。用公式表示为

$$\sum_{i=1}^{n} x_{ij'} + D_{j'} + V_{j'} + M_{j'} = \sum_{j=1}^{n} x_{i'j} + Y_{i'}, \quad 当 \ i' = j' \ 时 \quad (13\text{-}15)$$

(三)价值型投入产出表的系数

要计算投入产出模型,必须计算投入产出的各种系数。这些系数包括以下几个。

1. 直接消耗系数

直接消耗系数又称投入系数或技术系数,表示每生产一单位 j 产品价值所需要消耗的 i 产品的价值量,一般用 a_{ij} 表示。根据实物型投入产出的定义,我们可以得到用价值表示的各种产品的直接消耗系数。直接消耗系数可以根据投入产出表中的数据,将各种投入要素分量除以某产业部门的总产品价值得到。直接消耗系数的计算公式为

$$a_{ij} = \frac{x_{ij}}{X_j}, \quad i, j = 1, 2, \cdots, n \quad (13\text{-}16)$$

式(13-16)表示为了得到一单位价值的产品 j 消耗产品 i 价值多少单位。

2. 直接折旧系数

直接折旧系数的经济含义是某部门生产单位产品所提取的直接折旧费用数额，计算方法为折旧费用除以该部门产品价值，其计算公式为

$$a_{Dj} = \frac{D_j}{X_j}, \quad j = 1, 2, \cdots, n \tag{13-17}$$

3. 劳动报酬系数

该系数是指某产业部门生产单位价值产品需支付的劳动报酬数量，其计算公式为

$$a_{Vj} = \frac{V_j}{X_j}, \quad j = 1, 2, \cdots, n \tag{13-18}$$

4. 社会纯收入系数

该系数表示某产业部门生产单位价值产品所包含的社会纯收入数量，其计算公式为

$$a_{Mj} = \frac{M_j}{X_j}, \quad j = 1, 2, \cdots, n \tag{13-19}$$

5. 国民收入系数

国民收入系数也称净产值系数、新创造价值系数，表示某产业生产单位产品所创造的国民收入或净产值的数额。将新创造价值 V_j+M_j 用 N_j 表示，其计算公式为

$$a_{Nj} = \frac{N_j}{X_j}, \quad j = 1, 2, \cdots, n \tag{13-20}$$

根据不同行列所表示的经济含义，这些系数之间存在多种关系：国民收入系数 = 社会纯收入系数 + 劳动报酬数；国民收入系数 + 直接折旧系数 + 某产业部门的直接消耗系数之和 =1。前者表明社会纯收入和劳动报酬构成国民收入，后者表明某产业部门生产的产品总价值来自各中间产品价值转移、折旧，以及新创造价值。上述五个系数可以通过投入产出表直接计算得到。

（四）价值型投入产出表的数学模型

根据上面的平衡关系及已有的各种系数，我们可以建立关于价值型投入产出的数学模型。价值型投入产出数学模型基本分为按行和按列建立的数学模型。为了构造按行建立的价值型投入产出的基本数学模型，根据直接消耗系数公式（13-16），代入分配平衡方程式（13-12）中，可以得到

$$\sum_{j=1}^{n} a_{ij} X_j + Y_i = X_i, \quad i = 1, 2, \cdots, n \tag{13-21}$$

利用矩阵符号，我们有 $\boldsymbol{AX} + \boldsymbol{Y} = \boldsymbol{X}$，移项整理得

$$\boldsymbol{X} = (\boldsymbol{I} - \boldsymbol{A})^{-1} \boldsymbol{Y} \tag{13-22}$$

这里，$\boldsymbol{X}$ 为总产品价值向量，$\boldsymbol{Y}$ 为最终产品价值向量，$\boldsymbol{A}$ 为直接消耗系数矩阵，$\boldsymbol{I}$ 为单位矩阵。式（13-22）就是按行建立的价值型投入产出的基本数学模型，它们的意义与实物型的

基本数学模型相同。有关分析在此不再赘述。

矩阵方程式（13-22）在实践中经常用到。一般称 $(I-A)^{-1}$ 为投入产出逆阵，也称为里昂惕夫逆阵。矩阵中的每一元素 c_{ij} 为里昂惕夫逆系数，表示 j 产业部门最终产品价值每增加一个单位时 i 产业部门最终产品价值需要增加多少单位。由于各产业部门的产品在生产过程中除了与相关产业有直接联系外，还与有关产业有间接联系，从而各产业的产品在生产中除了直接消耗外，还存在间接消耗。可以用完全消耗系数指某产业部门单位产品的生产对各产业部门产品的直接消耗量和间接消耗量的总和。用 B 表示完全消耗系数矩阵，有[一]

$$B = (I-A)^{-1} - I \tag{13-23}$$

令 $C=(I-A)^{-1}$ 表示里昂惕夫逆阵，则 A、B 和 C 之间的关系为：第一，$B=C-I$；第二，$B=A+BA=A+AB=AC$。其中，第一个等式是显然的，第二个等式的证明也非常简单。[二]可见，完全消耗系数矩阵等于里昂惕夫逆阵减单位阵，里昂惕夫逆阵是投入产出基本模型公式中的一个逆矩阵。因此，完全消耗系数矩阵可以通过按行建立的投入产出模型求解。

关于按列建立的价值型投入产出基本数学模型，由于各列元素之间的价值关系，由生产平衡方程式（13-13）给出，后者说明了各部门产品总价值的不同来源组成。将直接消耗系数公式（13-16）代入分配平衡方程式（13-12）中，就可以得到。此处不再赘述。

第四节　结构分析

结构分析是研究产业之间关系结构的特征及比例关系。投入产出表是建立在整个国家经济社会再生产均衡关系基础之上的，能够很好地反映产业间比例关系及产业内部投入结构、销路结构。分析的基本指标是中间需求率和中间投入率。

《中国统计年鉴》按时发布基于部门投入产出表的中国直接消耗系数表和完全消耗系数表，逢 2、逢 7 年份编制基准年国家投入产出表，逢 0、逢 5 年份编制投入产出延长表。基于直接消耗系数和完全消耗系数，可以分析一个经济体内部的结构关联及某个外生变量对经济体的结构性影响。

一、产出结构：中间需求率

在投入产出表中，横行表示每个产业的总产出或总产品是由中间产品和最终产品组成的；也就是说，每个行业产品的需求，都可以分为所有产业对该产业的需求（中间需求），以及由消费、积累、净出口组成的最终需求两部分。所以，总需求中的中间需求和最终需求的构成比例就反映了经济结构的一个重要特征，也是反映产业技术经济的一个重要参数。一般称该参数为中间需求率，那么，第 i 个产业的中间需求率就可以定义为

$$I_i = \frac{\sum_{j=1}^{n} X_{ij}}{X_i}, \quad i = 1, 2, \cdots, n \tag{13-24}$$

[一] 具体推导在此省略，感兴趣的读者可以参考本章的推荐阅读文献。

[二] $B = (I-A)^{-1} - I$，分别左乘（右乘）$(I-A)$，整理得到，$B=A+BA=A+AB=AC$。

该参数反映了第 i 个产业的中间需求和对第 i 个产业产品总需求 X_i 的比率。中间需求率反映了某产业的总产品中作为其他产业投入品的占比是多少。中间需求率越高，该产业总产品中用于其他产业投入的比率就越大，该产业生产的产品就越类似于原材料。

与中间需求率类似，可以把最终需求率定义为最终需求占某行业总产品的比例，也就是：最终需求率 =1– 中间需求率。

二、投入结构：中间投入率

从投入产出表的纵向来看，各个产业的总投入等于中间投入和最初投入（毛附加价值）之和，所以，可以用中间投入率指标反映不同投入之间的构成比例关系。第 j 个产业的中间投入率可以定义为中间投入占总投入的比例，也就是：

$$I_j = \frac{\sum_{i=1}^{n} X_{ij}}{X_j}, \quad j = 1, 2, \cdots, n \qquad (13\text{-}25)$$

该参数反映了第 j 个产业的中间投入和第 j 个产业产品总投入 X_j 的比率，也就是单位产值产品中其他产业的投入产品的比例是多少。这样，如果定义附加价值率为附加价值占产业总产品的比重，那么，附加价值率 =1– 中间投入率。

中间需求率和中间投入率在产业结构分析中的一个重要应用就是可以划分不同产业群，并准确界定它们在国民经济中的不同地位和作用。国外有学者对中间需求率和中间投入率的大小进行了实证研究，并按照上述两个参数的大小对不同产业进行了分类，具体情况如表 13-5 所示。

表 13-5 按照中间需求率和中间投入率划分的产业群

	中间需求率小	中间需求率大
中间投入率大	Ⅲ.最终需求型产业 日用杂货、造船、皮革及其制品、食品加工、粮食加工、运输设备、机械、木材及其加工、非金属矿物制品、其他制造业	Ⅱ.中间产品型产业 钢铁、纸及其制品、石油化工、有色金属冶炼、化学、煤炭加工、橡胶制品、纺织、印刷及出版
中间投入率小	Ⅳ.最终需求型基础产业 ①渔业 ②运输业、商业、服务业	Ⅰ.中间产品型基础产业 农业、林业、煤炭、金属采矿、石油及天然气、非金属采矿、电力

资料来源：杨治.产业经济学导论[M].北京：中国人民大学出版社，1985：63.

这四部分产业群在国民经济运行过程中形成不同地位与作用的主体结构。第Ⅰ、第Ⅱ、第Ⅲ部分是一国经济的物质生产部门，提供中间物质产品和最终需求物质产品；第Ⅰ、第Ⅱ部分是中间产品生产部门，它们的大部分产品是为第Ⅲ部分产业群的最终产品生产服务的，且第Ⅰ部分产业群带有明显的基础产业属性；第Ⅲ部分产业群加工来自第Ⅰ、第Ⅱ部分的中间产品，然后投放到最终需求中去；第Ⅳ部分产业群，除渔业外，是其他各部分产业群产品流动的中介部门。

案例 13-2
后疫情时代中国体育产业中间需求率与中间投入率分析

近年来，随着一系列体育产业发展促进政策和文件的相继实施，我国的体育产业始终保持高速增长。然而，由于2020年年初新冠疫情的暴发，原本发展势头正盛的体育产业却受到了严重的冲击。除受疫情冲击外，体育产业关联结构的缺陷可能是其深层次原因。

根据2020年国家统计局发布的《中国地区投入产出表-2017》，其中，文教、体育和娱乐用品涉及体育用品制造业，体育涉及体育健身休闲活动、体育场地设施管理、体育管理活动等体育产业的核心内容，娱乐主要包括体育竞赛表演业，这三个产业部门基本涵盖了我国体育产业的绝大多数内容。

根据上文中间投入率与中间需求率公式，可得表13-6中的计算结果。

表13-6 体育产业的中间需求率和中间投入率统计

产业部门	中间需求率	排序	中间投入率	排序
文教、体育和娱乐用品	0.481 8	102	0.797 2	31
体育	0.098 9	140	0.464 6	127
娱乐	0.554 0	97	0.445 5	130

综合对比三个产业部门的中间需求率和中间投入率，可以明确当前我国体育产业在整体产业结构中的大体定位。三个产业部门的中间需求率在全国所有产业部门中排名均相对靠后。从中间投入率看，文教、体育和娱乐用品产业的中间投入率较高，在全国所有产业门类里排第31位，而体育和娱乐产业的中间投入率均低于50%，在全国排名相对靠后。

文教、体育和娱乐用品产业部门表现出低中间需求、高中间投入的最终需求型产业特征，说明体育用品制造业在生产经营过程中对上游产业具有比较明显的带动作用，后向关联性较强。然而，由于该产业中间投入率较高，产业附加值相应较低，所以其拉动经济增长的能力相对较弱。代表健身休闲产业等体育核心产业的体育产业部门目前具有低中间需求、低中间投入的特征，表现出最终需求型基础产业的特点，说明该产业的产品更多的也是在直接满足最终需求，且由于其中间投入率较低，所以该产业具有较高的产业附加值，能够较好地创造经济价值。从数值看，目前该产业的中间需求率极低，也反映出其缺乏下游产业链条延伸，与下游产业关联明显薄弱。代表体育竞赛表演业的娱乐产业部门从排序情况看仍然相对靠后，所以该产业部门也大体表现为最终需求型基础产业的特点。

资料来源：荀阳,黄谦,曹美娟,等.冲击解析及应对：新冠疫情影响下的体育产业高质量发展研究：基于产业关联结构的视角[J].成都体育学院学报,2022,48(1):64-72.

第五节 波及效应分析

产业波及效应分析本质上是一种产业关联的动态分析，即在特定的产业联系状态下，某些产业的发展变化如何通过这种联系影响到其他产业。波及效应分析是投入产出应用的重要内容，主要有三个方面：一是当某个产业的生产活动发生变化后，对其他产业生产活动所产生的影响，或者某个产业的生产活动受其他产业生产活动变化的影响；二是当某个或某些产业的最终需求发生变化时，对国民经济各产业所产生的影响；三是当某个产业的毛附加价值发生变化时，对国民经济各产业所产生的影响。

利用投入产出表进行产业波及效应分析时应注意两个问题：第一，投入系数的稳定性和有效性问题。投入产出表只是依据过去某一时期产业间生产技术联系的数据而得到的，它反映的是过去某一时期的产业间的联系。随着国民经济的发展、经济规模的变化与生产技术水平的提高，投入系数必然会发生变化，在短期内变动不大，但在较长时期里将有很大的变化。为保证分析的准确性，必须对现有的投入产出系数进行修正和预测，以保持其稳定性和有效性，注意某些关键性产业部门的工艺技术变革，以及技术引进对有关产业部门投入系数的影响。第二，波及效应的时滞现象。产业波及效应的时滞是指某产业最终需求的变动导致其他产业的变动有一个时间过程，并不立即反映在产出量的变化上。这个时间过程的长短往往在不同的产业、不同的经济循环周期中的不同阶段，如繁荣时期和萧条时期有不同的表现。这种差异往往是由于"库存"的存在而发生的。在需求增加时，库存减少，某产业最终需求变动引起的波及效应由于库存的存在而被中断或减弱，需求变动引起的波及效应可能表现为价格的上升。显然，上述库存的缓冲作用表现在投入产出表的最终需求的库存栏里，中间需求、中间投入矩阵是无法反映这种经济变动的。

一、产业感应度系数和影响力系数

任一产业的生产活动通过产业之间的相互关联，必然影响和受影响于其他产业的生产活动。我们把一个产业受其他产业影响的程度称为感应度，影响其他产业的程度称为影响力。如果将各个产业受所有产业的感应度和对所有产业的影响力的平均趋势作比较，从而掌握不同产业的不同特性，这有助于我们分析不同产业的作用。

这两个系数的计算可以根据里昂惕夫逆矩阵 $(I-A)^{-1}$ 来进行。该矩阵横行上的数值反映了该产业受其他产业的影响程度，即感应度系数的系列，它表明其他产业最终需求的变化而使该产业生产发生变化的程度。横向系数的平均值可看作该产业受其他产业影响的平均程度。

纵列上的数值反映的是该产业最终需求的变化对其他产业的影响程度，即影响力系数系列，也就是该产业最终需求变化而使其他产业生产发生相应变化的程度。纵列系数的平均值是该产业对其他产业施加影响的平均程度。把里昂惕夫逆矩阵中某一产业的横行和纵列系数的平均值与全部产业横行和纵列系数的平均值相比，就可以计算该产业的感应度系数和影响力系数。

$$产业感应度系数 = \frac{该产业逆矩阵横行系数均值}{全部产业逆矩阵横行系数均值的平均}$$

$$产业影响力系数 = \frac{该产业逆矩阵纵列系数均值}{全部产业逆矩阵纵列系数均值的平均}$$

根据计算结果，如果产业感应度系数 $q > 1$，则表明该产业的感应度在全部产业中处于平均水平之上；如果产业感应度系数 $q=1$，则表明该产业的感应度在全部产业中处于平均水平；如果产业感应度系数 $q < 1$，则表明该产业的感应度在全部产业中处于平均水平之下。影响力的大小也可以作类似的解释。各个产业的感应度系数和影响力系数，在工业化的不同阶段及不同国家产业结构的差异而有所区别。一般来说，在工业化过程中，重工业大都体现为感应度系数较高，而轻工业大都表现为影响力系数较高。

二、产业生产诱发系数与最终需求依赖度系数

生产诱发系数是用于计算产业部门的各最终需求项目（如消费、投资、出口等）对生产

的诱导作用程度。通过投入产出表计算得到的相应的生产诱发系数表可以揭示和认识一国不同的最终需求项目对诱导各个产业部门作用的程度。生产的最终需求依赖度是用来测量各产业部门的生产对最终需求项目的依赖程度大小，也就是说最终需求对各产业生产的直接或间接的影响程度。

根据方程 $X=(I-A)^{-1}Y$，可以用矩阵 $X=(I-A)^{-1}$ 中某一行的数值分别乘以按项目分类的最终需求列向量（积累列向量、消费列向量、净出口列向量），得到由每种最终需求项目所诱发的各产业生产额，即最终需求诱发产值额。

某产业最终需求项目的生产诱发系数可以通过第 i 个产业的最终需求项目的诱发产值额除以相应的最终需求项目合计数得到。计算每一产业的某项最终需求的生产诱发系数，便可得到有关该最终需求项目的一张生产诱发系数表。该表揭示了最终需求项目对各产业部门的生产"诱发"作用的大小。

最终需求依赖度是指某产业的生产对各最终需求项目（消费、积累、净出口等）的依赖程度。这里既包括该产业生产对最终需求项目的直接依赖，也包括间接依赖。该产业对最终需求的依赖度系数计算方法是，将该产业最终需求项目的生产诱发产值额除以相应产业的总产值就可以得到。

由于以里昂惕夫逆矩阵为工具，因此，产业的最终需求依赖度不仅考虑了直接影响，还考虑了间接的最终需求的影响。根据最终需求依赖度系数，还可以对不同产业生产的最终需求类型进行分类。根据产业生产的最终需求是主要依赖消费、积累或净出口，可把产业分为"消费依赖型"产业、"积累依赖型"产业和"出口依赖型"产业等。

三、综合就业需求量系数和综合资本需求量系数

利用里昂惕夫逆矩阵可以计算随着不同产业生产的增长而最终需要投入的就业人数和资本额。综合就业需求量系数指的是，某产业如果要创造一单位的生产产值，在本产业与其他产业直接和间接地总共需要多少人参加生产。综合资本需求量系数指的是，某产业进行一单位产品的生产，在本产业与其他产业直接和间接地总共需要多少资本量。

根据综合就业需求量系数，可以对不同产业中的劳动投入情况进行比较。此外，根据不同时期的综合就业需求量系数，就可以得到随时间发展，产业的劳动投入情况如何变化。从各产业的综合资本需求量系数看，一般来说，电力、运输、邮电通信、煤气供应等公共性产业和基础性产业的投资的资本系数都较大；在制造业中资本系数较高的产业多半是水泥、钢铁、化工、造纸等装备性产业。

四、其他波及效应

里昂惕夫逆矩阵 $(I-A)^{-1}$ 是投入产出分析中一个非常有用的工具，除了前面介绍的应用之外，在波及效应分析中，也可以将其应用到经济预测中。譬如经常应用的分析有特定产业生产变化的波及效应分析以及某产品价格变动对其他产品价格的影响。前者主要指利用投入产出来预测某些产业发生变动对整个国民经济产生的全面影响；后者主要指某一产业或某些产

业的产品价格变动对其他产业产品价格变动带来的全部影响（包括直接影响和间接影响），以及某一或某些产业的工资、利润、折旧、税金等变动对各产业部门产品价格变动带来的全部影响。

通过投入产出模型，可以分析农业、轻工业、重工业之间的内在联系，了解它们更细微、具体的部门构成，而且还能计算出其生产产品的价值构成，并从社会再生产的角度来研究分析它们之间的数量关系。譬如，可以计算比重比例、发展速度比例等，还可以利用各种系数计算其内部联系。除此之外，投入产出还存在其他应用，有兴趣的读者可以参考本章的推荐文献。

案例 13-3

中国旅游产业关联分析

旅游产业涉及面较广，不仅能够满足人们需求并提升生活质量，而且能够带动其他产业的发展，已成为国民经济的重要增长点，甚至成为一些地区的支柱产业。因此，认清旅游产业与其他产业之间的结构关系，以及分析旅游产业对国民经济产生的宏观效应意义重大。

1. 产业关联分析

投入产出表能够深刻揭示产业之间的技术关联关系。2002 年的投入产出表包含了 122 个部门，2007 年的投入产出表包含了 135 个部门。对部门进行归类合并遵循两个原则：重点突出原则和三次产业划分原则。广义旅游包含食、住、行、游、购、娱六大要素活动，然而，把食、住、行、购、娱完全归为旅游业也不完全合乎实际，完全准确地统计广义旅游业所涉及的活动难度较大。因此，本研究涉及的旅游业是狭义的旅游业，即依据国家投入产出表中对旅游业的定义来设定研究范围。合并后的部门具体如表 13-7 所示。

表 13-7 调整后的部门类别及说明

部门序号	部门名称	部门说明
01	农业	包含农业、林业、畜牧业、渔业及农、林、牧、渔服务业 5 个部门
02	工业	广义工业部门：根据国家统计局对于工业的划分标准及部门分类，将投入产出表中所有属于工业部门的行业全部合并，数据全部加总
03	建筑业	包括房屋和土木工程建筑业、建筑安装业、建筑装饰业及其他建筑业，与原投入产出表中的建筑业部门保持一致
04	金融业	包含金融业（银行、证券及其他金融活动）、保险业、租赁业和房地产业 4 个部门
05	住宿业	有偿为顾客提供临时住宿的服务活动，包括旅游饭店、一般旅馆和其他住宿服务，与原投入产出表中的住宿部门一致
06	餐饮业	在一定场所对食物进行现场烹饪、调制，并出售给顾客主要供现场消费的服务活动，包括正餐服务、快餐服务、饮料及冷饮服务和其他餐饮服务，与原投入产出表中的餐饮部门一致
07	娱乐业	包括室内娱乐活动、游乐园、休闲健身娱乐活动和其他娱乐活动，与原投入产出表中的娱乐部门一致
08	批发零售业	商品在流通环节中的批发活动和零售活动，包括批发业和零售业，与原投入产出表中的批发零售部门一致
09	旅游业	为社会各界提供商务、组团和散客旅游的服务，包括向顾客提供咨询、旅游计划和建议、日程安排、导游、食宿和交通等服务的行业部门，与投入产出表中的旅游部门一致
10	运输业	包含铁路旅客运输业、铁路货运业、道路运输业、城市公共交通运输业、水上运输业、航空旅客运输业、航空货运业、管道运输业、仓储业及邮政业共 10 个部门
11	其他服务业	包含第三产业中除去上述已划分出去之后的全部服务业部门

2. 中国旅游产业关联度测算及分析

根据前文的理论分析和合并后所含 11 个部门的投入产出表，对中国旅游产业关联度的衡量指标进行测算，各指标结果如表 13-8 与表 13-9 所示。

表 13-8 旅游业与各产业后向关联和前向关联测算结果

部门	后向关联系数 直接消耗系数 2002年	后向关联系数 直接消耗系数 2007年	后向关联系数 完全消耗系数 2002年	后向关联系数 完全消耗系数 2007年	前向关联系数 直接消耗系数 2002年	前向关联系数 直接消耗系数 2007年	前向关联系数 完全消耗系数 2002年	前向关联系数 完全消耗系数 2007年
农业	0.000 7	0	0.045 6	0.080 8	0.000 2	0.002 8	0.006 3	0.015 9
工业	0.028 0	0.053 6	0.390 3	0.878 2	0.005 1	0.064 6	0.074 4	0.347 5
建筑业	0.007 2	0.000 1	0.018 1	0.004 9	0	0.019 7	0.015 4	0.057 7
金融业	0.020 4	0.058 8	0.057 0	0.118 3	0.006 9	0.006 7	0.014 1	0.018 1
住宿业	0.045 7	0.123 0	0.054 4	0.140 9	0.006 4	0.000 9	0.007 9	0.002 6
餐饮业	0.065 4	0.136 9	0.077 5	0.161 1	0	0.001 6	0.001 9	0.006 7
娱乐业	0.000 4	0.003 6	0.001 1	0.006 0	0.003 6	0.008 7	0.004 1	0.009 8
批发零售业	0.003 6	0.002 1	0.036 1	0.034 4	0	0.005 8	0.008 9	0.019 4
旅游业	0.077 0	0.075 3	0.083 9	0.082 5	0.077 0	0.075 3	0.083 9	0.082 5
运输业	0.163 3	0.168 9	0.223 1	0.234 8	0.002 4	0.011 3	0.008 1	0.026 0
其他服务业	0.046 2	0.061 1	0.085 7	0.135 3	0.110 5	0.126 3	0.139 3	0.174 4
总计	0.457 9	0.683 4	—	—	0.212 1	0.323 7	—	—

表 13-9 产业影响力系数、感应度系数和综合关联系数测算结果

部门	影响力系数 2002年	影响力系数 2007年	感应度系数 2002年	感应度系数 2007年	综合关联系数 2002年	综合关联系数 2007年
农业	0.855 8	0.821 0	0.962 4	0.833 0	0.909 1	0.827 0
工业	1.239 1	1.324 9	4.269 0	5.163 8	2.754 1	3.244 4
建筑业	1.294 6	1.328 9	0.528 1	0.399 0	0.911 4	0.864 0
金融业	0.741 1	0.624 6	0.791 0	0.705 5	0.766 0	0.665 0
住宿业	1.037 8	1.027 6	0.496 1	0.462 9	0.766 9	0.745 3
餐饮业	1.070 7	1.092 2	0.536 9	0.510 7	0.803 8	0.801 4
娱乐业	1.000 1	0.966 3	0.435 4	0.385 7	0.717 8	0.676 0
批发零售业	0.909 8	0.780 0	0.780 3	0.562 0	0.845 1	0.676 0
旅游业	0.882 3	1.067 8	0.467 7	0.412 1	0.675 0	0.671 0
运输业	0.997 3	0.993 9	0.873 0	0.758 0	0.935 2	0.739 9
其他服务业	0.971 3	0.972 8	0.860 1	0.807 4	0.915 7	0.890 1

资料来源：刘晓欣，胡晓，周弘. 中国旅游产业关联度测算及宏观经济效应分析：基于2002年与2007年投入产出表视角[J]. 旅游学刊, 2011, 26（3）: 31-37.

（1）后向关联和前向关联。从表 13-8 中的后向关联系数可以看出，旅游业有较高的消耗系数，说明旅游业对上游产业的拉动能力较强，有较大的后向关联度。2007 年，旅游业直接消耗系数较大的部门为运输业、餐饮业和住宿业，说明旅游业对这些部门的直接带动作用较大。从 2007 年的完全消耗系数也可以看出，除工业部门外，系数值排在前列的依次是运输业、餐饮业和住宿业，说明旅游业对这些部门及与这些部门相关的部门的综合带动作用较强。

通过比较 2002 年和 2007 年的消耗系数可知,不管是直接消耗系数,还是完全消耗系数,旅游业对工业、住宿业、运输业、餐饮业及金融业的消耗系数都有较大程度的提高,说明旅游业的发展对这些产业或部门的带动作用越来越大。从总的直接消耗系数来看,2007 年旅游业每产出 1 万元,需要直接消耗中间投入 6 834 元,相比 2002 年的 4 579 元,提高了 49.25%,说明旅游业对上游产业的拉动能力有较大幅度的提高,后向关联度越来越大。

对于前向关联,总的说来,旅游业的前向关联度比较低。比较表 13-8 中 2007 年和 2002 年的前向关联系数数据,尽管旅游业与其他产业的前向关联有一定程度的提高,但从总的直接消耗系数可以看出,2007 年总的直接消耗系数只有 0.323 7,这说明旅游业对其他产业发展的支撑作用不明显,这是旅游业本身的特点所决定的,旅游业的产品主要用于直接消费,而不是作为中间投入。

总的说来,旅游业的后向关联大于前向关联,说明旅游业发展对其他产业的拉动作用大于旅游业对其他产业发展的支撑作用。

(2)影响力系数、感应度系数、综合关联系数。从表 13-9 中的计算结果可以看出,不管是 2007 年的数据,还是 2002 年的数据,都显示旅游业的影响力系数大于感应度系数,说明旅游业对于整个国民经济的推动作用要大于其本身受到国民经济发展后的拉动作用,这与大多数已有文献的研究结果基本一致。2007 年,旅游业的影响力系数大于 1,即影响力大于所有产业的平均水平,说明旅游业对国民经济发展有较大的推动作用,而且 2007 年的影响力系数大于 2002 年的影响力系数,增加幅度为 21%,说明旅游业对国民经济发展的推动作用增强。

从感应度系数来看,旅游业的感应度系数远远低于全国的平均水平,说明国民经济发展对旅游业的拉动作用较弱,而且 2007 年的感应度系数低于 2002 年的感应度系数,说明国民经济发展对旅游业的拉动作用在下降。需要说明的是,旅游业感应度系数下降的原因可能比较复杂,需要进一步研究。

从综合关联系数来看,旅游业在整个经济中的综合影响力比较低。

本章小结

产业关联是指不同产业之间投入品和产出品相互运动形成的技术经济联系,其基本分析方法是里昂惕夫创造的投入产出分析。它主要借助产业关联表(投入产出表或里昂惕夫表)对产业之间生产、交换、分配上发生的关联关系进行分析研究。

投入产出分析方法来自经济生活对计划平衡的客观需要,其理论基础包括魁奈的"经济表"、马克思的再生产图示、瓦尔拉斯的一般均衡理论和凯恩斯的国民收入理论。投入产出模型包括实物型投入产出模型和价值型投入产出模型。前者反映某一时期内国民经济中按实物单位计量的各生产要素投入使用及产品分配流动的情况;后者是以货币为计量单位构建的。两个模型都是由投入产出表、相应的平衡关系与平衡方程和数学模型组成。模型衍生的很多在进行经济分析中非常有用的系数,不仅可以用来研究产业之间的比例关系和关系结构的特征,还可以利用投入产出表推算出来的参数研究表中某些数据发生变化时对其他数据发生的影响,尤其是产业波及效应。直接消耗系数是指生产单位产品对某一产业产品的直接消耗量,它反映了两个产业间的直接消耗关系。一种产品对另一种产品的消耗不仅有直接消耗，还有间接消耗。一种产品对某种产品的直接消耗和全部间接消耗的总和被称为完全消耗。相应地，直接消耗系数和全部间接消耗系数的总和就是完全消耗系数。此外还有直接折旧系数、劳动报酬系数、社会纯收入系数和国民收入系数等。

投入产出分析方法可以把握所研究经济结构内在的技术联系，可以利用投入产出表及其所提供的各种平衡关系和平衡方程进行一系列经济分析，因此有着广泛的应用。静态的投入产出模型在产业关联分析方面的应用根据目的和应用的工具不同，可以用来分析产业结构、产业间波及效应及经济效果分析等。

推荐阅读

[1] 里昂惕夫. 投入产出经济学 [M]. 崔书香，潘省初，谢鸿光，译. 北京：中国统计出版社，1990.
[2] 许宪春，刘起运. 中国投入产出分析应用论文精萃 [M]. 北京：中国统计出版社，2004.
[3] 彭志龙. 中国投入产出理论与实践：2010 [M]. 北京：中国统计出版社，2012.
[4] 徐赟. 经济循环与增长：基于投入产出理论和方法的研究 [M]. 上海：上海交通大学出版社，2018.
[5] 余典范，干春晖，郑若谷. 中国产业结构的关联特征分析：基于投入产出结构分解技术的实证研究 [J]. 中国工业经济，2011（11）：5-15.
[6] 王岳平，葛岳静. 我国产业结构的投入产出关联特征分析 [J]. 管理世界，2007（2）：61-68.
[7] WANG Z, WEI S, YU X, ZHU K. Characterizing global value chains: production length and up-streamness [R]. NBER working paper 23261, 2017.

思考与练习

1. 怎样认识投入产出分析法的理论基础？
2. 阐述实物型投入产出模型和价值型投入产出模型各自最重要的优点，并说明原因。
3. 消耗系数能否反映产业中的科学技术水平？
4. 解释直接消耗系数和完全消耗系数的含义，比较异同，并分别写出它们的具体计算式。
5. 如何计算感应度系数与影响力系数？它们的经济含义是什么？
6. 试根据某年《中国统计年鉴》中投入产出基本流量表和其他数据计算简化的投入产出表及相关指标。

第十四章
CHAPTER 14

全球化视角下的产业结构

世界是平的。

——托马斯·弗里德曼

本章我们将介绍全球化视角下的产业结构，包括经济全球化与国际产业分工，全球价值链与全球产业链、全球产业格局的发展与重构。我们将重点介绍全球价值链与全球产业链的概念框架及发展趋势，并讨论全球产业格局的现状、发展中国家产业面临的挑战和全球产业分工格局的重构。

第一节 经济全球化与国际产业分工

20世纪30年代，工业生产活动在空间上呈现出高度收敛和集中的特征。福特公司当时位于底特律的福特红河工厂几乎完全控制了企业生产和制造的原料及其他部件的来源和运输，并经过数百种工序将各种投入品最终转换为汽车。经济学家克鲁格曼点评说："福特工厂'一端吃进焦炭和矿石，另一端吐出客座轿车'。"然而这种生产方式在20世纪后半叶经历了革命性的变化。随着加拿大－美国汽车同盟在60年代中期签署实施，以及80年代早期"世界汽车战略"的实施，包括福特在内的美国主要汽车厂商开始大规模国际化生产。如今，福特汽车在全球有3 000多家供应商，在海外24个国家设有制造、组装、销售的公司，与9个国家的汽车公司建立了业务联系，在180多个国家建立了直接销售网络[⊖]。

这个故事揭示了近几十年来汽车生产组织方式的重要变动：从产品生产在空间上的高度集中，转变为产品内的生产工序和环节被拆散，并分布到全球不同国家和地区进行生产。那么，这种新的生产组织方式是如何发生的？在这种新的组织方式中，由谁来组织、控制和协调分散在全球的生产过程，以及参与生产过程中的各家厂商如何分配它们的利润？中国企业如何利用这一新的生产组织方式来提升自身在全球生产体系中的地位，以及可能会遇到什么样的困难和挑战？

⊖ 张辅群.福特主义、丰田方式和温特尔主义之比较研究 [J].现代财经（天津财经大学学报），2006（9）：51-54+59.

一、国际产业分工

经济全球化是随着地理大发现以来全球范围内国与国之间随着普遍联系的加强而产生的经济发展的一体化。按照国际货币基金组织（IMF）在1997年的定义，经济全球化是指"跨国商品与服务贸易及资本流动规模和形式的增加，以及技术的广泛迅速传播使世界各国经济的相互依赖性增强"。经济合作与发展组织（OECD）认为，经济全球化"可以被看作一个过程，在这个过程中，经济、市场、技术与通信形式都越来越具有全球特征"。因此，我们可以把经济全球化大致看作包括贸易、投资、金融、生产等活动在内的全球化，以及生产要素在全球范围内的配置。经济全球化的发生，被认为是两大因素推动的：一是信息技术的变革加快了信息传递的速度并大大降低了成本，打破了种种地域乃至国家的限制，为跨国公司在全球的扩张提供了强大的技术支持；二是由于受到经济自由化改革的影响，尤其是20世纪90年代后期发生在全球范围内的贸易、投资、金融管理的自由化浪潮，降低了商品、资金及各类生产要素在各国和地区之间流动的障碍，从而推动了新一轮经济全球化的迅速发展。

一般认为，应将经济全球化分为两轮，以第二次世界大战为分水岭。第一轮经济全球化从地理大发现开始到第二次世界大战为止；而第二轮经济全球化从第二次世界大战结束开始至今。

第一轮经济全球化的特征是，国与国之间的产业分工是在某一产业或者产品为整体，根据自身资源禀赋的特点基于比较优势组织生产而开展并形成的。上一轮经济全球化所形成的产业分工格局主要是国家根据自身禀赋优势进行产业间的分工。在旧经济全球化的时代，由于产品生产被局限在单一国家内部，因此全球产业的分工格局就是国家与国家选择自身优势产业并自发形成的产业分工格局。例如，加勒比海的国家地处热带，因盛产香蕉而出口香蕉，而美国作为工业国则出口汽车，中国则出口茶叶与瓷器，全球范围内各国的优势产业是什么，就出口什么，从而形成旧全球化的产业格局。因为产业内的组织生产主要由单一所在国内部开展，所以在旧经济全球化的格局下，国与国之间的贸易以最终产品为主。

对于上一轮全球产业分工格局的研究是以经典国际贸易理论为基础的，最早可以追溯到亚当·斯密。英国古典经济学家亚当·斯密于1776年在其《国富论》（全称为《国民财富的性质和原因的研究》）一书中提出，国际贸易的原因是国与国之间的绝对成本的差异：如果一国在某一商品的生产上所耗费的成本绝对低于他国，该国就具备该产品的绝对优势，从而可以出口；反之则进口。各国都应按照本国的绝对优势形成国际分工格局，各自提供交换产品，该理论我们称之为绝对优势理论。该理论解释了产生国际贸易的部分原因，但不能解释各种产品生产上都具有绝对优势的国家与不具有绝对优势的国家之间的贸易往来。而后，大卫·李嘉图在其代表作《政治经济学及赋税原理》中提出了比较成本贸易理论（后人称之为"比较优势理论"）。比较优势理论认为，国际贸易的基础是生产技术的相对差别（而非绝对差别），以及由此产生的相对成本的差别。每个国家都应根据"两利相权取其重，两弊相权取其轻"的原则，集中生产并出口其具有"比较优势"的产品，进口其具有"比较劣势"的产品。比较优势贸易理论在更普遍的基础上解释了贸易产生的基础和贸易利得，大大发展了绝对优势贸易理论。瑞典经济学家俄林进一步从国际贸易产品背后的要素禀赋出发，在瑞典经济学家赫克歇尔的研究基础上形成了要素禀赋理论，并在1933年出版的《地区间贸易和国际贸易》一书中阐释了该理论。他认为，各国间要素禀赋的相对差异及生产各种商品时利用这些要素的强度的差异是国际贸易的基础。他还强调：生产商品需要不同的生产要素，如资本、土地等，而不仅仅是劳动力；不同的商品生产需要不同的生产要素配置。他认为，一国应该出口由本国相对充裕的生产要素所生产的产品，进口由本国相对稀缺的生产要素所生产的产品。

而第二次世界大战以后，吸取了19世纪30年代各国关税战导致全球贸易大衰退的教训，1947年成立了"关税及贸易总协定"（简称"GATT"，1995年后改名为"世界贸易组织"，即"WTO"），全球以关税为标志的贸易壁垒大幅降低，新一轮的经济全球化从而得以产生并以产业内分工的形式展开。全球经济一体化由此进入2.0时代。按照当年价格指数计算，2013年全球经济的生产值总和大约为74万亿美元，而这其中有超过30%是国际贸易贡献的，即产品和服务的国际贸易总额达到23万亿美元。当今的世界经济已经紧密地联系在一起，欧洲打一个喷嚏就有可能影响到亚洲药品的生产。与20世纪早期相比，当代经济的全球化呈现出了新的特点：20世纪早期的国际贸易是以产成品为主的形式，而由于关税已经不再成为国际贸易的重要阻力，产品生产环节的各类中间品可以更加自由地流动，所以当今国际贸易是以产业内在一条产品价值链上按照生产的环节的半成品在国与国、区域与区域之间进行传导的形式发生的。也就是说，产业生产不再局限在某一国内，而是在全球范围内形成了新国际分工格局。当产业内部跨越了国界重新分工后，就需要在新的全球化的视角下用新的分析工具来理解新一轮全球化下的全球产业分工。

二、产品内分工是新国际分工

现在人们普遍认为，新一轮经济全球化是新的国际分工——产品内分工（intra-product specialization）得以形成的重要原因。那么，什么是产品内国际分工？为什么说新一轮经济全球化推动了产品内分工的形成？这首先要从产品的生产过程说起。我们可以把一个完整的产品生产过程视为一个包含了诸多生产工序的过程。这一过程既可以在特定空间点上完成所有工序分工，表现为一个工厂内部完成产品工序间分工，这类工厂往往被称为"全能工厂"（盛洪，1994），也可以把不同工序分散到不同国家，由不同的企业来完成。产品内分工，就是产品生产过程中不同工序或区段通过空间分散化展开成跨区或跨国性的生产链条或体系，由不同国家的企业参与特定产品生产过程的不同环节或区段的生产及供应活动（卢锋，2004）。

由于多种原因，不同的国家和区域生产同一种产品的机会成本往往存在很大差异，这种差异或者来自各国生产同一产品的劳动生产率差异，或者来自天生资源禀赋的不同。一般而言，一个国家较丰富资源的要素价格总是便宜一些，而稀缺资源的要素价格总是贵一些。以至于劳动密集型产品在劳动力丰富的国家生产，其成本肯定较低；资本密集型的产品在资本丰富的国家生产，成本也相对较低。因此，将劳动密集型产品放在劳动力较丰富的发展中国家生产，而将资本密集型产品放在发达国家生产，可以降低产品生产成本，优化资源配置。进一步地，当产品在生产环节与零部件的生产可以拆分以后，由于不同生产环节使用要素的相对比例不一样，如果将资本或技术密集型的生产环节放在资本充裕和技术先进的发达国家生产，而将劳动密集型的生产环节放在劳动力充裕的发展中国家生产，那么将大大提高资源的配置效率。

产品内分工既可以通过企业内分工的方式来达到，也可以通过分布在不同国家或地区的独立厂商之间的分工来完成，因而同时包含了企业间和企业内分工两种形态。在企业内部实现的产品内分工，一般是跨国公司通过国外直接投资或并购国外企业，把某些生产环节转移到国外子公司或附属企业进行生产，国内仍然保留部分核心生产环节。在这种情况下，由跨国公司的母公司来整合和有效配置不同空间的生产资源，并组织协调产品内不同生产环节之间的生产和运转。在企业之间实现的产品内分工，往往是通过代工生产来实现的。代工，又称为贴牌生产（original equipment manufacture，OEM），一般是指发达国家品牌商按照一定的设计要求和生产标准向国外制造商下订单，后者依照前者的要求进行生产，产品生产完成后发包方贴上自己的品牌销售。在这种产品内分工中一般由发包企业来整合配置资源，并对整个生产过程进行管理。在某些情形下，由于代工企业自身研发和设计能力增强等原因，可能在一定程度上承担所在生产环节的研发或设计，但是产品品牌仍被发包方所掌握。这种带有产品研发设计功能的代工方式称为原始设计制造（original design manufacture，ODM）。

三、产品内分工的内涵

产品内分工是一种更为细致和发达的国际分工形态。产品内分工的基础和源泉主要有两个：比较优势和规模经济。

国际经济学阐述了国际分工贸易通过比较优势创造利益源泉的原理。图 14-1 说明了产品内部生产工序之间的要素投入比例的差异。假定 X 产品由两个生产工序 X_1 和 X_2 组成，图中 OX_1 和 OX_2 分别代表两个生产工序的生产扩张线。其中，X_2 的扩张线斜率值较大，表示该工序中资本占比较高，具有资本密集特点；X_1 工序相反，具有劳动密集特点。OX 表示生产两道工序加权平均的投入比例。图中等产量线 $X_0 = 1/P_x$ 代表价值 1 元 X 产品的等产量线。AC 和 BD 分别表示甲国和乙国两条假设价值相同的等成本线。等成本线斜率差异表明，甲国资本的价格较低而劳动力的价格相对较高，而乙国则相反。两国等成本线 AC、BD 相交决定的 OS 线代表了国际分工的临界线。

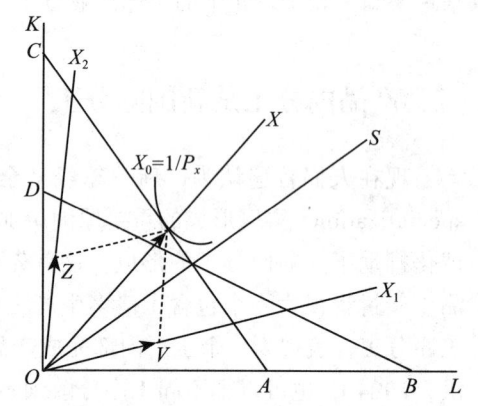

图 14-1 生产工序的投入比例差异

资料来源：卢锋. 产品内分工 [J]. 经济学（季刊），2004，4（1）：55-82.

如果某工序的生产扩张线高于 OS 线，意味着该工序具有资本密集型特征，按照比较优势的原则，应在甲国生产；如果其低于 OS 线，则意味着具有劳动密集型特征，应在乙国生产。显然，由于图中 OX 线位于 OS 线上方，意味着 X 产品的整体资本密集度高于 OS 线表示的资本密集度，因而，如果不允许产品内分工，该产品应在资本较为充裕的甲国进行。然而，如果允许两个生产工序分离，由于 X 的等产量线 X_0 与 AC 的切点表示实际生产点，将该切点用矢量图分解，那么显然生产工序 OZ 应仍在甲国生产，而生产工序 OV 应转到乙国生产（因为 OV 线在 OS 线的下方）。

图 14-2 说明了通过产品内分工创造比较优势利益的原理。如果允许工序国际分工，把工序 OV 转移到劳动力价格相对较低的乙国进行，工序 VZ 仍在甲国完成，有可能创造额外经济利益。将乙国等成本线 BD 平行内推到正好与 V 点接触的 B_1D_1 位置，它表示在乙国进行劳动

密集型工序 OV 需要的成本；然后把甲国等成本线 AC 平行内推到 A_1C_1 位置，它对应甲国完成 OV 工序的成本。工序分工带来的成本节省优势可用两种方法表示。一是过 V' 点做一条新的甲国等成本线 A_2C_2，由于定义规定 BD 和 AC 是等值等成本线，因而 B_1D_1 与 A_2C_2 各自代表的成本也相等。A_2C_2 表示的成本小于 A_1C_1 代表的 OV 工序在甲国进行所需要的成本，两条等成本线差异显示了产品内分工创造出的利益。二是从 V' 点引一条与 VZ 平行且长度相等的线段 $V'Z'$，表示仍在甲国进行的资本密集型工序活动；然后过 Z' 点做一条新的等成本线 A_3C_3，表示采取工序国际分工完成两工序生产过程所需要的总成本，A_3C_3 位于 AC 等成本线左下方，二者的差别显示了产品内分工创造出新的比较利益。

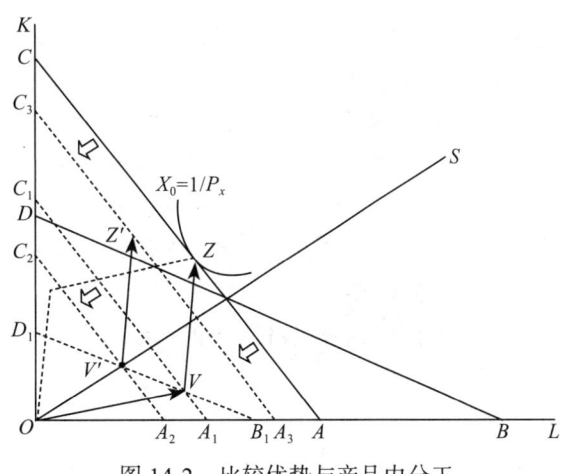

图 14-2 比较优势与产品内分工

规模经济也是产品内分工创造利益的重要原理。规模经济指产出数量规模与单位成本存在反向关系。当存在规模经济时，如果企业能够在给定市场需求数量以内，通过分工组合各自扩大规模进行生产，就可能节省成本和提升资源配置效率。图 14-3 显示了不同工序规模经济存在差异的情况。假定某产品需采用四道工序生产，每道工序的成本属性派生出各自最佳规模水平差异，并在左边通过四道工序平均成本线最低点对应的不同产出规模水平上表现出来。横轴右边部分用间隔宽度表示不同工序在整个生产过程中相对数量比重，纵轴表示不同工序活动的平均成本。如果不采取产品内的分工，则整个生产过程的最佳规模只能由某个工序的最佳规模决定，假如第一道工序最佳规模决定了整个生产过程的最佳规模，其他三道工序就要在偏离最佳规模的数量水平上进行，图右部不规则多边形表示生产总成本，其中图形 A、B、C 面积表示因为不允许每道工序在最佳规模进行所发生的机会成本最大值。换言之，如果能够进行产品内分工，这部分成本构成了潜在的资源节省对象或利益来源。从规模经济角度进行的分析，揭示了通过产品内分工把具有不同最佳规模的工序分布到不同区位的生产单位进行，有可能节省成本和创造利益。

观察不同行业的不同产品，不难发现，不同产品之间产品内的分工程度有明显差异，这主要由五点因素决定。第一，生产过程不同工序环节空间可分离性。要把产品生产过程分布到不同国家进行，不仅要求这一生产过程在技术上有可能被分解，而且需要不同工序有可能拆分到不同空间区位进行。其他条件给定时，不同生产区段的空间可分离性越大，产品内分工潜在可能性和实现强度越大。可分离性主要受生产过程技术属性决定。第二，不同生产工序要素投入比例差异度。生产过程中的不同工序或区段，依据特定生产工艺要求，对投入品要素组合可能存在不同数量比例要求。依据上面讨论，比较优势是派生产品内分工的基本源泉，给定不同国家和经济体之间资源禀赋结构和要素相对价格的差异程度，不同区段生产工艺所要求的投入品比例反差越大，越有可能通过产品内分工节省全球范围稀缺资源，从而在经济合理性前提下发展产品内分工。因而，其他条件给定时，不同生产区段的要素比例差异程度与产品内分工的密集程度，二者存在正向联系。第三，不同生产区段有效规模差异度。

生产过程的不同工序或区段,由其技术和成本属性决定,可能存在不同的有效规模。依据上面讨论,规模经济是产品内分工的又一源泉。因而给定其他条件,不同生产工序或区段有效规模差异越大,越有可能通过国内或国际产品内分工节省成本和提升效率。不同生产区段的有效规模差异程度,与产品内分工的密集程度,二者具有正相关关系。第四,产品及其零部件单位价值运输成本大小。产品内分工意味着中间产品跨国流动实现不同生产区段的连接,因而产品运输成本大小对于特定产品是否采取产品内分工的生产方式,对于产品内分工的强度,具有重要制约作用。大体说来,其他条件相同时,运输成本越高,产品内分工强度应当越低;反之亦然。第五,跨境生产活动的交易成本。产品内分工以中间产品跨越不同国家边境为前提,除了要支付一般意义上衔接不同空间区位经济活动的运输和协调成本以外,还会额外发生与跨国越境经济活动相联系的成本。其他条件给定,这类交易成本越低,产品内分工越有可能发展。

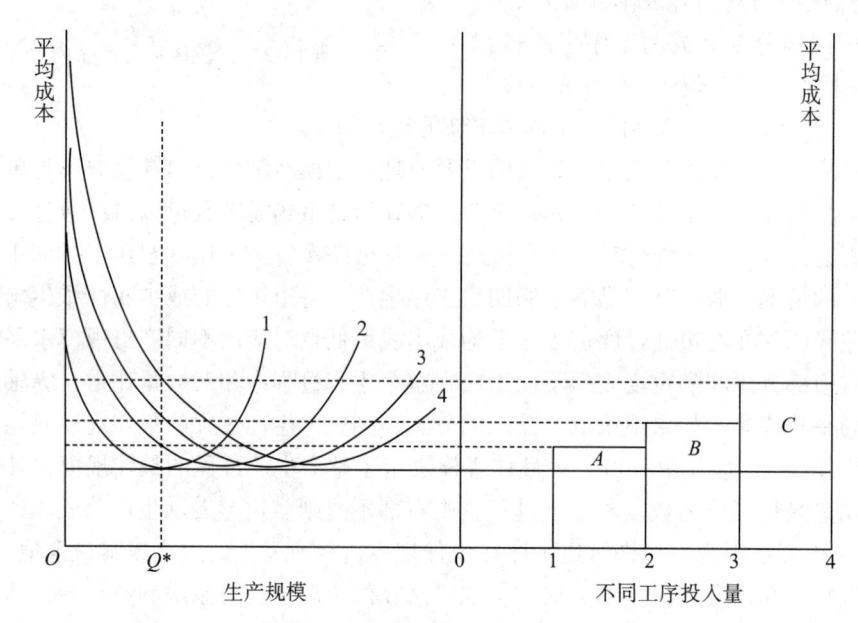

图 14-3 规模经济与产品内分工

资料来源:卢锋.产品内分工[J].经济学(季刊),2004,4(1):55-82.

第二节 全球价值链与全球产业链

一、全球价值链理论

如果我们将产品内分工的每一道生产工序都视为一个附加值创造的过程,这就是波特所称的价值链(Porter,1985)。从地理空间来看,构成这个产品价值链的生产活动由分散在不同国家的不同企业完成,后者即为全球价值链(global value chain,GVC)。全球价值链是指为实现商品或服务价值而连接生产、销售、回收处理等过程的全球性跨企业网络组织,涉及从原料采集和运输、半成品与成品的生产和分销,直至最终消费和回收处理的整个过程。它包括所有参与者和生产销售等活动的组织及其价值、利润分配。当前，散布于全球的、处于全球价值链上的企业进行着设计、产品开发、生产制造、营销、销售、消费、售后服务、最后循环利用等各种增值活动（UNIDO，2002）。全球价值链是跨国公司为了利用不同国家的资源禀赋优势和规模经济收益，或者不同国家的税收政策和环保政策的差异，降低成本提高效率的结果。同样，在全球价值链中，各国企业按照各自的比较优势进行不同环节的分工。全球价值链强调产品的增值过程中整个价值链条的运行、治理和收益分配，各个国家在价值链条中的地位，以及发展中国家实现沿价值链攀升的可能性。

这种空间上分散的全球价值链是如何运行的？如果我们观察现实中的全球价值链就会发现，至少存在两种不同的驱动模式推动了全球价值链的运行（Gereffi，1999）。一种是生产者驱动的价值链，一般由拥有核心技术优势的先进企业来组织商品或服务的生产、销售、外包和海外投资等产业前后向联系，最终形成全球价值链。这种模式一般出现在汽车、航空、电脑、半导体和装备制造等技术资本密集型产业中，如丰田汽车、波音公司、IBM等生产者控制的价值链。由于这种价值链对技术要求较高，主导企业对生产环节的控制往往通过海外直接投资的形式来完成。另一种是购买者驱动的价值链，一般由拥有强大品牌优势和销售渠道的企业通过全球采购和OEM等生产组织起来。这种驱动模式一般出现在传统的产业部门，如鞋业、服装、自行车和玩具等劳动密集型的传统产业。此类价值链中是由类似沃尔玛、家乐福等大型的零售商，耐克、阿迪达斯等品牌授权公司和伊藤忠贸易代理公司等跨国公司控制着全球价值链。价值链中的生产环节则大多由位于发达国家的大型零售商、品牌商和代理商等通过外包网络关系将订单分包给发展中国家的合约商（张辉，2006）。

拓展阅读 14-1

温特尔主义的流行

从20世纪90年代初开始，温特尔主义（Wintelism）在全球迅速发展。温特尔主义是Windows和Intel的组合，其核心是技术标准的确立和推广，以及模块化的生产方式。温特尔主义利用掌握的强大信息网络，以产品标准为核心整合全球资源，并将整个系统分解成若干个承担确定功能的半自律性的子系统，使得产品在其最能被有效生产出来的地方以模块化方式进行组合。在完成产品价值链的全过程中，标准的制定掌握在极少数大企业手中，而大多数生产者则按照这些标准以模块化的形式进行生产。这种生产模式在提高整个价值链竞争力的同时，也能够确保标准制定者的根本利益，因为技术标准一旦形成，便具有路径依赖和锁定效应，其他企业只能在共同控制的标准架构下发展。譬如，微软与英特尔结成的同盟就是通过掌握产业标准来确立其核心技术拥有者的地位。当然，标准的使用者和落实者，也可以参与产品模块的生产与组合，从而获得一定的收益。

资料来源：张辅群.福特主义、丰田方式和温特尔主义之比较研究[J].现代财经（天津财经大学学报），2006（9）：51-54+59.

从某一国家的角度来考虑其全球价值链的参与程度，就需要定量地考量其在全球价值链的地位。垂直专业化是每个国家只在商品生产的某个或某几个生产环节进行专业化生产的分工。Hummels等人（2001）从某一国垂直专业化的程度入手来衡量其参与全球价值链的程度并提出了垂直专业化指数（share of vertical specialization，VSS）的计算方法，垂直专业化水平可以通过每一单位出口中包含的进口中间投入品价值额（或比例）来加以衡量。某国第 i 个产业的垂直专业化水平的计算公式是：

$$VS_i = (II_i / GO_i)EX_i \tag{14-1}$$

其中，VS 代表垂直专业化贸易额，II 代表进口中间品投入，GO 代表总产出，EX 代表出口。假设一共有 n 个产业，于是该国的垂直专业化指数表达式为

$$VSS = \sum_i^n VS_i / \sum_i^n EX_i = \sum_i^n [(II_i / GO_i) \cdot EX_i] / \sum_i^n EX_i \tag{14-2}$$

在计算 VSS 时可使用投入产出表获得进口中间品投入水平、总产出与出口等数据。表 14-1 展示了根据 Hummels 等人（2001）计算的、包括中国在内的代表性国家的产业垂直专业化份额。可以看出，由于大国的经济规模较大，能在本国进行产品内分工，因此垂直专业化水平一般要低于小国。另外，由于发达国家产业垂直专业化程度已经较高，因此其增长速度相对较慢，而以中国为代表的发展中国家由于积极参与国际分工，因此垂直专业化水平上升迅速。中国产业的垂直专业化水平从 1995 年的 0.151 上升到 2005 年的 0.261，增长了 72.85%，远高于其他绝大多数国家。中国产业垂直专业化水平的迅速提升，表明中国参与国际分工的程度在不断加深。

表 14-1 代表性国家的产业垂直专业化份额（1995—2005 年）

经济体	1995 年	2000 年	2005 年
中国	0.151	0.188	0.261
印度	0.103	0.143	—
巴西	0.105	0.122	0.152
美国	0.115	0.143	0.162
日本	0.079	0.086	0.155
英国	0.238	0.247	0.236
德国	0.205	0.253	0.265
法国	0.211	0.218	0.262

资料来源：文东伟，冼国明. 中国制造业的垂直专业化与出口增长 [J]. 经济学（季刊），2010, 9 (2): 467-494.

表 14-2 展示了代表性国家各技术层次产业出口的垂直专业化份额。从总体上看，从 1995 年到 2005 年间，几乎所有国家的产业垂直专业化水平都有所提高，但相对低技术产业的垂直专业化提升得更快。原因在于高技术产业的生产环节更多，单位价值更大，更具有产品内分工的产品特征。与其他国家相比，中国的产业垂直专业化具有两个鲜明的特点。一是高技术产业的垂直专业化水平显著地高于低技术层次的行业。2005 年，中国高技术产业出口的垂直专业化份额为 0.411，远高于低技术的 0.150。二是中国高技术产业垂直专业化的增长速度远远超过大多数国家。1995—2005 年，中国高技术产业出口的垂直专业化份额从 0.177 上升到 0.411，增长了 132.20%。中国高技术产业垂直专业化水平的迅速提升，可以在一定程度上解释中国高技术产业进出口的爆炸式增长。

表 14-2 代表性国家各技术层次产业出口的垂直专业化份额（1995—2005 年）

国家	高技术 1995 年	高技术 2000 年	高技术 2005 年	低技术 1995 年	低技术 2000 年	低技术 2005 年
中国	0.177	0.341	0.411	0.127	0.140	0.150
印度	0.147	0.159	—	0.055	0.123	—
巴西	0.208	0.229	0.290	0.071	0.073	0.071
美国	0.135	0.152	0.155	0.075	0.090	0.100
日本	0.090	0.111	0.198	0.077	0.096	0.146
英国	0.229	0.351	0.316	0.202	0.138	0.139

(续)

国家	高技术			低技术		
	1995年	2000年	2005年	1995年	2000年	2005年
德国	0.213	0.237	0.269	0.199	0.218	0.212
法国	0.254	0.244	0.211	0.153	0.160	0.172

资料来源：文东伟，冼国明.中国制造业的垂直专业化与出口增长[J].经济学（季刊），2010，9（2）：467-494.

离岸外包是全球价值链的重要组织形式，即跨国企业在保留特定产品生产供应基本定位的前提下，对生产过程涉及的某些环节区段的活动或工作，基于国家间比较优势，尤其是劳动力成本优势的禀赋特征，通过合同方式转移给另一国的厂商来承担。由于跨国企业转移至其他国家的不是整个产品的生产，而是产品的部分生产环节，因此离岸外包的过程就是全球价值链形成的过程。

测度一国离岸外包水平的代表性方法是引入中间产品进口量，用进口中间投入品占全部中间投入品（不包括非能源支出）的比例来测度离岸外包的程度（Feenstra，Hanson，1999）。将 i 产业的进口中间投入 X 表示为

$$X_i^M = \sum_j X_i^j \frac{M_j}{Y_j + M_j - E_j} \qquad (14\text{-}3)$$

式中，X 是 i 产业来自 j 产业的全部中间产品，M_j 为 j 产业的总进口，Y_j 是 j 产业的总产出，E_j 为 j 产业的总出口。可以证明，$Y_j+M_j-E_j$ 为 j 产业的总消费。$M_j/(Y_j+M_j-E_j)$ 为 j 产业全部中间投入品中进口的比重。

表14-3展示了Feenstra和Hanson（1999）计算的各国的离岸外包率。从表中可以看出，从1995年到2005年的十年间这些国家整体上的离岸外包率都有了大幅度的提升。其中，欧洲国家得益于欧盟一体化的整合，离岸制造外包比率最高；美国和日本其次；而发展中国家的离岸外包率增速较大，部分赶超了美欧日这样的发达国家，尤其是中国，作为增长最迅速的发展中国家，中国制造业外包比例在迅速上升，说明中国在21世纪初的这些年来迅速融入了以全球价值链为特征的全球化经济浪潮中。

表14-3 代表性国家制造业和服务业的离岸外包比率（1995年和2005年）

国家	1995年			2005年		
	总体	制造业	服务业	总体	制造业	服务业
中国	8.38	9.91	6.68	11.52	13.87	9.92
印度	8.52	11.06	10.32	9.57	16.88	6.35
巴西	6.36	10.02	4.58	8.24	13.41	4.99
美国	5.68	10.94	3.13	8.28	16.53	4.72
日本	5.67	9.23	3.67	8.74	15.04	4.39
英国	16.62	26.62	13.33	16.20	29.92	12.88
德国	13.18	22.52	8.12	18.61	29.82	11.78
法国	13.70	21.80	9.10	15.37	26.93	9.91

资料来源：杨蕙馨，等.经济全球化条件下产业组织研究[M].北京：中国人民大学出版社，2012.

加工贸易是中间品贸易的另一重要形式。从发达国家的角度来看，企业以FDI形式把某些生产能力转移到发展中国家和地区，或者利用发展中国家和地区已有的生产能力加工装配

产品，然后将产品运往境外销售。因此加工贸易的本质是，发达国家的企业在保留自己核心环节竞争力的同时，把某些已经失去比较优势尤其是劳动力成本优势的生产环节转移到发展中国家从而提高效率和节约成本。在发展中国家开展加工贸易的主体，往往是本地企业，或者是来自发达国家跨国公司具有社会网络联系的企业。为了促进经济发展，很多发展中国家和地区都实施了针对加工贸易的优惠政策，如中国对加工贸易企业有部分税费的减免政策。

加工贸易是全球价值链的重要环节，并促成了中国快速参与全球价值链。以中国为例，从2002年到2011年加工贸易总量从0.3万亿美元增加到1.3万亿美元，增加了3.3倍，加工贸易占中国对外贸易总量的比例上升到45%，加工贸易出口占比则达到50%左右。由于以电子芯片业为代表的高新技术产业的特性更适合进行产品内分工，因此表现在加工贸易结构上，中国的高新技术产品的加工贸易出口占比一路走高，从2002年的27%提高到2011年的51%。

二、全球价值链特征

由于全球价值链上各个生产环节之间重要性不同，因此其收益分配也具有显著的差异性。价值链大致可分为研发设计、生产和营销这三个环节。在价值链中，附加值更多体现在前端的研发设计和后端的营销环节中，而处于中间环节的生产的附加值最低。在图形上表现为中间低而两端翘起，这就是著名的"微笑曲线"，如图14-4所示。虽然领导企业只掌控了价值链中很小的核心环节，但其附加值占整个链条附加值的比例高达2/3甚至更多；生产环节的附加值仅占5%左右（江静，刘志彪，2007）。在不同的驱动链中，收益分配格局也有所不同。生产者驱动的价值链如个人电脑产业，附加值主要集中在核心生产者那里；购买者驱动的价值链如服装产业，大部分附加值流向了市场营销环节（Henderson，1995）。

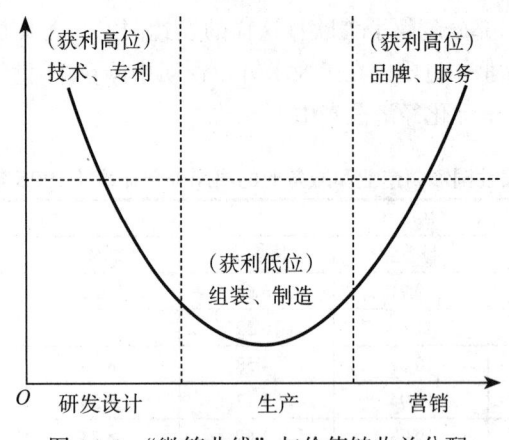

图 14-4 "微笑曲线"与价值链收益分配

为什么同一价值链上的各生产厂商的收益有如此大的差别？这可以用经济租的概念来加以解释（Kaplinsky，2000）。厂商的收益包括要素收益和经济租两个部分。其中，经济租来自要素生产能力的差异及其稀缺性，如自然资源、资本、技术、劳动及企业家精神等。随着全球化竞争的加剧，纯粹的要素收益率下降，不同环节的进入壁垒和全球价值链的系统协调能力成为经济租产生的重要原因。一方面，各环节的进入壁垒存在明显的差异。生产环节的进入壁垒一般较低，随着技术水平的提高，更多国家能够以较低的成本进入生产环节。激烈的竞争导致该环节的经济性耗散，附加值不断降低。研发设计和营销环节的活动通常是技术或知识密集型的，能形成较高的进入壁垒、较长时间的知识产权保护和品牌效应，而且衍生出的技术标准和垄断性的市场结构能够保证较长时间的利润。因此，价值链中处于研发设计和营销环节的企业收益较高。另一方面，随着国际分工细化，价值链全球分散使得协调、管理的重要性迅速上升。这是一种由价值链治理带来的经济租（Kaplinsky，2000）。治理者在对产品价值链进行治理的同时，也实现了对整个生产分配机制的绝对控制，攫取了价值链中大部分的利润。

案例 14-1

苹果手机产业链上的收益分配

苹果公司是全球利润最高的知名手机生产商，其产品以设计先进、性能优越、系统稳定而获得良好的口碑。作为一家跨国企业，苹果手机从一开始就采取了零部件全球外包，利用全球化的生产网络以最低成本生产手机，从而形成了零部件生产的全球价值链。iPhone 零部件的生产在全球展开，不同国家和地区的相对优势主要体现在各个细分价值链环节当中。虽然，绝大多数的手机最终在中国大陆组装并销售，然而在苹果手机的全价值链中，苹果公司基于自己开发的 iOS 操作系统，以及品牌优势、销售渠道、售后服务等多方面的价值把控，使得苹果公司俘获了苹果手机总价值的 42%，而中国大陆（劳动力）则只得到了 1%。图 14-5 展示了每台苹果手机中各主要零件的价值分配。不难看出，不同零件基于不同的技术难度，其在苹果价值链中的收益分配地位也是明显不同的。某零件在整个苹果手机产业链中的地位越高，则该零件供应商所获得的附加值就越高，如显示和触控、外观结构件、相机模块等就明显具有较高的附加值，而声学组件、电池组等由于技术门槛较低在价值链中所分配到的价值就较低。

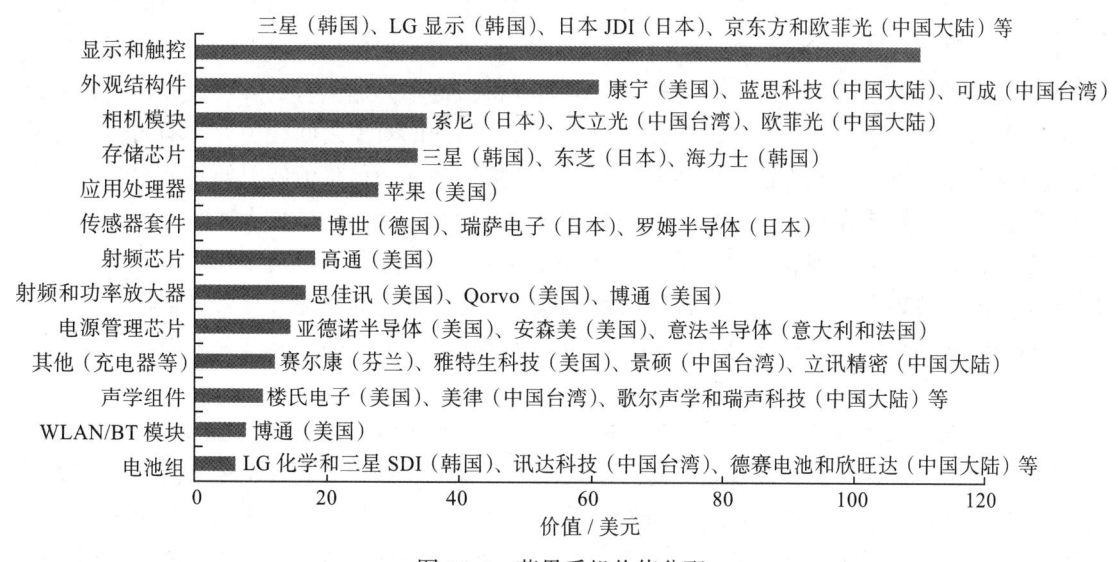

图 14-5 苹果手机价值分配

目前，我国与日本、韩国、美国及欧洲国家相比，在整个苹果手机产业链中所分得的价值还是偏低的，但与越南、泰国、墨西哥等国相比较高。这一定程度上反映了我国在苹果手机价值链甚至整个全球价值链中的地位，较一般的发展中国家高一些但不如发达国家。

资料来源：康江江，张凡，宁越敏.苹果手机零部件全球价值链的价值分配与中国角色演变[J].地理科学进展，2019，38（3）：395-406.

附加值贸易计算是指在全球价值链上，由于各个国家只负责生产最终产品的部分环节，对这些环节所留存的附加值的计算。而附加值贸易的计算是定量分析和理解全球价值收益分配的重要手段。为了更有效地反映国家间的产品内国际贸易现状，2013年OECD和WTO创设了附加值贸易测算方法，即依托跨国投入产出表和双边贸易数据，以单个商品在全球生产链上不同经济体产生的附加值为基础进行贸易统计，并据此计算和发布了全球附加值贸易（TIVA）数据。

在全球价值链的组织方式中，由谁来组织、控制和协调分散在全球的生产过程？这就涉及全球价值链的企业层面的治理，包括价值链的组织结构、权力分配及价值链中各经济主体之间的关系协调等问题。价值链治理就是通过非市场机制来协调价值链上企业之间的相互关系和制度机制（Humphrey and Schmitz，2002）。根据价值链中行为主体之间的关系类型，全球价值链的治理模式可以分为五种（Gereffi, Humphrey and Sturgeon，2003），即市场（market）、模块型（modular）、关系型（relational）、领导型（captive）和等级制（hierarchy）。其中，市场和等级制是两个极端的类型。前者是指价值链上各个经济主体之间的联系通过市场交易进行，而后者在企业内部通过纵向一体化进行。处于中间状态的模块型则是将整个系统分解成若干子系统，不同的子系统由不同的生产厂商来生产。厂商在按订单生产的同时，有时也能凭借自身的加工技术和资产专用性设备为客户提供特别的（中间）产品和服务。这种治理模式常见于IT等高技术产业的价值链。在关系型治理模式中，厂商一般通过声誉相互集聚在一起，表现出很强的社会同构性、空间临近性、家族性和种族性等特性，如浙江温州的打火机产业集群。领导型治理模式是指众多中小厂商主要依附于几个大型厂商的模式。由于改变这种依附关系需要付出很高的转换成本，因而中小厂商被大型厂商所领导或俘获，并受其控制和监督。这种模式常见于价值链中发达国家企业对发展中国家企业的领导关系。这五种价值链治理模式是较为常见的治理模式，但同一价值链中并非只有一种模式存在。尤其是核心企业与价值链上众多企业之间的关系较为复杂，不同的对象之间往往存在不同的治理模式。面对全球竞争，全球价值链中的治理者必须严格控制和扶持价值链上的其他企业。因为一旦价值链上的缺陷在市场上被发现，那么治理者将面临失去市场的巨大风险。为了使整个价值链具有竞争力，治理者不得不承担产业功能整合和全球不同地区诸多经济活动协调和控制（Gereffi，1999）的责任。治理者不仅需要对整个价值链中的其他参与者设定特定地域市场的不同要求或规则，还要通过ISO9000、ISO14000和SA8000等国际认证来限定价值链上企业的生产资质，促使其提高生产效率并承担一定的社会责任。

那么，谁能成为价值链中的治理者？由于治理者必须系统性地协调和控制价值链中各个环节的活动，需要很强的控制和协调能力，这往往只有发达国家的先进企业才能承担。从现实来看，这种治理能力很大程度上是研发、设计、品牌和市场运营等竞争力衍生出来的。对应于全球价值链的两种驱动模式，治理者在生产者驱动的全球价值链中一般存在于生产制造领域，而在购买者驱动的全球价值链中，治理者一般会位于流通领域。

三、全球产业链的发展趋势

全球产业链是指在全球范围内为实现特定产业内某种商品或服务的价值而连接生产、销售、回收至处理过程的跨企业网络组织，它包括所有参与者和销售活动的组织及其价值、利润的分配。因此，全球产业链的概念相对于全球价值链而言，更加强调特定的某一产品或产业，是全球价值链宏观环境下的某一具体产业的微观链条。同时，相对于供应链以具体企业为对象，产业链以某一抽象的产业为主体。随着贸易和投资全球化的不断深入，国际分工格局开始加快由产业间分布向产业内分布转化，以产业链的纵向分离和协调为主要特征的全球一体化的生产、流通逐渐形成。全球产业链的产品及服务的价值创造活动分布在不同国家和地区，从而为这些国家和地区嵌入该产业链、实现产业调整和自主创新能力提供了机遇。

定量测算某国的某一产业在全球该产业链中的地位是在全球化视角下理解和分析产业结构的核心。Antràs 等人（2012）提出了一种可将一个国家某一产业在产业链上的位置定量描述为该行业与最终产品间的加权平均距离的方法，即

$$U_i = 1 \times \frac{F_i}{Y_i} + 2 \times \frac{\sum_{j=1}^{N} \hat{\mu}_{ij} F_j}{Y_i} + 3 \times \frac{\sum_{j=1}^{N}\sum_{k=1}^{N} \hat{\mu}_{ik} \hat{\mu}_{kl} F_j}{Y_i} + \cdots \quad (14-4)$$

其中，$\hat{\mu}_{ij}$ 表示生产 1 单位价值的 j 行业产出所需要用到的 i 行业的产出，F_j 表示 j 行业产出中被用于最终消费的部分，Y_i 则表示 i 行业的总产出。等号右侧的每一项都对应着与最终消费距离不等的产业链生产环节。其中，1、2、3…这一系列的指数表示"距离"（进行了加 1 的处理，从而消除 0 值的情况），而每一项中乘号后面的部分则表示行业 i 的产出中被用在对应位置上的比例，作为权重。各项加总后得到 U_i，表示行业 i 的产出与最终消费之间的加权平均距离，即"上游度"的概念。如果产品被直接用作最终产品，则该产品的上游度指数为 1。一般而言，上游度指数越高，该产品离最终需求越远，越偏向为中间投入品，其部门在全球产业链中的地位也越高。表 14-4 列示了 2007 年中国前十大上游度产业在产业链中所处的位置。不难看出，上述产业的上游度测算与直觉是相符的，全部是较为基础且离终端消费市场较远的产业。因此，测算上游度是分析某国具体产业全球产业链相对位置的有效方法。

表 14-4　2007 年中国前十大上游度产业

1	有色金属选矿	6.23	6	炼焦	5.33
2	石油和天然气开采	5.77	7	管道运输	5.29
3	煤炭采选	5.67	8	废料和垃圾	5.28
4	化工原料制造	5.62	9	黑色金属矿石开采与选矿	5.24
5	化纤制造	5.51	10	电力、热力生产和供应	5.20

注：这里不包括我国港澳台地区的数据。

资料来源：JU J, YU X. Productivity, profitability, production and export structures along the value chain in China[J]. Journal of comparative economics, 2015, 43 (1): 33-54.

全球产业链的发展具有明确的趋势。

首先，根据各国资源禀赋不同，产业链的生产环节基于不同的生产要素密度要求，基于比较优势的原则在对应国家发展。例如，劳动密集型产业不断向人力成本更低的地区转移。劳动密集型产业对成本变化敏感，但对技术水平、资本设备、产业配套和基础设施要求相对较低，因而随着经济的发展，呈现出从高收入国家不断向低收入国家转移的特征，且转移内

容逐渐从纺织、服装等传统行业扩展到电子、化学、运输设备以及机械设备行业中可分离并外包的劳动密集型生产环节。以纺织、服装业为例，该产业自工业革命以来先后经历了从英国向美国（20世纪上半叶），从美国向日本（20世纪50年代），从日本向"亚洲四小龙"（20世纪60—70年代），从"亚洲四小龙"向"亚洲四小虎"和中国内地（20世纪80—90年代），从中国内地向东南亚、南亚和非洲国家（2008年至今）的五次转移。

其次，技术对产业链发展具有双向作用。一方面，标准化、模块化和数字化使得复杂技术的"可扩散"程度大大提高，为发展中经济体融入全球化提供了机遇，并促使全球分工体系的建立。标准化、模块化和数字化技术的发展大幅降低了生产所需的研发、干中学和其他补充技能等投入。特别地，数字技术促进发展中国家和中小企业融入全球产业链，包括降低信息传递和跨境交易成本，增加中间品、服务和技术的可获得性，以及专注局部生产环节、无须了解全貌等方面。另一方面，新兴技术不断改变传统工业的生产方式，增加经济赶超的技术壁垒，甚至替代了发展中国家的要素优势。技能偏向型技术进步引发对中低技能劳动力的替代，进而削弱发展中国家在传统劳动密集型产业上的比较优势。特别地，在制造过程中使用工业机器人的企业将生产活动外包到其他国家的概率明显降低。从行业看，自动化强度较高的电子和汽车产品行业所获得的FDI流量显著低于自动化强度较低的纺织、服装和皮革制品行业。此外，在以物联网、大数据、人工智能等构建的数字经济时代，大规模定制、动态供应链、智能生产和服务、精准推送等成为现代工业的新特点，这是以廉价劳动从事批量生产的低收入国家当前还难以学习模仿的。

最后，逆全球化下制造业向区域甚至国内回流，既有全球产业链的形成和发展有赖于积极、稳定的外部环境。而2008年全球金融危机后，世界经济进入深度调整期，民粹主义、贸易保护主义抬头，逆全球化浪潮来袭。全球产业链呈现出一定的回归区域化甚至本土化的迹象。在亚洲地区，2000—2017年区域内贸易在亚洲产业链中的占比从40.3%升至46%。在前向和后向简单产业链活动中，亚洲区域内贸易比重分别提高3.5和7.4个百分点。在前向和后向复杂产业链活动中，亚洲区域内贸易比重分别提高5.4和6.6个百分点。导致这一变化的一个重要因素是大量中低收入亚洲经济体融合到亚洲生产网络中。分行业看，计算机行业、电子和光学产品行业、化学和制药行业、焦炭和精炼石油产品行业区域内贸易占比较高，采矿业、农林渔业和其他运输设备行业区域外贸易占比较高。在北美地区，劳动密集型产业和以美国为主要出口市场的产业回流诉求增加。一方面，金融危机后，发达国家开始反思"制造业空心化"问题，相继提出"再工业化"的口号，以期实现制造业回流与振兴。另一方面，随着中国快速跻身高科技产业，并开始影响到美国的全球主导地位，美国将中国确定为竞争对手，并不断加大对中国高科技的打压力度，规避和阻止中国在高科技领域的赶超（马盈盈，崔晓敏，2021）。

第三节 全球产业格局的发展与重构

一、全球产业格局的现状

本轮经济全球化以来，全球产业经历了在跨国企业主导下以产业内分工和贸易为特征形成的当今世界的产业格局。首先，如表14-5所示，全球产业格局尤其是制造业最显著的变化是新兴市场国家的崛起和发达国家的相对衰落。2005 年，不同收入水平国家制造业增加值占世界的比重分别为：高收入国家占 74.5%；中等收入国家占 25.2%，其中，中等收入偏上国家占 20.8%，中等收入偏下国家占 4.4%；低收入国家的工业化水平极低，制造业增加值仅占全球的 0.2%。此后的十余年间，高收入国家制造业增加值占世界的比重下降到 2018 年的 53.8%，而中等收入国家提高到 2019 年的 46.7%，其中，中等收入偏上国家的变化最大，提升了近 20 个百分点。相比 2005 年，2018 年低收入国家和最不发达国家制造业增加值比重分别提高 0.2 个百分点和 0.6 个百分点。从制造业的地域分布来看，呈现出由北美、欧盟、东亚和太平洋地区三足鼎立到东亚和太平洋地区明显占优的变化趋势。如表 14-6 所示，2005 年，北美、欧盟、东亚和太平洋地区制造业增加值占世界的比重分别为 23.8%、24.3% 和 31.5%，北美地区的比重下降到 2017 年的 17.8%，欧盟地区的比重下降到 2019 年的 16.8%，而东亚和太平洋地区的比重提高到 2019 年的 45.6%。在东亚和太平洋地区，高收入国家以外的国家提高明显，从 2005 年的 12.2% 提高到 2019 年的 32.4%。

表 14-5　不同收入水平国家的制造业增加值占比　　　　　　　　　　　　　（%）

	2005 年	2008 年	2010 年	2015 年	2016 年	2017 年	2018 年	2019 年
高收入国家	74.5	65.8	61.4	54.9	55.6	54.4	53.8	—
中等收入国家	25.2	34.0	38.3	44.8	44.1	45.3	45.7	46.7
中等收入偏上国家	20.8	28.6	32.4	38.5	37.7	38.9	39.5	40.2
中等收入偏下国家	4.4	5.4	5.9	6.2	6.4	6.4	6.2	6.6
低收入国家	0.2	0.2	0.3	0.4	0.4	0.4	0.4	0.4
最不发达国家	0.4	0.5	0.7	0.9	0.9	1.0	1.0	—

资料来源：李晓华.制造业全球产业格局演变趋势与中国应对策略[J].财经问题研究，2021（1）：31-42.

表 14-6　不同地区的制造业增加值占比　　　　　　　　　　　　　　　　（%）

	2005 年	2008 年	2010 年	2015 年	2016 年	2017 年	2018 年	2019 年
东亚和太平洋地区	31.5	33.8	39.1	43.5	44.0	44.4	45.1	45.6
东亚和太平洋地区（不包括高收入国家）	12.2	17.9	22.1	30.1	29.8	30.5	31.7	32.4
欧盟地区	24.3	24.3	19.9	17.0	17.5	17.3	17.4	16.8
拉美和加勒比地区	5.9	6.8	7.2	6.2	6.0	6.1	5.4	5.3
拉美和加勒比地区（不包括高收入国家）	5.2	6.1	6.4	5.4	5.2	5.4	4.7	4.7
中东和北非地区	3.1	3.5	3.6	3.2	3.2	3.1	3.2	—
北美地区	23.8	19.3	18.5	18.6	18.3	17.8	—	—
南亚地区	2.1	2.5	3.2	3.4	3.6	3.8	3.6	3.7
撒哈拉沙漠以南非洲地区	1.2	1.2	1.3	1.3	1.2	1.2	1.3	1.4

资料来源：李晓华.制造业全球产业格局演变趋势与中国应对策略[J].财经问题研究，2021（1）：31-42.

其次，制造业在不同收入水平和不同区域的分布状况变化反映了各国制造业竞争优势的变化，而这一点又在各区域和国家的全球出口份额上表现出来。如表 14-7 所示，从不同收入水平的分组来看，2005—2018 年高收入国家制成品出口占比从 77.1% 下降到 68.0%，中等收入国家制成品出口占比从 23.2% 提高到 31.5%，其中，中等收入偏上国家占比从 19.6% 提高到 26.9%，中等收入偏下国家占比从 3.6% 提高到 4.4%。但 2015—2018 年各收入水平国家制成品出口比重基本保持稳定。从不同地区分组来看，2018年世界制成品出口国主要集中在欧洲和中亚、东亚和太平洋地区，分别占全球制成品出口额的 42.0% 和 39.7%，其次为北美地区，占 8.9%；拉美和加勒比地区占 4.1%；中东和北非、南亚、撒哈拉沙漠以南非洲地区占比较低，如表 14-8 所示。从不同类别产品出口的地区分布变化来看，东亚和太平洋、欧洲和中亚地区是制成品（包括资本品、消费品和中间产品）最主要的出口地区，其次为北美地区，而原材料出口的地区分布相对比较平均，最高的欧洲和中亚地区占比在 30% 以上，东亚和太平洋、拉美和加勒比、北美地区占比均在 10% 以上。2015—2018 年，东亚和太平洋地区的资本品、消费品、中间产品和原材料出口占世界比重均有所下降，而欧洲和中亚地区上述四类产品占世界比重均有明显提高；拉美和加勒比地区、北美地区、撒哈拉沙漠以南非洲地区原材料出口占比分别提高 1.3%、2.0% 和 2.7%。

表 14-7　不同收入水平国家的制成品出口占比　　　　　　　　　　　　　　（%）

	2005年	2008年	2010年	2015年	2016年	2017年	2018年
高收入国家	77.1	73.1	72.2	68.0	69.7	69.2	68.0
中等收入国家	23.2	26.8	27.7	31.6	30.0	30.3	31.5
中等收入偏上国家	19.6	23.0	24.0	27.2	25.9	26.2	26.9
中等收入偏下国家	3.6	3.7	3.7	4.3	4.1	4.1	4.4
低收入国家	0.1	0.1	—	—	—	—	—

资料来源：李晓华.制造业全球产业格局演变趋势与中国应对策略[J].财经问题研究，2021（1）：31-42.

表 14-8　不同地区的制成品出口占比　　　　　　　　　　　　　　　　　（%）

	2005年	2008年	2010年	2015年	2016年	2017年	2018年
东亚和太平洋地区	32.4	32.8	37.5	39.7	39.6	40.6	39.7
欧洲和中亚地区	47.0	46.1	42.8	41.0	42.3	41.9	42.0
拉美和加勒比地区	4.2	4.0	4.1	4.4	4.4	4.3	4.1
中东和北非地区	1.4	1.8	2.0	1.9	1.9	1.9	2.1
北美地区	11.9	10.8	10.1	10.3	10.3	9.5	8.9
南亚地区	1.3	1.4	1.8	2.1	2.2	2.2	2.1
撒哈拉沙漠以南非洲地区	—	0.9	0.8	0.0	0.6	0.6	0.6

资料来源：李晓华.制造业全球产业格局演变趋势与中国应对策略[J].财经问题研究，2021（1）：31-42.

最后，近年来，中国在全球产业分工中的地位明显提高，中国制造业的全球产业链前向参与度与后向参与度在 2010 年之后均呈下降趋势，低技术和中高技术制造业呈现从下游向上游转变的趋势。但总体上，中国对高技术产品进口的依赖程度仍然较高。以半导体及相关产业、航空航天产业、光学影像和医疗器械产业、机械设备及其零部件产业、机动车零部件和发动机产业等为典型代表的创新密集型行业，2018 年我国该行业进口和出口比重分别为 26.0% 和 15.9%，其中，进口供给率最高的美国、德国、法国创新密集型行业对中国的影响比重分别为 92.3%、45.8% 和 47.2%（李晓华，2021）。

二、发展中国家产业面临的挑战

在本轮经济全球化的浪潮下，发展中国家通过加入全球产业分工对本国处于低端阶段的产业发展是十分有利的。从理论上来看，一个国家的比较优势是在不断变化的。加入全球产业分工的发展中国家可以通过知识和技术的积累等方法来改善本国的资源禀赋和比较优势，从而沿着全球价值链从低端环节向高端环节攀升，以实现自身产业的大发展。然而，越来越多的发展中国家的实践表明，这条"看上去很美"的升级之路存在诸多困难。发展中国家在价值链攀升的过程中面临严峻的问题，如发达国家政府对发展中国家有竞争威胁的产业实行的贸易壁垒措施。

关税壁垒亦称"关税战"，是以高额关税作为限制商品进口的一种措施。对外国商品征收高额进口关税，以提高其成本和削弱其竞争力，从而达到限制这些商品进口、保护本国产品在国内市场上竞争优势的目的。因其像高墙壁垒一样把国外商品挡在墙外，把国内市场保护起来而得名。20世纪30年代资本主义世界经济危机时期，各国普遍高筑关税壁垒。第二次世界大战后，在"关税及贸易总协定"的主持下，经过多次谈判，关税水平已大幅度下降，但关税壁垒仍不失为资本主义国家贸易战的重要武器之一。在某些情况下，关税壁垒也是迫使对方国家降低关税的有力手段。在关系交恶的国家之间，有的关税带有明显的歧视性和报复性。

非关税壁垒（non-tariff barriers，NTB）是指一国或地区在限制进口方面采取的除关税以外的所有措施。它是相对于关税而言的。这种措施可以通过国家法律、法令及各种行政措施，如环节壁垒、知识产权措施、进口禁令、进口许可、进口配额管理、技术性贸易壁垒等形式表实现。近年来，随着美国民粹主义的盛行，美国开始以"国家安全"为由，对相关企业进行制裁，这是一种新型的非关税壁垒。

◎ 案例14-2

美国政府封杀华为

2016年特朗普上台，以西方发达国家为首基于跨国公司全球范围内配置生产的经济全球化浪潮进入尾声。美国开始以各种理由打压中国的高新技术企业。其中，以美国封杀华为公司最具代表性。

一般西方发达国家对华为这类公司的打压做法是使用反倾销、惩罚性、知识产权侵权等手段。然而，此次美国封杀华为与以往通常在WTO的规则下所使用的手段不同，美国直接以"国家安全"为名，利用自身在全球经济的特殊地位，立法禁用任何华为设备，禁止任何跟美国有联系的厂商在任何地点向华为提供任何产品，并威胁其他国家也采取类似行动。2019年，美国联邦通信委员会（FCC）禁止美国运营商通过联邦补贴资金采购华为等中国企业的产品。2020年，又要求美国电信公司拆除并替换所谓"对国家安全构成威胁的通信设备和服务清单"所涵盖的公司所提供的设备。在2021年民主党领袖拜登上台以后，美国依然延续了特朗普政府的相关政策，以"国家安全威胁"为由，禁止在美国通信网络中批准来自五家中国企业的设备，即华为、中兴、海能达、海康威视和大华科技，并随后公布一项涉及18.95亿美元的补偿资金计划，帮助美国大部分农村运营商替换其使用的华为、中兴等中国企业的电信网络设备，从而根本性地"去华为化"。

这标志着21世纪，以"国家安全"为由对他国企业、行业和产业链采取的歧视性行为成为发达国家打压发展中国家在原有全球产业分工格局下竞争的新手段。

资料来源：作者根据公开资料整理。

三、全球产业分工格局的重构

过去几十年全球化推动了世界经济的繁荣发展，但与此同时也积累了大量的矛盾和问题，全球产业分工的重构成为发展中国家和发达国家共同的诉求。一方面，对于广大发展中国家而言，其在全球产业分工中"地位不平等"的突出矛盾不断积累，已经构成经济全球化可持续发展的重要障碍之一。"地位不平等"主要表现为，以往的全球产业分工主要是由发达国家跨国公司推动和主导的，即便发展中国家快速而全面地融入全球新产业分工体系，也普遍面临分工地位不高、附加值创造能力较低、分工效益和利益有限等困境。经济分配问题反而加剧各类社会矛盾，同时引起地缘政治动荡，最终反过来导致现有全球价值链的"断链"与全球产业分工生产的混乱。

在现有以全球价值链为主导的国际产业分工格局中，根据各个国家在价值链中的位置不同，可以分为以西方发达国家为首的集中于研发设计环节的"中心"国家，以东亚的中国、日本、韩国和西欧的德国、法国、意大利为主的集中于工业生产环节的"内圈"国家，以中东、南美、非洲各国为主的提供原材料和产品倾销地的"外围"国家，"外围"国家在全球价值链的地位较低，获得的附加值有限，加上社会财富分配不均，国内社会矛盾尖锐，政局不稳定，导致"外围"国家国内政治动荡及与邻国的边境冲突不断，使得全球价值链在上游原材料的供应受到地缘政治和国内政局动荡的严重影响。

案例 14-3

俄乌冲突与美国芯片行业"断供"

2022 年 2 月俄乌边境局势突然紧张，俄罗斯分别从克里米亚、白俄罗斯、乌克兰东部边境三个方向陈兵十万，双方剑拔弩张。在经济全球化的大背景下，国与国、产业与产业都组织在整个大的全球产业链中。一场看似远在万里之外的欧洲地缘冲突，却使得美国的芯片产业供应链出现"断链"危机。在微电子、光电子器件生产过程中，从芯片生产到最后器件的封装，几乎每一步、每一个环节都离不开氖、氪、氙等稀有气体，因此它们被称为半导体材料的"粮食"和"源"。这些电子气体成本占 IC 材料总成本的 5%～6%，虽占比不大，但是很大程度上决定了半导体器件性能的好坏。乌克兰主要生产氖气、氪气和氙气，它们是半导体行业曝光和蚀刻工艺的关键材料。乌克兰供应了全球 70% 的氖气、40% 的氪气和 30% 的氙气。美国半导体行业使用的氖气有 90% 以上来自乌克兰，有 35% 的钯金从俄罗斯采购[⊖]。

资料来源：作者根据公开资料整理。

随着地缘政治的进一步动荡，在经济全球化时代以成本最优为指导原则布局的全球产业分工将进一步随着各国政治与安全需求的改变进一步重构，未来的相关产业将更加基于大国的产业安全需求围绕在大国周边进行布局。

另一方面，虽然发达国家在过去几十年经济全球化迅猛发展进程中无疑是最大的受益者，但发达国家仍然对全球产业分工格局有着构需求，主要原因是转嫁国内矛盾的需要。伴随全球化的深度演进，尤其是劳动密集型产业和产品生产环节的国际梯度转移，发达国家内部呈现一

⊖ 资料来源：美国市场调查公司 Techcet 与集邦咨询公司，https://www.trendforce.cn/。

定程度的产业空心化问题。因此，如同传统国际经济理论分析指出的，国际贸易总有赢家和输家，从整个国家层面看，国际贸易或许是有益的，但并非意味着所有国内的利益集团都能够从中受益。从内部利益集团角度看，经济全球化的最大受益者主要集中在发达国家跨国公司、知识精英和政治精英等利益集团上，而作为普通劳动者则获益较少。这种发达国家内部利益分配的不均乃至日益积累和不断深化的矛盾，使得在发达国家的社会中民粹保守主义势力和贸易保护主义势力抬头，当时相关手段又有了新的发展，进一步对当时的全球产业分工格局造成重创。

新一轮贸易保护主义势力抬头后，阻碍全球产业分工与国际贸易的手段有了新的特点。在上一轮经济全球化的尾声，20世纪30年代美国国会通过了臭名昭著的"霍利法案"，无差别地对所有国家的商品施加高额关税，平均税率达到30%。然后，西方各国及其附属殖民地相继推出报复性的高额关税法案，贸易战正式打响，全球贸易萎缩超过66%。与上一轮贸易战以关税壁垒为主要手段不同，此轮的贸易争端呈现出以下几个新的特点：

（1）在原有以全球价值链为导向的"全球化"格局下，生产商将基于产品生产各环节的特点，通过各国自然禀赋的比较优势组织生产，进而获得更低的生产成本。在这个格局下，低成本是各国在全球贸易和分工过程中的根本原则，大部分商品的关税及市场准入主要基于保护本国产业的角度而不是特意针对第三国。但在新一轮的贸易争端中，成本问题已经不是生产商在布局中需要考虑的首要问题，而是所谓的人权、环境、劳工和所谓的产业链安全等非经济因素主导全球资源重新配置。

（2）新一轮的贸易争端打破了原有WTO框架下的多边普惠原则，实行单边排他的一对一谈判规则，即本国以其国内市场单边准入和关税减让为条件，与相关国家一对一谈判，谈判的结果对其他国家不具有普惠性，各国之间的优惠税率和市场准入条件均不相同。

（3）"友岸外包"是以美国为首的西方发达国家发展出来的一种新形势的贸易战或产业政策的具体手段，具体内容是对特定国家特定产业有针对性地设置优惠税率和市场准入条件，使其在对本国出口时，每个环节综合成本低于在目标针对国生产成本，达到培育缔约国产业以替代目标针对国供应链从而实现"去X国化"目标。同时，还能够通过加强缔约国内部在如"新能源""半导体""特殊矿产"等特定关键新兴产业上的合作，将目标针对国高端制造业挤出现有的产业链，削弱目标针对国的制造业优势，实现精准脱钩，从而达到保持自身产业链安全和安抚本国保守派的民意的目的。

案例 14-4

台积电赴美设厂

2020年6月，台积电宣布将在美国亚利桑那州兴建一座5纳米（nm）制程技术的先进晶圆厂，总投资约120亿美元，原计划2021年动工、2024年量产。台积电作为全球半导体代工巨头，这一计划将对全球半导体产业链格局产生深远影响。台积电是全球最大芯片代工制造商。从市场地位看，2019年台积电全球市场占有率为52%，较第二名的三星高出3倍多；总营业收入为346.3亿美元，净利润率为32.3%。它为全球499个客户提供272种制程技术，生产10 761种产品，包揽全球近9成的5G芯片订单○。

资料来源：作者根据公开资料整理。

○ 数据来源：Wind金融数据库。

在全球新冠疫情暴发、中美战略竞争加剧背景下，跨国企业的产业链布局不再是以"比较优势"和"规模经济"的生产成本因素为优先考虑，而更多的是优先考虑公司母国的国家安全和国家竞争因素。通过台积电赴美建厂，美国可强化本土供应链安全。台积电在美设厂，一定程度上使得美国先进半导体制造上的短板得以补强，其半导体上下游产业链布局愈加完善，防范供应链"断链"的风险能力增强，强化了其对本土供应链安全的保护。着眼国家安全布局，强化半导体供应链自主性，巩固美国在高科技制造业的领导地位，减少对东亚半导体制造过度依赖，防止本土芯片供应因新冠疫情等意外事件被切断的风险；另外，以"科技战"打压中国高新产业发展，想要精准打击中国高新企业核心产品，将中国排除在先进科技研发生态圈外。

抑制其他发展中国家的崛起也是发达国家试图进行全球产业分工格局重构的重要动因。近年来，美国对华发动贸易打压并不断升级，意图推动全球产业分工格局的重构以抑制中国发展。美国有对全球产业分工格局重构的需要，并采取发起贸易限制等手段，实际上并非出于分工和贸易利益调整的需要，而是抑制中国和平崛起的战略需要。

案例 14-5

中美关税摩擦

2017 年 8 月 18 日，美国贸易代表办公室发布公告，正式对中国启动"301 条款调查"。此次调查主要针对技术转让、知识产权和创新的有关法律、政策和做法，涉及中国知识产权保护、双向投资、产业政策、创新政策、网络安全和政府采购等。2018 年 9 月 18 日，美国贸易代表办公室宣布自 9 月 24 日起对价值 2 000 亿美元的中国进口商品征收 10% 的关税，并从 2019 年 1 月 1 日起，将税率提高到 25%，拟对涉及 1 300 多种约 500 亿美元的产品加征关税，其中包括机械设备、医疗和航天航空等高科技产品。2018 年 8 月 13 日，美国时任总统特朗普正式签署美国《外国投资风险评估现代化法案》。该法案使得中国企业投资美国科技业变得更加困难，这标志着美国采取严格的政策来保证自身在高科技领域的技术垄断优势。

特朗普政府发起的"301 条款调查"以中美货物贸易逆差为由，实际上主要是为了遏制中国在科技进步上的追赶。一个明显的证据就是，美国对中国加征关税的产品清单强调了《中国制造 2025》中的十大行业，包括信息技术产业、数控机床、航空航天装备、海洋工程装备和高技术船舶、高铁装备、农用机械设备、医药和医疗设备等。但从美国自中国进口的具体产品结构来看，对于大部分清单产品，中国并不是美国的主要进口来源国。

资料来源：作者根据公开资料整理。

最后，2020 年暴发的全球新冠疫情客观上加速推进了现有全球产业分工格局的重构进程，主要是三个方面的原因：①新冠疫情为部分国家实施贸易保护主义提供了新的借口。②受到全球新冠疫情暴发的影响，从宏观层面的国家到微观层面的跨国公司，开始重新思考现有全球产业布局问题。也就是说，以往全球产业的布局主要是受到效率因素驱动，较少考虑突发事件、自然灾害或重大疫情等暴发可能引发的产业链、供应链断裂造成的安全隐患。未来全球产业的布局将不仅受到效率因素的驱动，同时会受到安全因素的驱动，从而推动全球产业分工格局的重构。③全球新冠疫情的持续蔓延加快了技术变迁，尤其推动了数字化技术变革及其在产业领域中的运用。众所周知，要素禀赋、技术进步和制度变革是推动国际分工演进的三大重要因素，从这一角度看，新冠疫情可能引发和推动的技术进步，会对全球产业分工布局产生重要影响（戴翔，张雨，2021）。随着全球价值链的"断链"与产业分工格局的重构，标志着本轮以产业内分工为特征的经济全球化进入尾声。

本章小结

全球化视角下的产业结构是伴随新一轮全球化而产生的新话题。经济全球化催生了新的产业组织形式，即原本在空间上高度集中的产品生产过程被拆分为若干个生产环节分布到全球范围内的不同空间中。本章主要介绍了这一过程的发生背景、特点和内涵，并着重围绕全球价值链讨论了形成、利益、趋势及治理。虽然各国参与全球价值链均能够获得相关的收益，但该收益的分配却是不均的。发展中国家如何提高其自身在现有全球产业分工格局中的地位是目前研究的重要话题。伴随着各类隐藏于快速发展中的矛盾的相继暴露，全球价值链也有要深刻调整的需求，在当下，全球产业分工格局重构也是未来全球产业发展的重要话题。

推荐阅读

[1] 戴翔，张雨.全球价值链重构趋势下中国面临的挑战、机遇及对策 [J].China Economist，2021，16（5）：132-158.

[2] 江静，刘志彪.全球化进程中的收益分配不均与中国产业升级 [J].经济理论与经济管理，2007（7）：26-32.

[3] 康江江，张凡，宁越敏.苹果手机零部件全球价值链的价值分配与中国角色演变 [J].地理科学进展，2019，38（3）395-406.

[4] 刘志彪，张杰.全球代工体系下发展中国家俘获型网络的形成、突破与对策：基于 GVC 与 NVC 的比较视角 [J].中国工业经济，2007（5）：39-47.

[5] 李晓华.制造业全球产业格局演变趋势与中国应对策略 [J].财经问题研究，2021（1）：31-42.

[6] 卢锋.产品内分工 [J].经济学（季刊），2004，4（1）：55-82.

[7] 马盈盈，崔晓敏.全球产业链的发展与重构：大趋势与新变化 [J].全球化，2021（2）：102-113+135.

[8] FEENSTRA R C, HANSON G H. The impact of outsourcing and high-technology capital on wages: estimates for the United States, 1979–1990 [J]. The quarterly journal of economics, 1999, 114 (3): 907-940.

[9] GEREFFI G. International trade and industrial upgrading in the apparel commodity chain [J]. Journal of international economics, 1999, 48 (1): 37-70.

[10] GEREFFI G, HUMPHREY J, STURGEON T. The governance of global value chains [J]. Review of international political economy, 2005, 12 (1): 78-104.

[11] JU J, YU X. Productivity, profitability, production and export structures along the value chain in China [J]. Journal of comparative economics, 2015, 43 (1): 33-54.

[12] HENDERSON J. Danger and opportunity in the Asia-Pacific [M] //THOMPSON G.

Economic dynamism in the Asia-Pacific. London: Routledge, 1998: 356-384.

[13] HUMMELS D, ISHII J, YI K M. The nature and growth of vertical specialization in world trade [J]. Journal of international economics, 2001, 54 (1): 75-96.

[14] HUMPHREY J, SCHMITZ H. How does insertion in global value chains affect upgrading in industrial clusters? [J]. Regional studies, 2002, 36 (9): 1017-1027.

[15] KAPLINSKY R. Globalisation and unequalisation: what can be learned from value chain analysis? [J]. Journal of development studies, 2000, 37 (2): 117-146.

[16] KRUGMAN P R, OBSTFELD M. International economics: theory and policy [M]. Boston: Pearson Education, 2009.

[17] PORTER M E. Technology and competitive advantage [J]. Journal of business strategy, 1985, 5 (3): 60-78.

[18] UNIDO. Fighting marginalization through sustainable industrial development: challenges and opportunities in a globalizing world [M] // UNIDO Industrial Development Forum. UNIDO, 2002.

■ 思考与练习

1. 什么是产品内工分？为什么新一轮全球化会导致这一类的分工形式？
2. 全球价值链是如何运行的，其发展趋势是怎样的？
3. 全球价值链中收益是如何分配的？
4. 在当前国际局势下，中国该如何参与重构全球产业分工？

第十五章
CHAPTER 15

产业政策

> 政府的当务之急,不是要去做那些人们已经在做的事,无论结果是好一点还是坏一点,而是要去做那些迄今为止还根本不曾为人们付诸行动的事情。
>
> ——约翰·梅纳德·凯恩斯

产业是一种集合的组织。产业政策是政府对特定产业的形成和发展所采取的政策干预。这种干预包括财政补贴、特定的行政与监管手段等方式,目的在于影响产业的成长与发展,影响产业结构的形成和变化,对国家、企业和个人的知识积累和能力积累产生推动作用。产业政策是政府培育产业能力的重要机制。本章主要是对产业政策的相关问题作出简单介绍,共分为五节:第一节首先介绍了产业政策的概念、特征与类型;第二节梳理了产业政策理论的历史演变与代表观点;第三节阐释了产业政策的理论基础;第四节介绍了日本、美国与欧盟等国家和地区实施产业政策的国际经验;第五节系统地介绍了我国的产业政策。

第一节　产业政策概况

一、产业政策的概念

(一) 狭义的产业政策和广义的产业政策

一般而言,产业政策可以分为广义的产业政策和狭义的产业政策。

狭义的产业政策指影响产业间资源和要素再配置的经济政策,又称选择性产业政策。平新桥(2018)根据赶超战略将狭义的产业政策分为四类:①对赶超过程中关键技术项目研发的支持;②贸易保护;③对具体产业发展项目的支持;④国家整体协同抵抗外部风险。

广义的产业政策指各种指向产业的特定政策,是政府为了实现产业发展目标对经济活动进行干预的总和,它既包括狭义的产业政策,也包括政府等行政机关对经济活动的引导和扶持，还包括司法机关对经济活动的判决与解释（周建军，2017）。表 15-1 展示了 Warwick（2013）对广义的产业政策措施进行的划分。

表 15-1 广义的产业政策措施分类

领域	横向政策	纵向政策
产品市场	竞争政策和反垄断政策、间接税、产品市场管制、汇率政策	国家领军企业、国有化/私有化、产出补贴、国家援助、出口促进、价格管制、政府采购、贸易政策
劳动力/技能	技能和教育政策、培训补贴、工资补贴、收入和雇用税、管理顾问服务、劳工市场监管	目标技能政策、学徒政策、具体产业的顾问服务等
资本市场	贷款担保、公司税/资本免税额、宏观/金融稳定、资本市场监管	战略投资基金、紧急贷款、国家投资银行、国内投资促进
土地	土地规划和监管	企业开发区、基于地域的产业集群政策、基础设施
技术	研发税抵免、科学预算、知识产权制度	绿色技术、引导市场、支持创新的政府采购、专利盒、有选择的技术资助、专业技术中心
系统/制度	创业政策、情景规划、信息分配、总体竞争力战略	指导性规划、产业的前瞻性倡议、甄别战略产业、产业竞争战略、产业集群政策

（二）国内外关于产业政策内涵的主要观点

产业政策具有鲜明的时代特征。由于各国制度、国情与经济背景存在差异，因此对产业政策的概念与内涵存在不同的理解，表 15-2 汇总了部分学者和机构对产业政策内涵的界定。目前学界和业界尚未对产业政策的定义与范围作出明确和一致的界定，在产业政策的范围和指向性、产业政策与市场关系等方面存在较多争论。

表 15-2 产业政策内涵的代表性观点

国家	学者	观点
中国	周叔莲（1987）	产业政策是对一定时期内产业结构变化趋势和目标的设想，同时规定各个产业部门在社会经济发展中的地位和作用，并提出实现这些设想的政策措施
	周振华（1991）	产业政策为一系列对产业发展有重大影响制度和安排的总和
	刘慧敏（1994）	产业政策最重要的本质特征是政府针对产业经济活动而制定和实施的各类政策
	江小涓（1996）	产业政策是政府为了实现某种经济和社会目标而制定的有特定产业指向的政策综合
	姜达洋（2016）	产业政策是一国政府为实现特定的经济、社会目标，对社会经济活动进行管理与规制的政策和措施的总和
	张维迎（2016）	产业政策是政府出于经济发展或其他目的，对私人产品生产领域进行的选择性干预和歧视性对待
日本	下河边淳，管家茂（1982）	产业政策是国家或政府为了实现某种经济和社会目的，通过对产业的保护、扶植、调整，积极或消极参与某个产业或企业的生产、营业和交易活动，直接或间接干预商品、服务、金融等的市场形成和市场机制的政策总称
	伊藤元重（1988）	产业政策被界定为，由于竞争性市场存在的缺陷，当自由竞争导致资源分配和收入分配出现问题时，为提高本国经济福利水平而实施的政策
	小宫隆太郎（1988）	产业政策是政府为改变产业间的资源分配和各种产业中私营企业的某些经营活动而采取的政策
OECD	OECD（1975）	产业政策是关于促进产业增长和效率提升的政策
美国	Johnson（1982）	产业政策是政府为了取得在全球的竞争能力而打算在国内发展和限制各种产业的有关活动的总的概括

（续）

国家	学者	观点
美国	Pack，Saggi（2006）	产业政策是指为实现经济增长而试图改变产业部门的生产结构的选择性政府干预措施
	Noman，Stiglitz（2017）	产业政策是影响资源配置和积累、影响技术选择的公共政策，其中，旨在促进学习和技术升级活动的政策是产业政策的重要内容。产业政策问题的实质是市场和政府关系及各自在经济发展中的功能定位

二、产业政策的特征与类型

（一）按照功能定位划分

按照功能定位划分是产业政策的传统划分方式，狭义上包括产业组织政策、产业结构政策、产业布局政策和产业技术政策。

产业组织政策是指为了获得理想的市场效果，由政府制定的干预市场结构和市场行为、调节企业间关系的公共政策。制定产业组织政策的目的是协调竞争与规模经济之间的矛盾，以维持正常的秩序，促进有效竞争的形成。各国已有的产业组织政策一般可以分为两大类：一类是鼓励竞争、限制垄断的竞争促进政策，它着眼于维持正常的市场秩序；另一类是鼓励专业化和规模经济的产业合理化政策，它着眼于限制过度竞争。这两类政策虽然取向不同，但它们都有法律依据，且在法理上相容。从政策对象看，产业组织政策又可分为市场结构控制政策和市场行为控制政策两大类。

产业结构政策是指一国政府依据本国在一定时期内产业结构的现状，遵循产业结构演进的一般规律和一定时期内的变化趋势，制定并实施的有关产业部门之间的资源配置方式、产业间及产业部门间的比例关系，通过影响与推动产业结构的调整和优化，以促进产业结构向协调化和高度化方向发展的一系列政策措施的综合。根据政策的措施和目标不同，产业结构政策又细分为战略产业扶持政策、主导产业选择政策、衰退产业撤让政策和新兴产业的保护政策。

产业布局政策是指政府为实现产业布局的合理化而采取的政策手段的总和。实现产业合理分布的重要手段包括国家产业布局政策和地区产业布局政策。

产业技术政策是指国家制定的用以引导、促进和干预产业技术进步的政策的总和。它以产业技术进步为直接的政策目标，是保障产业技术适度和有效发展的重要手段。

广义上的产业政策还包括反垄断政策与政府规制。反垄断政策是促进公平竞争、抑制垄断的政策，是竞争政策的重要组成部分，我国反垄断政策包括《反垄断法》和表现为规范性文件的相关方针、法规、指南、规章、司法解释，以及典型判例，等等。政府规制是指政府为维护市场竞争秩序、保护消费者利益、国家整体利益和社会公共利益，根据相应法律和政策，通过许可、认可、处罚、激励等各种手段，对微观市场主体的市场进入和退出、价格、数量、质量等活动予以控制、监督、制约和引导。政府规制既有对市场的直接干预，又包括对市场竞争的间接维护。

（二）按照调整对象划分

按照调整对象的范围，产业政策分为横向（水平）的产业政策和纵向（垂直）的产业政策。横向产业政策是不针对特定产业实施的产业政策，如研发与创新激励政策、政府采购政策等。纵向产业政策是针对某一产业或某些产业实施的产业政策,如战略性贸易政策,其目的是改变资源在产业部门间的配置。

(三)按照与市场的关系和实施方式划分

按照与市场的关系和实施方式的不同,产业政策被划分为选择性产业政策和功能性产业政策。选择性产业政策是政府对微观经济运行的广泛干预,以选择赢家、扭曲价格等途径主导资源配置。在选择性产业政策中,政府居于主导地位,"驾驭"市场,干预并替代市场。功能性产业政策是市场友好型的产业政策,以完善市场制度、弥补市场不足为特征。在功能性产业政策中,市场居于主导地位,政府的作用是增进市场机能、扩展市场作用范围并在公共领域补充市场的不足,让市场机制充分发挥决定性作用。

第二节 产业政策理论的历史演变与代表观点

一、产业政策的起源(19 世纪初至 1970 年)

(一)幼稚产业理论

1791 年美国第一任财长汉密尔顿向美国国会提交《关于制造业的报告》,提出了在美国运用政府的保护性政策,包括保护关税、出口限制、对于目标产业的直接政府补贴、对于制造业投入的税收减免等十一项基本政策原则,对于一些重点产业实施支持,通过发展工商业来引导美国的经济发展。这一思想确定了幼稚产业扶植理论的基本框架,他因此成为现代产业政策理论的奠基人之一。随后,德国经济学家李斯特在《政治经济学的国民体系》中系统梳理了幼稚产业保护理论,论证了在煤铁等资本主义新兴产业中推行关税保护,保护相对弱小的德国工业免受发达国家制成品进口的冲击,从而扶持德国工业发展的可行性。李斯特构建了一个落后国家保护本国具有战略意义的新兴制造业,利用保护性政策,促进本国经济发展的理论体系。汉密尔顿和李斯特保护本国幼稚产业的主张揭示了古典经济理论提倡的完全市场机制理论和自由贸易理论在发展落后国家经济时的不足,使扶持新兴产业的思想成为美国和德国政府的政策选择。

(二)雁阵理论

日本学者赤松要在 1935 年提出雁阵理论,认为日本某一产业的发展依次经历了进口、生产、出口等阶段,形成雁阵发展定式化(小岛清,2000)。雁阵理论主张在垂直的国际分工形态下,将动态比较优势与静态比较优势相结合,实施动态产业转移——高梯次的投资国按照生产成本排序,将本国具有比较劣势的边际产业进行国际转移,低梯次的后发国家则可以通过转移获得经济发展所需的技术和资金。学者们据此解释第二次世界大战后东亚国家的高速增长现象。㊀

㊀ 车维汉."雁行形态"理论及实证研究综述[J].经济学动态,2004(11):102-106.

（三）动态比较费用说

筱原三代平（1957）认为，当时日本经济落后于欧美发达国家的原因在于产业结构的后进性，需要通过适当的产业政策优化产业结构，使日本的产业结构趋同于欧美发达国家。他据此提出的动态比较费用说成为赶超理论（又称"后发优势理论"）的起源。动态比较费用说的核心观点是比较成本具有动态性，如果一个国家要改变比较成本的不利地位，需要通过政府政策干预、开发要素资源等方式来调整产业结构，谋求贸易结构的合理化。因此，国家需要扶植幼稚产业，给予适当保护，当这种产业的比较优势形成后，可以逐渐增大自由贸易程度。这一理论也被称为产业-贸易结构论。

二、产业政策的演化（1970—2008 年）

产业政策的演化阶段始于 1970 年日本通产省的演说，至 2008 年金融危机为止。产业政策被国际社会广泛接受，以英国为代表的政府从"重点扶植"的纵向产业政策转为"一视同仁"的横向产业政策，致力于改善企业经营环境，强调市场竞争，因此对于特定产业的扶持力度减弱，电信和电力等国家曾大力扶植的行业都进行了部分私有化。

（一）经济国家主义

日本 20 世纪 50 年代至 70 年代的高速成长期使产业政策获得国际关注，1970 年日本通产省代表在 OECD 大会上发表了题为《日本的产业政策》演说，首次使用了产业政策一词，标志着这一概念的产生。日本的产业政策被描述为"经济国家主义"或"新重商主义"，主要受到西方发展主义思潮的影响，推行内需扩大主导型战略、创造性知识密集型产业政策，奉行以政府干预市场，鼓励行业协会、经济联合体等非市场治理结构限制市场的力量。

（二）新增长理论

新增长理论（内生增长理论）兴起于 20 世纪 80 年代中期，通常以保罗·罗默 1986 年的论文《收益递增与长期增长》与罗伯特·卢卡斯 1988 年的论文《论经济发展的机制》的发表作为其产生的标志。新增长理论认为，研发、创新与知识独占性的强弱是决定长期经济增长的主要因素。新增长理论具有很强的政策性，对各国（地区）经济政策产生重大影响。一方面，对于后进国家来说，只有加大对人力资本与技术进步的投入，提高国民总体人力资本水平，加大对专业化人才的培养，引进先进技术，并进行消化吸收和创新，才能发挥后发优势，在经济上赶超先行国家；另一方面，政府需要发挥"有为政府"的角色，建立起相应的知识产权保护机制，维护产权市场的正常运转，才能保证技术创新与产业升级的顺利进行。

（三）制度经济学派的发展型国家理论和市场增进论

发展型国家的概念源自约翰逊在 1982 年出版的经典著作《通产省与日本奇迹》。该书从政府成功推动产业政策、扶植策略性产业来解释日本经济的高速增长，主要聚焦于"通商产业省"在此过程中所扮演的角色。约翰逊将日本的发展模式称为"计划 - 理性"模式：第一，政府拥有一批具有管理才能的精英官僚，具有足够的政治空间进行有效运作；第二，政府干预经济的方式顺应市场规律；第三，需要存在一个像日本通产省一样的政府机构，积极引导经济发展并落实各项产业政策。与之相似的是青木昌彦在 1998 年提出的市场增进论，该理论诠释了市场与政府的兼容关系。他认为，政府的职能在于协调与促进民间部门的发展，政府可以被视为市场中的一个经济主体，可通过一定的机制设计；为民间部门提供"相机性租金"，担当市场机制的培育者与促进者。

（四）华盛顿共识和休克疗法

"华盛顿共识"是 20 世纪 80 年代末由国际货币基金组织、世界银行和美国财政部等机构针对发展中国家和经济转轨国家提出的一系列经济发展的政策建议和主张，并逐渐发展成为一种经济发展模式。其秉承亚当·斯密自由竞争的经济思想，以新自由主义为理论基础，要旨是自由化、私有化和市场化，强调让"无形之手"实现金融资源的最佳配置。华盛顿共识也是新自由主义的有限政府职能论，其实质是把市场与政府放置于非此即彼的对立关系中，否认产业政策的有效性。然而，华盛顿共识在发展中国家的执行中屡遭挫折，阿根廷、东南亚国家因追随华盛顿共识而付出了巨大的代价。相反，没有追随华盛顿共识的中国却在此后的发展中取得了成功，有些学者提出了"北京共识"，主张发展中国家政府具有推进经济发展和维护社会稳定的责任。

三、产业政策的成熟与最新动态

2008 年全球金融危机之后，自由贸易主义遭到了广泛质疑，政府干预再次受到政府和学者们的重视，产业政策在全球范围内复兴，学术讨论由政策的必要性转为政策的适当性。各国政府不仅对受灾严重的金融行业进行救助，也对其他受到波及的重要行业提供财政支持。另外，各国政府积极参与到知识密集型产业中，以应对低人工成本国家带来的压力。

（一）绿色产业政策理念

绿色产业政策起源于庇古税的提出，讨论环境规制与产业竞争力的关系，近年来，随着各国不同程度地施行绿色经济发展政策，绿色产业政策理念取得了较快发展，由单一的环境规制转为探讨技术创新、社会福利与环境三者之间存在的潜在协同效应，以及采取何种政策组合可以实现技术创新在产业绿色化和低碳化中的应用。世界银行在 2013 年论述了产业政策的内涵，认为产业政策是以产生环境效益为目的、影响经济生产结构的一种以部门为目标的政策，该政策理念的核心在于推动技术创新实现绿色化发展。

（二）演化发展经济学派的技术创新动态理论

近年来兴起的技术创新理论（techno-innovation dynamics）丰富和扩展了产业政策理论的内涵。技术创新动态理论基于演化经济学，以结构动态演化为视角，分析一般性的产业系统动态，而非专注于单一的企业或部门，其出发点是提高经济系统的演化能力，解决创新过程中的系统或网络失灵问题。系统失灵来自演化经济学的资源创造理论，[一]对系统失灵的纠正旨在促进经济行为者的知识创造、知识获取和创新活动等资源创造的行为。在演化经济学框架下，功能性产业政策居于经济政策中的核心地位，其原因主要有两个方面：第一，演化经济学认为经济主体具有短视性，可能处于低水平的局部均衡；第二，经济个体具有异质性，市场可能会忽视一些无法达成一致的重要社会目标（如社会公平和环境保护等），因此需要构建功能性产业政策推动经济系统摆脱低水平均衡，并实现其他重要社会目标。

（三）隐形发展型政府理论和企业家型政府理论

在对市场与政府关系的讨论中，美国学者布洛克和玛祖卡托（2017）根据美国的政治经济发展历史和事实的研究判断，分别将美国政府称为"隐形发展型政府"和"企业家型政府"，否认了哈耶克"守夜人政府"理论，认为美国政府在技术创新、产业升级、结构调整和企业培育等方面扮演了市场"塑造者"的角色（周建军，2017）。例如，美国的"小企业创新研究计划"和"小企业技术转移计划"直接为创新型小企业提供捐款和贷款，微软、戴尔、康柏和英特尔等企业在早期发展中都得到过这两个"计划"的资助。隐形发展型政府理论和企业家型政府理论扩展了演化经济学的理论前沿，进一步挑战了新古典经济学理论的学术地位，揭示了政府在塑造和创造市场过程中的重要作用。

第三节　产业政策的理论基础

一、产业政策中政府与市场的关系

（一）政府与市场的边界

作为配置资源的两个主体，政府和市场有着不同的作用。但产业政策中政府与市场应该是怎样的关系，尤其是政府应该承担什么角色，在学术界一直存在争论。当前，中国正处在经济转型的关键时期，厘清政府与市场配置资源的规律和边界尤其重要。

毋庸置疑，市场机制是配置资源、激励创新、推动效率提升与产业转型升级最为有效的机制，但市场机制是否能够有效发挥作用，实际上高度依赖政府所提供的制度体系的质量。[二]现代国家中，政府最为重要的职能之一就是建立市场经济有效运行所必需的合适的制度基础与制度框架，并促进市场体系的发育。政府提供的制度框架包括界定并保护财产权利、保证公正契约得以执行、维护法律与秩序、提供标准货币、提供负有限责任的公司制度安排、规定破产程序、保障资本市场的长期稳定及有效运转，等等。[三]

[一] SMITH K. Innovation as a systemic phenomenon: rethinking the role of policy[J]. Enterprise and innovation management studies, 2000, 1(1):73-102.

[二] CHHIBBER A. The state in changing world[J]. Finance and development, 1997,34(3):11-33.

[三] KEEFER P, SHIRLEY M. Formal versus informal institutions in economic development [M]//MENARD C. Intuitions, Contracts and Organizations: Perspective from New Institutional Economics. Northampton: Edward Elgar, 2000.

发展经济学认为政府应该是中性的，并提出了中性政府的概念。中性政府（disinterested government）是指其经济政策不受社会集团非生产性特征影响的政府。而"非生产性特征"指的是社会集团的社会地位和政治权利等与生产力无直接关系的特征。中央政府要求政府具有一定的自主性，对政府施加了一定的政策指向。中国改革时期经济的高速增长得益于中国政府的中性性质，如中国的国有企业民营化改革。邓小平南方谈话之后，广东顺德和山东诸城开始了国企的民营化。1995年，中共中央提出了"抓大放小"的方针，决定保留500～1 000家大型国有企业，允许较小的企业租赁或转让。"放小"政策所衍生出来的"改制"在很多时候就是民营化。与民营化相伴的是大量的国有企业就业数量的下降和裁员高峰。政府解决这个难题的办法是低调进行民营化，同时尽最大的可能帮助下岗失业工人再就业。这个策略最终被证明是行之有效的。截至2005年，国有企业的改革接近尾声，大多数失业和下岗工人找到了新的工作或进入城市最低生活保障。⊖

（二）市场与政府的互补和协同

在中国经济的转型发展进程中，市场与政府之间存在互补和协同的关系。市场机制是配置资源、激励创新、推动效率提升与产业转型升级最为有效的机制。市场机制亦会内生发展出解决市场失灵或协调失灵的许多方式，并会通过竞争选择过程筛选出更具效率的方式。政府介入市场失灵应该极为审慎，并将政府干预行为局限在比较狭窄的范围内。而市场机制是否能充分发挥作用，则高度依赖政府提供的制度体系。

依据过去的发展经验，以直接干预市场为特征的选择性产业政策存在比较严重的缺陷，但在为产业创新发展创造良好条件这一方面，政府可以发挥重要的作用，并主张应转为采用功能性的产业政策。⊖功能性的产业政策在本质上是横向性的，即政策针对所有产业或多个产业，"旨在创造有利于产业竞争力提升的框架性条件""为企业和企业家捕捉盈利机会、实现他们的理念、从事经济活动提供框架性条件"。这些框架性条件包括良好的市场制度、维护公平竞争的市场环境、完善的公共设施、有利于创新和技术扩散的制度与环境、通过培训和教育提升劳动者技能、促进企业之间的合作等。功能性的产业政策有别于传统选择性产业政策，因此又被认为是新产业政策。

在新产业政策框架下，市场及市场机制居于主导地位，但政府仍扮演着关键性的角色。一方面，政府提供的市场基础是制度的质量，决定着市场机制的有效程度，政府推进制度改革的努力，也决定着市场机制能否更好地发挥作用；另一方面，市场机制的有效程度，还取决于政府为市场主体分散试错、自发协调提供多大的空间，替代市场的协调机制、过多干预市场都会大大压缩市场主体的空间，政府还必须约束自己的行为。在公共基础设施与基本公共服务方面，政府仍然需要弥补市场的不足。在新产业政策中，与市场机制一起共同发挥作用的是一个在"有限"而"有效"的框架下积极作为的政府，政府"完善市场制度、增进市场机能、扩展市场作用范围，补充市场不足"。在新的产业政策体系下，市场与政府是互补与协同的关系，重点分为三个方面：第一，推进经济制度的改革与完善，建立和强化市场良好

⊖ 姚洋. 发展经济学[M]. 北京：北京大学出版社，2018：391-396.
⊖ 江飞涛，李晓萍. 当前中国产业政策转型的基本逻辑[J]. 南京大学学报（哲学·人文科学·社会科学），2017（3）：17-24.

运转所需的各项制度，完善知识产权保护相关法律体系及其执行机制，构建开放统一、公平竞争的市场体系，为产业发展创造良好的制度环境；第二，为产业创新发展构建良好的公共服务体系，这包括建立国家实验室、科技信息交流与共享公共服务体系，并优化公共服务机构的治理模式与运营机制；第三，支持基础科学研究，培养人才等。[一]

（三）产业政策中的政府规制

政府规制是政府为实现某些社会经济目标而对市场经济中的经济主体做出的各种直接和间接的具有法律约束力或准法律约束力的限制、约束、规范，以及由此引出的政府为促使产业经济主体活动符合这些限制、约束、规范而采取的行动和措施。简要地说，政府规制的目的在于维持正当的市场经济秩序，提高市场资源配置效率，提升全社会的福利，保护大多数的社会公众的利益不受少数人的侵犯。政府规制主要有以下特点：

（1）规制的主体是政府。
（2）规制的客体是市场经济活动中的经济主体，包括企业和消费者，但主要是企业。
（3）规制对市场交易机制有着直接的影响。
（4）规制的执行是有成本的。

直接规制是政府行政管理机构实施的规制行为，如对自然垄断产业的规制和对金融业的规制。它主要包括经济性规制和社会性规制。

经济性规制是对特定市场中企业定价和进入等方面的控制，它直接地影响企业的生产决策、供应方式等。经济性规制是针对自然垄断和一部分信息不对称产业做出的，一般地，公用事业、如电力、城市燃气、自来水和金融业（如银行、保险、证券等），以及交通运输业（如铁路、水路、公路运输等）都受到进入或价格方面的控制。

社会性规制是政府为控制（负）外部性与可能会影响人身安全、健康的风险而采取的行动和标准设计的措施，包括对制药业、工作安全、产品安全、污染排放、就业机会、国内收入服务、教育等方面的规制。社会性规制突破了产业的界限，以保障消费者和劳动者的健康与安全，保护自然环境和人文环境为目的，对几乎所有的消费者的购买和企业的雇用决策都有直接的影响。其中，环境规制主要是反映总的外部性水平标准的环境法律规制。总的外部性标准与实施手段和政策工具不同，它包括排放量、市场交易许可证、技术要求、投入控制和排放配额。[二]

二、产业政策与产业发展规律

（一）产业政策的兴起与存续的理论基础

目前，产业政策的兴起与存续的理论主要有以下几种解释。

[一] 江飞涛，等.理解中国的产业政策 [M].北京：中信出版集团，2021：34-50.
[二] 苏东水.产业经济学 [M].北京：高等教育出版社，2015：326-327.

1. "市场失灵"说

坚持这一学说的研究者强调,产业政策的兴起和存续是为了弥补市场缺陷、完善资源配置机制。由于公共品、外部性、规模经济等"市场失灵"的领域存在,仅仅依靠市场机制不可能实现产业资源的最优配置,因此要发挥政府经济职能去弥补市场机制的缺陷。

2. "国际竞争"说

该学说强调产业政策是当今世界各国更好地参与国际竞争的需要。由于经济全球化趋势的出现,国际经济关系和国际分工体系正在经历前所未有的变化,各国经济都面临新的机遇和挑战,因此各国政府都迫切需要以产业政策为基本工具,审时度势,充分发挥政府的经济职能,增强本国产业的国际竞争力,从而维持或争取本国产业在经济全球化过程中的优势地位。

3. "赶超战略"说

该学说强调产业政策是政府在市场机制基础上更有效地实施"赶超战略"的需要。它是总结后发国家实现赶超目标的成功经验所得出的理论认识,因而较好地揭示了"为什么后发国家在实现赶超目标的过程中比发达国家更多地运用产业政策"的奥秘。㊀

4. "制度失灵"说

奥地利经济学派认为市场体系的效率总是会受到市场运行所赖以依存的制度体系的制约,新古典意义上的市场失灵,并不是市场本身存在的内在局限和不足,而是市场运行所依存的制度体系的失败,即制度失灵。此时,应首先考虑通过完善制度的方法降低市场体系内经济主体自发协调与合作的交易成本,促进经济主体之间的交易与合作,为经济主体通过组织创新与不断试错来解决市场失灵问题创造有利条件。㊁

(二)产业政策与产业结构

产业政策主要通过两个理论机制影响产业结构。一是产业政策的结构合理化作用机制。由于市场并不是万能的,产业发展面临各种外部性、信息不完全和不对称,常出现投资过度或不足,以至于出现产能过剩或过度波动等问题,㊂导致企业可能无法完全依赖市场跨期配置资源,㊃以及自主完成技术应用、资源配置与产品生产等决策的匹配和协调,从而无法达到资源的有效配置。㊄产业政策基于政府职能部门的大量资料收集整理和反复研判,其所传递的信息和信号,有利于弥补市场的不足,优化资源在产业间的配置,使要素重置成本降低至较低水平,促进产业结构的合理化。

㊀ 苏东水.产业经济学[M].北京:高等教育出版社,2015:326-327.

㊁ 黄少卿,等.重塑中国的产业政策:理论、比较与实践[M].上海:格致出版社,上海人民出版社,2020:22-23.

㊂ HAUSMANN R, RODRIK, D. Economic development as self-discovery[J]. Journal of development economics, 2003, 72(2): 603-633.

㊃ STIGLITZ J E. The role of the state in financial markets[J]. World bank economic review, 1993, 7(1): 19-52.

㊄ RODRIK D. Coordination failures and government policy: a model with applications to East Asia and Eastern Europe[J]. Journal of international economics,1996, 40(1): 1-22.

二是产业结构高度化作用机制。恰当的产业政策有助于引导产业技术创新方向,提高产业创新效率。[1]产业技术创新和升级需要具备必要的硬件和软件基础设施,突破产业技术升级的初始资本约束,将相关的外部性内部化,以及降低其中的不确定性和潜在风险,提高产业技术升级的实现概率。事实上,在产业政策的调节机制下,政府部门通过基础设施建设、重大科学创新攻关计划、财政补贴和信贷扶持等财政政策手段,能在较大程度上承担技术研发和应用等过程中的市场不确定性风险,引导各方力量集中开展新技术研发,发挥技术研发的规模经济效应和集聚效应,推动产业技术创新,发展前瞻性的主导优势产业、新兴技术产业,促进地区产业结构高度化。[2]

三、产业技术与产业结构政策的影响机理

(一) 技术创新与产业结构政策的关联

产业结构政策的宗旨是以技术进步来不断促进产业结构的优化。尽管产业结构政策的形式多种多样,但产业结构政策的目标是产业结构的合理化和高度化。产业结构合理化是产业结构高度化的基础,而产业结构高度化又是产业结构合理化的高级表现形式。各国的产业发展经验表明,技术创新是产业结构优化的根本动力。无论合理化还是高度化,都离不开技术创新的支持。没有持续的技术创新支持,产业结构合理化和高度化就会失去动力与物质基础。因此,产业结构政策的核心和焦点无疑是推动技术创新。

(二) 产业结构政策的影响机理

各国的经济发展实践证明:一方面,政府对产业结构变迁能够起到积极的影响作用;另一方面,只要顺应产业结构演变规律,制定和推行符合国情的产业结构政策,就有可能较好地减少结构性矛盾对经济发展的制约,促进产业结构和资源配置的优化。由于新兴产业的发展和衰退产业的调整与转换总会遇到巨大的困难和阻力,在市场本身无法自动排除这些困难和阻力的情况下,就迫切需要政府的有效介入。

产业结构政策的影响机理如下:工业化进程中始终伴随着产业结构的转换,产业结构转换的能力、速度与效率,是一国经济发展态势的内在制约要素。由于公共品、外部性和规模经济现象的存在,市场机制极易在产业结构转换过程中造成大量的资源闲置与浪费,因而无法自动实现资源配置的帕累托最优,这就需要政府制定相应的制度和政策手段弥补市场机制的不足。世界经济发展的规律表明,"凡是依靠科技进步,不断注意产业结构的转换,不断使产业结构合理化、高度化的国家和地区,它们的经济就比较景气,也有更强的承受能力、适应能力和应变能力"[3]。产业结构政策集中体现了政府对产业结构优化的干预能力与效率。在整

---

[1] PETERS M, SCHNEIDER M, GRIESSHABER T, HOFFMANN V H.The impact of technology-push and demand-pull policies on technical change-does the Locus of policies matter? [J]. Research policy, 2012, 41(8): 1296-1308.

[2] 韩永辉,等.产业政策推动地方产业结构升级了吗?:基于发展型地方政府的理论解释与实证检验[J].经济研究,2017(8):34-48.

[3] 秦世俊,朱南如.国外产业政策研究及对我们的启示[M]// 李伯溪,钱志森.产业政策与各国经济.上海:上海科学技术文献出版社,1990.

个产业政策体系中,产业结构政策始终占据中心和主导地位。以往的研究表明,产业政策的核心是促进产业结构的合理转换。发展中国家应将产业结构政策作为主要的产业政策,努力促进产业结构的合理化与高度化。[一]

第四节 发达国家的产业政策

一、日本产业政策的特征、转型与启示

(一)日本产业政策的历史沿革

日本的产业政策起源于第二次世界大战之前,甚至可以追溯到明治时期的《商工政策史》或《商工行政史》。[二]但本书所定义的产业政策主要是以市场经济体制为基础的政策制定体系,因此当讨论日本的产业政策时主要关注第二次世界大战后其产业政策的演变。20 世纪 70 年代后期,日本著名经济学家小宫隆太郎及其合作者(包括奥野正宽、铃村兴太郎、香西泰、贺田俊正、植草宜、吉野直行、伊藤元重、清野一治、后藤晃、今井贤一等)于 1982 年组织了有关日本产业政策的研究项目,进行了历时两年的研究,并于 1984 年集结相应研究成果,出版了《日本的产业政策》一书,奠定了日本产业政策的理论基础。

第二次世界大战以后,战败的日本国民经济基本上陷入瘫痪状态,当时的首要任务是稳定经济、恢复生产。煤炭业和钢铁业是当时最为重要的基础产业部门,政府在这一时期主要采取了优先发展煤炭业和钢铁业两个部门的"倾斜生产方式"产业政策。该产业政策的主要内容是:努力增加煤炭生产,并将其重点分配给钢铁部门,以增加钢材生产,随后将钢材重点分配给煤炭部门,进而增加煤炭生产;以这两个基础工业部门相互促进、循环恢复和扩大生产规模为核心,为其他工矿业的恢复生产提供物质基础,再一次逐步推动电力、农业化肥、运输等其他基础工业部门的恢复,逐步带动整个工业及国民经济的恢复和发展。

1949 年以后,日本经济重新出现了不稳定的局面,"倾斜生产方式"宣告结束,日本学术界确立了"贸易立国"发展战略。为推动这一发展战略,日本制定了一系列的产业合理化政策,旨在提高基础工业部门的生产效率、降低成本,发展具有国际竞争力的出口主导产业。产业合理化政策的主要内容是对煤炭、钢铁、电力、造船等基础工业部门进行产业合理化,促进这些产业的设备、技术和产品的现代化,提高劳动生产率,降低成本,增强出口创汇的国际竞争力。

20 世纪 50 年代中后期,日本在经历了战后的生产恢复和产业合理化后,为了推动产业结构转换和升级优化,增强国际竞争力,国家决定采取措施振兴与扶持新兴和成长型产业部门,保护和调整衰退产业,这一时期政府出台了产业振兴扶植的产业政策。该政策的主要内容包括三点。一是扶植和振兴的政策对象从基础产业逐步转向了新兴和成长型产业,从原材料工业转向加工工业;政策重点从基础"瓶颈"产业转向了"支柱"产业和"出口先导"产业。二是政策目标从一般性地降低成本、改进技术等再生产过程的合理化,转向了结构转换和全

[一] 苏东水. 产业经济学 [M]. 北京:高等教育出版社,2015:326-327.

[二] 通商产业省在 20 世纪 50 年代至 80 年代分别编撰出版了《商工行政史》(三卷本) 和《商工政策史》(24 卷本)。

面的经济振兴。三是钢铁行业继续作为重点扶持行业，但产业合理化未获成功的煤炭工业则由促进成长的保护对象转变为衰退调整的对象。

从20世纪60年代开始，日本实现了历史罕见的持续高速增长，跻身于发达经济大国行列，但是日本经济发展水平与欧美国家的差距仍较大，战后欧美国家涌现出大量应用型新技术、新兴产业部门，主要代表就是重工业、化学工业，简称"重化学工业"，若要缩小日本与其他国家的发展差距，必须发展这些新兴产业，这一时期日本政府确立了重化学工业的产业政策。重化学工业产业政策的基本内容主要包括三点。一是政府提出了促进产业结构高级化的目标，并改变出口商品结构，形成以附加值高的重化学工业品出口为主的出口结构，以增加外汇收入，增加国民财富。二是为应对贸易自由化和资本自由化，采用官民协调方式形成新产业体制，推进海运、钢铁、汽车等产业的合并和业界重组。三是对钢铁、合成纤维、石油冶炼、石油化学和纸浆等产业的设备投资进行调控，推动形成专业生产体制。

进入20世纪70年代以后，1973年、1979年发生的两次石油危机对日本经济的冲击很大，促使日本经济结构、产业政策进行新的调整。石油危机以后产业政策的主要内容为：产业结构从发展严重依赖石油进口、能耗大、资本密集程度高的初级重化学工业，调整为发展能耗小、技术和知识密集型的中高级重化学工业。日本出台了综合能源对策：确保石油供给稳定对策、节能政策、开发石油替代能源等。日本还注重控制公害，实施污染物排出控制、排放源对策和总量控制。

日本制定实施产业政策的最大特点之一就是采取官民协调的方式，在产业技术研究和开发上的费用由三方共同出资，政府承担费用较少，当时政府承担的研发费用大约占25%，剩下的由民间企业承担。日本政府的预算大都分配给国立和公立的研究机构及大学，分配到民间企业的政府研发资金只占总数的2%。而在美国，政府预算的30%分配给了民间机构。两者差距很大。政府提供的研究开发费用大约一半流向国立和公立的研究机构，主要用于与产业技术有密切关系的基础研究，为应用研究中的工业化学实验等提供大规模设备，面向中小企业的技术转移，有关环境污染治理技术的开发需要，产业技术中的试验方法、标准制定等。

（二）日本产业政策对中国的启示

一是推进产业界自立的政策导向。日本和中国的产业政策最大的不同在于，中国产业政策多是直接针对产业界内部实施资金补助和供需匹配的政策，扶持产业发展，政府直接介入和作用于产业发展。而日本的产业政策多数是围绕强化环境政策和设备投资限制、提出城市规划和产业蓝图等的间接引导政策，日本政府在产业发展中扮演配角，将工作重点放在促进产业界自立发展的环节，而不是政府直接作为。我国的产业政策也应该转变思路，从环境和外围条件方面为企业发展创造条件，提供竞争机制，推行有利于产业界自立的政策，这样政府调控产业可以进退自如，不被束缚。

二是追求精益求精的生产管理模式。日本将多批量、多品种与低成本、高质量结合起来，通过全员、全过程的持续改善和管理提升，真正做到"多快好省"和"精益求精"。中国制造业虽然规模庞大，但还应继续追求精益生产、精益制造和精益管理，从而进一步提升制造业的品质和国际竞争力。

三是促进企业主导的技术创新。日本当时的产业政策中，给予企业研究开发的优惠税收、金融信贷支持及强化环境限制等措施，技术创新主体是企业，有效激发与促进了企业的技术创新动力和潜力。

四是增强产业政策的协同性和有效性。日本产业政策成功的关键之一在于产业政策制定过程中采用"官民协同"的方式，产业政策能够做到从企业中来到企业中去，政府只是牵线搭桥和协商共赢，最后国家目标得以实现，企业竞争力得以提高，三方共赢。我国制定产业政策时，不仅缺乏官民协同，还缺乏中央和地方的协同。我国产业政策的制定有必要借鉴日本的组织结构方式，增强产业政策的协同性和有效性，以便提高成效。○

案例 15-1

日本氢能源汽车产业政策

2011 年日本发生福岛核电站事故之后，日本加速了向低碳、节电、安全的能源方向转型发展，尤其是加速了"氢能源社会"的建设。虽然日本氢燃料电池汽车在技术领域处于领先地位，但氢气价格高及氢燃料加注基础设施建设等问题致使氢燃料电池汽车难以普及。日本的产业政策可大致分为以下四类：

1. 财政补贴

2012 年，经济产业省推出"清洁能源汽车（clean energy vehicle，CEV）导入补贴"，补贴直接发给购买新能源汽车的消费者而不是厂商，对于电动汽车补贴额度的大小与所购买车型的单次充电续航里程直接挂钩，以此可以倒逼制造商提升汽车性能。2013 年，设立了独立于"CEV 补贴"的资金预算用于补贴充电桩、氢燃料加注设备的安装，根据补贴对象类别不同补贴固定金额或其安装费用的固定比例。

2. 税收优惠

2009 年，日本开始实施"环保车辆减税"和"绿色税制"政策。环保车辆减税政策对新车购置税和汽车吨位税按照所购汽车的节能水平进行适当减免；绿色税制对包含插电式混合动力汽车在内的节油环保车型减免机动车税。2019 年，日本颁布关于新能源汽车的排放和减免标准，对同样类型汽车进行分类，对能达到补贴标准的车型以次年返还的形式向消费者进行补贴。

3. 提供低息贷款

日本在新能源汽车购置方面的贷款优惠项目主要以环境保护基金及中小企业促进基金为主，不同地区根据自身的实际情况辅以不同的贷款优惠政策。

4. 限制有害气体排放

2020 年 12 月，日本中央政府发布"绿色增长战略"，目标是 2035 年前加速淘汰燃油动力汽车，从而完全实现净零碳排放。

资料来源：田鑫. 论功能性产业政策的目标和政策工具：基于日本新能源汽车产业的案例分析[J]. 科学学与科学技术管理，2020，41（3）：17-31.

○ 祁京梅. 日本产业政策及对中国的启示[EB/OL].（2017-12-21）[2023-06-01]. http://www.sic.gov.cn/news/456/8697.htm.

二、美国产业政策的特征、转型与启示

美国从建国到成为全球工业强国的百年历史中,不仅具有悠久的赶超型产业实践的经验,而且形成了指导后发国家快速经济赶超的经济理念——"美国学派"。随着美国成为世界经济、产业、科技和人才强国,美国学派在经济学界中徐徐谢幕,经济自由主义走向前台。但是,这并不代表美国的产业政策放弃了美国学派,而是将其思想作为自由市场经济思想制衡机制与补充,对美国产业政策的根本取向发挥着决定性影响。

(一) 美国的产业政策传统

美国的产业政策传统要追溯到"美国学派"的兴起,随后成为指导美国建立独立自主工业体系的指导思想。美国学派具体有三个核心观点:第一,推崇技术进步,追求生产效率提升;第二,放弃自由贸易,实施幼稚产业保护;第三,实施内部改革,以内需升级驱动工业化进程。美国学派以"生产效率－内部改善－关税保护"为核心,构建起了一个适于发展中大国快速推进工业化战略的发展思想与战略体系。美国重视技术进步和人才,加上巨大的潜在市场需求,极大地激发了企业家精神,创新了融资和企业组织方式。在这样的体系之下,美国快速成为当时世界上创新创业的中心区域之一,形成了一大批企业集团。到19世纪末,美国成为世界第一工业大国。进入20世纪后,美国仍然保持了较高的关税水平。第二次世界大战后,美国实施政府对科技和新兴产业支持的产业政策,在基础研究和共性技术领域推行了一系列改变世界科技和产业的计划,推动了计算机、互联网、新能源、新材料等颠覆性新兴产业,持续推动了美国生产效率和产业竞争力的升级。进入20世纪80年代后,美国逐渐放松政府的直接干预。但在美国技术和产业领袖地位受到"威胁"时,美国毫不犹豫地采取了遏制性产业政策。

(二)"制造业复兴"的政策调整

2008年的国际金融危机后,美国反思"去工业化"后供给侧科技创新与产业发展协同弱化、需求侧高工资、制造业就业机会减少导致消费需求不振的问题,推行制造业复兴计划,作为重振美国科技和产业竞争力的基本纲领,产业政策措施存在着向美国学派回归的趋势。

美国制造业复兴计划的主要特点是:第一,制造业复兴计划的导向是,改变美国过度依赖服务业的经济结构,激发新的制造业投资活力,增加贸易品出口,减小美国贸易逆差压力,寻求经济再平衡。第二,复兴制造业的过程是美国技术优势与产业优势的再匹配过程。制造活动大规模对外转移,不仅美国的制造业相对规模和贡献快速下降,而且影响到美国赖以安身立命的研发能力,制造业的复兴不仅是要形成新的经济增长点,更是要巩固和加强美国的创新能力。第三,制造业是争夺未来产业竞争制高点。

在基本的政策思路上,美国不是简单地通过财政、金融等措施直接帮扶特定企业,而是构建可持续的政策框架和服务体系,为制造业企业营造有利的内外部商业环境,促进以先进制造为主体的实体经济投资。其政策框架主要包括六个方面:第一,建立与先进制造技术和先进制造业发展相适应的政府组织和管理体系;第二,统筹管制、税收和贸易政策,对内降税鼓励投资,对外提高关税和施加其他贸易限制;第三,在"减少不公平贸易"的旗帜下,

加强对国际贸易利益的争夺；第四，完善发展先进制造的产业和技术基础设施；第五，大幅提升对先进制造技术的 R&D 支持；第六，稳固人才渠道，大量培育满足先进制造业发展所需的技能工人和专业人才。从上述分析看，后危机时代美国的产业政策与美国长期奉行的美国学派产业政策核心理念是一脉相承的。

(三) 美国产业政策对中国的启示

美国产业政策的演进主要带来了三方面的启示：第一，我国必须在坚持自主发展的基本原则上保持战略定力。制造强国战略是我国进入中国特色社会主义新时代后，建设现代化经济体系的重要支撑，提升制造业的国际竞争力是今后我国制造业发展的主攻方向。第二，在政策制定的过程中，要加强对其可能产生国际影响的事前评估。中国制定产业政策要在坚持以我为主的前提下，在制定过程中注意政策用词和舆论引导，在更大范围内评估国际社会的反应，尽可能在事前做好应对准备，制定后加强对外解释，全过程营造有利于政策实施的国际环境。第三，加强战略协调。全球金融危机爆发十年来，美国已经形成了较为完备的制造业振兴计划，是未来相当长时间内美国产业政策的纲领。中美双方应加强发展战略的沟通与理解，寻求新一轮技术革命和产业变革的合作领域，共同开拓第三方市场，携手应对人类面临的发展、安全、绿色、反恐等技术挑战。⊖

三、欧盟国家产业政策的特征与启示

(一) 欧盟产业政策的发展和完善

1951 年，欧洲煤钢共同体（ECSC）建立。在煤钢共同体的框架下对于煤炭和钢铁产业的干预，是欧盟范围内实施产业政策的第一次尝试，尽管它没有明确提出"产业政策"的概念，也仅仅是关注两个特定的产业。1957 年，法国、联邦德国、意大利、荷兰、比利时和卢森堡六国在罗马签订了《建立欧洲经济共同体条约》。1958 年 1 月 1 日，该条约生效，欧洲经济共同体正式诞生，该条约没有明确提及产业政策。1967 年，欧洲煤钢共同体、欧洲原子能共同体和欧洲经济共同体合并形成欧洲共同体。1981 年，欧洲共同体委员会试图重新启动欧共体产业政策的讨论与制定，但是成员国意见分歧较大，工业部长理事会也并未对此做出判断。综上所述，在 20 世纪 50—80 年代，许多欧洲国家实际上实施了具有较强的干预主义特征的产业政策，西欧大部分国家都很重视政府干预在经济发展中的作用，大多数国家不愿意将产业政策的权利交予欧洲共同体层面。

20 世纪 70 年代末，西欧国家针对特定部门实施的直接干预性产业政策所带来的不良政策效应越来越突出。西欧各国开始总结和反思干预性、纵向（部门）的产业政策，对于政府的功能的认识也发生了转变，逐渐认识到政府干预型的产业政策效率不高且存在诸多缺陷，但是政府可以在创造良好的产业环境方面发挥重要作用。随着欧洲一体化取得重要进展，各成员国逐渐能接受欧洲共同体层面的产业政策作为指导和辅助。在此背景下，1990 年 10 月，

⊖ 黄少卿，等.重塑中国的产业政策：理论、比较与实践 [M].上海：格致出版社，2020：147-170.

欧洲委员会向理事会和欧洲议会提交了题为"开放与竞争环境下的产业政策：共同体行动的指导原则"的通报，得到了工业部长理事会的支持。该通报明确指出，针对特定部门的干预性的产业政策会扭曲竞争，对于促进结构转型的效果也很有限。该通报的提出，意味着欧盟针对特定部门的干预市场型的选择性产业模式结束，产业政策也开始具有功能性的含义，更加接近一般竞争力政策。这一时期，欧盟产业政策的行动目标主要有四个方面：一是加快产业结构调整；二是构建有利于整个共同体产业与企业发展的环境；三是构建有利于企业合作的环境；四是更好地激励创新、技术研发以提升产业发展潜力。这一阶段欧盟从传统的选择性产业政策转向横向的产业政策，并最终转向横向政策与行业应用相结合的矩阵式的产业政策。

2008年国际金融危机爆发后，欧洲制造业急剧恶化，凸显出了制造业的结构性缺陷，尤其是对服务业和金融业的过度依赖的问题也充分暴露出来。在此背景下，欧洲的产业政策逐渐得到发展和完善，产业政策与创新政策、环境政策相结合成为推动欧洲危机后经济增长与现代化的重要政策工具。这种新产业政策的特点包括三个方面：第一，兼具横向产业政策与特定部门自身特点而进行量身定制的产业政策，要应对金融危机带来的挑战就需要不同经济部门进行调整而制定过渡性的发展战略；第二，整个价值链和供应链都必须从能源、原材料到售后服务、材料回收利用方面进行考虑；第三，委员会将定期发布欧盟与成员国的竞争力和产业政策及其绩效的报告。新产业政策的主要政策工具包括：第一，为产业创新发展与竞争力提升创造良好的制度环境；第二，公共企业和组织；第三，公共研发和对企业研发活动的公共支持；第四，公共采购计划；第五，通过结构基金推动传统制造业、相对落后地区的结构转型。

（二）欧盟产业政策对中国的启示

欧盟新产业政策的理念和实践，为全面深入了解产业政策与政策理论提供了有益的参考；对于当前中国的产业政策转型而言，它也提供了极为有益的借鉴。

第一，重新认识产业政策，超越"产业政策存废之争"。现阶段，国内对于产业政策的认识仍然局限于选择性产业政策的认识，即政府以直接干预市场方式促进特定产业发展的政策。在这一框架下，产业政策与市场机制、产业政策与竞争政策是对立的。欧盟的产业政策理念与实践使我们对产业政策有了新的认识：政府有必要采取积极行动促进产业创新发展及竞争力提升，但是不必也尽可能不要采取直接干预的方式，而是通过构建良好的制度环境，建立完善的产业技术创新及扩散相关的公共服务体系，对于技术创新的普遍支持，通过培训和教育提升劳动者技能，辅助传统产业升级与退出等政策工具来达到政策目标，这些政策工具不但不与市场竞争相抵触，反而可以维护与促进竞争，补充市场不足。在欧盟的新产业政策模式下，政府与市场、产业政策与市场、产业政策与竞争政策不是对立的关系，而是一种互补协同的关系，这种产业政策模式将"使市场在资源配置中起决定性作用和更好发挥政府作用"。

第二，中国应加快从选择性产业政策模式向矩阵式（功能性）产业政策模式转型。中国产业政策的重点应从"选择特定的产业、特定的技术路线、特定的产品、特定的企业进行扶持或限制"，转换到"为产业的创新发展构建日趋完善的框架条件"上来，这包括构建完善的制度环境、良好的产业创新公共服务体系与基础设施，对于技术研发与创新的普遍支持，建立统一开放与公平竞争的市场体系，建立更能适应产业发展与结构变迁的人力资本培养与教育体系，等等。

第三，构筑和实施矩阵式（功能性）产业政策，应尤为重视激励与促进创新。在欧盟的新产业政策中，促进技术创新、研究开发与技术扩散居于核心地位。中国必须加快构建有利于创新发展的市场制度体系，加快推进要素市场化改革，为新兴产业发展创造公平的竞争环境，建立健全知识产权制度，完善知识产权执法体制，为科技服务机构发展提供良好的环境与政策。

第四，调整和优化产业政策制定与实施机制。我国迫切需要调整优化产业政策制定和实施机制，具体而言可考虑从五个方面着手：一是设立产业政策委员会，避免政策制定过程中的部门化与碎片化问题；二是建立审议会制度，提供制度性渠道；三是通过审议会制度，提供多种政策方案辩论与竞争的舞台，便于筛选出最优的产业政策方案；四是设立公开、透明的审议过程，便于信息交流和公众监督；五是实行项目制，推动政策执行的精准化。⊖

案例 15-2

工业 4.0 的领导者：博世极端数字转型之路

在迈向工业 4.0 的具体步骤上，博世（Bosch）公司已经开始利用 RFID 芯片监控汽车的零件生产，以此可以具体获知在某个特定生产线上的每个零件是为哪个客户的哪个产品制造的。

由于在生产过程中加强了对产品制造的各个环节监控，因此产品的精度得到进一步保障。与此同时，博世还创建了云基础架构，用以从世界上各家子公司和合作公司的价值链收集数据，并且借助机器学习进行自动化分析和评估。

除了直接对产品进行数字化监控和分析，博世还将数字技术运用到员工管理上。员工可以很轻松地在网上进行调班、休假等申请，人事部门也通过这样一个数字化网络进行人事管理。博世的这一整套先进的数字化生产流程，让其在 2019 年获得了德国工业 4.0 行业表彰。

资料来源：https://www.sohu.com/na/445846210_120964605.

第五节　中国的产业政策

一、中国产业政策的历史沿革

（一）改革开放初期的产业政策

1985—1987 年，国务院发展研究中心产业政策专题课题组撰写了一份题为《我国产业政策的初步研究》的研究报告，在中国的产业政策发展史上具有重要的影响。该报告指出，"产业政策是许多国家实现工业化过程中所推行的一整套重要政策的总称。一些实施产业政策得力的国家在发展和国际竞争中卓有成效。日本、韩国等国家和地区通过产业政策实现'竞争'与'干预'相结合经济体制的经验值得我们重视"，"产业政策不仅可以用配套的政策协调各

⊖ 江飞涛，等. 理解中国的产业政策 [M]. 北京：中信出版集团，2021.

项宏观经济控制手段,为实现资源最优配置服务,而且可以通过其促进产业关联和组织的作用推动企业搞活和劳动生产率提高"。

该报告认为,产业政策是政府对市场机制的调控手段,应更加致力于资源最优配置与增加企业竞争能力等经济发展的本质问题。该报告进一步明确产业政策的目标应为"实现产业结构、技术结构和出口结构的合理化"。

1989年,国务院发布了《国务院关于当前产业政策要点的决定》,其中明确提出,"制定正确的产业政策,明确国民经济各个领域中支持和限制的重点,是调整产业结构、进行宏观调控的重要依据","当前和今后一个时期制定产业政策、调整产业结构的基本方向和任务是:集中力量发展农业、能源、交通和原材料等基础产业,加强能够增加有效供给的产业,增强经济发展的后劲;同时控制一般加工工业的发展,使它们同基础产业的发展相协调"。在政策措施方面,这一时期主要采用了计划经济的方式,这与当时"有计划的商品经济"的主基调是相一致的。

(二) 市场经济体制改革后的产业政策演进

1992年10月,党的十四大决定建立和完善社会主义市场经济体制。1993年11月,党的十四届三中全会通过了《中共中央关于建立社会主义市场经济体制若干问题的决定》(以下简称《决定》),中国开始全面推进社会主义市场经济体制改革。《决定》明确指出,"建立社会主义市场,就是要使市场在国家宏观调控下对资源配置起基础性作用"。1994年4月,国务院发布的《90年代国家产业政策纲要》(以下简称《纲要》),是在中国产业政策史上第二部具有重要影响的产业政策。《纲要》明确提出,制定国家产业政策必须遵循"符合建立社会主义市场经济体制的要求,充分发挥市场在国家宏观调控下对资源配置的基础性作用"的原则。其政策要点主要包括六个方面的内容:一是大力发展农业和农村经济,增加农民收入;二是切实加强基础设施和基础工业,主要是要加强交通运输业、通信业、能源工业(重点是煤炭、石油和电力)、水利行业的基础建设和发展;三是积极振兴支柱产业,主要是加快机械电子、石油化工、汽车制造和建筑业的发展;四是积极发展对外经济贸易,调整贸易结构,发挥比较优势,大力提高出口效益,鼓励进口新技术和相关的关键设备、关键零部件;五是产业组织、产业技术和产业布局政策;六是产业政策的制定程序和实施,明确提出建立国家产业政策审议制度。该《纲要》对于中国产业政策的影响颇为深远,后续我国制定实施的产业政策在很大程度上延续了其政策模式和政策思路。随后,中国发布了《汽车工业产业政策》(1994年)、《水利产业政策》(1997年)、《当前国家重点鼓励发展的产业、产品和技术目录》(1999年;2000年修订)、《鼓励软件产业和集成电路产业发展的若干政策》(2000年)等一系列产业政策。这些产业政策的理念、思路与模式对此后的产业政策产生了深远的影响。

二、中国产业政策的转型与战略性新兴产业的培育

(一) 宏观调控政策目标的确立

2003年以来,中国强化了产业政策的应用。随着政府对企业微观经济活动的行政干预,产业政策成为规定行政调控的重要方式。2004年,国务院发布《国务院关于投资体制改革的

决定》(以下简称《决定》),该《决定》的重点在于"转变政府管理职能、确立企业的投资主体地位"。该《决定》强调,要加强和改善投资的宏观调控,综合运用经济的、法律的和必要的行政手段,对全社会投资进行以间接调控方式为主的有效调控。

2005年,国务院发布《促进产业结构调整暂行规定》(以下简称《规定》)。该《规定》在进入21世纪以来的产业政策体系中具有重要作用,它为政策部门全面干预与管理产业领域的投资从而促进产业结构的调整提供了重要依据,全面指导与管理产业发展方向的《产业结构调整指导目录》正是以此为基础制定的。2003年以来,部分行业的产能过剩问题引起决策部门的高度关注,政府相继出台了一系列的产业政策以抑制这些行业的盲目投资和产能过剩。2009年以来,强制淘汰落后产能成为治理产能过剩非常重要的措施。

(二)重点产业结构调整与振兴规划的推出和实施

2008年的国际金融危机对中国经济产生了较大冲击。2009年1月,为应对严峻的经济形势,国务院首先审议通过了汽车、钢铁产业调整与振兴规划,随后又先后通过了纺织、装备制造、船舶、电子信息、石化、轻工业、有色金属和物流八个产业的调整与振兴规划,与之配套的实施细则多达160余项,涉及产业活动的各个方面。重点产业调整与振兴规划的主要内容,可以概括为"保增长、扩内需、调结构"。重点产业调整与振兴规划集中体现了我国产业政策的基本思想、政策措施偏好和发展趋势,是此前产业政策的继承与发展,构建起比较全面、系统的产业政策体系。它的颁布和实施,在某种程度上意味着政府部门进一步强化了产业政策的运用。

(三)战略性新兴产业培育和发展政策

国际金融危机发生以后,各国纷纷加大了战略性新兴产业领域的投入与竞争,以积极抢占新一轮经济和科技发展的制高点。在此背景下,为了构建国际竞争新优势,加快推进产业结构升级与经济发展方式转变,国务院于2010年9月发布了《国务院关于加快培育和发展战略性新兴产业的决定》(以下简称《决定》)。该《决定》将战略性新兴产业的概念进行了界定,并选择了节能环保、新一代信息技术、生物、高端装备制造、新能源、新材料、新能源汽车7个产业作为战略性新兴产业,还针对这几个产业指出了重点发展的产品、技术(或技术路线)及领域。政策保障上主要从五个方面着手:一是"强化科技创新,提升产业核心竞争力";二是"积极培育市场,营造良好的市场环境";三是"强化国际合作,提高国际化发展水平";四是"加大财税金融政策扶持力度,引导和鼓励社会投入";五是"推进体制机制创新,加强组织领导"。集中力量组织攻关突破关键技术,组织实施重大应用示范工程等政策工具,仍是政策的重点。

2012年7月,国务院又发布了《"十二五"国家战略性新兴产业发展规划》(以下简称《规划》),对重点发展领域及其重点发展方向、主要任务、重大工程进行了部署。该《规划》的基本原则有四点:一是"市场主导、政府调控";二是"创新驱动、开放发展";三是"重点突破、整体推进";四是"立足当前、着眼长远"。该《规划》对于"十二五"期间七大战略性新兴产业领域的发展重点给出了更为详细的清单。不难看出,这一时期在促进战略性新兴产业发展方面仍延续着"集中力量办大事"的思路,仍然强调政策部门对于技术路线的选择与引导。

三、党的十八大以来产业政策的发展

党的十八大以来,中国经济进入新常态,中国经济发展面临新形势,同时也面临着新一轮科技革命和产业革命变革带来的挑战和机遇。近年来,我国产业政策更加注重创新驱动发展、新兴技术在工业中的应用。围绕上述目标出台的重要政策有《中国制造 2025》《国务院关于积极推进"互联网+"行动的指导意见》《关于大力推进大众创业万众创新若干政策措施的意见》《国家创新驱动发展战略纲要》《国务院关于印发新一代人工智能发展规划的通知》《国务院关于强化实施创新驱动发展战略进一步推进大众创业万众创新深入发展的意见》等。

党的十九大报告对产业发展提出新要求。中国特色社会主义进入新时代,社会主要矛盾转化为人民日益增长的美好生活需要和不平衡不充分的发展之间的矛盾。只有坚持以经济建设为中心,加快建设协同发展的现代化体系,才能为满足人民日益增长的美好生活需要提供牢靠的物质保障。党的十九大报告强调,创新是引领发展的第一动力,是建设现代化经济体系的战略支撑。实施创新发展战略,就需要不断丰富中国制造、中国智造的内涵,为中国产业和经济发展注入新动力,为实现建设现代化经济体系的战略目标提供战略支撑。在此之后,中国产业发展方向为推进新型工业化、信息化、城镇化、农业现代化同步发展,加快促进产业创新升级。供给侧结构性改革要求以改革创新为主要手段来化解经济中出现的结构性失衡问题,要求通过加速投资驱动向创新驱动的转变,培育新的经济增长动力,要求利用新技术跨界融合加速传统产业的转型升级,淘汰落后产能。

党的二十大报告提出,高质量发展是全面建设社会主义现代化国家的首要任务,要坚持以推动高质量发展为主题,建设现代化产业体系。坚持把发展经济的着力点放在实体经济上,推进新型工业化,加快建设制造强国、质量强国、航天强国、交通强国、网络强国、数字中国。实施产业基础再造工程和重大技术装备攻关工程,支持专精特新企业发展,推动制造业高端化、智能化、绿色化发展。巩固优势产业领先地位,在关系安全发展的领域加快补齐短板,提升战略性资源供应保障能力。推动战略性新兴产业融合集群发展,构建新一代信息技术、人工智能、生物技术、新能源、新材料、高端装备、绿色环保等一批新的增长引擎。构建优质高效的服务业新体系,推动现代服务业同先进制造业、现代农业深度融合。加快发展物联网,建设高效顺畅的流通体系,降低物流成本。加快发展数字经济,促进数字经济和实体经济深度融合,打造具有国际竞争力的数字产业集群。优化基础设施布局、结构、功能和系统集成,构建现代化基础设施体系。

四、中国产业政策的制定程序与组织机制

(一)产业政策制定的一般分析框架

新政治经济学和新制度经济学为研究经济政策制定实施的组织机制与程序构建了基本分析框架,并指出这一机制和程序对政策目标、政策工具的选择与政策的有效性具有决定性影响(Dixit,2004)。奥斯特罗姆夫妇(2005)在托克维尔、霍布斯等传统政治思想的基础上提出了制度分析与发展(institutional analysis and development,IAD)框架,这是从制度视角研究公共政策比较有竞争力的理论之一,被广泛用于系统分析政策制定过程、各参与者之间

相互作用的模式及对政策结果产生的影响。IAD框架是一个相互嵌套的多层次分析系统（见图15-1），由外生变量、行动情景、行动者、互动、结果以及评价判断等构成。

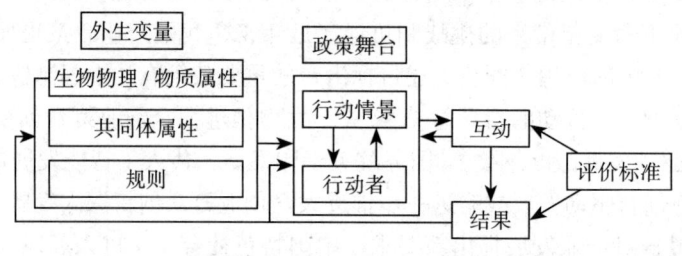

图 15-1　制度分析与发展框架

（二）中国产业政策的组织机制与制定程序

IAD框架主要针对西方代议民主制下的公共政策研究，无法直接应用于我国政策制定的过程分析。江飞涛（2018）采用了IAD框架的基本思想，并借鉴陈玲（2011）等人以往的研究，构建了分析和探讨中国产业政策的制定程序与组织机制[⊖]。中国产业政策的制定过程主要发生在行政部门内部，行动舞台主要由政策舞台、政策参与者和政策程序组成。

1. 政策舞台

政策舞台是指政策提出、酝酿、构思、起草和决策的机构及其组织构架与工作规则。我国制定产业政策的政策舞台为国务院、相关部委及临时专门机构。行政部门居于核心，在绝大多数情况下主导整个政策的制定过程及走向。国务院是最高层次的行政组织，重要或全局性的产业政策主要由国务院启动、协调、审议、批准和发布；国务院部委包括工业和信息化部、国家发展和改革委员会、财政部、科技部、商务部等，承担政策制定程序的启动、组织、起草、审议、批准和发布的职能；临时专门机构是在制定某些重大专项产业政策时临时成立的领导小组、办公室等，对不同政府部门加以协调和推动，如电子信息产业振兴领导小组办公室。

此外，在政策舞台上还有决策咨询机构和行业协会。前者是提供政策建议和咨询的研究机构，以及民间和高校智库，对政策的形成提供建议；后者在具体的产业政策制定过程中承担着企业与政府部门之间的沟通桥梁角色，向产业政策制定者反映行业内大多数企业利益诉求，提供行业信息，如钢铁工业协会、软件行业协会、光伏行业协会等。

2. 政策参与者

政策参与者是指参与政策制定过程的个人、组织或群体。根据政策规则与施加影响的差异，政策制定的协商网络由内向外分为决策层、酝酿层和影响层。决策层包括国务院及相关领导者，决策层在争取利益平衡的前提下承担启动政策制定程序、协调各部门利益和审议批准政策的任务。酝酿层的核心成员是部委及其技术型官员，扮演政策"牵头人"的角色，进行政策的提议、讨论、修改并成文，其决策规则是"寻找支持、求同存异"。影响层包括科学家、专家、学者、企业家等社会精英群体，通过非官方或半官方渠道（如建言、书信、研讨会和交流活动）影响决策过程。

⊖ 江飞涛，等. 理解中国的产业政策[M]. 北京：中信出版集团，2021：306-318.

3. 政策程序

政策程序是指从政策理念提出、政策启动到酝酿起草，再到决策整个过程应遵循的业务流程和相应规则。我国的产业政策制定程序分为政策启动、政策起草、评议与修订、审议与批准四个环节。本部分以国务院启动的产业政策制定程序为例，介绍我国产业政策制定流程。

（1）政策启动。产业政策的启动主要由行政系统内部酝酿推动，部委的司局将工作中发现的问题与挑战通过专报、工作简报、请示等方式向国务院领导进行反映。如果某项政策议题在当前国务院重点工作范围内，表明其正处于"政策机会窗"，成为司局的优先或重点选项。确定议题后，司局会推动本部门或相关研究机构进行基础研究工作，形成研究成果和政策简报并上报。得到国务院分管领导或总理的批准后，部委开始部署政策文件的制定工作。

（2）政策起草。起草阶段通常由国务院指定的牵头部门主导，成立政策文件起草工作小组，形成政策文件的征求意见稿。政策文件的形成途径有两种：工作小组自行拟定；直接委托或以课题形式委托决策咨询机构或行业协会的研究机构形成草案初稿，再由工作小组拟定征求意见稿。

（3）评议与修订。政策制定部门向其他相关部门、专家、学者、企业或协会征求意见，或者公开征求意见，一般在产业政策的制定过程中会经过多轮意见征求和修订，评议与修订结束后，政策制定部门提交上级部门审议。

（4）审议与批准。政策草案经分管副总理协调或报总理确定后，提交国务院常务会议审议并由总理作出否决、通过或原则性通过的决定。审议通过的草案由国务院正式发布政策文件，原则性通过的草案在修改后再次上报分管副总理或国务院。

（三）政策参与主体行为互动及缺陷

在我国产业政策的制定过程中，行政部门作为决策层居于核心地位，既是政策制定者又是政策的执行与评价者，缺乏一定的自我约束的动力，因此在这一过程中尽可能寻求本部门利益最大化，很难凭借"技术理性"制定产业政策。对于其他参与者而言，封闭的政策制定过程易造成信息不对称，将普通利益相关者排除在决策活动之外，智库专家和学者的有限参与制约了其作用的有效发挥，对政策质量产生负面影响。在涉及跨部门的政策决议时，需要这些部门均会签同意才能将政策草案提交审议，这给了各个部门讨价还价和利益交换的空间，追求的政策目标由"政策最优"转变为"模糊共识"，易使产业政策的决策与执行机制倾向于模糊化和部门化，缺乏可操作性。

五、中国产业政策的工具与运用

中央与地方政府运用多种政策工具来配合产业政策的实施。根据余明桂（2016）的分类，按照干预方式的不同，产业政策大致可以分为直接干预的产业政策和间接干预的产业政策。

（一）直接干预

直接干预主要包括目录指导、准入制度与审批许可制度、管制制度等措施，是政府通过行政手段对产业发展进行的直接引导和干预。

1. 目录指导

在我国，产业指导目录主要指《产业结构调整指导目录》，是引导投资方向，政府管理投资项目，制定实施财税、信贷、土地、进出口等政策的重要依据。现行目录为国家发展改革委发布的《产业结构调整指导目录（2019年本）》，涉及行业48个、条目1 477条，包括鼓励类、限制类和淘汰类三种。同时，根据产业指导目录，我国出台了诸多非目录形式的规定产业发展的政策文件，包括法律文件、行政法规与部门规章等。

2. 准入制度与审批许可制度

准入制度是有关国家和政府准许公民和法人进入市场，从事商品生产经营活动的条件与程序规则的各种制度和规范的总称。准入制度属于约束调节机制，政府放松准入条件会激励产业内企业进入市场，改变行业内市场竞争水平，减少资源错配，企业在这一激励下会更积极地投入生产、提升效率和增强自身创新能力。对信贷、土地等资源的审批，也会影响财政政策和金融政策发挥作用。

3. 管制制度

政府管制包括技术进出口管制、环境保护管制、生产安全管制等内容，是政府引导和干预产业发展最为直接的行政手段。

根据《中华人民共和国技术进出口管理条例（2020修订）》，技术进出口是指从中国境外向境内，或者从中国境内向境外，通过贸易、投资或经济技术合作的方式转移技术的行为。中国的禁止、限制技术进出口目录相对比较稳定。技术进出口管制的规范有利于促进我国科技进步和对外经济技术合作的发展，有利于维护我国经济技术权益。

环境保护管制是政府为了保护环境而制定的一系列举措，以设置环保标准、减少污染排放及处理污染物等，在减少环境污染的同时能够保证经济稳定、有序地发展，它属于政府管制下处理环境问题的特殊表现形式和实施方法。我国目前采用命令控制型和基于市场的鼓励型并存的环境管制手段，灵活地处理企业环境治理与政府、市场的关系，追求环境资源友好型的新型生产方式。

生产安全管制是管制机构针对工作场所、特种设备、道路与交通、核设施，以及其他一些可能造成负外部性和负内部性的客体或行为实施的管制政策与行为。2016年12月出台的《中共中央 国务院关于推进安全生产领域改革发展的意见》是新时期我国安全生产领域重要的顶层设计。

（二）间接干预

间接干预包括财政政策和金融政策等间接引导方式。财政政策包括税收激励、土地政策、政府补贴等；金融政策包括信贷支持政策、股票市场首次发行上市和再融资政策、产业投资（引导）基金等。这些政策不仅会直接影响企业面临的融资约束，也会改变企业的外部经济环境。

1. 财政政策

（1）税收激励。它是经济运行的自动稳定器，也是我国产业政策实施的重要抓手。经过多年实践，我国目前已形成一套税收激励政策体系，其中直接税收激励政策包括税收减免、税收补贴、税收返还等，间接税收激励政策包括固定资产加速折旧政策、研发费用的加计扣除政策等。直接税收激励政策的效应较强，能够即期降低企业负担。例如，农林牧渔等特殊行业免征或减半征收企业所得税；再如，从事国家重点扶持的公共基础设施、环境保护、节能节水等项目的所得享受企业所得税"三免三减半"政策。[一]间接税收激励政策中的固定资产加速折旧政策相当于为企业提供一笔"无息贷款"，通过加快资本性支出转入生产成本的速度，使得企业迅速回收投资资金，获得相应的时间价值，进而降低固定资产购买成本。

（2）土地政策。土地资源是地方政府招商引资、发展本地经济的重要抓手，也是一种具有中国特色的地方政府竞争方式。[二]在我国，一级土地市场的供给由政府主导，因此，产业政策鼓励发展的领域和项目通常会取得土地政策优惠。根据自然资源部和发展改革委制定的限制目录与禁止目录，限制类和淘汰类的领域及项目在土地供给市场面临严格的限制。

（3）政府补贴。政府补贴是政府单向地将公共资源（货币或非货币性资产）给予企业和个人的行为，在产业政策中主要表现为政府对企业的无偿拨付，在企业的会计科目上，企业补贴被称为"政府补助"。[三]企业在政府补贴的加持下，具备了更强的资金周转和抗风险能力，企业家信心也会因政策补贴的导向而增加，进而加大投入、扩张规模、提高经营效率。[四]按照补贴形式，政府补贴主要分为无偿拨款、财政贴息、税收返还和无偿划拨非货币性资产。按照补贴时间，政府补贴主要分为事前补贴和事后补贴。事前补贴主要是指政府提前设定补贴标准，符合条件的企业通过主动申请，经政府批准后才能获得补贴，如"863计划"；事后补贴主要是指企业经济行为发生后，政府针对特定企业的特定行为发放补贴，如"纳税贡献奖励""亏损补贴"等。[五]

2. 金融政策

（1）信贷支持政策。政策性信贷支持机制主要是指政府配合产业政策，引导金融机构在某些领域开展倾斜性信贷活动，主要包括贷款供给政策和贷款利率政策，从而使信贷资源优先配置到符合国家产业发展规划的领域。

（2）股票市场首次发行上市和再融资政策。股权融资是企业获取经营资金的重要方式，中央和地方政府均通过推动符合国家和地方产业政策的优质企业上市和再融资，运用上市补贴等支持政策将更多资源配置给产业政策重点支持的企业，实现产业战略目标。

（3）产业投资（引导）基金。政府出资的产业投资（引导）基金区别于传统的招商引资方式，是近年来备受政府与企业青睐的产业政策引导工具，它是指由政府财政支持，旨在引导社会资金共同投向符合国家或地方产业政策的私募股权投资基金。

[一] 贾洪文，程星.政府税收优惠对企业创新的影响研究：基于融资约束视角[J].税务与经济，2022（4）：10-18.

[二] 张莉，黄亮雄，刘京军.土地引资与企业行为：来自购地工业企业的微观证据[J].经济学动态，2019（9）：82-96.

[三] 聂辉华，李光武，李琛.关于企业补贴的八个关键问题：兼评当下的产业政策研究[J].学术月刊，2022，54（6）：47-60.

[四] 李娅，官令今.规模、效率还是创新：产业政策工具对战略性新兴产业作用效果的研究[J].经济评论，2022（4）：39-58.

[五] 石昕，任宇，龙小宁，刘峰.中国的企业政府补贴：特征演变与研究概述[J].当代会计评论，2020，13（1）：1-30.

案例 15-3

瞪羚计划

"瞪羚计划"是中关村科技园区管委会 2003 年为解决园区内高科技中小企业"融资难"问题提出的解决方案。"瞪羚"是一种善于跳跃和奔跑的羚羊,业界通常将高科技、高成长的中小企业形象地称为"瞪羚企业"。"瞪羚计划"的设计初衷是将信用评价、信用激励和约束机制与担保贷款业务有机结合,通过政府的引导和推动,凝聚金融资源,构建高效、低成本的担保贷款通道。截至 2010 年,园区已为广大中小企业提供担保支持资金近 200 亿元,并扶植了一批以东华软件、北斗星通、北京科锐、神州泰岳、碧水源、海兰信、数码视讯、恒泰艾普等为代表的创新能力强、增长速度快的行业龙头企业,有些已成功在中小板或创业板上市。"瞪羚计划"不仅成为中关村示范区高成长性企业重要的担保融资渠道,还成为支持高科技、高成长性企业发展的重要抓手。

资料来源:加大政策倾斜力度 支持企业做强做大:中关村推出"瞪羚计划"首批重点培育企业 [J]. 中国中小企业,2010(10):26-27.

六、中国反垄断政策与产业安全

(一)反垄断政策的主要内容

反垄断政策或反垄断法,是市场经济的基础性法律和主要产业政策,在德国被称为"经济宪法",在美国被称为"自由企业的大宪章"。全世界已经有 100 多个国家颁布了反垄断法,反垄断法成为全球化背景下国际同质化程度最高的法律之一。反垄断法的核心内容包括禁止垄断协议、控制经营者集中和禁止滥用市场支配地位三大支柱。

(1)禁止垄断协议。它也被称为限制竞争协议,是两个或两个以上的市场主体以协议、决议或其他联合方式实施的限制竞争行为。限制竞争协议可以分为横向限制竞争协议和纵向限制竞争协议。横向限制竞争协议指处于同一环节的两个或多个竞争者之间签订的限制竞争的协议,也称为卡特尔。

(2)控制经营者集中。经营者集中包括经营者合并和经营者通过合同等方式取得对其他经营者的控制权,或者能够对其他经营者施加决定性影响。相关内容在企业并购章节已有详细介绍,此处不再赘述。

(3)禁止滥用市场支配地位。它也被称为单方行为,是指在市场中居于支配地位的企业凭借自身的市场力量对其他企业施加影响,排挤竞争对手或挤压上下游企业,迫使它们按自己的意愿行事,从而妨碍公平竞争。现代反垄断法的代表性体系包括美国反托拉斯法和欧盟竞争法。前者以司法体制为主导,后者以行政体制为主导。

我国自 1980 年以来陆续颁布了一系列规范性文件,如《国务院关于推动经济联合的暂行规定》(1980),《价格管理条例》(1987),等等。1993 年,我国颁布了《反不正当竞争法》等一系列规范限制竞争和不正当竞争的法律法规,逐渐形成市场经济制度下的反竞争政策体系。我国《反垄断法》于 2008 年 8 月开始实施,标志着我国竞争法律制度的成熟,其理念与内容与欧盟反竞争政策体系,尤其是德国的政策体系更为相近。

(二)产业安全政策的意义

产业安全是经济安全的基础,是国家制定产业政策、实行经济干预的基本出发点之一。我国是经济全球化的坚定支持者,我国产业已经全面融入世界经济格局,既为经济发展带来契机,又为产业安全带来挑战。当前,国际政治经济形势正在发生重大变化,全球产业链、价值链、供应链面临重构,出现了本土化、分散化、区域化的发展趋势,这一趋势必然要求我国维护产业的安全稳定,重视产业政策在维护国家产业安全、提升发展主动权中的关键作用,实现更为稳健、安全和可持续的发展。

在保护本国产业安全的驱动下,各国更加重视产业政策的应用。美国、日本、欧盟等国家和地区广泛建立了行业协会,重点推动高端制造业和工业产品的竞争优势,综合运用规制、救济、审查与扶持等手段,牢牢把握关系国家经济安全的重要产业。韩国、新加坡等国家则强调政府主导型发展模式,将发展高技术和知识密集型产业作为产业安全的主要保护目标,重点利用产业扶持政策保护本国产业安全。我国过去产业政策的思路主要是促进单一产业发展,过于强调出口导向的加工组装环节和整机制造,无法保障整个产业链和供应链安全。2020年11月,习近平总书记在《国家中长期经济社会发展战略若干重大问题》一文中强调,要着力打造自主可控、安全可靠的产业链、供应链,并指出要拉长长板、补齐短板,在关系国家安全的领域和节点构建自主可控、安全可靠的国内生产供应体系。

(三)产业安全政策的发展方向

在百年未有之大变局下,产业和产业链运行的基本逻辑较以往发生了重大变化,终端采购商、产品加工组装环节的话语权下降,产业链上游、原材料供应、基础零部件生产甚至物流环节的话语权上升。供应链关键环节的一点小故障都会影响国家安全、民生就业、企业发展和社会稳定。[⊖]因此,未来产业安全政策的发展应遵循以下规则。

第一,产业安全政策应注重加强产业基础能力,产业基础能力水平决定产业安全水平,尤其应注重提升对产业发展至关重要的核心基础零部件(元器件)、关键基础材料、先进基础工艺、工业基础软件,以及产业技术基础、创新环境等的关键支撑能力;加强改革、开放和创新,构筑产业基础能力和现代化水平提升的长效机制。

第二,产业安全政策需统筹国内国际两个市场,既要全面把握国内产业发展情况,也要准确了解国际产业发展动向,将国内产业升级、产业安全保障与对接国际规则和全球产业竞争格局联系起来。

第三,加强保障高新技术产业安全开放的顶层设计,针对不同技术领域与国别建立有底线的开放和国际合作发展规划,对外资企业的进入加强事前安全审核,建立风险预警系统,全面权衡外资企业的进入对国内高新技术产业发展的影响,防止技术或人才的外流。

本章小结

在学术界,产业政策始终是一个充满争议的话题,其核心议题便是政府与市场的关系、政府的职能定位。目前主流学术界对于产业政策的讨论,已不再是产业政策存废之

⊖ 盛朝迅. 从产业政策到产业链政策:"链时代"产业发展的战略选择[J]. 改革,2022(2):22-35.

争，而是产业政策的必要性与有效性。本章以此作为出发点，梳理了产业政策的发展脉络、理论依据、国际经验及中国产业政策的基本情况，旨在为产业政策做出一个全面的简明分析。

推荐阅读

[1] 江飞涛，等. 理解中国的产业政策 [M]. 北京：中信出版集团，2021.
[2] 黄少卿，等. 重塑中国的产业政策：理论、比较与实践 [M]. 上海：格致出版社，2020.
[3] 小宫隆太郎，奥野正宽，铃村兴太郎. 日本的产业政策 [M]. 黄晓勇，韩铁英，吕文忠，等译. 北京：国际文化出版公司，1988.
[4] HAUSMANN R, RODRIK, D. Economic development as self-discovery[J]. Journal of development economics, 2003, 72(2): 603-633.
[5] STIGLITZ J E. The role of the state in financial markets[J]. World bank economic review, 1993, 7(1): 19-52.
[6] RODRIK D. Coordination failures and government policy: a model with applications to east Asia and eastern Europe[J]. Journal of international economics, 1996, 40(1): 1-22.
[7] PETERS M, SCHNEIDER M, GRIESSHABER T, et al. The impact of technology-push and demand-pull policies on technical change-does the locus of policies matter? [J]. Research policy, 2012, 41(8): 1296-1308.
[8] 韩永辉，等. 产业政策推动地方产业结构升级了吗？：基于发展型地方政府的理论解释与实证检验 [J]. 经济研究，2017（8）：34-48.
[9] BHATTARAI M. World development report, 1997: the state in a changing world [J]. Journal of economic issues, 1999, 33(1): 204-208.
[10] BIANCHI P, SANDRINE L. From 'old' industrial policy to 'new' industrial development policies[M]// BIANCHI P, LABORY S. International handbook on industrial policy. Cheltenham, UK: Edward Elgar Publishing Limited, 2006.
[11] 林毅夫，等. 产业政策：总结、反思与展望 [M]. 北京：北京大学出版社，2018.
[12] 干春晖，刘亮. 中国特色产业政策研究 [M]. 上海：格致出版社，2023.

思考与练习

1. 产业政策中政府与市场的关系是怎样的？
2. 什么是中性的产业政策？
3. 演化发展经济学派对产业政策理论的推进做出了哪些贡献？
4. 日本产业政策的演进对中国的启示是什么？
5. 数字经济产业政策未来的发展方向是什么？

推 荐 阅 读

中文书名	作者	中文书号	定价
货币金融学	钱水土（浙江工商大学）	978-7-111-65012-6	55.00
证券投资分析：理论、务实、方法与案例	王德宏（北京外国语大学）	978-7-111-72500-8	55.00
风险管理（第2版)	王周伟（上海师范大学）	978-7-111-55769-2	55.00
风险管理学习指导及习题解析	王周伟（上海师范大学）	978-7-111-55631-2	35.00
国际金融：理论与政策	汪洋（江西财经大学）	978-7-111-68785-6	69.00
金融市场学（第2版）	韩国文（武汉大学）	978-7-111-64656-3	55.00
商业银行经营管理	张桥云（西南财经大学）	978-7-111-69067-2	59.00
投资银行学：理论与案例（第3版）	马晓军（南开大学）	978-7-111-66146-7	55.00
中央银行学	汪洋（江西财经大学）	978-7-111-63489-8	45.00
行为金融学（第2版）	饶育蕾（中南大学）	978-7-111-60851-6	49.00
财富管理：理论与实践	易行健（广东外语外贸大学）	978-7-111-67696-6	59.00
《财富管理：理论与实践》学习指南与习题集	易行健（广东外语外贸大学）	978-7-111-70136-1	39.00
个人理财：流程与案例	张颖（对外经济贸易大学）	978-7-111-69498-4	49.00
金融工程	付剑茹（江西师范大学）	978-7-111-71936-6	59.00
衍生金融工具基础	任翠玉（东北财经大学）	978-7-111-60763-2	40.00
金融风险管理	郭战琴（郑州大学） 李永奎（电子科技大学）	978-7-111-69138-9	49.00
金融科技概论	曹衷阳（河北经贸大学）	978-7-111-70927-5	59.00
金融服务营销（第2版）	周晓明（西南财经大学）	978-7-111-64657-0	49.00